Vorwort

»**Allgemeine Wirtschaftslehre – Wirtschafts- und Sozialkunde**« ist ein bewährtes **Lehr- und Lernbuch** für kaufmännische Ausbildungsberufe.

Das Buch **richtet sich an**

- **Schülerinnen und Schüler aller kaufmännischen Ausbildungsberufe,**
- **Lehrende und Teilnehmende von Fort- und Weiterbildungen in Unternehmen, Verbänden und sonstigen Institutionen.**

Die Inhalte des Buches decken die Lernziele und Lehrplaninhalte **für das Fach Wirtschafts- und Sozialkunde** ab.

Der Aufbau des Buches ist **nach Lernfeldern** gegliedert. Er orientiert sich demnach an **konkreten beruflichen Aufgabenstellungen und Handlungsabläufen im Unternehmen.**

Zahlreiche, meist **mehrfarbige Darstellungen und Tabellen** veranschaulichen auch schwierige Sachverhalte. **Zusammenfassende und vergleichende Übersichten** erleichtern den Überblick.

Jedes Hauptkapitel endet mit einer **zusammenfassenden Übersicht** zur kompakten Darstellung des Erlernten.

Aufgaben und Problemstellungen am Ende von Hauptkapiteln bieten Material für Wiederholungen und Hausaufgaben und dienen der Prüfungsvorbereitung. **Alle Lernzielebenen** werden angesprochen.

Ein **ausführliches Inhalts- und Stichwortverzeichnis** erleichtert die Arbeit mit dem Buch.

Die **Corona-Pandemie** und ihre weltweiten ökonomischen, politischen und sozialen Auswirkungen wurden in den betreffenden Lernsituationen unter Anwendung des bei der Drucklegung vorhandenen statistischen Zahlenmaterials und der politischen Entscheidungen berücksichtigt.

»Allgemeine Wirtschaftslehre – Wirtschafts- und Sozialkunde« enthält die **gesetzlichen Rahmenbedingungen** und die **statistischen Daten** bis zum **Sommer 2020.**

Ein **Lösungsbuch** zu den Aufgaben und Problemen ist im Verlagsprogramm erhältlich **(Europa-Nummer 73464).**

Ihr Feedback ist uns wichtig.

Ihre Anmerkungen, Hinweise und Verbesserungsvorschläge zu diesem Buch nehmen wir gerne auf – schreiben Sie uns unter lektorat@europa-lehrmittel.de.

Die Verfasser — Rottenburg, September 2020

Wichtiger Hinweis:

In diesem Buch finden sich Verweise/Links auf Internetseiten. Für die Inhalte auf diesen Seiten sind ausschließlich die Betreiber verantwortlich, weshalb eine Haftung ausgeschlossen wird. Für den Fall, dass Sie auf den angegebenen Internetseiten auf illegale oder anstößige Inhalte treffen, bitten wir Sie, uns unter info@europa-lehrmittel.de davon in Kenntnis zu setzen, damit wir beim Nachdruck dieses Buches den entsprechenden Link entfernen können.

Inhaltsverzeichnis nach Lernfeldern

Lernfeld 1 – Die Berufsausbildung und das Beschäftigungsverhältnis mitgestalten

Lernfeld 2 – Im Ausbildungsunternehmen mitarbeiten

Geschäftsprozesse an rechtlichen Rahmenbedingungen ausrichten

Lernfeld 3

Lernfeld 4 Geschäftsprozesse an gesamtwirtschaftlichen Rahmenbedingungen ausrichten

Gesetze und Verordnungen

AEUV	Vertrag über die Arbeitsweise der Europäischen Union
AGG	Allgemeines Gleichbehandlungsgesetz
AktG	Aktiengesetz
AO	Abgabenordnung
ArbGG	Arbeitsgerichtsgesetz
ArbSchG	Gesetz über die Durchführung von Maßnahmen zur Verbesserung der Sicherheit und des Gesundheitsschutzes der Beschäftigten bei der Arbeit (Arbeitsschutzgesetz)
ArbZG	Gesetz zur Vereinheitlichung und Flexibilisierung des Arbeitszeitrechts (Arbeitszeitgesetz)
BBankG	Gesetz über die deutsche Bundesbank (Bundesbankgesetz)
BBiG	Berufsbildungsgesetz
BDSG	Bundesdatenschutzgesetz
BEEG	Gesetz zum Elterngeld und zur Elternzeit (Bundeselterngeld- und Elternzeitgesetz)
BetrAVG	Gesetz zur Verfassung der betrieblichen Altersvorsorge (Betriebsrentengesetz)
BetrVG	Betriebsverfassungsgesetz
BGB	Bürgerliches Gesetzbuch
BImSchG	Bundesimmissionsschutzgesetz
BKGG	Bundeskindergeldgesetz
BNatSchG	Gesetz über Naturschutz und Landschaftspflege (Bundesnaturschutzgesetz)
BUrlG	Mindesturlaubsgesetz für Arbeitnehmer (Bundesurlaubsgesetz)
DrittelbG	Gesetz über die Drittelbeteiligung der Arbeitnehmer im Aufsichtsrat
EBRG	Gesetz über Europäische Betriebsräte
EGV	Vertrag zur Gründung der Europäischen Gemeinschaft (EG-Vertrag); seit 01.12.2009: Vertrag über die Arbeitsweise der Europäischen Union
EntgFG	Gesetz über die Zahlung des Arbeitsentgelts an Feiertagen und im Krankheitsfall (Entgeltfortzahlungsgesetz)
EStG	Einkommensteuergesetz
GbV	Verordnung über die Bestellung von Gefahrgutbeauftragten im Unternehmen/Gefahrgutbeauftragtenverordnung
GenG	Gesetz betreffend die Erwerbs- und Wirtschaftsgenossenschaften
GewO	Gewerbeordnung
GG	Grundgesetz für die Bundesrepublik Deutschland
GmbHG	Gesetz betreffend die Gesellschaften mit beschränkter Haftung
GVG	Gerichtsverfassungsgesetz
GWB	Gesetz gegen Wettbewerbsbeschränkungen
HGB	Handelsgesetzbuch
InsO	Insolvenzordnung

JArbSchG	Gesetz zum Schutze der arbeitenden Jugend (Jugendarbeitsschutzgesetz)
KrWG	Gesetz zur Förderung der Kreislaufwirtschaft und Sicherung der umweltverträglichen Bewirtschaftung von Abfällen (Kreislaufwirtschaftsgesetz)
KSchG	Kündigungsschutzgesetz
MarkenG	Markengesetz
MitbestG	Gesetz über die Mitbestimmung der Arbeitnehmer
MoMiG	Gesetz zur Modernisierung des GmbH-Rechts und zur Bekämpfung von Missbräuchen
MuSchG	Gesetz zum Schutze der erwerbstätigen Mutter (Mutterschutzgesetz)
NachwG	Gesetz über den Nachweis der für ein Arbeitsverhältnis geltenden wesentlichen Bedingungen (Nachweisgesetz)
PAngV	Verordnung zur Regelung der Preisangaben (Preisangabenverordnung)
ProdHaftG	Gesetz über die Haftung für fehlerhafte Produkte (Produkthaftungsgesetz)
ProdSG	Gesetz über die Bereitstellung von Produkten auf dem Markt (Produktsicherheitsgesetz)
ScheckG	Scheckgesetz
SEEG	Gesetz zur Einführung der Europäischen Gesellschaft
SGB	Sozialgesetzbuch
SolZG	Solidaritätszuschlagsgesetz
StabG	Gesetz zur Förderung der Stabilität und des Wachstums der Wirtschaft (Stabilitätsgesetz)
StGB	Strafgesetzbuch
TVG	Tarifvertragsgesetz
UmweltHG	Umwelthaftungsgesetz
UWG	Gesetz gegen den unlauteren Wettbewerb
VDG	Vertrauensdienstegesetz
VerpackG	Gesetz über das Inverkehrbringen, die Rücknahme und die hochwertige Verwertung von Verpackungen (Verpackungsgesetz)
VVG	Gesetz über den Versicherungsvertrag (Versicherungsvertragsgesetz)
VwVfG	Verwaltungsverfahrensgesetz
WHG	Gesetz zur Ordnung des Wasserhaushalts (Wasserhaushaltsgesetz)
ZPO	Zivilprozessordnung

1 Mit den Regelungen der Berufsausbildung auseinandersetzen

▶ **Handlungsauftrag**

Entwerfen Sie parallel zur Bearbeitung dieses Kapitels ein Mindmap, in dem Sie die wichtigsten Regelungen zur Berufsausbildung darstellen.

Regelungen der Berufsausbildung

1.1 Duales Ausbildungssystem

Wenn von »dualem System« in der Berufsausbildung gesprochen wird, ist das in Deutschland praktizierte System der zweigeteilten beruflichen Ausbildung gemeint.

Duale Ausbildung bedeutet Ausbildung an den **zwei Lernorten Ausbildungsbetrieb und Berufsschule.** *BBiG § 2*

Rund zwei Drittel eines Altersjahrganges absolvieren eine Ausbildung im dualen System. Jedes Jahr beginnen über eine halbe Million Jugendliche eine berufliche Ausbildung.

Berufe, für die es eine staatlich anerkannte Ausbildungsordnung gibt (http://www.bibb.de), werden jährlich im »Verzeichnis der anerkannten Ausbildungsberufe« veröffentlicht. Grundlage ist die Ausbildungsordnung. Sie enthält genaue Anweisungen über den Inhalt *§ 5* der jeweiligen Ausbildung sowie über ihre Dauer und die Prüfungsanforderungen. Diese Vorschriften werden vom Bundesministerium für Wirtschaft und Energie im Einvernehmen *§ 4* mit dem Bundesministerium für Bildung und Forschung erlassen.

Ausbildungsbetrieb

Ist zuständig für die Vermittlung
- einer breit angelegten beruflichen Grundbildung,
- berufs- und betriebsspezifischer Kenntnisse und Fähigkeiten,
- einer ersten Berufserfahrung.

Voraussetzung:
persönliche und fachliche Eignung der Ausbilder sowie geeignete Ausbildungsstätten

BBiG §§ 27 ff.

Auszubildende(r)

Zuständige Stelle, z. B. Industrie- und Handelskammer
- Führt ein Verzeichnis aller Ausbildungsverhältnisse,
- überwacht die ordnungsgemäße Durchführung der Ausbildung,
- führt Prüfungen durch,
- berät Auszubildende und Betriebe in allen Fragen der Ausbildung.

Berufsschule

Ist zuständig für die Vermittlung
- allgemeinbildender Kenntnisse,
- berufsspezifischer Kenntnisse und Fähigkeiten,
- theoretischen Basiswissens im Berufsfeld.

Der Unterricht findet in Teilzeit oder in Blockform statt.

Beratung, Überwachung, Organisation

Funktion des Ausbilders

§§ 27 f. Nur derjenige Betrieb, der sachlich für eine bestimmte Ausbildung geeignet ist und einen **persönlich und fachlich geeigneten Ausbilder** dafür einsetzen kann, erhält die Erlaubnis zur Berufsausbildung im dualen System.

§ 32 § 71 Die Eignung wird durch die **zuständige Stelle** überwacht. Dies ist bei nichthandwerklichen Gewerbeberufen die Industrie- und Handelskammer (http://www.ihk.de). Um die betriebliche Ausbildung zu fördern, bieten die Kammern interessierten Angestellten und Facharbeitern Lehrgänge an, die mit der **Ausbildereignungsprüfung** abgeschlossen werden können. Heute dürfen im Allgemeinen nur solche Personen ausbilden, die eine Ausbildereignungsprüfung, eine Meisterprüfung oder ein entsprechendes Examen an einer Hochschule oder Berufsakademie abgelegt haben.

§ 5 Der in der **Rechtsverordnung über die Ausbildung zu einem bestimmten Beruf** enthaltene **Ausbildungsrahmenplan** nennt die vom Ausbildungsbetrieb zu vermittelnden Kenntnisse und Fertigkeiten im Einzelnen und empfiehlt, in welchem Ausbildungshalbjahr der Auszubildende hierin unterwiesen werden sollte.

Funktion der Berufsschule

Die Kultusministerkonferenz (http://www.kmk.org) beschließt für jeden anerkannten Ausbildungsberuf einen **bundeseinheitlichen Rahmenlehrplan,** dessen Anwendung den Bundesländern empfohlen wird. Jedes Bundesland hat aber die Möglichkeit, im Rahmen der Kulturhoheit besondere Lehrpläne für den berufsbezogenen Unterricht zu entwickeln. Um eine Auseinanderentwicklung möglichst zu begrenzen, haben sich die Bundesländer auf folgende Beschreibung der **Aufgaben der Berufsschule** als Lernort im dualen Ausbildungssystem verständigt:

Berufsschulen vermitteln dem Schüler allgemeine und berufsbezogene Lerninhalte für die Berufsausbildung, die Berufsausübung und im Hinblick auf die berufliche Weiterbildung.

Allgemeine und berufsbezogene Lerninhalte zielen auf die Bildung und Erziehung für berufliche und außerberufliche Situationen. Die Schüler sollten insbesondere

- eine fundierte Berufsausbildung erhalten, auf deren Grundlage sie befähigt sind, sich auf veränderte Anforderungen einzustellen und neue Aufgaben zu übernehmen,
- Kenntnisse und Einsichten in die Zusammenhänge ihrer Berufstätigkeit erwerben,
- betriebliche, rechtliche sowie wirtschaftliche, soziale und politische Zusammenhänge erkennen,
- ihr Urteilsvermögen und ihre Handlungsfähigkeit und Handlungsbereitschaft vergrößern,
- Möglichkeiten und Grenzen der persönlichen Entwicklung durch Arbeit und Berufsausübung erkennen.

1.2 Berufsausbildungsvertrag

Auszubildender im kaufmännischen Beruf ist, wer im Geschäftsbetrieb eines **kaufmännischen Unternehmens zur Erlernung kaufmännischer Dienste tätig** ist.

Abschluss des Berufsausbildungsvertrages

Er wird zwischen dem Ausbildenden und dem Auszubildenden und seinem gesetzlichen Vertreter abgeschlossen. Der Ausbildungsvertrag wird von diesen vor Beginn der Ausbildung unterzeichnet. Zur Genehmigung und Eintragung in das Verzeichnis der Berufsausbildungsverhältnisse ist der Berufsausbildungsvertrag vom Ausbildenden unverzüglich nach dessen Abschluss der Industrie- und Handelskammer vorzulegen. Nur wer in dieses Verzeichnis eingetragen ist, wird zur Zwischen- und Abschlussprüfung der IHK zugelassen.

BBiG §§ 10 f. §§ 34 ff.

Pflichten des Ausbildenden (= Rechte des Auszubildenden)

§§ 14 ff.

▶ Ausbildung

Der Ausbildende hat dem Auszubildenden die berufliche Handlungsfähigkeit zu vermitteln, die notwendig ist, um das Ausbildungsziel zu erreichen. Er kann selbst ausbilden oder einen persönlich und fachlich geeigneten Vertreter (Ausbilder) ausdrücklich damit beauftragen. Die Ausbildung hat, planmäßig, zeitlich und sachlich gegliedert, die theoretischen Kenntnisse und praktischen Fertigkeiten zu vermitteln, die zum Erreichen des Ausbildungszieles erforderlich sind. Die Ausbildung kann auch in geeigneten Einrichtungen außerhalb der Ausbildungsstätte durchgeführt werden. Der Arbeitgeber hat dem Auszubildenden kostenlos die Ausbildungsmittel zur Verfügung zu stellen, ihn zum Besuch der Berufsschule und zum Führen eines Ausbildungsnachweises anzuhalten und diesen durchzusehen.

▶ Fürsorge

Der Ausbildende muss dem Auszubildenden eine angemessene, mindestens jährlich ansteigende Vergütung zahlen und ihm den vertraglich bzw. gesetzlich zustehenden Urlaub gewähren. Darüber hinaus muss er ihn zur Sozialversicherung anmelden sowie die Beiträge dafür entrichten. Er hat dafür zu sorgen, dass der Auszubildende charakterlich gefördert sowie gesundheitlich und sittlich nicht gefährdet wird.

▶ Zeugnis

Bei Beendigung der Ausbildung hat der Ausbildende ein schriftliches Zeugnis auszustellen. Es muss Angaben über die Art, die Dauer und das Ziel der Ausbildung sowie über die erworbenen Fertigkeiten, Kenntnisse und Fähigkeiten enthalten. Auf Wunsch des Auszubildenden ist es auch auf Verhalten und Leistung auszudehnen **(qualifiziertes Zeugnis).** (Infos zum Arbeitszeugnis unter http://www.arbeitszeugnis-info.de)

Pflichten des Auszubildenden (= Rechte des Ausbildenden)

▶ Bemühung

Der Auszubildende hat sich zu bemühen, die berufliche Handlungsfähigkeit zu erwerben, die erforderlich ist, um das Ausbildungsziel zu erreichen. Deshalb muss er die ihm im Rahmen der Berufsausbildung erteilten Aufgaben sorgfältig ausführen. Insbesondere hat er die Berufsschule regelmäßig und pünktlich zu besuchen und seinen Ausbildungsnachweis laufend zu führen.

BBiG § 13

▶ Treue und Verschwiegenheit

Der Auszubildende hat die Betriebsordnung zu beachten, die Vorteile des Geschäftes wahrzunehmen und über Geschäftsgeheimnisse (Bezugsquellen, Umsatz, Gehälter) Stillschweigen zu wahren. Ohne Einwilligung des Ausbildenden darf er weder ein eigenes Handelsgeschäft betreiben **(Handelsverbot)** noch im Geschäftszweig des Ausbildenden Geschäfte für eigene oder fremde Rechnung machen **(Wettbewerbsverbot)**.

HGB § 60

BBiG §§ 13, 15

▶ Berufsschulpflicht

Der Auszubildende ist zum regelmäßigen Besuch der Berufsschule verpflichtet.

Ausbildungsdauer

§ 5 Sie soll nicht mehr als drei und nicht weniger als zwei Jahre betragen. Bei älteren oder besonders begabten Auszubildenden kann sie auf Antrag durch die IHK gekürzt werden. In *§ 8* Ausnahmefällen kann die Ausbildungszeit auf Antrag des Auszubildenden verlängert werden.

Eine verkürzte Ausbildungszeit ist allgemein üblich bei Auszubildenden, die das Zeugnis der Fachschul-, Fachhochschul- oder Hochschulreife besitzen.

§ 20 Die Ausbildungszeit beginnt mit einer **Probezeit,** die mindestens einen Monat dauern muss, höchstens aber vier Monate dauern darf. Während dieser Zeit soll der Ausbildende feststellen, ob sich der Auszubildende körperlich, geistig und charakterlich für den gewählten Beruf eignet, und der Auszubildende, ob ihm der Beruf und die Ausbildungsstätte zusagen. Beide haben die Möglichkeit, während der Probezeit das Ausbildungsverhältnis jederzeit ohne Einhalten einer Kündigungsfrist zu kündigen.

§§ 21 ff. Möglichkeiten zur ordentlichen oder außerordentlichen Beendigung des Ausbildungsverhältnisses

Das Ausbildungsverhältnis endet

a) mit Ablauf der Ausbildungszeit;

b) vor Ablauf der Ausbildungszeit mit der Bekanntgabe des Ergebnisses durch den Prüfungsausschuss, wenn die Abschlussprüfung bestanden wurde;

c) durch schriftliche Kündigung mit der Angabe von Kündigungsgründen
   1. **von beiden Vertragspartnern** aus einem wichtigen Grund ohne Einhalten einer Kündigungsfrist **(fristlose Kündigung)**, aber innerhalb von zwei Wochen nach Kenntnis der zur Kündigung berechtigenden Tatsachen;
   2. nur vom **Auszubildenden** mit einer Kündigungsfrist von vier Wochen, wenn er die Berufsausbildung aufgeben oder sich für eine andere Berufstätigkeit ausbilden lassen will.

§ 23 Wer den einseitigen Rücktritt verschuldet oder das Ausbildungsverhältnis nach Ablauf der Probezeit ohne Grund löst (Vertragsbruch), ist schadensersatzpflichtig.

Beispiele:

1. Der Ausbildende kommt seiner Ausbildungspflicht nicht nach. Der Auszubildende tritt deshalb vom Vertrag zurück.
2. Der Auszubildende verlässt mehrfach unbefugt seine Ausbildungsstelle. Der Ausbildende tritt deshalb vom Vertrag zurück.

Wird der Auszubildende im Anschluss an das Ausbildungsverhältnis ohne vorherige ausdrückliche Vereinbarung weiter beschäftigt, so gilt ein Arbeitsverhältnis auf unbestimmte Zeit als begründet. Der Arbeitgeber hat spätestens einen Monat nach dem Beginn des Arbeitsverhältnisses die wesentlichen Vertragsbedingungen schriftlich niederzulegen, die Niederschrift zu unterzeichnen und dem Arbeitnehmer auszuhändigen. *BBiG § 24* *NachwG § 2*

1.3 Jugendarbeitsschutzgesetz

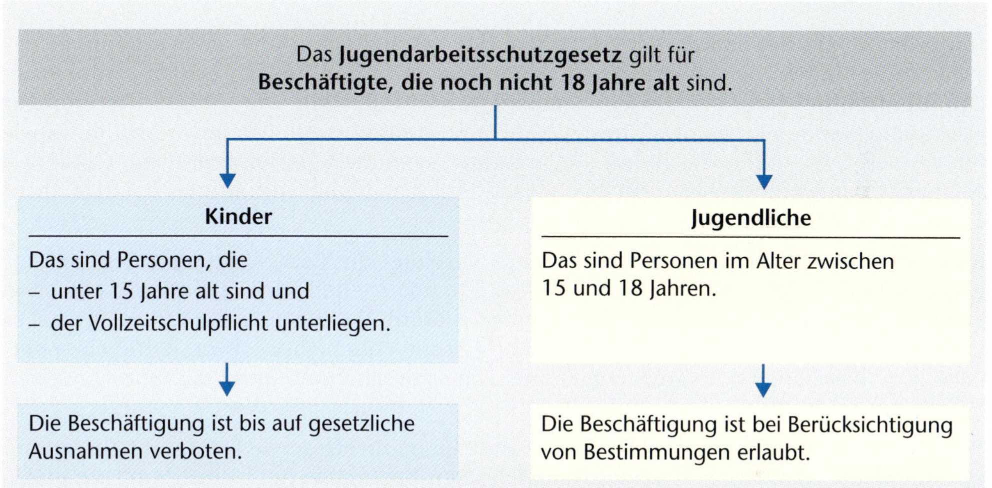

JArbSchG §§ 2, 5

Für Jugendliche gelten die folgenden **Bestimmungen:**

Arbeitszeit. Die tägliche Arbeitszeit darf acht Stunden, die Wochenarbeitszeit 40 Stunden nicht übersteigen. An Tagen, die für die erwachsenen Arbeitnehmer des Betriebes arbeitsfrei sind, dürfen auch Jugendliche nicht beschäftigt werden. Eine längere Arbeitszeit ist möglich, wenn an anderen Werktagen entsprechend gekürzt wird. An Samstagen dürfen Jugendliche in aller Regel nicht beschäftigt werden. *§ 8* *§ 16* *§ 8 (2)*

Werden Jugendliche am Samstag beschäftigt, ist ihnen die Fünftagewoche durch Freistellung an einem anderen berufsschulfreien Arbeitstag derselben Woche sicherzustellen. Mindestens zwei Samstage im Monat sollen beschäftigungsfrei bleiben.

Ruhepausen. Als Ruhepausen gelten Arbeitsunterbrechungen von mindestens 15 Minuten. Sie müssen bei einer Arbeitszeit von mehr als viereinhalb bis sechs Stunden 30 Minuten, bei mehr als sechs Stunden 60 Minuten betragen. *§ 11*

Freizeit. Nach Beendigung der täglichen Arbeitszeit ist eine ununterbrochene Freizeit von mindestens zwölf Stunden zu gewähren. Zwischen 20:00 Uhr und 06:00 Uhr, an Samstagen und an Sonn- und Feiertagen dürfen Jugendliche nicht beschäftigt werden. *§ 13*

Ausnahmen gelten für Unternehmen mit Schichtarbeit, für Schank- und Gaststätten und im übrigen Beherbergungsgewerbe, für Bäckereien, Konditoreien und Friseure. Darüber hinaus kann die Aufsichtsbehörde weitere Ausnahmen bewilligen. *§§ 16 f., 27*

JArbSchG § 9, § 10 **Berufsschulzeit.** Die Unterrichtszeit einschließlich der Pausen wird auf die Arbeitszeit angerechnet. Beträgt die Schulzeit mehr als fünf Unterrichtsstunden, so ist einmal in der Woche der restliche Tag arbeitsfrei; der zweite Tag in dieser Woche jedoch nicht. Beginnt der Unterricht vor 09:00 Uhr, so darf der Jugendliche vorher nicht beschäftigt werden. Auch der letzte Arbeitstag, der der schriftlichen Abschlussprüfung unmittelbar vorangeht, ist frei.

§ 19 **Urlaub.** Jugendliche, die zu Beginn des Kalenderjahres noch nicht 16 Jahre alt sind, haben Anspruch auf 30 Werktage Urlaub; wenn sie noch nicht 17 Jahre alt sind, auf 27 Werktage; wenn sie noch nicht 18 Jahre alt sind, auf 25 Werktage (6 Werktage = 1 Woche). Der Urlaub ist erstmals nach einer ununterbrochenen Beschäftigung von mehr als drei Monaten zu gewähren. Vor Antritt des Urlaubs ist das Urlaubsentgelt auszubezahlen. Der Urlaub soll zusammenhängend, bei Berufsschülern in der Zeit der Schulferien, gegeben werden. Soweit er nicht in den Berufsschulferien gegeben wird, hat der Jugendliche für jeden Schultag von mindestens fünf Stunden Unterricht Anspruch auf einen weiteren Urlaubstag. Während des Urlaubs darf keine dem Urlaubszweck widersprechende Erwerbstätigkeit ausgeübt werden.

§§ 32 f. **Gesundheitliche Betreuung.** Vor Aufnahme der Beschäftigung und nach einjähriger Beschäftigung sind für den Jugendlichen kostenfreie ärztliche Untersuchungen vorgeschrieben, deren Ergebnisse den Erziehungsberechtigten mitgeteilt werden. Der Arbeitgeber erhält eine Bescheinigung, dass die Untersuchung stattgefunden hat. In ihr sind die Arbeiten vermerkt, bei deren Ausübung der Arzt die Gesundheit für gefährdet hält. Ohne den Nachweis der ärztlichen Untersuchung darf der Ausbildungsvertrag von der IHK nicht eingetragen werden.

§§ 22 ff. **Beschäftigungsbeschränkungen.** Das Gesetz verbietet die Beschäftigung eines Jugendlichen mit Arbeiten, die seine körperlichen Kräfte übersteigen oder bei denen er sittlichen Gefahren ausgesetzt ist. Die Beschäftigung mit Akkord- und Fließbandarbeit ist ausdrücklich verboten. Personen, die die bürgerlichen Ehrenrechte nicht besitzen, dürfen Jugendliche nicht beschäftigen und nicht im Rahmen eines Beschäftigungsverhältnisses anweisen oder beaufsichtigen.

Für die Beschäftigung verwandter Kinder und Jugendlicher sowie für die Beschäftigung im Familienhaushalt, in der Landwirtschaft, im Bergbau und in der Heimarbeit enthält das Gesetz besondere Bestimmungen.

1.4 Entgeltabrechnung des Auszubildenden

Die Vergütung von Auszubildenden ist steuer- und sozialversicherungspflichtig. Allerdings gelten Mindestbeträge, bis zu denen keine Abzüge vorgenommen werden.

Bei der Lohnsteuer gilt ein Grundfreibetrag von 9.408,00 EUR.

Bei der Sozialversicherung gibt es bei Auszubildenden eine **Geringverdienergrenze** von 325,00 EUR pro Monat. Bis zu diesem Betrag muss der Ausbildungsbetrieb als Arbeitgeber den vollen Beitrag zur Sozialversicherung, also auch den Arbeitnehmeranteil, selbst tragen. Wird diese Grenze überschritten, teilen sich Ausbildender und Auszubildender die Beiträge.

Beispiel: Entgeltabrechnung eines Auszubildenden (Bild, nächste Seite)

① Personalnummer. Durch sie kann der Auszubildende identifiziert und ihm die Entgeltabrechnung eindeutig zugeordnet werden.

② Steuerklasse des Auszubildenden. Steuerklasse I gilt für Unverheiratete.

③ Beitragssatz der Krankenkasse des Auszubildenden (Beitragssatz: 14,6 %; Zusatzbeitragssatz: 1,0 %).

④ Monatlicher Anteil des Arbeitgebers an den Beiträgen zur gesetzlichen Sozialversicherung.

⑤ Kumulierter Anteil des Arbeitgebers an den Beiträgen zur gesetzlichen Sozialversicherung; das ist die Summe aller Beiträge des Arbeitgebers in diesem Jahr.

001 17113/90072/00009

Abrechnung der Brutto-Netto-Bezüge für Januar 2020 20.01.2020 Blatt: 1

	Pers.-Nr.	Abteilungs-Nr.	Geb.dat.	Eintritt	Austritt	St.Kl	Kinderfreibetr.	St.Tg	Freibetr.jährl.	Freibetr.mtl.	PGRS	Konfession
①	00009		07 08 01	01 09 18		1					102	ev

Versicherungs-Nr.	Krankenkassenname ②	KK %	AN-Typ	GV	UM	BGRS	SV.Tg	Anz.U.
63070883D006	AOK Baden-Württemberg	15 60	3		1	1111		

KMS Electronic R-F-H GmbH
Klosterstraße 2
89143 Blaubeuren

X01
90072

Herrn/Frau

Pers.-Nr. 00009 B/N
Abt.-Nr.

Robin Weber
Silberdistelweg 32
89150 Laichingen

Statistische Werte: ③

Anw.Tg	Anw.Std	Bez.Std	Url.Std	SV-AG-Anteil mtl.	
				140 67	④
Krh.Tg	Krh.Std	Zeitlo.Std	Url.Ansp.	SV-AG-Anteil kum.	
				140 67	⑤
Fehl.Tg	Fehl.Std	Über.Std	mtl.gen.Url		
Std.lohn 1	Std.lohn 2	Std.lohn 3	gen.Url.ges.		
Durchschnitt 1	Durchschnitt 2	Durchschnitt 3	Resturl.	Resturl. VJ	

Lohnart	Bezeichnung	bezahlte Menge [1]	Faktor	%-Zuschlag	St [1]	SV [1]	GB [1]	Betrag
2010	Ausbildungsvergütung, kfm				L	L	J	726,00

Gesamt-Brutto: 726,00

Steuer/Sozialversicherung:

[1]	Steuer-Brutto [3]	Lohnsteuer	Kirchensteuer	SolZ		Steuerrechtl. Abzüge
L	726 00					

[1]	KV/PV-Brutto	RV/AV-Brutto	KV-Beitrag	PV-Beitrag [4]	RV-Beitrag	AV-Beitrag	SV-rechtl. Abzüge
L	726 00	726 00	60 26	12 89	67 52	8 71	149,38

Netto-Verdienst: 576,62

Verdienstbescheinigung: [2]

Gesamt-Brutto	Steuer-Brutto
726 00	726 00
Lohnsteuer	Kirchensteuer
SolZ	Steuerfreie Bezüge
SV-Brutto	RV-Beitrag
726 00	67 52
KV-Beitrag	PV-Beitrag
60 26	11 07
AV-Beitrag	KUG-Ausz. / VWL-ges.
8 71	
Pfändung Rest / Darlehen Rest	pauschal versteuerte Zukunftssicherung

Nr.	Netto-Bezüge/Netto-Abzüge

Bank: Volksbank Laichingen
IBAN: DE28 6309 9130 0147 7288 90
BIC: GENODES1LAI

Auszahlungsbetrag: 576,62

1) A = Abfindung, E = Einmalbezug, F = frei, J = Gesamt-Brutto, K = Korrektur, Km = Kilometer, L = laufender Bezug, M = mehrjährige Versteuerung, N = Nachberechnung, P = Pauschalierung, S = sonstiger Bezug, St = Stück, Std = Stunden, T = Tage, V = Vorjahr, W = Wertguthaben.
2) Einschließlich der steuerlich relevanten Werte bei einer Nachberechnung ins Vorjahr.
3) Gegebenenfalls Nettolohn/Nettostundenlohn. 4) Z = Einschließlich Beitragszuschlag zur PV für Kinderlose.

AFP Form.-Nr. LO0115

DATEV

▶ Aufgaben und Probleme

1. Warum haben Jugendliche einen längeren Urlaub als Erwachsene?
2. Warum sind für Jugendliche kostenfreie ärztliche Untersuchungen vorgesehen?
3. Welchen Geltungsbereich hat das Jugendarbeitsschutzgesetz?
   a) Das Gesetz gilt für die Beschäftigung von Personen, die noch nicht 21 Jahre alt sind.
   b) Das Gesetz gilt für jede Freizeitbeschäftigung von Jugendlichen.
   c) Das Gesetz gilt für die Beschäftigung von Jugendlichen als Arbeitnehmer, die noch nicht 18 Jahre alt sind.
   d) Das Gesetz gilt für geringfügige Hilfeleistungen, die von Jugendlichen in einem Betrieb erbracht werden.
4. Wie viele Minuten müssen nach dem Jugendarbeitsschutzgesetz die Ruhepausen für Jugendliche bei mehr als sechs Stunden täglicher Arbeitszeit mindestens betragen?
   a) 90 Minuten, b) 60 Minuten, c) 45 Minuten, d) 30 Minuten.
5. Die Auszubildende Maria Müller (17 Jahre) besucht die Berufsschule von 07:50 Uhr bis 12:10 Uhr (5 Unterrichtsstunden). Muss sie nachmittags wieder im Betrieb sein?
6. Die Auszubildenden Peter und Isabel haben vor fünf Monaten bei der Waggon GmbH einen Berufsausbildungsvertrag als Industriekaufmann/-frau abgeschlossen. Aufgrund persönlicher Differenzen mit dem Ausbilder möchte Peter sobald wie möglich die Ausbildung bei der Roth GmbH fortsetzen. Der Ausbildende ist jedoch mit dem Wechsel nicht einverstanden.
   a) Beurteilen Sie, ob Peter den Ausbildungsbetrieb wechseln kann.
   b) Isabel stellt erst jetzt fest, dass ihr der Beruf Industriekauffrau nicht liegt. Sie beabsichtigt, eine Ausbildung als Diätköchin zu beginnen. Kann sie in den neuen Ausbildungsberuf wechseln (Begründung)?
7. Die Möbelfabrik ligne roset GmbH hat seit Kurzem einen neuen Geschäftsführer. Angesichts der angespannten wirtschaftlichen Situation, in der sich das Unternehmen augenblicklich befindet, sollen die Kosten verringert werden. Der Geschäftsführer beabsichtigt u.a., die Zahl der Mitarbeiter herabzusetzen. Auch zwei Auszubildende sollen entlassen werden. Mit dem einen wurde der Ausbildungsvertrag vor drei Wochen, mit dem anderen vor einem Jahr geschlossen.

   Stellen Sie die Konfliktsituation zwischen dem Geschäftsführer und dem Auszubildenden in einem Rollenspiel dar.

   (Mögliche Beteiligte: Geschäftsführer, Auszubildende, Ausbildungsleiter, Betriebsrat …)
8. Prüfen Sie in den folgenden Fällen, inwiefern der Ausbildungsbetrieb oder der Auszubildende ihre Pflichten aus dem Ausbildungsvertrag verletzt haben; notieren Sie die Pflichten von Betrieb und Auszubildenden (§§ 13–19 BBiG).

   Das erzählen Auszubildende …

   a) »Mein Chef lässt mich vor Feiertagen nicht in die Berufsschule gehen, weil wir da extrem viel Arbeit haben.«
   b) »Ständig muss ich im Büro Staub saugen und das Auto des Chefs putzen, obwohl ich eine Ausbildung mache.«
   c) »Meine Ausbildung gefällt mir gar nicht, weil mir bisher fast nie jemand etwas gezeigt hat; die meiste Zeit sitze ich nur herum.«
   d) Mein Chef ist supergeizig. Ich muss mir sogar die PC-Tastatur selbst kaufen.«

Was Ausbilder sagen …

e) »Unser Azubi gibt sich überhaupt keine Mühe und ist ein großer Schlamper.«

f) »Gestern hat unser Azubi schon wieder die Schule geschwänzt.«

g) »Ich bin wütend, weil unser Azubi aus der Personalabteilung die Gehälter von Mitarbeitern an seine Kumpels weitererzählt hat.«

h) »Unser Azubi hat sich gestern glatt geweigert, ans Telefon zu gehen.«

9. Anne Kappel, 17 Jahre alt, möchte nach dem erfolgreichen Realschulabschluss eine Ausbildung als Kauffrau für Groß- und Außenhandelsmanagement bei der Gronbach GmbH beginnen. Die Gronbach GmbH legt Anne Kappel folgenden Ausbildungsvertrag vor:

> Ausbildungsvertrag
>
> Probezeit:
>
> Die Probezeit beträgt für beide Vertragsparteien sechs Monate. Während dieser Zeit kann beidseitig ohne Angabe von Gründen das Ausbildungsverhältnis ohne Einhaltung einer Frist aufgelöst werden.
>
> Urlaubsregelung:
>
> Der Jahresurlaub der Auszubildenden beträgt 25 Werktage pro Kalenderjahr.
>
> Sondervereinbarung:
>
> Während der Abschlussarbeiten steht die Auszubildende dem Betrieb auch an Berufsschultagen zur Verfügung.
>
> …

a) Prüfen Sie die auszugsweise formulierten Vertragsinhalte auf ihre Rechtsgültigkeit.

b) Welche Voraussetzungen müssen u. a. erfüllt sein, damit ein rechtsgültiger Ausbildungsvertrag zwischen Anne Kappel und der Gronbach GmbH zustande kommt?

c) Nach mehreren Gesprächen wird der Ausbildungsvertrag rechtswirksam abgeschlossen. Die Ausbildung findet im dualen System statt.

ca) Erläutern Sie das duale System in der beruflichen Bildung.

cb) Welche Rechte und Pflichten ergeben sich für Anne aus dem abgeschlossenen Vertrag?

d) Am Ende des ersten Ausbildungsjahres erhält Anne Kappel ihr Berufsschulzeugnis mit sehr schlechten Noten. Die Gronbach GmbH sieht das Ausbildungsziel gefährdet und kündigt ihr das Ausbildungsverhältnis eine Woche später.

da) Wer könnte Anne in dieser schwierigen Situation sachkundig zur Seite stehen?

db) Prüfen Sie, ob die ausgesprochene Kündigung rechtsgültig ist.

10. Alexander (17 Jahre), der sich im dritten Ausbildungsjahr zum Bankkaufmann befindet, erhält monatlich 820 EUR vergütet.

Wie viel EUR wird ihm für die einzelnen Sozialversicherungszweige und insgesamt von ihrer Ausbildungsvergütung abgezogen?

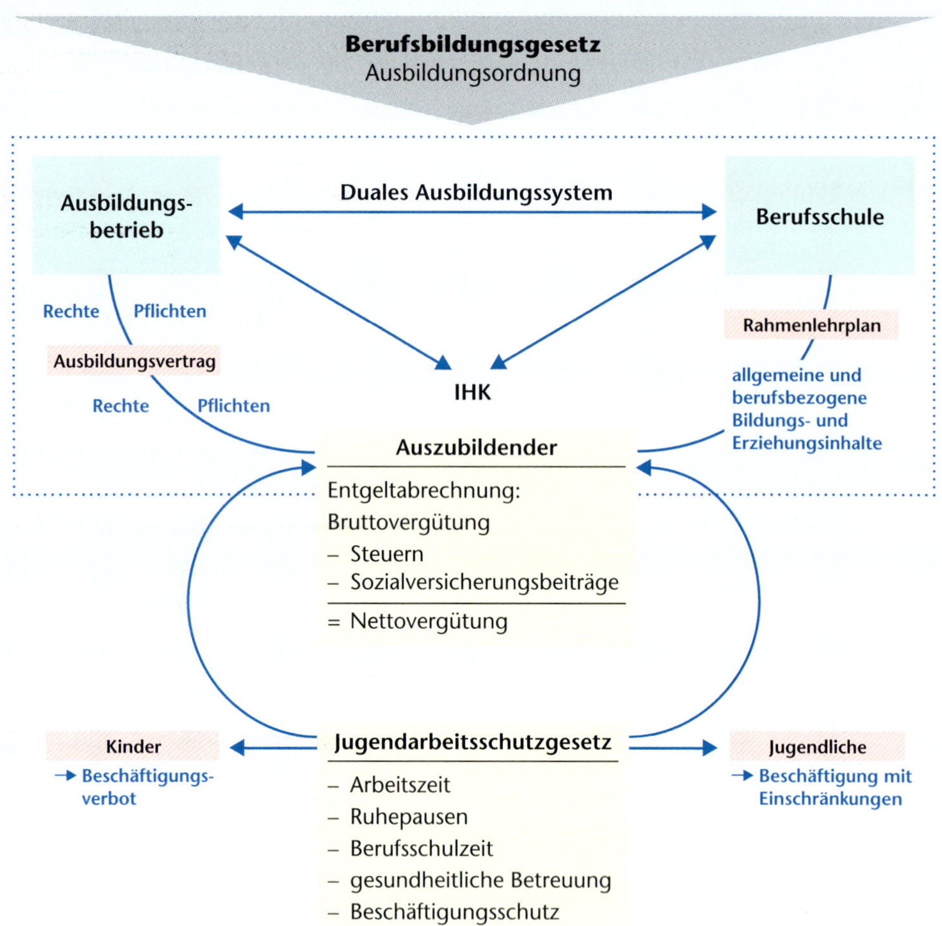

2 Mit den Regelungen des Beschäftigungsverhältnisses auseinandersetzen

▶ Handlungsauftrag

Erstellen Sie ein Wandplakat mit einer Übersicht zu den rechtlichen Rahmenbedingungen eines Beschäftigungsverhältnisses. Gehen Sie insbesondere auf die Rechte und Pflichten aus dem Arbeitsvertrag sowie die Gesetze zum Schutz der Arbeitnehmer ein.

Die betriebliche Arbeit findet ihre Ordnung und Regelung

a) im **Individualarbeitsrecht (Einzelarbeitsvertrag),**

b) im **Kollektivarbeitsrecht,** dazu gehören
   b1) Betriebsvereinbarungen,
   b2) Tarifverträge,

c) in der **Arbeitsgesetzgebung,**

d) im **Arbeitsrecht** der **Europäischen Union.**

Sollen diese konkurrierenden Regelungen auf ein bestimmtes Arbeitsverhältnis angewendet werden, so gelten folgende Grundsätze:

1. Enthalten sie **nachgiebiges Recht,** sind sie in der angegebenen Reihenfolge maßgebend (a → d).

   Beispiel: In einem Einzelarbeitsvertrag werden 35 Tage Urlaub vereinbart. Wenn nach Tarifvertrag diesem Arbeitnehmer 28 Tage und nach Bundesurlaubsgesetz mindestens 24 Tage zustehen würden, so gilt die einzelvertragliche Regelung. Erst wenn hier nichts vereinbart wurde, gilt der Tarifvertrag bzw. das Bundesurlaubsgesetz.

   Abweichende Regelungen beim nachgiebigen Recht sind nur statthaft, wenn sie zugunsten des Arbeitnehmers getroffen werden.

2. **Zwingendes Recht** gilt jedoch in der umgekehrten Reihenfolge (d → a).

   Beispiel: Nach dem Mutterschutzgesetz dürfen Mütter bis acht Wochen nach der Entbindung nicht beschäftigt werden. Sie dürfen auch durch einzelvertragliche Regelungen nicht darauf verzichten.

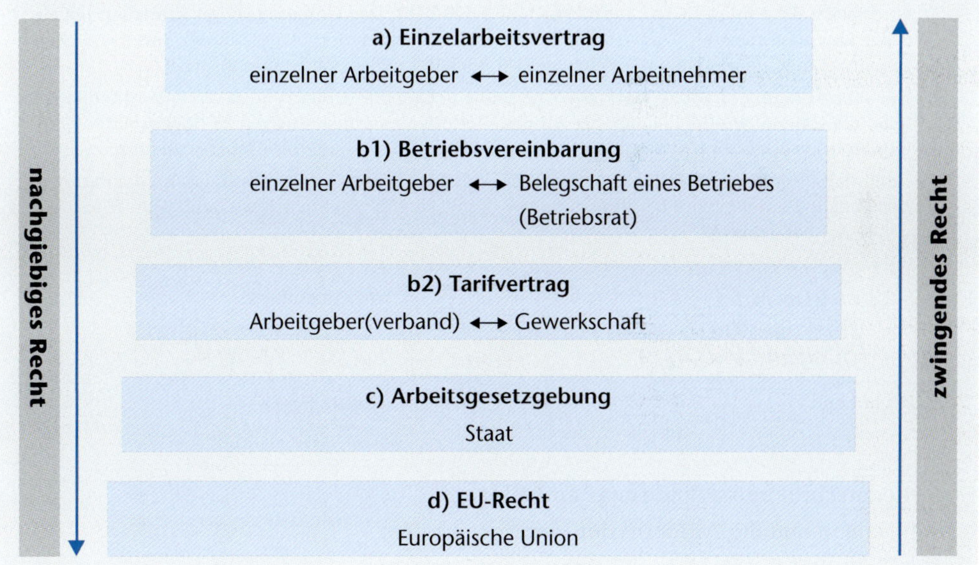

2.1 Arbeitsvertrag

Jedem Arbeitsverhältnis liegt ein **Arbeitsvertrag** zugrunde, durch den sich ein Arbeitnehmer einem Arbeitgeber gegenüber verpflichtet, gegen Entgelt bestimmte Dienste zu leisten.

Inhalt des Arbeitsvertrages

NachwG § 2

Liegt dem Arbeitsverhältnis kein schriftlicher Arbeitsvertrag zugrunde, ist der Arbeitgeber verpflichtet, Mindestinhalte des Arbeitsverhältnisses in einer **Niederschrift** festzuhalten. Diese muss spätestens einen Monat nach dem vereinbarten Beginn des Arbeitsverhältnisses dem Arbeitnehmer ausgehändigt werden. Das Papier muss vom Arbeitgeber unterzeichnet sein.

Zwischen der Reifen Roesch GmbH (Arbeitgeber)

und Frau Christa Späth (Arbeitnehmerin), Mozartgasse 9, 71637 Ludwigsburg,

wird folgender **Arbeitsvertrag** geschlossen:

1. Frau Späth wird ab 2. Januar 2020 in der Personalabteilung des Unternehmens als Sachbearbeiterin eingestellt. Der Arbeitsinhalt ergibt sich aus der ausgehändigten Stellenbeschreibung. Die Arbeit ist pünktlich und gewissenhaft auszuführen. Über Geschäftsgeheimnisse ist strenges Stillschweigen zu bewahren.
2. Die Einstellung erfolgt unbefristet. Eine Kündigung des Arbeitsverhältnisses kann nach der Probezeit beiderseits unter Einhaltung einer Frist von 4 Wochen zum Monatsende erfolgen.
3. Die Probezeit dauert 3 Monate, und zwar vom 2. Januar bis zum 31. März 2020. Während dieser Zeit ist das Arbeitsverhältnis mit einer Frist von 14 Tagen zum Monatsende kündbar.
4. Die wöchentliche Arbeitszeit richtet sich nach den jeweiligen tariflichen Bestimmungen. Sie beträgt zurzeit 37,5 Stunden. Die Arbeitnehmerin darf nebenher weder ein Handelsgewerbe betreiben noch Geschäfte auf eigene Rechnung machen.
5. Als Vergütung wird ein Gehalt von brutto 2.500 EUR vereinbart, das am Monatsende ausbezahlt wird. Nach der Probezeit beträgt das Gehalt 2.600 EUR. Das Gehalt wird bei Krankheit bis zu 6 Wochen weiterbezahlt. Der Arbeitgeber übernimmt neben dem Anteil an der Sozialversicherung auch die Zahlung von monatlich 35 EUR nach dem Vermögensbildungsgesetz.
6. Der Jahresurlaub beträgt 30 Werktage. Die zeitliche Lage des Urlaubs muss mit dem Abteilungsleiter abgestimmt werden. Nimmt die Arbeitnehmerin an Veranstaltungen der Weiterbildung teil (DV-Kurse, u.a.), ist der Arbeitgeber bereit, dafür bezahlten Sonderurlaub zu gewähren.

Im Übrigen gelten die gesetzlichen und tarifvertraglichen Regeln in ihrer jeweiligen Fassung. Auf die bestehende Betriebsvereinbarung wird verwiesen. Die Arbeitnehmerin hat bereits ein Exemplar ausgehändigt bekommen.

Ludwigsburg, 15. Dezember 2019

Reifen Roesch GmbH — Arbeitnehmerin

ppa. M. Gröben — Ch. Späth

Marc Gröben — Christa Späth

Eine Niederschrift muss mindestens enthalten:

- den Namen und die Anschrift der Vertragsparteien,
- den Zeitpunkt des Beginns des Arbeitsverhältnisses,
- bei befristeten Arbeitsverhältnissen: die vorhersehbare Dauer des Arbeitsverhältnisses,
- den Arbeitsort,
- eine kurze Charakterisierung oder Beschreibung der vom Arbeitnehmer zu leistenden Tätigkeit,
- die Zusammensetzung und die Höhe des Arbeitsentgelts einschließlich der Zuschläge, der Zulagen, Prämien und Sonderzahlungen sowie anderer Bestandteile des Arbeitsentgelts und deren Fälligkeit,

- die vereinbarte Arbeitszeit,
- die Dauer des jährlichen Erholungsurlaubs,
- Kündigungsfristen,
- einen Hinweis auf Tarifverträge und Betriebsvereinbarungen, die für das Arbeitsverhältnis Gültigkeit haben.

Rechte des kaufmännischen Angestellten (= Pflichten des Arbeitgebers)

Beschäftigung

Der Arbeitgeber hat den Angestellten gemäß dem Arbeitsvertrag zu beschäftigen. *HGB § 59*

Vergütung

Die Vergütung besteht aus einem festen Gehalt, das am Ende eines jeden Monats zu zahlen ist. *§ 64* Kürzere Zeiträume können vereinbart werden, längere dagegen nicht. Die Vergütung kann noch erhöht werden durch Provisionen, Gewinnbeteiligung, Pensionen und Gratifikationen. Besteht für das Angestelltenverhältnis kein Tarifvertrag, so muss die Höhe der Vergütung im Arbeitsvertrag vereinbart werden. Ist jedoch ein Tarifvertrag vorhanden, so bestimmt er die Mindesthöhe der Vergütung.

Lohnfortzahlung

Der Angestellte hat Anspruch auf 100 % der Vergütung, wenn er durch eigene Krankheit seine Arbeit im Unternehmen nicht ausüben kann. *EntgFG §§ 1, 3, 4* Der Anspruch besteht jedoch nicht länger als sechs Wochen.

Weiterbildung

Der Arbeitgeber hat dem Angestellten den ihm tariflich zustehenden Bildungsurlaub zu gewähren.

Fürsorge

Der Arbeitgeber hat die Pflicht, in seinem Unternehmen auf die Erhaltung der Gesundheit des Angestellten zu achten, ihn zur Sozialversicherung anzumelden, die Beiträge dafür abzuziehen und abzuführen und ihm den gesetzlich oder vertraglich zustehenden Erholungsurlaub zu gewähren. *HGB § 62 BUrlG § 1*

Zeugnis

Bei Beendigung des Arbeitsverhältnisses hat der Arbeitgeber ein Zeugnis über die Art und Dauer des Arbeitsverhältnisses **(einfaches Zeugnis)** auszustellen. *BGB § 630* Auf seinen Wunsch ist es auch auf Führung und Leistung auszudehnen **(qualifiziertes Zeugnis)**. Hierbei sind mindestens Angaben zu machen über Arbeitsqualität und -quantität, Arbeitssorgfalt und -einsatz sowie über das Verhalten und die Zusammenarbeit mit Kollegen und Vorgesetzten. Der Arbeitgeber haftet für Schäden aus unwahren Zeugnisangaben. Ein elektronisches Zeugnis ist ausgeschlossen.

Hat der Arbeitnehmer ein qualifiziertes Zeugnis gefordert, hat er keinen Anspruch mehr auf ein einfaches Zeugnis.

Pflichten des kaufmännischen Angestellten (= Rechte des Arbeitgebers)

Dienstleistung

Der Angestellte ist verpflichtet, die ihm übertragenen Arbeiten pünktlich, gewissenhaft und seinen Fähigkeiten entsprechend auszuführen. *HGB § 59* Art und Dauer der Tätigkeit richten sich nach dem Arbeitsvertrag.

▶ Weiterbildung

Der Angestellte soll seine beruflichen Fähigkeiten und Fertigkeiten dem neuesten Stand der Entwicklung anpassen und ergänzende Kenntnisse auf neuen Gebieten erwerben.

▶ Treue und Verschwiegenheit

UWG § 17 Der Angestellte ist verpflichtet, die Interessen des Arbeitgebers wahrzunehmen und über Geschäftsangelegenheiten zu schweigen, durch deren leichtfertige, absichtliche oder gar entgeltliche Mitteilung (Schmiergelder) an andere das Unternehmen oder sein Inhaber geschädigt wird.

Dies gilt besonders für das Ausplaudern von Bezugsquellen, Einkaufspreisen, Kalkulationszuschlägen, Absatzgebieten, Umsätzen, Gehältern, Privatentnahmen, Gewinnen.

▶ Handels- und Wettbewerbsverbot

HGB § 60 a) **Handelsverbot.** Der Angestellte darf ohne Einwilligung des Arbeitgebers kein eigenes Handelsgewerbe, auch nicht außerhalb des Geschäftszweiges des Arbeitgebers, betreiben.

Beispiel: Ein Buchhalter eines Großhandelsunternehmens darf ohne ausdrückliche oder stillschweigende Genehmigung seines Arbeitgebers nicht Inhaber eines Lebensmittelgeschäftes sein. Dies gilt auch, wenn das Geschäft von seiner Frau geleitet wird.

b) **Gesetzliches Wettbewerbsverbot.** Dem Angestellten ist es außerdem verboten, im Geschäftszweig des Arbeitgebers dauernd oder gelegentlich Geschäfte für eigene oder fremde Rechnung zu machen oder zu vermitteln, es sei denn, dass der Arbeitgeber seine ausdrückliche Einwilligung dazu gibt.

Beispiel: Der Einkäufer des Rohstoffgroßhandelsunternehmens A kauft für das Großhandelsunternehmen B Rohstoffe gegen Zahlung einer Provision.

§ 74 Bei Pflichtverletzung des Angestellten hat der Arbeitgeber das Recht zur fristlosen Kündigung. Er kann gegebenenfalls Schadensersatz fordern.

c) **Vertragliches Wettbewerbsverbot.** Soll ein Wettbewerbsverbot auch nach Beendigung des Arbeitsverhältnisses gelten, so bedarf dies einer schriftlichen Regelung.

Diese sogenannte **Konkurrenzklausel** darf aber das berufliche Weiterkommen und die Wahl des künftigen Arbeitsplatzes nicht wesentlich erschweren. Das Verbot darf sich auf höchstens zwei Jahre erstrecken. Im Falle eines Minderverdienstes hat der Angestellte das Recht auf eine angemessene Entschädigung.

Rechte und Pflichten aus dem Arbeitsvertrag

Rechte des kaufmännischen Angestellten	Pflichten des kaufmännischen Angestellten
– Beschäftigung – Vergütung – Lohnfortzahlung – Weiterbildung – Fürsorge – Zeugnis	– Dienstleistung – Weiterbildung – Treue und Verschwiegenheit – Handels- und Wettbewerbsverbot
Pflichten des Arbeitgebers	**Rechte des Arbeitgebers**

Beendigung von Arbeitsverhältnissen

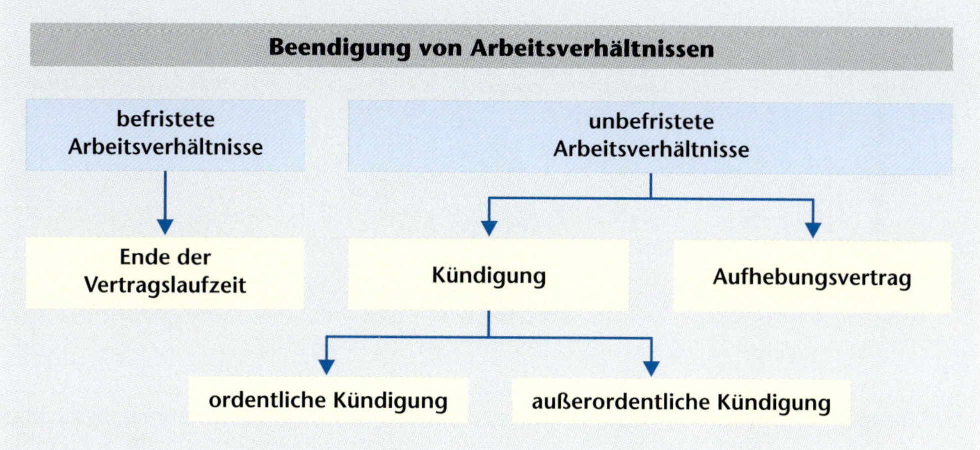

Befristete Arbeitsverhältnisse enden ohne Kündigung, wenn der Zeitpunkt der Beendigung schon bei Vertragsabschluss festgelegt wird (Aushilfsbeschäftigung, Praxissemester, Ferienarbeit).

Unbefristete **Arbeitsverhältnisse** können durch Kündigung oder Aufhebungsvertrag beendet werden.

▶ Kündigung

Unter der **Kündigung** eines Arbeitsvertrages versteht man eine **einseitige Willenserklärung** des Arbeitgebers oder Arbeitnehmers, dass er den **Arbeitsvertrag lösen** will.

Es wird zwischen der ordentlichen und der außerordentlichen Kündigung unterschieden.

a) Bei einer **ordentlichen Kündigung** sind folgende Fristbestimmungen möglich:

1. **Gesetzliche Kündigungsfrist.** Es kann zum 15. eines Monats oder zum Monatsende mit einer Frist von vier Wochen gekündigt werden. Die Kündigung muss schriftlich ausgesprochen werden und rechtzeitig zugegangen sein. *BGB §§ 622 ff.*

   Beispiele:

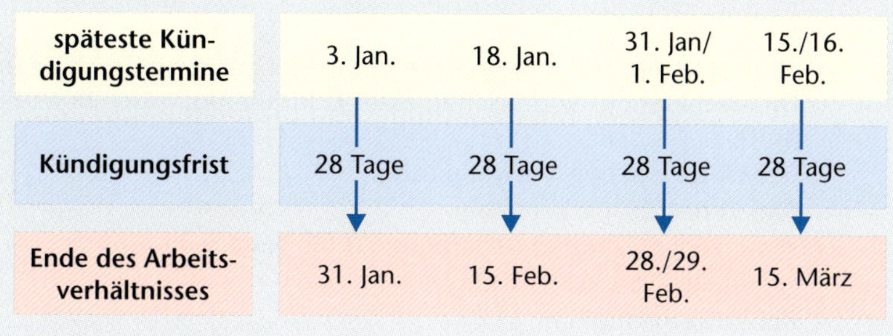

späteste Kündigungstermine	3. Jan.	18. Jan.	31. Jan/ 1. Feb.	15./16. Feb.
Kündigungsfrist	28 Tage	28 Tage	28 Tage	28 Tage
Ende des Arbeitsverhältnisses	31. Jan.	15. Feb.	28./29. Feb.	15. März

2. **Besondere Kündigungsfristen.** Sie gelten nur für den Arbeitgeber bei langjährigen Mitarbeitern. Diese betragen, jeweils auf das Monatsende, nach einer Beschäftigungsdauer von

   2 Jahren: 1 Monat, 10 Jahren: 4 Monate, 15 Jahren: 6 Monate,
   5 Jahren: 2 Monate, 12 Jahren: 5 Monate, 20 Jahren: 7 Monate.
   8 Jahren: 3 Monate,

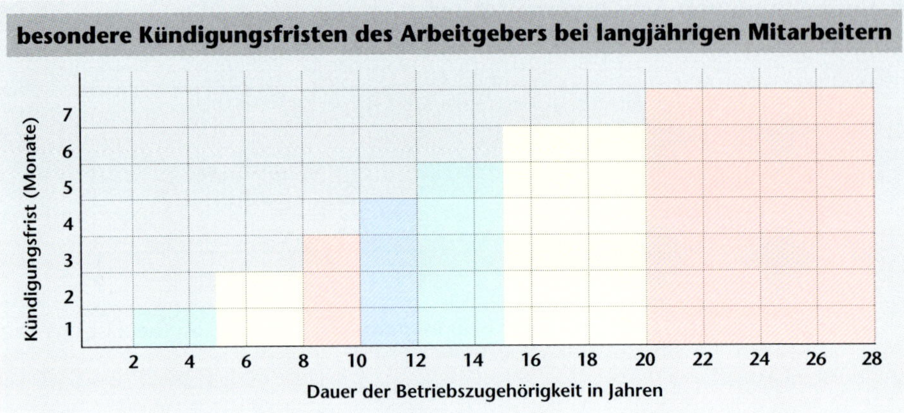

Beispiel: Eine 30-jährige Arbeitnehmerin, die seit 11 Jahren im Unternehmen beschäftigt ist, kann selbst am 3. Mai zum 31. Mai kündigen, der Arbeitgeber erst zum 30. September.

3. **Vertragliche Kündigungsfrist.** Dabei ist zu beachten:
   - Die Kündigungsfrist kann länger als die gesetzliche Frist sein.
   - Für die Kündigung des Arbeitsverhältnisses durch den Arbeitnehmer darf keine längere Frist vereinbart werden als für die Kündigung durch den Arbeitgeber.

BGB §§ 626 ff.

b) Die **außerordentliche Kündigung (fristlose Kündigung)** löst das Arbeitsverhältnis in der Regel mit sofortiger Wirkung. Die vereinbarten oder gesetzlichen Kündigungsfristen brauchen nicht eingehalten zu werden. Die außerordentliche Kündigung ist jedoch nur in Ausnahmefällen zulässig, und zwar, wenn ein **wichtiger Grund** für sie gegeben ist. Ein wichtiger Grund ist anzunehmen, wenn Tatsachen vorliegen, aufgrund derer dem Kündigenden unter Berücksichtigung aller Umstände die Fortsetzung des Arbeitsverhältnisses nicht zugemutet werden kann.

Wenn der Arbeitgeber das gesetz- oder vertragswidrige Verhalten des Arbeitnehmers als so schwerwiegend beurteilt, dass er deswegen die Gefahr einer fristlosen Kündigung sieht, muss er den Arbeitnehmer davon in einer **ausdrücklichen schriftlichen Abmahnung** benachrichtigen.

Wichtige Gründe für die fristlose Kündigung durch

1. Arbeitgeber:
   - alle strafbaren Handlungen, die betriebliche Auswirkungen haben (z. B. Diebstahl, Unterschlagung, Vortäuschen einer Erkrankung, grobe Beleidigung, tätlicher Angriff),
   - beharrliche Arbeitsverweigerung,
   - dauerndes Zuspätkommen,
   - vorsätzliche Geschäftsschädigung, üble Nachrede,
   - vorsätzliche Sachbeschädigung,
   - Konkurrenztätigkeit.
2. Arbeitnehmer:
   - grobe Ehrverletzung,
   - Verletzung der Vergütungs- oder Fürsorgepflicht,
   - Handgreiflichkeiten.

c) Die **Änderungskündigung** ist eine besondere Form der Kündigung. Hierbei kündigt der Arbeitgeber das Arbeitsverhältnis fristgerecht, bietet aber im Zusammenhang mit der Kündigung die Fortdauer des Vertragsverhältnisses zu geänderten Bedingungen an.

Beispiel: Durch eine Änderung in der Verkaufsorganisation wird einem Handlungsreisenden gekündigt, ihm aber gleichzeitig die Stelle eines Sachbearbeiters in der Verkaufsabteilung angeboten.

Wer selbst vertragswidrig das Arbeitsverhältnis auflöst oder durch sein vertragswidriges Verhalten die Aufhebung des Arbeitsverhältnisses durch den anderen veranlasst, ist schadensersatzpflichtig.

Eine **Kündigung** seitens des Arbeitgebers ist **unwirksam,** wenn

- die Anhörung des Betriebsrates nicht in der im Betriebsverfassungsgesetz vorgeschriebenen Form erfolgte oder *BetrVG § 102*
- die Kündigungsschutzbestimmungen nicht beachtet wurden.

▶ Aufhebungsvertrag

Er ist eine einvernehmliche Auflösung des Arbeitsverhältnisses. Eine Mitwirkung des Betriebsrates, der Behörden (bei werdenden Müttern oder schwerbehinderten Menschen) oder des Arbeitsgerichtes ist nicht erforderlich.

Dadurch erspart sich der Arbeitgeber die Prüfung, ob die Kündigung sozial gerechtfertigt ist, und damit einen eventuell folgenden Prozess vor dem Arbeitsgericht. Oft zahlt der Arbeitgeber dem Arbeitnehmer eine Abfindung.

Für den Arbeitnehmer hat diese Art der Beendigung des Arbeitsverhältnisses folgende Nachteile:

- Er verliert den Kündigungsschutz,
- bei Arbeitslosigkeit erhält er erst nach Ablauf einer bis zu zwölfwöchigen Sperrzeit Arbeitslosengeld,
- hohe Abfindungen werden zum Teil auf das Arbeitslosengeld angerechnet.

▶ Aufgaben und Probleme

1. Karin Meier ist Mitarbeiterin in der Personalabteilung der Huth Großhandelsgesellschaft mbH, in der 120 Personen beschäftigt sind. Karin hat im Rahmen ihres Sachgebietes verschiedene Fragen zu klären und Aufgaben zu erfüllen.

   a) Karin Meier soll prüfen, ob in die neu abzuschließenden Arbeitsverträge mit den kaufmännischen Angestellten folgende Klausel aufgenommen werden kann:

      »Bei der Kündigung durch den Betrieb ist eine Kündigungsfrist von zwei Wochen einzuhalten; die Kündigung kann zum Monatsende ausgesprochen werden. Ansonsten gelten die gesetzlichen Bestimmungen.«

      Beurteilen Sie unter rechtlichen Gesichtspunkten, ob die Übernahme dieser Klausel in die Angestelltenverträge möglich ist.

   Karin Meier hat eine fristgerechte Kündigung zum Jahresende eines seit vier Jahren beschäftigten angestellten Mitarbeiters (37 Jahre) vorzubereiten. Der zu entlassende Mitarbeiter ist einer von vier in der Huth Großhandelsgesellschaft mbH beschäftigten Lkw-Fahrer. Die Huth Großhandelsgesellschaft mbH hat den Fuhrpark aus Kostengründen auf drei eigene Lkw abgebaut. Der Mitarbeiter gilt als nicht besonders fleißig.

   b) Wann muss die Kündigung dem Mitarbeiter spätestens zugegangen sein?

   c) Mit welchen Argumenten kann sich der Mitarbeiter gegen diese Kündigung wehren?

2. Ein Angestellter kündigt am 3. Dezember brieflich das Dienstverhältnis zum 31. Dezember. Der 4. Dezember ist ein Sonntag. Der Brief kann erst am 5. Dezember zugestellt werden. Erklären Sie, ob der Angestellte rechtmäßig zum 1. Januar die Stelle verlassen kann.

3. In Arbeitsverträgen wird vereinbart:
   a) Eine zweijährige Kündigungsfrist für beide Teile zum Jahresende.
   b) Kündigungsfrist für den Angestellten drei Monate zum Quartalsende – für den Arbeitgeber die gesetzliche Kündigungsfrist.
   c) Ein Gehalt, das 5 % über den Bestimmungen des Tarifvertrages liegt. Es soll zwei Jahre gleich bleiben, unabhängig von weiteren tariflichen Vereinbarungen.

   Welche dieser Vereinbarungen gelten, welche nicht? Begründen Sie Ihre Entscheidung.
4. Bei der Groß- und Außenhandlung Dreher GmbH bewirbt sich Frau Matt als Sachbearbeiterin für den Export. Beim Einstellungsgespräch sagt sie am 15. Februar zu, am 1. April ihre Arbeit aufzunehmen. Die vereinbarten Bedingungen werden Frau Matt am 25. Februar schriftlich zugestellt.
   a) Begründen Sie, wann der Arbeitsvertrag zustande gekommen ist.
   b) Frau Matt würde noch gerne abends für eine Bausparkasse arbeiten. Begründen Sie, ob dies möglich ist.
   c) Erläutern Sie, wie sich die Dreher GmbH bei einem eventuellen Ausscheiden von Frau Matt dagegen absichern könnte, dass sie die erworbenen Branchenkenntnisse gegen den früheren Arbeitgeber nutzt.

2.2 Rechtsschutz der Arbeitnehmer

Die Vertragsfreiheit kann dazu führen, dass Arbeitnehmer persönlich in Not geraten. Deshalb hat der Staat durch Gesetze dafür gesorgt, dass der Arbeitnehmer geschützt werden soll.

Rechtsschutz des Arbeitnehmers

Frauen-, Mutter- und Elternschutz

Gesundheits- und Unfallschutz

Arbeitszeitschutz

Jugendarbeitsschutz

Staat

Kündigungsschutz

Schutz schwerbehinderter Menschen

Schutz vor Benachteiligung

Datenschutz

■ Gesundheits- und Unfallschutz

ArbSchG § 3 Arbeitgeber sind verpflichtet, die erforderlichen Maßnahmen des Arbeitsschutzes zu treffen. Dabei ist die Arbeit so zu gestalten, dass eine Gefährdung für das Leben und die Gesundheit möglichst vermieden wird.

§ 5, §§ 10 f. Der Arbeitgeber hat durch eine Beurteilung der mit der Arbeit verbundenen Gefährdung zu ermitteln, welche Maßnahmen der Ersten Hilfe, Brandbekämpfung und Evakuierung der Beschäftigten sowie arbeitsmedizinische Vorsorge und Untersuchungen notwendig sind.

Die Beschäftigten sind über die Sicherheit und den Gesundheitsschutz bei der Arbeit zu unterweisen. ArbSchG § 12

Beispiele: Gute Beleuchtung, ausreichende Lüftung, Beseitigung von Staub, Gasen und Abfällen. Schutzvorrichtungen sollen die Arbeitnehmer gegen die Berührung mit gefährlichen Maschinen und gegen die Gefahren bei Fabrikbränden schützen.

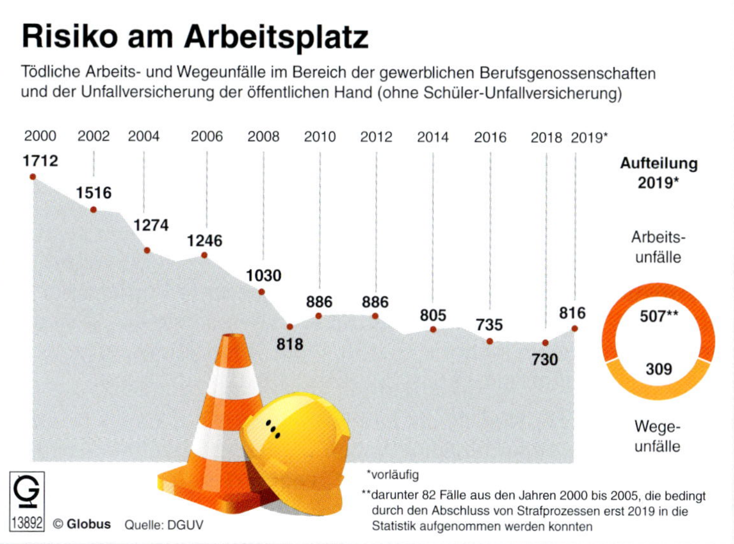

Die **Gewerbeaufsichtsämter** und die **Berufsgenossenschaften** überwachen die Einhaltung der Bestimmungen und sorgen für die Beseitigung von Missständen.

Arbeitszeitschutz

Nach dem Gesetz gilt der **Achtstundentag.** Mit Zustimmung des Betriebsrates kann die Arbeitszeit für einen längeren Zeitraum auf bis zu zehn Stunden erhöht werden. Eine Überschreitung dieser Grenze aus betriebstechnischen Gründen bedarf der Genehmigung des Gewerbeaufsichtsamtes oder der Vereinbarung in einem Tarifvertrag oder in einer Betriebsvereinbarung. ArbZG §§ 3 ff.

Verlängerte Arbeitszeiten müssen innerhalb von sechs Monaten **durch kürzere Arbeitszeiten** an anderen Tagen **ausgeglichen** werden. Für bis zu 60 Werktage jährlich ist auch ein **finanzieller Ausgleich** möglich, wenn die Tarifpartner dies vereinbaren. Sonn- und Feiertagsarbeit ist dann erlaubt, wenn technische Gegebenheiten eine ununterbrochene Produktion erfordern oder ein Unternehmen sonst seine internationale Konkurrenzfähigkeit verlieren würde. §§ 10 ff.

Frauen-, Mutter- und Elternschutz

Die berufstätige Frau genießt durch das Arbeitsrecht einen besonderen Schutz.

Werdende und stillende Mütter dürfen zu schwerer körperlicher Arbeit, zu Mehrarbeit, Akkord- und Fließbandarbeit, Nacht- und Sonntagsarbeit nicht herangezogen werden. Werdende Mütter dürfen grundsätzlich sechs Wochen vor der Entbindung, Mütter bis acht Wochen nach der Entbindung nicht beschäftigt werden. Nach der Geburt des Kindes kann die Mutter und/oder der Vater bzw. der Lebensgefährte eine **Elternzeit** von bis zu 36 Monaten beanspruchen. MuSchG §§ 3 ff. BEEG §§ 15 f.

Weiterhin haben Eltern die Möglichkeit, in den ersten 14 Monaten nach der Geburt des Kindes **Elterngeld** zu beziehen. Allerdings kann ein Elternteil maximal 12 Monate Elterngeld beanspruchen. Eltern mit höherem Einkommen erhalten 65 Prozent, Eltern mit niedrigerem Einkommen bis zu 100 Prozent des Voreinkommens. Es werden jedoch höchstens 1.800 EUR und mindestens 300 EUR monatlich gezahlt. §§ 2, 4

Jugendarbeitsschutz (siehe Seite 15)

Schutz schwerbehinderter Menschen

SGB IX § 71 § 77 Um schwerbehinderte Menschen (mindestens 50 % Grad der Behinderung) wieder in den Arbeitsprozess einzugliedern, müssen alle privaten und öffentlichen Arbeitgeber, die über mindestens 20 Arbeitsplätze verfügen, mindestens 5 % der Arbeitsplätze mit schwerbehinderten Menschen besetzen. Für jeden unbesetzten Pflichtplatz muss der Arbeitgeber eine monatliche **Ausgleichsabgabe an das Integrationsamt** entrichten; die Pflicht zur Einstellung wird jedoch dadurch nicht aufgehoben.

§ 81 Die Arbeitgeber haben die schwerbehinderten Menschen so zu beschäftigen, dass diese ihre Fähigkeiten und Kenntnisse möglichst voll anwenden und weiterentwickeln können. Außerdem haben sie für eine behindertengerechte Einrichtung und Unterhaltung der Arbeitsstätten einschließlich der Betriebsanlagen sowie der Gestaltung der Arbeitsplätze zu sorgen. Arbeitgeber können hierfür beim Integrationsamt einen Zuschuss, der über die gezahlten Ausgleichsabgaben finanziert wird, beantragen.

§ 125 Schwerbehinderte Menschen haben Anspruch auf einen bezahlten zusätzlichen Urlaub von fünf Arbeitstagen im Jahr. Außerdem haben sie einen Anspruch auf Teilzeitbeschäftigung, wenn die kürzere Arbeitszeit wegen der Art oder der Schwere der Behinderung notwendig ist.

Schutz vor Benachteiligung

AGG §§ 1–20 Das Allgemeine Gleichbehandlungsgesetz soll Benachteiligungen aus Gründen der Rasse oder wegen der ethnischen Herkunft, des Geschlechts, der Religion oder Weltanschauung, einer Behinderung, des Alters oder der sexuellen Identität verhindern oder beseitigen. U.a. schützt es Beschäftigte im Unternehmen davor, dass sie aus den genannten Gründen ohne Vorliegen von sachlichen Gründen benachteiligt werden. Der Arbeitgeber hat Stellenausschreibungen und Arbeitsplätze entsprechend zu gestalten, damit es zu keiner Benachteiligung einzelner Personengruppen kommt. Andernfalls haben die Benachteiligten Anspruch auf Entschädigung und Schadensersatz.

Beispiel: Ein ausländischer Bewerber um einen Ausbildungsplatz zum Kaufmann für Groß- und Außenhandelsmanagement darf nicht wegen seiner Herkunft abgelehnt bzw. benachteiligt werden.

Außerdem soll das Gleichbehandlungsgesetz die Würde von Frauen und Männern durch den **Schutz vor sexueller Belästigung** am Arbeitsplatz bewahren. Verantwortlich für den Schutz sind Arbeitgeber und Dienstvorgesetzte. Sie haben die im Einzelfall angemessenen arbeitsrechtlichen Maßnahmen wie Abmahnung, Umsetzung, Versetzung oder Kündigung zu ergreifen.

Kündigungsschutz

Kündigungsschutz

allgemeiner Kündigungsschutz	besonderer Kündigungsschutz
Gilt für **alle** Arbeitnehmer, die länger als **6 Monate** im Betrieb tätig sind, sofern dieser mehr als 10 Beschäftigte hat.	Gilt für 1. Betriebsratsmitglieder, 2. Mütter/Eltern, 3. Schwerbehinderte Menschen, 4. Auszubildende.

▶ **Allgemeiner Kündigungsschutz**

Ihn genießen **alle Arbeitnehmer** in Unternehmen mit mehr als fünf Arbeitnehmern, sofern sie länger als sechs Monate ohne Unterbrechung in demselben Unternehmen beschäftigt sind. Für nach dem 31. Dezember 2003 eingestellte Arbeitnehmer gilt dies erst bei Unternehmen mit mehr als 10 Beschäftigten. Eine Kündigung ist bei diesen Voraussetzungen **unwirksam,** wenn sie nicht durch die Person oder das Verhalten des Arbeitnehmers oder durch dringende betriebliche Erfordernisse bedingt ist oder der Betriebsrat nicht gefragt wurde. *KSchG § 1*

Beispiel: Ein Unternehmen entlässt einen 50-jährigen Mitarbeiter, weil angeblich keine Aufträge vorliegen, verhandelt aber gleichzeitig mit mehreren 20-Jährigen wegen einer Anstellung.

Hält ein Arbeitnehmer eine Kündigung für sozial ungerechtfertigt, so kann er beim Betriebsrat binnen einer Woche **Einspruch** und beim Arbeitsgericht binnen drei Wochen **Klage** erheben. Entspricht das Arbeitsgericht der Klage, so gilt die Kündigung als von Anfang an unwirksam; ist jedoch dem Arbeitnehmer die Fortsetzung des Arbeitsverhältnisses nicht zumutbar, so kann das Arbeitsgericht den Arbeitgeber zur Zahlung einer einmaligen **Abfindung** von bis zu 18 Monatsverdiensten verurteilen. Für Vorstandsmitglieder und Geschäftsführer gilt dieser allgemeine Kündigungsschutz nicht. *§ 3 § 4 §§ 9 ff. § 14*

▶ **Besonderer Kündigungsschutz**

Besonderen Kündigungsschutz genießen

1. **Betriebsratsmitglieder** und Mitglieder der Jugend- und Auszubildendenvertretung während ihrer Amtszeit und bis ein Jahr danach, Kandidaten zur Wahl des Betriebsrates, nicht gewählte Kandidaten bis sechs Monate nach der Wahl. *§ 15*
2. **Mütter** während der Schwangerschaft, sofern der Arbeitgeber von ihr Kenntnis hat oder innerhalb von zwei Wochen nach der Kündigung Kenntnis bekommt, außerdem während vier Monaten nach der Entbindung und **Eltern** während der Elternzeit. *MuSchG § 9 BEEG § 18*
3. **Schwerbehinderte Menschen** (mindestens 50 % Grad der Behinderung). Ihnen kann nur mit Zustimmung des Integrationsamtes gekündigt werden (auch bei außerordentlicher Kündigung). Die Kündigungsfrist muss mindestens vier Wochen betragen. *SGB IX §§ 85 ff.*
4. **Auszubildende.** Ihnen kann während der Ausbildungszeit nicht gekündigt werden (Ausnahmen: Probezeit, fristlose Kündigung). *BBiG § 22 (2)*

Das Recht zur fristlosen Kündigung bei erheblicher Pflichtverletzung bleibt vom Kündigungsschutz unberührt. Ausgenommen hiervon ist der Mutterschutz.

2.3 Arbeitsgerichtsbarkeit

Die Arbeitsgerichte gewährleisten eine sachgemäße Behandlung (Fachkammern für bestimmte Berufe) und einheitliche Rechtsprechung in arbeitsrechtlichen Streitigkeiten. Gegenüber den ordentlichen Gerichten ist das Verfahren wegen der kürzeren Fristen rascher und wegen der niedrigeren Gerichtskosten billiger. Kommt es zu einem Vergleich vor dem Arbeitsgericht (Gütetermin), werden überhaupt keine Gerichtskosten erhoben.

Zuständigkeit der Arbeitsgerichte

Örtlich zuständig ist das Gericht, in dessen Bezirk der Beklagte seinen Wohnsitz oder seinen Arbeitsplatz hat. **Sachlich zuständig** sind die Gerichte für

a) Streitigkeiten zwischen einzelnen Arbeitgebern und Arbeitnehmern aus dem Arbeits- oder Berufsausbildungsvertrag und aus unerlaubten Handlungen, soweit sie mit diesen Verträgen zusammenhängen (Lohn, Urlaub, Gesundheitsschädigung).

b) Streitigkeiten zwischen Tarifvertragsparteien (Gültigkeit des Tarifvertrages, Koalitionsfreiheit, Streik).

c) Streitigkeiten zwischen Arbeitnehmern aus gemeinsamer Arbeit und wegen unerlaubter Handlungen, soweit sie mit dem Arbeitsverhältnis zusammenhängen (Gruppenakkord).

d) Streitigkeiten aus dem Betriebsverfassungsgesetz, z. B. Errichtung, Zusammensetzung, Geschäftsführung und Auflösung des Betriebsrates.

e) Streitigkeiten aus dem Mitbestimmungsgesetz, z. B. über die Wahl von Vertretern der Arbeitnehmer in den Aufsichtsrat und deren Abberufung.

Aufbau der Arbeitsgerichte

ArbGG § 1 Die Arbeitsgerichtsbarkeit wird ausgeübt durch Arbeitsgerichte, Landesarbeitsgerichte (Berufungsinstanz) und das Bundesarbeitsgericht (Revisionsinstanz) in Erfurt.

§ 11 In **erster Instanz** besteht **kein Anwaltszwang,** jedoch können Vertreter der Arbeitgeber- und Arbeitnehmerverbände und auch Rechtsanwälte die Prozessvertretung übernehmen. In **zweiter** und **dritter Instanz** besteht **Anwaltszwang;** während in zweiter Instanz noch Vertreter der Verbände als Prozessbevollmächtigte zugelassen sind, können solche in dritter Instanz nur noch Rechtsanwälte sein.

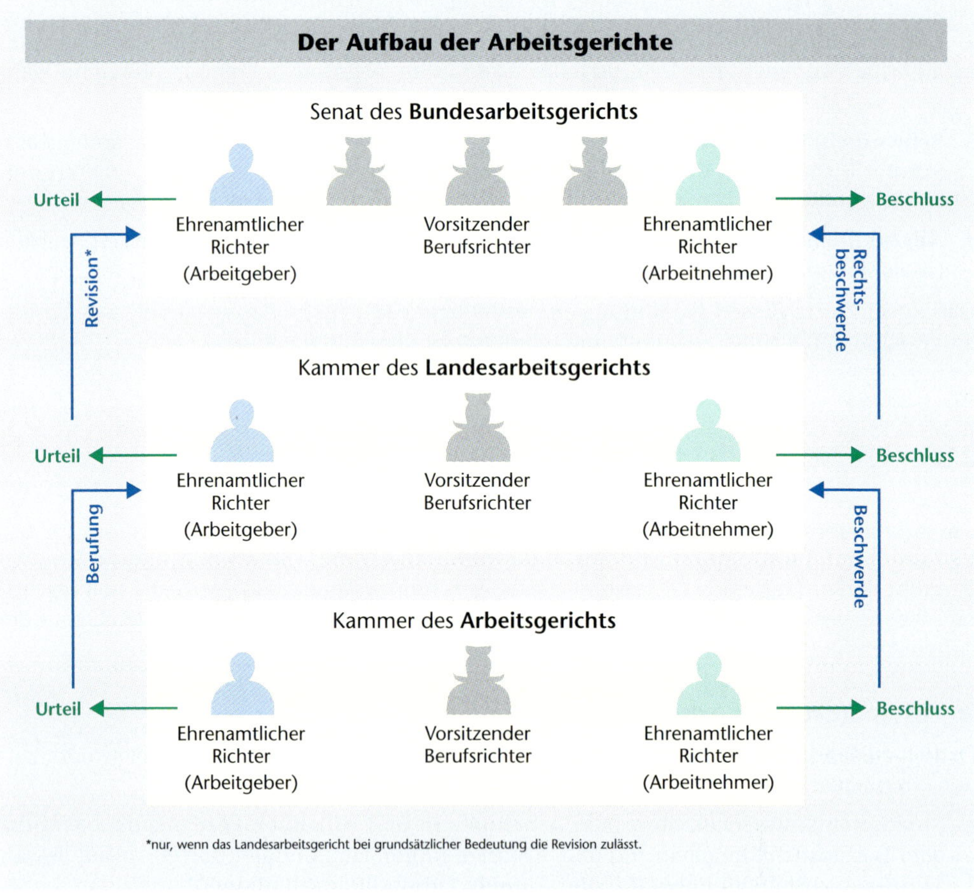

▶ Aufgaben und Probleme

1. Das Großhandelsunternehmen Gronbach KG handelt deutschlandweit mit Bürozubehör. Seit einiger Zeit ist der Umsatz rückläufig. Deshalb will die Geschäftsleitung durch Personalabbau und andere Rationalisierungsmaßnahmen Kosten einsparen.
   a) 25 % der Belegschaft soll gekündigt werden. Was muss der Arbeitgeber im Rahmen des allgemeinen Kündigungsschutzes beachten?
   b) Bei einem Gespräch zwischen der Geschäftsleitung und dem Betriebsrat weist der Betriebsrat darauf hin, dass bei den Kündigungen der »besondere Kündigungsschutz« für bestimmte Mitarbeitergruppen berücksichtigt werden muss. Was versteht man unter diesem Kündigungsschutz?
   c) Erläutern Sie, aus welchen Gründen diese Gruppen geschützt sind.

2. Sybille Gross ist noch in der Probezeit. Sie hat erst vor zwei Monaten mit ihrer Tätigkeit begonnen. Deshalb ist sie sich unsicher, ob das Mutterschutzgesetz auch auf sie zutrifft.
   a) Nehmen Sie begründet Stellung.
   b) Der Arbeitgeber weiß jetzt, dass Sybille schwanger ist und dass er eine mögliche Gesundheitsgefährdung, die sich aus ihrer beruflichen Tätigkeit ergibt, ausschließen muss. Worauf muss er bei der Einrichtung des Arbeitsplatzes für Sybille Gross besonders achten?
   c) Um den Schutz der werdenden Mutter zu gewährleisten, verbietet das Mutterschutzgesetz manche Arbeiten absolut. Wann dürfte Sybille zum Beispiel überhaupt nicht mehr beschäftigt werden?

3. Lesen Sie folgenden Sachverhalt:

Starker Umsatzrückgang bei Ulmer Metallgroßhandel GmbH

Ulm, 05.03.2020. Die Metallgroßhandel GmbH in Ulm mit insgesamt mehr als 50 Mitarbeitern verzeichnet aufgrund der wachsenden Konkurrenz aus dem Ausland einen starken Umsatzrückgang. Die Geschäftsleitung der Metallgroßhandlung versucht deswegen mit radikalen Einsparungen aus den roten Zahlen herauszukommen.

In der kaufmännischen Verwaltung sollen von den fünf Stellen zwei abgebaut werden. Die Kündigungen sollen zum 01.06.2020 ausgesprochen werden. [...]

Nach einer Vorauswahl bleiben noch vier Mitarbeiter übrig, die für eine Kündigung infrage kommen. Zwei Mitarbeitern muss gekündigt werden. Heute findet die entscheidende Sitzung statt. Sie sind Mitarbeiter in der Personalabteilung und sollen für diese Sitzung eine Empfehlung erarbeiten, welchen beiden Mitarbeitern gekündigt werden sollte.

Die folgenden Mitarbeiter – alle haben ähnliche Qualifikationen und erledigen ihre Tätigkeiten zur vollsten Zufriedenheit – stehen zur Auswahl:

Frank Ohlendorf; geboren am: 15.06.1993; ledig, keine Kinder

beschäftigt seit: 10.02.2018

Zusatzinformationen: Herr Ohlendorf ist seit einem Motorradunfall zu 50 % schwerbehindert.

Maria Funke; geboren am: 12.01.1979; verheiratet, ein schulpflichtiges Kind

beschäftigt seit: 13.05.2016

Zusatzinformationen: Herr Funke (Ehemann) ist als Lagerist bei der Metallgroßhandel GmbH beschäftigt.

Anna Sandmann; geboren am: 14.02.1996; ledig, ein Kind im Kindergarten

beschäftigt seit: 01.02.2020

Zusatzinformationen: Die Probezeit von Frau Sandmann ist am 01.04.2020 abgelaufen.

Wilhelm Heinemann; geboren am: 24.01.1967; verheiratet, drei schulpflichtige Kinder

beschäftigt seit: 15.08.2009

Zusatzinformationen: Die Ehefrau von Herrn Heinemann ist zurzeit arbeitslos.

Geben Sie eine Kündigungsempfehlung ab und begründen Sie diese. Beachten Sie dabei die Voraussetzungen für den allgemeinen Kündigungsschutz.

4. Ein Mitarbeiter, dem gekündigt wurde, droht mit einer Kündigungsschutzklage bis zur letzten Instanz.

   a) Welches Gericht ist für diese Klage sachlich und örtlich zuständig?

   b) Die Klage des Arbeitnehmers wird in 1. Instanz abgewiesen. Welche weiteren gerichtlichen Schritte kann er noch unternehmen?

   c) Welche Streitigkeiten machen Ihrer Ansicht nach den Hauptanteil der Verhandlungen vor den Arbeitsgerichten aus?

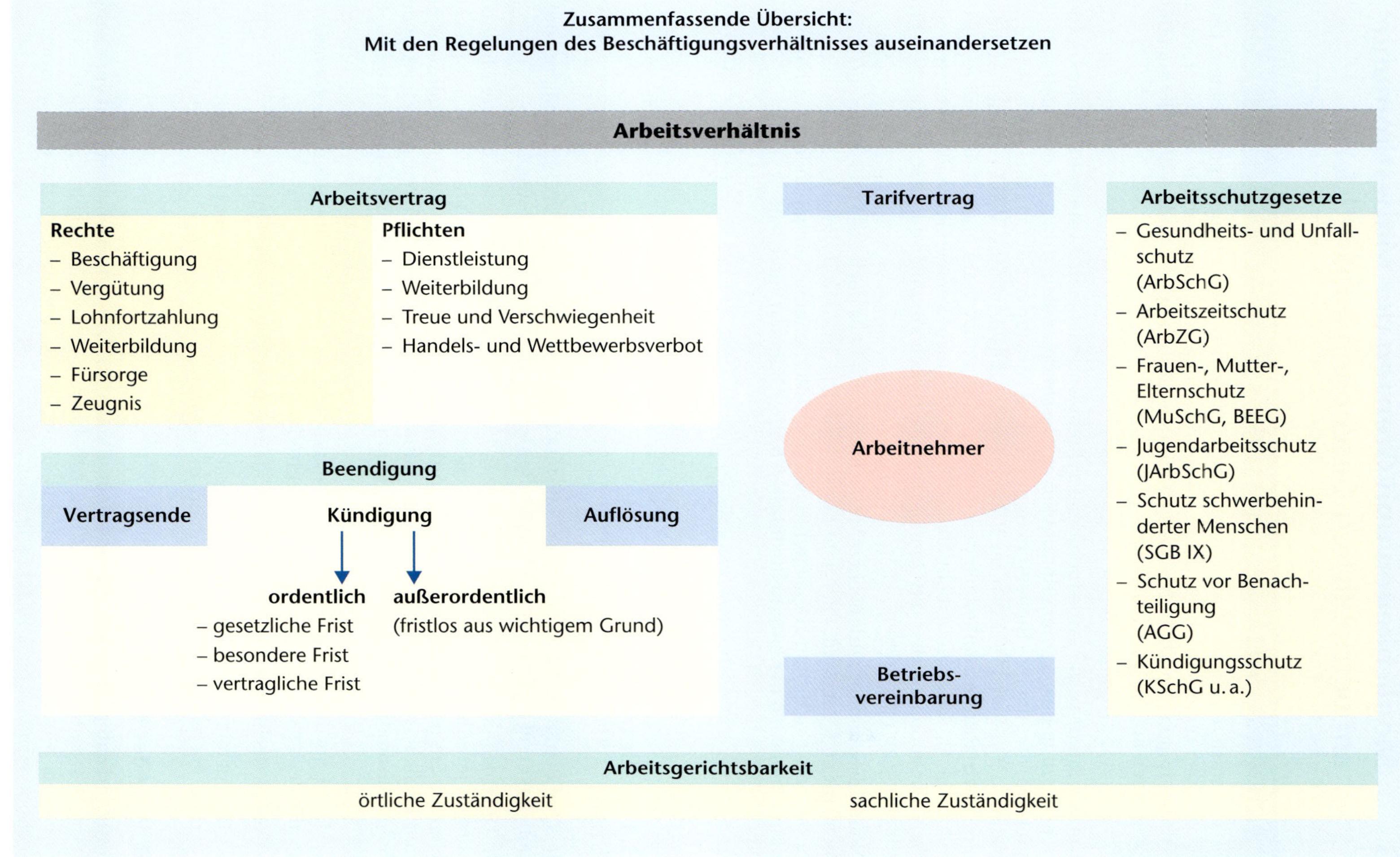
Zusammenfassende Übersicht:
Mit den Regelungen des Beschäftigungsverhältnisses auseinandersetzen
Arbeitsverhältnis
Arbeitsvertrag
Rechte
– Beschäftigung
– Vergütung
– Lohnfortzahlung
– Weiterbildung
– Fürsorge
– Zeugnis
Pflichten
– Dienstleistung
– Weiterbildung
– Treue und Verschwiegenheit
– Handels- und Wettbewerbsverbot
Beendigung
Vertragsende
Kündigung
Auflösung
ordentlich
– gesetzliche Frist
– besondere Frist
– vertragliche Frist
außerordentlich
(fristlos aus wichtigem Grund)
Tarifvertrag
Arbeitnehmer
Betriebs-vereinbarung
Arbeitsschutzgesetze
– Gesundheits- und Unfallschutz (ArbSchG)
– Arbeitszeitschutz (ArbZG)
– Frauen-, Mutter-, Elternschutz (MuSchG, BEEG)
– Jugendarbeitsschutz (JArbSchG)
– Schutz schwerbehinderter Menschen (SGB IX)
– Schutz vor Benachteiligung (AGG)
– Kündigungsschutz (KSchG u. a.)
Arbeitsgerichtsbarkeit
örtliche Zuständigkeit
sachliche Zuständigkeit

3 Möglichkeiten und Grenzen der Mitbestimmung am betrieblichen Geschehen konkretisieren

▶ Handlungsauftrag

Organisieren Sie in Ihrer Klasse eine Podiumsdiskussion zum Thema »Einem Unternehmen ohne Betriebsrat geht es besser!?« Bilden Sie Gruppen für die verschiedenen Standpunkte und bereiten Sie sich mithilfe dieses Kapitels und weiterer Informationsquellen auf die Diskussion vor.

Um das Interesse der Arbeitnehmer an ihrem Unternehmen zu steigern, um ihnen Gelegenheit zu geben, am innerbetrieblichen Geschehen mitzuwirken, ja eventuell mitzubestimmen, und um ihre Stellung gegenüber dem Arbeitgeber durch eine gemeinsame Vertretung zu festigen, wurden im Betriebsverfassungsgesetz die Wahl und die Aufgaben eines **Betriebsrates** einheitlich geregelt. Ein Zwang zur Wahl eines Betriebsrates besteht jedoch nicht, wenn die Arbeitnehmer von ihrem Recht keinen Gebrauch machen wollen. Sie verlieren damit aber die Chance, eine gesetzlich verankerte innerbetriebliche Mitbestimmung zu praktizieren.

Neben dieser innerbetrieblichen Mitbestimmung gibt es noch die Mitbestimmung im **Aufsichtsrat** und **Vorstand.** Hier geht es um die Frage, inwieweit Vertreter der Arbeitnehmer in die wirtschaftlichen Angelegenheiten des Unternehmens eingebunden werden sollen. Man könnte von der unternehmerischen Mitbestimmung sprechen.

3.1 Betriebsrat

BetrVG §§ 1, 14, 21

In allen Betrieben mit mindestens fünf ständigen wahlberechtigten Arbeitnehmern wird in geheimer und unmittelbarer Wahl ein Betriebsrat auf vier Jahre gewählt.

EBRG § 3 § 32

In Unternehmen mit EU-weit mindestens 1.000 Arbeitnehmern (davon in zwei Mitgliedsstaaten jeweils mindestens 150 Mitarbeiter) muss ein Europäischer Betriebsrat gewählt werden. Ein per Gesetz eingesetzter Europäischer Betriebsrat besteht aus mindestens drei und höchstens dreißig Mitgliedern. Er kann einen geschäftsführenden Ausschuss bilden. Seine Zuständigkeit ist als Mindestregelung in der Richtlinie des EU-Ministerrates so umrissen:

- Er ist nur für Fragen zuständig, die mindestens zwei Betriebe oder Unternehmen in mindestens zwei Mitgliedsstaaten betreffen.
- Seine Rechte treten neben die der nationalen Arbeitnehmervertretungen.
- Er trifft mindestens einmal jährlich mit der zentralen Leitung des Unternehmens zusammen, um informiert und konsultiert zu werden.

■ Wahl des Betriebsrates

BetrVG § 7

Wahlberechtigt sind alle Arbeitnehmer, die das 18. Lebensjahr vollendet haben. Geringfügig beschäftigte Arbeitnehmer und Arbeitnehmerinnen, Mitarbeiter mit Zeitverträgen, Frauen in Mutterschutz und Elternzeit, Teilzeitkräfte und andere sind ebenfalls wahlberechtigt, wenn sie über 18 Jahre alt sind.

Wählbar sind alle Wahlberechtigten, die mindestens ein halbes Jahr dem Betrieb angehören. *BetrVG § 8*

Die **Zahl der Betriebsratsmitglieder** richtet sich nach der Zahl der Arbeitnehmer. In Unternehmen mit mehr als 200 Beschäftigten ist eine bestimmte Anzahl der Mitglieder von der Berufstätigkeit freizustellen. *§ 9* *§ 38*

Zahl der Mitarbeiter im Betrieb	5 – 20	21 – 50	51 – 100	101 – 200	201 – 400	401 – 700	701 – 1.000	1.001 – 1.500	1.501 – 2.000	... jede weitere 500	7.001 – 9.000
freizustellende Betriebsräte	**1**	**3**	**5**	**7**	**9**	**11**	**13**	**15**	**17**	**+2**	**35**
In Betrieben mit mehr als 9.000 Arbeitnehmern erhöht sich die Zahl der Betriebsratsmitglieder für je angefangene weitere 3.000 Arbeitnehmer um 2 Mitglieder.											

Der Betriebsrat soll sich möglichst aus Arbeitnehmern der einzelnen Organisationsbereiche und der verschiedenen Beschäftigungsarten der im Unternehmen tätigen Arbeitnehmer zusammensetzen. Das Geschlecht, das in der Belegschaft in der Minderheit ist, muss seinem zahlenmäßigen Verhältnis nach im Betriebsrat vertreten sein, wenn dieser aus mindestens drei Mitgliedern besteht. *§ 15*

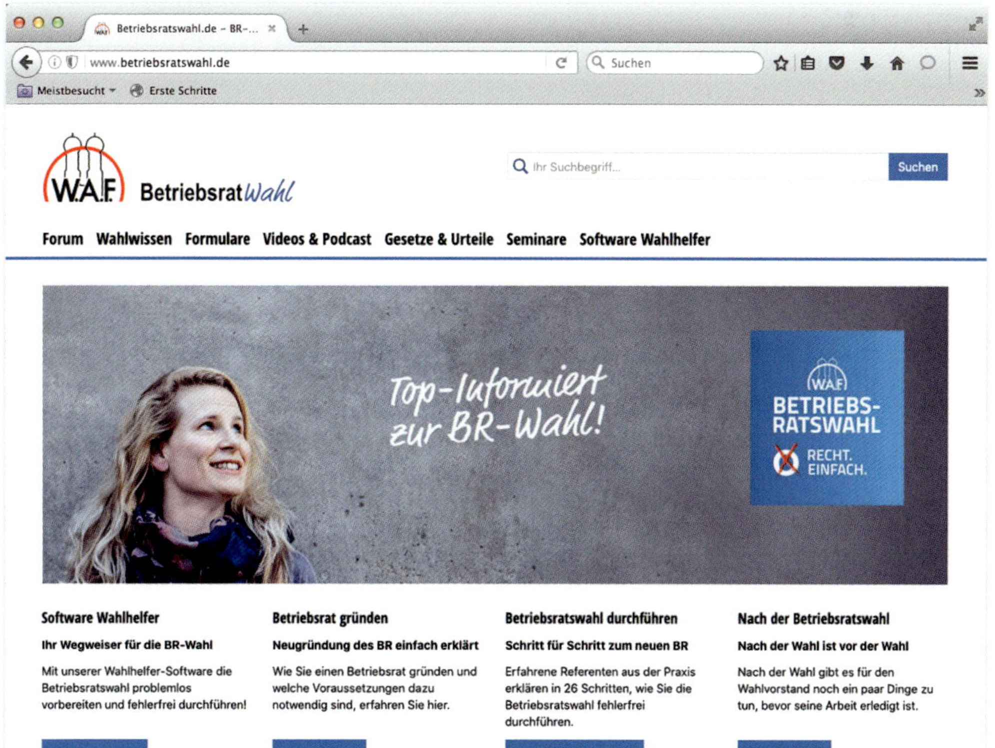

Zusammenarbeit von Arbeitgeber und Betriebsrat

Arbeitgeber und Betriebsrat sollen mindestens einmal im Monat zusammentreten. Bei strittigen Fragen sollen sie mit dem ernsten Willen zur Einigung verhandeln und Vorschläge für die Beilegung von Meinungsverschiedenheiten machen. Der Betriebsrat muss ein- *§ 74*

BetrVG § 43 mal in jedem Kalendervierteljahr in einer **Betriebsversammlung,** zu der alle Arbeitnehmer einzuladen sind, einen Bericht über seine Tätigkeit geben. Für einzelne Bereiche des Unternehmens können auch **Abteilungsversammlungen** stattfinden.

Zur Beilegung von Meinungsverschiedenheiten zwischen Betriebsrat und dem Arbeitgeber, § 76 z. B. bei Verweigerung der Zustimmung zu betrieblichen Maßnahmen, wird eine **Einigungsstelle** gebildet. Sie besteht aus einem unparteiischen Vorsitzenden und aus Beisitzern, die je zur Hälfte vom Arbeitgeber und vom Betriebsrat bestellt werden. Der Spruch der Einigungsstelle ersetzt die Einigung zwischen Arbeitgeber und Betriebsrat. Gegen diesen Spruch kann beim Arbeitsgericht Klage erhoben werden.

Rund 75 % aller Verfahren können ohne Einschaltung der Arbeitsgerichte durch die Einigungsstellen beigelegt werden.

Allgemeine Aufgaben des Betriebsrates

a) Er hat die betrieblichen Interessen der Beschäftigten zu vertreten. Insbesondere hat er darüber zu wachen, dass die zugunsten der Arbeitnehmer geltenden Gesetze, Verordnungen, Unfallverhütungsvorschriften, Tarifverträge und Betriebsvereinbarungen durchgeführt werden.

b) Er hat die Eingliederung schwerbehinderter Menschen und sonstiger besonders schutzbedürftiger Personen zu fördern.

c) Er soll die Integration ausländischer Arbeitnehmer im Unternehmen und das Verständnis zwischen ihnen und den deutschen Arbeitnehmern fördern.

d) Außerdem hat der Betriebsrat für die Durchsetzung der tatsächlichen Gleichstellung von Frauen und Männern, insbesondere bei der Einstellung, Beschäftigung, Aus-, Fort- und Weiterbildung und dem beruflichen Aufstieg zu sorgen.

Rechte des Betriebsrates

▶ Information

§§ 81 ff. Der Betriebsrat oder der Wirtschaftsausschuss kann verlangen, dass er über betriebliche Vorgänge unterrichtet wird oder ihm die erforderlichen Unterlagen unterbreitet werden.

Beispiele: Unterrichtung des Wirtschaftsausschusses über wirtschaftliche Angelegenheiten, Unterrichtung des Betriebsrates bei der Einstellung leitender Angestellter; Recht des einzelnen Arbeitnehmers auf Einsichtnahme in seine Personalakte.

▶ Beratung

Der Arbeitgeber muss den Betriebsrat unterrichten und sich mit ihm beraten.

Beispiele: Planung von Bauten, technischen Anlagen, neuen Arbeitsverfahren, Arbeitsabläufen; Einführung neuer Techniken (der Arbeitgeber muss hier auch mit dem einzelnen Arbeitnehmer über Weiterbildungsmaßnahmen beraten); Personalplanung; Berufsbildung; Einschränkung, Stilllegung und Verlegung des Betriebes oder von Betriebsteilen (Aufstellung eines Sozialplanes, um nachteilige Folgen für die Arbeitnehmer zu verhindern).

▶ Mitwirkung

Der Betriebsrat kann aus bestimmten Gründen betrieblichen Maßnahmen widersprechen. Diese werden dadurch jedoch nicht unwirksam. Im Streitfall entscheidet das Arbeitsgericht oder die Einigungsstelle.

Beispiele: Kündigungen; Änderung der Arbeitsplätze, des Arbeitsablaufes oder der Arbeitsumgebung; Einstellung, Eingruppierung und Versetzung in Unternehmen mit mehr als 20 wahlberechtigten Arbeitnehmern.

▶ **Mitbestimmung**

Betriebliche Maßnahmen werden erst mit Zustimmung des Betriebsrates wirksam.

Beispiele: Beginn und Ende der täglichen Arbeitszeit einschließlich der Pausen, Urlaubsplan, Lohngestaltung, Einführung von Arbeitszeiterfassungsgeräten, Telefondatenerfassung, betriebliche Regelungen über den Gesundheits- und Unfallschutz, Erhöhung der täglichen Arbeitszeit über acht Stunden hinaus und die damit verbundene Festlegung des Ausgleichszeitraumes, Einführung von Personalfragebogen, Durchführung von Gruppenarbeit.

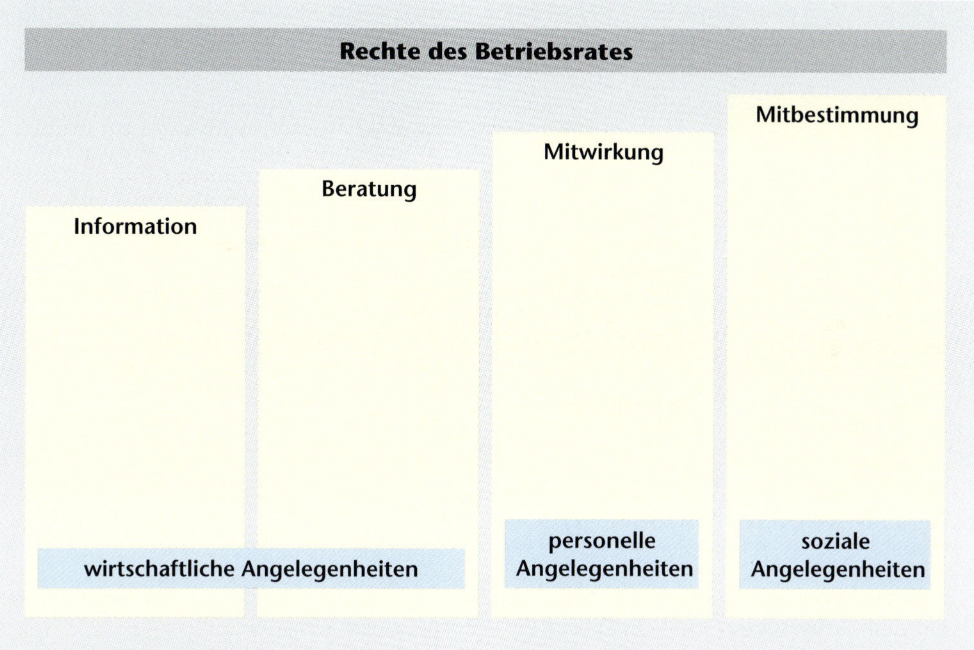

Weitere Infos zum Thema Betriebsrat finden Sie unter http://www.betriebsrat.com.

3.2 Jugend- und Auszubildendenvertretung

In allen Unternehmen, in denen in der Regel mindestens fünf Arbeitnehmer beschäftigt werden, die das 18. Lebensjahr noch nicht vollendet haben oder die zu ihrer Ausbildung beschäftigt werden und das 25. Lebensjahr noch nicht vollendet haben, werden **Jugend- und Auszubildendenvertretungen** gewählt. Voraussetzung hierfür ist allerdings, dass ein Betriebsrat besteht. Für die Wahlberechtigung spielen weder die Nationalität noch das Fehlen der Geschäftsfähigkeit eine Rolle. Mitglieder des Betriebsrats können nicht in die Jugend- und Auszubildendenvertretungen gewählt werden.

BetrVG §§ 60–73

Eine wichtige Aufgabe dieser Vertretung ist die Förderung von Maßnahmen der Berufsausbildung und die Überwachung der Einhaltung von Bestimmungen (Jugendschutzgesetz, Tarifvertrag). Die Jugend- und Auszubildendenvertretung kann zu allen Sitzungen des Betriebsrates einen Vertreter entsenden. Bei Tagesordnungspunkten, die Jugendliche oder Auszubildende betreffen, hat die gesamte Jugend- und Auszubildendenvertretung Teilnahme- und Stimmrecht.

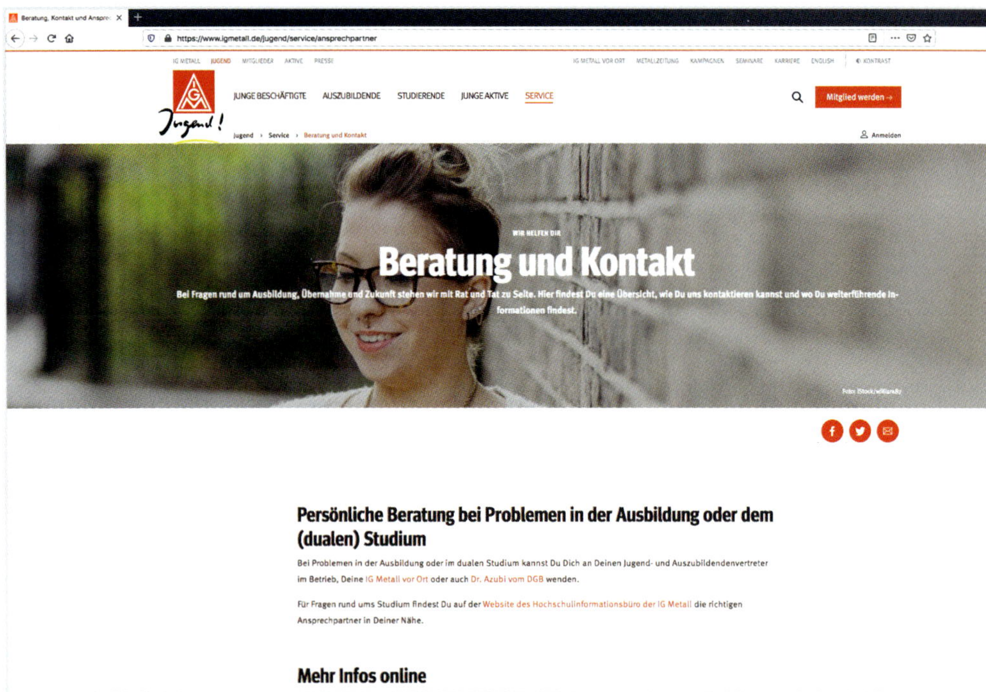

3.3 Betriebsvereinbarung

In **Betriebsvereinbarungen** werden Arbeitsbedingungen zwischen dem **Betriebsrat** und dem **Arbeitgeber** eines bestimmten Unternehmens geregelt.

BetrVG §§ 77, 88

Sie dürfen den Bestimmungen des Tarifvertrages nicht entgegenstehen, sondern sollen diese ergänzen, erläutern und den besonderen Verhältnissen des Unternehmens anpassen. Ihr Inhalt regelt die Lohn- und Arbeitsbedingungen, den Beginn und das Ende der täglichen Arbeitszeit und der Pausen, Zeit und Ort der Lohnzahlung, Aufstellung eines Urlaubsplanes, die Maßnahmen zur Verhütung von Betriebsunfällen und Gesundheitsschädigungen, die Errichtung von Sozialeinrichtungen, das Verhalten der Arbeitnehmer im Unternehmen, z.B. Rauchen, Kantinenbesuch, Internet- und Parkplatzbenutzung. Durch Betriebsvereinbarungen werden insbesondere **Betriebsordnungen** und **Dienstordnungen** aufgestellt. Sie müssen an geeigneter Stelle im Unternehmen ausgehängt oder den Betriebsangehörigen beim Eintritt in das Unternehmen ausgehändigt werden.

Neuerdings lassen Tarifverträge ausdrücklich zu, in Betriebsvereinbarungen von tariflichen Leistungen abzuweichen, um im Gegenzug Arbeits- und Ausbildungsplätze zu sichern **(Öffnungsklausel in Flächentarifverträgen)**.

Nicht tarifgebundene Unternehmen gehen vermehrt dazu über, mit dem Betriebsrat **Einzelvereinbarungen** bezüglich **Arbeitsverdienst** und **Arbeitszeit** zu treffen, um sich nicht mehr an tarifliche Vereinbarungen anzulehnen.

Betriebsvereinbarungen haben im Zuge der **Flexibilisierung der Arbeitszeit** zusätzliche Bedeutung gewonnen. Zwischen Betriebsrat und Geschäftsleitung wird dabei ein Arbeitszeitrahmen vereinbart, in dem keine Mehrarbeitszuschläge anfallen, z.B. für Samstagsarbeit. Die Mitarbeiter erhalten ein Zeitkonto. Dieses können die Mitarbeiter in Abhängigkeit vom anfallenden Arbeitsumfang mit Stunden auffüllen oder unterschreiten, ohne eine Ober- oder Untergrenze einhalten zu müssen; erst zum Jahresende sollte das Zeitkonto ausgeglichen werden.

Auf diese Weise sollen im Rahmen der »Verbetrieblichung der Tarifpolitik« betriebliche Anforderungen, das Kundeninteresse und persönliche Interessen der Mitarbeiter in Einklang gebracht werden.

Beispiel: Die Hans-Böckler-Stiftung archiviert und analysiert in einem eigenen Arbeitsfeld betriebliche Regelungen. Das Archiv umfasst zurzeit etwa 4.800 Vereinbarungen. Es handelt sich um die einzige derartige Einrichtung in Deutschland. Mit den Auswertungen betrieblicher Vereinbarungen möchte die Stiftung Trends und zugleich praktische Hinweise für die betriebliche Gestaltung geben (www.boeckler.de).

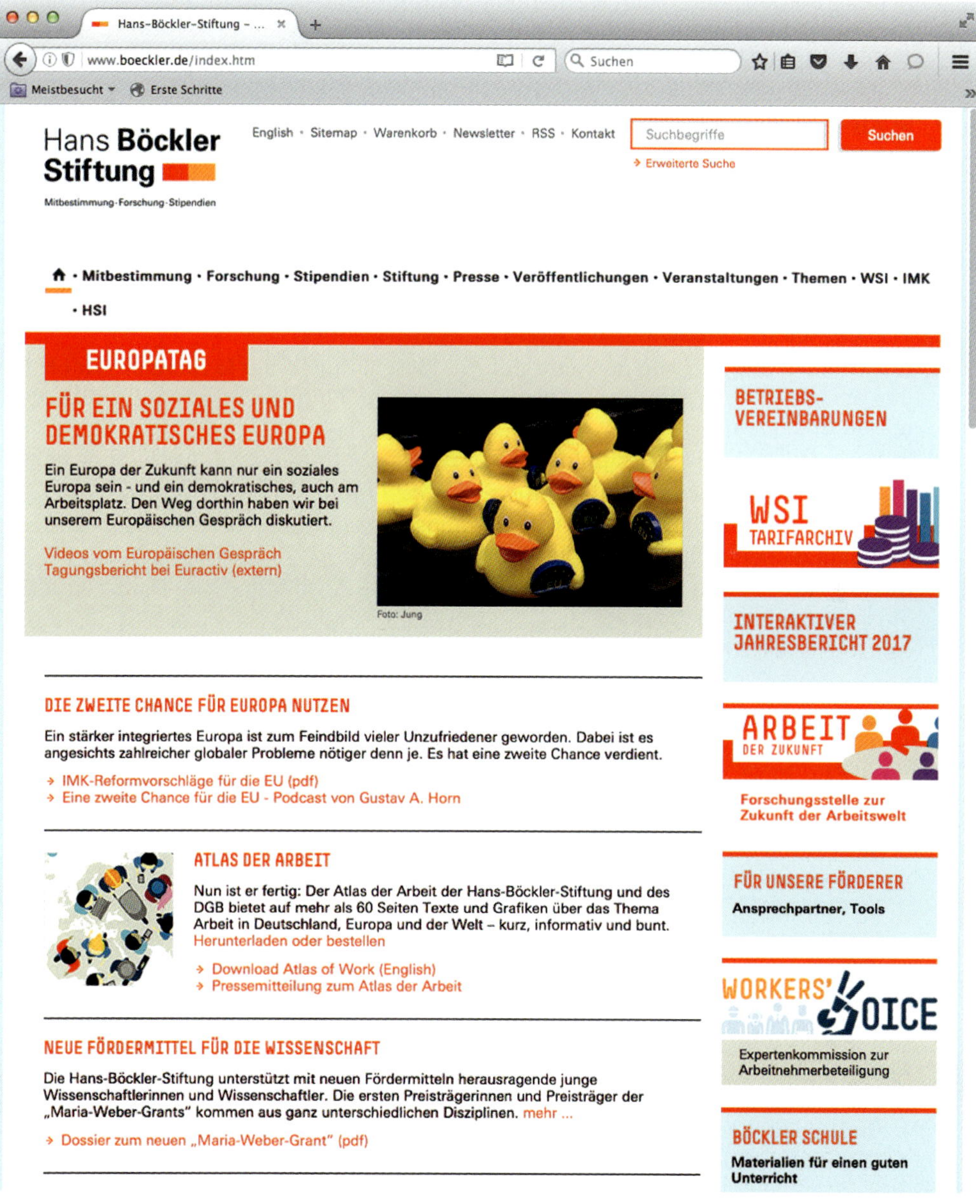

▶ Aufgaben und Probleme

1. Entwerfen Sie eine Betriebsvereinbarung zu einem der folgenden Themenbereiche:
   - Arbeitszeiterfassung,
   - Gesundheitsförderung,
   - DV-Nutzung,
   - flexible Arbeitszeiten.

   Recherchieren Sie hierfür zunächst bei der Hans-Böckler-Stiftung nach passenden Auszügen aus Betriebsvereinbarungen (http://www.boeckler.de/). Erstellen Sie anschließend eine Betriebsvereinbarung und präsentieren Sie das Ergebnis Ihren Mitschülern.

2. In einer Betriebsratssitzung werden Personalprobleme diskutiert. Beurteilen Sie die Rechtslage und begründen Sie Ihre Entscheidung.
   a) Herr Frohweis, 28 Jahre alt, bewirbt sich um einen Platz auf der Wahlliste zum Betriebsrat. Er ist am Wahltag seit vier Monaten beschäftigt.
   b) Als Herr Krien zum Betriebsrat kandidiert, kündigt ihm der Arbeitgeber, weil er befürchtet, dass Krien als Betriebsrat Unruhe in den Betrieb bringen würde.

3. Um Entlassungen zu vermeiden, will der Betrieb Kurzarbeit einführen.
   a) In welcher Form ist der Betriebsrat zu beteiligen?
   b) Diskutieren Sie die Vor- und Nachteile der Einführung der Kurzarbeit
      - für den Arbeitnehmer,
      - für den Arbeitgeber.

4. Entscheiden Sie, wer von den aufgeführten Beschäftigten der Lünemann GmbH bei den anstehenden Wahlen zur Jugend- und Auszubildendenvertretung wahlberechtigt und/oder wählbar ist.
   a) Karin (19 Jahre) ist Auszubildende zur Industriekauffrau im 2. Ausbildungsjahr.
   b) Serkan ist 17 Jahre alt und türkischer Staatsbürger.
   c) Der 20-jährige Olaf ist im 2. Ausbildungsjahr zum Industriekaufmann und seit einem halben Jahr Mitglied des Betriebsrates.
   d) Larissa (16 Jahre) hat vor wenigen Wochen eine Ausbildung zur Kauffrau für Büromanagement begonnen.
   e) Inken ist 24 Jahre alt und im 3. Ausbildungsjahr zur Kauffrau für Büromanagement.

5. Bei der Gronbach GmbH stehen die Wahlen zur Jugend- und Auszubildendenvertretung an. Anne ist begeistert, lässt sich aufstellen und wird gewählt.
   a) Welche Bedeutung hat die Einrichtung einer solchen Vertretung?
   b) Wer hat aktives bzw. passives Wahlrecht?
   c) Beschreiben Sie, in welchen Bereichen sich Anne als Jugend- und Auszubildendenvertreterin engagieren kann.

   Der Betriebsrat hat sich mit folgenden Problemen zu befassen:
   d) Im Betriebsrat wird die nächste Betriebsratswahl vorbereitet. Dabei stellt sich die Frage nach dem aktiven und passiven Wahlrecht bei den Kollegen, die seit zwei Jahren im Betrieb sind und eine ausländische Staatsangehörigkeit haben. Ein Betriebsrat meint, das Ausländerwahlrecht werde zurzeit erst politisch diskutiert und gelte deshalb für den Betriebsrat noch nicht. Erläutern Sie die Rechtslage.
   e) Nach Einführung der gleitenden Arbeitszeit haben manche Mitarbeiter die tarifvertraglich geregelte Arbeitszeit nicht eingehalten. Deshalb hat die Geschäftsleitung Zeiterfassungsgeräte angeschafft, ohne den Betriebsrat zu informieren. Erläutern Sie die Rechtslage.

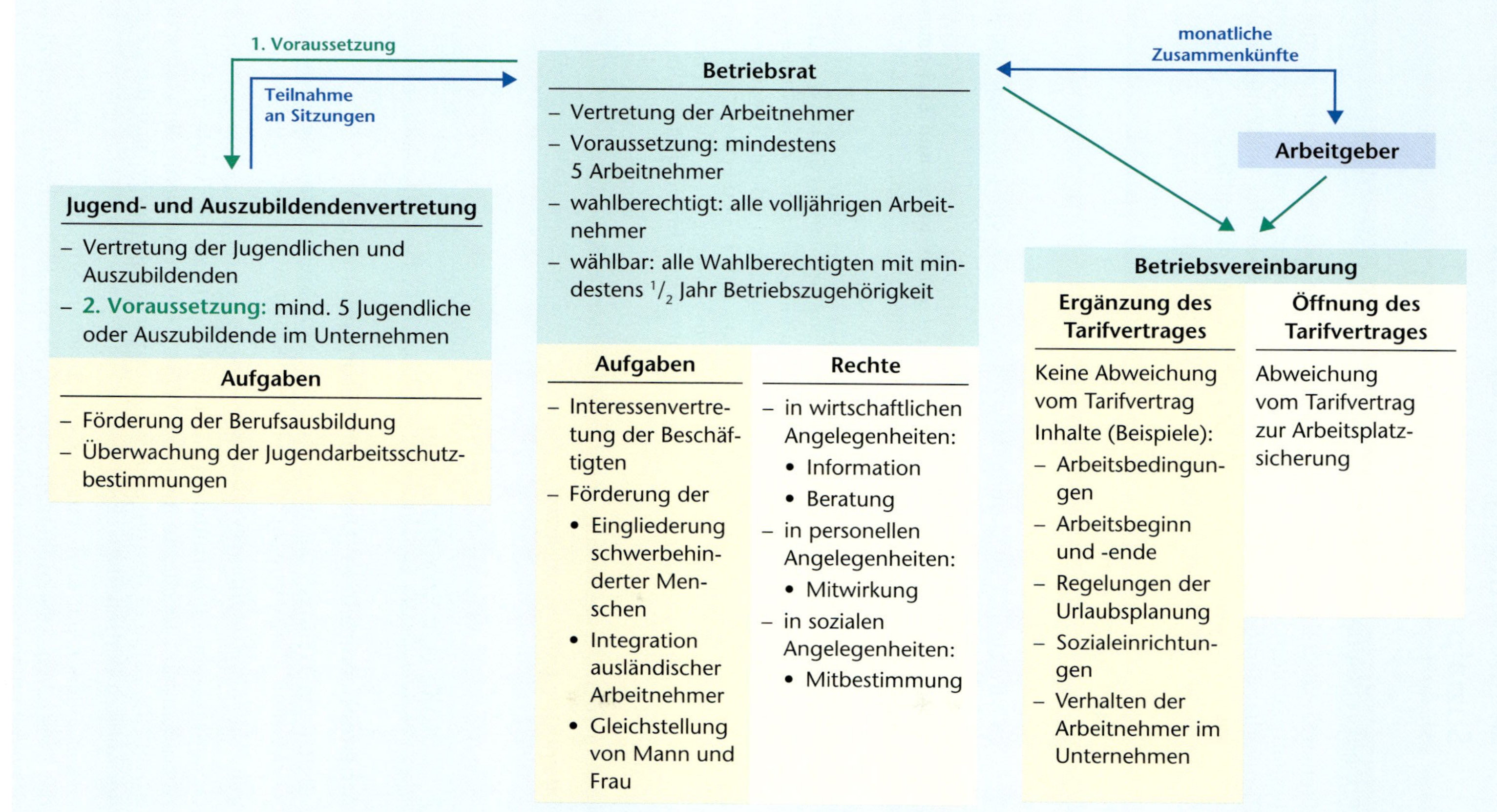
Zusammenfassende Übersicht:
Möglichkeiten und Grenzen der Mitbestimmung am betrieblichen Geschehen konkretisieren
1. Voraussetzung
Teilnahme an Sitzungen
monatliche Zusammenkünfte
Jugend- und Auszubildendenvertretung
– Vertretung der Jugendlichen und Auszubildenden
– 2. Voraussetzung: mind. 5 Jugendliche oder Auszubildende im Unternehmen
Aufgaben
– Förderung der Berufsausbildung
– Überwachung der Jugendarbeitsschutzbestimmungen
Betriebsrat
– Vertretung der Arbeitnehmer
– Voraussetzung: mindestens 5 Arbeitnehmer
– wahlberechtigt: alle volljährigen Arbeitnehmer
– wählbar: alle Wahlberechtigten mit mindestens 1/2 Jahr Betriebszugehörigkeit
Aufgaben
– Interessenvertretung der Beschäftigten
– Förderung der
• Eingliederung schwerbehinderter Menschen
• Integration ausländischer Arbeitnehmer
• Gleichstellung von Mann und Frau
Rechte
– in wirtschaftlichen Angelegenheiten:
• Information
• Beratung
– in personellen Angelegenheiten:
• Mitwirkung
– in sozialen Angelegenheiten:
• Mitbestimmung
Arbeitgeber
Betriebsvereinbarung
Ergänzung des Tarifvertrages
Keine Abweichung vom Tarifvertrag
Inhalte (Beispiele):
– Arbeitsbedingungen
– Arbeitsbeginn und -ende
– Regelungen der Urlaubsplanung
– Sozialeinrichtungen
– Verhalten der Arbeitnehmer im Unternehmen
Öffnung des Tarifvertrages
Abweichung vom Tarifvertrag zur Arbeitsplatzsicherung

4 Die Bedeutung von Tarifverträgen und die Rolle der Sozialpartner beurteilen

▶ Handlungsauftrag

Stellen Sie die Tarifverhandlungen in der Branche Ihres Ausbildungsbetriebes in einem Rollenspiel nach. Informieren Sie sich hierfür zunächst über die Beteiligten an den Tarifverhandlungen und über mögliche Forderungen der Beteiligten. Bilden Sie anschließend Gruppen und bereiten Sie sich auf die Verhandlungen vor.

4.1 Tarifautonomie

GG Art. 9 (3)

In der Bundesrepublik Deutschland herrscht das Prinzip der Tarifautonomomie der Sozialpartner. Sie wird aus der im Grundgesetz verankerten Koalitionsfreiheit abgeleitet.

Tarifautonomie ist das Recht der Sozialpartner, die **Arbeits- und Einkommensbedingungen ohne staatliche Eingriffe** in freien Tarifverhandlungen **kollektiv festzulegen.**

Als **Sozialpartner** werden Arbeitgeber- und Arbeitnehmerverbände bezeichnet. Die Sozialpartner sind zuständig für die Festlegung von Gehältern und Ausbildungsvergütungen, für Pausenregelungen, für die Wochenarbeitszeit und den Urlaub. Diese Regelungen werden in entsprechenden Tarifverträgen vereinbart. Nur für eng begrenzte Vertragsinhalte hat der Staat aus sozialpolitischen Erwägungen Untergrenzen vorgegeben, die von den Sozial- bzw. **Tarifpartnern** respektiert werden müssen. Ebenso gibt es Obergrenzen.

Beispiele:

1. Untergrenzen: Mindesturlaub, Lohnfortzahlung im Krankheitsfall
2. Obergrenze: tägliche Arbeitszeit

4.2 Rolle der Sozialpartner

■ Arbeitgeberverbände (Unternehmerorganisationen)

Sie dienen zur Wahrung der Interessen der Arbeitgeber (Unternehmen) gegenüber den Arbeitnehmern (Tarifverträge) oder gegenüber dem Staat (Gesetzgebung).

Es gibt folgende **Arbeitgeberverbände:**

a) Organisationen mit **beruflich-fachlichen** Aufgaben, z. B. Bundesverband Großhandel, Außenhandel, Dienstleistungen e.V. (BGA), Bundesverband der Deutschen Industrie e.V. (BDI), Verband der privaten Krankenversicherung e.V. und die Zentralverbände der übrigen Wirtschaftszweige;

b) Organisationen mit **tarif- und sozialpolitischen** Aufgaben. In der Bundesvereinigung der Deutschen Arbeitgeberverbände (BDA) sind 48 Bundesfachverbände und 14 Landesvereinigungen zusammengeschlossen.

Beispiele: Bundesverband Großhandel Außenhandel, Dienstleistungen e.V., Berlin; Arbeitgeberverband der Versicherungsunternehmen in Deutschland, München; Gesamtverband der metallindustriellen Arbeitgeberverbände e.V. – Gesamtmetall – Berlin; Hauptverband der Deutschen Bauindustrie e.V., Berlin; Handelsverband Deutschland HDE, Berlin; Arbeitgeberverband der deutschen Immobilienwirtschaft e.V., Düsseldorf.

Arbeitnehmerverbände (Gewerkschaften)

Die Gewerkschaften sind Vereinigungen der Arbeitnehmer zur Förderung und Wahrung der Arbeits- und Wirtschaftsbedingungen. Der Beitritt zu einer Gewerkschaft ist freiwillig.

Die Gewerkschaften haben sich folgende **Aufgaben** gestellt:

a) **Kampfaufgabe.** Verbesserung der Lohn- und Arbeitsbedingungen, um die Lebensqualität der Arbeitnehmer zu heben (Lohn- und Gehaltserhöhung, Arbeitszeitverkürzung, Mitbestimmung); gegebenenfalls mithilfe des Streiks, des klassischen Kampfmittels der Gewerkschaften.

b) **Bildungsaufgabe.** Berufliche Weiterbildung und Umschulung; Leistungssteigerung durch Vorträge, Kurse, Arbeitsgemeinschaften, Berufswettkämpfe; Mitwirkung im Berufsbildungsausschuss und in den Prüfungsausschüssen.

c) **Rechtliche Aufgabe.** Abschluss von Tarifverträgen, Rechtshilfe und Rechtsschutz für die Arbeitnehmer und Auszubildenden bei den Arbeitsgerichten, Mitbestimmungsrecht in den Unternehmen.

d) **Wirtschaftspolitische Aufgabe.** Verbesserung der Wirtschafts- und Sozialordnung (Förderung der Vermögensbildung der Arbeitnehmer, Sozialversicherungsreform).

Zusammenwirken der Verbände

TVG § 2 Die wichtigste Aufgabe im Zusammenwirken der Verbände ergibt sich aus der im Tarifvertragsgesetz geregelten Befugnis, **Tarifverträge** auszuhandeln und abzuschließen. Verhandlungsgegenstand sind **allgemeine Arbeitsbedingungen, Löhne und Gehälter, Arbeitszeiten sowie Sonderleistungen.**

4.3 Tarifvertrag

Der **Tarifvertrag** ist ein **Kollektivarbeitsvertrag zwischen den Tarifpartnern,** in dem die Arbeits- und Entgeltbedingungen für gewöhnlich ganze Berufsgruppen eines Wirtschaftszweiges in freien Verhandlungen einheitlich festgelegt werden.

Arten der Tarifverträge

Man unterscheidet

▶ nach den Tarifpartnern

Firmen- oder Haustarifverträge und Verbandstarifverträge.

Beispiele:

- Haustarifvertrag der Hamburg-Mannheimer Versicherungs-AG
- Verbandstarifvertrag mit der Gewerkschaft ver.di

▶ nach dem räumlichen Geltungsbereich

Werks- und Flächentarifverträge (Bezirks-, Landes- und Bundestarifverträge)

Beispiel: **T**V**ö**D = **T**arifvertrag **ö**ffentlicher **D**ienst

▶ nach dem Inhalt

a) **Rahmentarifverträge (Manteltarifverträge).** Sie enthalten allgemeine Arbeitsbedingungen, die für längere Zeit gleich bleiben (Arbeitszeit, Mehrarbeit, Sonn- und Feiertagsarbeit, Urlaub, Kündigungsfristen, Weiterbildung u.a.), sowie Bestimmungen über ein Schiedsgericht zur Beilegung von Streitigkeiten.

b) Lohn- und Gehaltstarifverträge. Sie enthalten den Gruppenplan, in dem die Arbeitnehmer nach ihrer Vorbildung (gelernte, angelernte, ungelernte Tätigkeit) oder nach dem Schwierigkeitsgrad ihrer Arbeitsaufgabe (Arbeitswert) in verschiedene Lohn- oder Gehaltsgruppen eingeteilt sind, und die Lohnsätze für die einzelnen Lohn- oder Gehaltsgruppen. Bei Lohntarifverträgen wird ein Grundlohn vereinbart, der die Grundlage (100 %) für Zu- und Abschläge nach Lohngruppen, Arbeitswerten oder Lebensjahren ist.

Der Gruppenplan kann auch in einem besonderen **Lohnrahmentarifvertrag** festgelegt sein. Der Lohntarifvertrag enthält dann nur die sich häufig ändernden Lohnsätze.

c) Arbeitszeittarifverträge. Sie regeln die täglichen und wöchentlichen Arbeitszeiten der Arbeitnehmer, sofern sie nicht schon im Rahmentarifvertrag vereinbart sind.

d) Tarifverträge über Sonderleistungen (Weihnachtsgeld, Urlaubsgeld, Vermögensbildung).

e) Tarifverträge über Qualifizierungsmaßnahmen (Recht auf Weiterbildung).

Wirkungen der Tarifverträge

▶ Erfüllungspflicht

Die Vertragsparteien sind verpflichtet, dafür zu sorgen, dass ihre Mitglieder die Verträge verwirklichen und sich an ihre Bestimmungen halten. Dabei ist der Grundsatz der Unabdingbarkeit zu beachten. Danach dürfen die Bedingungen eines Einzelarbeitsvertrages für den Arbeitnehmer nicht ungünstiger sein als die des Tarifvertrages, auch wenn der einzelne Arbeitnehmer mit einer Schlechterstellung einverstanden wäre. *TVG § 4*

▶ Friedenspflicht

Während der Gültigkeit des Vertrages dürfen keine Kampfmaßnahmen gegen die Vereinbarungen ergriffen werden. Es besteht Tarifgebundenheit. *§ 3*

▶ Nachwirkung

Der Tarifvertrag endet mit dem Ablauf der in ihm festgelegten Zeitdauer, bei Abschluss auf unbestimmte Zeit durch Kündigung oder durch Abschluss eines neuen Tarifvertrages. Die Bestimmungen des alten Tarifvertrages bleiben auf jeden Fall so lange in Kraft, bis ein neuer Tarifvertrag abgeschlossen ist. *§ 4*

Bedeutung der Tarifverträge

Die **Bedeutung** der Tarifverträge liegt im Wesentlichen in den folgenden drei Funktionen:

▶ Schutzfunktion

Der Tarifvertrag soll den einzelnen Arbeitnehmer davor schützen, dass der wirtschaftlich stärkere Arbeitgeber bei der Festlegung der Arbeitsbedingungen einseitig seine Forderungen durchsetzt. Der Tarifvertrag dient damit der Chancengleichheit zwischen der Arbeitnehmer- und der Arbeitgeberseite.

▶ Ordnungsfunktion

Die Tarifverträge führen zu einer Typisierung der Arbeitsverträge, zu einer Überschaubarkeit der Personalkosten und damit zu einer autonomen Ordnung des Arbeitslebens.

▶ Friedensfunktion

Der Tarifvertrag schließt während seiner Laufzeit Arbeitskämpfe und neue Forderungen hinsichtlich der in ihm geregelten Bedingungen aus.

4.4 Mittel zur Durchsetzung tarifrechtlicher Forderungen

4.4.1 Tarifverhandlungen und Schlichtung

Tarifverhandlungen

Tarifverhandlungen werden notwendig, wenn eine der Vertragsparteien den noch laufenden Tarifvertrag **kündigt.** Danach treten die **Tarifkommissionen** der Vertragsparteien zu Verhandlungen zusammen. Meist steht den Maximalforderungen der Gewerkschaften das Minimalangebot der Arbeitgeberverbände gegenüber. Ziel der oft wochenlangen Verhandlungen ist es, einen Kompromiss zu finden, bei dem beide Seiten dieses Verhandlungsergebnis als Erfolg darstellen können.

TVG § 1 Können sich die Vertragsparteien einigen, so kommt es zum Abschluss eines **neuen Tarifvertrages.** Zur Gültigkeit des Tarifvertrages ist **Schriftform** nötig.

§ 6 Der Abschluss, die Änderung und die Aufhebung der Tarifverträge werden in das **Tarifregister** eingetragen, das beim Bundesministerium für Arbeit und Soziales geführt wird.

§ 3 **Tarifgebunden** sind die Mitglieder der Tarifvertragsparteien, also die organisierten Arbeitgeber und Arbeitnehmer.

§ 5 Ein Antrag auf **Allgemeinverbindlichkeit** wird meist nicht mehr gestellt, da die Arbeitgeber den nicht organisierten Arbeitnehmern die gleichen Lohn- und Arbeitsbedingungen einräumen wie den organisierten, um den Betriebsfrieden nicht zu stören.

Können sich die Tarifpartner bei den Verhandlungen nicht einigen, so kommt es zum **Arbeitskampf.**

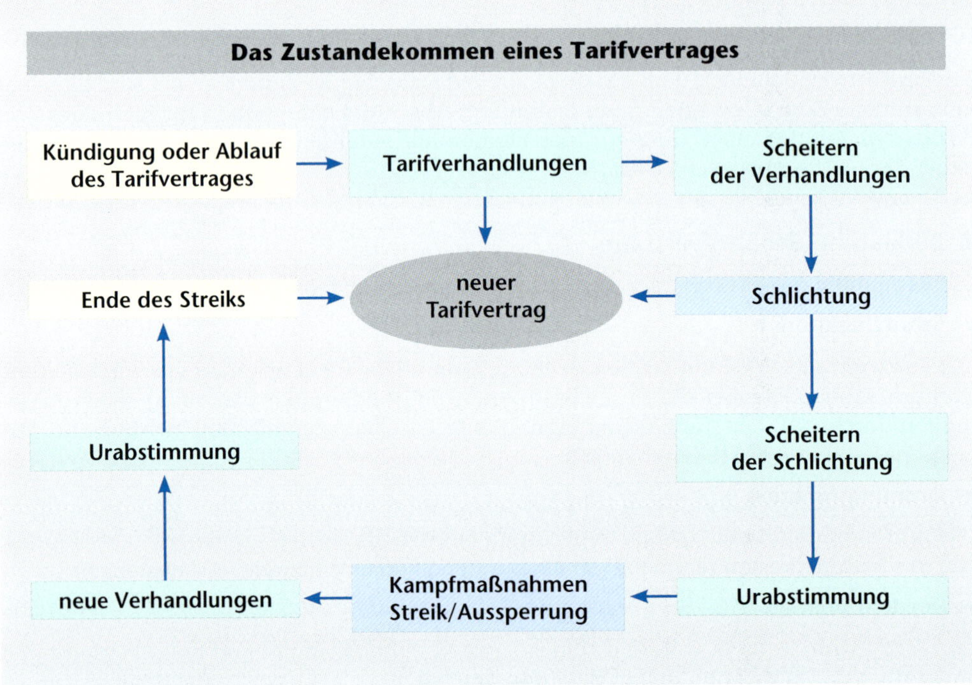

Schlichtung

Zur Verhütung oder Beilegung von Streitigkeiten bei Vertragsverhandlungen zwischen Arbeitgebern und Arbeitnehmern oder deren Verbänden wurde eigens ein Schlichtungswesen geschaffen. Es ist nur für solche Streitigkeiten anwendbar, die nicht der Zuständigkeit der Arbeitsgerichte unterliegen. Seine Aufgabe ist es, eine vertragliche Grundlage zu schaffen, während die Arbeitsgerichte das bestehende Recht auslegen und über Streitigkeiten nach bestehendem Recht entscheiden.

Das **Ausgleichsverfahren** wird von Schlichtungsstellen durchgeführt, deren Besetzung im Tarifvertrag oder in der Betriebsvereinbarung festgelegt ist. Sie sollen angerufen werden, um Meinungsverschiedenheiten zu klären. Wird keine Einigung erzielt, so können Behörden oder anerkannte Persönlichkeiten des öffentlichen Lebens eingeschaltet werden.

4.4.2 Streik und Aussperrung

Streik

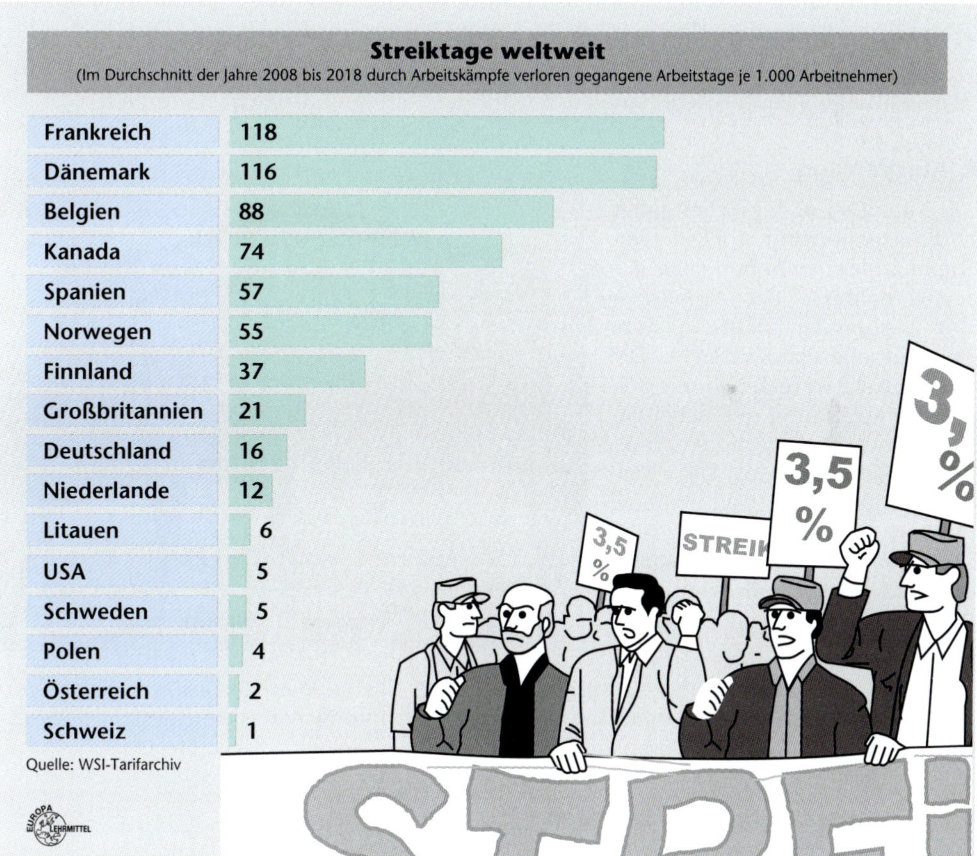

Das Kampfmittel der **Arbeitnehmer** zur Erreichung arbeitsrechtlicher Ziele ist der **Streik.** Man versteht darunter die gemeinsame, planmäßige Arbeitsniederlegung der Arbeitnehmer. Ein Streik kann unter folgenden **Voraussetzungen** geführt werden:

a) Auslaufen des Tarifvertrages bzw. Scheitern der Schlichtungsverhandlungen.

b) **Urabstimmung,** d.h., 75 % der abstimmungsberechtigten Gewerkschaftsmitglieder eines Tarifbezirks müssen sich für den Streik entscheiden. Oft muss der Hauptvorstand der Gewerkschaft diesen Beschluss noch genehmigen.

c) **Organisation** des Streiks durch die Gewerkschaft (Tarifvertragspartei).

Treffen diese Voraussetzungen nicht zu, spricht man von »wildem« Streik.

Folgende **Arten des Streiks** sind möglich:

- **Voll- oder Flächenstreik.** Alle Arbeitnehmer eines Tarifgebiets legen die Arbeit nieder.
- **»Mini-Max«-Streik. (Schwerpunktstreik).** Die Gewerkschaft bestreikt mit minimalem Aufwand die Zulieferindustrie eines größeren Wirtschaftsbereichs, um eine maximale Wirkung zu erzielen.

  Beispiel: Bestreikung der Hersteller von Autobatterien und -kühlern, um die Autoindustrie stillzulegen.
- **Flexi-Streik.** Dabei werden tageweise abwechselnd Betriebe des Fahrzeugbaus, dann der Metall- und Elektroindustrie und schließlich Betriebe des Mittelstandes bestreikt. Die Gewerkschaft will mit diesen Kurzstreiks verhindern, dass es zu einer »kalten Aussperrung« kommt. Zugleich will sie ihre Streikkosten so gering wie möglich halten.
- **Warnstreik.** Kurzfristige Arbeitsniederlegung, um die Streikentschlossenheit zu demonstrieren. Dieser Streik kann auch während der Friedenspflicht stattfinden.

Aussperrung

Das Kampfmittel der **Arbeitgeber** ist die **Aussperrung**, d.h., die vorübergehende Aufhebung der Arbeitsverhältnisse der Arbeitnehmer bestimmter Betriebe oder aller Betriebe einer Branche. Die Aussperrung ist rechtlich nur gültig als Kampfmittel der Arbeitgeber gegen Schwerpunktstreiks der Gewerkschaften. Die Aussperrung ist nur zulässig in einem Umfang, der sich nach dem Grundsatz der Verhältnismäßigkeit richtet **(Übermaßverbot).**

© Ullstein-Peters

Das Mittel der Aussperrung ist nicht unumstritten. So verbietet die Landesverfassung von Hessen die Aussperrung. Auch haben die Gewerkschaften versucht, durch Verfahren vor dem Bundesarbeits- und Bundesverfassungsgericht die Aussperrung für unzulässig erklären zu lassen.

Wirksamkeit von Arbeitskämpfen

Streik und Aussperrung sind nur wirksam, wenn die jeweiligen Interessenverbände geschlossen und entschlossen für ihre Ziele kämpfen. Außerdem hängt die Wirksamkeit der Arbeitskampfmaßnahmen von der Arbeitsmarktsituation und der Ertragslage der Unternehmen ab. Ist das Angebot an Arbeitskräften knapp und stehen die Arbeitnehmer geschlossen hinter ihrer Gewerkschaft, so werden sie (bei guter Auftrags- und Ertragslage der Unternehmen) ihre Forderungen leicht durchsetzen. Ist dagegen die Auftrags- und

Ertragslage der Unternehmen schlecht und herrscht Arbeitslosigkeit, so können hohe Forderungen nicht durchgesetzt werden.

Auswirkungen von Arbeitskämpfen

Die **Arbeitsverhältnisse** der streikenden oder ausgesperrten Arbeitnehmer sind während des Arbeitskampfs unterbrochen. Deshalb erhalten diese keine Arbeitsentgelte. Die Gewerkschaft zahlt an ihre Mitglieder Streikunterstützung, die sich nach der Beitragshöhe und der Mitgliedsdauer richtet. Arbeitswillige haben Anspruch auf Entlohnung. Er entfällt, wenn sie wegen des Streiks nicht beschäftigt werden können.

Um auch privatrechtliche Folgen für einzelne Arbeitnehmer zu vermeiden, bemühen sich die Gewerkschaften, jeden Streik durch einen Vergleich zu beenden, der ein Verbot der Maßregelung und ein Gebot der Wiedereinstellung aller Arbeitnehmer enthält.

Allgemein gesehen können bei einem Arbeitskampf wegen seiner Auswirkungen auf unbeteiligte Dritte negative Reaktionen der Öffentlichkeit erfolgen.

Auswirkungen ergeben sich vor allem dadurch, dass Streiks und Aussperrungen hohe Kosten für die Wirtschaft verursachen.

Spannungen ergeben sich durch die unterschiedlichen Interessenlagen von Großbetrieben einerseits und Klein- und Mittelbetrieben andererseits:

- In der Metallindustrie beschäftigen z. B. Klein- und Mittelbetriebe 80 % der Arbeitnehmer, deren Lohnkostenanteil bis zu 50 % beträgt.
- Nur 20 % der Arbeitnehmer arbeiten in den Großbetrieben, deren Lohnkostenanteil z. T. unter 10 % liegt.
- Gerade aber die Großbetriebe sind in den Tarifverhandlungen richtungsweisend, nicht aber die Klein- und Mittelbetriebe.

Die Gewerkschaften müssen für die streikenden und ausgesperrten Mitglieder Streikgelder bezahlen. Die Unternehmen erleiden Verluste, da keine Erzeugnisse produziert und verkauft werden und die Kunden sich eventuell anderweitig eindecken.

Mit den Tariferhöhungen soll das Einkommen der Arbeitnehmer gesteigert werden. Da bei einer Tarifsteigerung von brutto 100 EUR ca. 40 EUR für Steuern und Sozialversicherungsbeiträge aufzuwenden sind, bleiben für den Arbeitnehmer nur etwa 60 EUR. Den Arbeitgeber kostet es aber 100 EUR brutto, zzgl. ca. 20 EUR Sozialversicherungsbeiträge, also insgesamt ca. 120 EUR.

Werden Forderungen durchgesetzt, die die Unternehmen nicht auffangen oder als zusätzliche Kosten über die Preise abwälzen können, so besteht die Gefahr, dass teurer gewordene Arbeitskräfte durch Maschinen ersetzt werden oder die Produktion ins Ausland verlagert wird.

Können die Unternehmen die erhöhten Arbeitskosten auf die Preise abwälzen, so wird das gewerkschaftliche Ziel, die Realeinkommen der Arbeitnehmer zu erhöhen, nicht erreicht. Dies kann zu neuen Forderungen führen.

▶ Aufgaben und Probleme

1. Warum räumen die Arbeitgeber den nicht organisierten Arbeitnehmern die gleichen Lohn- und Arbeitsbedingungen ein wie den organisierten Arbeitnehmern?
2. Im Wirtschaftsteil der Tageszeitung liest Katja: »Bei den Tarifverhandlungen um einen neuen Manteltarifvertrag sind die Sozialpartner noch zu keiner Einigung gekommen. Beobachter sprechen bereits von Überlegungen über einen Streik.«
   a) Erklären Sie die Begriffe Manteltarifvertrag und Sozialpartner.
   b) Außer den Manteltarifverträgen gibt es weitere Tarifverträge. Wie unterscheiden diese sich inhaltlich und in ihrer Geltungsdauer von Manteltarifverträgen?
   c) Im Zusammenhang mit Tarifverhandlungen fällt oft der Begriff »Tarifautonomie«. Erklären Sie diesen Begriff.
   d) Unter welcher Voraussetzung gilt der Tarifvertrag für alle Arbeitnehmer und Arbeitgeber einer Branche?
3. Beurteilen Sie folgende Fälle:
   a) In einem Einzelarbeitsvertrag vereinbaren Arbeitgeber und Arbeitnehmer, dass der Angestellte auf den Urlaub verzichtet, dafür aber ein Gehalt erhält, das 10 % über dem Tarifgehalt liegt.
   b) Ein Unternehmer verspricht jedem Arbeitnehmer, der nicht der Gewerkschaft angehört, einen um 50 EUR höheren Verdienst.
   c) Eine Gewerkschaft verlangt in Tarifverhandlungen für Gewerkschaftsmitglieder eine Sonderzahlung von 150 EUR.
4. Schlagen Sie im Grundgesetz Art. 9 nach und erläutern Sie, was man unter »Koalitionsfreiheit« versteht.
5. Bereiten Sie mithilfe einer Internetrecherche zum Thema Arbeitslosigkeit eine Podiumsdiskussion vor, in der Argumente aus der Sicht der Arbeitgeber und der Gewerkschaften ausgetauscht werden. Die Podiumsdiskussion soll mit einer Situationsbeschreibung aufgrund aktueller Statistiken (z.B. http://www.destatis.de) eingeleitet werden. Bilden Sie hierzu Gruppen (Vertreter der Arbeitgeber und Gewerkschaften), die unterschiedliche Aufgaben lösen sollen.

   Gruppe Arbeitgeber:
   - Finden Sie heraus, welche Gründe für die Arbeitslosigkeit der Bundesverband Großhandel, Außenhandel, Dienstleistungen e. V. (http://www.bga.de) anführt.
   - Stellen Sie die Maßnahmen dar, durch die die Arbeitslosigkeit aus Sicht des Verbandes verringert werden kann.
   - Vertreten Sie die Position des Verbandes in der Podiumsdiskussion.

   Gruppe Gewerkschaften:
   - Finden Sie heraus, welche Gründe für die Arbeitslosigkeit die Vereinte Dienstleistungsgewerkschaft (http://www.verdi.de) anführt.
   - Stellen Sie die Maßnahmen dar, durch die die Arbeitslosigkeit aus der Sicht von ver.di verringert werden kann.
   - Vertreten Sie die Position von ver.di in der Podiumsdiskussion.
6. Nach gescheiterten Tarifverhandlungen stehen die Gewerkschaften vor der Notwendigkeit, zur Durchsetzung ihrer Forderungen eine **Urabstimmung** durchzuführen und einen **Streik** auszurufen. Für den Fall eines Streiks drohen die Arbeitgeber

mit **Aussperrung.** Stimmen aus dem Kreis der Arbeitnehmer werden laut: »Streik ist Notwehr, Aussperrung ist Terror.«

a) Erklären Sie die fett gedruckten Begriffe.

b) Nehmen Sie Stellung zu der oben wiedergegebenen Aussage der Arbeitnehmer aus der Sicht beider Tarifpartner.

c) Die Gewerkschaften bevorzugen meist den Schwerpunktstreik. Erläutern Sie zwei Vorteile dieser Streikvariante.

d) Welche volkswirtschaftlichen Auswirkungen können mit hohen Lohn- und Gehaltssteigerungen verbunden sein?

e) Welche Gründe sprechen für angemessene Lohn- und Gehaltserhöhungen?

f) Zur Beendigung eines lang währenden Arbeitskampfes wird der Arbeitsminister aufgefordert, die Tariferhöhung endlich festzusetzen. Nehmen Sie aus tarifrechtlicher Sicht dazu Stellung.

7. Die Reifen Roesch GmbH ist Mitglied im regionalen Arbeitgeberverband Großhandel, Außenhandel, Dienstleistungen e. V. Zwischen diesem Arbeitgeberverband und der Gewerkschaft ver.di finden Tarifverhandlungen statt.

a) Beschreiben Sie die möglichen Vorgänge bis zum Abschluss eines neuen Tarifvertrages, indem Sie diese als ereignisgesteuerte Prozesskette modellieren,

b) Für wen würde die im neuen Tarifvertrag vereinbarte Arbeitszeitverkürzung zunächst nur gelten?

c) Erläutern Sie die Voraussetzungen, unter denen die Vereinbarung für die ganze Branche gelten würde.

d) Erläutern Sie die Grundvoraussetzungen, die nach einem Scheitern der Tarifverhandlungen erfüllt sein müssen, wenn die Gewerkschaft ver.di zu einem Streik aufrufen will.

e) Begründen Sie, ob ein Minister zur Beendigung eines Arbeitskampfes mit Ratschlägen in Tarifverhandlungen eingreifen kann.

f) Unter welchen Voraussetzungen kann der Streik abgebrochen und beendet werden?

Zusammenfassende Übersicht:
Die Bedeutung von Tarifverträgen und die Rolle der Sozialpartner beurteilen

Grundgesetz Art. 9
Tarifautonomie

Sozialpartner

Arbeitnehmerverbände
Gewerkschaften

- beruflich-fachliche Aufgaben (z. B. Bildung, Rechtsschutz, Rechtshilfe)
- tarif- und sozialpolitische Aufgaben

Arbeitgeberverbände
Unternehmensorganisationen

- beruflich-fachliche Aufgaben (z. B. Beratung, Rechtsschutz, Rechtshilfe)
- tarif- und sozialpolitische Aufgaben

Zusammenwirken

↓

Tarifverträge

Wirkung
- Erfüllungspflicht
- Friedenspflicht
- Nachwirkung

Arten
- nach dem Inhalt (z. B. Rahmentarifvertrag, Lohn- und Gehaltstarifvertrag)
- nach Tarifpartnern (z. B. Haustarifvertrag, Verbandstarifvertrag)
- nach Geltungsbereich (z. B. Werkstarifvertrag, Flächentarifvertrag)

Bedeutung
- Schutzfunktion
- Ordnungsfunktion
- Friedensfunktion

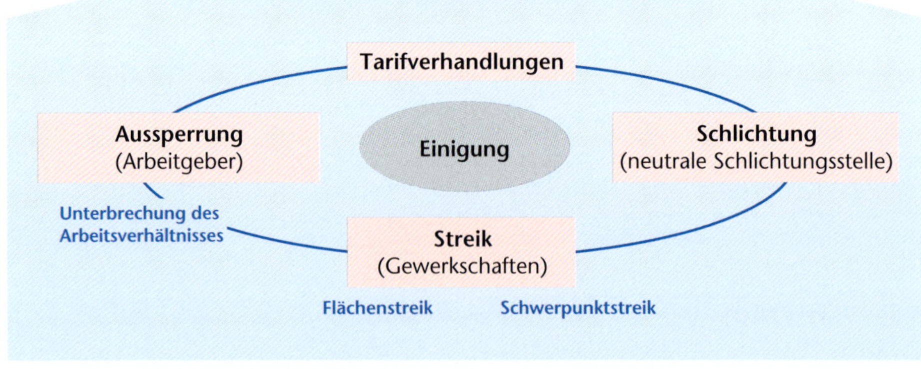

5 Notwendigkeit der sozialen Sicherung und der privaten Vorsorge erkennen

▶ Handlungsauftrag

Gestalten Sie eine Informationsbroschüre (Flyer) über die Notwendigkeit und die Möglichkeiten der privaten Altersvorsorge.

5.1 Gesetzliche Sozialversicherung

In der Bundesrepublik Deutschland ist der **Sozialstaatsgedanke** ein Verfassungsgebot. Ausdrücklich verankert ist der Sozialstaat im Grundgesetz in zwei Artikeln (Art. 20 und 28), die den demokratischen und sozialen Bundes- bzw. Rechtsstaat fordern. Damit ist das Bemühen um einen sozialen Ausgleich zwischen Starken und Schwachen, Armen und Reichen gemeint. Darüber hinaus geht es aber vor allem um ein System der sozialen Sicherung für alle Bevölkerungskreise. In erster Linie tragen dazu **die Zweige der Sozialversicherung** bei. Sie bieten Schutz, verhindern Notlagen und sorgen für ein menschenwürdiges Dasein.

Die heutige Sozialversicherung ist in fünf Zweige gegliedert:

Die **Beiträge** zu den Sozialversicherungszweigen richten sich nach den Einkommen der Versicherten, die **Leistungen** sind gesetzlich festgelegt. Danach erhalten in der Kranken- und Pflegeversicherung alle Versicherten einschließlich ihrer nicht selbst versicherten Angehörigen trotz unterschiedlich hoher Beitragszahlungen die gleichen Versicherungsleistungen. In der Renten-, Arbeitslosen- und Unfallversicherung aber finden die unterschiedlichen Beitragszahlungen auch in unterschiedlich hohen Versicherungsleistungen ihren Niederschlag.

Die **Sozialversicherung** leistet in unserem Staat den wichtigsten Teil der sozialen Sicherung. Sie ist eine gesetzliche Versicherung, die weiten Bevölkerungskreisen zur Pflicht gemacht ist, um die Versicherten vor wirtschaftlicher Not im **Alter** und bei **Erwerbsminderung,** bei **Arbeitslosigkeit, Krankheit, Pflegebedürftigkeit und Unfall** zu schützen.

Zweige der Sozialversicherung

Sozialversicherungszweige	Gesetzliche Rentenversicherung	Gesetzliche Arbeitslosenversicherung	Gesetzliche Krankenversicherung	Soziale Pflegeversicherung	Gesetzliche Unfallversicherung
Rechtsgrundlagen	Grundlage des Sozialversicherungsrechts ist das **Sozialgesetzbuch (SGB)**. Es besteht aus 12 Teilbüchern.				
	SGB, Buch 6 §§ 1–321	SGB, Buch 2 und 3 §§ 1–69 bzw. §§ 1–434	SGB, Buch 5 §§ 1–307	SGB, Buch 11 §§ 1–112	SGB, Buch 7 §§ 1–221
Sozialgerichtsbarkeit	Ist ein Versicherter mit dem Bescheid eines Sozialversicherungsträgers nicht einverstanden, so kann er Widerspruch erheben. Gegen einen darauf ergehenden Widerspruchsbescheid kann er beim **Sozialgericht** klagen. Gegen Urteile des Sozialgerichts ist die Berufung beim **Landessozialgericht** und gegen dessen Urteil Revision beim **Bundessozialgericht** in Kassel möglich.				
Sozialversicherungsträger	Alle Sozialversicherer haben die Rechtsform einer **Körperschaft des öffentlichen Rechts** und somit das Recht der Selbstverwaltung.				
	Deutsche Rentenversicherung, Bund und Regionalträger	Bundesagentur für Arbeit	Allgemeine Ortskrankenkassen (AOK), Innungs-, Betriebs-, Ersatzkrankenkassen u.a.	Pflegekassen, die von den Organen der Krankenkassen mitbetreut werden.	Berufsgenossenschaften und Unfallversicherungsanstalten von Bund, Ländern, Gemeinden, von Bahn, Post und Telekom.
Versicherte	**Versicherungspflichtige:** Alle gegen Entgelt beschäftigten Arbeiter und Angestellten, arbeitnehmerähnliche Selbstständige (mit der Möglichkeit der Befreiung), in die Handwerksrolle eingetragene Handwerker u. a. **Freiwillig Versicherte:** Alle nicht versicherungspflichtigen Personen ab Vollendung des 16. Lebensjahres. **Nachversicherte:** Dies sind Personen, die versicherungsfrei oder von der Versicherungspflicht befreit waren, z. B. Beamte auf Zeit, wenn sie ohne Anspruch auf Versorgung aus ihrer Beschäftigung ausgeschieden sind.	**Versicherungspflichtig** sind v. a. Personen, die – gegen Arbeitsentgelt oder – zu ihrer Berufsausbildung beschäftigt sind. **Versicherungsfrei** sind u. a. Beamte, Richter, Berufssoldaten.	**Versicherungspflicht:** Es besteht eine allgemeine **Versicherungspflicht,** d. h., jeder muss in einer privaten oder gesetzlichen Krankenkasse versichert sein. Arbeitnehmer, deren Arbeitsentgelt in den letzten drei Jahren die Jahresarbeitsentgeltgrenze (2020 = 62.550,00 EUR) nicht überschritten hat, sowie Auszubildende, Studenten, Wehr- und Zivildienstleistende u.a. sind in der gesetzlichen Krankenkasse versicherungspflichtig.	**Versicherungspflichtig** sind alle in der gesetzlichen Krankenversicherung pflichtgemäß und freiwillig Versicherten. **Versicherungsfrei** sind Personen, die eine private Pflegeversicherung abgeschlossen haben, deren Leistungsumfang dem der sozialen Pflegeversicherung entspricht.	**Versicherungspflichtige:** Alle gegen Entgelt beschäftigten Arbeitnehmer. Auszubildende und Lernende während der beruflichen Fortbildung. Kinder in Kindergärten, Schüler während der Schulzeit, Studierende während der Aus- und Fortbildung an Fachhochschulen und Hochschulen u. a.

Sozialversicherungsleistungen	**Leistungen zur Rehabilitation:** Medizinische, berufsfördernde (z. B. Umschulungen), ergänzende (z. B. Haushaltshilfe) und sonstige Leistungen (z. B. zur Wiedereingliederung in das Erwerbsleben), Übergangsgeld. **Rentenzahlungen:** – Regelaltersrente ab Vollendung des 67. Lebensjahres. Bestimmte Personengruppen (langjährig Versicherte, schwerbehinderte Menschen, langjährig unter Tage beschäftigte Bergleute) können schon vor Vollendung des 67. Lebensjahres eine Altersrente beziehen. Unter Inkaufnahme von Rentenminderungen können Arbeitnehmer vor Erreichen der Altersgrenze Altersrente beziehen. – Renten wegen teilweiser bzw. voller Erwerbsminderung für Versicherte, die außerstande sind, täglich mindestens 6 bzw. 3 Stunden erwerbstätig zu sein. – Witwen- und Witwer-, Erziehungs- oder Waisenrenten.	**Arbeitslosengeld** je nach Dauer des Versicherungspflichtverhältnisses für längstens 24 Monate, 67 % vom pauschalierten Nettoarbeitsentgelt, für Kinderlose 60 %. **Arbeitslosengeld II** wird gewährt, wenn kein Anspruch auf Arbeitslosengeld sowie Bedürftigkeit besteht. **Berufsberatung** sowie **Ausbildungs- und Arbeitsvermittlung** und diese unterstützende Leistungen. **Gründungszuschuss** zur Aufnahme einer selbstständigen Tätigkeit. **Berufsausbildungsbeihilfe** **Kurzarbeitergeld** und **Saison-Kurzarbeitergeld** **Insolvenzgeld**	**Verhütung von Krankheiten,** u.a. durch Vorsorgebehandlung von Geschwächten sowie Vorsorgekuren für Mütter und Väter. **Regelmäßige Gesundheitsuntersuchungen** zur Früherkennung von Krankheiten. **Krankenbehandlung:** Ärztliche und zahnärztliche Behandlung, Arznei-, Verband-, Heil- und Hilfsmittel, Zuschüsse bei Zahnersatz, häusliche Krankenpflege, Haushaltshilfe, Krankenhausbehandlung, Kuren. **Krankengeld** ab der 7. Woche in Höhe von 70 % des regelmäßigen Arbeitsentgelts. **Kosten des Krankentransports**	**Häusliche Pflege:** – Sachleistungen in Form von Hilfen stündlich bis rund um die Uhr bei der Körperpflege, Ernährung, Mobilität, hauswirtschaftlichen Versorgung. – Pflegegeld für selbstbeschaffte Pflegehilfen. – Vergütung für die Beratung durch Pflegeeinrichtungen. **Teilstationäre Pflege:** Tages- und Nachtpflege bzw. Kurzzeitpflege, wenn häusliche Pflege (vorübergehend) nicht sichergestellt werden kann. **Stationäre Pflege:** – pflegebedingte Aufwendungen, – Aufwendungen der sozialen Betreuung. Die Kosten der Unterkunft und Verpflegung müssen die Pflegebedürftigen selbst tragen.	**Heilbehandlung und Verletztengeld** (entspricht Krankengeld) als Ersatzeinkommen während der Behandlung. Leistungen zur **Förderung der beruflichen und sozialen Rehabilitation.** **Pflegegeld** während der verletzungsbedingten Hilflosigkeit. **Renten** für Versicherte, deren Erwerbsfähigkeit um mind. 20 % gemindert ist. **Leistungen an Hinterbliebene** in Form von Sterbegeld, Überführungskosten an den Bestattungsort sowie Hinterbliebenenrente. **Abfindung mit einer Gesamtvergütung** statt Rentenzahlung an Versicherte und Hinterbliebene (Kapitalabfindung). Maßnahmen zur **Verhütung** von **Arbeitsunfällen** und **Berufskrankheiten** sowie **arbeitsbedingte Gesundheitsgefahren.**
Sozialversicherungsbeiträge	18,6 % vom Bruttoverdienst	2,4 % vom Bruttoverdienst	14,6 %* vom Bruttoverdienst	3,05 %** vom Bruttoverdienst	Die Beiträge sind allein vom Arbeitgeber zu tragen. Ihre Höhe wird durch ein Umlageverfahren ermittelt, das den mit der Arbeit verbundenen Gefahrenumständen Rechnung trägt.
	höchstens aber von der Beitragsbemessungsgrenze **2020: 6.900,00 EUR pro Monat*** **		**2020: 4.687,50 EUR pro Monat**		
	Arbeitgeber und Arbeitnehmer tragen **je die Hälfte.** Die Geringverdienergrenze von 325 EUR, bis zu welcher der Arbeitgeber die kompletten Sozialversicherungsbeiträge allein trägt, gilt nur noch für Auszubildende, Praktikanten und für Teilnehmer am freiwilligen sozialen und ökologischen Jahr. Für geringfügig Beschäftigte (450 EUR) muss der Arbeitgeber eine Pauschale abführen.				

*** evtl. erheben Krankenkassen einen Zusatzbeitrag; ** Kinderlose über 23 Jahre zahlen zusätzlich 0,25 %; *** 6.450 EUR für neue Bundesländer**

5.2 Probleme der Sozialversicherung

Bereits gegenwärtig haben die Sozialversicherungszweige mit Problemen zu kämpfen. Grundsätzlich geht es dabei um die Frage nach der Finanzierbarkeit ihrer Leistungen. Alle Voraussagen deuten auf eine Zunahme der Probleme hin. Deshalb werden Reformmöglichkeiten diskutiert. Die möglichen Lösungen müssen einerseits die Finanzierbarkeit sichern und andererseits die Sicherheit und den Schutz der Bevölkerung gewährleisten.

Probleme am Beispiel der gesetzlichen Rentenversicherung

Die Rentenversicherung ist auf der Grundlage des »Generationenvertrages« aufgebaut. Probleme ergeben sich aus einer laufenden Abnahme der beitragszahlenden erwerbstätigen Bevölkerung und aus der Zunahme der nicht im Arbeitsleben stehenden zu versorgenden Menschen.

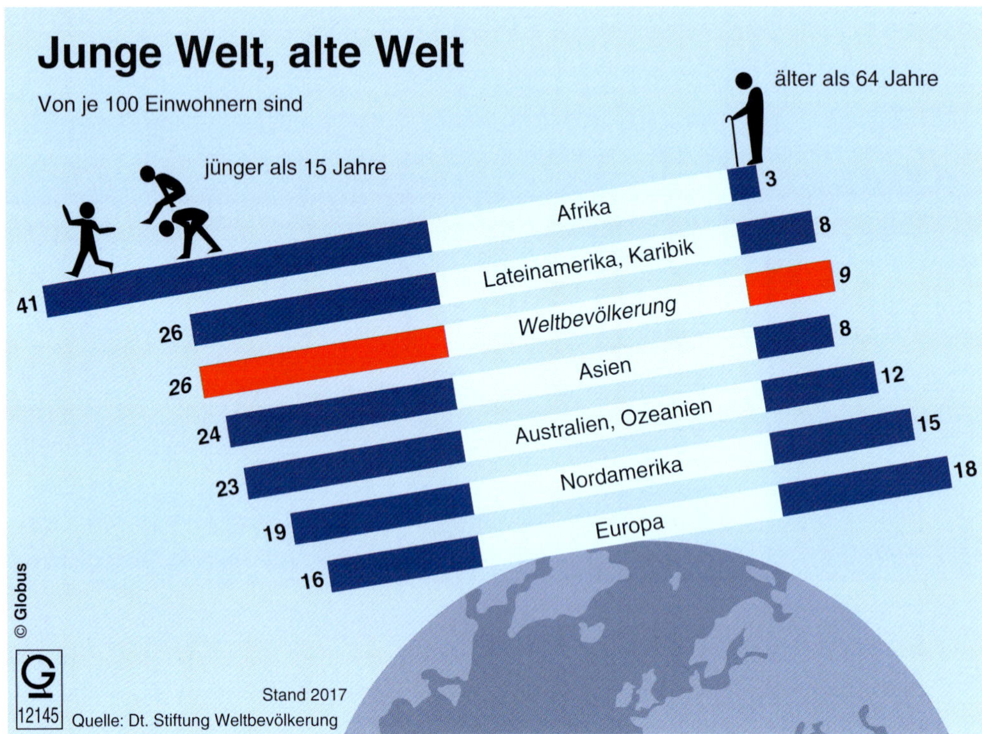

Rentendynamik und Finanzierungsprobleme

Grundsatz der gesetzlichen Rentenversicherung ist eine alljährlich durch Rentenanpassungsgesetze an die allgemeine Kaufkraft- und Einkommensentwicklung angeschlossene Versorgung der Rentner. Dadurch werden die Rentner, genau wie die erwerbstätige Bevölkerung, an der Entwicklung des Nationaleinkommens beteiligt. Die Rentenerhöhungen richten sich nach den Produktivitätssteigerungen der Wirtschaft. Eine solchermaßen an das Wirtschaftswachstum angepasste Rente nennt man »**dynamische Produktivitätsrente**«.

Diese Leistungsdynamik wirft jedoch bei abnehmendem Wirtschaftswachstum, bei lang anhaltender Arbeitslosigkeit sowie bei Geburtenrückgang einerseits und längerer Lebenserwartung (»Rentenberg«) andererseits erhebliche Finanzierungsprobleme auf.

▶ Probleme aus dem Generationenvertrag

Wer im Alter eine Rente beziehen möchte, müsste normalerweise das für die Rentenauszahlung notwendige Kapital selbst angespart haben. Das Risiko einer solchen Regelung bestünde aber darin,

- dass sich bei inflationärer Entwicklung die Kaufkraft der Rente laufend vermindert und
- dass die rentenbeziehende Person ab ihrem Eintritt in das Rentenalter nicht mehr an der allgemeinen Einkommensentwicklung teilnimmt.

Mit der »dynamischen Produktivitätsrente« hat man diese Probleme zugunsten der Rentner zu lösen versucht. Obwohl sie Beiträge nach den wirtschaftlichen Gegebenheiten der Vergangenheit gezahlt haben, erhalten sie Leistungen nach den Erfordernissen der Gegenwart. Dies ist nur dadurch möglich, dass man die jeweils laufenden Leistungen für die Rentner aus den jeweils laufenden Beiträgen der Erwerbstätigen finanziert. Die gegenwärtig arbeitende Generation versorgt also die frühere, gegenwärtig nicht mehr arbeitende Generation. Dazu müssen die arbeitenden Menschen für die in Gestalt der Kinder und Jugendlichen nachwachsende und noch nicht arbeitende künftige Generation aufkommen. Diese »Vereinbarung« unter den arbeitenden und nicht mehr bzw. noch nicht arbeitenden Menschen nennt man »**Generationenvertrag**«.

Probleme für den Vertrag zwischen den Generationen ergeben sich aus einer zunehmenden Überalterung der Bevölkerung.

Während die Anzahl und das Lebensalter der Rentner laufend zunehmen, wird die Zahl der Erwerbstätigen aufgrund des Geburtenrückgangs und der zunehmenden Automatisierung eher kleiner. Für die Zukunft ist für die Erwerbstätigen mit einem starken Anstieg der Alterslast zu rechnen.

Auch die anderen Zweige der Sozialversicherung haben vergleichbare Probleme. Auf der einen Seite nehmen die Ausgaben für beanspruchte Leistungen zu, da es u. a. immer mehr Leistungsempfänger gibt und die Kosten für bestimmte Leistungen steigen. Auf der anderen Seite sinken die Einnahmen der Sozialversicherung, u. a. bedingt durch weniger Erwerbstätige. Hieraus ergibt sich ein Reformbedarf des Sozialversicherungssystems und damit verbunden auch die Notwendigkeit der privaten Vorsorge bzw. Absicherung.

Reformansätze für die gesetzliche Rentenversicherung

Eine Lösung der beschriebenen Probleme kann nur dann ohne soziale Spannungen erreicht werden, wenn beide Seiten, die Erwerbstätigen und die Rentner, gemeinsam die Finanzierungsfrage angehen. Maßvolle Beitragserhöhungen und eine maßvolle Senkung des Rentenniveaus müssen einander ergänzen.

Hierfür werden verschiedene Vorschläge diskutiert:

- Wesentliche Erhöhungen der Versicherungsbeiträge (2020 = 18,6 %, Prognose für 2030 bis zu 22,0 %),
- allgemeine Senkung des Rentenniveaus um 10 bis 15 %,
- Anhebung der Altersgrenze für die Rente über das 67. Lebensjahr hinaus,
- Erhöhung der Bundeszuschüsse für die Rentenversorgung,
- Umstellung von der beitrags- zur steuerfinanzierten Rente.

Eine Lösung, wie die Rentenlast getragen werden kann, muss aus einer Kombination verschiedener Lösungsmöglichkeiten bestehen.

5.3 Drei-Säulen-System der Alterssicherung

Die künftigen Rentner werden sich darauf einstellen müssen, dass die gesetzliche Rentenversicherung ihnen nur noch eine Grundsicherung (gesetzliche Altersvorsorge) bietet, die durch betriebliche (betriebliche Altersvorsorge) und eigenverantwortliche Altersvorsorge (private Vorsorge) erweitert werden sollte. Man nennt eine solche Vorsorge auch das **»Drei-Säulen-System der Alterssicherung« (Dreischichtenmodell)**.

Das Drei-Säulen-System der Alterssicherung		
Gesetzliche Altersvorsorge	Betriebliche Altersvorsorge	Private Vorsorge
Staat	Unternehmen/ Arbeitgeber	Arbeitnehmer

5.3.1 Gesetzliche Altersvorsorge

Die gesetzliche Rentenversicherung wird zukünftig nicht mehr in der Lage sein, allen Rentnern eine Rente zu zahlen, die es ihnen ermöglicht, den Lebensstandard zu halten, den sie als Erwerbstätige hatten. Deswegen werden die Rentenzahlungen der gesetzlichen Rentenversicherung nur noch eine Grundvorsorge (gesetzliche Altersvorsorge) bilden, die den Rentnern das Existenzminimum sichert. Ab 1. Januar 2021 erhalten Rentner, die mindestens 33 Jahre gearbeitet, Kinder erzogen oder Angehörige gepflegt haben, eine Grundrente. Sie beträgt bis zu 418 EUR monatlich. Hiervon sollen Rentner profitieren, die in ihrem Arbeitsleben unterdurchschnittliche Verdienste erzielt haben.

SGB XII §§ 41 ff. Daneben gibt es die **Grundsicherung** im Alter und bei Erwerbsminderung. Sie wird Personen gewährt, die durch Alter oder Erwerbsminderung auf Dauer aus dem Erwerbsleben ausgeschieden sind und ihren Lebensunterhalt nicht selbst bestreiten können.

5.3.2 Betriebliche Altersvorsorge

BetrAVG § 1 Bei der **betrieblichen Altersversorgung** sichert der **Arbeitgeber** seinem Arbeitnehmer **Versorgungsleistungen** bei Erreichen der Altersgrenze, im Falle der Invalidität oder im Todesfalle zu.

Die betriebliche Altersversorgung kann in Form einer **direkten Zusage** des Arbeitgebers erfolgen. Dabei verpflichtet sich der Arbeitgeber durch die Bildung von Pensionsrückstellungen, seinen Mitarbeitern später direkt eine Rente zu zahlen. Alternativ dazu kann der Arbeitgeber die betriebliche Alterversorgung auch durch rechtlich selbstständige Unternehmen durchführen lassen. Diese Unternehmen treten als **Unterstützungskasse, Pensionskasse, Pensionsfonds** oder **Direktversicherung** am Markt auf. Die Beiträge für die betriebliche Altersversorgung werden vom Arbeitgeber und/oder vom Arbeitnehmer getragen.

5.3.3 Private Vorsorge

Der privaten Vorsorge kommt angesichts der zunehmenden Probleme der gesetzlichen Sozialversicherung eine besondere Bedeutung zu. Durch die Einschränkung der Leistungen aus der gesetzlichen Sozialversicherung reichen diese häufig nicht mehr aus und müssen durch eigene Leistungen ergänzt werden.

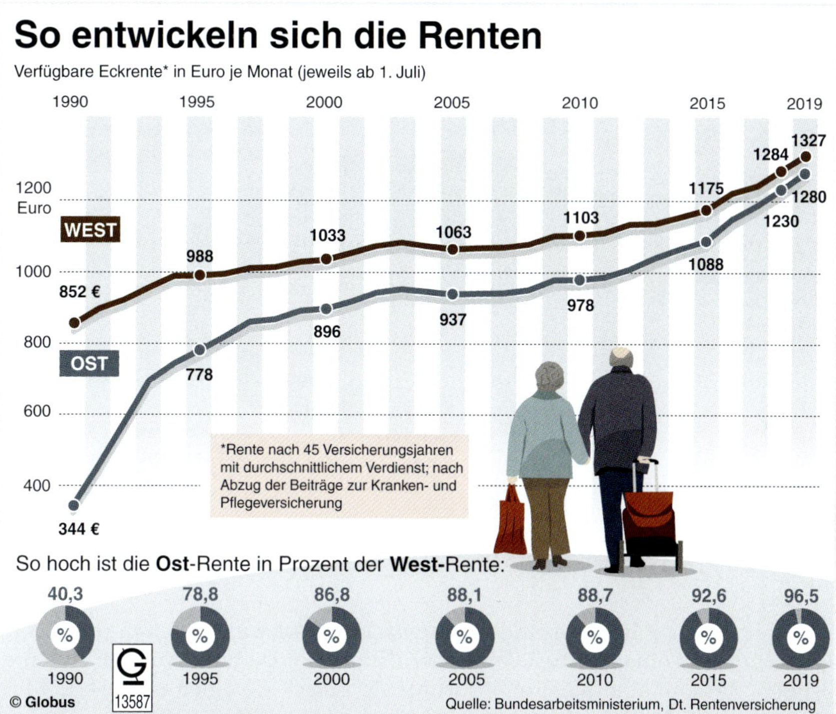

Die gesetzliche Rentenversicherung war nie als Vollversorgungssystem gedacht. Die monatliche **Rentenzahlung** deckt auch bei einer Beitragszahlung von 45 Versicherungsjahren nur einen Teil des Bruttoeinkommens ab.

Beispiel: Bei einem monatlichen Bruttoeinkommen von 2.000 EUR kann der Versicherungsnehmer mit einer Rente von etwa 900 EUR rechnen.

Für ein realistisch anzustrebendes **Versorgungsziel** bietet sich derjenige Teil des Einkommens an, über den jeder Arbeitnehmer tatsächlich verfügen kann. Das ist im Normalfall das Nettoeinkommen. Da die Abzüge (Steuern und Sozialversicherungsbeiträge) vom Bruttoeinkommen zurzeit mindestens 35 % betragen, können deshalb 65 % vom Bruttogehalt als Versorgungsziel dienen.

Beispiel: Bei einem monatlichen Bruttoeinkommen von 2.000 EUR ist ein monatliches Versorgungsziel von 1.300 EUR anzustreben.

Die entstehende Differenz zwischen Versorgungsziel und der Rente aus der gesetzlichen Rentenversicherung wird **Versorgungslücke** genannt. Sie entsteht bei den Renten wegen Alters und wegen Erwerbsminderung.

Beispiel: Die monatliche Versorgungslücke von 400 EUR entsteht bei einem Versorgungsziel von 1.300 EUR und einer gesetzlichen Rentenzahlung von 900 EUR.

Private Vorsorgemaßnahmen müssen also die finanzielle Absicherung aus der gesetzlichen Rentenversicherung **ergänzen.**

Berufsunfähigkeit

Bei Berufsunfähigkeit (BU) denkt man oft zuerst an Unfallfolgen. In jungen Jahren mag das zutreffend sein. Doch insgesamt sind Erkrankungen die häufigste Ursache.

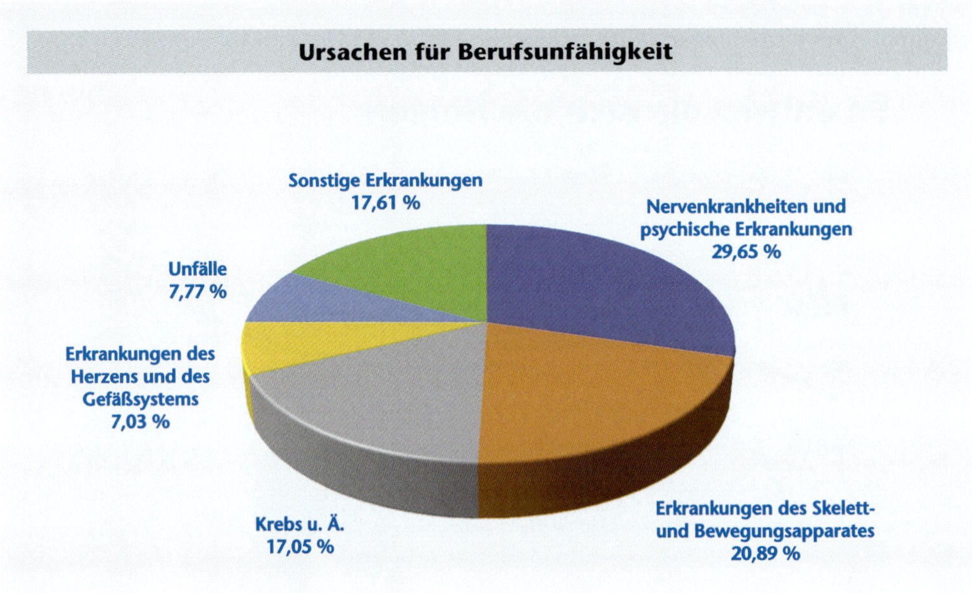

Quelle: MORGEN & MORGEN 4/2019

Mindestens jeder vierte Erwerbstätige in Deutschland ist vor Erreichen des Rentenalters zumindest einmal in seinem Arbeitsleben berufsunfähig. Dadurch können sie ihren Beruf nicht ausüben. Sie sind aber nicht erwerbsunfähig, sofern sie einer anderen Erwerbstätigkeit nachgehen können. Damit sind sie vermindert erwerbsfähig. Jährlich sind mehr als 400.000 Bundesbürger **aufgrund von schweren Unfällen oder Krankheiten** so stark behindert, dass sie eine Rente wegen verminderter Erwerbsfähigkeit beantragen müssen.

Beispiel: Ein kaufmännischer Angestellter erleidet einen Bandscheibenvorfall und kann in seinem Beruf nicht mehr arbeiten. Der Rentenversicherungsträger legt fest, dass er aber durchaus noch mehr als 6 Stunden an einer Kinokasse sitzen kann. Er erhält keine Leistungen.

Fast alle privaten Versicherer bieten inzwischen **Berufsunfähigkeitsversicherungen** an, meist als Berufsunfähigkeits-Zusatzversicherung in Kombination mit Risiko-, Kapital- oder privaten Rentenversicherungen. Generell gilt dabei: Je jünger ein Versicherter ist, desto günstiger sind die Vertragskonditionen. Allerdings hängt der Beitrag in hohem Maß vom ausgeübten Beruf ab. Da jede Versicherungsgesellschaft ihre Bedingungen selbst festlegen kann, sollte man vor Abschluss einer privaten BU-Versicherung nicht nur die Preise sorgfältig vergleichen, sondern auch die Vertragsklauseln genau prüfen.

Beispiele:

1. Ein späterer Wechsel in einen gefährlichen Beruf oder die Aufnahme eines gefährlichen Hobbys muss angezeigt werden **(Anzeigepflicht bei Berufswechsel).**
2. Die Leistungspflicht wird davon abhängig gemacht, ob eine Behandlung, die der Versicherer vorschlägt, durchgeführt wird **(Arztanordnungsklausel).**
3. Versicherer können selbst dann leisten, wenn eine Berufsunfähigkeit durch eigene Fahrlässigkeit verursacht wurde **(Leistungspflicht bei Fahrlässigkeit).**

Private Altersvorsorge

Seit dem Jahr 2002 fördert der Staat Arbeitnehmer, die sich zusätzlich zur gesetzlichen Rente eine **private kapitalgedeckte Altersvorsorge** (»**Riester-Rente**«) aufbauen. Die **Förderung** besteht aus einer **Grundzulage** und einer **Kinderzulage.** Um in den Genuss der staatlichen Förderung zu kommen, müssen bestimmte **Eigensparleistungen** (Mindesteigenbeiträge) erbracht werden.

Jahreseinkommen (jeweils 30.000,00 EUR)	**ledig, ohne Kinder**	**ledig, ein Kind**	**verheiratet, zwei Kinder**
Anlagebetrag zum Erreichen der maximalen Riester-Zulagen (4 % pro Jahr)	1.200,00 EUR	1.200,00 EUR	1.200,00 EUR
– Grundzulage	175,00 EUR	175,00 EUR	175,00 EUR
– Kinderzulage	0,00 EUR	300,00 EUR	600,00 EUR
= Mindesteigenbeitrag	**1.025,00 EUR**	**725,00 EUR**	**425,00 EUR**

Das »Altersvermögensgesetz« fördert verschiedene private **Altersvorsorgeformen:**

- Rentenversicherungen,
- Fonds- und Banksparpläne,
- Einsatz von Wohneigentum.

Die Altersvorsorgeverträge werden staatlich gefördert, wenn sie sich einer Prüfung (Zertifizierung) unterziehen. Den Abschluss einer zertifizierten Anlageform können Arbeitnehmer auch über ihr Unternehmen tätigen. Sie können dann ihre Eigensparleistung direkt durch die Umwandlung von Lohn- oder Gehaltsanteilen einbringen.

▶ Aufgaben und Probleme

1. »Mein Gedanke war, die arbeitenden Klassen zu gewinnen, oder soll ich sagen zu bestechen, den Staat als soziale Einrichtung anzusehen, die ihretwegen besteht und für ihr Wohl sorgen möchte.« (Reichskanzler Otto von Bismarck).

   Welchen Grund für die Einrichtung der Sozialversicherung in den 1890er-Jahren entnehmen Sie der Aussage Bismarcks?
2. Nehmen Sie zu nachfolgenden Behauptungen Stellung:

   a) »Sozialversicherung bedeutet für den Einzelnen Einkommensbindung.«

   b) »Die Sozialversicherung entlastet den Staat.«
3. In Deutschland sind die Zweige der Sozialversicherung Pflichtversicherungen. In anderen Ländern hingegen ist es jedem weitestgehend freigestellt, ob er sich entsprechend versichert oder nicht. Diskutieren Sie die Vor- und Nachteile dieser unterschiedlichen Systeme am Beispiel der Krankenversicherung.
4. Welches ist der jüngste Zweig der Sozialversicherung?
5. Recherchieren Sie den Begriff der Beitragsbemessungsgrenze.
6. Welche Unterstützung erhält jemand, der aus wirtschaftlichen Gründen des Unternehmens nicht voll beschäftigt werden kann?
7. Für welchen Zweig der Sozialversicherung muss allein der Unternehmer Beiträge abführen?

Zusammenfassende Übersicht: Notwendigkeit der sozialen Sicherung und der privaten Vorsorge erkennen

GG Art. 20 (1): Die Bundesrepublik Deutschland ist ein demokratischer und **sozialer Bundesstaat.**

Zweige der Sozialversicherung

Arbeitslosen-versicherung	Renten-versicherung	Kranken-versicherung	Pflege-versicherung	Unfall-versicherung

grundsätzlich (Arbeitslosen-, Renten-, Kranken-, Pflegeversicherung):
- Pflichtversicherung bis Jahresarbeitsentgeltgrenze
- Beitragsleistung: Arbeitnehmer und Arbeitgeber
- Beitragsleistung bis Beitragsbemessungsgrenze

Unfallversicherung: Beitragsleistung: Arbeitgeber

Probleme der Sozialversicherung
(Beispiel: Rentenversicherung)

Altersaufbau der Gesellschaft → Generationenvertrag

→ steigende Lebenserwartung
→ Rückgang der Geburten
→ sinkendes Renteneintrittsalter

↳ **Versorgungslücken**

»Drei-Säulen-System« der Alterssicherung

Gesetzliche Altersvorsorge

Reformvorschläge:
- Erhöhung der Beiträge
- Senkung der Renten
- Anhebung der Altersgrenze
- Staatszuschüsse

Betriebliche Altersvorsorge
- Pensionskasse
- Direktversicherung

Private Vorsorge
- kapitalgedeckte Rente (Riester-Rente)
- Fondssparen
- Wohneigentum
- Berufsunfähigkeitsversicherung

1 Innerbetriebliche Beziehungen darstellen

▶ Handlungsauftrag

Entwerfen Sie ein Leitbild für Ihre Klasse, aus dem die Ziele Ihrer Klasse hervorgehen.

1.1 Zielsystem des Unternehmens

Das Zielsystem wird von der Unternehmensleitung entwickelt und festgelegt. Dies geschieht durch einen Zielentscheidungsprozess. An diesem sind neben der Unternehmensleitung, den Kapitalgebern und den Arbeitnehmern auch Gruppen außerhalb des Unternehmens beteiligt. Zu diesen gehören z. B. Lieferanten und Kunden, gesellschaftliche Gruppen und die öffentliche Hand. Persönliche oder auch gesellschaftliche Interessen an einem Unternehmen sind bei den verschiedenen Gruppen, die am Zielentscheidungsprozess beteiligt sind, sehr unterschiedlich.

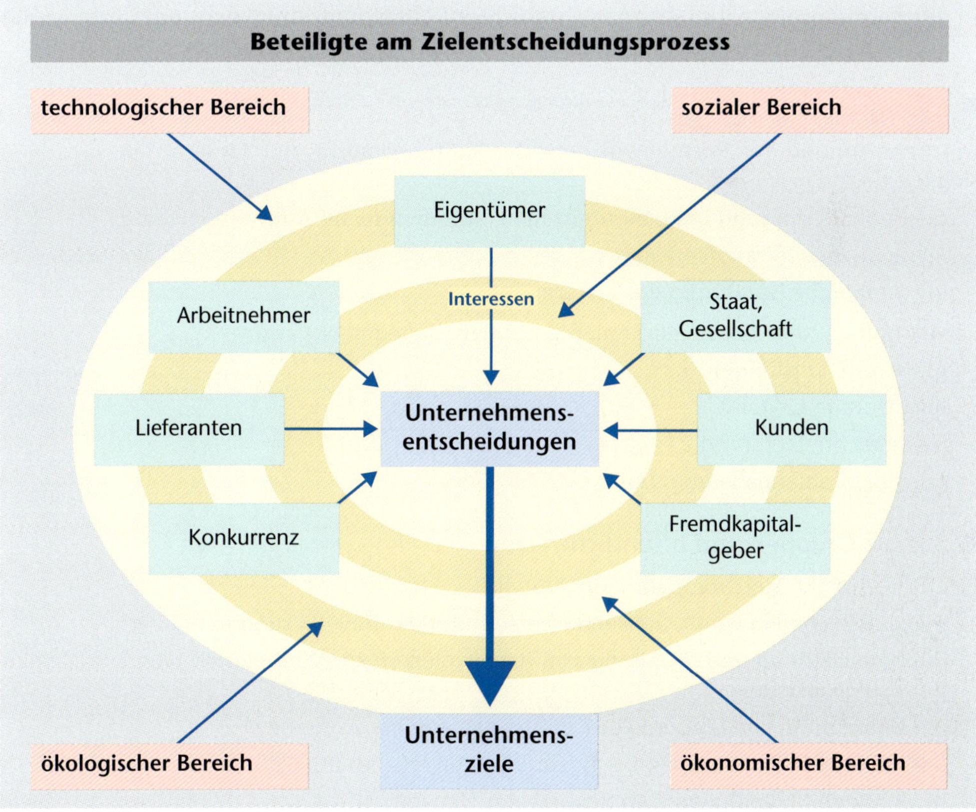

Kapitalgeber

Sie sind vor allem daran interessiert, die Existenz und die Erweiterung des Unternehmens (Kapitalerhaltung, Kapitalwachstum) zu sichern. Die Bedingungen dafür sind,

- ein optimales Verhältnis des Ertrages zum Aufwand zu gewinnen: Wirtschaftlichkeit,
- eine hohe Ergiebigkeit des Faktoreneinsatzes zu erreichen: Produktivität,
- ein angemessenes Verhältnis des Gewinnes zum eingesetzten Kapital zu erzielen: Rentabilität,
- die laufenden Zahlungsverpflichtungen erfüllen zu können: Liquidität,
- die Fähigkeit, in einem wachsenden Wirtschaftszweig ebenfalls zu wachsen, um damit konkurrenzfähig zu bleiben: Wachstum.

Wenn diese Ziele verfolgt werden, spricht man auch vom sogenannten **Shareholder-Value-Ansatz.** Dieser Ansatz ist eigentümerorientiert und maximiert den finanziellen Nutzen der Anteilseigner.

Arbeitnehmer

Auch Arbeitnehmer sind grundsätzlich wie die Kapitalgeber an der Existenz des Unternehmens interessiert. Sie wollen ihre Arbeitsplätze erhalten. Unternehmensziele können nur dann verwirklicht werden, wenn die Individualziele der Arbeitnehmer mit den Unternehmenszielen in Einklang zu bringen sind.

Besondere Zielvorstellungen der Arbeitnehmer richten sich auf

- den Arbeitsinhalt, z. B. den Wunsch nach abwechslungsreicher Tätigkeit,
- das Leistungsentgelt im Sinne von gerechter Entlohnung, Anerkennung, Übertragung von Verantwortung, Aufstiegschancen und Entfaltungsmöglichkeiten.

Marktpartner

Die Erwartungen der Partner auf dem Beschaffungsmarkt, der **Lieferanten,** beziehen sich auf

- die Berücksichtigung bei Lieferaufträgen, kontinuierliche Auftragserteilung,
- angemessene Verkaufserlöse,
- die pünktliche Bezahlung der Lieferungen.

Die Partner auf den Absatzmärkten, die **Kunden,** dagegen erwarten

- preiswerte Leistungen,
- hochwertige Qualität,
- fristgerechte Lieferung,
- günstige Zahlungsbedingungen.

Soziale Gruppen und öffentliche Hand

Ihre Erwartungen sind vor allem gerichtet auf

- eine ausreichende bzw. wachsende Versorgung der Bevölkerung mit Gütern,
- die Bereitstellung und Erhaltung von Arbeitsplätzen zur Vermeidung oder zum Abbau der Arbeitslosigkeit,
- die Entrichtung von Steuern zur Erfüllung staatlicher Aufgaben,
- die Einhaltung von Gesetzen, z. B. zur Wettbewerbserhaltung,
- ökologische Maßnahmen zum Schutze der Umwelt.

Letztlich zuständig für die Zielentscheidung als Maßstab für betriebliches Handeln ist die **Unternehmensleitung,** z. B. der Geschäftsführer einer GmbH oder die vollhaftenden Gesellschafter einer KG oder der Einzelunternehmer.

Das Zielsystem eines Unternehmens beinhaltet

- Oberziele: Diese sind oftmals im Unternehmensleitbild enthalten, und
- Unterziele: Diese lassen sich unterteilen in ökonomische, ökologische und soziale Ziele des Unternehmens.

1.2 Unternehmensleitbild

1.2.1 Leitfragen und Inhalte

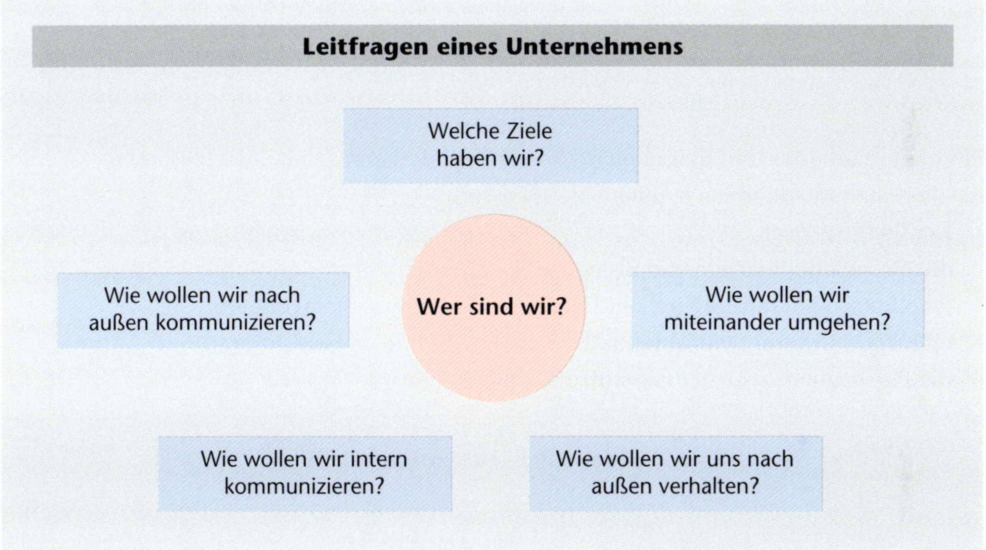

Beinahe 90 % der größten Unternehmen besitzen ein Unternehmensleitbild. Umfang, Format und Titel fallen bei den Leitbildern höchst unterschiedlich aus. Neben dem Begriff des Unternehmensleitbildes werden parallel auch Begriffe wie Unternehmensgrundsätze, Unternehmensphilosophie, Unternehmensleitlinien und Unternehmenskodizes verwendet.

Ein **Unternehmensleitbild** beinhaltet **fundamentale Geschäftsprinzipien eines Unternehmens,** die grenzensetzende und richtungsweisende Leitlinien und Ziele für die angestrebte Unternehmensentwicklung darstellen und vorgeben.

Das Unternehmensleitbild ist oft die **schriftliche Niederlegung** des allgemeinen Teils der Unternehmenspolitik. Es sollen als wesentlichste Merkmale die angestrebten Zukunftsvorstellungen, Ziele und Verhaltensweisen herausgestellt und entsprechend befolgt werden.

Unternehmensleitbilder entwerfen ein »realistisches Idealbild«. Es dient als Ausgangsbasis für die Entwicklung konkreter Strategien, Richtlinien und Umsetzungsmaßnahmen.

Funktionen und Inhalte von Unternehmensleitbildern

Funktion	Inhalt	Beispiel
Legitimation	Das Leitbild soll helfen, das Handeln nach innen und außen zu begründen.	»Wir bieten Leistungen im Luftverkehr sowie in verwandten Service- und Zulieferbereichen. Im Kerngeschäft erfüllen wir die unterschiedlichen Transportbedürfnisse unserer Kunden im Luftverkehr einschließlich der Dienstleistungen im direkten Kundenkontakt. Wir ergänzen unser Angebot außerhalb des Kerngeschäfts dort, wo es wirtschaftlich sinnvoll ist oder aufgrund des Kerngeschäfts ein Bedürfnis entsteht.«
Orientierung	Das Leitbild soll für Mitarbeiter und Führungskräfte bestimmend wirken.	»Dieses Leitbild dient uns in Zukunft als Handlungsrahmen und Orientierungshilfe, sodass alle Mitarbeiter von einer gemeinsamen Grundlage aus dasselbe Ziel verfolgen. So führen die von allen getragenen Werte zum Erfolg: zu einem starken Verbund in der neuen Metallgesellschaft.«
Motivation	Das Leitbild soll die Identifikation der Mitarbeiter mit ihrem Unternehmen und auch die Motivation, in ihm tätig zu sein, erhöhen.	»Das Wissen und die Ideen unserer Mitarbeiter sind unser wichtigstes Erfolgspotenzial. Wir werden dieses Potenzial gezielt und konsequent fördern und für Verbesserungen in allen Bereichen nutzen. Jeder Mitarbeiter ist aufgerufen, unser Unternehmen auf dem Weg in die Zukunft aktiv mitzugestalten.«

Ein gut formuliertes und richtig eingeführtes Leitbild kann somit dazu beitragen,

- die Kommunikation nach außen zu verbessern,
- Konflikte zu lösen,
- die Grundlage für Ziele und Strategien zu legen,
- eine Entscheidungshilfe bei der Führung und Delegation zu geben,
- eine klare Unternehmensidentität zu erarbeiten und zu bewahren,
- die Personalauswahl zu unterstützen.

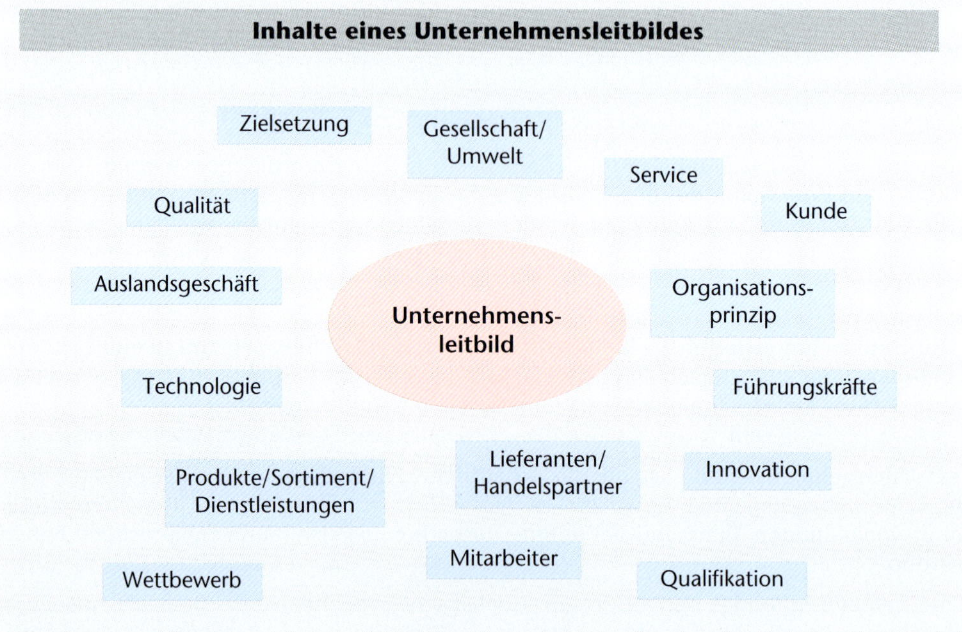

Beispiel eines Unternehmensleitbildes

Der WAREN AG-Konzern formulierte in seinem Unternehmensleitbild:

Konsequente, wertorientierte Führung eines Unternehmens setzt Zieltransparenz gegenüber den Mitarbeitern und Führungskräften voraus. Orientierung kann dabei nicht einseitig vom Vorstand vorgegeben werden, sondern entwickelt sich aus dem Dialog mit den Mitarbeitern. Ergebnis eines solchen Dialogs in der WAREN AG ist das vorliegende Leitbild, auf dessen Grundlage sich die WAREN-Unternehmenskultur weiterentwickeln soll und das Leitlinie und Maßstab zugleich ist.

Dieses Leitbild beschreibt das unternehmerische Selbstverständnis und zeigt die Grundwerte und Ziele der WAREN AG auf. Es ist Basis für die Identität der Vertriebslinien und Richtschnur für alle Mitarbeiterinnen und Mitarbeiter zur Erfüllung ihrer Aufgaben.

»Nur wenn wir alle diese Werte leben, werden wir auch im internationalen Vergleich eine Spitzenstellung einnehmen« – so der Vorstand der WAREN AG.

Leitsätze	Inhalte
Vielfalt ist unsere Stärke	Wir, die WAREN AG, sind ein internationaler Handelskonzern mit breitem, handelsspezifischem Vertriebstypen- und Standortportfolio. Die Konzepte unserer Vertriebslinien ergänzen einander. Unsere Analyse neuer Entwicklungen und Trends nutzen wir zu ihrer ständigen Weiterentwicklung. Eine starke und gefestigte Stellung auf dem Heimatmarkt ist die Grundlage der internationalen Expansion. Unsere Zielrichtung ist eine konsequente Globalisierung. Unsere Expansions- und Wachstumsfelder liegen vorwiegend in der diskontierenden Massendistribution, in Deutschland auch im Bereich moderner Innenstadtkonzepte.
Kunden-erwartungen prägen unsere Leistungen	Erfolg werden wir nur haben, wenn wir die Bedürfnisse unserer Kunden kennen und uns konsequent auf sie einstellen. Wo immer wir tätig sind, richten wir unsere Handlungen an den Kundenerwartungen aus. Auch im Innenverhältnis leben wir diese Philosophie.
Mitarbeiter gestalten die Metro	Leistungsfreude, Schnelligkeit und Effizienz bestimmen unser Handeln. Veränderung begreifen wir als Chance, nicht als Risiko. Offenheit, Vertrauen und persönliche Wertschätzung prägen unser Miteinander. Sachliche Meinungsunterschiede sind für uns Ausgangspunkt für gemeinsam getragene Lösungen. Wir stellen hohe Anforderungen an die fachliche und soziale Kompetenz unserer Mitarbeiter und fördern eigenverantwortliches Arbeiten. Unsere Mitarbeiter sind Garant für den Unternehmenserfolg. Wir fordern und ermöglichen permanentes Lernen, um schneller und besser zu sein als der Wettbewerb. Leistungsstarken Mitarbeitern bieten wir vielfältige nationale und internationale Karrierechancen im gesamten Konzern.
Gemeinsam sind wir stärker	Die Vertriebslinien streben in ihren Märkten Marktführerschaft bzw. mindestens eine Position unter den ersten drei an. Sie verantworten ihren Erfolg und entscheiden über ihren Konzept- und Marktauftritt. Ein ständiger Qualifizierungsprozess ist die Grundlage für den Erfolg von morgen. In diesem Prozess nutzen die Vertriebslinien konsequent die Chancen des Know-how-Transfers im Konzern.
Partnerschaft	Das Verhältnis zu unseren Vertragspartnern gestalten wir als Leistungspartnerschaft. Wir nehmen unsere Verantwortung in der Gesellschaft über die eigentlichen unternehmerischen Funktionen hinausgehend wahr. In den Ländern, in denen wir tätig sind, arbeiten wir aktiv an der Prosperität von Wirtschaft und Gesellschaft mit. Integrität und Geradlinigkeit im Geschäftsauftritt sind unsere Maximen. Wir stellen hohe Anforderungen an die fachliche und soziale Kompetenz unserer Mitarbeiter und fördern eigenverantwortliches Arbeiten.

1.2.2 Kundenorientierung

Kundenorientierung ist die konsequente **Ausrichtung** eines Unternehmens auf die **Befriedigung der Bedürfnisse** möglicher und tatsächlicher **Kunden.**

Voraussetzung für dieses Verhalten ist die Annahme, dass der mittel- und langfristige Unternehmenserfolg in der Kundenzufriedenheit liegt. Das bedeutet, dass die gesamte Organisation des Unternehmens den Kunden in den Mittelpunkt rückt. Alle Tätigkeiten wie Produkt- und Sortimentsgestaltung, Vertrieb, Beratung und Verkauf sowie Kundendienst orientieren sich an den Kunden und werden daraufhin untersucht, welchen Nutzen die Kunden daraus ziehen können.

In den nächsten Jahren werden die Kundenanforderungen an ein Unternehmen ständig zunehmen. Gleichzeitig sinkt aber die Kundenloyalität, also die Kundenbindung, immer mehr. Die Hemmschwelle des Kunden, das bisherige Unternehmen zu wechseln, sinkt. Wenn in einer solchen Situation der Kunde auch noch unzufrieden ist, hat diese Unzufriedenheit wesentlich schwerwiegendere Auswirkungen auf den Unternehmenserfolg als bisher.

Deswegen ist Kundenorientierung Grundlage des Qualitätsmanagements, insbesondere des **Total Quality Managements.**

Diese Entwicklung hat mehrere Gründe:
- Strukturwandel und Globalisierung der Märkte,
- Auftreten neuer Anbieter,
- Rückgang der Nachfrage,
- selbstbewusstere und anspruchsvollere Kunden,
- rasante Entwicklung der Informations- und Kommunikationstechnologie, insbesondere das Internet,
- technischer Fortschritt.

Aus diesem Grund hat sich das **Customer Relationship Management (CRM)** entwickelt. Es verwaltet die Kundenbeziehungen des Unternehmens. Dabei werden alle Daten des Kunden und alle Aktivitäten mit dem Kunden in einer Datenbank gesammelt und aufbereitet. Damit stehen sie jedem Verantwortlichen und Beteiligten zu jeder Zeit und an jedem Ort zur Verfügung.

Die konsequente Kundenorientierung hat als Basis vor allem drei Bereiche:

Kundenorientierung

Anforderungen

Mitarbeiter	Service	Produkte, Sortiment und Dienstleistungen
– fach- und beratungskompetent sein, – freundlich und auskunftsbereit sein, – telefonisch bzw. online erreichbar sein, – keine Wartezeiten bei der Bedienung zulassen.	– Öffnungs- und Geschäftszeiten kundenfreundlich gestalten, – umfassende und vollständige Informationen zu den Waren, dem Sortiment und den Dienstleistungen liefern, – Reklamationen schnell und gründlich bearbeiten, – flexibel und schnell liefern, – Termine zuverlässig einhalten.	– einwandfreie Qualität anbieten, – faire Preise verlangen, – kundenbezogene Auswahl bereithalten, – stetige Aktualität zeigen.

Nur wenn die Kundenorientierung im Unternehmen gelebt wird, funktioniert sie auch nach außen.

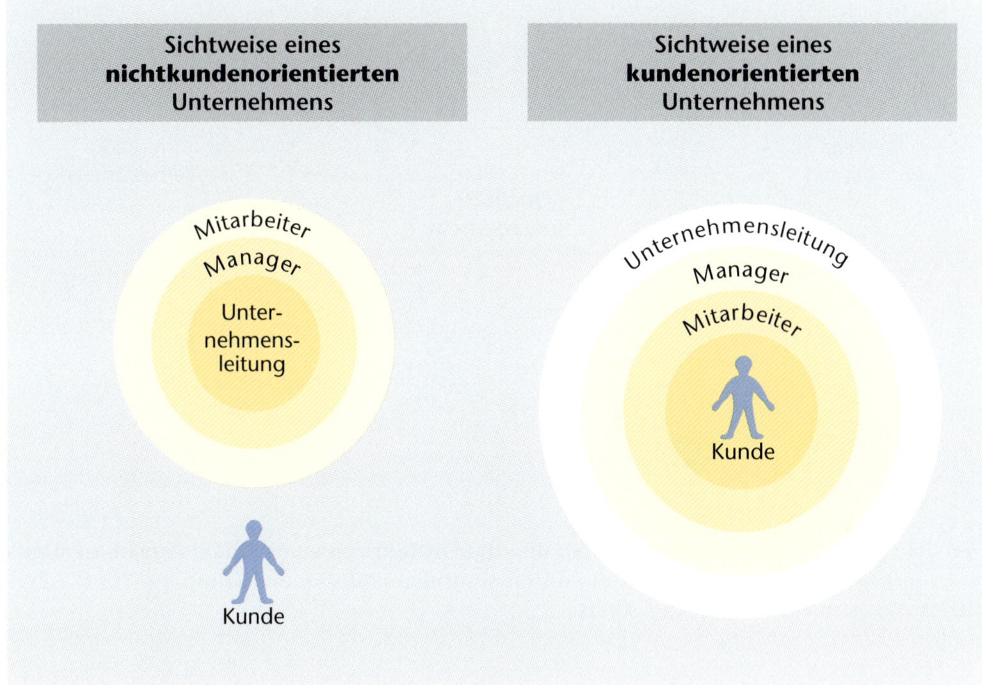

Im kundenorientierten Unternehmen konzentriert sich die Aufmerksamkeit auf diejenigen Mitarbeiter, die direkten und unmittelbaren Kontakt zu den Kunden haben. Wenn also die Kundenorientierung in einem Unternehmen ernst genommen werden soll, dann muss auch von der Unternehmensleitung ein entsprechendes Führungsverhalten an den Tag gelegt werden.

1.2.3 Qualitätsmanagement

Qualitätsmanagement nach DIN EN ISO 9000 ff.

Ein Qualitätsmanagementsystem kann nicht von heute auf morgen aufgebaut werden. Um diesem Ziel näherzukommen, sind die Maßnahmen der Qualitätssicherung nach der **DIN EN ISO-Normenreihe 9000 ff.** anzuwenden. Die Maßnahmen sind in einem **Qualitätsmanagementhandbuch** zu beschreiben. Dieses Handbuch ist dann eine wichtige Grundlage für die **Zertifizierung** des Qualitätsmanagementsystems im Unternehmen, die durch neutrale Institutionen erfolgt.

Beispiele: TÜV-Cert e.V., Dekra AG, EQ-Zert – Europäisches Institut zur Zertifizierung von Managementsystemen und Personal

Qualitätsmanagement nach der Normenreihe DIN EN ISO 9000 ff. geht von acht Grundsätzen aus, die Voraussetzung für ein erfolgreiches Zusammenwirken aller Beteiligten sind.

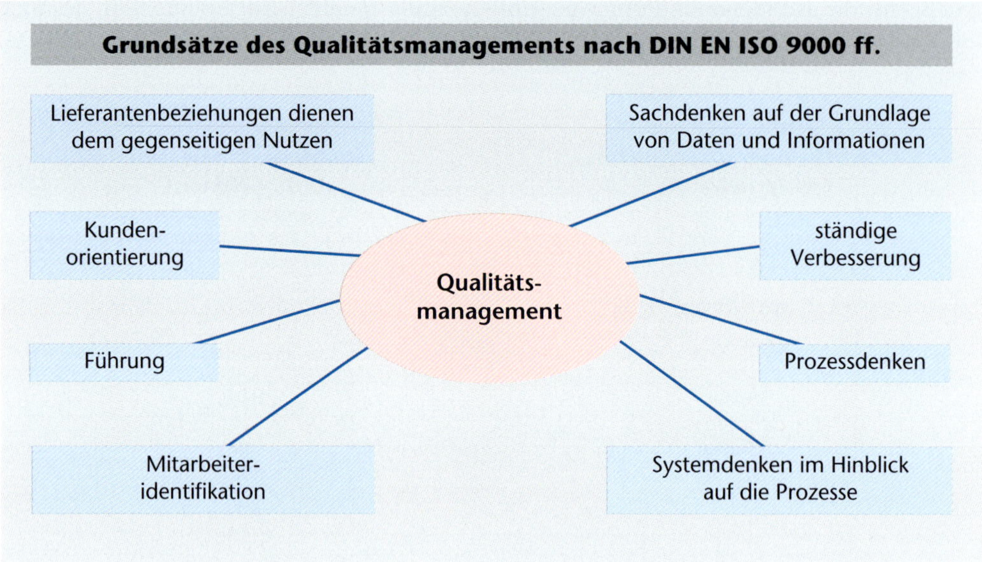

Der sichtbare Nachweis für den Aufbau und die Fortführung eines Qualitätsmanagements im Unternehmen ist die Zertifizierung durch neutrale Institutionen. Grundlage für die Zertifizierung ist in erster Linie ein **Audit.**

Ein **Audit** ist eine **systematische unabhängige Untersuchung,** um festzustellen, ob die **qualitätsbezogenen Tätigkeiten** und die damit zusammenhängenden **Ergebnisse** den **geplanten Anforderungen entsprechen** und ob diese Anforderungen tatsächlich verwirklicht und geeignet sind, die Ziele zu erreichen.

(Quelle: Lexikon Qualitätsmanagement)

Für die Auditierung und anschließende Zertifizierung werden verschiedene Normen zugrunde gelegt:

Bezeichnung der Norm	Merkmal
DIN EN ISO 9001 Qualitätsmanagement-system – Forderungen	Regelt – die Verantwortung der Unternehmensleitung; – die Forderungen nach Prozessorientierung und die Kommunikation mit den Kunden; – den Prozess der Produktion und der Erbringung von Dienstleistungen und – deren Messung, Auswertung und Verbesserung.
DIN EN ISO 9004 Qualitätsmanagement-system – Leitfaden zur Leistungsverbesserung	– Anleitung zur Verbesserung der Leistung der Organisation.
DIN EN ISO 19011	– Stellt einen Leitfaden für den Ablauf der Auditierung dar und – nennt die Qualifikationsmerkmale der Auditoren.

Das Kernstück der Normenreihe stellt die Norm DIN EN ISO 9001 dar. Sie ist die Grundlage für alle Zertifizierungen. Ihre Gültigkeit erstreckt sich auf **Unternehmen aller Branchen und Größen:**

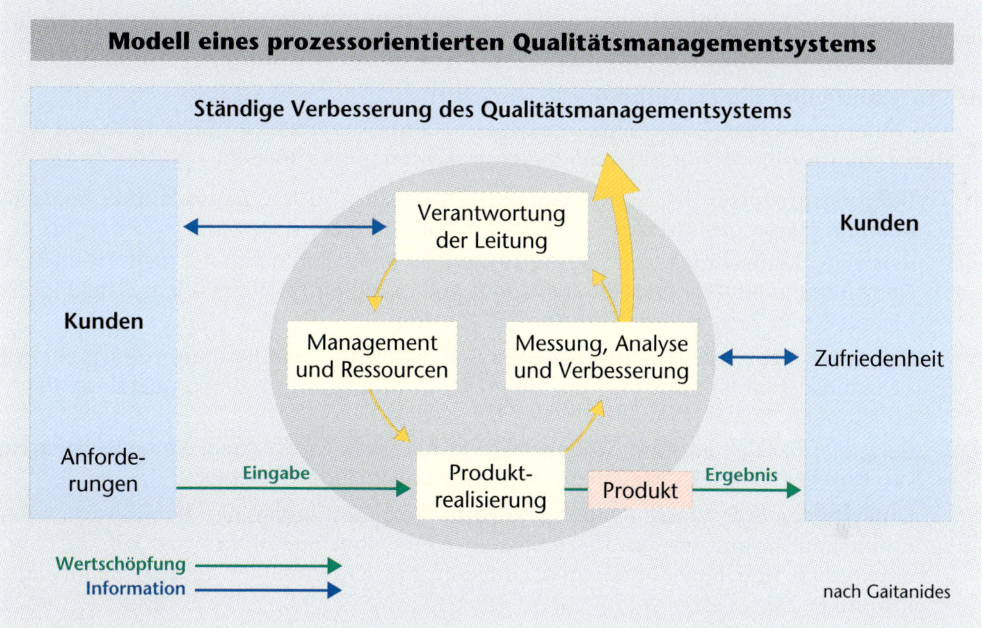

▶ Ausgewählte Maßnahmen des Qualitätsmanagements

a) Zuweisung der Qualitätsverantwortung an die oberste Geschäftsleitung.

Für ein effizientes Qualitätsmanagementsystem ist die Geschäftsleitung verantwortlich. Sie muss für das entsprechende Bewusstsein im Unternehmen sowie für die Formulierung der Qualitätspolitik und -ziele sorgen. Dabei sind besonders die Kundenwünsche zu ermitteln und zu dokumentieren.

b) Einrichtung eines Qualitätsmanagementsystems.

Es muss ein dokumentiertes Qualitätsmanagementsystem zur Erfüllung der festgelegten Qualitätsanforderungen eingerichtet werden. Dieses System muss mit allen Prozessen und Anweisungen und den formulierten Qualitätszielen dokumentiert werden **(Qualitätsmanagementhandbuch)**. Dabei werden alle Phasen von der Ermittlung des Kundenwunsches bis zur abschließenden Auslieferung der Waren festgehalten.

Beispiel: TÜV-Zertifikat für den Reifengroßhändler Reifen Roesch GmbH

TÜV CERT

ZERTIFIKAT

Die TÜV CERT-Zertifizierungsstelle des TÜV Südwest für Management-Systeme

bescheinigt gemäß TÜV CERT-Verfahren, dass das Unternehmen

Reifen Roesch GmbH
Dortmunder Str. 61
59425 Unna

für den Geltungsbereich

Vertrieb, Absatz und Dienstleistungen von/für Reifen und Zubehör

ein Qualitätsmanagementsystem eingeführt hat und anwendet.

Durch ein Audit, Bericht-Nr. QM-M-96/2019 wurde der Nachweis erbracht, dass die Forderungen der DIN EN ISO 9001:2008 erfüllt sind. Dieses Zertifikat ist gültig bis Oktober 2022

Zertifikat-Registrier-Nr. 70 100 M 2016

TGA-ZM-29-96-00

Mannheim, den 17. November 2019
Erstzertifizierung 1998

TÜV SÜDWEST

TÜV CERT-Zertifizierungsstelle des TÜV Südwest für Management-Systeme

c) **Schulungen.**
Schulungen des Personals sollen dazu beitragen, dass die Fähigkeiten und Erfahrungen von Mitarbeitern ständig erweitert werden. Die Wirksamkeit von Schulungsmaßnahmen soll vom jeweiligen Vorgesetzten überwacht und schriftlich bewertet werden. Um die Schulungen systematisch vornehmen zu können, sind Schulungspläne zu erstellen, die auch dokumentiert werden.

d) **Prozessorientierung als verbindliche Vorschrift.**
Die Abläufe in einem Unternehmen müssen als Prozesse erfasst und dokumentiert werden. Dabei wird zwischen verschiedenen Prozessen unterschieden:

- **Führungsprozesse:** Sie sind verantwortlich bei der Unternehmensleitung angesiedelt und klären grundsätzliche Abläufe im Unternehmen.
  Beispiele: Maßnahmen der Qualitätssicherung in Abstimmung mit den Herstellern; Durchführung interner Qualitätsaudits und Anpassung an Veränderungen; Schulung der Mitarbeiter im Verkauf und in der Kommissionierung.
- **Operative Prozesse (Hauptprozesse):** Sie bilden die unmittelbaren betrieblichen Leistungserstellungsprozesse ab. Die Verantwortung liegt bei den einzelnen Fachabteilungen.
  Beispiele: Einlagerung und Sortimentierung für einen Großauftrag; Kommissionierung von Einzelaufträgen, Durchführung der Produktion im Industriebetrieb.
- **Unterstützende Prozesse (Nebenprozesse):** Sie garantieren einen reibungslosen betrieblichen Ablauf, um die betrieblichen Aktivitäten durchführen zu können. Verantwortlich sind Fachabteilungen oder von der Unternehmensleitung beauftragte Instanzen.
  Beispiele: Überwachung der Lagerflächen; regelmäßige Software-Updates durch die Organisationsabteilung, um die Gesetzeslage im Außenhandel zu berücksichtigen; Erstellung der Import- bzw. Exportpapiere für ein Außenhandelsgeschäft.

e) **Messung, Analyse und Verbesserung.**
Im Qualitätsmanagement-Handbuch muss dokumentiert werden, dass im Unternehmen Prozesse zur Messung, Analyse und Veränderung mit dem Ziel der ständigen Verbesserung stattfinden. Diese beziehen sich auf die Produkte, auf die Beziehungen zu den Vertragspartnern (Lieferanten, Kunden) und auf die Prozesse im Unternehmen. Außerdem müssen die dafür eingesetzten statistischen Methoden festgelegt und angewendet werden. Interne Audits haben diesen ständigen Prozess zu garantieren. Dabei dürfen nur unabhängige Auditoren eingesetzt werden.

Ein wichtiges Instrument des Qualitätsmanagements ist das **Benchmarking.** Dies ist ein kontinuierlicher Prozess, bei dem die Produkte und betrieblichen Abläufe über mehrere Unternehmen hinweg verglichen werden. Die Zielvorgabe ist dabei, die Qualität des »Klassenbesten« der Branche zu erreichen, wenn möglich zu übertreffen.

Total Quality Management (TQM)

Totales Qualitätsmanagement (TQM) nach DIN EN ISO 8402 ist eine auf die Mitwirkung aller Mitarbeiter basierende **Führungsmethode,** welche
- **Qualität** in den Mittelpunkt stellt, um
- **Zufriedenheit der Kunden,** dadurch
- langfristigen **Geschäftserfolg** sowie
- Nutzen für **die Arbeitnehmer** und für die **Gesellschaft zu erreichen.**

Industrieunternehmen und insbesondere Handelsunternehmen werden durch die notwendige Kundenorientierung und den starken Wettbewerb immer mehr gezwungen, ein **um-**

fassendes Qualitätsmanagement anzustreben. Nur ein alle Bereiche umfassendes Qualitätsdenken garantiert auf Dauer den Erfolg des Unternehmens.

Damit ist Total Quality Management das umfassendste Qualitätssicherungssystem, das für ein Unternehmen denkbar ist. **Vom Kunden über die eigenen Mitarbeiter und Lieferanten bis hin zur Gesellschaft und Umwelt werden alle Bereiche erfasst.** Um dies zu leisten, muss TQM Teil einer Unternehmenskultur werden, die die Kundenzufriedenheit in den Mittelpunkt stellt. Das Ziel dabei ist, eine erhöhte Wettbewerbsfähigkeit zu erreichen. Die DIN EN ISO 9000 ff. ist sehr stark in diese Richtung ausgeprägt.

In Europa fanden sich Unternehmen zur Gründung der **E**uropean **F**oundation for **Q**uality **M**anagement **(EFQM)** zusammen. Diese Institution verleiht für ein umfassendes Qualitätsmanagement-System den **Europäischen Qualitätspreis (European Quality Award)**.

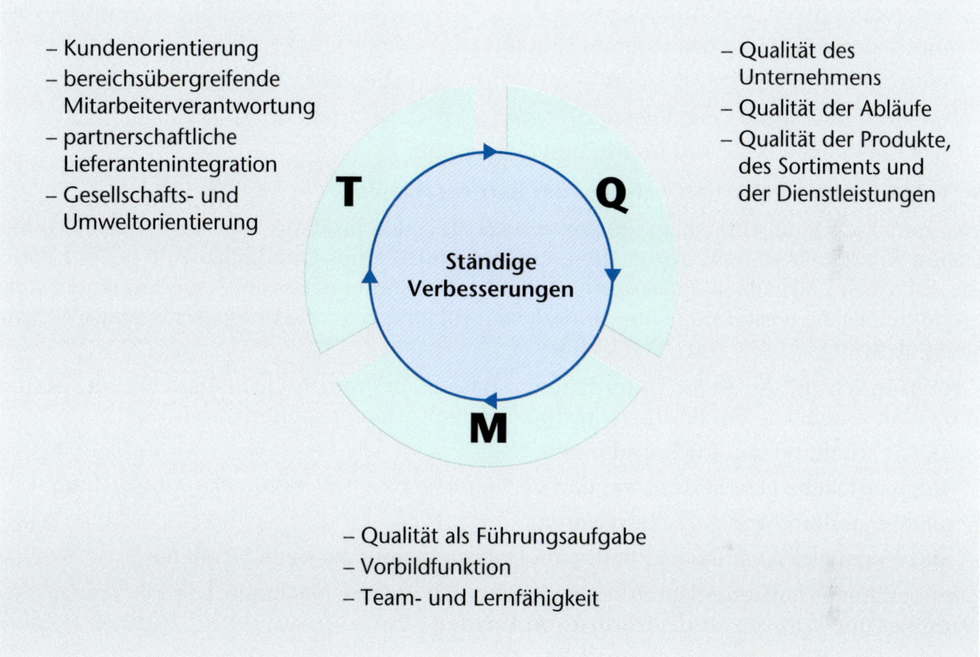

▶ Qualitätsbestimmung durch den Kunden

In erster Linie bestimmt der Kunde die Qualitätskriterien, denn die Zufriedenheit des Kunden ist die Voraussetzung für den Erfolg des Unternehmens am Markt. Es ist im Rahmen des TQM erforderlich, die Anforderungen der Kunden an die Produkte und Dienstleistungen des Unternehmens zu ermitteln. Dies kann u. a. geschehen durch

- die Einbeziehung der Kunden in die Produkt- und Sortimentsgestaltung,
- die systematische Messung der Kundenzufriedenheit und
- die Einrichtung einer Kundenbetreuungsstelle für Beanstandungen.

Die Qualitätsanforderungen der Kunden ändern sich laufend. Dies zu erkennen ist die Aufgabe der Marktforschung in den Unternehmen. Der Handel als unmittelbare Kontaktstelle zu den Kunden kann hier ein wichtiges Bindeglied zwischen dem Hersteller und dem Verwender oder Verbraucher sein.

Beispiele: Der Händler sammelt die in einem Verkaufsgespräch erhaltenen Kundeninformationen, ordnet diese und gibt sie an den Hersteller weiter.

▶ Qualitätsverantwortung

Für eine hohe Qualität zu sorgen, ist die Aufgabe aller Mitarbeiter in leitender und ausführender Stellung. Dabei soll sich jeder Mitarbeiter auch verantwortlich für andere Bereiche fühlen, d. h., er gibt die von ihm festgestellten Fehler anderer Unternehmensbereiche weiter oder beseitigt diese womöglich selbst.

Damit alle Mitarbeiter dazu in der Lage sind, müssen sie in den betrieblichen Informations- und Entscheidungsprozess einbezogen werden. Nur so arbeiten alle Menschen im Unternehmen mit umfassender Kenntnis und bestmöglicher Motivation.

Die Handlungs- und Verhaltensweise von Führungskräften muss Vorbildfunktion haben. Wesentlich dabei sind

- die Förderung von Verbesserungsmaßnahmen,
- ein kooperativer Führungsstil,
- die Glaubwürdigkeit des eigenen Handelns,
- eine eindeutige Aufgaben- und Verantwortungsfestlegung,
- eine fest umrissene Qualitätspolitik durch klare Zielvorgaben,
- das Eingehen auf die Anforderungen der Kunden.

▶ Fehlervermeidung schon während des Betriebsablaufs

Das umfassende Qualitätsmanagement versucht, schon im Laufe der Auftragserledigung Fehler zu vermeiden bzw. abzustellen, um eine **Null-Fehler-Qualität** sowohl bei der Ware als auch beim Arbeitsablauf zu erreichen. Die Behandlung von Rücksendungen ist aufwendiger als die Gestaltung eines fehlerlosen Ablaufes bzw. die Entdeckung eines Warenmangels schon bei der Warenkontrolle.

Grundsätzlich gilt für jedes Unternehmen, dass es begrenzte Qualitätssicherungskosten gibt, aber erhebliche Fehlleistungskosten. Solche Kosten entstehen durch

- die Bearbeitung von Rücksendungen,
- die gesetzliche Gewährleistung und vertragliche bzw. freiwillige Garantieleistung,
- die Behandlung von Ausschusswaren,
- das Veranlassen von Nacharbeiten im Unternehmen oder beim Hersteller.

Darüber hinaus entstehen durch schlechte Qualität weitere Nachteile, wie z. B. die Schädigung des guten Rufs oder der Verlust von Kunden.

▶ Lieferantenintegration

Beim Handel ist die Qualität der zu erbringenden Leistung entscheidend von der Qualität der gelieferten Ware abhängig. Beim Hersteller von Produkten sind die Qualität der Werkstoffe und die Vorprodukte von besonderer Bedeutung. Deshalb ist ein langfristiges und vertrauensvolles Verhältnis zu wenigen Lieferanten wichtig. Neben der geschäftlichen sollte die persönliche Beziehung durch regelmäßige Besuche verbessert werden. Der Integration dienen außerdem gemeinsame Besprechungen von Lieferant, Händler bzw. Produzent und Kunde. Ziel aller Maßnahmen ist es, aus dem früheren Preiskampf-Verhältnis eine vertrauensvolle Zusammenarbeit zu gestalten. Nur so können Reibungsverluste an der Nahtstelle Abnehmer/Lieferant vermieden werden.

▶ Umweltorientierung

Da TQM ein umfassendes Unternehmensprinzip ist, muss es auch auf den Umweltschutz angewandt werden. Dies gilt sowohl für das Warensortiment als auch für bestimmte Anlagegüter des Handels- oder Industrieunternehmens.

Beispiele:

1. Bestimmte Waren werden wegen ihres umweltfreundlichen Materials bevorzugt in das Sortiment aufgenommen.

2. Im Unternehmen wird nur umweltfreundliches Schreibpapier verwendet.
3. Die Heizungsanlage des Unternehmens wird umweltfreundlich umgerüstet.
4. Auf unnötiges Verpackungsmaterial wird verzichtet: Notwendige und vom Gesetzgeber vorgeschriebene Verpackungsmaterialien werden durch ein flächendeckendes Rücknahmesystem in den Kreislauf zurückgeführt.

Es empfiehlt sich, entsprechende Umweltschutzrichtlinien und -anweisungen (Umwelthandbuch) zu erstellen und die Zertifizierung nach der Öko-Verordnung der Europäischen Union (EU-Ökoaudit-Verordnung) anzustreben.

▶ Aufgaben und Probleme

1. Betrachten Sie Ihre Berufsschulklasse als »Unternehmen« und formulieren Sie Ihr »Unternehmensleitbild«.
2. Untersuchen Sie das Unternehmensleitbild der WAREN AG (Seite 69) und stellen Sie fest,
   a) welche Punkte in Ihrem Ausbildungsbetrieb ebenfalls gelten,
   b) welche Sie für wünschenswert halten, und
   c) welche in dieser Form nicht einzuführen sind.
3. Der Philosoph Konfuzius schrieb: »Wenn über das Grundsätzliche keine Einigkeit besteht, ist es sinnlos, miteinander Pläne zu schmieden.«
   Begründen Sie, warum diese Aussage auf jedes Unternehmen anzuwenden ist.
4. Nehmen Sie Stellung zu der Aussage
   - eines Controllingmitarbeiters: »Zufriedene Kunden sind das Kapital des Unternehmens.«
   - eines Mitarbeiters im Lager: »Ich erhalte mein Entgelt nicht von der Unternehmensleitung, sondern von unseren Kunden.«
   - eines Vertriebsmitarbeiters: »Begeisterte Kunden sind besser als zufriedene Kunden.«
   - eines Geschäftsführers: »Der Kunde stört nie! Er unterbricht nicht die Arbeit, er ist die Arbeit! Nicht der Kunde ist abhängig von uns, sondern wir sind abhängig von ihm.«
   - eines Abteilungsleiters im Vertrieb: »Wir sollten stets daran denken, dass wir selbst immer irgendwo Kunde sind. Behandeln wir deshalb unsere Kunden ebenso, wie wir selbst gerne behandelt werden möchten, wenn wir woanders Kunde sind!«
   - einer Assistentin der Unternehmensleitung: »Das Vertrauen eines Kunden zu gewinnen dauert Jahre, es zu verlieren nur wenige Sekunden.«
5. Erläutern Sie, was das suchende Unternehmen mit der mitzubringenden Kundenorientierung meint.

Wir suchen zum 01.08.20.. für unsere Standorte in **Berlin** und **Frankfurt**

Auszubildende zum/zur Kaufmann/-frau im Groß- und Außenhandelsmanagement

Anforderungen/Qualifikationen

Für das oben genannte Berufsbild sollten Sie Freude am Umgang mit Menschen und Interesse an kaufmännischen Abläufen mitbringen.

Um Ihre vielseitigen Aufgaben effizient erledigen zu können, kennen Sie sich gut in der Handhabung der aktuellen Hard- und Software aus. Sie verfügen über einen mittleren Bildungsabschluss. Sie haben gute Kenntnisse in Englisch, ein sicheres Auftreten und viel Engagement, um unsere Teams zu unterstützen.

Wenn Sie jetzt noch ein hohes Maß an Kundenorientierung und die Bereitschaft zum ständigen Lernen mitbringen, könnten Sie gut zu uns passen.

6. Die Unternehmensleitung hat ihren Mitarbeitern folgende Vorgaben gemacht:
   - Übervorteile Deine Kunden nie!
   - Mache keine Zusagen, die Du nicht halten kannst!
   - Schreibe keinen Auftrag, der auf Unwahrheiten beruht!
   - Gib Deinem Kunden die Sicherheit absoluter Fairness!
   - Versuche, eine menschliche Beziehung aufzubauen!
   - Besuche jeden Deiner Kunden mindestens alle vier Wochen einmal!

   a) Diskutieren Sie in Partnerarbeit, ob diese Vorgaben praxistauglich sind.
   b) Erstellen Sie einen Leitfaden für Ihren Ausbildungsbetrieb, wie jeder Mitarbeiter mit Kunden umgehen sollte.
7. Zeigen Sie durch Vergleich des früheren VW Käfers mit dem VW Beetle, dass sich die Qualitätsansprüche des Kunden ändern.
8. Qualitätsprobleme resultieren zu 70 % aus Managementfehlern und nur zu 30 % aus Herstellungsfehlern.

   Nehmen Sie Stellung zu dieser Aussage.
9. Ein amerikanischer Qualitätsgrundsatz lautet: »Quality doesn't cost, it pays.«
   Erörtern Sie diesen Grundsatz.
10. a) Begründen Sie die Notwendigkeit, dass ein umfassendes Qualitätsmanagementsystem auch die Qualität des Umweltschutzes einschließen muss.
    b) Erläutern Sie Ihre Argumente aus a) am Beispiel
       - eines Fertigungsbetriebes in der Herstellung von Mobilfunkgeräten (Handys),
       - eines Importgroßhändlers für moderne Telekommunikationsgeräte,
       - des Reifengroßhändlers Reifen Roesch GmbH.
11. a) »Wenn Produkte nur zu 99 % korrekt sind, dann
       ... haben Sie an 4 Tagen im Jahr kein Trinkwasser,
       ... haben Sie an 4 Tagen im Jahr keine Tageszeitung,
       ... funktioniert bei jedem 100. Bremsvorgang das ABS-System nicht,
       ... versagt bei jeder 100. Operation das Beatmungssystem.«
       Welche Schlussfolgerungen ziehen Sie aus den obigen Aussagen?
    b) Stellen Sie dar, welche Bedeutung dem Begriff Qualität zukommt.
    c) Welche Schlussfolgerungen lassen sich daraus für ein Großhandelsunternehmen der Elektronikbranche ziehen, das internationale Zulieferer hat?
12. Begründen Sie, dass die Maßnahmen des Qualitätsmanagements im Unternehmen zu einem Konflikt mit anderen Unternehmenszielen führen können, und unterbreiten Sie entsprechende Lösungsvorschläge.
13. Warum ist es vorteilhaft, wenn sämtliche beteiligten Unternehmen in einer Lieferkette (supply chain) eine Zertifizierung nach DIN EN ISO 9000 ff. vorgenommen haben?
14. Ein Gruppenleiter in der Abteilung Halbfertigteile äußert sich gegenüber einem Mitarbeiter: »Während der Auditierung läuft bei mir alles vorbildlich. Was bei uns in der Halbfertigteileproduktion jedoch praktikabel ist, ist häufig eine andere Sache.«

    Nehmen Sie zu dieser Aussage Stellung.

1.3 Ökonomische, ökologische und soziale Unterziele

1.3.1 Ökonomische Ziele

Wirtschaftsgüter sind **knapp.** Deshalb bemühen sich die Menschen, sie sparsam und vernünftig einzusetzen. Sie handeln damit nach dem **Vernunft-** oder **Rationalprinzip.** Für wirtschaftliches Handeln lassen sich daraus folgende **Grundsätze (Prinzipien)** aufstellen:

Das Maximalprinzip verlangt, dass mit gegebenen Mitteln ein möglichst hoher Erfolg erzielt wird.

Beispiel: Die Werbeabteilung eines Großhandelsunternehmens kann über 100.000 EUR verfügen. Sie soll damit einen möglichst hohen Umsatz vorbereiten.

Das Minimalprinzip (Sparprinzip) verlangt, dass ein geplanter Erfolg mit möglichst geringen Mitteln erzielt wird.

Beispiel: Ein Sportgerätehersteller beabsichtigt, von dem neuen Produkt mindestens 5.000 Stück abzusetzen. Der dafür erforderliche Werbeaufwand soll möglichst niedrig sein.

Ungeachtet des Unterschieds verwendet man für beide Grundsätze den Ausdruck »**wirtschaftliches oder ökonomisches Prinzip**«.

Unter diesen Leitgrundsatz ist jede wirtschaftliche Tätigkeit zu stellen. An ihm müssen sich alle Unternehmen orientieren. Deshalb sind die **wirtschaftlichen Unternehmensziele** auf die betriebliche Leistung, das eingesetzte Kapital und den angestrebten Erfolg auszurichten.

Aus diesem Grunde unterscheidet man folgende **ökonomische Ziele:**

Leistungsziele

Es handelt sich dabei um Zielvorgaben hinsichtlich der

- **Dienstleistungsgestaltung.** Welche Güter und/oder Dienstleistungen sollen aufgenommen werden? Besondere Bedeutung hat dabei die Entscheidung hinsichtlich der Faktor- und Produktqualitäten. Sollen Güter höherer Qualität in das Angebot aufgenommen werden, müssen bereits die einzusetzenden Ressourcen von besonderer Güte sein.
- **Marktanteile.** Wenn man Marktanteile festlegen will, muss man den Umfang der am Markt voraussichtlich absetzbaren Güter bzw. Dienstleistungen kennen. Von diesem Marktvolumen wollen die Konkurrenten einen möglichst großen Anteil erobern. Werden vor allem bei der Gründung eines Unternehmens die erwarteten Marktanteile zu hoch angesetzt, bedeutet dies von vornherein, dass die Existenz des Unternehmens auf schwachen Füßen steht. Zu geringe Ansätze gefährden die Konkurrenzfähigkeit des Unternehmens.

  Eine angestrebte Erhöhung des Marktanteils löst die Erweiterung des Vertriebsnetzes aus. Eventuell müssen sogar die Absatzwege des Unternehmens verändert und erweitert werden.

Finanzziele

Das Verhältnis von Eigenkapital und Fremdkapital (Schulden) ergibt die Kapitalstruktur eines Unternehmens. Eigenkapital macht das Unternehmen unabhängig von Gläubigern. Ziel muss es sein, die Zahlungsfähigkeit des Unternehmens ständig zu erhalten. Dies erfordert Reservenbildung bei den flüssigen Mitteln (Liquiditätsreserven). Wichtig ist, dass die erzielten Gewinne nicht vollständig ausgeschüttet werden, sondern im Unternehmen als Rücklage angesammelt werden.

Erfolgsziele

Gewinn erzielt ein Unternehmen nur, wenn seine Erträge für die Güter oder Dienstleistungen höher sind als die Aufwendungen für die wirtschaftliche Tätigkeit. Es muss deshalb laufend bemüht sein, seine Erträge zu steigern (z. B. höhere Umsätze durch Werbung), aber gleichzeitig die Aufwendungen zu senken (z. B. Kostensenkung durch Rationalisierung).

1.3.2 Ökologische Ziele

Die Ausnutzung, Beschädigung und Belastung der Natur durch den steigenden Konsum und die fortschreitende Industrialisierung bedroht die Umwelt, den natürlichen Lebensraum des Menschen. Aus Verpflichtung für die gegenwärtig lebenden Menschen und die nachfolgenden Generationen ist es notwendig, die bedrohte Umwelt zu schützen. Die Einflussnahme der Verbraucher und ihrer Verbände, unternehmerische Eigeninitiative, aber auch gesetzliche Auflagen führen dazu, dass **ökologische Ziele** zum Zielsystem eines Unternehmens gehören.

Wie ernst es ein Unternehmen mit der ökologischen Verantwortung meint, lässt sich u. a. an der **Stellung des Umweltschutzes innerhalb der betrieblichen Organisation** und der **Einrichtung von Umweltschutzbeauftragten** erkennen. Darüber hinaus sollte sich jedes Unternehmen grundlegenden Prinzipien bei seiner Umweltpolitik unterwerfen: dem **Vorsorge-, dem Verursacher-** und dem **Kooperationsprinzip.** Nicht zuletzt müssen bei der Umsetzung von ökologischen Zielen eine **Vielfalt rechtlicher Einflussfaktoren** berücksichtigt und beachtet werden.

Zuständigkeiten und Verantwortlichkeiten des Umweltschutzes

Zur Minimierung von Risiken, die zu Gefährdungen von Mensch und Umwelt führen, und zur Stärkung des innerbetrieblichen Umweltschutzes hat der Gesetzgeber die **Betriebsbeauftragten für Umweltschutz** eingeführt. Sie sollen neben ihren sonstigen Tätigkeiten im Unternehmen zum Schutz der Arbeitnehmer und der Umwelt innerhalb und außerhalb des Betriebes beitragen.

In vielen Unternehmen legt die Unternehmensleitung **Umweltleitlinien** fest, die in einem effektiven Umweltmanagement umgesetzt werden sollen.

Die wichtigsten Merkmale dieser **Betriebsbeauftragten für Umweltschutz** zeigt folgende Übersicht:

Betriebsbeauftragte für den Umweltschutz				
	Immisionsschutz-beauftragte	**Gewässerschutz-beauftragte**	**Abfall-beauftragte**	**Gefahrgut-beauftragte**
Rechtsgrundlage	§ 53 BImSchG	§ 64 WHG	§ 59 KrWG	§ 3 GbV
Voraussetzung für die Verpflichtung zur Bestellung	Je nach betrieblicher Anlage	Abwasseraufkommen von mehr als 750 m³/Tag	Abfallentsorgungsanlagen; besonders überwachungsbedürftiger Abfall	Beförderung und Lagerung gefährlicher Güter
Qualifikation	Fachkunde, personelle Eignung, Zuverlässigkeit			
Kontrollfunktion	Einhaltung der Pflichten nach BImSchG	Einhaltung der Pflichten nach WHG	Einhaltung der Pflichten nach KrWG	Einhaltung der Pflichten nach GbV
Aufgaben	Vermeidung und Beseitigung von Abfällen; Nutzung von Abwärme	Vermeidung des Abwasseraufkommens	Reduzierung von Abfällen; Verwertung von Reststoffen; Entsorgung	Vermeidung von Mängeln beim Transport gefährlicher Güter

Fortsetzung Aufgaben	– Überwachung der Einhaltung von Gesetzen, Verordnungen und behördlichen Anordnungen, – Mitwirkung bei der Entwicklung und Einführung umweltfreundlicher Verfahren und Produkte, – Information der Unternehmensleitung über die Umweltrisiken des Unternehmens, insbesondere durch einen jährlichen Bericht, – Aufklärung der Betriebsangehörigen über Umweltrisiken, – Kontakte zu Behörden und zur Öffentlichkeit in Umweltschutzfragen.
Rechte	– Personelle und materielle Unterstützung mit Hilfspersonal, Räumen, Einrichtungen, Geräten und finanziellen Mitteln, soweit dies zur Erfüllung der Aufgaben erforderlich ist, – gegenseitige Information, – Einholung der Stellungnahme des Betriebsbeauftragten zu Investitionsvorhaben, – Gewährung des Vortragsrechts gegenüber der Unternehmensleitung, – Benachteiligungsverbot, – Ermöglichung der notwendigen Fort- und Weiterbildung und Anrechnung der dafür benötigten Zeit auf die Arbeitszeit, – bei Bestellung mehrerer Betriebsbeauftragter für den Umweltschutz: Schaffung der Voraussetzung für deren Kooperation, insbesondere durch die Bildung eines Umweltausschusses.

Weitergehende Maßnahmen, wie z.B. die gezielte Weiterbildung von Mitarbeiterinnen und Mitarbeitern der verschiedenen Funktionsbereiche und deren Einbeziehung in die Planung und Durchführung von Umweltschutzmaßnahmen, sind vom Stand des Umweltbewusstseins innerhalb der einzelnen Unternehmen abhängig. Große Betriebe verfügen häufig über eigene **Stababteilungen** »**Umwelt**«, die, über den gesetzlichen Auftrag hinaus, für die Koordinierung der betrieblichen Umweltaktivitäten sorgen.

■ Vorsorge-, Verursacher- und Kooperationsprinzip

Der Gedanke des Umweltschutzes ist Gegenstand der Wirtschaftspolitik aller staatlichen Organe. Er ist in vielen Gesetzen verankert. Seit 1994 ist er in das Grundgesetz aufgenommen.

Die Durchsetzung der Umweltpolitik beruht in Deutschland auf drei grundlegenden Prinzipien: dem Vorsorge-, Verursacher- und dem Kooperationsprinzip. Nur in Ausnahmefällen, bei denen das Verursacherprinzip nicht angewendet werden kann, sollen Instrumente des Gemeinlastprinzips wirksam werden.

▶ Vorsorgeprinzip

Das **Vorsorgeprinzip** bedeutet, dass umweltpolitische und sonstige Maßnahmen so getroffen werden sollen, dass von vornherein **möglichst sämtliche Umweltgefahren vermieden** und damit die **Naturgrundlagen geschützt und schonend in Anspruch genommen werden.**

Es reicht also nicht, drohende Gefahren abzuwenden oder eingetretene Schäden zu beseitigen, sondern es müssen alle Entwicklungen verhindert werden, die in der Zukunft zu Umweltbelastungen führen können.

Die Anwendung dieses Vorsorgeprinzips soll dazu führen, dass

- die Gesundheit und das Wohlbefinden des Menschen gesichert,
- die Leistungsfähigkeit des Naturhaushaltes erhalten,
- zivilisatorischer Fortschritt und volkswirtschaftliche Produktivität auch langfristig gewährleistet,

- Schäden an Kultur- und Wirtschaftsgütern vermieden und
- die Vielfalt von Landschaft, Pflanzen- und Tierwelt bewahrt werden.

Für ein Unternehmen bedeutet dieses Prinzip, dass es die Umwelt vorausschauend schützt und schonend in Anspruch nimmt. Es kann Verantwortung übernehmen und seine Umweltpolitik durch **ressourcenschonenden und umweltgerechten Handel** hervorheben.

1992 haben sich 178 Staaten auf der UN-Konferenz in Rio de Janeiro zu einer nachhaltigen zukunftsverträglichen Entwicklung verständigt. Ziel dieses Leitgedankens des »**Sustainable Development**« ist es, den ökonomischen, ökologischen und sozialen Bedürfnissen der heutigen Gesellschaft gerecht zu werden, ohne durch das jetzige Handeln zukünftigen Generationen die Möglichkeit der freien Entwicklung und Entfaltung zu nehmen. Dies setzt voraus, dass ökonomische, ökologische und soziale Belange in Entscheidungsprozessen gleichrangig berücksichtigt werden.

Beispiele für Vorschriften, in denen das **Vorsorgeprinzip** verwirklicht ist:

Gesetz	Gesetzesangabe	Inhalt
Bundes-Immissions-schutzgesetz	§ 1 BImSchG	Schutz vor Anlagen, von denen Gefahren, erhebliche Nachteile und Belästigungen ausgehen, und Vorbeugung gegen das Entstehen schädlicher Umwelteinwirkungen.
Wasserhaushalts-gesetz	§ 8 ff. WHG	Eine Erlaubnis für das Einleiten von Abwasser darf nur erteilt werden, wenn die Schadstofffracht des Abwassers so gering gehalten wird, wie es nach dem Stand der Technik möglich ist.
Kreislaufwirt-schaftsgesetz	§ 23 KrWG	Zur Erfüllung der Produktverantwortung sind Erzeugnisse möglichst so zu gestalten, dass bei deren Herstellung und Gebrauch das Entstehen von Abfällen vermindert wird und die umweltverträgliche Verwertung und Beseitigung der nach deren Gebrauch entstandenen Abfälle sichergestellt ist.

▶ Verursacherprinzip

Das **Verursacherprinzip** sagt aus, dass die **Kosten** zur Vermeidung, zur Beseitigung oder zum Ausgleich von Umweltbelastungen **dem Verursacher zuzurechnen** sind.

Der Verursacher ist schon aus Kostengründen bestrebt, die Beeinträchtigung der Umwelt so gering wie möglich zu halten. Es treffen ihn Unterlassungs- und Beseitigungspflichten sowie Ausgleichs- und gegebenenfalls Schadensersatz- oder Entschädigungspflichten. Die Haftung erfolgt immer unabhängig von einem Verschulden.

Durch vorbeugende Maßnahmen sollen Umweltbelastungen erst gar nicht entstehen. Also ist bereits bei der Produktion darauf zu achten, dass weder bei der Herstellung, der Weiterverarbeitung, dem Gebrauch noch bei der Entsorgung schädliche Einflüsse entstehen. Produkte und Verfahren sollen also in ihren Eigenschaften Umweltbelastungen von vornherein vermeiden.

Es gibt eine Vielzahl von Instrumenten, mit denen das Verursacherprinzip durchgesetzt werden kann. Es handelt sich dabei u. a. um Umweltlizenzen, Umweltabgaben, Benutzervorteile, Kooperationslösungen (Branchenabkommen und Verbandslösungen), Umweltauflagen in Form von Ge- und Verboten.

Beispiele für das Verursacherprinzip finden sich in folgenden Vorschriften:

Gesetz	Gesetzesangabe	Inhalt
Bundes-Immissions-schutzgesetz	§ 20 (2) BImSchG	Eine Anlage, die ohne die erforderliche Genehmigung errichtet, betrieben oder wesentlich geändert wird, ist stillzulegen oder zu beseitigen.
Bundesnatur-schutzgesetz	§ 15 BNatSchG	Der Verursacher eines Eingriffs ist zu verpflichten, vermeidbare Beeinträchtigungen von Natur und Landschaft zu unterlassen. Unvermeidbare Beeinträchtigungen sind innerhalb einer zu bestimmenden Frist durch Maßnahmen des Naturschutzes und der Landschaftspflege auszugleichen.

Das Verursacherprinzip gilt nicht uneingeschränkt, sondern wird ergänzt durch das **Gemeinlastprinzip.** Dieses Prinzip besagt, dass die Kosten des Umweltschutzes auch auf die Allgemeinheit verteilt werden können, d.h., dass sie vom Staatshaushalt getragen werden.

Beispiele:

1. Unterstützung umweltfreundlicher Investitionen durch Investitionsbeihilfen, durch Subventionen oder Steuervergünstigungen
2. Kostenübernahme durch die öffentliche Hand bei Altlastensanierungen

▶ Kooperationsprinzip

Das **Kooperationsprinzip** sagt aus, dass der **Staat** zur Lösung der Umweltprobleme zunächst **einvernehmliche Regelungen mit den gesellschaftlichen Gruppen** anstrebt, bevor er zu Gesetzen und Verordnungen greift.

Es stellt eine wichtige Ergänzung der oben genannten Prinzipien dar.

Sinn dieser Kooperation ist es auch, den Vollzug von Gesetzen dadurch zu erleichtern, dass bereits im Vorfeld eine Übereinstimmung mit den betroffenen Gesellschaftsgruppen erreicht wird. Außerdem gibt diese Zusammenarbeit dem Staat die Möglichkeit, sich den in der Gesellschaft vorhandenen Sachverstand zunutze zu machen.

Beispiele für das **Kooperationsprinzip im Umweltrecht:**

Gesetz	Gesetzesangabe	Inhalt
Bundes-Immissions-schutzgesetz	§ 51 BImSchG	Soweit Ermächtigungen zum Erlass von Rechtsverordnungen und allgemeinen Verwaltungsvorschriften die Anhörung der beteiligten Kreise vorschreiben, ist ein jeweils auszuwählender Kreis von Vertretern der Wissenschaft, der Betroffenen, der beteiligten Wirtschaft, des beteiligten Verkehrswesens und der für den Immissionsschutz zuständigen obersten Landesbehörde zu hören.
Kreislaufwirt-schaftsgesetz	§ 68 KrWG	

■ Rechtliche Einflussfaktoren

Sowohl etablierte Unternehmen als auch junge Existenzgründer müssen sich zwangsläufig im Verlauf ihres Werdeganges mit der Materie des Umweltrechts befassen.

▶ Rechtliche Anforderungen

Ein Unternehmen unterliegt einer großen Zahl umweltentscheidender Einflüsse des Rechts (z.B. Bau-, Gewerbe-, Verkehrsrecht und Chemikalienrecht). Darüber hinaus muss das Unternehmen auch besonderen Umweltschutzrechten entsprechen.

Um diesen umfangreichen gesetzlichen Anforderungen zu genügen, müssen die Unternehmen ein wirksames Umweltmanagement entwickeln, das Gewähr bietet, die Umweltrisiken des Unternehmens vollständig zu erfassen, die richtigen Vorsorgeentscheidungen zu treffen und Transparenz über bestehende Umweltrisiken zu erreichen.

Unternehmen haben die Möglichkeit, sich an dem EU-weiten System für Umweltmanagement und Umweltbetriebsprüfung zu beteiligen. Der aus dem Englischen stammende Begriff des **Ökoaudit** weist darauf hin, dass es sich um eine systematische, umwelttechnische und umweltrechtliche Betriebsprüfung handelt. Es dient der Abschätzung von Umweltrisiken und hat das Ziel, sicherzustellen, dass die aktuellen Umweltschutzbestimmungen eingehalten und somit Risiken minimiert werden.

1.3.3 Soziale Ziele

In einem Unternehmen sind Frauen und Männer tätig, die ihren Lebensunterhalt mit ihrer Arbeitsleistung verdienen. Meistens ist ihre Arbeit zugleich auch die Existenzgrundlage für ihre Familie. Sie bringen sich mit ihren Kenntnissen und Fähigkeiten in das Unternehmen ein und erwarten befriedigende Arbeitsbedingungen.

Die sozialen Zielvorgaben beziehen sich auf das Verhältnis zwischen der Unternehmensleitung und den Mitarbeiterinnen und Mitarbeitern. Ist die Beschäftigungslage eines Wirtschaftszweiges schlecht, dann spielt die Erhaltung und Schaffung von Arbeitsplätzen eine vorrangige Rolle.

- **Arbeitsschutzbestimmungen** (vgl. Lernfeld 1, Kapitel 2.2)

- **Jugendarbeitsschutz** (vgl. Lernfeld 1, Kapitel 1.3)

1.3.4 Zielbeziehungen

Das Erreichen eines der oben beschriebenen Ziele kann Auswirkungen auf das Erreichen der anderen Ziele des Unternehmens haben. Es lassen sich drei unterschiedliche Zielbeziehungen feststellen:

Zielharmonie (komplementäre Ziele)

Das Erreichen des einen Zieles unterstützt zugleich die Erreichung eines anderen Zieles oder mehrerer anderer Ziele.

Beispiele:

1. Eine ausreichende Kapitalversorgung ist eine wichtige Voraussetzung für die leistungswirtschaftliche Zielerreichung, da die Zusammenstellung neuer Sortimente und die Bearbeitung neuer Märkte Kapital benötigen.
2. Die Senkung der Kosten im Beschaffungsbereich bewirkt bei konstanten Umsätzen eine Steigerung des Gewinns.

Zielneutralität (indifferente Ziele)

Das Erreichen des einen Zieles berührt die Erreichung eines anderen Zieles oder mehrerer anderer Ziele nicht.

Beispiele:

1. Ein Unternehmen kann trotz Absatzrückgang Arbeitsplätze erhalten, solange es Gewinn erzielt.
2. Das Ziel der Fuhrparkkostensenkung kann unabhängig vom Ziel, den Werkschutz zu verbessern, erfolgen.

Zielkonflikt (konkurrierende Ziele)

Das Erreichen eines Zieles erschwert oder macht das Erreichen eines anderen Zieles oder mehrerer anderer Ziele unmöglich.

Beispiele:

1. In der Lagerhaltung steht das Ziel, jederzeit lieferbereit zu sein, dem Ziel entgegen, die Kosten für die Lagerhaltung zu minimieren.
2. Das Ziel, die Personalkosten zu reduzieren, ist unvereinbar mit dem Ziel, neue Mitarbeiter einzustellen.

Wenn die Betrachtungsweise und das Erreichenwollen von Zielen kurzfristiger Natur ist, besteht tatsächlich grundsätzlich immer Konkurrenz zwischen dem Erreichen der meisten Ziele. Das gilt auch für die Zielsetzungen Zeit, Qualität, Innovationsfähigkeit und Kosten. Erweitert man aber seinen Blickwinkel auf eine ganzheitliche Betrachtungsweise, zeigen sich die **Zielkonflikte** nicht.

Beispiele:

1. Die Verkürzung der Umschlagshäufigkeit im Lager erfordert eine Optimierung und verursacht damit Kosten. Diese Kosten werden allerdings später durch dann geringere Kosten aufgefangen.
2. Qualitätsverbesserungen oder Innovationen sind zuerst immer mit einem Mehr an Kosten verbunden. Langfristig führen sie allerdings zu Kostensenkungen.

Im wirtschaftlichen Leben stellt der Zielkonflikt zwischen Zielen den Normalfall dar. Grundsätzlich muss die Unternehmensleitung zur Lösung von Zielkonflikten Strategien entwickeln. So können konkurrierende Ziele vor der Entscheidung gewichtet werden. Es können Rechenmodelle herangezogen werden, in denen eine optimale Lösung ermittelt wird. Es kann auch eine demokratische Einigung auf einen Zielkompromiss geben. Notfalls muss die Geschäftsleitung eine Entscheidung ohne Auswahlgrundlage herbeiführen.

Beispiele:

1. Das Ansehen des Unternehmens durch umweltgerechte Produktion wird höher bewertet als die Gewinnmaximierung.
2. Innerhalb der Geschäftsleitung erfolgt nach einer Aussprache und Abwägung von Argumenten eine Abstimmung über die Verwendung von umweltfreundlicher Umverpackung.
3. Der Zielkonflikt in der Lagerhaltung zwischen jederzeitiger Lieferbereitschaft und Kostensenkung wird durch die Berechnung der optimalen Bestellmenge gelöst.

Konfliktfelder	Lösungsmöglichkeiten
Gesetzliche Sicherheits- und Umweltschutzauflagen, die im Preis an den Kunden weitergegeben werden müssen. **Beispiele:** Rücknahme von Verpackungen, Zahlung für den »grünen Punkt«	Fremdlagerung von gefährlichen Gütern. Die Umweltschutzauflagen müssen von diesen Lagerhaltern erfüllt werden. Der Hersteller oder Händler kann auf einen Umweltschutzbeauftragten verzichten.
Bestimmte Warenart, die ein aufwendiges Handling erfordert. **Beispiele:** Einrichtung von Kühlketten, Beachtung von Hygienevorschriften, Verfalldaten	Einrichtung von eigenen oder fremden Speziallägern für besonders zu behandelnde Güter. Der Hersteller oder Händler muss keine Spezialisten anstellen.

Konfliktfelder	Lösungsmöglichkeiten
Finanzlage des Unternehmens, durch die moderne Einrichtungen erst möglich werden. **Beispiele:** Moderne Lager- und Umschlagtechniken beschleunigen die Lagerentnahme, die Kommissionierung und Verladung.	Belieferung der Kunden im Streckengeschäft. Durch frühzeitigen Bestellvorlauf und rechtzeitige Weitergabe an einen zuverlässigen Lieferanten werden Zeitverluste und Kosten, die bei der Eigenlagerung entstehen können, vermieden.

▶ Aufgaben und Probleme

1. Welche der folgenden wirtschaftlichen Vorgänge zwingen zum Handeln
   a) nach dem Maximalprinzip,
   b) nach dem Minimalprinzip?
   - Sie wollen Ihren Urlaub in Spanien verbringen; dafür stehen Ihnen 750,00 EUR zur Verfügung.
   - Für den Bau eines Einfamilienhauses stehen 90.000,00 EUR Eigenkapital und 240.000,00 EUR Fremdkapital zur Verfügung.
   - Ein Wohnhaus ist zum Verkauf ausgeschrieben. Als »Verhandlungsbasis« ist ein Preis von 380.000,00 EUR genannt.
   - Für eine Lebensversicherung können Sie monatlich 20,00 EUR sparen.
2. Warum sollte in der Wirtschaft in der Regel das ökonomische Prinzip angewandt werden?
3. Welche Abweichungen vom ökonomischen Prinzip könnte es in einem Betrieb geben?
4. Welche Interessen der Kapitalgeber und der Arbeitnehmer decken bzw. unterscheiden sich?
5. Weshalb ist der Staat (die Gemeinde) an der Erhaltung und Erweiterung von Unternehmen interessiert?
6.

Unternehmensphilosophie eines Maschinengroßhandelsunternehmens:	Ergebnis einer Besprechung der Unternehmensleitung eines Elektronikherstellers:
»Umweltschutz ist zentraler Bestandteil der Unternehmenspolitik.«	»Die Einrichtung einer eigenen Stelle eines Umweltschutzbeauftragten ist nicht nötig und aus Kostengründen in der derzeitigen Situation nicht vertretbar. Es genügt, wenn jede Mitarbeiterin und jeder Mitarbeiter angewiesen wird, an seinem Arbeitsplatz Umweltschutz zu betreiben.«

   a) Erörtern Sie diese beiden Standpunkte.
   b) Beurteilen Sie, ob diese Aussagen zeitgemäß sind.
7. a) Analysieren Sie die bestehende Umweltschutzorganisation in Ihrem Ausbildungsbetrieb und erstellen Sie anschließend eine grafische Darstellung dieser Organisation.
   b) Formulieren Sie Umweltleitlinien für Ihren Ausbildungsbetrieb, die sowohl gegenüber Kunden als auch gegenüber Lieferanten als Werbebotschaft eingesetzt werden können.

8. »Vorbeugen ist besser als Heilen.«

   »Was du heute kannst vorsorgen, das verschiebe nicht auf morgen.«

   Inwiefern haben diese Aussagen sowohl für den betrieblichen Umweltschutz als auch für die Umweltgesetzgebung eine Bedeutung?

9. Begründen Sie die Notwendigkeit des Vorsorge- und Verursacherprinzips auf
   a) privater,
   b) betrieblicher,
   c) staatlicher,
   d) globaler Ebene.

10. In welchen Bereichen des öffentlichen Lebens sind das Vorsorge- und Verursacherprinzip verwirklicht?

11. Starten Sie eine Umfrage und befragen Sie
    - die Mitschülerinnen und Mitschüler Ihrer Klasse,
    - die Mitschülerinnen und Mitschüler Ihrer Schule,
    - die Mitarbeiterinnen und Mitarbeiter Ihres Ausbildungsbetriebes und
    - Passanten in der Fußgängerzone

    über folgende Themen:

    a) Was ist ein Ökoaudit?

    b) Welche Vorteile verspricht eine betriebliche Umwelterklärung für das Unternehmen und das zu verkaufende Produkt?

    c) Ist der Verbraucher bereit, einen höheren Preis für Güter zu akzeptieren, wenn das Unternehmen durch Umweltauflagen höhere Kosten hat?

12. Erkundigen Sie sich nach den gesetzlichen Anforderungen und Vorschriften, mit denen Ihr Ausbildungsbetrieb bezüglich des gesetzlichen Umweltschutzes konfrontiert ist.

13. Formulieren Sie die Ziele, zwischen denen in den folgenden Situationen ein Konflikt entsteht, und erläutern Sie Lösungsansätze, um diesen Konflikt zu beheben oder einen Kompromiss herbeizuführen:

    a) Innerhalb der Materialwirtschaft sollen die Kosten gesenkt werden.

    b) Der Lieferant mit dem niedrigsten Preisangebot wird ausgewählt. Die Qualität dieser Waren ist aber geringer als bei anderen Lieferanten.

    c) Durch eine Verringerung der Lagerbestände werden die Lagerkosten gesenkt.

    d) In einem Automobilwerk wird das kostengünstigste Lackierverfahren gewählt. Dieses Verfahren ist aber gesundheitsschädlicher und weniger umweltverträglich als ein anderes Verfahren.

14. Erklären Sie bei den abgebildeten Zielbeziehungen den Begriff des »magischen Dreiecks der Lagerhaltung«.

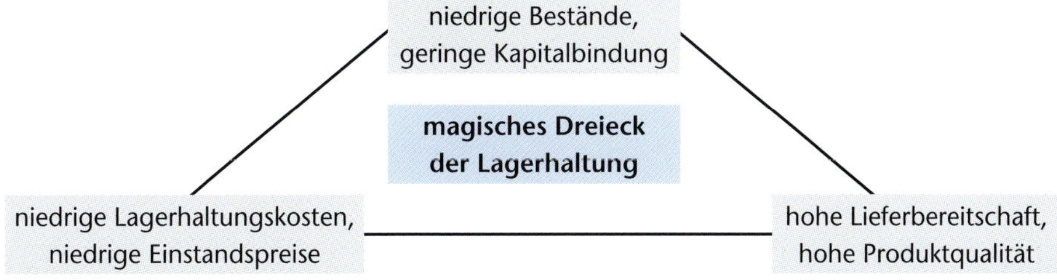

15.

Ziele bzw. Erwartungen	Anspruchs-gruppen
Abnehmermacht, gutes Preis-Leistungs-Verhältnis, hohe Güterqualität bei günstigen Preisen, große Güterauswahl, guter Service, günstige Lieferungs- und Zahlungskonditionen, prompte Lieferung, schnelle Auftragsabwicklung, Umtauschmöglichkeiten, Garantieleistungen, kompetente Beratung, freundliche Bedienung, positives Image, Abnahmesicherheit, gesicherte und schnelle Bezahlung, hohes Auftragsvolumen, langfristige Verträge, günstige Abnahmepreise, hohe Gewinnspannen, Arbeitsplatzsicherheit, angemessenes (möglichst hohes) Einkommen, Aufstiegsmöglichkeiten, Mitspracherecht, gute Sozialbeziehungen, Anerkennung, Identität, Selbstverwirklichung, Kontrolle und Macht, Beteiligung am Umsatzwachstum und/oder am Gewinn, Sicherheit der Stellung, Job Design, Kontrolle, Information, Wertsteigerung, Umsatz- und Gewinnwachstum, Kursgewinne, Dividende, Bonität, hohe Verzinsung, kalkulierbares Risiko, Macht und Einfluss, Steuern/Gebühren/Beiträge, Einhaltung von Rechtsvorschriften, Beiträge zum Umweltschutz, Schaffung und Sicherung von Arbeitsplätzen, Umweltschutz, soziale und gesellschaftliche Verantwortung, Spenden.	Kunden, Lieferanten, Aktionäre/ Kapitaleigner, Banken, Staat, Öffentlichkeit, Mitarbeiter

a) Suchen Sie Einzelziele des Unternehmens heraus und fassen Sie diese zu den drei Gruppen ökonomische, ökologische und soziale Ziele zusammen.

b) Nennen Sie aus den Unternehmenszielen jeweils drei Zielbeziehungen, die harmonisch, neutral und konkurrierend sind.

c) Ordnen Sie die einzelnen Unternehmensziele den entsprechenden Erwartungen der Anspruchsgruppen zu.

16. Lesen Sie die folgenden Ausschnitte aus Unternehmensleitbildern.

① »Die Einbindung unseres Unternehmens in komplexe Projekte ermöglicht es uns, auch im Interesse unserer Kunden ständig nach neuen Synergieeffekten zu suchen.«

② »Unsere Philosophie ist es, effektive und ganzheitliche Problemlösungen für unsere Kunden zu entwickeln.«

③ »....weil wir der Meinung sind, dass eine professionelle Beratung und Betreuung auch fundiertes Fachwissen voraussetzt.«

④ »Jeder Mitarbeiter stellt seine fachliche Kompetenz in Teamarbeit dem Kunden zur Verfügung – getreu unserem Motto: Den Erfolg des Kunden wollen und fördern!«

⑤ »Wir respektieren vollumfänglich das berechtigte Interesse unserer Kunden an Informationen, die über den reinen Produktnutzen hinausgehen.«

⑥ »Miteinander arbeiten, das heißt für unsere Mitarbeiter, individuelle Energien im Team sinnvoll zu bündeln, Leistungsbereitschaft durch den Willen zur persönlichen Weiterentwicklung zu dokumentieren, den offenen Dialog mit unseren Kunden zu suchen und an ihren Interessen auszurichten.«

a) »Übersetzen« Sie deren Bedeutung in verständliche Sprache und erläutern Sie, was das jeweilige Unternehmen damit ausdrücken möchte.

b) Welche Ziele lassen sich jeweils aus den Ausschnitten ableiten?

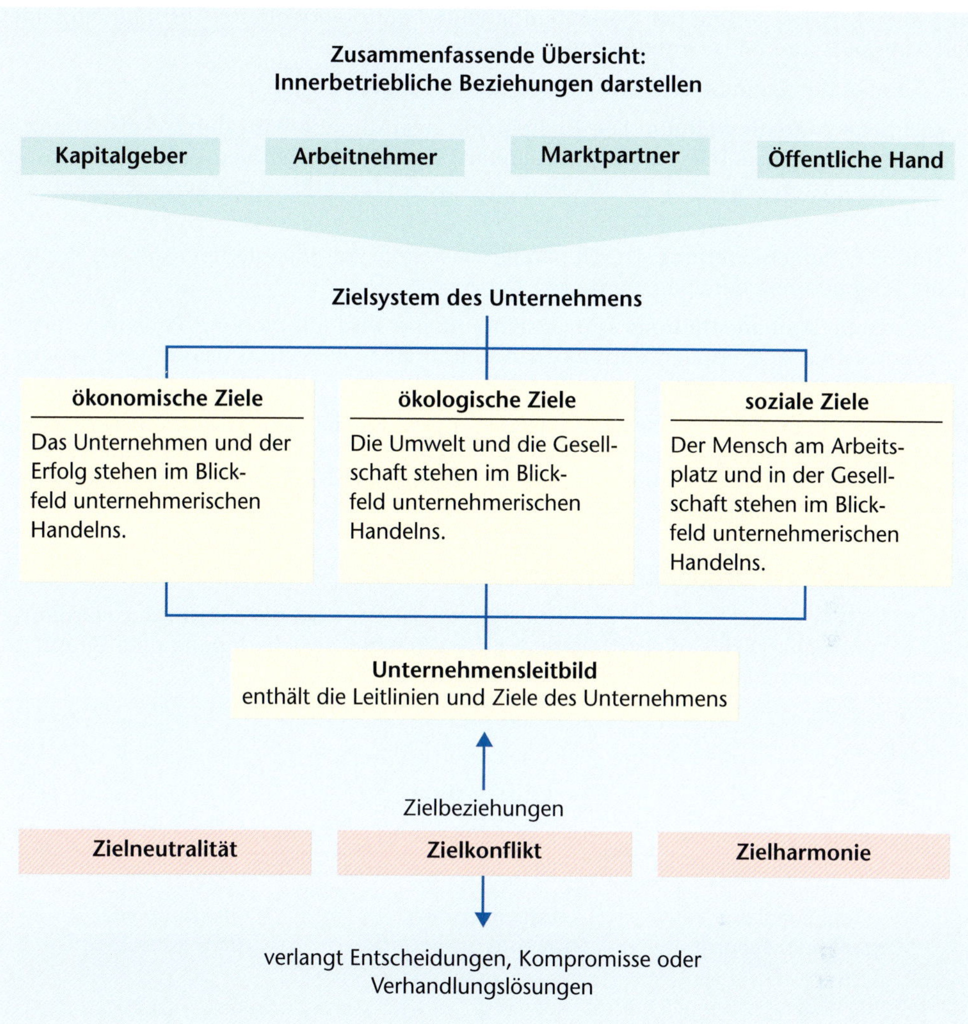

2 Organisation des Unternehmens beschreiben

▶ Handlungsauftrag

Vergleichen Sie Organigramme mehrerer Unternehmen aus Ihrer Klasse und stellen Sie die Unterschiede dar.

2.1 Organisationsbegriff

Das Problem der Organisation

In einem Unternehmen gibt es eine Vielzahl von Aufgaben. Um sie den Anforderungen entsprechend durchführen zu können, müssen sie zerlegt und verteilt werden. Die Teilung oder auch Differenzierung der Gesamtaufgabe und die zielorientierte Abstimmung bilden den Ausgangspunkt des Organisationsproblems.

Drei Formen der Aufgabenteilung werden unterschieden:

- **sachliche Aufgabenteilung.** Die Komplexität der Aufgabe wird durch Aufspaltung in weniger komplexe Teilaufgaben vermindert. Damit wird dem begrenzten Wissen und der begrenzten Kapazität der Informationsverarbeitung des einzelnen Menschen entgegengewirkt.
- **zeitliche Aufgabenteilung.** Durch parallel gestaltete Aufgabenteilung soll das Problem der knappen Zeit behoben werden.
- **personelle Aufgabenteilung.** Die Gesamtaufgabe wird auf mehrere Personen verteilt. Dabei wird die Knappheit der Faktoren Zeit, finanzielle Mittel, Wissen und Kapazität einzelner Personen vermindert.

Was auf der einen Seite zuerst zergliedert wurde, muss später über Koordination wieder zusammengeführt werden. Das bedeutet, je stärker differenziert wird, desto aufwendiger ist die Koordination. In diesem Spannungsfeld – zwischen Aufgabenteilung und Koordination – steht die Organisation.

Der Begriff der Organisation

In der Umgangssprache, aber auch in der Wissenschaft, wird der Begriff der »Organisation« in unterschiedlicher Weise verwendet. Unabhängig, welche Inhalte dem Begriff zugeordnet werden, können drei Kategorien gebildet werden.

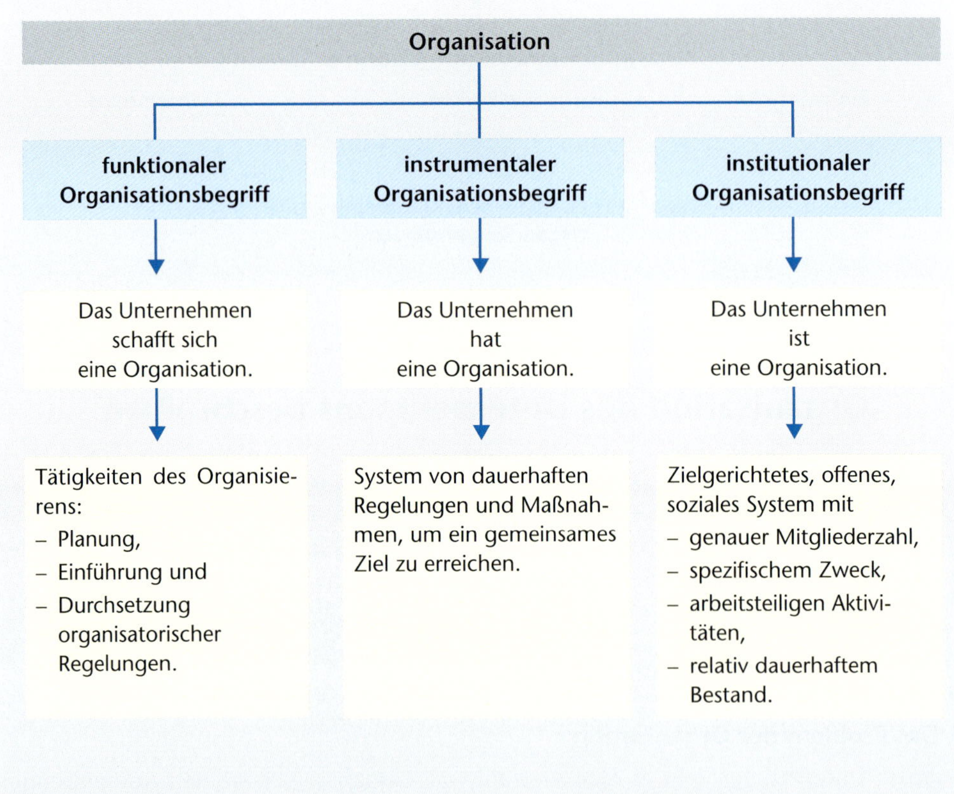

▶ **Aufgaben und Probleme**

1. Erläutern Sie anhand der folgenden Situationen das Problem der Organisation.
   a) Erstellung eines gemeinsamen Referates inklusive gemeinsamer Präsentation.
   b) Durchführung einer Skiwoche für 30 Personen mit Selbstversorgung.
   c) Bau einer Pyramide im Jahre 2000 v. Chr.
2. Bestimmen und begründen Sie, welcher Organisationsbegriff auf die folgenden Punkte zutrifft:
   a) Kindergarten,
   b) Berufsschulklasse,
   c) Deutsche Bahn AG,
   d) öffentliche Demonstration gegen die Verwendung von Tropenhölzern,
   e) wöchentlicher Kaffeeklatsch bei reihum verschiedenen Mitgliedern,
   f) Handel AG.

2.2 Aufbauorganisation

In einem funktionierenden Unternehmen müssen die richtigen Stellen und Abteilungen vorhanden sein.

Die **Aufbauorganisation** legt **Stellen** und **Abteilungen** fest und gliedert deren **Aufgabenbereiche.**

Aufgabengliederung (Aufgabenanalyse)

Die Gesamtaufgabe eines Betriebes lässt sich in Teilaufgaben zerlegen. Eine **Aufgabenanalyse** macht die Teilaufgaben sichtbar und ermöglicht eine Gliederung der Gesamtaufgabe. Eine **Aufgabengliederung** ist möglich nach

- Objekten, z. B. müssen Arbeiten an stofflichen Objekten (Produktgruppen) und auch an nicht stofflichen Objekten (Informationsverarbeitung im Büro) ausgeführt werden;
- Verrichtungen, z. B. Transportieren, Lagern, Montieren, Verpacken, Daten erfassen;
- Phasen, z. B. Planen, Verwirklichen, Kontrollieren;
- Rangstufen, z. B. Anordnen, Ausführen.

Beispiel einer Aufgabengliederung im Bereich Beschaffung einer Großhandlung für Tischlerei- und Zimmereibedarf:

Gliederungsmerkmale	Gliederungsbeispiele
Objekte	Warengruppe »Tischlereibedarf«, Warengruppe »Zimmereibedarf«
Verrichtungen	Bedarfsermittlung, Bestellung, Lieferungsüberwachung
Phasen	Einkaufsplanung, Einkaufsdurchführung, Einkaufskontrolle
Rangstufen	Einkaufsleiter, Einkäufer, Lagerverwalter, Lagerarbeiter

Aus den Ergebnissen der Analyse entstehen **Aufgabengliederungspläne.**

Beispiele: Teilplan Verrichtungen bei der Warenbeschaffung

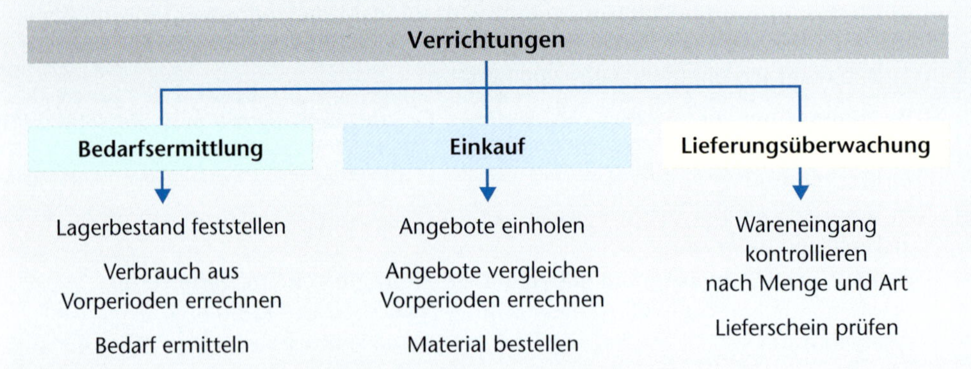

In einem Funktionendiagramm werden die Teilaufgaben auf die Aufgabenträger verteilt.

Funktionendiagramm: Warenbeschaffung eines Holzgroßhändlers

Einkauf von Waren – Aufgaben (Phasen)		Aufgabenträger (Rangstufen) →	Geschäftsführer/-in	Einkaufsleiter/-in	Einkäufer/-in Kantholz	Einkäufer/-in Spanplatten	Einkäufer/-in bezogene Teile	Lagerverwalter/-in	Lagerarbeiter/-in Kantholz	Lagerarbeiter/-in Spanplatten	Lagerarbeiter/-in bezogene Teile	Betriebsleiter/-in
Einkaufsplanung		Lagerbestandskontrolle		E				O	A	A	A	
Einkaufsplanung		Verbrauch in Vorperiode		O	A	A	A					
Einkaufsplanung		Bedarfsermittlung	E_g	E_N A_w	A	A	A					M
Einkaufsdurchführung		Angebote einholen	E_g	A_w	A	A	A					I
Einkaufsdurchführung		Angebotsvergleich		A_w	A	A	A					
Einkaufsdurchführung		Bestellung		A								M
Einkaufskontrolle	Wareneingangskontrolle – Mengen	Kantholz						O	A			
Einkaufskontrolle	Wareneingangskontrolle – Mengen	Spanplatten und Furniere						O		A		
Einkaufskontrolle	Wareneingangskontrolle – Mengen	bezogene Teile						O			A	
Einkaufskontrolle	Wareneingangskontrolle – Qualität	Kantholz										A
Einkaufskontrolle	Wareneingangskontrolle – Qualität	Spanplatten und Furniere										A
Einkaufskontrolle	Wareneingangskontrolle – Qualität	bezogene Teile										A
Einkaufskontrolle		Lieferscheinprüfung		A_w	A	A	A					

(Waren)

Zeichenerklärung:
A = Ausführung (umfassend)
A_w = Ausführung (wichtige Einzelfälle)
E = Entscheidung (umfassend)
E_g = Entscheidung (in Grundsatzfragen)
E_n = Entscheidung (im Normalfall)
I = Initiative
M = Mitsprache
O = Anordnung

Die Spalten eines Funktionendiagramms zeigen einem Aufgabenträger, wie die einzelnen Stellen an der Aufgabenerfüllung beteiligt sind. Die Zeilen zeigen die Funktionen einer Stelle.

Wenn Teilaufgaben zum Arbeitsbereich für einen Aufgabenträger (Arbeiter, Angestellter) zusammengefasst werden, entsteht eine **Stelle.**

Die **Stelle** ist die **kleinste organisatorische Einheit** im Betrieb.

Die Stelle wird in der Regel personenunabhängig festgelegt. Sie ist von der Aufgabe her bestimmt und ist unabhängig bezüglich der Person bei einem Stellenwechsel. Außerdem ist sie weder räumlich noch zeitlich festgelegt.

Es gibt Stellen, deren Bildung gesetzlich vorgeschrieben ist. Sie sind kraft Gesetzes oder Verordnung einzurichten und mit geeigneten Bewerbern (Beauftragten) zu besetzen.

Beispiele:

1. Vorstandsmitglieder einer AG (§ 76 AktG)
2. Geschäftsführer einer GmbH (§ 6 GmbHG)
3. Betriebsratsmitglieder (§ 1 BetrVG)
4. Jugendvertreter (§ 60 BetrVG)
5. Datenschutzbeauftragter (§ 38 BDSG)
6. Beauftragter für schwerbehinderte Menschen (§ 98 SGB IX)
7. Betriebsbeauftragter für Abfall (§ 59 KrWG)

Stellenbeschreibung

Eine **Stellenbeschreibung** ist die verbindliche und in einheitlicher Form abgefasste **Festlegung der Eingliederung einer Stelle** in den Organisationsaufbau, ihrer Ziele, Aufgaben und Kompetenzen sowie ihrer wichtigsten Beziehungen zu anderen Stellen.

Sie sollte knapp und eindeutig formuliert sein und regelmäßig überprüft werden (vgl. auch Seite 176).

Eine **Stellenbeschreibung** umfasst im Minimalfall:

- Name der Position,
- Name des/der Vorgesetzten,
- Ziele der Stelle,
- Bezeichnung der Verantwortlichkeiten,
- Auflistung der Aufgaben, Kompetenzen (Zuständigkeiten), Befugnisse und Verantwortung,
- fachliche Kenntnisse/Fähigkeiten für diese Position.

Eine **Arbeitsplatzbeschreibung** dagegen ist eine schriftliche Darstellung der Tätigkeiten, die der Stelleninhaber an einem Arbeitsplatz durchzuführen hat.

Möbelgroßhandlung Maute & Söhne KG Mannheim	**Stellenbeschreibung**	Stelleninhaberin: Frau Weier Hauptabteilung: Beschaffung

I. Bezeichnung der Stelle:	Leiterin/Leiter der Abteilung Einkauf – Möbel
II. Dienstrang:	Abteilungsleiterin/-leiter
III. Vorgesetzte(r):	Leiterin/Leiter der Hauptabteilung Controlling
IV. Stellvertreter(in):	Leiterin/Leiter der Abteilung Einkauf – Accessoires
V. Unmittelbar untergeordnete Stellen:	Sekretärin/Sekretär, Leiterin/Leiter des Einkaufs der Gruppen 1, 2, 3

VI. Ziele der Stelle:

Der Stelleninhaber/die Stelleninhaberin sorgt durch ständige Marktbeobachtung für eine sichere und wirtschaftliche Warenbeschaffung. Er/sie plant zusammen mit den Bedarfsstellen die Beschaffung der Waren.

VII. Aufgaben, Kompetenzen:

1. Überwachung der Preis- und Lohnentwicklung auf dem Markt. Beobachtung der technischen Entwicklung und der Konjunkturlage.
2. Besichtigung der Fertigungsstätten der Lieferanten zum Zwecke der Qualitätskontrolle.
3. Besuch von Messen und Ausstellungen, worüber er/sie selbst entscheidet, jedoch unter Abstimmung mit den Gruppenleitern/-leiterinnen und dem/der Hauptabteilungsleiter/-leiterin.
4. Verhandlungsführung bei Bestellungen über 100.000 EUR.
5. Entscheidungsbefugnis bei Bestellungen bis 100.000 EUR.

VIII. Anforderungen:

Fachkenntnisse (Ausbildung, Erfahrung): Abitur, Fachschule; Kenntnisse in Englisch;
5 - 7 Jahre kaufmännische Tätigkeiten, dabei 4 Jahre im Einkauf einer Möbelgroßhandlung, davon 2 Jahre als Vorgesetzte/Vorgesetzter; Controllingerfahrung; DV-Kompetenz.
Sonstige Anforderungen: Verhandlungsgeschick, Fähigkeit zur Menschenführung.

Stellenbesetzung (Aufgabenverteilung)

Aus der Stellenbeschreibung ergeben sich die Anforderungen an den Mitarbeiter, der die Stelle besetzen soll. Die Auswahl und Einstellung von Arbeitskräften übernimmt meistens die Personalabteilung. Die Stelle kann aber auch durch einen Mitarbeiter, der bereits im Betrieb an einer anderen Stelle arbeitet, besetzt werden. Man ist bemüht, Stellen auf längere Zeit zu besetzen, weil für den Betrieb durch die Einarbeitung Kosten entstehen. Fehlt ein Mitarbeiter auf einer Stelle wegen Krankheit, Urlaub oder infolge einer längeren Geschäftsreise, ist für eine vorübergehende Besetzung der Stelle zu sorgen. Deshalb muss eine Stellvertretung verbindlich geregelt und in jeder Stellenbeschreibung enthalten sein.

Abteilungsbildung

Mehrere Stellen mit gleichartigen Aufgabenbereichen werden zu **Abteilungen** zusammengefasst. Ein **Betriebsgliederungsplan** zeigt die Abteilungen eines Unternehmens und ihre Zuordnung:

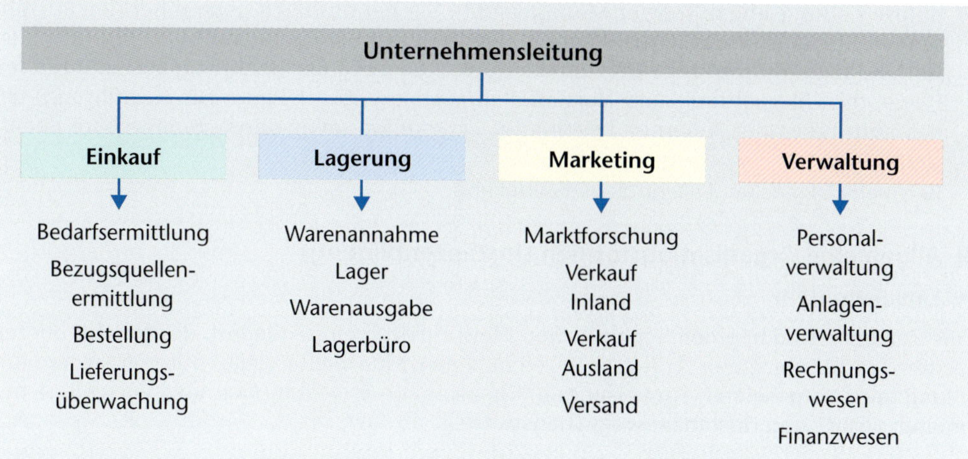

Bei größeren Unternehmen können mehrere Abteilungen zu Hauptabteilungen zusammengefasst sein:

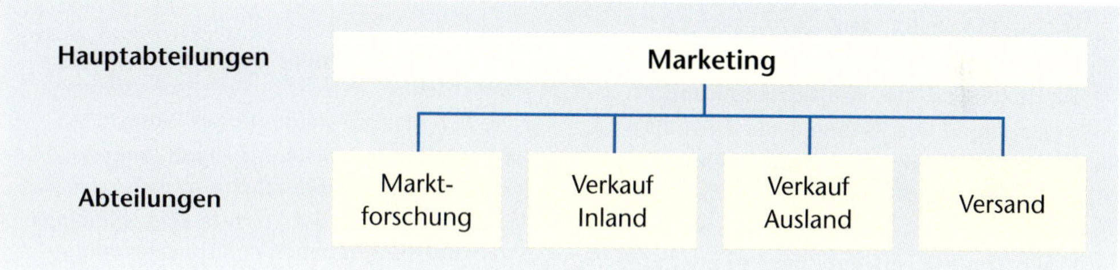

Entscheidungs- und Weisungsbefugnisse

Die unterschiedlichen Befugnisse der Stelleninhaber im Unternehmen ergeben sich bei der Aufgabenanalyse aus dem Merkmal der Rangstufe. Wenn ein Stelleninhaber Führungs- und Weisungsbefugnis besitzt, so erfüllt er im Gegensatz zu dem Mitarbeiter, der nur Anweisungen auszuführen hat, eine **Leitungsaufgabe.** Stellen mit Leitungsaufgaben nennt man **Instanzen.** Das System von über- und untergeordneten Stellen ergibt die **Betriebshierarchie (Rangordnung)**. Gleichrangige Stellen bilden in der Betriebshierarchie eine **Ebene.**

▶ Leitungsebenen

Der Aufbau des betrieblichen Leitungssystems kann sich auf eine oder mehrere Leitungsebenen erstrecken. Sowohl die Zuordnung von Leitungsfunktionen zu einer Leitungsebene als auch die Gliederung der Leitungsebenen ist von der Größe eines Unternehmens und seiner Rechtsform abhängig. Man unterscheidet folgende Leitungsebenen eines Unternehmens:

a) **obere Leitungsebene** (Top Management). Sie ist grundsätzlich mit Leitungsaufgaben befasst. Dabei handelt es sich um Planungs-, Organisations- und Kontrolltätigkeiten im Unternehmen.

   Beispiele: Eigentümerunternehmer bei Personengesellschaften oder Auftragsunternehmer bei Kapitalgesellschaften (Vorstand, Geschäftsführer)

b) **mittlere Leitungsebene** (Middle Management). Einerseits ist sie höheren Instanzen unterstellt, andererseits hat sie Anordnungsbefugnisse gegenüber nachgeordneten Instanzen. Bei den Entscheidungen geht es hauptsächlich um die Konkretisierung der Unternehmensziele und der Verwirklichung verschiedener Unternehmenspläne.

   Beispiele: Leiter der Einkaufsabteilung oder des Rechnungswesens

c) **untere Leitungsebene** (Lower Management). Sie hat nur noch gegenüber den ausführenden Stellen Anordnungsbefugnisse. Sie ist selbst bereits in erheblichem Maße ausführend tätig. Es geht vor allem um die Konkretisierung der kurzfristig auszuführenden Pläne, die Übermittlung und Verständlichmachung dieser Pläne zur Ausführung, um das Vorführen oder Anlernen bestimmter Tätigkeiten sowie deren unmittelbare Beaufsichtigung.
Beispiele: Lagerleiter, Leiterin der DV-Abteilung

Allgemeine Organisationsformen (Instanzenbildung)

▶ Einliniensystem

Alle Personen sind in einem einheitlichen Weisungsweg eingegliedert, der von der oberen Instanz bis zur einzelnen Arbeitskraft reicht. Jeder Mitarbeiter erhält nur von seinem unmittelbaren Vorgesetzten Anweisungen. Ebenso kann er Meldungen und Vorschläge nur bei ihm vorbringen (Instanzenweg, Dienstweg).

Vor- und Nachteile des Einliniensystems	
Vorteile	**Nachteile**
– Klare und eindeutige Regelung von Unterstellungsverhältnissen, – straffe Disziplin, – Einheitlichkeit des Auftragsempfangs, – Vermeidung von Kompetenzschwierigkeiten, – Überschaubarkeit und Einfachheit der Beziehungsstruktur, – straffe und übersichtliche Organisation, – eindeutige Dienstwege und Verantwortungsbereiche, – kein Kompetenzgerangel, – gute Kontrollmöglichkeiten für die Vorgesetzten.	– Der Weisungs- und Informationsweg ist oft zu lang und zu umständlich. – Meldungen gelangen nicht schnell genug nach oben. – Die Arbeitsfülle steigt mit der Rangstufe. – Informationsverfälschungen auf langen Dienstwegen sind möglich. – Starke Belastung der Vorgesetzten ist möglich, weil alle Informationen und Entscheidungen von ihnen bearbeitet werden müssen. – Es besteht die Gefahr der Bürokratisierung (Überorganisation). – Motivationsverlust möglich bei den untergeordneten Stellen.

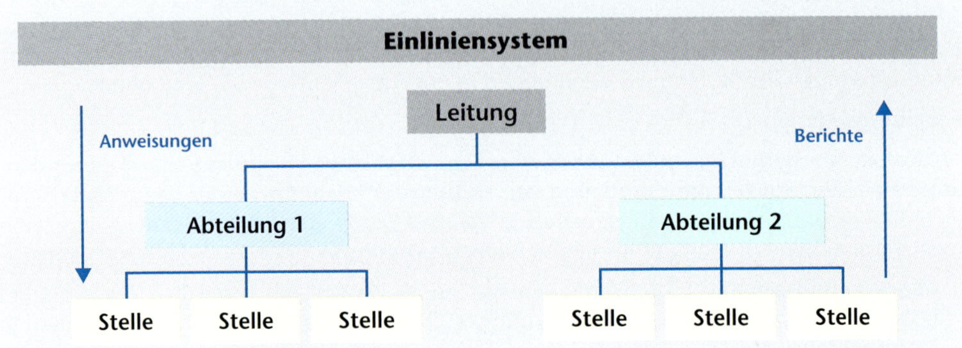

▶ Mehrlinien- oder Funktionensystem

Bei diesem System werden die Zuständigkeiten nach Funktionen aufgeteilt und Abteilungen mit selbstständig handelnden Leitern/Leiterinnen (Prokuristen, Bevollmächtigten) gebildet. Die obere Leitungsebene gibt nur allgemeine Richtlinien und entscheidet in wichtigen Fällen, während die Routinearbeit durch die Abteilungen selbstständig erledigt wird.

Im Gegensatz zum Einliniensystem kann eine Abteilung in die andere »hineinregieren«.

Beispiel: Die Vertriebsleiterin gibt unmittelbar dem Sachbearbeiter in der Personalverwaltung Anweisung, einen Lagerarbeiter einzustellen.

Vor- und Nachteile des Mehrliniensystems	
Vorteile	**Nachteile**
– Die obere Leitungsebene wird entlastet. – Die Routinearbeit wird rasch nach Daueranweisungen erledigt. – Sonderfälle werden ausgegliedert und einer besonderen Arbeitskraft übertragen. – Die Abteilungsleiter und -leiterinnen und ihre Mitarbeiter/Mitarbeiterinnen entwickeln sich zu Spezialisten.	– Die Funktionsträger (Abteilungsleiter/-leiterinnen) müssen zur regelmäßigen Berichterstattung nach oben verpflichtet werden. – Die Anweisungsbefugnis eines Funktionsträgers gegenüber Untergebenen anderer Funktionsträger muss genau abgegrenzt werden. – Reibungsverluste zwischen Funktionsträgern können entstehen. – Bei auftretenden Fehlern kann es schwierig sein, diese eindeutig den Funktionen zuzuordnen.

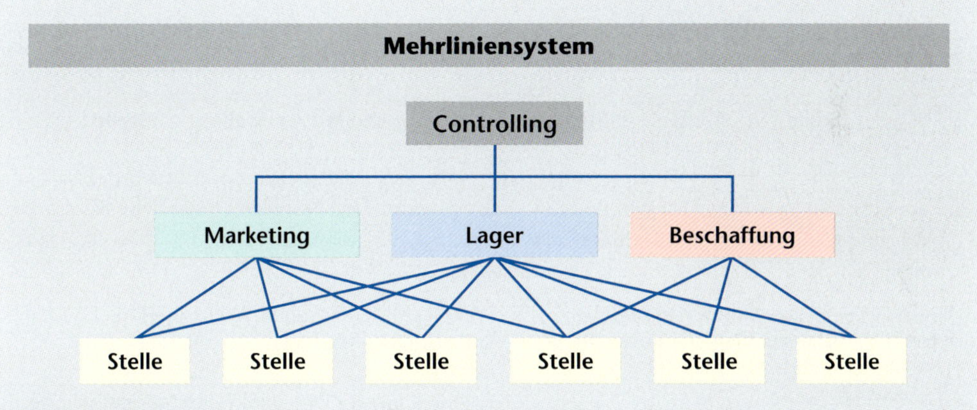

▶ Spartensystem

Bei diesem System unterstehen der Leitungsspitze produktbezogene, selbstständige Geschäftsbereiche (z.B. Elektronik, Haushaltsgeräte, Starkstromanlagen), die mit gewissen Einschränkungen als »Unternehmen im Unternehmen« zu betrachten sind. Es handelt sich dabei grundsätzlich um eine Form der Leitungsdezentralisation. Die Geschäftsbereiche haben Bilanzen und Erfolgsrechnungen der Leitung vorzulegen.

Innerhalb der Sparten sind wieder verschiedene Organisationsformen möglich, z.B. das Einlinien- oder Mehrliniensystem.

Vor- und Nachteile des Spartensystems	
Vorteile	**Nachteile**
– Kurze Informationswege innerhalb der Sparte, – schnelle Ergebniskontrolle der einzelnen Sparte, – hohe Anpassungsgeschwindigkeit auf Marktveränderungen, – gezielter Einsatz von Fachpersonal, – motivierender Leistungsanreiz für den Spartenleiter.	– Gefährdung des Unternehmensziels durch Spartenegoismus, – höherer Verwaltungsaufwand aufgrund der Dezentralisation, – Gefahr der Spartenkonkurrenz, – unzureichender Informationsfluss zwischen den Sparten.

Aus diesen Grundformen der Instanzenbildung sind **Mischformen** entwickelt worden, die aber keine eigenständigen Leitungssysteme sind, weil sie in Verbindung mit dem Ein- oder Mehrliniensystem auftreten können.

▶ Mischformen

a) **Stabliniensystem.** Dabei umgibt sich die Leitung mit einem Stab von Spezialisten (Finanzfachmann, Betriebswirt, Jurist, Organisator). Sie sind Berater, aber keine Instanzen mit Anweisungsbefugnissen. Notwendige Anweisungen werden durch die Leitung erteilt. Wenn die Stabmitglieder dennoch Anordnungen treffen, tun sie es »im Auftrag«. Im Übrigen aber herrscht das Liniensystem.

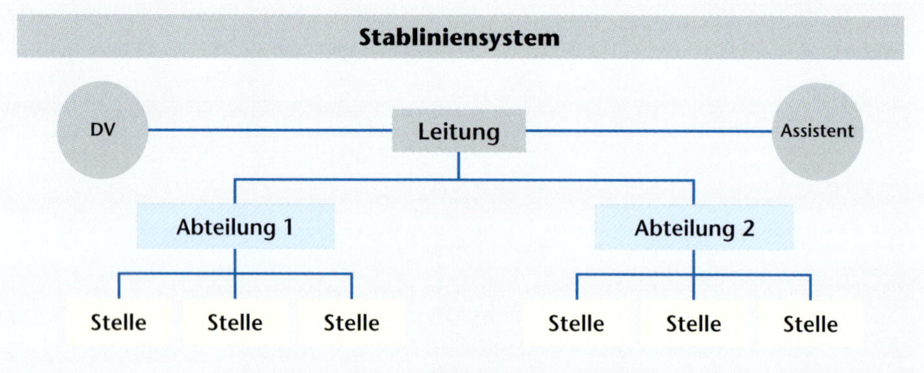

Vor- und Nachteile des Stabliniensystems	
Vorteile	**Nachteile**
– Der eindeutige Dienstweg und die straffe, übersichtliche Organisation des Einliniensystems bleiben erhalten. – Die Geschäftsleitung wird entlastet. – Es gibt weniger Fehlentscheidungen der Geschäftsleitung. – Die Einarbeitung von Nachwuchskräften ist leichter möglich.	– Langer Instanzenweg und schwerfällige Leitung. – Die Nachteile des Einliniensystems bleiben erhalten. – Es fallen höhere Personalkosten für qualifizierte Mitarbeiter an. – Es besteht die Gefahr, dass der Einfluss der Stabstelle auf die Geschäftsleitung zu groß wird. – Entscheidungen werden zu einseitig aus der Sicht der Spezialisten gefällt.

b) **Matrixorganisation**. Sie schafft eine verbindliche Zuordnung von Entscheidungs- und Weisungsbefugnissen für das Zusammenwirken verschiedenartiger Funktionsträger in Form einer Matrix.

Beispiel: Matrixorganisation eines Großhandelsunternehmens:

Unternehmensleitung			
Warengruppe / Bereich	Warengruppe 1	Warengruppe 2	Warengruppe 3
Beschaffung	Einkauf	Einkauf	Einkauf
Finanzen und Vertrieb	Buchhaltung, Controlling, Marketing	Buchhaltung, Controlling, Marketing	Buchhaltung, Controlling, Marketing
Personal und Information	Personalwesen, DV, Recht	Personalwesen, DV, Recht	Personalwesen, DV, Recht

Vor- und Nachteile der Matrixorganisation	
Vorteile	**Nachteile**
– Die Matrixorganisation gibt eindeutig an, welche Entscheidungen von Aufgabenträgern nur gemeinsam getroffen werden können. – Die übergeordnete Leitungsstelle wird nur eingeschaltet, wenn die betroffenen Funktionsträger keine Übereinstimmung erzielen. – Die Problemlösung wird verbessert, weil Spezialisten aus verschiedenen Abteilungen zusammenarbeiten. – Die Leitungs- und Führungsebene wird entlastet. – Sie zwingt zur Teamarbeit.	– Die hierarchische Gliederung kommt nicht zum Ausdruck. – Entscheidungen und Weisungen hängen von der Verständigungsbereitschaft der Beteiligten ab. – Kompetenzprobleme treten auf, wenn sich Aufgabenbereiche überschneiden. – Längere Entscheidungszeiträume sind notwendig, weil ein Team sich einigen muss. – Es besteht ein hoher Kommunikationsbedarf. – Die Gefahr nicht optimaler Entscheidungen ist gegeben, weil zu viele Kompromisse bei der Einigung im Team notwendig sind.

▶ Projektorganisation

Es gibt mehrere Möglichkeiten, eine projektspezifische Organisation in ein Unternehmen zu integrieren. Abhängig von der jeweiligen Organisationsform besitzt der Projektleiter mehr oder weniger Verantwortung und Kompetenzbefugnisse. Ebenso hat das Projektteam einen größeren oder geringeren Freiheitsgrad.

a) **Stabprojektorganisation.** Sie ist eine Minimalausstattung einer Projektorganisation, die lediglich durch eine Stabstelle, dem Projektkoordinator, entsteht. Der Projektleiter hat keine Entscheidungs- und Weisungsbefugnis, sondern nur Koordinierungsfunktion. Die Projektmitarbeiter sind nur nebenamtlich eingesetzt. Die Einsatzmöglichkeiten ergeben sich für kleine Projekte (Abwicklung eines Kundenauftrags) oder bei Projekten mit geringem Koordinationsbedarf (Vorschläge entwickeln, Termine überwachen).

b) **Reine Projektorganisation.** Für ein Projekt wird eine eigenständige, zeitlich befristete Organisation gebildet. Der Projektleiter hat volle Weisungsbefugnis. Ihm werden alle personellen und sachlichen Ressourcen zur Verfügung gestellt.

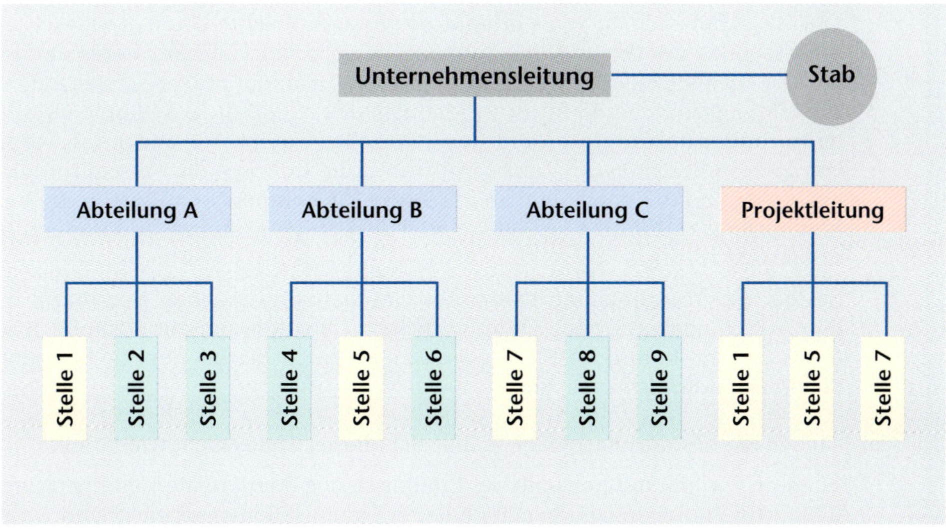

Die reine Projektorganisation eignet sich für

- umfangreiche und wichtige Aufgaben.
  Beispiel: Entwicklung einer völlig neuen Dienstleistung
- Vollzeitaufgabe mit anschließender Auflösung der Projektgruppe.
  Beispiel: Neugestaltung der Außenanlagen des Unternehmens
- ausgliederbare Projekte, ohne Berührung zu den herkömmlichen Aufgaben.
  Beispiel: Vorbereitung eines Messestandes und Aufenthalt auf der Messe

Vor- und Nachteile der Projektorganisation	
Vorteile	**Nachteile**
– Der Projektleitung werden die Aufgaben und Kompetenzen eindeutig zugeordnet. – Alle Beteiligten können sich vollkommen auf das Projekt konzentrieren. – Die Projektmitarbeiter identifizieren sich in hohem Maße mit der Aufgabe. – Es findet eine rasche projektbezogene Entscheidungsfindung statt. – Auf veränderte Situationen kann flexibel reagiert werden.	– Es können Mitarbeiter für das Projekt abgestellt werden, die ihre Abteilung qualitativ und quantitativ schwächen oder die in der Abteilung am wenigsten fehlen, damit aber nicht unbedingt für das Projekt geeignet sind. – Die in den Abteilungen verbleibenden Mitarbeiter werden eventuell stärker belastet.

▶ Aufgaben und Probleme

1. a) Analysieren Sie den folgenden Artikel und beschreiben Sie die aufgetretenen Probleme.

   Tag der offenen Tür – Chaos im »verschlossenen« Betrieb

   (aw) – Wendlingsburg – Es sollte ein wichtiger Tag mit großer Außenwirkung werden. Beim erstmals durchgeführten Tag der offenen Tür der Handtmeyer Agrargroßhandlung GmbH am vergangenen Sonntag waren interessierte Mitbürger, aber vor allem auch zukünftige Auszubildende für den kaufmännischen Bereich eingeladen, um sich zu informieren, ins Gespräch zu kommen und den größten Arbeitgeber im Umkreis kennenzulernen.

   »So etwas habe ich noch nie erlebt«, so das zerknirschte Urteil des Geschäftsführers Rolf Luderköhl. Seine Aussage bezieht sich auf eine Veranstaltung, bei der nichts geklappt hat. Nur 40 % der Ausbilder waren anwesend, die Ausbildungsstätten und Büros waren nicht alle zugänglich, fehlende Informationsschilder ließen viele Besucher irritiert im Betrieb herumirren, aufgrund von Lieferproblemen der Druckerei waren die Informationsbroschüren nicht auslegbar und der von außen angeheuerte Küchenmeister musste in der Kantine nach zwei Stunden schließen, weil zu wenige Mittagessenportionen bereitgestellt waren.

   Bei der Nachbesprechung macht der Geschäftsführer seiner Sekretärin und den Abteilungsleitern den Hauptvorwurf für das Misslingen. Schließlich seien sie ihm direkt unterstellt. Alle wehren ab und erklären, dass sie überhaupt nicht zuständig gewesen seien.

   b) Machen Sie Lösungsvorschläge, damit sich dieses Chaos nicht wiederholt.

   c) Schildern Sie anhand persönlicher Erlebnisse aus dem privaten und beruflichen Alltag, wie Vorhaben wegen mangelhafter Organisation gescheitert sind.

2. Aussage über zwei Mitarbeiter in einem Unternehmen:
   - »Herr Nusser ist ein reines Organisationsgenie, aber ihm fehlt jegliches Improvisationstalent.«
   - »Herr Nassal ist ein Improvisationsgenie, aber von Organisation versteht er gar nichts.«

   a) Begründen Sie, welcher Mitarbeiter für eine Organisationsabteilung geeigneter erscheint.

   b) Warum werden auch bei zweckmäßigster Organisation eines Unternehmens Improvisationen notwendig sein?

3. Stellen Sie Beispiele der Aufgabengliederung dar

   a) aus dem Vertriebsbereich,

   b) aus dem Personalbereich.

4. Bei der Gliederung nach Rangstufen können Teilaufgaben Ausführungs- oder Entscheidungscharakter haben. Zeigen Sie am Beispiel der Einstellung eines leitenden Angestellten,

   a) welche Entscheidungen dabei zu treffen sind,

   b) welche ausführenden Arbeiten dabei anfallen.

5. Beschreiben Sie die einzelnen Arbeitsabschnitte der Organisation, die bis zur Erstellung einer Stellenbeschreibung zu erledigen sind.

6. Organisatoren empfehlen die Verwendung sowohl von Funktionendiagrammen als auch von Stellenbeschreibungen. Vergleichen Sie beide Organisationsmittel.

7. Entwerfen Sie die Stellenbeschreibung für den Leiter der Organisationsabteilung nach folgenden Angaben:

   Der Stelleninhaber ist dem Leiter der Hauptabteilung Kaufmännische Verwaltung unterstellt. Ihm unterstehen die Leiter der Abteilungen Aufbau- und Ablauforganisation und zwei Sekretärinnen. Der Abteilungsleiter Aufbauorganisation vertritt ihn.

   Der Stelleninhaber erarbeitet mit allen zuständigen Stellen eine mittelfristige Planung der Aufbau- und Ablauforganisation. Er erlässt Organisationsrichtlinien. Gemeinsam mit der DV-Abteilung arbeitet er Projekte aus, die auf DV-Anlagen erstellt werden sollen.

   Zielsetzung der Stelle ist eine zweckmäßige Organisations- und Informationsstruktur des Unternehmens in Aufbau und Ablauf.

   Der Inhaber der Stelle sollte eine wirtschaftswissenschaftliche Hochschulausbildung, außerdem praktische Erfahrungen auf den Gebieten Organisation und Datenverarbeitung besitzen. Wesentliche Eigenschaften sind Kooperationsfähigkeit und der Wille, im Team zu arbeiten.

8. Begründen Sie, warum sowohl die Besetzung von Stellen als auch die Festlegung von Stellvertretungen auf Dauer anzulegen sind.

9. Erstellen Sie einen Betriebsgliederungsplan für Ihren Ausbildungsbetrieb.

10. a) Welche organisatorischen Vor- und Nachteile sind beim Einliniensystem mit der Anweisung »der Dienstweg ist einzuhalten« verbunden?

    b) Beurteilen Sie diese Vorschrift aus der Sicht des »Vorgesetzten« und des »Untergebenen«.

11. Legen Sie fest, ob es sich bei folgenden Beispielen um Aufgaben der Aufbauorganisation handelt.

    a) Einstellung von Verkaufspersonal durch die Personalabteilung,

    b) Zuordnung des Bereichs »Haushaltswaren« zur Abteilung »Non-Food-Artikel«,

    c) Bestimmung der Vertretungsbefugnis eines Abteilungsleiters,

d) Erstellen eines neuen Finanzplans,
e) Bildung mehrerer neuer Stellen infolge der Erweiterung der Verkaufsgebiete,
f) Erstellen eines Organisationsdiagramms des Unternehmens.

12. Entscheiden Sie, ob die folgenden Aussagen über die Stellenbeschreibung richtig oder falsch sind.

    Die Stellenbeschreibung ist ...

    a) die schriftliche Fixierung der Tätigkeit, Eingliederung und Anforderung der Stelle.
    b) die Formulierung einer Stellenanzeige in einer Tageszeitung.
    c) Ausdruck der durch die Unternehmensorganisation getroffenen Regelung für eine Stelle.
    d) die Beschreibung des Informationsflusses zwischen den verschiedenen Stellen eines Unternehmens.

13. Das Leitungs- bzw. Weisungssystem eines Unternehmens kann als
    - Einlinienorganisation (E),
    - Mehrlinienorganisation (M),
    - Stablinienorganisation (S)

    aufgebaut sein. Ordnen Sie die folgenden Aussagen diesen Systemen zu.

    a) Ein Mitarbeiter bekommt seine Arbeitsanweisungen nicht nur von seinem Vorgesetzten.
    b) Anordnungen erfolgen durch die Geschäftsführung und werden bis zur untersten Stelle weitergegeben. Die Anordnungen sind mithilfe von Informationen getroffen worden, die eine beratende Stelle zur Verfügung gestellt hat.
    c) Spezialisten wirken beratend bei betrieblichen Entscheidungen mit, haben aber keine Weisungsbefugnis.
    d) Es bestehen klare Anweisungsverhältnisse mit wenig Möglichkeiten für Kompetenzstreitigkeiten.
    e) Durch nicht einheitliche Auftragserteilung können Abstimmungsprobleme auftreten.

14. Die KTB Werkzeuggroßhandlung GmbH vertreibt folgende Warengruppen (Auszug):
    - Schraubendreher in 35 verschiedenen Arten,
    - Zangen in 20 verschiedenen Ausprägungen,
    - Hämmer in verschiedenen Preisklassen.

    Der Umsatz des Unternehmens betrug im letzten Jahr 500.000 EUR und ist stark steigend. Der Sitz des Unternehmens ist in Bottrop, Zweigniederlassungen sind nicht vorhanden.

    Der Vertrieb der Waren erfolgt durch Handlungsreisende, die jeweils eine Warengruppe vertreiben.

    Die derzeitige Aufbauorganisation ist unbefriedigend. Bei einer Änderung besteht die Geschäftsleitung darauf, dass in jedem Fall die folgenden Abteilungen im organisatorischen Aufbau vertreten sein sollen:

    Einkauf, Lager, Marktforschung, Organisation, Personal, DV-Abteilung, Rechnungswesen, Verkauf, Verkaufsförderung, Warenprüfung.

    Da momentan neben dem Geschäftsführer drei vielseitig verwendbare Hauptabteilungsleiter vorhanden sind, sollte die oberste Leitungsebene so gegliedert sein, dass keine personellen Veränderungen bei den Hauptabteilungsleitern erforderlich sind.

    a) Arbeiten Sie für dieses Unternehmen eine Linienorganisation aus.
    b) Erstellen Sie für dieses Unternehmen eine Stablinienorganisation, wenn Organisation und Marktforschung als Stabstellen eingerichtet werden sollen.
    c) Verändern Sie die bisherigen Entwürfe zu einer Matrixorganisation.

2.3 Delegation von Entscheidungen

Trotz verstärkten Einsatzes technischer Mittel ist der Mensch der wichtigste Leistungsfaktor im Betrieb. Ohne ihn kann kein Unternehmen aufgebaut und ausgebaut werden. Er ist die treibende Kraft und leistet je nach der Größe und dem organisatorischen Aufbau des Unternehmens leitende oder ausführende Arbeit.

In Kleinbetrieben wird der Unternehmer die Führungsaufgabe selbst wahrnehmen, d. h., Weisungen geben, Entscheidungen treffen, Verträge aushandeln und unterschreiben.

In Mittel- und Großbetrieben werden diese Führungsaufgaben aber auf mehrere Schultern verteilt. Durch Auswahl geeigneter Mitarbeiter und entsprechende Verteilung der Aufgaben entstehen im Unternehmen Rangstufen und verschiedene Ebenen von Zuständigkeiten. Die Kunst dieses Leitungsaufbaus liegt nun darin, dass alle wissen, wer wann wofür zuständig ist. Gelingt dies, können Entscheidungen schnell und sachorientiert getroffen werden; es entstehen keine Reibungsverluste.

Zur Erfüllung von betrieblichen Aufgaben und zur Vornahme von Rechtsgeschäften erteilt man unterschiedliche Befugnisse:

Die **Entscheidungsbefugnis** eines Stelleninhabers ist das Recht, im Rahmen seines Aufgabenbereiches **auftretende Fragen selbst entscheiden** zu dürfen.

Beispiel: Ein Mitarbeiter hat die Wahl, eine eingegangene Bestellung anzunehmen oder abzulehnen. Er entscheidet sich für die Annahme.

Die **Weisungsbefugnis** erlaubt einem Stelleninhaber, getroffene **Entscheidungen von anderen ausführen zu lassen.**

Beispiel: Ein Mitarbeiter wird angewiesen, die eingegangene Bestellung sofort per Fax zu bestätigen.

Die **Vertretungsbefugnis** erlaubt einem Stelleninhaber, **für andere Entscheidungen zu treffen, und Weisungen zu erteilen.**

Beispiel: Ein Mitarbeiter wird bevollmächtigt, als Sachbearbeiter für den Bereich Einkauf (Auftragsannahme) alle damit verbundenen Aufgaben selbstständig wahrzunehmen.

Der Stelleninhaber erhält die Befugnis zur Vertretung von einer übergeordneten Stelle in Form einer Vollmacht. Diese umschreibt den Aufgabenbereich, innerhalb dessen er für das vertretene Unternehmen handeln darf.

Wichtige Vollmachtsverhältnisse in Unternehmen sind die **Handlungsvollmacht** und die **Prokura.** Der rechtliche Rahmen hierfür ist im HGB geregelt.

2.3.1 Handlungsvollmacht

Handlungsvollmacht hat, wer zum **Betrieb eines Handelsgewerbes** oder innerhalb eines Handelsgewerbes zur **Vornahme von Handelsgeschäften ermächtigt ist,** die **sein Handelsgewerbe gewöhnlich** mit sich bringt. *HGB § 54 (1) BGB § 164*

Eine besondere Ermächtigung braucht der Handlungsbevollmächtigte zur Veräußerung oder Belastung von Grundstücken, zur Eingehung von Wechselverbindlichkeiten, zur Aufnahme von Darlehen und zur Prozessführung. *HGB § 54 (2)*

Arten und Umfang der Handlungsvollmacht

▶ Allgemeine Handlungsvollmacht

Sie berechtigt zur Ausführung aller gewöhnlichen Rechtsgeschäfte im üblichen Umfang, die in dem Handelsgewerbe dieses Geschäftszweigs vorkommen. Allgemeine Handlungsvollmacht haben z. B. Geschäftsführer und Filialleiter.

HGB § 55

▶ Artvollmacht

Sie berechtigt zur Vornahme einer bestimmten Art von Rechtsgeschäften, die gewöhnlich in dem Handelsgewerbe dieses Geschäftszweigs vorkommen. Artvollmacht haben Einkäufer, Verkäufer, Kassierer, Schalterbedienstete usw. Auch Handlungsreisende sind Angestellte mit Artvollmacht. Entsprechend ihrem Auftrag haben sie das Recht, Geschäfte im Namen ihres Arbeitgebers abzuschließen oder zu vermitteln und Mängelrügen entgegenzunehmen. Für alle anderen Geschäfte brauchen sie eine besondere Vollmacht.

▶ Einzelvollmacht

Sie berechtigt zur Vornahme eines einzelnen, zu einem Handelsgewerbe gehörigen Rechtsgeschäftes, z. B. Verkauf eines Hauses, Führung eines Prozesses.

Erteilung der Handlungsvollmacht

Kaufleute sowie Prokuristen haben ohne Weiteres das Recht zur Erteilung einer Handlungsvollmacht. Jeder Bevollmächtigte kann im Rahmen seiner Vollmacht Untervollmacht einräumen. Die Erteilung der Vollmacht kann schriftlich, mündlich oder sogar stillschweigend durch Duldung bestimmter Handlungen erfolgen. Sie wird nicht ins Handelsregister eingetragen. Wenn ein Kaufmann mehrere Bevollmächtigte ernennt, kann er jedem für sich allein oder mehreren zusammen das Vertretungsrecht einräumen. Im zweiten Falle **(Gesamtvollmacht)** sind die Rechtshandlungen nur gültig, wenn die Bevollmächtigten gemeinsam gehandelt oder unterschrieben haben, z. B. bei Bankangestellten.

§ 54 Eine Beschränkung der Vollmacht auf bestimmte Geschäfte ist Dritten gegenüber nur wirksam, falls diese die Beschränkung kannten oder kennen mussten.

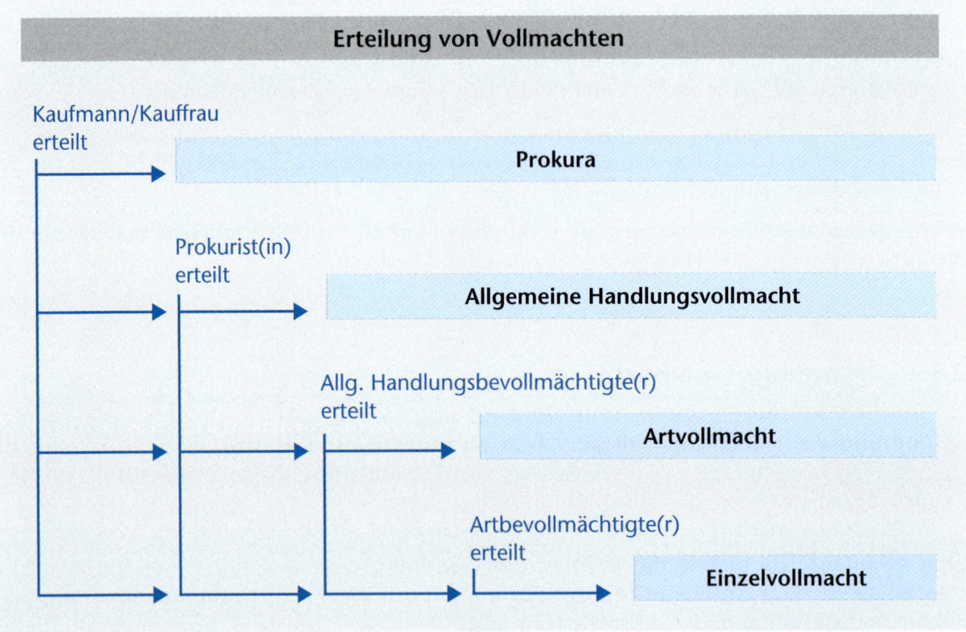

▶ Unterschrift des Bevollmächtigten

Der Bevollmächtigte setzt zum Namen seines Auftraggebers seine Unterschrift mit einem Zusatz, aus dem die Vollmacht zu ersehen ist. *HGB § 57*

▶ Beendigung der Handlungsvollmacht

Die Vollmacht erlischt

a) mit der Beendigung des Rechtsverhältnisses, mit dem sie verbunden ist, z. B. bei Beendigung des Dienstvertrages, bei Auflösung der Ehe, aber nicht beim Tod des Ehegatten,

b) durch den Widerruf von Personen, die Vollmacht erteilen können,

c) durch freiwillige oder zwangsweise Auflösung des Geschäfts,

d) beim Wechsel des Geschäftsinhabers in der Regel nur, wenn der neue Inhaber sie widerruft,

e) bei Einzelvollmacht nach der Durchführung des Auftrags.

2.3.2 Prokura

Will der Unternehmer einer Arbeitskraft weitergehende Befugnisse und höhere Verantwortung übertragen, so kann er **Prokura** erteilen. Sie geht über den Rahmen der allgemeinen Handlungsvollmacht hinaus.

Prokura besitzt, wer von einem Kaufmann **zu allen Arten von gerichtlichen und außergerichtlichen Geschäften und Rechtshandlungen ermächtigt** ist, die der Betrieb **irgendeines Handelsgewerbes** mit sich bringen kann. *§ 49*

Beispiel: Während der Abwesenheit des Unternehmers gibt der Prokurist einer Spirituosengroßhandlung die Abteilung Liköre auf.

Umfang der Prokura

Gesetzlich verboten ist die Vertretung bei folgenden Handlungen: Eid leisten, Bilanz und Steuererklärungen unterschreiben, Handelsregistereintragungen anmelden, Konkurs anmelden, Geschäfte verkaufen, Gesellschafter aufnehmen, Prokura erteilen.

Eine besondere Vollmacht braucht der Prokurist zum Verkauf und zur Belastung von Grundstücken.

Während der Umfang der Handlungsvollmacht vom Unternehmer geregelt werden kann, ist der Umfang der Prokura gesetzlich geregelt. Sie erstreckt sich auf alle Geschäfte und Rechtshandlungen **irgendeines Handelsgewerbes,** nicht aber auf die Vertretung des Inhabers in privaten Angelegenheiten.

Die Prokura erstreckt sich also auf

1. **gewöhnliche** Geschäfte und Rechtshandlungen.
   Beispiel: Kaufverträge abschließen, Personal einstellen und entlassen
2. **außergewöhnliche** Geschäfte und Rechtshandlungen, das sind
   - gerichtliche Geschäfte und Rechtshandlungen.
     Beispiel: Prozesse für das Unternehmen führen, Strafanzeige in geschäftlichen Dingen stellen, Prozessvollmacht erteilen

- außergewöhnliche Geschäfte und Rechtshandlungen.

  Beispiel: Darlehen aufnehmen oder den Geschäftszweig ändern; selbst Nichthandelsgeschäfte wie Schenkungen und Spenden des Unternehmens gehören dazu.

Erteilung der Prokura

HGB § 48 (1)

Nur der **Kaufmann** oder sein gesetzlicher Vertreter kann Prokura erteilen. Sie muss ausdrücklich (schriftlich oder mündlich) erteilt werden, z. B. mit den Worten: »Ich erteile Ihnen mit Wirkung vom 1. Januar 20.. Prokura.« Die Prokura muss zur Eintragung ins Handelsregister angemeldet werden.

Man unterscheidet

▶ Einzelprokura

Eine Person ist allein vertretungsbefugt.

▶ Gesamtprokura

Mehrere Personen sind gemeinschaftlich vertretungsbefugt. Sie können also nur gemeinsam handeln.

Prokura können auch solche Personen erhalten, die nicht im Unternehmen angestellt sind (Ehefrau).

Einschränkung der Prokura

Der Unternehmer kann den Umfang der Prokura im Innenverhältnis beliebig einschränken, im Außenverhältnis ist der Umfang jedoch unbeschränkbar.

Bei Filialbetrieben kann die Prokura auf das Hauptgeschäft oder eine Filiale beschränkt sein, wenn die Filialbetriebe sich durch einen Zusatz sowohl vom Hauptgeschäft als auch voneinander unterscheiden **(Filialprokura)**.

Beginn der Prokura

Im Innenverhältnis beginnt die Prokura mit der Erteilung.

Im Außenverhältnis wird sie erst wirksam, wenn der Dritte Kenntnis von ihr hat oder wenn sie in das Handelsregister eingetragen und veröffentlicht ist. Die Eintragung hat also rechtsbezeugende Wirkung.

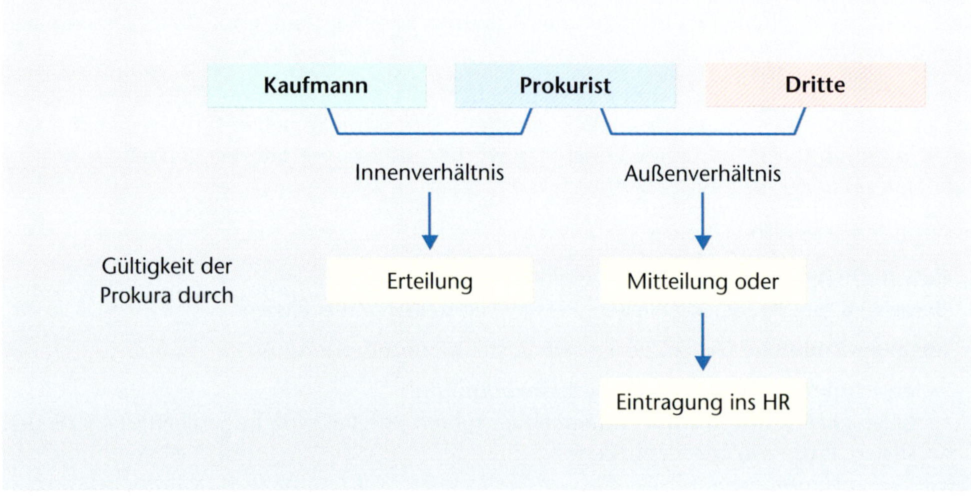

Übersicht über die Möglichkeiten der Bevollmächtigung

Unternehmer	Prokura	Allgemeine Handlungsvollmacht	Artvollmacht	Einzelvollmacht
Eid leisten Steuererklärungen unterschreiben Bilanz unterschreiben HR-Eintragungen anmelden Insolvenzverfahren beantragen Geschäft verkaufen Prokura erteilen Gesellschafter aufnehmen				
Grundstücke belasten Grundstücke verkaufen				
Prozesse führen Darlehen aufnehmen Wechsel unterschreiben				
Grundstücke kaufen Zahlungsgeschäfte erledigen Verkaufen Mitarbeiter entlassen Mitarbeiter einstellen				
Einkaufen				
Unterschriftsform Hermann König Hermann König	Hermann König KG ppa. Merkle	Hermann König KG i. V. Weigler	Hermann König KG i. A. Vollmer	Hermann König KG i.A. Rösch

Geschäfte, die ohne besondere Vollmacht möglich sind

Geschäfte, für die eine besondere Vollmacht notwendig ist

Geschäfte, für die die Vertretungsvollmacht gesetzlich verboten ist

Unterschrift des Prokuristen

Der Prokurist setzt zur Firma seine Unterschrift mit dem Zusatz »ppa.« HGB § 51

Beendigung der Prokura

Die Prokura erlischt § 52

- mit Beendigung des Rechtsverhältnisses, mit dem sie verbunden ist,
- durch Widerruf von Seiten eines Geschäftsinhabers,
- durch freiwillige oder zwangsweise Auflösung des Geschäftes,
- durch den Tod des Prokuristen,
- beim Wechsel des Geschäftsinhabers in der Regel nur, wenn der neue Inhaber sie widerruft, jedoch nicht beim Tode des Geschäftsinhabers.

Das Erlöschen der Prokura ist durch den Unternehmer zur Eintragung ins Handelsregister anzumelden. Gutgläubigen Dritten gegenüber gilt die Prokura so lange weiter, bis sie im Handelsregister gelöscht ist.

2.3.3 Zusammenfassender Überblick zu Handlungsvollmacht und Prokura

Vollmachten	Arten	Aufgaben	Einschränkungen	Besonderheiten
Handlungsvollmacht §§ 54 ff. HGB	Einzelvollmacht Artvollmacht Allgemeine Handlungsvollmacht	Wahrnehmung einer einmaligen Aufgabe Wahrnehmung begrenzter, sich wiederholender Aufgaben gleicher Art Wahrnehmung aller üblichen Aufgaben, die in diesem Geschäftszweig anfallen	Vereinbarung einer Gesamtvollmacht	– Erteilung formlos – Umfang frei vereinbar – Unterschrift mit Zusatz i. V. oder i. A. – Für Grundstücksverkäufe, Wechsel- und Darlehensgeschäfte und zur Prozessführung Sondervollmacht erforderlich
Prokura §§ 48 ff. HGB	Einzelprokura Gesamtprokura Filialprokura	Wahrnehmung aller gerichtlichen und außergerichtlichen Aufgaben, die der Betrieb eines Handelsgewerbes mit sich bringt Verboten: – Bilanz, Steuererklärung unterschreiben, – Handelsregistereintragung beantragen, – Prokura erteilen, – Insolvenzverfahren beantragen	Einzelprokura Vereinbarung einer Gesamtprokura oder einer Filialprokura	– Erteilung ausdrücklich – Eintragung ins Handelsregister – Umfang der Prokura nach außen nicht beschränkbar – Unterschrift mit ppa. – Löschung im Handelsregister – Sondervollmachten bei Belastung und Verkauf von Grundstücken nötig

▶ Aufgaben und Probleme

1. Welche Arten der Handlungsvollmacht gibt es in Ihrem Ausbildungsbetrieb?
2. Welche Rechtsgeschäfte darf nach HGB ein Handlungsbevollmächtigter ohne besondere Befugnisse vornehmen?
3. In der Textilgroßhandlung Hanke GmbH erhält die Angestellte Pfeil zur Entlastung der Geschäftsleitung allgemeine Handlungsvollmacht.
   a) Wie kann diese Vollmacht erteilt werden?
   b) Entscheiden und begründen Sie, ob Frau Pfeil folgende Rechtsgeschäfte wirksam abschließen kann:
      – Sie veranlasst die zusätzliche Bestellung von T-Shirts.
      – Sie entlässt einen Angestellten.
      – Sie nimmt ein Darlehen auf.
      – Sie bestellt einen PC für die Buchhaltung.
4. Die Bankangestellte Rieten, Leiterin der Kreditabteilung mit der Handlungsvollmacht, Kredite bis zu 20.000 EUR zu gewähren, sichert dem Großhändler Schäfer in einer mündlichen Verhandlung einen Kredit in Höhe von 50.000 EUR zu. Wie ist die Rechtslage?

5. G. Vollmer, Abteilungsleiter des Unternehmens Hermann König KG, hat seit zwei Monaten die Briefe mit ppa. unterschrieben, ohne dass der Geschäftsinhaber Einspruch erhoben hat. Ist Vollmer jetzt Prokurist? Begründen Sie Ihre Entscheidung.
6. Kann der 16-jährige Sohn eines Geschäftsinhabers Prokurist werden (Begründung)?
7. Welche Überlegung kann einen Unternehmer veranlassen, statt Einzelprokura Gesamtprokura zu erteilen?
8. Der Unternehmer Karl Klein ernennt seine langjährige Angestellte Eva-Katharina Ahlers am 1. April zur Prokuristin. Die Eintragung ins Handelsregister erfolgt am 20. April. In einem Rundschreiben, das den Geschäftsfreunden am 10. April zugeht, wird die Prokuraerteilung bekannt gegeben.

   a) Wann kann Frau Ahlers für Klein als Prokuristin tätig werden? Begründen Sie Ihre Entscheidung.

   Frau Ahlers nimmt während der Abwesenheit von Klein folgende Rechtshandlungen vor. Entscheiden Sie diese Fälle mit Begründung.

   b) Frau Ahlers unterschreibt eine Überweisung über 20.000 EUR.
   c) Sie erweitert das Sortiment und bestellt Haushaltswaren im Wert von 150.000 EUR.
   d) Einem benachbarten Unternehmen will Frau Ahlers den Bau einer neuen Lagerhalle ermöglichen und verkauft zu günstigen Bedingungen ein bisher ungenutztes Grundstück.
   e) Um rationeller arbeiten zu können, kündigt sie einem Drittel der Belegschaft.
   f) Sie will ein Darlehen aufnehmen und übergibt der Bank zur Kreditbeurteilung eine von ihr unterschriebene Bilanz.
9. Prokurist Hermann vom Hauptgeschäft entzieht dem Angestellten Schwarz, der Prokura für die Filiale hat, diese Vollmacht. Gleichzeitig erteilt er Frau Stein, bisher Abteilungsleiterin im Hauptgeschäft, Prokura und dem Angestellten Reimann allgemeine Handlungsvollmacht. Begründen Sie, ob diese Handlungen rechtswirksam sind.
10. Der Prokurist Peter Jung arbeitet seit 20 Jahren bei der Pietsch KG in Reutlingen als Leiter der Abteilung Einkauf. Da er sich selbstständig machen möchte, kündigt er fristgerecht zum 30. Juni. Die Beendigung der Prokura wird am 3. Juli ins Handelsregister eingetragen und öffentlich bekannt gemacht.

    Sind folgende Handlungen von Herrn Jung rechtlich wirksam? Begründen Sie Ihre Entscheidung.

    a) Am 1. Juli nimmt er für die Pietsch KG bei der Hausbank ein Darlehen in Höhe von 10.000 EUR auf.
    b) Am 2. Juli entzieht Herr Jung der Angestellten Dufner die Handlungsvollmacht.
    c) Herr Jung beantragt am 29. Juni beim Amtsgericht, ein Insolvenzverfahren gegen die Pietsch KG einzuleiten.
    d) Herr Jung bestellt am 27. Juni Waren im Wert von 100.000 EUR bei der Großhandlung Bauer GmbH.
11. Markus Hafner wird von der Getränkegroßhandlung Löffler KG zum 15. April als neuer Vertriebsmitarbeiter eingestellt.

    a) Der Prokurist der Löffler KG bittet Herrn Hafner, seinen Dienstwagen selbst bei der Zulassungsstelle anzumelden, da er aus Zeitgründen nicht dazu komme. Begründen Sie, ob Herr Hafner den Dienstwagen zulassen darf und um welche Art der Vollmacht es sich ggf. handelt.

b) Als Mitarbeiter im Außendienst der Löffler KG schließt Herr Hafner mit der Kioskbesitzerin Frau Bauer einen Kaufvertrag über 25 Kisten Limonade ab. Kann Herr Hafner den Kaufvertrag für die Löffler KG abschließen und um welche Art der Vollmacht handelt es sich hierbei?

c) Herr Hafner ist der Meinung, dass im Pausenraum der Löffler KG ein gemütliches Sofa fehle. Als er bei der Möbelhandlung Schröder GmbH ein günstiges Sofa für 950,00 EUR findet, kauft er es für die Löffler KG. Ist er dazu berechtigt? Begründen Sie Ihre Entscheidung.

12. Für welche der folgenden Rechtshandlungen ist nach der gesetzlichen Regelung die Vertretung eines Unternehmens

a) nur mit Prokura,

b) sowohl mit Prokura als auch mit allgemeiner Handlungsvollmacht,

c) weder mit Prokura noch mit allgemeiner Handlungsvollmacht

möglich?

Ordnen Sie die Zahlen den obigen Buchstaben zu:

1. Kündigung des Vertrages mit einem Handelsvertreter,
2. Kauf eines Grundstückes zur Lagererweiterung,
3. Unterschreiben des Jahresabschlusses,
4. Einstellen eines Programmierers,
5. Aufnahme eines weiteren Gesellschafters.

2.4 Ablauforganisation

Die Arbeitsvorgänge im Unternehmen müssen geordnet ablaufen. Unter **Arbeitsablauf** versteht man Vorgänge zur Erfüllung betrieblicher Teilaufgaben, die zeitlich und räumlich hinter- oder nebeneinander verlaufen.

Aufgabe der **Ablauforganisation** ist die **rationelle Gestaltung der Arbeitsabläufe** im Unternehmen.

Ziele der Ablauforganisation

a) **Optimale Durchlaufzeit** der zu bearbeitenden Objekte. Es soll ein reibungsloser Ablauf erzielt werden, d. h., Engpässe, Stauungen, Leerläufe sollen vermieden oder beseitigt werden.

Beispiel: Sicherung des ununterbrochenen Warenflusses, der vollen Ausnutzung der Maschinen und der gleichmäßigen Beschäftigung der Arbeitskräfte

b) **Optimale Auslastung** der Betriebsmittel und Arbeitskräfte.

Beispiel: Eine Buchgroßhandlung stellt rechtzeitig einen Terminplan für die Nachlieferung von Neuauflagen auf. Bei ungenügender Auslastung werden Inventurarbeiten ausgeführt.

c) **Qualitätssicherung.** Die Güte der geleisteten Arbeit muss durch Kontrollen überwacht werden.

Beispiele: Auslieferungskontrollen, Laboruntersuchungen der Teil- und Endprodukte

d) **Terminsicherung.** Terminpläne müssen aufgestellt und ihre Einhaltung überwacht werden.

Beispiele: Terminplanung für die Beschaffung der Rohstoffe, für den Versand der kommissionierten Warengruppen

e) **Optimaler Informationsfluss.** Informationen müssen möglichst schnell und präzise an die zuständigen Stellen gelangen.

Beispiel: Es wird festgelegt, dass durch Vernetzung die betreffende Einkaufsstelle informiert wird, wenn im Lager der Meldebestand einer bestimmten Ware erreicht ist.

f) **Pflege der Arbeitswilligkeit.** Durch Einhaltung arbeitsrechtlicher Bestimmungen und Anwendung der Erkenntnisse der Arbeitswissenschaft soll ein angenehmes Betriebsklima geschaffen werden (Humanisierung am Arbeitsplatz).

Beispiele: Untersuchungen der körperlichen und seelischen Belastung an den verschiedenen Arbeitsplätzen zum Schutz der Gesundheit der Mitarbeiter und zur Verhütung von Unfällen, Einschaltung von Pausen, mehr Selbstverantwortung bei der Gestaltung der Arbeitsaufgabe

Gliederungsmerkmale des Arbeitsablaufs

Die Ablauforganisation vollzieht sich in folgenden Phasen:

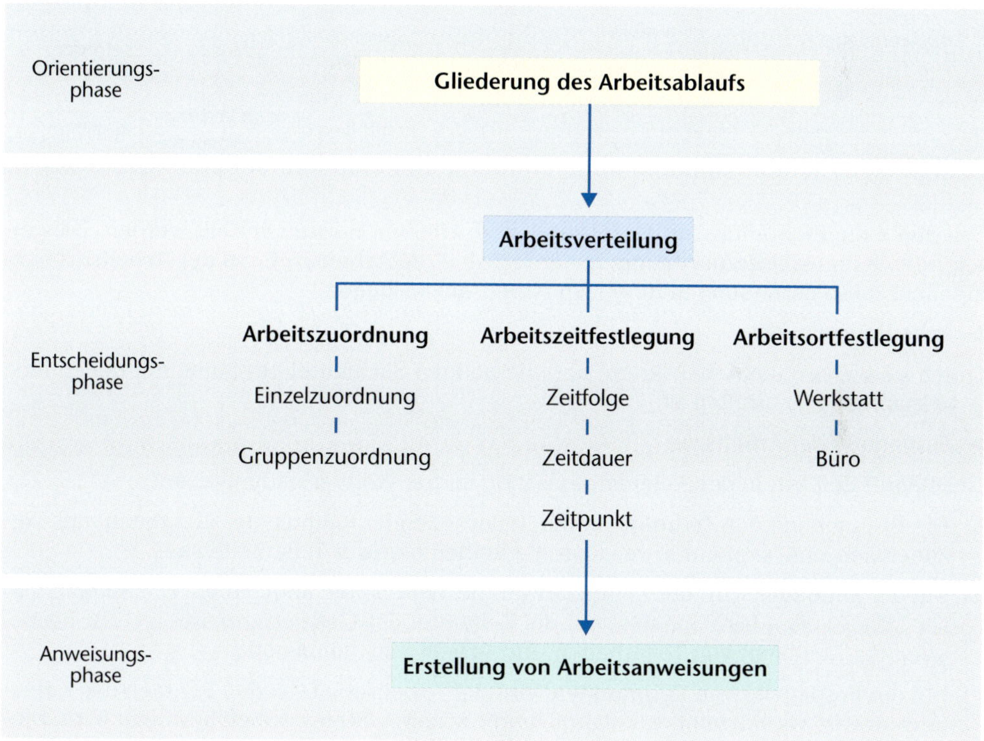

Für den Organisator ist nur das geforderte Endergebnis des gesamten Arbeitsprozesses vorgegeben. Zunächst muss festgestellt werden, in welchen **Teilprozessen** dies erreicht werden kann. Dabei können sich verschiedene Wahlmöglichkeiten ergeben.

Die Teilprozesse werden meistens in verschiedenen **Prozessschritten** vollzogen, die ihrerseits aus mehreren **Programmschritten** bestehen.

Mit der Festlegung des erwarteten Arbeitsergebnisses und der Gliederung des Arbeitsablaufs ist der **Arbeitsinhalt** gegeben.

Beispiel: Abwicklung einer Warenlieferung

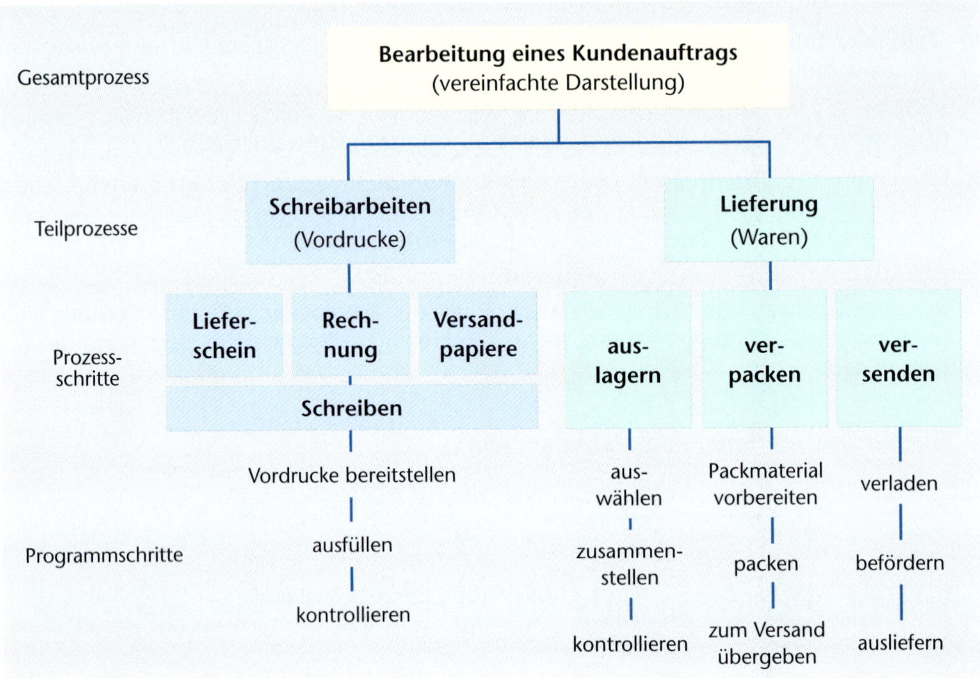

Die durch die Programmschritte entstandenen Arbeiten müssen verteilt werden. Dies erfolgt durch die **Arbeitszuordnung;** außerdem sind die **Arbeitszeit** und der **Arbeitsort** festzulegen. Diese Festlegungen führen zu Arbeitsanweisungen.

▶ Arbeitszuordnung

Durch sie werden die Arbeitskräfte und die nötigen Sachmittel bestimmt, mit denen eine Arbeitsaufgabe zu erfüllen ist.

▶ Festlegung der Arbeitszeit

Der Begriff Zeit tritt in der Ablauforganisation in drei Wortverbindungen auf:

a) Die Bestimmung der **Zeitfolge,** in der Teilarbeiten im Rahmen des Gesamtablaufs vorzunehmen sind, sagt nur etwas über die Reihenfolge der Teilarbeiten aus.

b) Mit der **Zeitdauer** wird der Zeitbedarf für die Teilarbeiten angegeben. Die Summe dieser Arbeitszeiten lässt Schlüsse auf die Zeitdauer des Gesamtprozesses zu. Zur Festlegung der Zeitdauer von Teilarbeiten sind Arbeitszeitstudien nötig.

c) Mit der Festlegung von **Zeitpunkten** wird der Arbeitsablauf in den Rahmen des Kalenders gestellt, weil damit der Anfangs- und Endzeitpunkt der Arbeit bestimmt wird. Diese Daten werden vor allem von der Terminplanung vorgegeben.

▶ Festlegung des Arbeitsortes

Die räumliche Anordnung der Arbeitsplätze soll

a) dem Arbeitsablauf entsprechen und die Reihenfolge der Teilarbeiten erkennen lassen,

b) zusammengehörige Arbeitsplätze überschaubar machen,

c) geringe Durchlaufzeiten durch kurze Transportwege ergeben,

d) die Anpassung des Arbeitsplatzes an den Arbeitsgegenstand ermöglichen.

▶ Aufgaben und Probleme

1. Gliedern Sie den Arbeitsablauf für den Gesamtprozess »Bearbeitung eingehender Warenlieferungen«. Anleitung: Teilprozesse sind die Bearbeitung des Schriftgutes (Lieferschein, Frachtbrief, Rechnung) und die Warenannahme (Auspacken, Prüfen, Einlagern).
2. Ordnen Sie die Begriffe Arbeitszeitstudie, Arbeitsreihenfolge, Terminüberwachung, Zeitmessung und Verkettung von Teilarbeiten den Tätigkeitsbereichen Zeitfolge-, Zeitdauer- und Zeitpunktbestimmung zu.

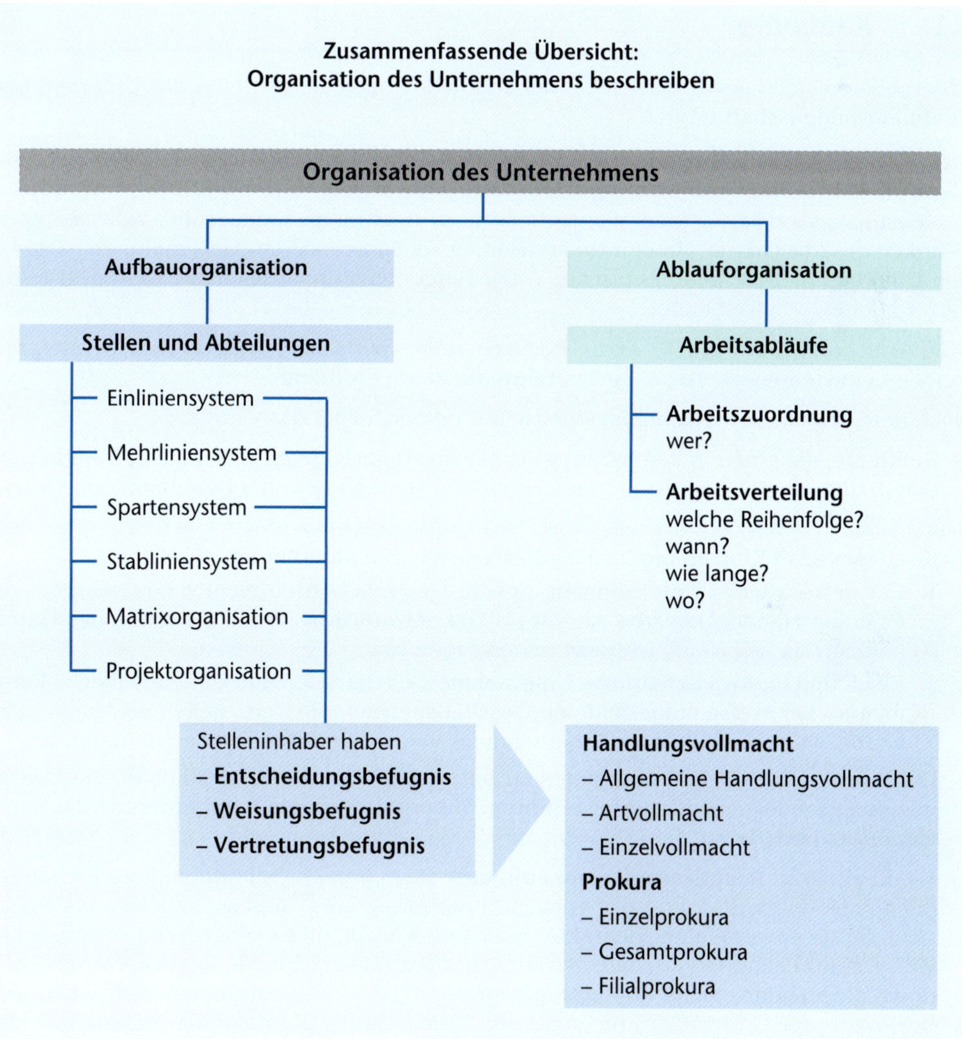

3 Rechtliche Rahmenbedingungen des Unternehmens erklären

▶ Handlungsauftrag

Erstellen Sie für jede Unternehmensform einen Flyer, in dem die Definition, die wichtigsten Merkmale sowie die Vor- und Nachteile der jeweiligen Unternehmensform in ansprechendem Layout dargestellt sind.

3.1 Kaufleute

Unternehmen sind Gewerbebetriebe, bei denen der Unternehmer oder das Unternehmen **Kaufmannseigenschaft** besitzt.

Kaufmann ist, wer ein Handelsgewerbe im Sinne des HGB **betreibt.**

HGB § 1 (1) Ein **Handelsgewerbe** ist jeder Gewerbebetrieb, der durch andauernde, selbstständige Tätigkeit die Absicht hat, Gewinn zu erzielen, es sei denn, dass das Unternehmen nach Art und Umfang einen in kaufmännischer Weise eingerichteten Geschäftsbetrieb nicht erfordert (Kleingewerbetreibende).

Mitglieder freier Berufe, z.B. Ärzte, Rechtsanwälte, Wirtschaftsprüfer, Steuerberater, betreiben kein Handelsgewerbe. Sie sind deshalb keine Kaufleute.

Nach dem **Erwerb der Kaufmannseigenschaft** unterscheidet das Gesetz:

§ 1 a) **Kaufleute, die einen in kaufmännischer Weise eingerichteten Geschäftsbetrieb betreiben (Istkaufleute).** Dazu gehören alle, die ein Handelsgewerbe betreiben, ohne Rücksicht auf die Branche.

§ 2 b) **Kaufleute kraft Eintragung ins Handelsregister (Kannkaufleute).**

1. **Ein gewerbliches Unternehmen,** dessen Gewerbebetrieb nicht schon nach § 1 (2) HGB ein Handelsgewerbe ist, gilt als Handelsgewerbe, wenn die Firma des Unternehmens in das Handelsregister eingetragen ist.

§ 3 2. **Land- und forstwirtschaftliche Unternehmen,** die nach Art und Umfang einen in **kaufmännischer Weise eingerichteten Geschäftsbetrieb** erfordern, gelten als Handelsgewerbe, wenn die Firma des Unternehmens in das Handelsregister eingetragen ist.

Die Inhaber solcher Unternehmen sind berechtigt, aber nicht verpflichtet, die Eintragung ins Handelsregister herbeizuführen. Sie erlangen durch die Eintragung die Kaufmannseigenschaft.

§ 6 c) **Kaufleute kraft Rechtsform (Formkaufleute).** Dazu gehören alle Kapitalgesellschaften, die Genossenschaften und die Versicherungsvereine auf Gegenseitigkeit ohne Rücksicht, ob sie gewerblichen Charakter haben oder nicht, ob sie einen in kaufmännischer Weise eingerichteten Geschäftsbetrieb erfordern oder nicht. Die Rechtsform wird erst durch die Handelsregistereintragung begründet. Dabei ist zu beachten, dass weder der Vorstand oder Geschäftsführer noch der Gesellschafter Kaufmann wird, sondern die Gesellschaft selbst als juristische Person.

Die Eintragung von Istkaufleuten in das Handelsregister hat rechts*be*zeugende (deklaratorische) Wirkung.

Kann- und Formkaufleute werden erst durch die Eintragung Kaufleute. Die Eintragung hat hier rechts*er*zeugende (konstitutive) Wirkung.

Auf die Kaufleute finden alle Vorschriften des HGB Anwendung.

Kaufmannseigenschaft

Istkaufmann	Kannkaufmann	Formkaufmann
Kaufmann kraft **kaufmännisch eingerichteten Geschäftsbetriebes**	Kaufmann kraft **Eintragung ins Handelsregister**	Kaufmann kraft **Rechtsform**
§ 1 HGB	Eintragung freiwillig §§ 2 f. HGB	AG, GmbH, Genossenschaft § 6 HGB

Umfang der Vorschriften: **Alle Rechte und Pflichten des HGB**

Beispiele für Rechte:
- Führung einer Firma (§§ 18 f. HGB; §§ 4, 279 AktG; § 4 GmbHG; § 3 GenG),
- Ernennung von Prokuristen (§ 48 HGB),
- Gründung einer OHG oder KG (§§ 105, 161 HGB),
- mündliche Erteilung einer Bürgschaftserklärung, eines Schuldversprechens oder Schuldanerkenntnisses (§ 350 HGB),
- Festsetzung eines vom Kalenderjahr abweichenden Geschäftsjahres (§ 242 HGB).

Beispiele für Pflichten:
- Eintragung ins Handelsregister (§ 29 HGB),
- Führung von Handelsbüchern (§ 238 HGB),
- Übernahme von nur selbstschuldnerischen Bürgschaften (§ 349 HGB).

▶ Aufgaben und Probleme

1. Warum regelt das Handelsgesetzbuch in den §§ 1, 2, 3, 5 und 6 die Kaufmannseigenschaft?
2. Begründen Sie, ob es sich bei den folgenden Personen bzw. Unternehmen um Kaufleute handelt:
   a) Geschäftsführer einer GmbH,
   b) Inhaber eines Elektrogroßhandels mit zwei Verkaufsfilialen,
   c) Prokurist einer Großbank,
   d) Inhaber eines Zeitungskiosks,
   e) zwei Landwirte, die gemeinsam eine Hühnerfarm betreiben,
   f) Inhaber einer Autovermietungsgesellschaft,
   g) Forschungsgesellschaft m.b.H.
3. Ein Abschlusszeugnis der Industrie- und Handelskammer enthält die Berufsbezeichnung »Einzelhandelskaufmann/-frau«. Beurteilen Sie diese Bezeichnung nach § 1 HGB.

4. Das Industrieunternehmen Fink hat einen Jahresumsatz von 15 Mio. EUR und beschäftigt 50 Mitarbeiter.
   a) Begründen Sie, ob Fink ein Handelsgewerbe betreibt.
   b) Welche Kaufmannseigenschaft kommt für Fink infrage?
   c) Welche Rechte und Pflichten erwachsen Fink aus der Eintragung ins Handelsregister?
5. Welche Wirkung hat der Erwerb der Kaufmannseigenschaft auf das vorgeschriebene Verhalten beim Eingang einer mangelhaften Lieferung (vgl. §§ 438 f. BGB; § 377 HGB)?

3.2 Handelsregister

HGB § 8 Das **Handelsregister** ist **ein amtliches Verzeichnis der Kaufleute eines Amtsgerichtsbezirks oder mehrerer Amtsgerichtsbezirke,** das vom Registergericht eines Amtsgerichts elektronisch geführt wird.

Es unterrichtet die Öffentlichkeit über wichtige Tatbestände (Firma, Inhaber, Haftung, Geschäftssitz, Prokura) und schafft klare Rechtsverhältnisse.

§ 8b (2) Das Handesregister ist über die Internetseite des Unternehmensregisters zugänglich (www.unternehmensregister.de). Darüber hinaus hat man von dieser Seite Zugriff auf

- Veröffentlichungen und Bekanntmachungen im elektronischen Bundesanzeiger,
- Eintragungen im elektronischen Handels-, Genossenschafts- und Partnerschaftsregister sowie deren Bekanntmachungen,
- zum Handels-, Genossenschafts- und Partnerschaftsregister eingereichte Dokumente.

Eintragungspflicht

§ 12 Die Anmeldung muss durch den Inhaber des Unternehmens elektronisch in öffentlich beglaubigter Form eingereicht werden.

Die Eintragung ins Handelsregister erfolgt grundsätzlich nur auf Antrag.

§ 14 Die Anmeldung kann durch Ordnungsstrafen erzwungen werden. Ausnahmsweise, z. B. bei Eröffnung und Beendigung des Insolvenzverfahrens, erfolgt die Eintragung von Amts wegen. Zuständig für die Eintragung in das Handelsregister ist das Amtsgericht, in dessen Bezirk das Unternehmen seinen Sitz hat.

Wirkung der Eintragung ins Handelsregister	
rechtserklärend, deklaratorisch	**rechtsbegründend, konstitutiv**
Die Rechtswirkung ist schon vor der Eintragung eingetreten, sie wird durch die Eintragung bestätigt. Gültig für: – die Kaufmannseigenschaft des Istkaufmanns, § 1 HGB, – die Rechtsstellung des Prokuristen, § 53 HGB, – die Rechtsform der Personengesellschaften.	Die Rechtswirkung tritt erst durch die Eintragung ein. Gültig für: – den Firmenschutz aller eingetragenen Unternehmen, § 30 (1) HGB, – die Kaufmannseigenschaft eines Kannkaufmannes, § 2 HGB, – die Rechtsform der Kapitalgesellschaften, § 6 HGB, – die beschränkte Haftung von Kommanditisten, § 172 HGB.

Gliederung und Inhalt des Handelsregisters

In der **Abteilung A** werden Einzelunternehmen und Personengesellschaften, in der **Abteilung B** Kapitalgesellschaften eingetragen.

Öffentlichkeit des Handelsregisters und Veröffentlichung der Eintragungen

a) Öffentlichkeit. Jedermann kann HGB § 9

- das Handelsregister sowie die eingereichten Dokumente einsehen,
- von den Eintragungen und den zum Handelsregister eingereichten Dokumenten einen Auszug gegen Gebühr fordern.

b) Veröffentlichung. Das Gericht macht die vollständige Eintragung in das Handelsregister in einem bestimmten Informations- und Kommunikationssystem in der zeitlichen Folge ihrer Eintragung nach Tagen geordnet bekannt. § 10

Beispiel: elektronischer Bundesanzeiger im Internet: www.bundesanzeiger.de (siehe Seite 118)

Öffentlichkeitswirkung

Das Handelsregister schützt weitgehend den gutgläubigen Dritten. Die Eintragungen genießen öffentlichen Glauben, allerdings in beschränkterem Umfang als Eintragungen im Grundbuch.

Eingetragene und bekannt gemachte Tatsachen muss ein Dritter grundsätzlich gegen sich gelten lassen. § 15 (2)

Nicht eingetragene und bekannt gemachte eintragungspflichtige Tatsachen können einem gutgläubigen Dritten nicht entgegengesetzt werden. § 15 (1)

Beispiel: Dem Angestellten Marischler wurde die Prokura entzogen. Der Widerruf der Prokura war ins Handelsregister eingetragen und bekannt gegeben worden. Marischler kauft drei Wochen später für das Unternehmen einen Pkw. Der Autohändler hat nur Anspruch gegen Marischler. Das Unternehmen ist nicht verpflichtet.

Wäre der Widerruf nicht eingetragen und bekannt gemacht worden, so wäre das Unternehmen dem Autohändler verpflichtet. Es sei denn, der Widerruf der Prokura wäre dem Autohändler mitgeteilt worden.

Auf unrichtig bekannt gemachte Tatsachen kann sich ein gutgläubiger Dritter berufen. § 15 (3)

Eine Mitteilung hebt die Wirksamkeit einer anderslautenden Eintragung im Handelsregister oder Bekanntmachung gegenüber dem Benachrichtigten auf.

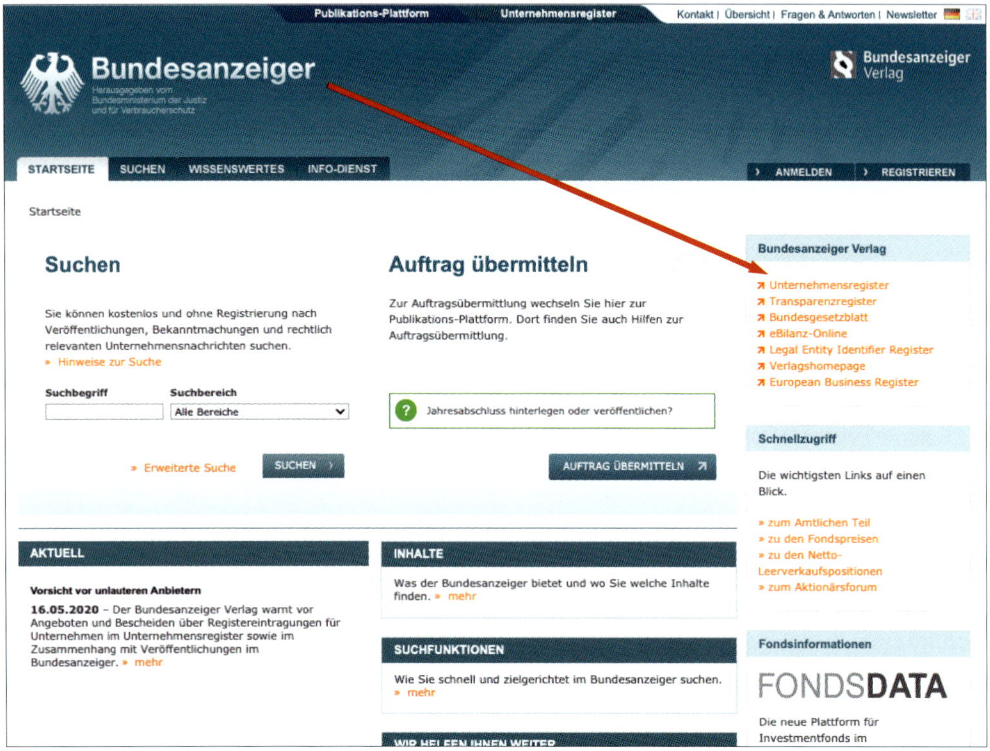

Publikations-Plattform Unternehmensregister Kontakt | Übersicht | Fragen & Antworten | Newsletter

Bundesanzeiger
Herausgegeben vom Bundesministerium der Justiz und für Verbraucherschutz

Bundesanzeiger Verlag

STARTSEITE SUCHEN WISSENSWERTES INFO-DIENST › ANMELDEN › REGISTRIEREN

Startseite

Suchen

Sie können kostenlos und ohne Registrierung nach Veröffentlichungen, Bekanntmachungen und rechtlich relevanten Unternehmensnachrichten suchen.
» Hinweise zur Suche

Suchbegriff Suchbereich Alle Bereiche

» Erweiterte Suche SUCHEN ›

Auftrag übermitteln

Zur Auftragsübermittlung wechseln Sie hier zur Publikations-Plattform. Dort finden Sie auch Hilfen zur Auftragsübermittlung.

Jahresabschluss hinterlegen oder veröffentlichen?

AUFTRAG ÜBERMITTELN

Bundesanzeiger Verlag

- Unternehmensregister
- Transparenzregister
- Bundesgesetzblatt
- eBilanz-Online
- Legal Entity Identifier Register
- Verlagshomepage
- European Business Register

Schnellzugriff

Die wichtigsten Links auf einen Blick.

- » zum Amtlichen Teil
- » zu den Fondspreisen
- » zu den Netto-Leerverkaufspositionen
- » zum Aktionärsforum

AKTUELL

Vorsicht vor unlauteren Anbietern

16.05.2020 – Der Bundesanzeiger Verlag warnt vor Angeboten und Bescheiden über Registereintragungen für Unternehmen im Unternehmensregister sowie im Zusammenhang mit Veröffentlichungen im Bundesanzeiger. » mehr

INHALTE

Was der Bundesanzeiger bietet und wo Sie welche Inhalte finden. » mehr

SUCHFUNKTIONEN

Wie Sie schnell und zielgerichtet im Bundesanzeiger suchen. » mehr

WIR HELFEN IHNEN WEITER

Fondsinformationen

FONDSDATA

Die neue Plattform für Investmentfonds im

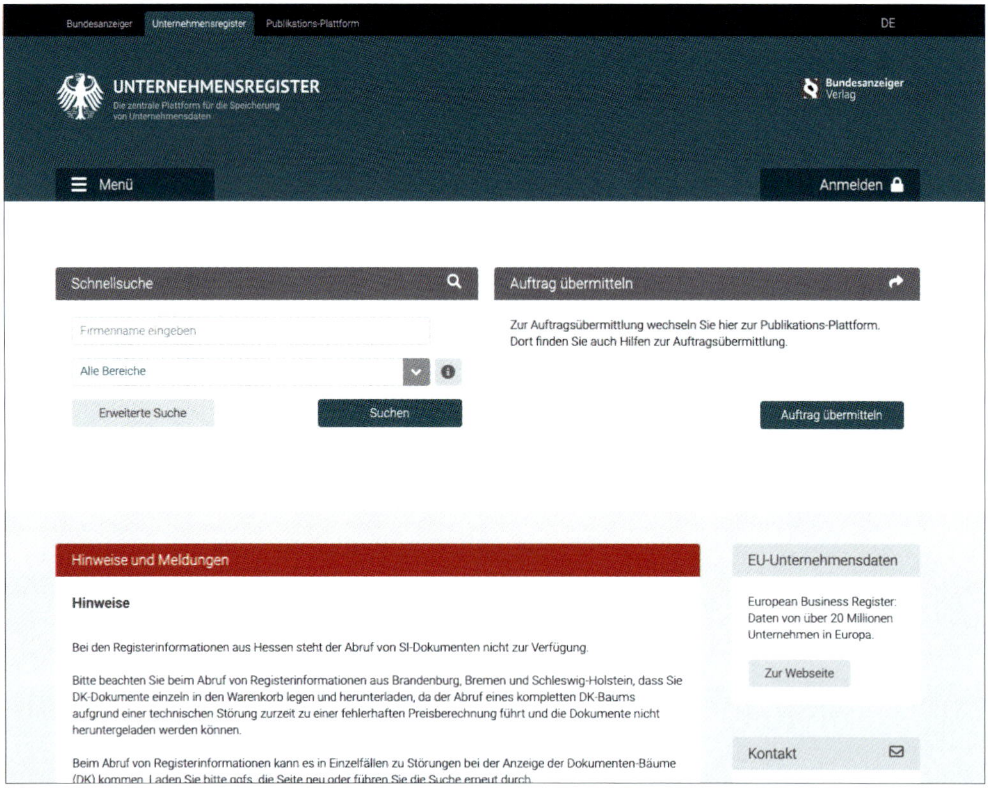

Bundesanzeiger Unternehmensregister Publikations-Plattform DE

UNTERNEHMENSREGISTER
Die zentrale Plattform für die Speicherung von Unternehmensdaten

Bundesanzeiger Verlag

Menü Anmelden

Schnellsuche

Firmenname eingeben

Alle Bereiche

Erweiterte Suche Suchen

Auftrag übermitteln

Zur Auftragsübermittlung wechseln Sie hier zur Publikations-Plattform. Dort finden Sie auch Hilfen zur Auftragsübermittlung.

Auftrag übermitteln

Hinweise und Meldungen

Hinweise

Bei den Registerinformationen aus Hessen steht der Abruf von SI-Dokumenten nicht zur Verfügung.

Bitte beachten Sie beim Abruf von Registerinformationen aus Brandenburg, Bremen und Schleswig-Holstein, dass Sie DK-Dokumente einzeln in den Warenkorb legen und herunterladen, da der Abruf eines kompletten DK-Baums aufgrund einer technischen Störung zurzeit zu einer fehlerhaften Preisberechnung führt und die Dokumente nicht heruntergeladen werden können.

Beim Abruf von Registerinformationen kann es in Einzelfällen zu Störungen bei der Anzeige der Dokumenten-Bäume (DK) kommen. Laden Sie bitte ggfs. die Seite neu oder führen Sie die Suche erneut durch.

EU-Unternehmensdaten

European Business Register: Daten von über 20 Millionen Unternehmen in Europa.

Zur Webseite

Kontakt

▶ Aufgaben und Probleme

1. Prüfen Sie, welche der folgenden Eintragungen ins Handelsregister
   a) rechtserzeugende oder
   b) rechtsbezeugende Wirkung hat.
   - Eintragung des Spielwarenherstellers Felix Blankertz e. K.,
   - Eintragung der Münstertäler Fleischwarengroßhandlung GmbH,
   - Eintragung der Papierfabrik Seboth GmbH & Co. KG,
   - Eintragung des Blumengroßhandels Krüger Vertriebs GmbH.
2. Warum empfehlen Industrie- und Handelskammern vor der Eintragung ins Handelsregister, die vorgesehene Firmierung durch die Kammer prüfen zu lassen?
3. Das Amtsgericht Essen veröffentlicht in regelmäßigen Abständen Informationen unter der Überschrift »Handelsregister«. Folgender Auszug liegt vor:

   Neueintragungen: HRB 12407 – 14. April 20..: **Rexing Fördertechnik GmbH, Essen** (45307, Kleine Schönscheidtstr. 12). Gegenstand des Unternehmens ist die industrielle Fertigung und der Vertrieb von fördertechnischen Anlagen, insbesondere Transportanlagen und Maschinen. Stammkapital: 185.000 EUR. Geschäftsführerin ist Sylvia Rexing, Kauffrau, Essen.

   Veränderungen: HRB 5537 – 17. April 20..: **Speeck Software GmbH, Essen** (45141, Manderscheidtstr. 92 b). Heinrich Speeck ist nicht mehr Geschäftsführer. Dipl.-Kaufmann Thomas Speeck, Datteln, ist zum Geschäftsführer bestellt.

   Löschungen: HRB 5448 – 11. April 20..: **Gomolinski Bedachungs-Gesellschaft mit beschränkter Haftung, Essen. Die Liquidation ist beendet. Die Gesellschaft ist gelöscht.**

   a) Aus welchen Gründen veröffentlicht das Amtsgericht solche Informationen regelmäßig und für welche Personengruppen können diese Informationen von Wert sein?
   b) Warum ist es für einen Kaufmann sinnvoll, die Veröffentlichung von Eintragungen im Handelsregister ständig aus der Tagespresse zu entnehmen?

3.3 Handelsfirma

Die **Firma** ist der **Name eines Kaufmanns,** unter dem er seine Handelsgeschäfte betreibt, die Unterschrift abgibt, klagt und verklagt werden kann. *HGB § 17*

Im allgemeinen Sprachgebrauch wird das Wort Firma abweichend vom Handelsrecht anstelle von Unternehmung, Unternehmen und Betrieb gebraucht.

Man muss unterscheiden zwischen dem bürgerlichen Namen eines Kaufmanns, unter dem er seine Privatangelegenheiten erledigt, und dem kaufmännischen Namen, der **Firma.** Beide weichen insbesondere dann voneinander ab, wenn beim Wechsel in der Person des Inhabers (Erbschaft, Kauf oder Verpachtung) die bisherige Firma beibehalten wird, um den eingeführten Namen zu erhalten.

Beispiel: Das Unternehmen Fritz Reusch & Söhne KG wird von dem Kaufmann Rolf Kramer erworben und unter der bisherigen Firma weitergeführt. Kramer unterschreibt die Handelsbriefe unter der Firma Fritz Reusch & Söhne KG mit »Kramer«.

Arten der Firma

Die Wahl der Firma hängt wesentlich von der Rechtsform des Unternehmens ab. Man unterscheidet:

a) **Personenfirma.** Sie enthält einen oder mehrere Personennamen.

   Beispiele: »Karl Berg e. K.« oder »Berg & Co. KG«

b) **Sachfirma.** Sie ist von dem Gegenstand des Unternehmens abgeleitet.

   Beispiele: »Winzergenossenschaft Deidesheim eG« oder »allfrisch Warenhandel KG«

c) **Fantasiefirma.** Sie enthält eine werbewirksame, häufig von Markenzeichen abgeleitete Bezeichnung.

   Beispiele: »Omira GmbH«, »Coca Cola GmbH«

d) **Gemischte Firma.** Sie enthält sowohl Personennamen als auch den Gegenstand des Unternehmens und/oder Fantasienamen.

   Beispiele: »Schultheiss-Brauerei Aktiengesellschaft« oder »Hans Einhell, Obstgroßhandel, KG«

Öffentlichkeit der Firma

HGB §§ 29, 31 Jeder Kaufmann ist verpflichtet, seine Firma und deren spätere Änderung zur Eintragung in das Handelsregister anzumelden. Die Eintragungen werden veröffentlicht.

Ausschließlichkeit der Firma (Firmenmonopol)

Eine ins Handelsregister eingetragene Firma kann ausschließlich von einem Unternehmen geführt werden. Jede neue Firma muss sich von allen an demselben Ort bereits bestehenden und in das Handelsregister eingetragenen Firmen deutlich unterscheiden.

Die Unterscheidung kann erfolgen:

- durch die Wahl eines anderen Vornamens,
- durch den Zusatz jun. oder sen.,
- durch Angaben des unterscheidenden Geschäftszweiges,
- durch Angaben eines Fantasienamens.

Beispiel: Der Sohn des Unternehmers Gustav Zeller e. K. heißt Gustav Markus Zeller. Gründet er am Geschäftsort seines Vaters ein Dienstleistungsunternehmen, so kann er firmieren mit: Markus Zeller e. K.; Gustav Zeller e. K. jun.; Gustav Zeller e. K., Dienstleistungen; Dienste im Großen für Jeden e. K..

§ 37 Wer eine Firma in der Weise benutzt, dass Verwechslungen mit einem bereits bestehenden Unternehmen am gleichen oder einem anderen Ort möglich sind, kann von dem geschädigten Unternehmen auf Unterlassung und Schadensersatz verklagt werden.

Firmenbeständigkeit und Haftung bei Übernahme

§§ 21 f. Beim Wechsel in der Person des Inhabers (Erbschaft, Kauf oder Verpachtung) kann die bisherige Firma beibehalten werden.

Der Gesetzgeber berücksichtigt das wirtschaftliche Bedürfnis der Erhaltung einer der Kundschaft bekannten Firma. Voraussetzung für die Weiterführung der Firma ist die ausdrückliche Einwilligung des bisherigen Inhabers oder dessen Erben und die genaue Beibehaltung der bisherigen Firma. Ein Zusatz, der das Nachfolgeverhältnis ausdrückt, ist möglich.

Beispiel: Der Unternehmer Fritz Fröhlich e. K. verkauft altershalber seine Spedition an Karl Mut. Karl Mut kann auch die bisherige Firma Fritz Fröhlich e. K. unverändert weiterführen, wenn Herr Fröhlich einwilligt. Er kann aber auch »Fritz Fröhlich Nachfolger e. K.« sowie »Fritz Fröhlich, Inhaber Karl Mut, e. K.« oder »Karl Mut, vormals Fritz Fröhlich, e. K.« firmieren, wenn Herr Fröhlich einwilligt.

Mit der Weiterführung der bisherigen Firma ist allerdings auch die Haftung für alle bestehenden Schulden des früheren Inhabers verbunden. Der Ausschluss dieser Haftung ist möglich, muss aber im Handelsregister eingetragen oder den Gläubigern unmittelbar mitgeteilt werden. *HGB §§ 25–27*

▶ Aufgaben und Probleme

1. Warum sieht der Gesetzgeber im § 17 HGB bei Kaufleuten eine Firma vor?
2. Untersuchen Sie, welche der in Ihrer Klasse vertretenen Ausbildungsbetriebe eine Personen-, Sach-, Fantasie- oder gemischte Firma haben.
3. Ein Industriebetrieb, der das Handelszentrum Gustav Zeller e. K. belieferte, hat noch Forderungen gegenüber dem Kaufmann Zeller e. K.. Das Handelszentrum wird vom Erwerber Erich Groß unter der alten Firma weitergeführt.
   a) Wie wirkt sich die Betriebsveräußerung auf die Sicherheit der Forderungen des Industriebetriebes aus?
   b) Auf welche Weise können Sie erfahren, wer für die bestehenden Schulden des Handelszentrums haftet?
   c) Warum lässt das HGB die Weiterführung einer Firma zu?
   d) Wovon hängt die Möglichkeit der Weiterführung einer Firma ab?

3.4 Unternehmensformen

Die **Rechtsform** ist die **rechtliche Verfassung des Unternehmens** (Unternehmensform), durch die die Rechtsbeziehungen des Unternehmens im Innen- und Außenverhältnis geregelt werden.

Die Entscheidung für eine Unternehmensform hängt grundlegend ab von der Unternehmensgröße, der Möglichkeit der Kapitalbeschaffung, der Haftung der Unternehmer und von steuerlichen Überlegungen. Deshalb bietet die Rechtsordnung mehrere Möglichkeiten für die Gestaltung der Unternehmensverfassung an.

Beim **Einzelunternehmen** wird das Eigenkapital von einer Person, dem Unternehmer, aufgebracht.

Beim **Gesellschaftsunternehmen** wird das Eigenkapital in aller Regel durch den vertraglichen Zusammenschluss von zwei oder mehr Personen zur Erreichung eines gemeinsamen Zwecks aufgebracht. *BGB § 706*

Einen Überblick über die Anzahl der einzelnen Rechtsformen gibt die folgende Übersicht:

Steuerpflichtige Unternehmen 2017 nach der Rechtsform	
Rechtsform	Steuerpflichtige (Anzahl)
Einzelunternehmen	2.163.104
Personengesellschaften, darunter:	437.983
OHG	14.546
GbR	209.700
KG	15.106
GmbH & Co. KG	148.574
Kapitalgesellschaften, darunter:	584.399
AG, KG auf Aktien u. Ä., SE	8.131
GmbH, UG	576.240

Quelle: destatis, 2019 (Umsatzsteuerpflichtige und deren Lieferungen und Leistungen)

Je nachdem, ob den Gläubigern gegenüber die Gesellschafter persönlich haften oder nur das Gesellschaftsvermögen der juristischen Person, unterscheidet man **Personen- und Kapitalgesellschaften.**

Im Einzelnen ergeben sich folgende **weitere Unterschiede:**

Merkmale	**Personengesellschaft**	**Kapitalgesellschaft**
Rechtspersönlichkeit	keine juristische Person	juristische Person
Gesellschaftsvermögen	Gesamthandvermögen der Gesellschafter	eigenes Vermögen der juristischen Person
Haftungskapital	das Gesellschaftsvermögen, das Privatvermögen der Vollhafter und das Privatvermögen der Teilhafter bis zur Höhe der eingetragenen, aber noch nicht geleisteten Einlage	nur das Gesellschaftsvermögen
Geschäftsführungsbefugnis/Vertretungsmacht	in der Regel durch Gesellschafter	durch besondere Leitungsorgane
Bestehen des Unternehmens	grundsätzlich vom Gesellschafterbestand abhängig	grundsätzlich vom Gesellschafterbestand unabhängig
Besteuerung des Gewinns	Einkommensteuer	Körperschaftsteuer

Nicht bei allen Gesellschaftsformen treten diese Unterschiede eindeutig hervor. Es gibt Kapitalgesellschaften mit Merkmalen der Personengesellschaften (KGaA) und umgekehrt (GmbH & Co. KG).

3.4.1 Einzelunternehmen

Das **Einzelunternehmen** ist ein **Gewerbebetrieb,** dessen **Eigenkapital von einer Person aufgebracht** wird, die das **Unternehmen verantwortlich leitet** und das **Risiko allein trägt.**

HGB §§ 18 f.

Firma. Sie muss zur Kennzeichnung des Kaufmanns geeignet sein und Unterscheidungskraft besitzen. Bei Einzelkaufleuten muss die Bezeichnung »eingetragener Kaufmann«,

»eingetragene Kauffrau« oder eine allgemein verständliche Abkürzung dieser Bezeichnung, insbesondere »e. K.«, »e. Kfm.« oder »e. Kfr.« enthalten sein.

Beispiel: Der Geschäftsmann Jens Uwe Lück, der eine Kfz-Zubehörgroßhandlung gegründet hat, kann als Firma wählen: Jens Uwe Lück e. K.; Jens Lück eingetragener Kaufmann; Lück e. K., Kfz-Zubehör; Kaefzet-Lück e. K., Teile World.

Haftung. Der Unternehmer muss gegenüber Außenstehenden (Dritten) für die Verbindlichkeiten mit seinem Vermögen einstehen.

Kapitalaufbringung. Das Eigenkapital wird von einer Person, dem Unternehmer, aufgebracht. Der Umfang der Mittel, die eingesetzt werden können, und damit die Betriebsgröße, sind deshalb in der Regel begrenzt.

Vorteile des Einzelunternehmens	Nachteile des Einzelunternehmens
– Der Unternehmer kann frei und rasch entscheiden. – Meinungsverschiedenheiten in der Geschäftsführung, wie sie bei Gesellschaftsunternehmen vorkommen können, sind ausgeschlossen. – Über den Gewinn verfügt der Unternehmer allein.	– Das Risiko trägt der Unternehmer allein. – Er haftet den Gläubigern mit seinem gesamten Vermögen, also auch mit seinem Privatvermögen. – Die Kapitalkraft ist begrenzt.

▶ Aufgaben und Probleme

1. Herr Friedrich Neu entwickelte ein Übungsgerät für den Freizeitsport, mit dessen Hilfe man wie ein Känguru hüpfen kann. Er möchte dieses Gerät herstellen und vertreiben und gründet zu diesem Zweck ein Einzelunternehmen. Stellen Sie dar,
   a) warum Herr Neu die Rechtsform des Einzelunternehmens wählt,
   b) welche Probleme Herrn Neu als Einzelunternehmer erwachsen können,
   c) wie er auf eine rasche Absatzausweitung bzw. auf eine Konjunkturschwäche reagieren kann,
   d) wie Friedrich Neu firmieren kann.
2. Im Betrieb verbreitet sich das Gerücht, der Chef beabsichtige, seine beiden Söhne am Unternehmen zu beteiligen. Das Einzelunternehmen solle in eine Personengesellschaft umgewandelt werden. Teile der Belegschaft begrüßen dies, andere Mitarbeiter äußern Bedenken. Wie können die beiden Gruppen argumentieren?
3. **Unternehmer sein macht Arbeit – und Spaß,**
   von Klaus Mangold (ehemaliger Vorstandsvorsitzender der früheren debis Systemhaus GmbH)

   Den Artikel finden Sie auf der Internetseite des Verlages (https://www.europa-lehrmittel.de/downloads-downloads/10/92206_92079_90157_90106_erg_bdu.pdf)
   a) Welchen Problemen steht in dem genannten Text ein Einzelunternehmer in Deutschland gegenüber?
   b) Inwieweit hindert die deutsche Mentalität, Risiko zu übernehmen?
   c) In welche Richtung sollte sich die deutsche Mentalität ändern?
   d) Wie soll der Staat sich verhalten,
      – um die Gründung von Einzelunternehmen zu ermöglichen,
      – um den Spaß am Unternehmersein nicht zu verderben?

3.4.2 Gesellschaft des bürgerlichen Rechts (GbR)

BGB Die **Gesellschaft des bürgerlichen Rechts** ist die vertragliche Vereinigung von Per-
§ 705 sonen, die sich verpflichten, die **Erreichung eines gemeinsamen Zieles** in der durch den Vertrag bestimmten Weise zu **fördern,** insbesondere die vereinbarten Beiträge zu leisten.

Sowohl Nichtkaufleute als auch Kaufleute können sich zu einer GbR (auch GdbR, BGB-Gesellschaft) zusammenschließen.

Rechtsverhältnisse

Die Gesellschaft des bürgerlichen Rechts hat **keine Firma,** wird **nicht ins Handelsregister eingetragen** und endet mit der Erfüllung des beabsichtigten Zweckes.

§ 706 **Die Beiträge** können in Geld, Sachen, Forderungen, Rechten und Dienstleistungen bestehen. Das Vermögen, das durch die Beiträge der Gesellschafter und durch die Geschäfts-
§ 718 führung erworben wird, ist **gemeinschaftliches Vermögen** (Gesellschaftsvermögen); es ist
Vermögen zur gesamten Hand (Gesamthandvermögen). Der einzelne Gesellschafter kann
§ 719 über seinen Anteil nicht verfügen und auch keine Teilung vor der Auflösung der Gesellschaft verlangen.

§ 709 **Die Geschäftsführung** steht den Gesellschaftern gemeinschaftlich zu. In diesem Falle ist für jedes Geschäft die Zustimmung aller Gesellschafter erforderlich. Meist wird die Geschäftsführung einem einzelnen Gesellschafter übertragen.

§ 714 **Die Vertretung** ist nur mit Vollmacht der Gesellschafter möglich. Ist einem einzelnen Gesellschafter die Geschäftsführung übertragen, so ist er im Zweifel auch allein vertretungsbefugt.

§ 427 Die Gesellschafter **haften** für eingegangene Verpflichtungen persönlich, im Zweifel als Gesamtschuldner.

§ 722 **Anteile am Gewinn** und **Verlust** sind für jeden Gesellschafter gleich, ohne Rücksicht auf die Art und Größe seines Beitrages.

Bedeutung

Jeder beliebige Zweck kann Gegenstand des Zusammenschlusses sein. Es kann sich um einen Zusammenschluss für eine bestimmte Gelegenheit (»Gelegenheitsgesellschaft«) oder für längere Dauer handeln.

Beispiele:

1. Gelegenheitsgesellschaften von Nichtkaufleuten: Schüler machen zusammen einen Ausflug. Mehrere Personen spielen gemeinsam Lotto oder mieten ein Auto.
2. Zusammenschluss von Kaufleuten und Nichtkaufleuten: Banken schließen sich zusammen, um gemeinsam Wertpapiere beim Publikum unterzubringen (Bankenkonsortium). Unternehmen verbinden sich zum gemeinsamen Einkauf großer Warenmengen. Zusammenschluss von Unternehmen zu Kartellen, Interessengemeinschaften, Konzernen. Gemeinschaftliche Ausübung der Praxis durch Rechtsanwälte. Gemeinsame Übernahme von Großaufträgen durch Handwerker oder Baugesellschaften.
3. Kapitalgesellschaften vor ihrer Eintragung ins Handelsregister (Vorgründungsgesellschaften)

3.4.3 Offene Handelsgesellschaft (OHG)

Die **offene Handelsgesellschaft** ist die vertragliche Vereinigung von zwei oder mehr Personen **zum Betrieb eines Handelsgewerbes** unter **gemeinschaftlicher Firma mit unbeschränkter Haftung aller Gesellschafter.** HGB § 105 (1)

Firma

Die Firma der OHG kann aus Personen-, Sach- oder Fantasienamen bestehen. Darüber hinaus muss die Bezeichnung »offene Handelsgesellschaft« oder eine allgemein verständliche Abkürzung dieser Bezeichnung in der Firma enthalten sein (OHG, offene HG, oHg). § 19 (1)

Beispiel: Karl Berg, Fritz Grün und Willi Müller, die eine Maschinenbau-OHG gründen, können beispielsweise firmieren: Berg, Grün & Müller OHG, Maschinenbau OHG, Kafriwima OHG.

Wenn in einer offenen Handelsgesellschaft keine natürliche Person persönlich haftet, muss die Firma eine Bezeichnung enthalten, welche die Haftungsbeschränkung kennzeichnet. § 19 (2)

Beispiele: GmbH & Co. OHG, AG & Co. OHG

Gründung

▶ **Form**

Der Gesellschaftsvertrag ist formfrei. Schriftform ist jedoch üblich. Werden Grundstücke in die Gesellschaft eingebracht, so ist notarielle Beurkundung notwendig. BGB § 311b

▶ **Beginn der Gesellschaft**

Im Innenverhältnis bestimmt der Gesellschaftsvertrag den Beginn. Im Außenverhältnis beginnt die Gesellschaft, sobald ein Gesellschafter Geschäfte in ihrem Namen tätigt, spätestens jedoch, wenn die Gesellschaft in das Handelsregister eingetragen ist. Bei Kannkaufleuten beginnt die OHG frühestens mit dem Registereintrag, weil dieser rechtsbegründende Wirkung hat. HGB § 123

▶ **Anmeldung beim Handelsregister**

Sie muss von sämtlichen Gesellschaftern der OHG vorgenommen werden. §§ 106, 108

Rechtsverhältnisse der Gesellschafter untereinander (Innenverhältnis)

Die Pflichten und Rechte der Gesellschafter untereinander ergeben sich aus dem Gesellschaftsvertrag. In Ergänzung dazu gilt das Gesetz.

▶ **Pflichten**

a) **Leistung der Kapitaleinlage.** Jeder Gesellschafter ist verpflichtet, die im Gesellschaftsvertrag festgesetzte Kapitaleinlage zu leisten. Sie kann in bar, in Sachwerten und Rechtswerten eingebracht werden (Grundstücke, Maschinen, Einrichtungsgegenstände, Wertpapiere, Patente usw.). BGB § 706

   Eine Mindesthöhe ist nicht vorgeschrieben. Gesellschafter, die ihre Einlagen nicht rechtzeitig leisten, müssen Zinsen bezahlen und machen sich schadensersatzpflichtig. Obwohl die Kapitalanteile der Gesellschafter getrennt gebucht werden, erlischt das persönliche Eigentum der Gesellschafter und wird **gemeinschaftliches Vermögen der Gesellschafter** (Gesamthandvermögen). Ein einzelner Gesellschafter kann über seinen Kapitalanteil nicht mehr verfügen, Grundstücke werden im Grundbuch auf die OHG eingetragen. HGB § 111 BGB §§ 718 f.

b) **Geschäftsführung.** Jeder Gesellschafter hat die Pflicht, die Geschäfte der Gesellschaft zu führen und Dienste persönlich zu leisten. HGB § 114 (2)

HGB §§ 112 ff. **c) Wettbewerbsenthaltung.** Einem Gesellschafter ist es verboten, ohne Einwilligung der anderen Gesellschafter im Handelsgewerbe der eigenen Gesellschaft Geschäfte auf eigene Rechnung zu machen und sich an einer anderen gleichartigen Gesellschaft als persönlich haftender Gesellschafter zu beteiligen. Verstößt ein Gesellschafter gegen dieses Konkurrenzverbot, so macht er sich schadensersatzpflichtig. Die OHG hat das Eintrittsrecht. Ferner können die übrigen Gesellschafter die Auflösung der Gesellschaft verlangen.

§ 121 (3) **d) Verlustbeteiligung.** Der Verlust wird nach Köpfen verteilt und vom Kapitalanteil abgezogen.

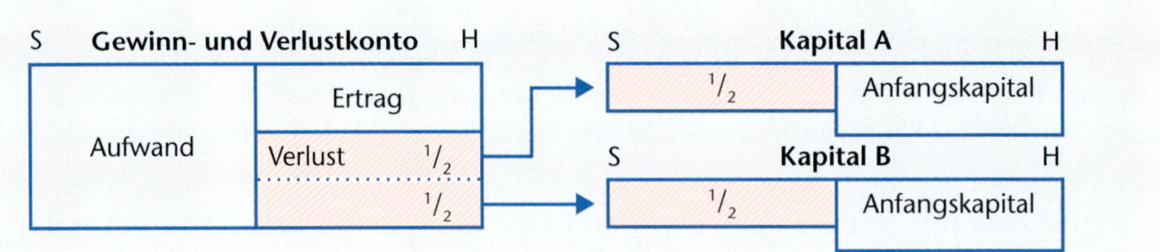

▶ **Rechte**

§§ 114 f. **a) Geschäftsführung.** Gesetzlich ist jeder Gesellschafter allein zur Geschäftsführung berechtigt, d.h., er ist den anderen Gesellschaftern gegenüber (Innenverhältnis) zur Vornahme aller Handlungen berechtigt, die der Betrieb des Handelsgewerbes der Gesellschaft gewöhnlich mit sich bringt. Es besteht also der Grundsatz der **Einzelgeschäftsführungsbefugnis.** § 116 Vertraglich kann die Befugnis zur Geschäftsführung beschränkt oder aufgehoben werden. Widerspricht ein geschäftsführender Gesellschafter der Vornahme einer Handlung, so muss diese unterbleiben.

Beispiele: Zum gewöhnlichen Betrieb gehören Entscheidungen über den Wareneinkauf und Warenverkauf, das Ausfüllen von Überweisungsträgern und Planungen zum Einstellen und Entlassen von Arbeitskräften.

§ 116 (2) Für außergewöhnliche Geschäfte ist der Gesamtbeschluss aller Gesellschafter, also auch der nichtgeschäftsführenden Gesellschafter erforderlich, z.B. für den Kauf und Verkauf von Grundstücken und für die Gründung von Filialbetrieben.

§ 116 (3) Zur Bestellung eines Prokuristen ist die Zustimmung aller geschäftsführenden Gesellschafter nötig. Der Widerruf der Prokura kann bereits durch einen geschäftsführenden Gesellschafter erfolgen.

§ 117 Auf Antrag der übrigen Gesellschafter kann einem Gesellschafter durch gerichtliche Entscheidung die Geschäftsführungsbefugnis bei grober Pflichtverletzung oder Unfähigkeit zur ordnungsmäßigen Geschäftsführung entzogen werden.

§ 118 **b) Kontrolle.** Ein Gesellschafter, der von der Geschäftsführung ausgeschlossen ist, kann sich jederzeit über die Geschäftslage persönlich unterrichten, die Handelsbücher und die Papiere der Gesellschaft einsehen und sich daraus eine Bilanz (Zwischenbilanz) bzw. einen Jahresabschluss anfertigen.

§ 110 **c) Ersatz von Aufwendungen.** Machen einzelne Gesellschafter im Geschäftsinteresse Aufwendungen aus Privatmitteln, z.B. für eine Geschäftsreise, so können sie sich diese ersetzen lassen und auch Zinsen dafür verlangen. Verluste, die unmittelbar mit ihrer Geschäftsführung verbunden sind, hat die Gesellschaft zu tragen, z.B. Schäden durch Unfall.

§ 121 **d) Anteil am Gewinn.** Gesetzlich hat jeder Gesellschafter Anspruch auf **4 % seines Kapitalanteils** (Vordividende). Reicht der Jahresgewinn für 4 % nicht aus, so wird ein entsprechend niedrigerer Prozentsatz angewandt. Privatentnahmen und Einlagen eines

Gesellschafters während des Geschäftsjahres sind zinsenmäßig zu berücksichtigen. Der Restgewinn wird **nach Köpfen** verteilt.

Beispiel: Verteilung des Jahresgewinns von 60.000 EUR nach HGB.

Einlage von Gesellschafter Eberhardt am 30. Juni: 20.000 EUR.

Entnahme von Gesellschafter Muth mit Zustimmung von Eberhardt am 31. März: 10.000 EUR und am 30. September: 8.000 EUR.

	A	B	C	D	E	F
1	Gesellschafter	Kapitalanteil	4% Vordividende	Kopfanteil	Gesamtanteil	Kapitalendbestand
2		EUR	EUR	EUR	EUR	EUR
3	Kapital Eberhardt	250.000	10.000			
4	+ Einlage	20.000	400			
5		270.000	10.400	21.390	31.790	301.790
6						
7	Kapital Muth	180.000	7.200			
8	- Entnahme	10.000	300			
9	- Entnahme	8.000	80			
10		162.000	6.820	21.390	28.210	190.210
11						
12	Eberhardt + Muth	432.000	17.220	42.780	60.000	492.000

Berechnung der Vordividende:

Anteil Eberhardt	4% aus	250.000 EUR Anfangskapital	10.000 EUR	
	+4% aus	20.000 EUR für 180 Tage	400 EUR	10.400 EUR
Anteil Muth	4% aus	180.000 EUR Anfangskapital	7.200 EUR	
	−4% aus	10.000 EUR für 270 Tage	300 EUR	
	−4% aus	8.000 EUR für 90 Tage	80 EUR	6.820 EUR

Im Gesellschaftsvertrag kann eine vom Gesetz abweichende Regelung für die Verteilung des Gewinns vereinbart werden.

Der Gewinnanteil wird dem Kapitalkonto eines jeden Gesellschafters gutgeschrieben. Die Auszahlung des Gewinns darf nur auf Verlangen des Gesellschafters erfolgen. *HGB § 120*

e) **Kapitalentnahme.** Jeder Gesellschafter ist berechtigt, bis zu 4% seines zu Beginn des Geschäftsjahres vorhandenen Kapitalanteils zu entnehmen, selbst dann, wenn die OHG Verluste hatte. Größere Entnahmen sind nur mit Zustimmung der anderen Gesellschafter möglich. *§ 122*

f) **Kündigung.** Ein Gesellschafter kann auf den Schluss eines Geschäftsjahres unter Einhaltung einer Frist von mindestens 6 Monaten kündigen. *§ 132*

Auf Antrag eines Gesellschafters kann aber bei wichtigem Grund eine **gerichtliche Entscheidung** zur Auflösung der Gesellschaft herbeigeführt werden. Das Gericht kann auch den Ausschluss eines Gesellschafters aussprechen, wenn die übrigen Gesellschafter dies beantragen. *§§ 133, 140*

g) **Liquidationsanteil.** Wird die Gesellschaft aufgelöst, so ist der Liquidationserlös, der nach Abzug der Schulden übrig bleibt, im Verhältnis der Kapitalanteile zu verteilen. *§ 155 (1)*

Rechtsverhältnisse der Gesellschafter zu Dritten (Außenverhältnis)

Die Rechtsbeziehungen der Gesellschafter Dritten gegenüber sind durch das Gesetz geregelt. Abweichende Vereinbarungen müssen, soweit sie gesetzlich zulässig sind, im Handelsregister eingetragen werden.

▶ Vertretungsmacht der Gesellschafter

Gesetzlich ist jeder Gesellschafter allein zur Vertretung ermächtigt. Er kann Dritten gegenüber Willenserklärungen abgeben, durch welche die Unternehmung berechtigt und verpflichtet wird (rechtsgeschäftlicher Kontakt zu Dritten). Es besteht also der Grundsatz der **Einzelvertretungsmacht.** *§ 125*

Vertraglich kann von diesem Grundsatz nur in folgender Weise abgewichen werden:

1. Die Gesellschafter können nur gemeinsam die OHG vertreten (Gesamt- oder Kollektivvertretung).
2. Die Vertretungsmacht wird nur einem oder mehreren Gesellschaftern (mit Einzel- oder Gesamtvertretungsmacht) erteilt; die übrigen Gesellschafter sind von der Vertretung ausgeschlossen.
3. Ein Gesellschafter mit Einzelvertretungsmacht kann nur mit einem Prokuristen gemeinsam die Gesellschaft vertreten.

HGB § 126 Die Vertretungsmacht erstreckt sich auf alle Rechtsgeschäfte einschließlich der Veräußerung und Belastung von Grundstücken, der Erteilung und dem Widerruf der Prokura sowie der Vertretung des Unternehmens im Prozess. Der Umfang der **Vertretungsmacht (Außenverhältnis)** ist also unbeschränkt und auch unbeschränkbar, während die **Geschäftsführungsbefugnis (Innenverhältnis)** beschränkbar ist.

Beispiel: Der Gesellschafter Eberhardt der Eberhardt & Muth OHG erteilt dem Angestellten Gut Prokura, ohne dass ein Gesamtbeschluss der Gesellschafter vorliegt. Die Erteilung der Prokura ist nach außen hin gültig. Handlungen des Prokuristen binden das Unternehmen. Allerdings kann der Gesellschafter Muth gegen Eberhardt wegen grober Pflichtverletzung vorgehen. Entsteht durch die Handlungen des Prokuristen Gut ein Schaden, so muss ihn Eberhardt ersetzen.

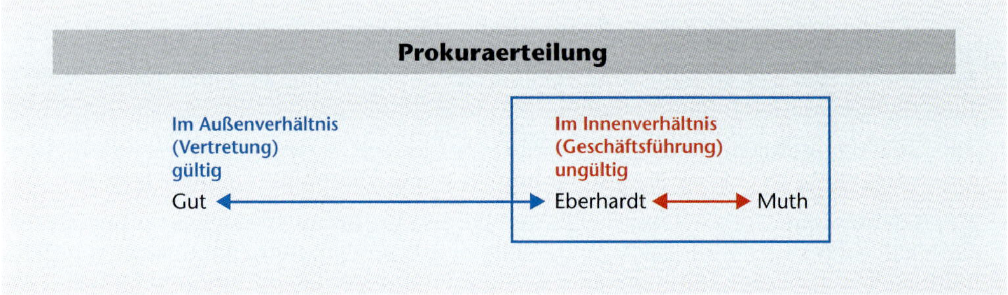

§ 127 Der Entzug der Vertretungsmacht ist bei wichtigem Grund, z.B. Prokuraerteilung ohne Gesamtbeschluss, auf Antrag der übrigen Gesellschafter durch gerichtliche Entscheidung möglich.

§ 128 ▶ **Haftung der Gesellschafter**

Für die Verbindlichkeiten der OHG haften alle Gesellschafter persönlich als Gesamtschuldner und die OHG mit dem Gesellschaftsvermögen. Eine entgegenstehende Vereinbarung ist Dritten gegenüber unwirksam.

Die **Gesellschafter haften** demnach wie folgt:

a) Persönlich.

- **unbeschränkt.** Der Gesellschafter haftet nicht nur mit seinem Anteil am Gesellschaftsvermögen, sondern auch mit seinem gesamten Privatvermögen. Er kann nicht die »Einrede der Haftungsbeschränkung« geltend machen. Eine Vereinbarung zwischen den Gesellschaftern, durch die z.B. die Haftung auf den Kapitalanteil beschränkt wird, hat nur im Innenverhältnis Gültigkeit.
- **unmittelbar (direkt).** Jeder Gläubiger kann sich unmittelbar an jeden beliebigen Gesellschafter halten. Die Gesellschafter können nicht fordern, dass der Gläubiger zuerst gegen die Gesellschaft klagt. Es fehlt ihnen die »Einrede der Vorausklage«.

§ 129 (4) Zur Zwangsvollstreckung in das Vermögen eines Gesellschafters braucht der Gläubiger aber einen vollstreckbaren Titel gegenüber dem Gesellschafter. Aus einem gegen

die Gesellschaft als solche vollstreckbaren Titel kann nur die Zwangsvollstreckung in das Gesellschaftsvermögen stattfinden. Deshalb wird der Gläubiger zweckmäßig sofort gegen die Gesellschaft und gegen die einzelnen Gesellschafter klagen.

b) Gesamtschuldnerisch (solidarisch). Alle Gesellschafter haften für die gesamten Schulden der Gesellschaft. Der Gläubiger kann die Leistung nach seinem Belieben von jedem Gesellschafter ganz oder zu einem Teil fordern. Ein Gesellschafter kann nicht verlangen, dass der Gläubiger außer ihm auch die anderen Gesellschafter verklagt. Die »Einrede der Haftungsteilung« kann er nicht geltend machen. Hat ein Gesellschafter den Gläubiger befriedigt, so hat er aber gegenüber seinen Mitgesellschaftern einen Ausgleichsanspruch. Die Forderung des Gläubigers geht dann in Höhe des Ausgleichsbetrages auf ihn über. *BGB § 421* *§ 426*

Ein Gesellschafter, der in eine bestehende OHG eintritt, haftet auch für die Schulden der Gesellschaft, die bei seinem Eintritt bereits bestehen. Der Ausschluss oder die Beschränkung dieser Haftung ist nur im Innenverhältnis gültig. Wird aus einem Einzelunternehmen eine OHG, so haftet die entstandene OHG, und damit auch der eintretende Gesellschafter, für die alten Schulden des bisherigen Unternehmens. Der neu eintretende Gesellschafter kann aber diese Haftung durch die Eintragung in das Handelsregister oder die Mitteilung an jeden einzelnen Gläubiger ausschließen. *HGB § 130* *§ 28*

Ein Gesellschafter, der aus einer OHG ausscheidet, haftet noch 5 Jahre für die bei seinem Austritt vorhandenen Verbindlichkeiten der Gesellschaft. *§ 160*

Bedeutung

Es muss zwischen den geschäftsführenden Gesellschaftern ein enges Vertrauensverhältnis bestehen. Von ihnen wird in aller Regel der volle persönliche Einsatz verlangt. Die Rechtsform der OHG wird vor allem von kleineren und mittleren Gewerbebetrieben gewählt. Oft handelt es sich dabei um ein Familienunternehmen.

Damit bei Tod, Kündigung oder Insolvenz eines Gesellschafters dem Unternehmen nicht plötzlich Kapital entzogen wird, sind im Gesellschaftsvertrag meist Vereinbarungen getroffen, die darauf abzielen, das Unternehmen weiterzuführen.

▶ Aufgaben und Probleme

1. Am 7. März 1997 wurde in das Handelsregister Ludwigsburg die Fielmann AG & Co. OHG eingetragen. Erläutern Sie diese Rechtsform.
2. Zeigen Sie durch die Beantwortung folgender Fragen, dass die OHG personenbezogen ist:
   a) Wie viele Personen können eine OHG gründen?
   b) Wer ist zur Geschäftsführung verpflichtet?
   c) Wie kann das Vertretungsrecht wahrgenommen werden?
   d) Was versteht man unter persönlicher Haftung?
   e) Warum ist nach dem Gesetz die Kündigung oder der Tod eines Gesellschafters ein Auflösungsgrund?
3. Dem Gesellschafter Sautter wurde die Geschäftsführungsbefugnis durch seine beiden anderen Gesellschafter Reitter und Moll entzogen. Trotzdem kauft Sautter für die OHG einen neuen Geschäftswagen und schließt einen Kreditvertrag über 25.000 EUR ab. Beurteilen Sie die Rechtslage.
4. Warum werden die Kapitalanteile der Gesellschafter einer OHG nicht im Handelsregister eingetragen?

5. Das Eigenkapital einer OHG mit den Gesellschaftern Balle und Marischler beläuft sich auf 125.000 EUR. Dabei entfallen 75.000 EUR auf Balle und 50.000 EUR auf Marischler.
   a) Auf welche Art und Weise kann der Gesellschafter Marischler seinen Kapitalanteil um 30.000 EUR erhöhen?
   b) Welche Auswirkungen hätte diese Kapitalerhöhung hinsichtlich seiner Geschäftsführungsbefugnis und seiner Vertretungsmacht?
6. Der Kraftfahrzeugmeister Buhl und der kaufmännische Angestellte Ruf beschließen die Gründung einer Großhandlung für Kfz-Bedarf in der Rechtsform einer OHG. Beantworten Sie folgende Fragen (mit Begründung):
   a) Welche Gründe können Buhl veranlassen, statt einem Einzelunternehmen zusammen mit Ruf eine OHG zu gründen?
   b) Zur Finanzierung eines Auslieferungslagers beantragte Ruf einen Bankkredit. Zu welchen Überlegungen dürfte die Bank durch die Tatsache gelangen, dass das Schuldnerunternehmen eine OHG ist?
   c) Wie ist die Rechtslage nach der gesetzlichen Regelung?
      – Gesellschafter Ruf kündigt dem Angestellten Vögtler,
      – er gibt schriftlich Anweisungen an die Mitarbeiter der Buchhaltungsabteilung,
      – er erteilt einem Angestellten Prokura,
      – er unterschreibt einen Überweisungsauftrag an die Hausbank zulasten des Kontos der OHG.
7. Die im HGB vorgesehene Gewinnbeteiligung ergibt sich aus dem Wesen der OHG.
   a) Warum erhält jeder Gesellschafter zunächst einen bestimmten Prozentsatz seines Kapitalanteils?
   b) Weshalb wird der mögliche Restgewinn nach Köpfen verteilt?
   c) Welche Wirkung auf die Verteilung des Gewinns wird der vertragliche Ausschluss eines Gesellschafters von der Geschäftsführung haben?
8. Eine OHG erzielt in einem Geschäftsjahr (= Kalenderjahr) einen Reingewinn von 350.800 EUR. Beteiligungsverhältnis der Gesellschafter: A 800.000 EUR, B 600.000 EUR, C 400.000 EUR. Entnahme von A am 18. Oktober 40.000 EUR, Einlage von C am 6. August 60.000 EUR.

   Nach dem Gesellschaftsvertrag werden die Kapitalanteile mit 5 % verzinst. Entnahmen und Einlagen sind mit 5 % Zinsen zu berücksichtigen. Der Restgewinn ist im Verhältnis 5:5:3 zu verteilen. Berechnen Sie die Gewinn- und die neuen Kapitalanteile der Gesellschafter.

3.4.4 Kommanditgesellschaft (KG)

HGB § 161

Die **Kommanditgesellschaft** ist die vertragliche Vereinigung von zwei oder mehr Personen **zum Betrieb eines Handelsgewerbes** unter **gemeinschaftlicher Firma,** wobei den Gläubigern gegenüber **mindestens ein Gesellschafter unbeschränkt** und **mindestens ein Gesellschafter beschränkt haftet.**

Der unbeschränkt haftende Gesellschafter heißt **Vollhafter** oder **Komplementär,** der beschränkt haftende Gesellschafter heißt **Teilhafter** oder **Kommanditist.**

Bei einer Kommanditgesellschaft können auch juristische Personen Vollhafter sein. Häufig handelt es sich dabei um Gesellschaften mit beschränkter Haftung (GmbH). Man spricht dann von einer GmbH & Co. KG.

Zur Gründung einer KG wird zwischen den Gesellschaftern ein **Gesellschaftsvertrag** geschlossen. Der Gesellschaftsvertrag ist formfrei. Schriftform ist jedoch üblich. Werden Grundstücke in die Gesellschaft eingebracht, so ist notarielle Beurkundung notwendig, weil ein Eigentumswechsel stattfindet. *HGB § 163 BGB § 311b*

Den Beginn der Gesellschaft bestimmt im Innenverhältnis der Gesellschaftsvertrag. Im Außenverhältnis beginnt die Gesellschaft, sobald ein Gesellschafter Geschäfte in ihrem Namen tätigt, spätestens jedoch, wenn die Gesellschaft in das Handelsregister eingetragen ist. Bei Kannkaufleuten beginnt die KG frühestens mit dem Registereintrag, weil dieser rechtsbegründende Wirkung hat. *HGB §§ 123, 161 (2)*

Die Anmeldung zur Eintragung in das Handelsregister muss von sämtlichen Gesellschaftern vorgenommen werden, also auch von den Kommanditisten. Die Anmeldung hat zu enthalten: *§§ 106, 108*

1. den Namen, Vornamen, Geburtsdatum und Wohnort jedes Gesellschafters; *§ 162 (1)*
2. die Bezeichnung der Kommanditisten und die Beträge ihrer Einlagen (Haftsumme);
3. die Firma und den Ort der geschäftlichen Niederlassung;
4. den Zeitpunkt des Beginns der Gesellschaft.

Wegen der beschränkten Haftung der Kommanditisten ist die Höhe ihrer Einlagen einzutragen. Veröffentlicht wird jedoch nur die Zahl der Kommanditisten, nicht die Höhe ihrer Einlage. Die Haftungsbeschränkung beginnt erst mit dem Zeitpunkt der Eintragung. *§ 162 (2)*

Firma

Die Firma der KG kann aus Personen-, Sach- oder Fantasienamen bestehen. Darüber hinaus muss die Bezeichnung »Kommanditgesellschaft« oder eine allgemein verständliche Abkürzung dieser Bezeichnung in der Firma enthalten sein (KG, Kges.). *§ 19 (1)*

Beispiele: Karl Berg, Fritz Grün und Willi Müller, die eine Maschinenbau KG gründen, können firmieren: Berg, Grün & Müller KG; Maschinenbau KG; Kafriwima KG.

Wenn in einer KG keine natürliche Person persönlich haftet, muss die Firma eine Bezeichnung enthalten, welche die Haftungsbeschränkung kennzeichnet. *§ 19 (2)*

Beispiele: GmbH & Co. KG, AG & Co. KG

Haftung

Haftung bedeutet in diesem Zusammenhang, dass die Gesellschafter bzw. die Gesellschaft Außenstehenden (Dritten) gegenüber für die Verbindlichkeiten der Gesellschaft mit ihrem Vermögen einstehen müssen. Für die Verbindlichkeiten der KG haften alle Komplementäre persönlich als Gesamtschuldner und die KG mit dem Gesellschaftsvermögen. Eine entgegenstehende Vereinbarung ist Dritten gegenüber unwirksam. Die KG-Gesellschafter haften demnach wie folgt:

▶ Komplementär

a) Persönlich. *§ 128*

- **unbeschränkt.** Der Komplementär haftet nicht nur in Höhe seines Kapitalanteils, sondern auch mit seinem ganzen Privatvermögen. Er kann nicht die »Einrede der Haftungsbeschränkung« geltend machen. Eine Vereinbarung zwischen den Gesellschaftern, durch die z.B. die Haftung auf den Kapitalanteil beschränkt wird, hat nur im Innenverhältnis Gültigkeit.

Beispiel: Für den Komplementär Grün der Berg & Grün KG wurde im Gesellschaftsvertrag vereinbart, dass er für Schulden nur in Höhe seines Kapitalanteils haftet. Muss Grün an einen Gläubiger, der gerichtlich gegen ihn vorgeht, mehr zahlen, so kann er die Differenz zwischen seinem Kapitalanteil und seiner Zahlung von Berg fordern.

- **direkt (unmittelbar)** und **primär.** Jeder Gläubiger kann sich unmittelbar an jeden beliebigen Komplementär halten. Die Komplementäre können nicht fordern, dass der Gläubiger zuerst gegen die Gesellschaft klagt. Es fehlt ihnen die »Einrede der *HGB § 129 (4)* Vorausklage«. Zur Zwangsvollstreckung in das Vermögen eines Komplementärs braucht der Gläubiger aber einen vollstreckbaren Titel gegenüber dem Komplementär. Aus einem gegen die KG als solche vollstreckbaren Titel kann nur die Zwangsvollstreckung in das Gesellschaftsvermögen stattfinden. Deshalb wird der Gläubiger zweckmäßig sofort gegen die KG und gegen die einzelnen Komplementäre klagen.

b) Gesamtschuldnerisch (solidarisch).

BGB § 421 Alle Komplementäre haften für die gesamten Schulden der KG. Der Gläubiger kann die Leistung nach seinem Belieben von jedem der Komplementäre ganz oder zu einem Teil fordern. Ein Komplementär kann nicht fordern, dass der Gläubiger außer ihm auch die *§ 426* anderen Komplementäre verklagt. Hat ein Komplementär den Gläubiger befriedigt, so hat er aber gegenüber seinen Mitkomplementären einen Ausgleichsanspruch. Die Forderung des Gläubigers geht dann in Höhe des Ausgleichsbetrages auf ihn über.

HGB § 130 Ein Komplementär, der in eine bestehende KG eintritt, haftet auch für die Schulden der KG, die bei seinem Eintritt bereits bestehen. Der Ausschluss oder die Beschränkung dieser Haftung ist nur im Innenverhältnis gültig. Wird aus einem Einzelunternehmen *§ 28* eine KG, so haftet die entstandene KG, und damit auch jeder neu eintretende Komplementär, für die alten Schulden des bisherigen Unternehmens. Der neu eintretende Komplementär kann aber diese Haftung durch Eintragung in das Handelsregister oder Mitteilung an jeden einzelnen Gläubiger ausschließen. Ein Komplementär, der aus ei- *§ 159* ner KG ausscheidet, haftet noch 5 Jahre für die bei seinem Austritt vorhandenen Verbindlichkeiten der KG.

▶ Kommanditist

§§ 171 f. Der Kommanditist haftet nur mit der Höhe seiner Einlage. Es besteht jedoch eine **unmittelbare Haftung** für den noch nicht geleisteten Teil seiner Haftsumme, d.h. der noch ausstehenden Kommanditeinlage.

Beispiel: Vereinbarte und ins Handelsregister eingetragene Kommanditeinlage: 100.000 EUR. Darauf wurden 40.000 EUR als Einlage geleistet. Der Kommanditist haftet dann unmittelbar mit 60.000 EUR gegenüber den Gesellschaftsgläubigern.

§ 173 Beim Eintritt in eine bestehende KG haftet er für die vor seinem Eintritt bestehenden Verbindlichkeiten der KG bis zur Höhe seiner noch nicht geleisteten, in das Handelsregister eingetragenen Einlage. Ist die KG oder der neu eingetretene Kommanditist noch nicht in das Handelsregister eingetragen, so haftet der Kommanditist wie ein Vollhafter.

■ Kapitalaufbringung

▶ Komplementär

BGB § 706 Jeder Komplementär ist verpflichtet, die im Gesellschaftsvertrag festgesetzte Kapitaleinlage zu leisten. Sie kann in bar, in Sachwerten und in Rechtswerten eingebracht werden (Grundstücke, Maschinen, Einrichtungsgegenstände, Wertpapiere, Patente usw.). Eine Mindesthöhe ist nicht vorgeschrieben.

§§ 718 f. Obwohl die Kapitalanteile der Komplementäre getrennt gebucht werden, erlischt das persönliche Eigentum der Gesellschafter und wird gemeinschaftliches Vermögen der Gesellschafter **(Gesamthandvermögen)**. Ein einzelner Komplementär kann über seinen Kapital-

anteil nicht mehr verfügen. Eingebrachte Grundstücke werden im Grundbuch auf die KG eingetragen.

▶ Kommanditist

Jeder Kommanditist ist verpflichtet, die Einlage zu leisten, die vertraglich festgelegt wurde. Diese kann von der ins Handelsregister eingetragenen Einlage, der Haftsumme, abweichen.

Ergebnisverteilung

▶ Gewinnverteilung

Gesetzlich hat jeder Gesellschafter Anspruch auf **4 % seines Kapitalanteils** (Vordividende). Reicht der Jahresgewinn für 4 % nicht aus, so wird ein entsprechend niedrigerer Prozentsatz angewendet. Einlagen und Entnahmen eines Gesellschafters während des Geschäftsjahres sind zinsenmäßig zu berücksichtigen. Der Rest wird in einem **angemessenen Verhältnis** auf die Gesellschafter verteilt. *HGB §§ 121, 168 (2)*

Im Gesellschaftsvertrag kann eine vom Gesetz abweichende Regelung für die Verteilung des Gewinns vereinbart werden.

Beispiel für eine Gewinnverteilung:

	A	B	C	D	E	F
1	**Gewinnverteilung der Stricker KG**					
2	**Kapitalanteile**					
3	Komplementär Stricker			250.000 EUR		
4	Kommanditistin Blank			180.000 EUR		
5						
6	**Einlagen**			**Entnahmen**		
7	Name	Datum	Betrag	Name	Datum	Betrag
8	Stricker	30. Juni	**20.000 EUR**	Stricker	31. März	**10.000 EUR**
9				Stricker	30. Sept.	**8.000 EUR**
10	**Jahresgewinn:**	60.000 EUR				
11						
12						
13/14	**Gesellschafter der Stricker KG**	**Kapital-anteil EUR**	**4 % Vor-dividende EUR**	**Restge-winn 2:1 EUR**	**Gesamt-gewinn EUR**	
15	**Komplementär Stricker**	250.000	10.000			
16	**Einlage und Verzinsung**	**20.000**	**400**			
17	**Entnahme und**	**10.000**	**300**			
18	**Verzinsung**	**8.000**	**80**			
19	**Zwischensumme**	252.000	10.020	28.520	38.540	
20	**Kommanditistin Blank**	180.000	7.200	14.260	21.460	
21	**Summe**	432.000	17.220	42.780	60.000	

▶ Gewinnverwendung

a) **Komplementär.** Der Gewinnanteil wird dem Kapitalkonto gutgeschrieben. Die Auszahlung des Gewinns darf nur auf Verlangen des Komplementärs erfolgen. Der Komplementär kann also einen Gewinn im Unternehmen stehen lassen und damit seine Kapitaleinlage erhöhen. *§ 120*

HGB § 122 Jeder Komplementär ist berechtigt, bis zu 4 % seines zu Beginn des Geschäftsjahres vorhandenen Kapitalanteils zu entnehmen, selbst dann, wenn die KG Verluste hatte. Größere Entnahmen sind nur mit Zustimmung der anderen Komplementäre möglich.

§ 167 **b) Kommanditist.** Hat der Kommanditist die bedungene Einlage geleistet, so kann er am Ende des Geschäftsjahres die Auszahlung seines Gewinnanteils fordern. Solange die bedungene Einlage nicht erreicht ist, wird der Gewinnanteil dem Konto »noch ausstehende Einlage« gutgeschrieben.

§ 169 Der Kommanditist kann die Auszahlung des Gewinnanteils auch dann nicht fordern, wenn sein Kapital durch Verlust gemindert ist. Der Gewinnanteil wird in diesem Falle zur Auffüllung der bedungenen Einlage verwendet. Früher erhaltene Gewinne braucht ein Kommanditist nicht zurückzuzahlen, wenn später Verluste eintreten.

Werden Gewinnanteile, die die bedungene Einlage übersteigen, nicht ausbezahlt, so stellen diese Verbindlichkeiten der KG, nicht aber gewinnberechtigtes Kommanditkapital dar.

▶ Privatentnahme

§ 122 Jeder Komplementär ist berechtigt, bis zu 4% seines zu Beginn des Geschäftsjahres vorhandenen Kapitalanteils zu entnehmen, selbst dann, wenn die KG Verluste hatte. Größere Entnahmen sind nur mit Zustimmung der anderen Komplementäre möglich. Der Kommanditist hat kein Recht auf Privatentnahme.

▶ Verlustverteilung

§ 168 (2) Der Verlust wird in angemessenem Verhältnis verteilt und beim Komplementär vom Kapitalanteil abgezogen. Um Streitigkeiten vorzubeugen, muss das Verhältnis im Gesellschaftsvertrag festgelegt werden.

§ 167 (3) Beim Kommanditisten wird der Verlust im angemessenen Verhältnis der Anteile bis zum Betrag des Kapitalanteils und der noch rückständigen Einlage verteilt.

■ Geschäftsführung und Vertretungsmacht

§§ 114, 163 Unter **Geschäftsführung** versteht man das Recht eines Gesellschafters, anderen Gesellschaftern gegenüber Handlungen vorzunehmen, die der gewöhnliche Betrieb dieser KG mit sich bringt. Die Geschäftsführung bezieht sich somit allein auf das sogenannte **Innenverhältnis.** Vertraglich kann die Geschäftsführungsbefugnis eingeschränkt werden (auf das Personalwesen, den Einkauf, den Vertrieb).

Unter **Vertretungsmacht** versteht man das Recht eines Gesellschafters, die Gesellschaft nach außen, also Dritten gegenüber (Lieferanten, Kunden), zu vertreten. Die Vertretungsmacht bezieht sich somit auf das sogenannte **Außenverhältnis.** Wer Vertretungsmacht besitzt, darf für die Gesellschaft rechtswirksam Verträge abschließen. Die Regelung der Vertretungsmacht steht im Handelsregister. Sie umfasst alle gewöhnlichen und außergewöhnlichen Geschäfte (Wareneinkauf und -verkauf, Einstellungen und Entlassungen, Kredit- und Immobiliengeschäfte sowie die Prozessführung und Prokuraerteilung). Einschränkungen in der Vertretungsmacht (Gesamt- statt Einzelvertretung) müssen aus dem Handelsregister ersichtlich sein.

▶ Komplementär

Jeder Komplementär hat das Recht und die Pflicht, die Geschäfte der Gesellschaft zu führen und die Gesellschaft nach außen zu vertreten. Es besteht also **Einzelgeschäftsführungsbefugnis** und **Einzelvertretungsmacht.**

Durch Eintragung in das Handelsregister kann von der Einzelvertretungsmacht abgewichen werden:

1. Alle Komplementäre vertreten die Gesellschaft gemeinsam.
2. Mehrere Komplementäre vertreten die Gesellschaft gemeinsam; die übrigen Gesellschafter sind ausgeschlossen.
3. Nur ein Komplementär vertritt die Gesellschaft; die übrigen sind ausgeschlossen.
4. Jeweils ein Komplementär kann nur mit einem Prokuristen gemeinsam die KG vertreten.

Die eingetragenen Vertretungsberechtigten können aber im Umfang ihrer Vertretungsmacht nicht eingeschränkt werden, d.h., diese ist unbeschränkt und auch unbeschränkbar.

Von der Geschäftsführung ausgeschlossene Gesellschafter können sich jederzeit über die Geschäftslage persönlich unterrichten, die Handelsbücher und die Papiere der Gesellschaft einsehen **(Kontrollrecht).**

Beispiel: Der Gesellschafter Berg der Berg & Grün KG erteilt der Angestellten Gut Prokura, ohne dass ein Gesamtbeschluss der Komplementäre vorliegt. Die Erteilung der Prokura ist gültig. Handlungen der Prokuristin binden das Unternehmen. Allerdings kann der Komplementär Grün gegen Berg wegen grober Pflichtverletzung vorgehen. Entsteht durch die Handlung der Prokuristin Gut ein Schaden, so muss Berg diesen ersetzen.

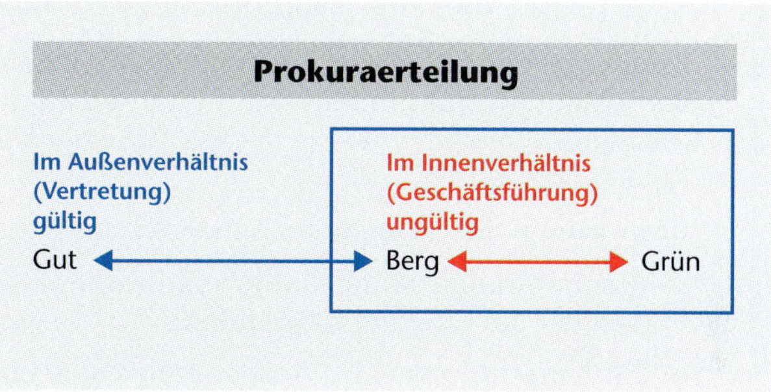

Einem Komplementär ist es verboten, ohne Einwilligung der anderen Komplementäre im Handelsgewerbe der eigenen Gesellschaft Geschäfte auf eigene Rechnung zu machen und sich an einer anderen gleichartigen Gesellschaft als persönlich haftender Gesellschafter zu beteiligen. Verstößt ein Komplementär gegen dieses **Konkurrenzverbot,** so macht er sich schadensersatzpflichtig. *HGB §§ 112 f.*

▶ Kommanditist

Der Teilhafter ist nach HGB sowohl von der Geschäftsführung als auch von der Geschäftsvertretung ausgeschlossen. Er kann deswegen nur Handlungen widersprechen, die über den gewöhnlichen Betrieb dieser KG hinausgehen, z.B. Verkauf eines Grundstückes. Er hat nur Anspruch auf Mitteilung des Jahresabschlusses. Diesen kann er durch Einsicht in die Bücher und Papiere der Gesellschaft nachprüfen. Ein Recht auf laufende Kontrolle hat er nicht. Vertraglich kann aber auch ein Kommanditist zur Geschäftsführung berechtigt werden.

Kündigung

Ein Gesellschafter kann nur auf den Schluss eines Geschäftsjahres unter Einhaltung einer Frist von mindestens 6 Monaten kündigen, wenn der Vertrag nichts anderes vorsieht. *§ 132*

Bedeutung der Kommanditgesellschaft

Es muss zwischen den geschäftsführenden Komplementären ein enges Vertrauensverhältnis bestehen. Von ihnen wird in der Regel der volle persönliche Einsatz verlangt. Der Vollhafter einer Kommanditgesellschaft kann die Kapitalgrundlage der Gesellschaft erweitern, ohne in der Geschäftsführung wesentlich eingeschränkt zu werden, wenn er einen Teilhafter in die KG aufnimmt. Der Teilhafter erhält die Möglichkeit, sich kapitalmäßig, ohne persönliche Mitarbeit, bei nur beschränkter Haftung zu beteiligen. Weil jedoch die Vollhafter die KG leiten und den bestimmenden Einfluss ausüben, wird die KG als Personengesellschaft betrachtet.

Die Rechtsform der KG wird von kleineren und mittleren Gewerbebetrieben gewählt, wobei es sich häufig um Familienunternehmen handelt. In Erbfällen wird von der Erbengemeinschaft die Rechtsform der KG gewählt, wenn Familienangehörige nur als Teilhafter beteiligt werden sollen.

▶ Aufgaben und Probleme

1. Warum werden die Kapitalanteile der Komplementäre nicht im Handelsregister eingetragen?
2. a) Wie kann ein Komplementär seinen Kapitalanteil erhöhen?

   b) Welche Auswirkungen hätte dies hinsichtlich seiner Geschäftsführungsbefugnis und seiner Vertretungsmacht?
3. Der Kraftfahrzeugmeister Fink und die kaufmännische Angestellte Ruf beschließen die Gründung eines Betriebes für Fitness-Bedarf in der Rechtsform einer KG. Beide treten als Komplementäre in die KG ein, zwei weitere Angestellte beteiligen sich als Kommanditisten.

   Beantworten Sie folgende Fragen (mit Begründung):

   a) Welche Gründe können Fink veranlassen, statt eines Einzelunternehmens zusammen mit Ruf eine KG zu gründen?

   b) Zur Finanzierung eines Auslieferungslagers beantragte Ruf einen Bankkredit. Zu welchen Überlegungen dürfte die Bank durch die Tatsache gelangen, dass der Schuldnerbetrieb eine KG ist?

   c) Wie ist die Rechtslage nach der gesetzlichen Regelung?
   - Ruf kündigt dem Angestellten Berner,
   - sie gibt schriftlich Anweisungen an die Mitarbeiter der Buchhaltungsabteilung,
   - sie erteilt einem Angestellten Prokura,
   - sie unterschreibt einen Überweisungsauftrag an die Hausbank zulasten des Kontos der KG.
4. Kann ein Angestellter gleichzeitig Kommanditist im Unternehmen seines Arbeitgebers und in einem fremden Unternehmen sein? (Begründung)
5. Warum wird in Gesellschaftsverträgen oft vereinbart, dass beim Tod eines Komplementärs dessen Erben Kommanditisten werden?
6. **Sachverhalt:** Peter Stalder gründete vor Jahren die Peter Stalder Solarzellen. Um mit anderen Herstellern konkurrenzfähig zu bleiben, stehen umfangreiche Investitionen an. Dazu nahm er gegen Ende des Jahres 01 seine Tochter Femke als Komplementärin und Alfred Brodt als Kommanditisten in das Unternehmen auf. Der Gesellschaftsvertrag für die KG wurde am 1. Dezember 01 abgeschlossen. Die Eintragung in das Handelsregister erfolgte am 15. Dezember 01.

   Die Bilanz der KG zum 31. Dezember 01 weist zusammengefasst folgende Beträge in EUR aus:

Aktiva	Bilanz zum 31. Dezember 01		Passiva
ausstehende Kommanditeinlage	10.000	Kapital Peter Stalder	260.000
		Kapital Femke Stalder	350.000
Anlagevermögen	1.300.000	Kommanditkapital Brodt	110.000
Umlaufvermögen	180.000	Fremdkapital	770.000
	1.490.000		1.490.000

a) Kommanditist Brodt hat bei den Vertragsverhandlungen die Aufnahme seines Namens in die Firma gefordert. Die anderen Gesellschafter lehnen dies ab. Nennen Sie ein rechtliches und ein wirtschaftliches Argument für die Ablehnung.

b) Erläutern Sie die rechtliche Bedeutung des
   - 1. Dezember 01 und
   - 15. Dezember 01 für die Gesellschafter des Unternehmens.

c) Am 18. Februar 02 fordert ein Lieferant des Unternehmens vom Kommanditisten Brodt einen seit einem halben Jahr fälligen Betrag über 12.000,00 EUR. Dieser verweigert die Zahlung mit der Begründung, dass er zum Zeitpunkt der Entstehung der Schuld noch nicht Gesellschafter gewesen sei. Wie ist die Rechtslage?

d) Femke Stalder möchte sich an einer Fitness-Center GmbH beteiligen. Für diesen Zweck will sie 20.0000,00 EUR aus der KG herausziehen. Welcher rechtliche und welcher wirtschaftliche Einwand ist dagegen zu erheben, wenn im Gesellschaftsvertrag darüber nichts vereinbart wurde?

e) Hinsichtlich der Gewinn- und Verlustverteilung sind in § 15 des Gesellschaftsvertrages in Ergänzung zum HGB folgende Vereinbarungen getroffen:
   - Die Komplementäre erhalten für ihre Tätigkeit jährlich eine gewinnunabhängige Vorausvergütung von je 15.000,00 EUR.
   - Die Kapitalanteile werden nach ihrem Stande zu Beginn des Geschäftsjahres mit 5 % verzinst. Ausstehende Einlagen sind mit 5 % zu verzinsen. Kommanditist Brodt zahlt seine ausstehende Einlage am 30. Juni 02 ein.
   - Ein Restgewinn sowie ein Verlust werden auf die Gesellschafter im Verhältnis 2 : 2 : 1 verteilt.

   Der Reingewinn des Geschäftsjahres 02 beträgt 366.300,00 EUR. Ermitteln Sie die Gewinnanteile der Gesellschafter zum 31. Dezember 02 und ihr jeweiliges Endkapital. Verwenden Sie dazu eine Tabelle mit folgenden Spalten:

Gesellschafter	Kapital am Jahresanfang	Tätigkeitsvergütung	Vordividende	Restgewinnanteil	gesamter Gewinnanteil	Endkapital

f) Wegen der guten Ertragslage des Unternehmens beabsichtigt Brodt, seinen Gewinnanteil im Unternehmen zu belassen.
   - In welcher Höhe und in welcher Bilanzposition muss der Gewinnanteil des Kommanditisten am Jahresende ausgewiesen werden?
   - Welche rechtlichen Voraussetzungen müssen erfüllt sein, um das gewinnfähige Kommanditkapital zu erhöhen?

g) Angenommen, die KG hätte keinen Gewinn, sondern einen Reinverlust von 68.710,00 EUR erzielt. Wie hoch wäre der Verlustanteil Brodts? Könnte dieser in der Bilanz ausgewiesen werden (Begründung)?

h) Beurteilen Sie folgende Vorgänge:
   - Brodt erwirbt bei einem Zulieferer für die laufende Produktion Bauteile im Wert von 30.000,00 EUR. Er begründet dies damit, Gesellschafter des Unternehmens zu sein.
   - Peter Stalder kauft fünf Prüfgeräte im Wert von 25.000,00 EUR. Brodt widerspricht dem Kauf mit der Begründung, man habe noch funktionierende Geräte im Unternehmen.

- Femke Stalder beabsichtigt, aus Spekulationsgründen mit liquiden Mitteln der KG 50 Aktien eines Automobilwerkes zu kaufen. Ihr Vater, Peter Stalder, dessen Geschäftsführungsrechte nicht beschränkt sind, widerspricht dem Kauf.

7. Sachverhalt:

Komplementär: Roth; Stand seiner Kapitaleinlage am 1. Januar: 240.000 EUR.

Kommanditisten: Einlagen, gemäß Gesellschaftsvertrag voll eingezahlt, jedoch durch Verluste in den Vorjahren gemindert:
Pauli 80.000,00 EUR, Stand 1. Januar 60.000,00 EUR;
Holl 48.000,00 EUR, Stand 1. Januar 36.000,00 EUR.

Jahresgewinn: 65.000,00 EUR.

Gewinnverteilung: Roth erhält eine Vordividende von 1 % seiner zu Beginn des Geschäftsjahres vorhandenen Kapitaleinlage und eine Arbeitsvergütung von 30.000,00 EUR.

Von dem danach verbleibenden Rest erhalten Roth 65 %, Pauli 22 % und Holl 13 %.

a) Stellen Sie die Gewinnverteilung dar.

b) Welches Bild zeigen die Kapitalkonten nach der Gewinnverteilung, wenn Roth den über seine Arbeitsvergütung hinausgehenden Gewinnanteil im Unternehmen belässt?

3.4.5 Gesellschaft mit beschränkter Haftung (GmbH)

Haftet bei einem Gesellschaftsunternehmen nur das Gesellschaftsvermögen der juristischen Person, nicht aber das Privatvermögen der Gesellschafter, so spricht man von einer **Kapitalgesellschaft.**

Die am häufigsten auftretende Kapitalgesellschaft ist die **Gesellschaft mit beschränkter Haftung (GmbH).**

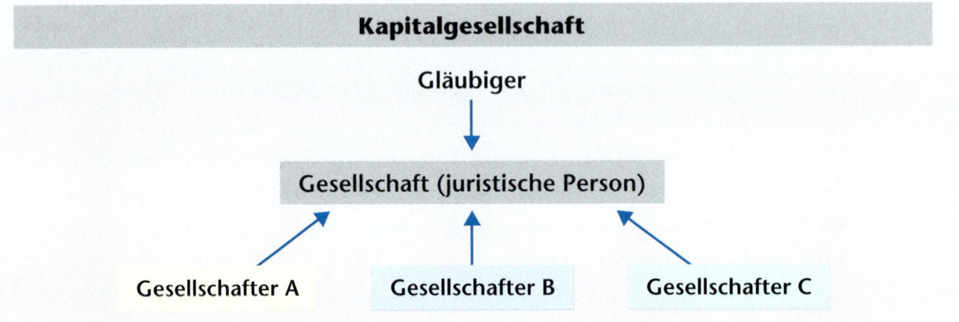

GmbHG § 13

Die **Gesellschaft mit beschränkter Haftung (GmbH)** ist eine Handelsgesellschaft **mit eigener Rechtspersönlichkeit** (juristische Person). Die Gesellschafter sind mit **einem oder mehreren Geschäftsanteilen** an der Gesellschaft beteiligt. **Für Verbindlichkeiten** der Gesellschaft **haftet** den Gläubigern **nur das Gesellschaftsvermögen.**

Gründung

§§ 1–3 Die GmbH kann zu jedem gesetzlich zulässigen Zweck durch **eine oder mehrere Personen** errichtet werden. Zur Gründung muss ein **notariell beurkundeter Gesellschaftsvertrag**

(Satzung) abgeschlossen werden. Er ist von sämtlichen Gesellschaftern zu unterzeichnen. Der Vertrag muss enthalten:

1. die Firma und den Sitz der Gesellschaft,
2. den Gegenstand des Unternehmens,
3. den Betrag des Stammkapitals,
4. die Zahl und die Nennbeträge der Geschäftsanteile, die jeder Gesellschafter gegen Einlage auf das Stammkapital (Stammeinlage) übernimmt.

Die Gesellschaft kann ganz einfach mithilfe eines gesetzlich vorgegebenen **Musterprotokolls** (siehe Seite 140) gegründet werden. Sie darf dann aber höchstens drei Gesellschafter und einen Geschäftsführer haben. Das Protokoll ist eine Kombination aus Gesellschaftsvertrag, Liste der Gesellschafter und Bestellung des Geschäftsführers.

Erst durch die Eintragung in das Handelsregister entsteht die GmbH als juristische Person mit Kaufmannseigenschaft. Vor der Eintragung haften die handelnden Gesellschafter persönlich und solidarisch. *GmbHG § 11*

Firma

Die Firma der GmbH muss den Zusatz »mit beschränkter Haftung« oder eine allgemein verständliche Abkürzung dieser Bezeichnung enthalten. *§ 4*

Beispiele: Michael Hald GmbH; ATL High Tech GmbH; Gesundheits-Gesellschaft Rotschön mit beschränkter Haftung

Haftung

Für die Verbindlichkeiten der Gesellschaft haftet nur das Vermögen der GmbH, nicht das Privatvermögen eines Gesellschafters. Der einzelne Gesellschafter riskiert lediglich die Einlagen auf seinen Geschäftsanteil. *§ 13*

Eventuell entsteht eine Nachschusspflicht. Die soll das Eigenkapital stärken und nur mittelbar zur Sicherung der Gläubiger dienen. *§ 26*

Kapitalaufbringung und Stimmrecht

▶ Bei der GmbH

- Das Stammkapital der Gesellschaft muss mindestens 25.000 EUR betragen. *§ 5*
- Der Nennbetrag jedes Geschäftsanteils muss auf volle Euro lauten.
- Ein Gesellschafter kann mehrere Geschäftsanteile übernehmen.
- Die Höhe der Nennbeträge der einzelnen Geschäftsanteile kann verschieden sein.
- Die Summe der Nennbeträge aller Geschäftsanteile muss mit dem Stammkapital übereinstimmen.

Sollen Sacheinlagen geleistet werden, so müssen der Gegenstand der Sacheinlage und der Nennbetrag des Geschäftsanteils, auf den sich die Sacheinlage bezieht, im Gesellschaftsvertrag festgesetzt werden.

Jeder Gesellschafter hat vor der Eintragung in das Handelsregister die Pflicht, eine Einzahlung von einem **Viertel auf jeden Geschäftsanteil** zu leisten. Insgesamt muss auf das Mindeststammkapital so viel eingebracht werden, dass mit **Geld- und Sacheinlagen mindestens 12.500 EUR** erreicht werden. *§ 7*

Jeder Euro eines Geschäftsanteils gewährt **eine Stimme.** *§ 47*

Ein Gesellschafter, der den auf die Stammeinlage eingeforderten Betrag nicht zur rechten Zeit einzahlt, ist zur Entrichtung von Verzugszinsen verpflichtet. *§ 20*

Musterprotokoll
für die Gründung einer Einpersonengesellschaft
UR. Nr ......

Heute, den ....,
erschien vor mir, ...,
Notar/in mit dem Amtssitz in ....,
Herr/Frau[1)] ....
....
....[2)].

1. Der Erschienene errichtet hiermit nach § 2 Abs. 1a GmbHG eine Gesellschaft mit beschränkter Haftung unter der Firma ....
....
....
mit dem Sitz in ....

2. Gegenstand des Unternehmens ist ....

3. Das Stammkapital der Gesellschaft beträgt ....€ (i. W. ....Euro) und wird vollständig von Herrn/Frau[1)] ....
(Geschäftsanteil Nr. 1) übernommen. Die Einlage ist in Geld zu erbringen, und zwar sofort in voller Höhe/zu 50 Prozent sofort, im Übrigen sobald die Gesellschafterversammlung ihre Einforderung beschließt[3)].

4. Zum Geschäftsführer der Gesellschaft wird Herr/Frau[1)] ....
....
geboren am ...., wohnhaft in
...., bestellt.
Der Geschäftsführer ist von den Beschränkungen des § 181 des Bürgerlichen Gesetzbuchs befreit.

5. Die Gesellschaft trägt die mit der Gründung verbundenen Kosten bis zu einem Gesamtbetrag von 300 €, höchstens jedoch bis zum Betrag ihres Stammkapitals. Darüber hinausgehende Kosten trägt der Gesellschafter.

6. Von dieser Urkunde erhält eine Ausfertigung der Gesellschafter, beglaubigte Ablichtungen die Gesellschaft und das Registergericht (in elektronischer Form) sowie eine einfache Abschrift das Finanzamt – Körperschaftsteuerstelle –.

7. Der Erschienene wurde vom Notar/von der Notarin insbesondere auf Folgendes hingewiesen: ....

Hinweise:
[1)] Nicht Zutreffendes streichen. Bei juristischen Personen ist die Anrede Herr/Frau wegzulassen.
[2)] Hier sind neben der Bezeichnung des Gesellschafters und den Angaben zur notariellen Identitätsfeststellung ggf. der Güterstand und die Zustimmung des Ehegatten sowie die Angaben zu einer etwaigen Vertretung zu vermerken.
[3)] Nicht Zutreffendes streichen. Bei der Unternehmergesellschaft muss die zweite Alternative gestrichen werden.

▶ Bei der »Mini-GmbH«

Diese Sonderform der GmbH verlangt offiziell den Firmenzusatz »**Unternehmergesellschaft (haftungsbeschränkt)**« oder »**UG (haftungsbeschränkt)**« und kann unter folgenden Voraussetzungen gewählt werden: *GmbHG § 5a*

- Das Stammkapital kann 1 EUR bis 24.999 EUR betragen.
- Die Handelsregisteranmeldung darf erst erfolgen, wenn das Stammkapital in voller Höhe als Bareinlage eingezahlt ist.
- Die Einbringung von Sacheinlagen ist ausgeschlossen.
- Der Jahresüberschuss (abzüglich eines Verlustvortrages aus dem Vorjahr) muss solange in Höhe eines Viertels in die gesetzliche Rücklage gestellt werden, bis Rücklage und Stammkapital zusammen 25.000 EUR erreichen.

Die »UG (haftungsbeschränkt)« kann sich in eine »normale« GmbH umwandeln.

Die »Mini-GmbH« ist gedacht für Existenzgründer und Kleinunternehmer, die in der Gründungsphase mit geringem Kapitaleinsatz auskommen (Dienstleistungsunternehmen für Beratung, Bildung, Gesundheit, Pflege, Verwaltung). Das gesetzlich vorgeschriebene Musterprotokoll erleichtert die Gründung (vgl. Seite 140).

Organe der GmbH

▶ Geschäftsführer

Geschäftsführungsbefugnis und Vertretungsmacht werden von einem Geschäftsführer oder mehreren Geschäftsführern ausgeübt. Sie sind das **ausführende Organ.** Ihre Bestellung erfolgt entweder aus dem Kreis der Gesellschafter oder es handelt sich um eine dritte Person. Die Namen der Geschäftsführer müssen auf den Geschäftsbriefen der GmbH angegeben werden. Die Amtszeit der Geschäftsführer ist gesetzlich nicht festgelegt. *§ 6* *§§ 35 ff.*

Die Art der Vertretungsmacht **(Einzel- oder Gesamtvertretungsmacht)** ist ins Handelsregister einzutragen. Grundsätzlich besteht Gesamtvertretungsmacht. *§ 10*

Der Geschäftsführer hat einem Gesellschafter auf dessen Wunsch unverzüglich Auskunft über die Angelegenheiten der Gesellschaft zu geben und die Einsicht in die Bücher zu gestatten. *§ 51a*

In Gesellschaften, die mehr als 2.000 Arbeitnehmer beschäftigen, wird ein **Arbeitsdirektor** bestellt. Er kümmert sich vor allem um die Belange der Arbeitnehmer. *MitbestG §§ 1, 33*

▶ Aufsichtsrat (AR)

Im GmbH-Gesetz ist die Bildung eines AR nicht vorgeschrieben; sie kann aber durch den Gesellschaftsvertrag festgelegt werden. Besteht ein AR, so ist er das **kontrollierende Organ** der GmbH. Nach dem Drittelbeteiligungsgesetz ist ein AR notwendig bei Gesellschaften mit mehr als 500 Arbeitnehmern und nach dem Mitbestimmungsgesetz bei Gesellschaften mit mehr als 2.000 Arbeitnehmern. *GmbHG § 52 DrittelbG § 1 MitbestG § 1*

Der AR wird von der Gesellschafterversammlung auf vier Jahre bestellt.

Aufgaben des AR:

- Der AR bestellt die Geschäftsführung, überwacht ihre Tätigkeit und beruft sie ab, wenn ein wichtiger Grund vorliegt. *AktG §§ 84, 111*
- Er hat den Jahresabschluss, den Lagebericht, den Prüfungsbericht des Abschlussprüfers und den Vorschlag der Geschäftsführung für die Verwendung des Bilanzgewinns zu prüfen. *§ 171 (1)*

AktG § 171 (2) – Er hat der Gesellschafterversammlung über das Ergebnis der Prüfung schriftlich zu berichten.

§ 171 (3) – Er hat eine außerordentliche Gesellschafterversammlung einzuberufen, wenn das Wohl der Gesellschaft es erfordert.

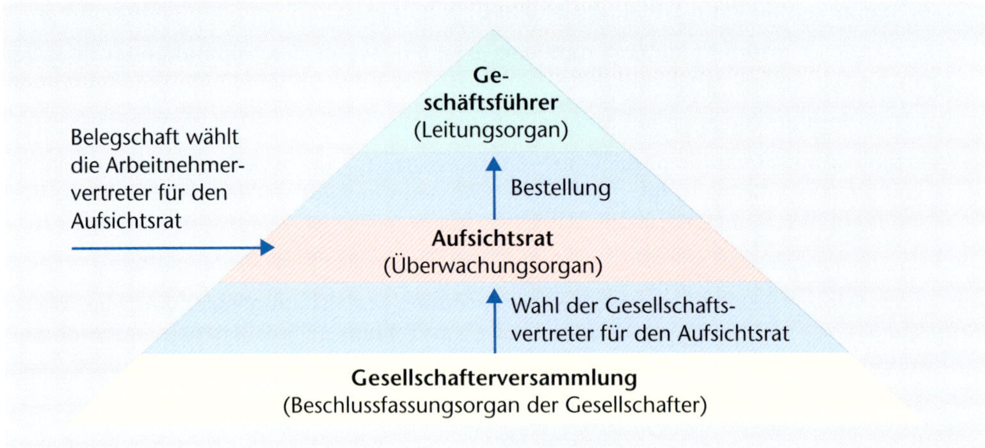

▶ Gesellschafterversammlung

GmbHG §§ 46 ff. Sie ist das **beschließende Organ.** Ihre Einberufung erfolgt durch eingeschriebenen Brief. Die Abhaltung der Versammlung der Gesellschafter kann unterbleiben, wenn sich sämtliche Gesellschafter mit der schriftlichen Stimmabgabe einverstanden erklären.

Gibt es im Gesellschaftsvertrag keine besondere Regelung, so können die Gesellschafter u. a. über folgende Punkte beschließen:

1. Feststellung des Jahresabschlusses und Verwendung des Ergebnisses,
2. Einforderung der Einlagen,
3. Rückzahlung von Nachschüssen,
4. Teilung, Zusammenlegung sowie Einziehung von Geschäftsanteilen,
5. Bestellung, Entlastung und Abberufung von Geschäftsführern,
6. Bestellung von Prokuristen und Handlungsbevollmächtigten.

■ Ergebnisverwendung

§ 29 Die Gesellschafter haben einen gesetzlichen Anspruch auf den Jahresüberschuss im Verhältnis ihrer Geschäftsanteile oder laut Vertrag. Sie können Teile des Jahresüberschusses aber auch in Gewinnrücklagen einstellen oder als Gewinn vortragen.

■ Bedeutung der Gesellschaft mit beschränkter Haftung

Die Rechtsform der GmbH ist aus folgenden Gründen sehr häufig:

- Sie kann mit wenig Kapital gegründet werden.
- Das Risiko der Gesellschafter ist auf die Geschäftsanteile beschränkt.
- Die GmbH kann auch für nichtgewerbliche (z.B. wissenschaftliche) Zwecke gegründet werden.
- Die Geschäftsanteile sind veräußerlich.
- Die Gründungs- und Verwaltungskosten sind niedriger als bei großen Aktiengesellschaften.

- Sie sichert als juristische Person beim Tode eines Gesellschafters die Fortführung eines Unternehmens.
- Sie eignet sich zur Ausgliederung bestimmter Funktionen aus einem Unternehmen und zur Zusammenfassung gleichartiger Funktionen aus mehreren Unternehmen, z.B. Entwicklung, Vertrieb.

▶ Aufgaben und Probleme

1. Warum eignet sich die Rechtsform der GmbH für Familienunternehmen?
2. Welche Merkmale der GmbH sind
   a) typisch für Kapitalgesellschaften,
   b) verwandt mit denen der Personengesellschaften?
3. Warum findet man die Rechtsform der GmbH sowohl bei großen als auch bei kleinen Unternehmen? Nennen Sie einige Beispiele.
4. Die Geschwister Anke, Marion und Dr.-Ing. Volker Braun gründeten vor Jahren die TERRA Gesellschaft für Industriefußböden mbH. Dem Gesellschaftsvertrag vom 10. Juli 01 ist folgender Auszug entnommen:

   § 2 Gegenstand des Unternehmens ist die Produktion und der Vertrieb von Industriefußböden.

   § 3 Sitz des Unternehmens ist Möckmühl.

   § 4 Das Stammkapital beträgt 3.800.000,00 EUR.

   Stammeinlagen der Gesellschafter sowie Art und Zeitpunkt der Leistung:

   Marion Braun: 2,0 Mio. EUR als Bareinlage, davon sind 0,4 Mio. EUR sofort zu leisten, der Rest am 14. August 02.

   Anke Braun: 1,5 Mio. EUR als Bareinlage, davon 80% sofort, der Rest am 2. August 01.

   Volker Braun: 0,3 Mio. EUR durch notariell beurkundete Übertragung der Rechte an einem Patent auf die GmbH bis zum 25. Juli 01.

   § 6 Dr.-Ing. Volker Braun und Dipl.-Kaufmann Uwe Hoch werden zu Geschäftsführern bestellt.

   Die Handelsregistereintragung erfolgte am 6. September 01, die Veröffentlichung der Eintragung zwei Tage später. Alle Gesellschafter erbrachten ihre Einlagen zu den genannten Fristen, Dipl.-Kaufmann Hoch ist ein anerkannter Finanzierungsfachmann. In der Gründungsphase waren stets etwa 60 Mitarbeiter beschäftigt.

   a) Die Gesellschafter hatten zunächst erwogen, eine KG zu gründen, entschieden sich aber dann für die Rechtsform der GmbH. Vergleichen Sie in einer Tabelle beide Unternehmensformen hinsichtlich der
      - Form des Gesellschaftsvertrages,
      - Geschäftsführung,
      - Pflicht zur Bildung eines Aufsichtsrates.

   b) Die GmbH sollte nach dem Willen der Gesellschafter unter der Firma »Braun & Hoch Fußbodentechnik« in das Handelsregister eingetragen werden:
      - Geben Sie einen Grund an, warum der Registerrichter die Eintragung dieser Firma ablehnte.
      - Begründen Sie, warum er die Eintragung in das Handelsregister auch wegen mangelhafter kapitalmäßiger Voraussetzungen Ende Juli 01 verweigern musste.

   c) Volker Braun kaufte am 12. August 01 ohne Rücksprache mit Hoch im Namen der GmbH Geräte zum Preis von 240.000,00 EUR.

- Bei der Auslieferung am 20. August 01 verlangte der Lieferant von der Gesellschafterin Marion Braun die volle Bezahlung des fälligen Kaufpreises. Kann der Verkäufer diese Forderung durchsetzen (Begründung)?
- Könnte der Lieferant seinen Anspruch gegenüber Marion Braun oder gegenüber der GmbH durchsetzen, wenn der Kaufvertrag am 28. September 01 abgeschlossen und die Zahlung sofort fällig gewesen wäre (Begründung)?

d) Zum 20. September 02 wurde die Gesellschafterversammlung eingeladen. Die Tagesordnung enthielt folgende Beschlussanträge:

- Frau Irma Bach, Möckmühl, wird zur Prokuristin bestellt,
- der Sitz des Unternehmens wird von Möckmühl nach Mannheim verlegt.

Frau Anke Braun stimmt gegen beide Tagesordnungspunkte. Die Mitgesellschafter stimmen zu. Welche Wirkung hat die Ablehnung?

e) Der Geschäftsführer Hoch ist daran interessiert, den Geschäftsanteil von Frau Anke Braun zu erwerben.

- Warum kann der Wert des Geschäftsanteils vom Betrag der Stammeinlage sowohl nach oben als auch nach unten abweichen? Begründen Sie dies jeweils mit einem Argument.
- Welcher Form bedarf die Übertragung des Geschäftsanteiles von Frau Braun auf Herrn Hoch?

5. Suchen Sie in der örtlichen Presse Handelsregisterveröffentlichungen zu der »Unternehmergesellschaft (haftungsbeschränkt)«.
6. Worin unterscheiden sich die Gründungsvoraussetzungen der »Unternehmergesellschaft (haftungsbeschränkt)« von denen der GmbH?

3.4.6 GmbH & Co. KG

Die **GmbH & Co. KG** ist eine **Kommanditgesellschaft,** bei der eine **Gesellschaft mit beschränkter Haftung** (GmbH) **Vollhafter** ist.

Bei der **typischen GmbH & Co. KG** sind die Gesellschafter der GmbH zugleich Kommanditisten der GmbH & Co. KG, bei der **atypischen GmbH & Co. KG** sind andere Personen Kommanditisten. Diese können natürliche oder juristische Personen sein.

Firma

HGB § 19 (2) Für die Firma der GmbH & Co. KG gelten grundsätzlich die gleichen Firmierungsvorschriften wie bei der KG. Da aber in dieser KG keine natürliche Person haftet, muss die Firma eine Bezeichnung enthalten, welche die Haftungsbeschränkung kennzeichnet.

Beispiele: Nord-Süd-Hausbau GmbH & Co. KG, Meissner + Wurst GmbH & Co. KG

Geschäftsführung und Vertretung

Bei der KG hat der Komplementär die Geschäftsführungsbefugnis und Vertretungsmacht; bei der GmbH & Co. KG wird sie deshalb durch die Komplementär-GmbH, vertreten durch ihre Geschäftsführer, ausgeübt. Im Übrigen sind die Rechtsgrundlagen die gleichen wie bei der KG.

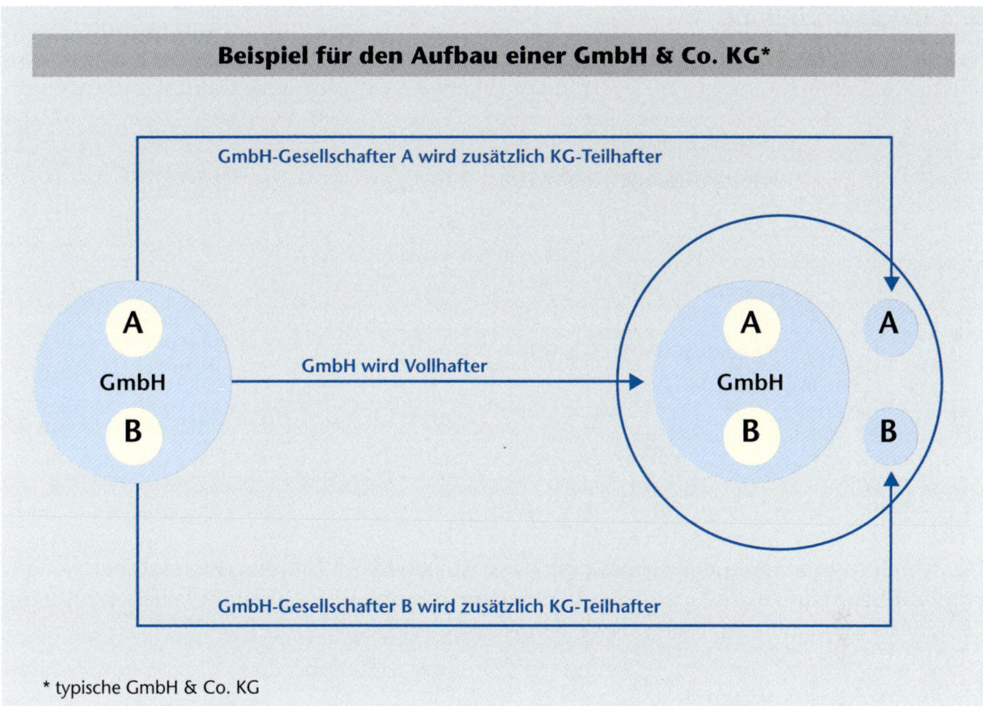

Bedeutung

Haftungsbeschränkung. Die GmbH haftet als Komplementärin zwar unbeschränkt mit ihrem Vermögen, ihre Gesellschafter haften dagegen nur mit ihren Einlagen.

Nachfolgeregelung. Bei Familienunternehmen ist die Unternehmensfortführung gesichert, weil anstelle einer natürlichen Person eine GmbH als Vollhafter tritt. Die persönlich haftende GmbH ist »unsterblich«.

Kapitalbeschaffung. Mit der Aufnahme weiterer Kommanditeinlagen kann Eigenkapital beschafft werden, wobei von den Teilhaftern nur ein geringer Einfluss auf das Unternehmen genommen werden kann.

Mitbestimmung. Der Einfluss der Arbeitnehmer im Wege der Mitbestimmung ist geringer als bei der GmbH, weil die GmbH im Rahmen der GmbH & Co. KG nur noch ein Mantel ist.

Geschäftsführung. Außenstehende Fachleute können als Geschäftsführer der Komplementär-GmbH eingesetzt werden.

3.4.7 Aktiengesellschaft (AG)

Die **Aktiengesellschaft** ist eine Handelsgesellschaft mit eigener Rechtspersönlichkeit (juristische Person), deren Gesellschafter (Aktionäre) **mit Einlagen auf das in Aktien zerlegte Grundkapital beteiligt** sind. Für die Verbindlichkeiten der Gesellschaft **haftet** den Gläubigern **nur das Gesellschaftsvermögen.** *AktG §§ 1, 3*

Die Aktionäre riskieren lediglich ihren Kapitaleinsatz.

Kapitalaufbringung

AktG §§ 6 f. HGB § 266 Das **Grundkapital** ist der Teil des Eigenkapitals, der sich aus dem Nennwert oder den Anteilen sämtlicher Aktien ergibt. Es ist in der Bilanz als **Gezeichnetes Kapital** auszuweisen.

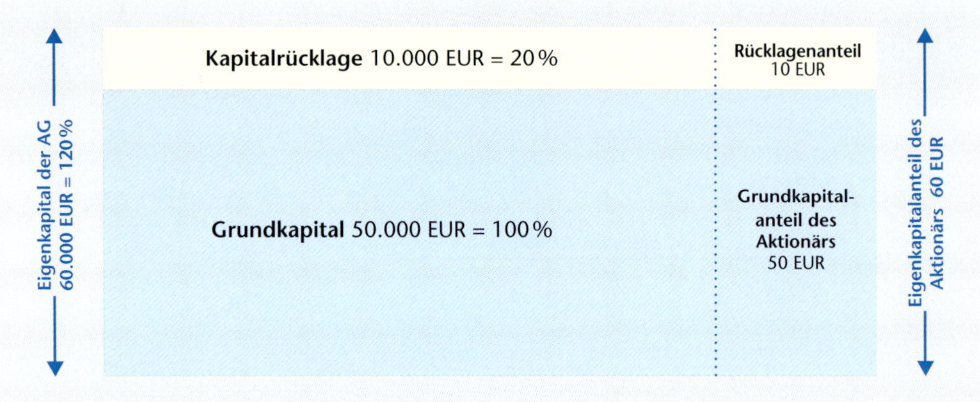

Der Mindestnennbetrag des Grundkapitals ist 50.000 EUR. Zum Eigenkapital der AG gehören neben dem Grundkapital die **Rücklagen.** Wurden diese aus nicht ausgeschütteten Gewinnen gebildet, nennt man sie Gewinnrücklagen.

Durch den Verkauf von Aktien fließt der AG bei der Gründung und bei späteren Kapitalerhöhungen das benötigte Kapital zu.

AktG § 8 **Aktien** sind Urkunden über die Beteiligung an einer Aktiengesellschaft. Sie können als Nennbetragsaktien oder als Stückaktien begründet werden.

§ 8 (2), (3) Nennbetragsaktien müssen auf mindestens 1 EUR lauten. Stückaktien lauten nicht auf einen Nennbetrag. Die Stückaktien einer Gesellschaft sind am Grundkapital in gleichem Umfang beteiligt. Der auf die einzelne Aktie entfallende anteilige Betrag darf 1 EUR nicht unterschreiten.

Der Anteil am Grundkapital bestimmt sich bei Nennbetragsaktien nach dem Verhältnis ihres Nennbetrags zum Grundkapital, bei Stückaktien nach der Zahl der Aktien.

§ 9 HGB § 272 (2) Für einen geringeren Betrag als den Nennbetrag oder den auf die einzelne Stückaktie entfallenden anteiligen Betrag des Grundkapitals dürfen Aktien nicht ausgegeben werden (geringster Ausgabebetrag). In der Regel werden sie mit Aufgeld (Agio) verkauft. Das Aufgeld muss in die **Kapitalrücklage** eingestellt werden.

Firma

Die Firma der AG kann eine Personen-, Sach-, Fantasie- oder gemischte Firma sein. Sie muss die Bezeichnung »Aktiengesellschaft« oder eine allgemein verständliche Abkürzung dieser Bezeichnung enthalten. (AktG § 4)

Beispiele: Albert Hoffmann Aktiengesellschaft, Funner & Higher AG, Ahrens Textil Aktiengesellschaft

Gründung

▶ Gründer und Gesellschaftsvertrag

§ 2 § 23 Die Aktiengesellschaft kann von einer oder mehreren Personen gegründet werden. Die Gründer stellen den Gesellschaftsvertrag, die Satzung, auf. Diese muss notariell beurkundet werden.

Die Gründer müssen alle Aktien gegen Einlagen übernehmen.

▶ Gründungsarten

In der Satzung ist festzulegen, ob eine Bargründung oder eine Sachgründung erfolgen soll.

1. Bei der **Bargründung** werden die Einlagen der Aktionäre durch Einzahlungen geleistet. *AktG § 54*
2. Bei der **Sachgründung** bringen die Aktionäre statt Bargeld Sachen und Rechte in die AG ein, wie Grundstücke, Maschinen, Patente (Sacheinlagen), oder die Gesellschaft übernimmt vorhandene oder herzustellende Anlagen oder andere Vermögensgegenstände (Sachübernahme). *§ 27*

Beispiel: Grundkapital 10 Millionen EUR (Nennbetrag 1 EUR)
Emissionskurs 1,20 EUR je Aktie
Leistung der Mindesteinlage
Gründungskosten 500.000 EUR

Aktiva	Gründungsbilanz (in EUR)		Passiva
ausstehende Einlagen	7.500.000	Gezeichnetes Kapital	10.000.000
Vermögen	4.000.000	Kapitalrücklage	2.000.000
Verlustvortrag	500.000		
	12.000.000		12.000.000

▶ Errichtung der AG

Mit der Übernahme aller Aktien durch die Gründer ist die Gesellschaft »errichtet«. *§ 29*

▶ Bestellung des Aufsichtsrates (AR), des Vorstandes und des Abschlussprüfers

Die Gründer bestellen den ersten AR und den Abschlussprüfer für das erste Geschäftsjahr. Der AR bestellt den ersten Vorstand. *§ 30*

▶ Gründungsbericht und -prüfung

Die Gründer erstatten einen schriftlichen Bericht über den Hergang der Gründung. Dieser Hergang ist vom Vorstand, vom AR und in der Regel auch von außenstehenden Gründungsprüfern zu prüfen. *§§ 32 f.*

▶ Entstehung der AG

Bis zur Eintragung ins Handelsregister bilden die Gründer eine Gesellschaft des bürgerlichen Rechts. Jeder, der im Namen der Gesellschaft Geschäfte macht, haftet deshalb persönlich und gesamtschuldnerisch. *§ 41*

Sämtliche Gründer sowie alle Mitglieder des Vorstandes und AR müssen die Anmeldung vornehmen. Sie haben nachzuweisen, dass die notwendigen Sacheinlagen und Einzahlungen auf das Grundkapital erfolgt sind. In der Anmeldung ist ferner anzugeben, welche Vertretungsbefugnis die Vorstandsmitglieder haben. Alle Urkunden über die Gründung sind beizufügen. Nach der Prüfung der Anmeldung durch das Gericht erfolgt die Eintragung und die Bekanntmachung. *§§ 36–40*

Erst durch die Eintragung »entsteht« die AG als juristische Person mit Kaufmannseigenschaft. Die Eintragung hat also rechtserzeugende Wirkung. *HGB § 6*

Aufbau der AG

Die AG hat drei Organe: den **Vorstand,** der die Unternehmung leitet, den **Aufsichtsrat** (AR), der die Geschäftsführung des Vorstandes überwacht, und die **Hauptversammlung** (HV), in der die Aktionäre ihre Interessen vertreten.

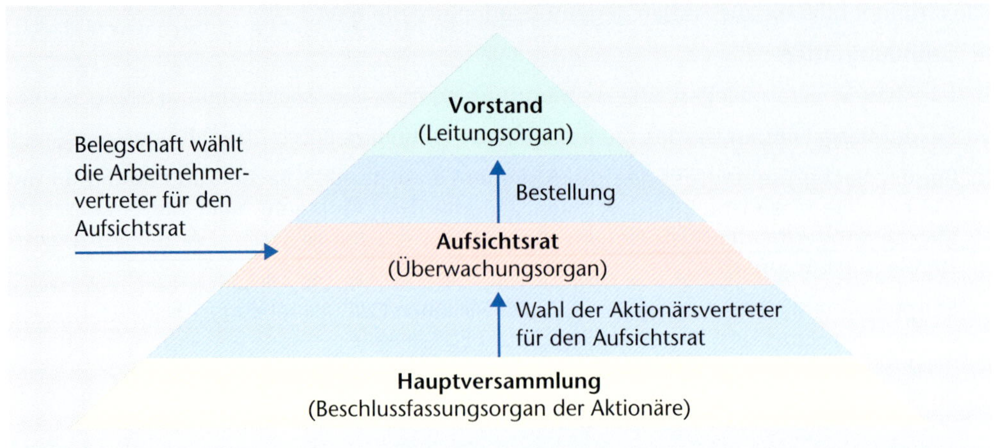

▶ Vorstand

AktG §§ 77 f.

a) Rechtsstellung. Besteht der Vorstand aus mehreren Personen, so haben sie **gesetzlich** die **Gesamtgeschäftsführungsbefugnis** und die **Gesamtvertretungsmacht.** In der Satzung kann auch Einzelgeschäftsführungsbefugnis und Einzelvertretungsmacht festgelegt werden. Die Einzelgeschäftsführungsbefugnis wird aber dadurch beschränkt, dass bei Meinungsverschiedenheiten im Vorstand nie gegen die Mehrheit der Vorstandsmitglieder entschieden werden darf.

Die Satzung kann auch bestimmen, dass ein Vorstandsmitglied zusammen mit einem Prokuristen die Gesellschaft vertritt.

§ 81

Die Einzelvertretungsbefugnis und auch die Vertretungsbefugnis zusammen mit einem Prokuristen sind ins Handelsregister einzutragen.

§§ 84, 84 (3), 85, 105

b) Bestellung und Abberufung. Der Vorstand wird in der Regel vom AR auf höchstens fünf Jahre bestellt. Die wiederholte Bestellung ist zulässig. AR-Mitglieder können nicht gleichzeitig Vorstandsmitglieder sein. Der AR kann die Ernennung widerrufen, wenn ein wichtiger Grund vorliegt, z. B. grobe Pflichtverletzung.

§ 76 (2)

c) Zusammensetzung. Der Vorstand kann aus einer oder mehreren Personen, den Vorstandsmitgliedern oder Direktoren, bestehen. Bei Gesellschaften mit einem Grundkapital von mehr als 3 Millionen EUR hat er aus mindestens 2 Personen zu bestehen, es sei denn, die Satzung bestimmt, dass er aus einer Person besteht.

MitbestG § 33

In Gesellschaften mit mehr als 2.000 Arbeitnehmern gehört dem Vorstand ein Arbeitsdirektor als gleichberechtigtes Mitglied an. Er wird vom Aufsichtsrat bestellt und bearbeitet insbesondere arbeitsrechtliche, soziale und personelle Angelegenheiten.

d) Aufgaben

AktG § 76

1. Der Vorstand hat unter eigener Verantwortung die Gesellschaft zu leiten.

§ 90

2. Er muss dem AR regelmäßig, mindestens vierteljährlich, Bericht erstatten über den Gang der Geschäfte und die Lage des Unternehmens.

HGB § 264

3. Er hat jeweils für das vergangene Geschäftsjahr den Jahresabschluss sowie den Lagebericht aufzustellen und dem Abschlussprüfer vorzulegen.

AktG § 121

4. Er hat die HV einzuberufen und ihr einen Vorschlag über die Verwendung des Bilanzgewinns zu unterbreiten.

§ 92

5. Er muss bei Zahlungsunfähigkeit oder Überschuldung die Eröffnung des Insolvenzverfahrens beantragen.

Bei der Durchführung seiner Aufgaben hat er die Sorgfalt eines ordentlichen und gewissenhaften Geschäftsleiters anzuwenden. Bei Verletzung seiner Obliegenheiten ist er schadensersatzpflichtig. Die Wettbewerbsenthaltungspflicht besteht für den Vorstand der AG in entsprechender Weise wie für die Gesellschafter einer OHG. *AktG § 93* *§ 88*

e) Öffentlichkeit. Die Zusammensetzung des Vorstandes und jede Änderung müssen im Handelsregister eingetragen und veröffentlicht werden. Die Unterschriften der Vorstandsmitglieder sind der Anmeldung beizufügen. Außerdem erfolgt die Veröffentlichung der Namen des Vorstandes in den Gesellschaftsblättern und durch Rundschreiben. Schließlich müssen die Namen der Vorstandsmitglieder auf den Geschäftsbriefen der AG angegeben werden. Der Vorsitzende des Vorstandes ist als solcher zu bezeichnen. *§ 81* *§ 80*

f) Vergütung. Neben dem festen Gehalt kann der Vorstand eine Beteiligung am Jahresgewinn (**Tantieme**) erhalten. Der Gewinnanteil wird errechnet von dem Jahresüberschuss, vermindert um einen Verlustvortrag aus dem Vorjahr und um die Beträge, die nach Gesetz oder Satzung aus dem Jahresüberschuss in offene Rücklagen einzustellen sind. *§ 87*

▶ Aufsichtsrat

a) Bestellung. Der AR wird auf vier Jahre bestellt. *§§ 101 f.*

1. In Gesellschaften mit **weniger als 500 Arbeitnehmern** ist die Mitbestimmung der Arbeitnehmer im AR nicht zwingend vorgeschrieben. Der AR kann also ausschließlich mit Vertretern der **Anteilseigner** besetzt sein.
2. In Gesellschaften, die **mindestens 500,** aber **nicht mehr als 2.000 Arbeitnehmer** beschäftigen, wird der AR zu zwei Dritteln aus Vertretern der **Anteilseigner,** zu einem Drittel aus Vertretern der **Arbeitnehmer** gebildet. Die Zahl der AR-Mitglieder muss also mindestens drei Mitglieder betragen; die Satzung kann eine höhere, durch drei teilbare Mitgliederzahl bestimmen. *DrittelbG § 1* *AktG § 95*

   Die Höchstzahl beträgt jedoch bei Gesellschaften mit einem Grundkapital
   - bis zu 1.500.000 EUR neun,
   - von mehr als 1.500.000 EUR fünfzehn,
   - von mehr als 10.000.000 EUR einundzwanzig Mitglieder.
3. In Gesellschaften, **die mehr als 2.000 Arbeitnehmer** beschäftigen, setzt sich der AR je zur Hälfte **(paritätisch)** aus Vertretern der **Anteilseigner** und der **Arbeitnehmer** zusammen. *MitbestG § 7*

   Die Zahl der AR-Mitglieder beträgt in diesem Falle
   - bei 2.000 bis 10.000 beschäftigten Arbeitnehmern zwölf, davon vier Arbeitnehmer des Unternehmens und zwei Gewerkschaftsvertreter;
   - bei mehr als 10.000 bis 20.000 beschäftigten Arbeitnehmern sechzehn, davon sechs Arbeitnehmer des Unternehmens und zwei Gewerkschaftsvertreter;
   - bei mehr als 20.000 beschäftigten Arbeitnehmern zwanzig, davon sieben Arbeitnehmer des Unternehmens und drei Gewerkschaftsvertreter.

   Die Vertreter der Anteilseigner werden in beiden Fällen von der HV, die Vertreter der Arbeitnehmer von der Belegschaft gewählt. Die AR-Sitze der Arbeitnehmer sollen sich auf Arbeiter, Angestellte und leitende Angestellte entsprechend ihrem Anteil an der Gesamtbelegschaft verteilen; jede Gruppe muss aber mindestens einen Sitz erhalten. Der AR wählt aus seiner Mitte einen Vorsitzenden und einen Stellvertreter. Wird die dazu erforderliche $^2/_3$-Mehrheit nicht erreicht, so wählen die AR-Mitglieder der Kapitaleigner den Vorsitzenden. Dieser hat bei Stimmengleichheit im AR eine zweite Stimme.

AktG § 110 (3) **b) Zusammenkunft.** Der Aufsichtsrat muss zwei Sitzungen im Kalenderjahr abhalten. In nicht börsennotierten Gesellschaften kann der Aufsichtsrat beschließen, dass eine Sitzung im Kalenderjahr abzuhalten ist.

§ 100 **c) Persönliche Voraussetzungen für Aufsichtsratsmitglieder.** Mitglied des AR kann nur eine natürliche, unbeschränkt geschäftsfähige Person sein. Eine Person kann höchstens 10 AR-Sitze einnehmen. Dabei werden aber bis zu 5 AR-Sitze bei Konzern-Tochtergesellschaften angerechnet. Verboten ist die Entsendung von gesetzlichen Vertretern anderer Kapitalgesellschaften in den AR einer AG, wenn ein Vorstandsmitglied dieser AG bereits dem AR der anderen Kapitalgesellschaft angehört (Überkreuzverflechtung). Ferner kann ein Vorstandsmitglied eines abhängigen Unternehmens (Tochterunternehmen) nicht dem AR der herrschenden Gesellschaft (Muttergesellschaft) angehören.

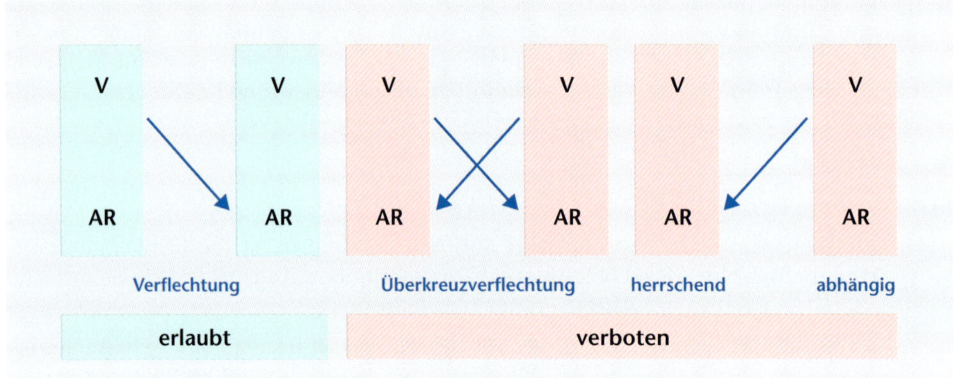

d) Aufgaben.

§§ 84, 111 1. Der AR bestellt den Vorstand, überwacht seine Tätigkeit und beruft ihn ab, wenn ein wichtiger Grund vorliegt.

§ 171 (1) 2. Er hat den Jahresabschluss, den Lagebericht, den Prüfungsbericht des Abschlussprüfers und den Vorschlag des Vorstandes für die Verwendung des Bilanzgewinns zu prüfen.

§ 171 (2) 3. Er hat der HV über das Ergebnis der Prüfung schriftlich zu berichten.

§ 171 (3) 4. Er hat eine außerordentliche HV einzuberufen, wenn das Wohl der Gesellschaft es erfordert.

Neben den im Gesetz formulierten Aufgaben gewinnt die Beratung des Vorstandes zunehmend an Bedeutung.

Beispiele: Beratung bei geplanten Investitionen, bei der Überwindung von Krisensituationen

§ 116 Der AR hat wie der Vorstand die Sorgfalts- und Schadensersatzpflicht.

§§ 36 f. § 106 **e) Öffentlichkeit.** Die Namen, der Stand und der Wohnort der AR-Mitglieder müssen dem Registergericht gemeldet werden. Sie werden aber nicht eingetragen, sondern nur in den Gesellschaftsblättern veröffentlicht. Ferner ist jeder Wechsel der AR-Mitglieder unverzüglich bekannt zu machen und die Bekanntmachung zum Handelsregister einzureichen. (§ 80) Der Name des Vorsitzenden des AR ist auf den Geschäftsbriefen anzugeben.

§ 113 **f) Vergütung.** Dem AR kann eine Vergütung bezahlt werden. Sie kann in der Satzung festgesetzt oder von der HV bewilligt werden. Wird den AR-Mitgliedern ein Anteil am Jahresgewinn gewährt, so berechnet sich der Anteil nach dem Bilanzgewinn, vermindert um einen Betrag von mindestens 4 % der auf den Nennbetrag der Aktien geleisteten Einlage.

▶ Hauptversammlung

a) Rechtsstellung. Die HV ist die Versammlung der Aktionäre. In ihr nehmen sie die ihnen gesetzlich zustehenden Rechte durch Ausübung des Stimmrechts wahr. Sie beschließen in den im Gesetz und in der Satzung ausdrücklich bestimmten Fällen. *AktG § 118 § 119* Jedem Aktionär muss auf Verlangen in der HV durch den Vorstand Auskunft über die Angelegenheiten der Gesellschaft gegeben werden, soweit sie zur sachgemäßen Beurteilung des Gegenstandes der Tagesordnung erforderlich ist. *§ 131* Eine Auskunft darf nur verweigert werden, wenn dadurch der Gesellschaft oder einem verbundenen Unternehmen ein nicht unerheblicher Nachteil zugefügt würde. Im Zweifelsfalle entscheidet das Gericht über die Berechtigung einer Auskunftsverweigerung. *§ 132*

b) Aufgaben.

1. Die HV wählt die AR-Mitglieder der Anteilseigner mit einfacher Mehrheit und kann sie vor dem Ablauf ihrer Amtszeit mit Dreiviertelmehrheit abberufen. *§§ 101, 103*
2. Sie beschließt über lebenswichtige Grundfragen der AG, die einer Satzungsänderung bedürfen wie Kapitalerhöhung und -herabsetzung, Verschmelzung und Auflösung. *§ 119*
3. Sie wählt den Abschlussprüfer und den Prüfer für Sonderprüfungen, z.B. bei der Gründung. *§ 119*
4. Sie beschließt über die Verwendung des festgestellten Bilanzgewinns. *§ 119*
5. Sie stellt den Jahresabschluss fest, wenn der Vorstand und AR dies beschließen oder wenn der AR den Jahresabschluss des Vorstandes nicht billigt. *§ 173*
6. Sie beschließt über die Entlastung der Vorstands- und Aufsichtsratsmitglieder. *§ 120*

c) Einberufung. Die ordentliche HV muss jährlich in den ersten 8 Monaten des Geschäftsjahres einberufen werden zur Entgegennahme des Jahresabschlusses und des Lageberichtes sowie zur Beschlussfassung über die Verwendung des Bilanzgewinns. *§§ 121, 175*

Die Einberufung erfolgt bei Publikumsgesellschaften durch eine Veröffentlichung der Tagesordnung in den Gesellschaftsblättern, außerdem durch Mitteilung an die Kreditinstitute, die die Mitteilung an die betroffenen Depotkunden weitergeben.

Eine außerordentliche HV wird einberufen, wenn

- Aktionäre, deren Anteile zusammen mindestens den zwanzigsten Teil des Grundkapitals ausmachen, dies fordern, *§ 122*
- der Verlust dic Hälfte des Grundkapitals erreicht hat, *§ 92*
- Kapitalerhöhungen bzw. -herabsetzungen geplant sind. *§ 119*

Abay AG

Wir laden unsere Aktionäre ein zur

ordentlichen Hauptversammlung

am Mittwoch, dem 29. April 20.., um 10:00 Uhr,
Kongresshalle, Messegelände

Tagesordnung

1. Vorlage des festgestellten Jahresabschlusses und des Konzernabschlusses, des zusammengefassten Lageberichts für die Gesellschaft und den Konzern sowie des Berichts des Aufsichtsrates für 20..; Beschlussfassung über die Gewinnverwendung
2. Entlastung des Vorstandes
3. Entlastung des Aufsichtsrates
4. Ermächtigung zur Begebung von Wandel- und Optionsanleihen, Schaffung bedingten Kapitals und Satzungsänderung
5. Vergütung des Aufsichtsrats
6. Ermächtigung zum Erwerb eigener Aktien
7. Wahl des Abschlussprüfers für 20..

Die vollständige Einberufung mit dem Wortlaut der Vorschläge zur Beschlussfassung ist im Bundesanzeiger Nr. 51 vom 14. März 20.. abgedruckt.

Leverkusen, 14. März 20..

Der Vorstand der
Abay Aktiengesellschaft

AktG § 134 **d) Abstimmung.** Das Stimmrecht wird nach Aktiennennbeträgen, bei Stückaktien nach ihrer Zahl, ausgeübt. Aktionäre, die »Aktienpakete« besitzen (Großaktionäre), haben also einen entscheidenden Einfluss in der HV. Die Satzung kann allerdings das Stimmrecht durch Festsetzung von Höchstbeträgen beschränken. Die Unterwanderung einer AG durch Großaktionäre soll auch öffentlich bekannt werden. Sobald ein Unternehmen 25 % des Kapitals einer AG erworben hat, muss es dies der AG mitteilen. Diese hat den
§ 20 Tatbestand in den Gesellschaftsblättern zu veröffentlichen. Unternehmen, die die Mitteilungspflicht verletzt haben, können die Rechte aus den Aktien nicht geltend machen.

§ 133 Für die Beschlüsse der HV genügt grundsätzlich die **einfache Mehrheit** der abgegebenen Stimmen. Beschlüsse über Satzungsänderungen der AG müssen mit der **qualifi-**
§ 179 **zierten Mehrheit** von 75 % des bei der Beschlussfassung vertretenen Grundkapitals gefasst werden. Besitzt ein Aktionär also nur wenig mehr als 25 %, so kann er solche
§ 129 Beschlüsse verhindern **(Sperrminorität).** Ein Verzeichnis der Teilnehmer an der HV gibt Aufschluss über deren Aktienbesitz.

§ 134 Der Aktionär braucht das Stimmrecht jedoch nicht persönlich auszuüben. Er kann sich durch einen Bevollmächtigten vertreten lassen. Da die Aktien sehr häufig bei einer Bank deponiert werden, liegt es nahe, dass diese den Aktionär vertritt.

§ 135 Um die Machtfülle, die den Banken durch die Vertretung der Aktionäre zufallen kann, einzuschränken und um Missbräuche zu verhindern, verlangt das Gesetz zur Ausübung des Stimmrechts die schriftliche Ermächtigung der Bank durch den Aktionär. Dieses **Depotstimmrecht** kann nur für einen Zeitraum von längstens 15 Monaten erteilt werden und ist jederzeit widerruflich. Außerdem müssen die Banken ihre eigenen Vorschläge für die Ausübung des Stimmrechts zu den einzelnen Gegenständen der Tagesordnung mitteilen. Der Bankkunde hat das Recht, seiner Bank bestimmte Weisungen für die HV zu erteilen.

§ 130 Bei Aktiengesellschaften, deren Aktien zum Börsenhandel zugelassen sind, müssen die Beschlüsse notariell beurkundet werden.

Pflichten und Rechte des Aktionärs

Pflichten des Aktionärs

§§ 54, 36 (2), 36a 1. Leistung der übernommenen Einlage. Bei Bargründungen sind mindestens 25 % des geringsten Ausgabebetrages der Aktien und das volle Agio einzuzahlen. Bei Sachgründungen sind die Sacheinlagen voll einzubringen.

§ 55 2. Nebenverpflichtung zu nicht in Geld bestehenden Leistungen, wenn die Übertragung der Aktien an die Zustimmung der Gesellschaft gebunden (vinkulierte Namensaktie) und die Verpflichtung durch die Satzung auferlegt ist (Lieferung von Zuckerrüben an Zuckerfabrik).

Rechte des Aktionärs

§ 118 1. Recht auf Teilnahme an der HV.

§ 134 2. Stimmrecht in der HV nach Aktiennennbeträgen, bei Stückaktien nach deren Zahl.

§ 131 3. Auskunftsrecht über Angelegenheiten der Gesellschaft, soweit die Auskunft zur sachgemäßen Beurteilung des Gegenstandes der Tagesordnung erforderlich ist.

§ 243 4. Anfechtung eines Beschlusses der HV wegen der Verletzung des Gesetzes oder der Satzung.

§§ 58 (4), 60 5. Recht auf Anteil am Bilanzgewinn (Dividende) nach ihren Anteilen am Grundkapital.

Bei Nennbetragsaktien wird die Dividende aus dem Nennbetrag gerechnet (Nominalverzinsung), die effektive Rendite ergibt sich aus dem Verhältnis des Dividendenbetrages zum Stückkurs.

Beispiel: Die Makrota AG schüttete im Jahre 01 eine Dividende von 1,10 EUR auf eine Nennbetragsaktie im Nennbetrag von 1 EUR aus. Bei einem Börsenkurs von 36,43 (Tiefstkurs 01) (Kaufpreis 36,43 EUR für eine Aktie) bzw. von 52,75 EUR (Höchstkurs 01) entspricht dies einer effektiven Rendite von 3,02 % bzw. von 2,09 %.

6. Recht auf Bezug neuer (junger) Aktien im Verhältnis der Kapitalerhöhung zum alten Grundkapital. *AktG § 186*

   Beispiel: Ein Aktionär besitzt 60 Aktien. Die AG erhöht das Grundkapital von 50 Mio. auf 60 Mio. EUR, also um 20 %. Somit kann der Aktionär bei diesem Bezugsverhältnis (5:1) zwölf junge Aktien beziehen, d.h., seinen Aktienanteil gleichermaßen um 20 % erhöhen.

7. Recht auf Anteil am Liquidationserlös nach dem Anteil am Grundkapital. *§ 271 (2)*

Bedeutung der AG

Aktiengesellschaften sind in der Mitte des 19. Jahrhunderts entstanden, um den bei der beginnenden Industrialisierung gewaltigen Kapitalbedarf der großen Schifffahrts-, Eisenbahn- und Industrieunternehmen zu decken (Kapitalsammelfunktion).

In Deutschland gibt es ca. 7.000 Aktiengesellschaften. Die Zahl der Umwandlungen in diese Gesellschaftsform steigt, bedingt durch den hohen Kapitalbedarf aufgrund des technischen Fortschritts, der Globalisierung der Märkte und der Tendenz zur Konzentration (internationale Wettbewerbsfähigkeit).

Mit dem Gesetz für kleine Aktiengesellschaften von 1994 wird die Umwandlung in eine AG auch für mittelständische **(Familien-)Unternehmen (Familien-AG)** möglich, weil die strengen Formvorschriften für solche Unternehmen vereinfacht wurden.

Beispiele:

1. Die Gründung durch eine Person (natürliche oder juristische) ist möglich.
2. Die Eigentümer sind im Aufsichtsrat und in der Hauptversammlung repräsentiert, der Vorstand führt die Geschäfte eigenverantwortlich und vergleichsweise unabhängig (institutionalisierte Trennung von Geschäftsführung und Anteilseigentum).
3. Zur Einberufung der Hauptversammlung genügt ein eingeschriebener Brief, soweit die Aktionäre namentlich bekannt sind.
4. Die Prüfungspflicht für den Jahresabschluss entfällt.
5. Eingeschränkte Offenlegungspflicht (Erstellung einer verkürzten Bilanz und Gewinn- und Verlustrechnung, Offenlegung im Bundesanzeiger wird nicht verlangt).

Die niedrigen Ausgabebeträge für Aktien ermöglichen einer großen Zahl von Personen die Teilhaberschaft, auch wenn sie nur ein begrenztes Vermögen besitzen. Wenn die Zahl der Aktionäre in einer Volkswirtschaft groß ist, wird eine breite Streuung des Eigentums an Produktionsmitteln erreicht. Die Privatisierung von Staatsunternehmen (Deutsche Telekom AG) und die Ausgabe von Belegschaftsaktien dienen diesem Ziel.

Mit der Ausgabe von Aktien erhalten die Gesellschaften Kapital, über das sie immer verfügen, während die Aktionäre ihren Kapitalanteil jederzeit veräußern können.

Die Unternehmensgröße und die Kapitalzusammenballung bei einer AG führen zu zahlreichen und weit verzweigten Bindungen und Verflechtungen mit anderen Unternehmen und wirtschaftlichen Partnern. Der gesamtwirtschaftliche Schaden, der durch den finanziellen Zusammenbruch einer AG entstehen würde, macht daher eine Reihe von Bestimmungen zum Schutze der wirtschaftlichen Partner erforderlich.

a) Aktionärsschutz. Aktionäre mit geringem Aktienbesitz haben kaum Einfluss auf den Vorstand der AG. Einflussreicher sind Großaktionäre, Aktionärsvereine und Banken, die ihre Depotstimmrechte ausüben. Die Bildung von Aufsichtsräten und das gesetzlich festgelegte Auskunftsrecht des Aktionärs zwingen den Vorstand zur Rechenschaftslegung.

b) **Arbeitnehmerschutz.** Der Produktionsfaktor Arbeit ist im Aufsichtsrat der AG vertreten, bei Gesellschaften mit mehr als 2.000 Arbeitnehmern sowie bei Gesellschaften der Montanindustrie durch einen Arbeitsdirektor auch im Vorstand. Diese Aufsichtsräte und Vorstandsmitglieder sollen die Interessen der Arbeitnehmer schützen.

c) **Gläubigerschutz.** Die Beschränkung der Haftung auf das Gesellschaftsvermögen ist Ursache für Schutzbestimmungen im HGB und im Aktiengesetz zugunsten der Gläubiger. Dazu gehören die Bestimmungen über die Pflichtprüfung, Veröffentlichung des Jahresabschlusses, Bildung und Verwendung von Rücklagen.

d) **Öffentlichkeitsschutz.** Die mit der Leitung der Aktiengesellschaft beauftragten Manager verfügen über wesentliche Teile des volkswirtschaftlichen Kapitals. Der Zusammenschluss von Unternehmen durch die kapitalmäßige Verflechtung von Aktiengesellschaften führt zu einer immer stärker werdenden Machtkonzentration in den Händen weniger Personen, deren Einfluss auf die Wirtschaft groß und auch von politischem Gewicht ist. Im Interesse der Öffentlichkeit liegt es, dass diese Verflechtungen bekannt und staatlich kontrollierbar sind.

▶ Aufgaben und Probleme

1. Begründen Sie, warum sich die Rechtsform der Aktiengesellschaft anbietet, wenn der Eigenkapitalbedarf eines Unternehmens besonders groß ist.
2. Erläutern Sie Merkmale des Aktienrechts, die die Kapitalbezogenheit der AG charakterisieren.
3. Bei der Gründung emittiert eine AG Aktien mit dem kleinstmöglichen Nennbetrag zur Deckung des gesetzlich vorgeschriebenen Mindestkapitals zum Kurs von 3,50 EUR.
   a) Wie hoch ist der Nennbetrag einer solchen Aktie?
   b) Wie groß ist der Kurswert dieser Aktie?
   c) Wie viele Aktien wurden ausgegeben?
   d) Dürfte der Nennbetrag der ausgegebenen Aktien auch 25 EUR sein (Begründung)?
   e) Wäre ein Ausgabekurs von 0,50 EUR möglich (Begründung)?
4. Vergleichen Sie die gesetzliche Geschäftsführungsbefugnis und Vertretungsmacht eines OHG-Gesellschafters mit der eines Vorstandsmitglieds einer AG.
5. Unter welchen Voraussetzungen kann ein Vorstandsmitglied die AG allein vertreten?
6. Vorstand und Aufsichtsrat einer AG werden auf unterschiedlich lange Zeiträume bestellt. Was bezweckt der Gesetzgeber damit?
7. Die Aktionäre üben in der Hauptversammlung ihr Stimmrecht aus.
   Welche Stimmzahlen sind erforderlich für
   a) die einfache Mehrheit,
   b) die qualifizierte Mehrheit,
   c) die Sperrminorität?
8. Der Dividendenbetrag einer AG beträgt 10 EUR; Nennbetrag des kleinsten Stücks: 5 EUR; Stückkurs: 200 EUR. Berechnen Sie die effektive Verzinsung (ohne Berücksichtigung von Steuern).

9. Zur Gründung einer Windkraftanlage wurde die Windkraft-Technologiepark AG gegründet und mit einem Grundkapital von 120 Mio. EUR in das Handelsregister eingetragen. Das Grundkapital wurde auf 6 Mio. Aktien aufgeteilt. Am Grundkapital der AG sind die Rymo-Bank AG mit 65 Mio. EUR und der Kommunalenergieverband EnTech mit 47 Mio. EUR beteiligt. Der Rest der Aktien wurde von den Initiatoren Moritz und Ramona Herzog zu gleichen Teilen übernommen. Der Kapitalbedarf wurde zunächst mit 180 Mio. EUR veranschlagt.

   a) Weisen Sie rechnerisch nach,

      a1) welchen Nennwert eine Stückaktie hat;

      a2) wie viele Aktien der AG Moritz Herzog besitzt;

      a3) zu welchem Preis die Aktien von den Gründern übernommen werden mussten.

   b) Anfänglich überlegten die Gründer, ob sie zur Verwirklichung ihrer Unternehmensziele eine GmbH gründen sollten.

      Erläutern Sie mit drei Argumenten, woran die Gründung einer GmbH letztlich gescheitert sein könnte.

   c) Moritz und Ramona Herzog wollen zunächst durchsetzen, dass ihr Familienname in der Firma der AG erscheint.

      c1) Unter welchen Voraussetzungen wäre dies betriebswirtschaftlich sinnvoll gewesen?

      c2) Weisen Sie anhand zweier Firmengrundsätze des HGB nach, dass die im Sachverhalt angegebene Firma den gesetzlichen Anforderungen entspricht.

   d) Der erste Aufsichtsrat hat Moritz und Ramona Herzog zu Vorständen der Windkraft-Technologiepark AG bestellt. Moritz Herzog hat an das Tiefbauunternehmen Bodengrund GmbH einen Auftrag über die Geländeplanierung für die Montagehalle vergeben. Der Vertrag wurde von Moritz Herzog und dem Geschäftsführer der Bodengrund GmbH unterzeichnet.

      Begründen Sie, unter welchen Voraussetzungen der Vertrag für die Windkraft-Technologiepark AG bindend ist.

   e) Vor Ablauf der Amtszeit des ersten Aufsichtsrates werden die Gründungsaktionäre der Windkraft-Technologiepark AG vom Vorstand zur Hauptversammlung eingeladen. Es ist ein neuer Aufsichtsrat zu wählen. Die Gesellschaft beschäftigt derzeit 310 Mitarbeiterinnen und 280 Mitarbeiter. Die geschlechtsspezifische Personalstruktur soll im Aufsichtsrat berücksichtigt werden.

      e1) Machen Sie einen Vorschlag für die Größe und anteilsmäßige Zusammensetzung des hier zu wählenden Aufsichtsrates. Begründen Sie Ihren Vorschlag.

      e2) Sebastian Leone, Vorstand der Rymo-Bank AG, will sich in den neuen Aufsichtsrat wählen lassen.

         Erläutern Sie die Absicht, die Leone mit dieser Wahl verbindet, und prüfen Sie deren rechtliche Zulässigkeit.

   f) Die Aktie ist inzwischen zum amtlichen Handel an der Börse zugelassen. Von dem Börsengang verspricht sich das Unternehmen positive Auswirkungen.

      Erläutern Sie,

      f1) worin diese Erwartung begründet sein könnte;

      f2) welche Nachteile mit dem Börsengang verbunden sein könnten.

10. Sachverhalt: Die Filterwerk GmbH beschäftigt 1.280 Arbeitnehmer. Sie ist Zulieferer für Krattfahrzeughersteller. Ein Großabnehmer errichtet in den USA eine Niederlassung. Um die günstigen Bedingungen auf diesem überseeischen Markt zu nutzen, beabsichtigt auch das Filterwerk, dort ein Zweigwerk aufzubauen. Der da-

für erforderliche Finanzbedarf löst eine Diskussion aus, ob die GmbH in eine AG umgewandelt werden soll.

Nach dem Gesellschaftsvertrag verteilt sich das Stammkapital von 100 Mio. EUR wie folgt auf die Gesellschafter:

- Eva Spieß 72 Mio. EUR
- Marcus Kopf 7 Mio. EUR
- Kurt Knecht 20 Mio. EUR
- Alfred Mohl 1 Mio. EUR

Kurt Knecht und Marcus Kopf sind Geschäftsführer der GmbH mit Einzelvertretungsbefugnis. Für die Gesellschafter besteht nach dem Gesellschaftsvertrag unbeschränkte Nachschusspflicht.

Aufgaben:

a) Führen Sie zwei Gründe an, die in diesem Fall für eine Umwandlung in eine AG sprechen.

b) Kurt Knecht und Marcus Kopf sind gegen eine Umwandlung. Beurteilen Sie, ob beide eine Umwandlung verhindern könnten.

c) Eva Spieß garantiert den beiden Geschäftsführern, dass sie nach der Umwandlung Vorstandsmitglieder der AG werden. Erklären Sie, wer bei einer neu zu gründenden AG den Vorstand bestellt, und überprüfen Sie, ob das Versprechen von Eva Spieß durchsetzbar ist.

d) Trotz der ursprünglichen Bedenken der beiden Geschäftsführer wird am 30. März einstimmig die Umwandlung in eine AG beschlossen. Die Gesellschafter der GmbH bringen ihre Geschäftsanteile als Sachvermögen ein und erhalten Aktien zum Nennbetrag von 1 EUR. Die Hausbank übernimmt zusätzlich Aktien im Nennbetrag von 20 Mio. EUR zuzüglich 10 % Agio. Welche Gründe könnten die Hausbank veranlasst haben, sich an der AG zu beteiligen?

e) Begründen Sie, warum bei der vorliegenden Gründungsart der Gesetzgeber besonders strenge Prüfungsanforderungen stellt.

f) Die Geschäftsentwicklung der AG verläuft ausgezeichnet. Für dringend notwendige Erweiterungsinvestitionen werden im kommenden Geschäftsjahr flüssige Mittel in Höhe von 70 Mio. EUR (einschließlich Emissionskosten) benötigt.

   Der Vorstand will diese Mittel durch Ausgabe weiterer Aktien aufbringen. Er legt daher der Hauptversammlung folgenden Vorschlag zur Abstimmung vor!

   - Erhöhung des Grundkapitals zum Jahresbeginn durch Ausgabe junger Aktien.
   - Ausgabekurs: 5 EUR je 1-EUR-Aktie.

   Bei der Hauptversammlung sind 85 % des Grundkapitals anwesend.

   Wie viele Stimmen werden für die geplante Kapitalerhöhung benötigt?

g) Aktionär Edelmann besitzt Aktien im Nennbetrag von 29,8 Mio. EUR.

   Begründen Sie, ob Edelmann diese Kapitalerhöhung verhindern könnte (rechnerischer Nachweis erforderlich).

3.4.8 Europäische Aktiengesellschaft (SE, Societas Europaea)

Die **Europäische Aktiengesellschaft** (**S**ocietas **E**uropaea – **SE**) ist eine **Kapitalgesellschaft** mit einem in Aktien eingeteilten Kapital von **mindestens 120.000 Euro.** Sie besteht aus **mindestens zwei** Unternehmen, die in verschiedenen **EU-Mitgliedsstaaten** ansässig sind.

Der **Sitz** der Europäischen Aktiengesellschaft liegt in dem Mitgliedsstaat, in dem sich die Hauptverwaltung befindet. Für die Kapitalaufbringung, die Kapitalmaßnahmen und die Ausgabe von Wertpapieren findet das Aktienrecht des jeweiligen Sitzstaates Anwendung.

Gründung

Eine Europäische Aktiengesellschaft kann auf verschiedene Arten gegründet werden durch:

- Verschmelzung von Aktiengesellschaften aus mindestens zwei verschiedenen Mitgliedsstaaten,
- Bildung einer SE-Holdinggesellschaft, an der Aktiengesellschaften oder GmbHs aus mindestens zwei Mitgliedsstaaten beteiligt sind,
- Gründung einer SE-Tochtergesellschaft,
- Umwandlung einer Aktiengesellschaft in eine SE, die seit mindestens zwei Jahren eine Tochtergesellschaft in einem anderen Mitgliedsstaat hat.

Die Europäische Aktiengesellschaft wird in das jeweilige Register des Staates eingetragen, in dem sich die Hauptverwaltung befindet. In Deutschland ist dies das Handelsregister. Zusätzlich zum Eintrag in das jeweilige Register muss der Eintrag im Amtsblatt der Europäischen Gemeinschaft veröffentlicht werden.

Das gezeichnete Kapital muss mindestens 120.000 EUR betragen.

Verordnung (EG) Artikel 4

Firma

Die Abkürzung »SE« (Societas Europaea) muss Firmenbestandteil sein.

Organe

Hinsichtlich der Organe der Europäischen Aktiengesellschaft gibt es zwei Möglichkeiten:

SEEG § 16

§ 23

monistisches System	**dualistisches System**
	Leitungsorgan (mind. 2 Personen)
Verwaltungsorgan (Leitungs- und Aufsichtsfunktion, mind. 3 Personen)	Aufsichtsorgan (Anzahl der Mitglieder wie AktG)
Hauptversammlung	**Hauptversammlung**

Bedeutung

Die europäische Aktiengesellschaft kann europaweit agieren, ohne mit erheblichem Zeit- und Kostenaufwand ein Netz von Tochterunternehmen errichten zu müssen, für die dann unterschiedliche nationale Vorschriften gelten. Europäische Aktiengesellschaften haben bei Bedarf die Möglichkeit, Landesgrenzen ohne Weiteres zu überwinden, da das SE-Statut die Verlegung der Hauptverwaltung erlaubt.

3.4.9 Genossenschaft (eG)

GenG § 1 § 2 Die »**eingetragene**« **Genossenschaft** ist eine Gesellschaft mit **nicht geschlossener Mitgliederzahl,** die die **Förderung des Erwerbs oder der Wirtschaft ihrer Mitglieder** (Genossen) mittels **gemeinschaftlichen Geschäftsbetriebes** bezweckt.

Für die Verbindlichkeiten der Genossenschaft haftet den Gläubigern das Vermögen der Genossenschaft.

Gründung

§§ 4 f., 9–11, 13 Mindestens drei Personen (Gründer) stellen ein **Statut** (Satzung) auf. Dann erfolgt die Wahl des Vorstandes und Aufsichtsrates sowie die Prüfung durch den Prüfungsverband. Mit der Eintragung in das Genossenschaftsregister beim zuständigen Registergericht ist die Genossenschaft entstanden. Sie wird dadurch juristische Person und zugleich Formkaufmann.

Firma

§ 3 Die Firma der Genossenschaft kann eine Personen-, Sach-, Fantasiefirma oder gemischte Firma sein. Sie muss die Bezeichnung »**eingetragene Genossenschaft**« oder die Abkürzung »eG« enthalten. Der Firma darf kein Zusatz beigefügt werden, der darauf hindeutet, ob und in welchem Umfang die Genossen zur Leistung von Nachschüssen verpflichtet sind.

Beispiele: Weingärtner Zentralgenossenschaft eG, Volksbank Nussdorf eG

Mitgliedschaft

§ 15 § 30 Mitglieder einer Genossenschaft können natürliche und juristische Personen sein. Der Eintritt in eine schon bestehende Genossenschaft ist jederzeit durch schriftliche Beitrittserklärung möglich. Die Mitgliedschaft wird aber erst wirksam mit der Eintragung in die bei der Genossenschaft geführten Liste der Genossen.

§ 65 Wer aus der Genossenschaft austreten will, muss auf den Schluss eines Geschäftsjahres unter Einhaltung einer Frist von mindestens drei Monaten bis zu fünf Jahren schriftlich kündigen.

Arten der Genossenschaft

Arten	Aufgaben	Beispiele
Einkaufsgenossenschaften	Großeinkauf von Waren, Materialbeschaffung	Intersport eG Malereinkaufsgenossenschaft eG
Kreditgenossenschaften	Gewährung von Krediten und Durchführung anderer Bankgeschäfte	Volksbank eG Raiffeisenbank eG
Warengenossenschaften	Bezug landwirtschaftlicher Bedarfsstoffe; Erfassung, Absatz und Verwertung landwirtschaftlicher Erzeugnisse	Landwirtschaftliche Bezugs- und Absatzgenossenschaft eG
Teilproduktionsgenossenschaften	Milchverarbeitung, Weinausbau	Milchwerk eG Winzergenossenschaft eG
Konsumgenossenschaften	zentraler Großeinkauf und Eigenfertigung, Verkauf an Verbraucher	coop Konsumgenossenschaft eG
Baugenossenschaften	Bau von Wohnhäusern mit Nutzungsrecht der Mitglieder, Eigenheim- und Siedlungsbau	Wohnbau- und Siedlungsgenossenschaft eG

Geschäftsanteil und Geschäftsguthaben

Der **Geschäftsanteil** ist der im Statut bestimmte Betrag, bis zu dem sich ein Genosse an der Genossenschaft beteiligen kann. Im Statut kann festgelegt werden, dass sich ein Genosse mit mehr als einem Geschäftsanteil beteiligen darf. Ein Geschäftsanteil kann aber auch in mehrere Geschäftsanteile zerlegt werden. *GenG § 7 § 7a § 22b*

Die Mindesteinlage ist der im Statut bestimmte Betrag, der einbezahlt werden muss. Sie muss mindestens ein Zehntel des Geschäftsanteils betragen.

Das **Geschäftsguthaben** ist der Betrag, mit dem der Genosse an der Genossenschaft tatsächlich beteiligt ist. Es ist die Summe der Einzahlungen, vermehrt durch Gewinn- und vermindert durch Verlustanteile. Eine Zuschreibung des Gewinns erfolgt, bis der Geschäftsanteil erreicht ist. Die Geschäftsguthaben aller Genossen ergeben das in der Bilanz ausgewiesene Geschäftsguthaben. Das Statut kann bestimmen, dass die Geschäftsguthaben verzinst werden. *§ 19* *§ 21a*

Nachschusspflicht im Insolvenzfall

Das Statut kann bestimmen, dass bei Insolvenz der Genossenschaft die Genossen **Nachschüsse** in unbeschränkter Höhe oder in beschränkter Höhe bis zu einer festgelegten **Haftsumme** zu leisten haben. *§ 22a*

Die Haftsumme bei beschränkter Nachschusspflicht darf nicht kleiner sein als der Geschäftsanteil.

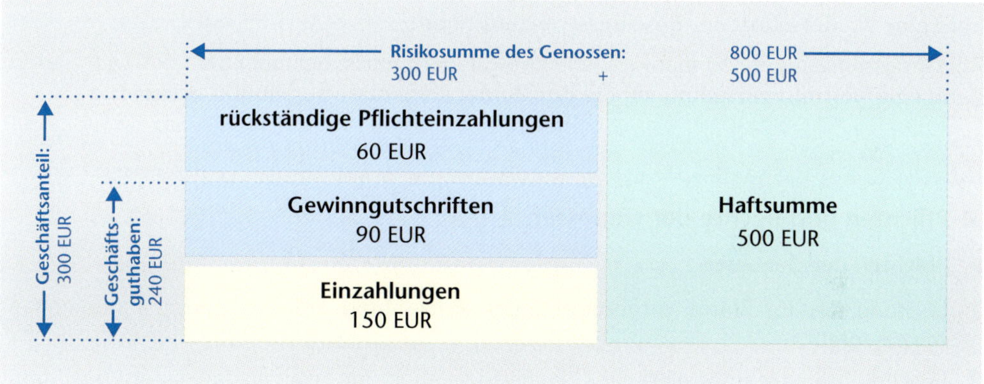

Die Verpflichtung der Genossen zur Leistung von Nachschüssen kann jedoch im Statut auch ausgeschlossen werden. Das Risiko des Genossen umschließt also

- in jedem Fall seinen Geschäftsanteil (Geschäftsguthaben, rückständige Einlagen auf den Geschäftsanteil) sowie
- eine Nachschussleistung, sofern eine solche im Statut bestimmt ist.

Organe

▶ Vorstand

Der Vorstand besteht aus mindestens 2 Mitgliedern. Sie werden von der Generalversammlung oder vom Aufsichtsrat gewählt und haben Gesamtbefugnis für die Geschäftsführung und Vertretung. Nach dem Mitbestimmungsgesetz wird in Genossenschaften mit mehr als 2.000 Arbeitnehmern ein Arbeitsdirektor bestellt. Im Statut kann bestimmt werden, dass einzelne Vorstandsmitglieder alleine oder in Gemeinschaft mit einem Prokuristen zur Vertretung der Genossenschaft befugt sind. *§§ 24–35* *MitbestG § 33*

GenG § 42 Die Genossenschaft kann Prokura und auch Handlungsvollmacht nach Maßgabe des HGB erteilen. Die Prokura muss ins Genossenschaftsregister eingetragen werden.

▶ Aufsichtsrat

§§ 36–41 DrittelbG § 1 MitbestG §§ 1, 7 Er muss aus mindestens 3 Genossen bestehen. Sie werden von der Generalversammlung gewählt. Das Drittelbeteiligungsgesetz verlangt, dass in Genossenschaften mit mehr als 500 Arbeitnehmern ein Drittel der Aufsichtsratsmitglieder Arbeitnehmer sind. In Genossenschaften mit mehr als 2.000 Arbeitnehmern ist der Aufsichtsrat paritätisch aus Mitgliedern der Anteilseigner und der Arbeitnehmer zu bilden.

BetrVG § 77 Ist ein Vertreter der Arbeitnehmer zu wählen, so muss dieser in einem Betrieb des Unternehmens beschäftigt sein. Sind zwei oder mehr Vertreter der Arbeitnehmer zu wählen, so müssen sich unter diesen mindestens zwei Arbeitnehmer aus den Betrieben des Unternehmens, darunter ein Arbeiter und ein Angestellter, befinden.

▶ Generalversammlung

GenG § 43 (2) Sie entspricht der HV der AG, hat aber mehr Rechte. Sie wählt nicht nur den AR, sondern auch den Vorstand und beschließt den Jahresabschluss. Die **Abstimmung** erfolgt nicht nach Geschäftsanteilen, sondern **nach Köpfen.** Jeder Genosse hat also unabhängig von der Zahl seiner Geschäftsanteile und der Höhe seines Geschäftsguthabens eine Stimme.

Das Statut kann für Mitglieder, die den Geschäftsbetrieb besonders fördern, die Gewährung von Mehrstimmrechten (höchstens bis zu drei Stimmen) vorsehen.

§ 47 Beschlüsse der Generalversammlung müssen nicht notariell beurkundet werden; es ist aber eine Niederschrift der Beschlüsse anzufertigen.

§ 43a Bei Genossenschaften mit mehr als 3.000 Mitgliedern muss, bei mehr als 1.500 Mitgliedern kann eine Vertreterversammlung die Rechte der Generalversammlung ausüben.

Pflichten und Rechte der Genossen

▶ Pflichten der Genossen

§ 7, 1. 1. Leistung der im Statut vorgeschriebenen Einzahlung auf den übernommenen Geschäftsanteil.

§ 6 2. Beschränkte oder unbeschränkte Nachschusspflicht im Insolvenzfall, sofern das Statut eine solche bestimmt.

3. Beachtung der Bestimmungen des Statuts und der Beschlüsse der Generalversammlung.

▶ Rechte der Genossen

§ 43 1. Benutzung der Einrichtungen der Genossenschaft.

2. Teilnahme an der Generalversammlung, sofern keine Vertreterversammlung besteht.

§ 45 3. Einberufung einer Generalversammlung auf Verlangen des zehnten Teils der Genossen unter Angabe des Zwecks und der Gründe.

§§ 19 f. 4. Recht auf Anteil am Gewinn, sofern er nicht den Rücklagen zugeschrieben wird.

§ 65 5. Recht auf Kündigung der Mitgliedschaft.

§ 73 (2), § 91 6. Auszahlung des Geschäftsguthabens beim Ausscheiden.

7. Anteil am Liquidationserlös nach dem Verhältnis der Geschäftsguthaben bis zu deren Höhe. Etwaige Überschüsse werden nach Köpfen verteilt.

Bedeutung

Die Bedeutung der Genossenschaften liegt im Zusammenschluss von wirtschaftlich Schwachen zur Selbsthilfe im Wettbewerb mit Großbetrieben. Sie wurde noch dadurch erhöht, dass sich die Genossenschaften zu Verbänden zusammenschlossen.

Genossenschaften sind im Sinne ihrer ursprünglichen Zielsetzung keine Kapitalgesellschaften. Das Unternehmensziel ist die Förderung des Erwerbs und der Wirtschaft ihrer Mitglieder. Dies schließt nicht aus, dass die Organe einer Genossenschaft eine wirtschaftliche Betriebsführung und die Erzielung von Gewinn anstreben.

Die Mitglieder der Genossenschaft als Kapitaleigner zählen zum Kundenstamm der Genossenschaft.

Beispiele:

1. Die Kunden und Kapitaleigner einer Einkaufsgenossenschaft des Malerhandwerks sind Malermeister.
2. Landwirte beziehen ihr Saatgut bei der von ihnen gegründeten landwirtschaftlichen Bezugsgenossenschaft (Warengenossenschaft).

Die Genossenschaftsverbände arbeiten eng mit den Verbänden des Handwerks, des Handels und der Landwirtschaft zusammen.

▶ Aufgaben und Probleme

1. Suchen Sie Genossenschaften aus den Gelben Seiten. Ordnen Sie diese in die in der Übersicht Seite 158 genannten Genossenschaftsgruppen ein.
2. Begründen Sie, warum man die Genossenschaft nicht zu den Kapitalgesellschaften rechnet.
3. Hotelier Schnurr ist mit einer Einzahlung von 900 EUR in die Hotel-Einkauf eG eingetreten. Vom Rechnungsergebnis der folgenden Jahre entfielen auf ihn zunächst ein Verlust von 70 EUR, dann Gewinnanteile von 160 EUR und 200 EUR.

   Satzungsgemäß ist die Beteiligung eines Genossen auf höchstens 1.200 EUR festgesetzt. Im Insolvenzfall haftet jeder Genosse mit dem Mindestbetrag, der im Genossenschaftsgesetz bei beschränkter Nachschusspflicht vorgesehen ist. Ermitteln Sie für Herrn Schnurr nach dem neuesten Stand den Geschäftsanteil, das Geschäftsguthaben, die Haftsumme und die Risikosumme.

3.4.10 Vergleich von Personen- und Kapitalgesellschaften

Beim Entscheidungsprozess stellen sich folgende Fragen:

- Wie viel Kapital kann der einzelne Unternehmer bzw. Gesellschafter aufbringen?
- Wollen die Gesellschafter Leitungsbefugnisse übernehmen oder nur Kapital einbringen?
- Welches persönliche Verhältnis besteht zwischen den beteiligten Personen?
- Wie groß soll der Einfluss der Kapitalgeber auf das Unternehmen sein?
- Wie soll das Risiko verteilt werden?
- Welche geschäftlichen Informationen müssen an die Öffentlichkeit gegeben werden?

Erst nach sehr sorgfältiger Abwägung aller Unterscheidungsmerkmale sollte die Entscheidung für die Rechtsform des Unternehmens fallen. Die Gewichtung der einzelnen Prüfsteine kann dabei bei den einzelnen Unternehmen recht unterschiedlich sein.

Merkmale von Personen- und Kapitalgesellschaften

Merkmale	Personengesellschaft	Kapitalgesellschaft
Rechtsgestaltung	keine eigene Rechtspersönlichkeit	keine eigene Rechtspersönlichkeit (juristische Person), d. h., ist selbst Träger von Rechten und Pflichten
Haftungskapital	Das Gesellschaftsvermögen, das Privatvermögen der Vollhafter und das Privatvermögen der Teilhafter bis zur Höhe der eingetragenen, aber noch nicht geleisteten Einlage	nur das Gesellschaftsvermögen, d. h., keine persönliche Haftung der Gesellschafter für Gesellschaftsschulden
gesetzliche Grundlagen	BGB, HGB	BGB, HGB, GmbH, MoMiG, AktG u. a.
Mindestkaptial	nicht erforderlich	GmbH: 25.000 EUR, UG: 1 EUR
Gesellschaftsvermögen	Gesamthandvermögen der Gesellschafter	eigenes Vermögen der juristischen Person
Geschäftsführungsbefugnis, Vertretungsmacht	grundsätzlich durch vollhaftende Gesellschafter	– durch besondere Leitungsorgane, – bei Abstimmungen sind Kapitalanteile maßgeblich, – Geschäftsführung ist durch Nichtgesellschafter als gesetzlicher Vertreter möglich
Gewinn- und Verlustbeteiligung	– jeder Gesellschafter erhält einen gesetzlichen oder vertraglich bestimmten Anteil am Gewinn – am Verlust sind alle Gesellschafter beteiligt	– Gewinnbeteiligung erfolgt i. d. R. entsprechend der jeweiligen Kapitalanteile/Geschäftsanteile – Verluste verbleiben im Unternehmen, können vor- bzw. rückgetragen werden
Eigenkapitalausstattung/-beschaffung	– Einlagen der Gesellschafter bestimmen die Höhe des Unternehmensvermögens – Gewinnthesaurierung – Aufnahme weiterer Gesellschafter	– Rücklagenbildung – Aufnahme neuer Gesellschafter/Kapitalgeber
Fremdkapitalbeschaffung	– abhängig von Betriebsvermögen und Privatvermögen – höhere Kreditwürdigkeit durch Vollhaftung	abhängig von Eigenkapitalbasis
Steuerbelastung	– Gewinne unterliegen in voller Höhe den individuellen Einkommensteuersätzen der Gesellschafter – wenn die Personengesellschaft ein Gewerbebetrieb ist, dann ist sie gewerbesteuerpflichtig	– Gewinne unterliegen als Ganzes der Körperschaftsteuer (einbehaltene und ausgeschüttete Gewinne) – ausgeschüttete Gewinne unterliegen zusätzlich der Einkommensteuer der Gesellschafter – gewerbesteuerpflichtig
Fortbestehen des Unternehmens	– grundsätzlich vom Gesellschafterbestand abhängig, starke Bindung an Person – Tod, Ausscheiden oder Insolvenz eines persönlich haftenden Gesellschafters bedeutet oft Auflösung der Gesellschaft	– Gesellschafterwechsel ohne besondere Vorkehrungen möglich – Auflösung durch Beschluss, Insolvenz oder durch Satzungsänderung möglich

Entscheidungskriterien bei Personen- und Kapitalgesellschaften

Entscheidungskriterien / Rechtsform	Leitungsbefugnis	Haftung und Risiko	Gewinn- und Verlustbeteiligung	Finanzierungsmöglichkeiten
Einzelunternehmen	Alleinbestimmung durch den Eigentümerunternehmer.	Persönliche Haftung (unbeschränkt, direkt). Volles Risiko.	**Gewinn** fließt an den Einzelunternehmer allein. **Verlust** trägt der Einzelunternehmer allein.	Auf die Vermögensverhältnisse einer Person begrenzt. Enger Kreditspielraum. Nicht ausgeschütteter Gewinn fließt dem Eigenkapitalkonto zu.
Offene Handelsgesellschaft	Jeder Gesellschafter als Eigentümerunternehmer.	Persönliche Haftung (unbeschränkt, direkt, solidarisch). Teilung des Risikos.	**Gewinn:** Verteilung nach Kapitalanteilen und Mitarbeit, gemäß Vertrag oder Gesetz. **Verlust:** Von allen Gesellschaftern zu tragen, gesetzlich nach Köpfen.	Auf die Vermögensverhältnisse und Beteiligungsabsichten der Gesellschafter begrenzt. Kein Mindestkapital. Erweiterter Kreditspielraum durch die persönliche Haftung aller OHG-Gesellschafter und der Komplementäre bei der KG. Nicht ausgeschütteter Gewinn fließt den Eigenkapitalkonten zu (nicht bei Kommanditeinlagen).
Kommanditgesellschaft	Nur Komplementäre als Eigentümerunternehmer.	Komplementäre: wie OHG. Kommanditisten: Beschränkt auf Einlage. Begrenztes Risiko.	**Gewinn:** Vertragliche Gestaltung nach Kapitalanteilen, Risiko und Mitarbeit. **Verlust:** Vertraglich geregelt. Kommanditisten nur bis zur Höhe ihres Kapitalanteils.	
Gesellschaft mit beschränkter Haftung	Eigentümer- oder Auftragsunternehmer als Geschäftsführer.	Haftung der Gesellschaft unbeschränkt mit dem Gesellschaftsvermögen. Keine persönliche Haftung. Risiko beschränkt auf Stammeinlage. Eventuell Nachschusspflicht.	**Gewinn:** Im Falle der Bildung von Rücklagen nur begrenzte Gewinnausschüttung. Gewinnverteilung auf Gesellschafter nach Anteilen. **Verlust:** Deckung durch Rücklagenauflösung und/oder Nachschüsse.	Auf die Beteiligungsbereitschaft der Gesellschafter begrenzt. Mindeststammkapital von 25.000 EUR bzw. 1 EUR bei UG. Kreditspielraum durch beschränkte Haftung der Gesellschafter begrenzt. Nicht ausgeschütteter Gewinn fließt den Rücklagen zu.
GmbH & Co. KG	Komplementär-GmbH durch ihre Geschäftsführer.	Komplementär-GmbH unbeschränkt mit Gesellschaftsvermögen. Kommanditisten wie KG.	**Gewinn:** Verteilung auf GmbH und Kommanditisten nach Vertrag. **Verlust:** Vertraglich geregelt.	wie Kommanditgesellschaft
Aktiengesellschaft	Auftragsunternehmer als Vorstandsmitglieder.	Haftung der Gesellschaft unbeschränkt mit Gesellschaftsvermögen. Keine persönliche Haftung. Aktionäre riskieren lediglich ihren Kapitaleinsatz. Keine Nachschusspflicht.	**Gewinn:** Rücklagenbildung zwingend. Dividende nach Aktiennennwerten. **Verlust:** Deckung durch Rücklagenauflösung und/oder Herabsetzung des Grundkapitals.	Von den Beteiligungsabsichten sehr vieler Aktionäre abhängig. Mindestgrundkapital von 50.000 EUR. Kreditspielraum groß (Aufnahme von Anleihen). Nicht ausgeschüttete Gewinne fließen den Rücklagen zu.
Genossenschaft	Genossen als Vorstandsmitglieder.	Haftung der Genossenschaft unbeschränkt. Keine persönliche Haftung. Mitglieder riskieren lediglich, ihr Geschäftsguthaben zu verlieren. Nach Statut begrenzte oder unbegrenzte Nachschusspflicht.	**Gewinn:** Bildung von Rücklagen zwingend. Gewinnverteilung nach den Geschäftsguthaben der Mitglieder. **Verlust:** Deckung durch Rücklagenauflösung und/oder Nachschüsse.	Von den Beteiligungsabsichten vieler Mitglieder abhängig. Kein Mindestkapital. Fremdfinanzierung meist über genossenschaftliche Verbandsunternehmen. Nicht ausgeschüttete Gewinne fließen den Rücklagen zu.

**Zusammenfassende Übersicht:
Rechtliche Rahmenbedingungen des Unternehmens erklären**

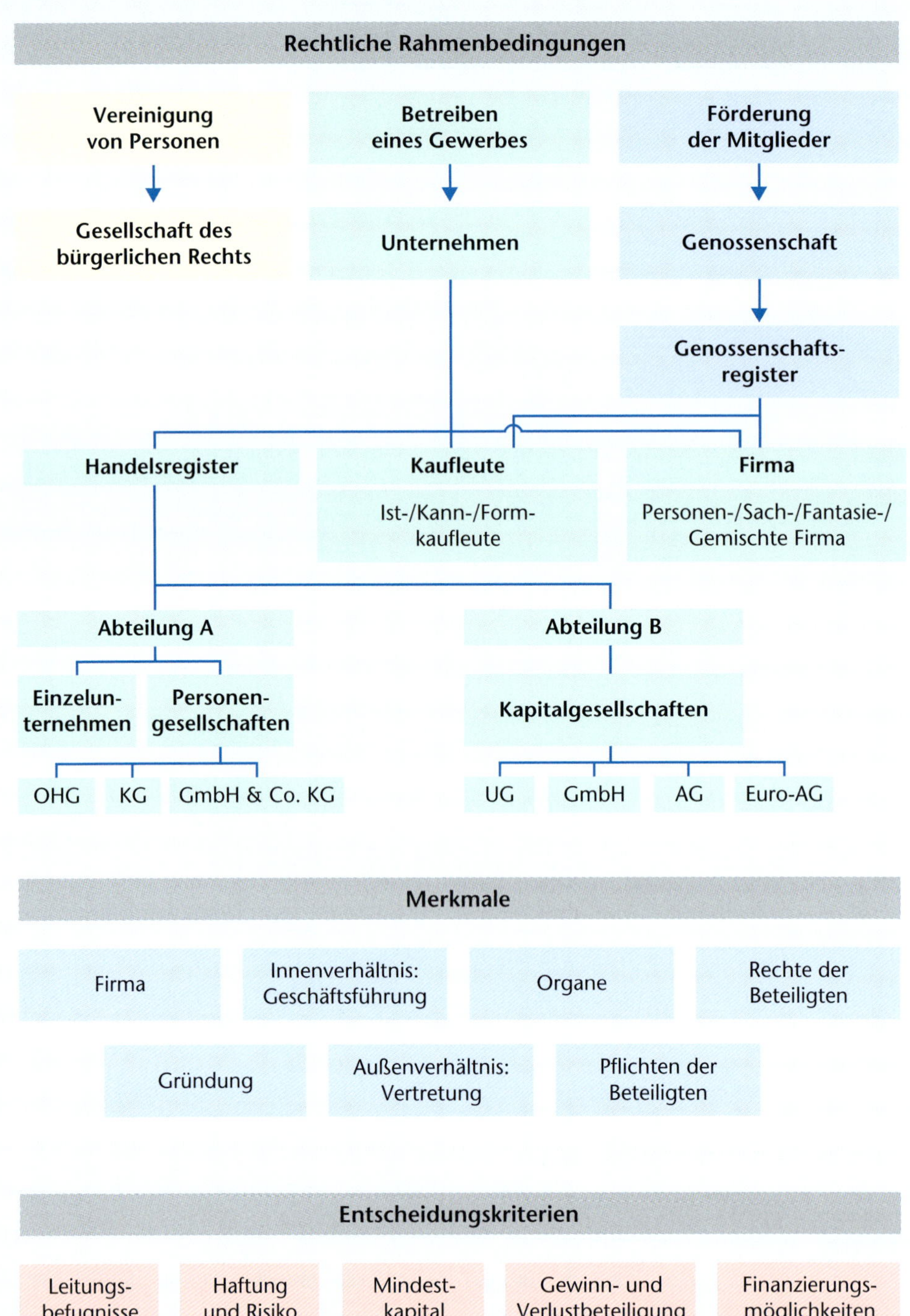

4 Zusammenwirken des Personals reflektieren

▶ Handlungsauftrag

Entwerfen Sie parallel zur Bearbeitung dieses Kapitels ein Mindmap, in der Sie die verschiedenen Führungsstile und -techniken sowie die Grundsätze der Menschenführung darstellen.

4.1 Führungsstile und Führungstechniken

Der **Führungsstil** ist die Art und Weise, wie der **Vorgesetzte seine Mitarbeiter anhält,** im Rahmen ihrer Zuständigkeit für das Unternehmen zu arbeiten.

Die Wahl des Führungsstils ist eine Grundsatzentscheidung der Unternehmensleitung. Sie hat ausschlaggebende Bedeutung für die optimale Kombination aller Produktionsfaktoren.

4.1.1 Idealtypische Führungsstile

In der Theorie geht man davon aus, dass die Aktivitäten bei Entscheidungen entweder ausschließlich vom Führenden ausgehen **(autoritärer Führungsstil)** oder dass sie sich gleichmäßig auf den Führenden und seine Mitarbeiter verteilen **(kooperativer Führungsstil).**

Autoritärer Führungsstil

Der **Vorgesetzte** (Unternehmer, obere Leitung) trifft die Entscheidungen in eigener Verantwortung und aus eigener Machtvollkommenheit. Die Ausführung dieser Entscheidungen veranlasst er in Form von detaillierten Anweisungen an alle nachgeordneten Leitungsebenen. Um die Durchführung seiner Weisungen zu überwachen, muss der Vorgesetzte die Tätigkeit seiner Mitarbeiter lückenlos kontrollieren und jeweils die Vollzugsmeldung seiner Weisungen verlangen. Jede Abweichung von den Weisungen bedarf seiner Zustimmung.

Die **Zentralisation** der Entscheidungen und Anweisungen auf die obere Leitungsinstanz lähmt das Verantwortungsbewusstsein, die Entscheidungsfreude und die schöpferischen Kräfte der Mitarbeiter. Damit wird aber auch die Entwicklung geeigneter Führungskräfte vernachlässigt.

Eine zentralisierte Führung ist einerseits zwar in der Lage, dringende Entscheidungen in kritischen Situationen sehr rasch zu treffen; die Überlastung der oberen Leitungsebene mit Routinearbeiten führt jedoch andererseits zu einem schwerfälligen Betriebsablauf.

Beim **bürokratischen Führungsstil** beruht die autoritäre Führung auf dem Grundsatz der Gleichbehandlung aller Geführten (»ohne Ansehen der Person«). Durch ein System von Vorschriften, Dienstanweisungen und Formularen werden sowohl die Geführten als auch die Führenden reglementiert. Dieser Führungsstil ist nicht nur in der öffentlichen Verwaltung, sondern auch in Großbetrieben anzutreffen.

Kooperativer Führungsstil

Im Gegensatz zum autoritären Führungsstil trifft die obere Leitung die Entscheidung im »Zusammenwirken« mit ihren Mitarbeitern. Die Aufgabenerfüllung wird dezentralisiert und den Mitarbeitern eigenverantwortlich zur Durchführung übertragen. Der kooperative Führungsstil weist folgende Hauptmerkmale auf:

- Die **Dezentralisation** auf alle Leitungsebenen fördert das Verantwortungsbewusstsein und die Entscheidungsfreude. Sie begünstigt den Arbeitseinsatz und die Entfaltung der Persönlichkeit der Mitarbeiter.
- Die obere Leitung wird von untergeordneten Leitungsaufgaben und von Routinearbeiten entlastet; sie kann sich auf die eigentliche Führungsaufgabe konzentrieren.
- Die Mitarbeiter müssen außer der Eigeninitiative auch die Bereitschaft zur Selbstkontrolle entwickeln.

Merkmale der idealtypischen Führungsstile

autoritärer Führungsstil	kooperativer Führungsstil
– Zentralisierte Aufgabenerfüllung.	– Dezentralisierte Aufgabenerfüllung.
– Strikte Trennung von Entscheidung, Ausführung und Kontrolle.	– Gemilderte Trennung von Entscheidung, Ausführung und Kontrolle.
– Nur der Vorgesetzte entscheidet.	– Die Mitarbeiter können mitentscheiden.
– Der Mitarbeiter führt nur aus und wird kontrolliert; es herrscht absolute Fremdbestimmung.	– Der Mitarbeiter kann weitgehend selbst entscheiden und sich selbst kontrollieren.
– Überlastung der oberen Leitungsebene.	– Entlastung der oberen Leitungsebene.
– Die Abhängigkeit des Mitarbeiters vom Vorgesetzten ist groß.	– Die Abhängigkeit des Mitarbeiters vom Vorgesetzten ist gering.
– Viele Mitarbeiter werden unterfordert und eher demotiviert.	– Leistungsfähige Mitarbeiter werden gefordert und eher motiviert.

4.1.2 Realformen der Führungsstile

Der Führungsstil der leitenden Personen ist stark durch deren Persönlichkeit geprägt. Deshalb findet man in der betrieblichen Praxis selten den autoritären oder den kooperativen Führungsstil in reiner, idealtypischer Form. Im alltäglichen Miteinander zwischen Vorgesetzten und Mitarbeitern haben sich vielmehr Realformen herausgebildet, die zwischen den Idealformen liegen.

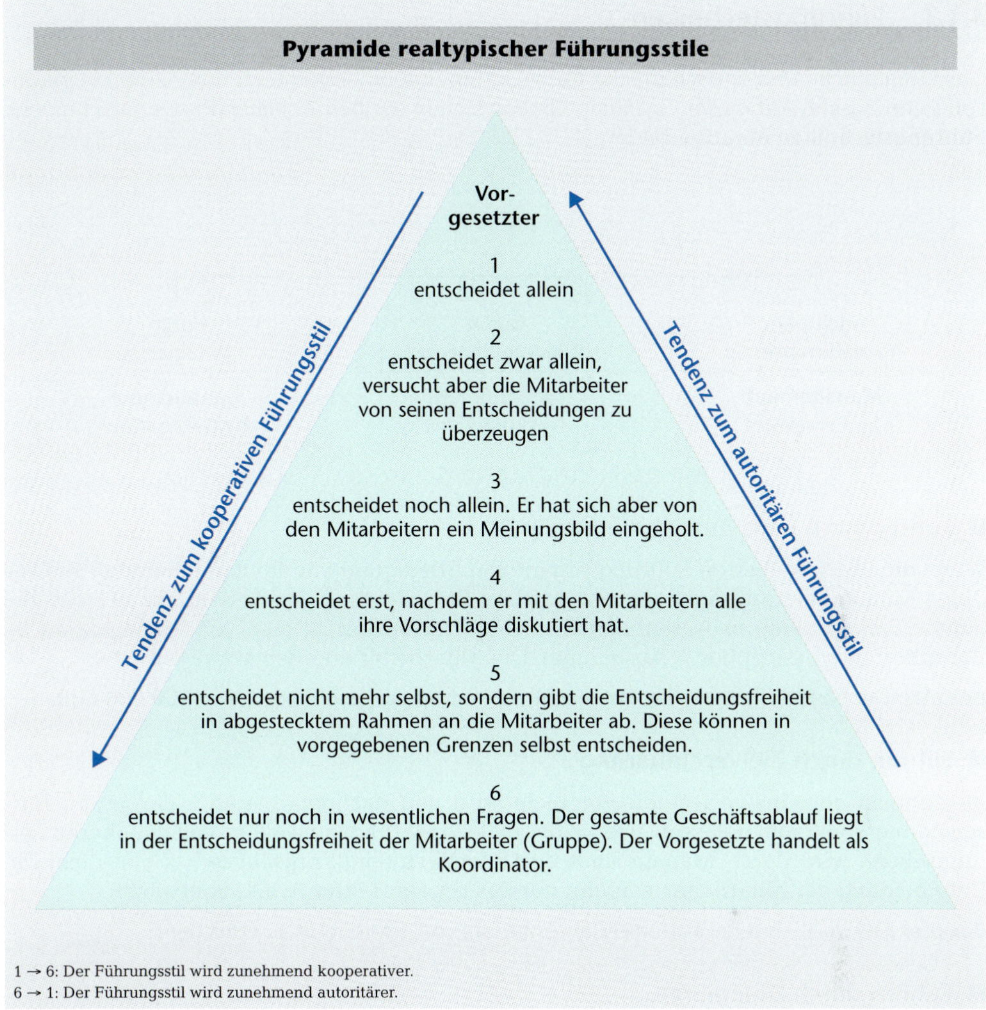

1 → 6: Der Führungsstil wird zunehmend kooperativer.
6 → 1: Der Führungsstil wird zunehmend autoritärer.

Beispiele (Bild oben):

1 Der Vorgesetzte gibt bekannt, dass ab Jahresbeginn alle Arbeitsplätze mit neuen PCs ausgestattet werden und die Einarbeitung nicht während der Arbeitszeit, sondern nur mittels Überstunden erfolgen kann.

2 Er gibt die neuen Maßnahmen bekannt und begründet sie mit dem Hinweis auf die erforderliche Konkurrenzfähigkeit, Kostensituation und Kundennähe.

3 Er fragt die Mitarbeiter, wie sie zu den neuen Bedingungen stehen, und gibt nach eigenem Überdenken dieser Antworten seine neue Entscheidung bekannt.

4 Er bespricht mit jedem Mitarbeiter die neue Situation, diskutiert die Vor- und Nachteile der beabsichtigten Maßnahme und teilt danach seine Entscheidung mit.

5 Er gibt bekannt, dass die neuen Maßnahmen bis zu einem festen Datum erfüllt sein müssen. Die Mitarbeiter diskutieren unter sich und entscheiden selbstständig, wer unter welchen Voraussetzungen die Bedingungen bis zum festgelegten Datum erfüllt haben muss.

6 Er gibt seinen Mitarbeitern ein Umsatz- oder Gewinnziel für ein halbes Jahr vor und überlässt ihnen die Entscheidung, wie sie das Ziel erreichen wollen.

4.1.3 Führungstechniken

Gesellschaftliche und wirtschaftliche Entwicklungen tendieren immer mehr zum kooperativen Führungsstil. Auf dieser Grundlage haben sich in der betrieblichen Praxis verschiedene **Führungstechniken** herausgebildet.

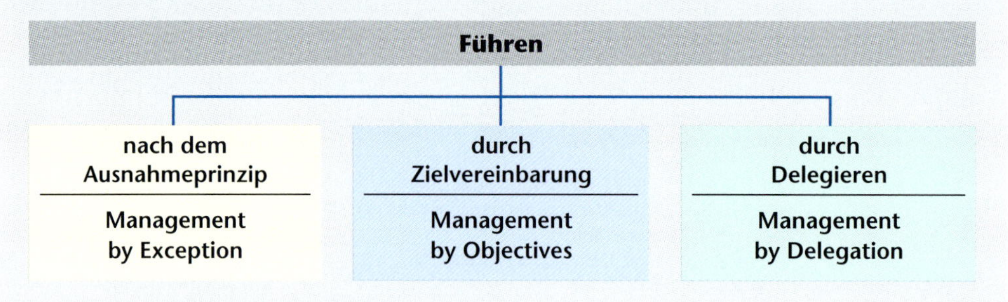

Führen nach dem Ausnahmeprinzip

Wenn die übergeordneten Führungsorgane die Erledigung von Routinefällen den zuständigen Mitarbeitern zur eigenverantwortlichen Entscheidung überlassen und sich nur die eigene Entscheidung in Ausnahmefällen vorbehalten, spricht man von **Management by Exception** (engl. exception = Ausnahme). Die Mitarbeiter erhalten Vorgabewerte.

Beispiel: Der Vertriebsleiter erhält Vollmacht zur Verhandlungsführung bis zu 100.000 EUR.

Führen durch Zielvereinbarung

Im Rahmen gemeinsam festgelegter Ziele wird den nachgeordneten Mitarbeitern Entscheidungsspielraum gelassen, wie sie die Ziele verwirklichen wollen. Von der oberen Leitungsebene wird durch **Management by Objectives** (engl. objectives = Ziele) nicht die Entscheidung der Mitarbeiter, sondern nur das Ergebnis ihrer Arbeit überwacht.

Beispiel: Der Vertriebsleiter hat einen Jahresumsatz von 5 Mio. EUR zu erreichen.

Führen durch Delegieren

Management by Delegation (engl. delegation = Übertragung) führt zur eigenverantwortlichen Erledigung von Aufgaben durch die Mitarbeiter. Dies erfordert eine eindeutige Zuteilung der Aufgabe und eine klare Abgrenzung der Kompetenzen.

Beispiel: Der Personalsachbearbeiter hat Einstellungsbefugnis für Mitarbeiter bis 2.500 EUR Bruttogehalt.

4.2 Grundsätze der Menschenführung

Ein Unternehmen ist nicht nur ein wirtschaftliches, sondern auch ein soziales Gebilde. Wie bei der Leistungserstellung die wirtschaftlichen Grundsätze beachtet werden müssen, so gelten für die menschlichen Beziehungen die gesellschaftlichen Grundsätze und Umgangsformen, wie Achtung der

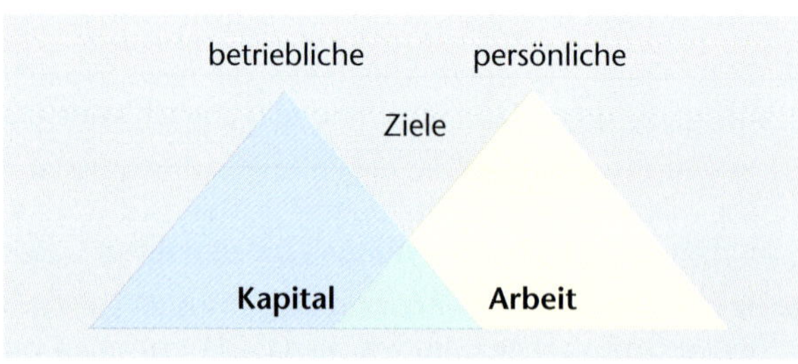

Menschenwürde und der Privatsphäre, gerechte Behandlung, kollegiales Verhalten, Hilfsbereitschaft.

Da die Mitarbeiterinnen und Mitarbeiter das größte Vermögen sind, das ein Unternehmen besitzt, muss die Unternehmensleitung versuchen, die persönlichen Ziele der Arbeitnehmer mit den betrieblichen Zielen in Einklang zu bringen.

Der Erfolg eines Unternehmens ist umso größer, je mehr es gelingt, die persönlichen Ziele mit den betrieblichen Zielen in Einklang zu bringen **(Corporate Identity).**

Betriebsklima

Als Betriebsklima bezeichnet man die Gesamtheit aller betrieblichen Faktoren, die auf den arbeitenden Menschen fördernd oder hemmend wirken.

Optimale Arbeitsbedingungen werden vor allen Dingen geschaffen durch

- gute zwischenmenschliche Beziehungen bei Vorgesetzten und Mitarbeitern sowie bei Mitarbeitern untereinander,
- gerechte Arbeitsbewertung und damit gerechte Entlohnung, durch gute Arbeitsplatzgestaltung, Pausenregelung und Festlegung der Arbeitszeit in Zusammenarbeit mit dem Betriebsrat.

Pflege der menschlichen Beziehungen

Der Personalverwaltung fällt die Aufgabe zu, die menschlichen Beziehungen **(Human Relations)** zwischen Vorgesetzten und Mitarbeitern, zwischen den Arbeitnehmern untereinander sowie zwischen dem Betrieb und anderen sozialen Gebilden zu beachten und zu pflegen.

▶ Pflege der menschlichen Beziehungen zwischen Mitarbeitern und Vorgesetzten

Das soziale Klima im Betrieb ist entscheidend davon abhängig, inwieweit die gegenseitigen Erwartungen von Mitarbeitern und Vorgesetzten erfüllt werden.

a) Die Mitarbeiter erwarten vom Vorgesetzten einen kooperativen Führungsstil. Hierzu zählen Achtung der Persönlichkeit, Beachtung und Anerkennung ihrer Leistung, angemessene Unterrichtung, Mitwirkung und Mitbestimmung in wirtschaftlichen, personellen und sozialen Angelegenheiten, Sicherung der Existenz durch angemessene Einkommen und soziale Leistungen, zweckmäßige und angenehme Arbeitsbedingungen. Die Haltung des Vorgesetzten bestimmt auch meist das Verhalten der Mitarbeiter und den Umgangston im Betrieb.

b) Der Vorgesetzte erwartet von seinen Mitarbeitern die sorgfältige Arbeitserfüllung, denn der Betrieb als wirtschaftliches Gebilde kann nur durch Leistung bestehen. Weiterhin erwartet er Bereitschaft zur Übernahme von Verantwortung gegenüber Mitarbeitern und Betriebsmitteln sowie Wahrung von berechtigten Interessen des Unternehmens gegenüber der Öffentlichkeit.

Mittel der Menschenführung im Betrieb sind genaue Anweisungen sowie die vertrauensvolle und sachliche Zusammenarbeit in den partnerschaftlichen Organen des Unternehmens.

▶ Pflege der menschlichen Beziehungen unter den Arbeitnehmern

Das gegenseitige Verständnis und Vertrauen unter den Arbeitnehmern ist ebenfalls eine wichtige Voraussetzung für ein gutes Betriebsklima. Die Personalabteilung darf deshalb bei der Zusammenstellung von Arbeitsgruppen **(formelle Gruppen)** oder bei der Besetzung von Arbeitsplätzen nicht nur auf die Leistungsfähigkeit sehen, sondern sollte auch Gruppierungen berücksichtigen, die durch menschliche Beziehungen bestehen **(informel-**

le Gruppen). Hier spielen z.B. gegenseitige Sympathie, gemeinsame Interessen, gleiche Herkunft, gleiche Arbeit, politische Überzeugungen eine wesentliche Rolle.

Weitere Möglichkeiten der Vertiefung bilden Betriebsausflüge, gemeinsamer Theaterbesuch, Betriebsfeiern, Betriebssport, Ferienheime, Betriebszeitschriften.

▶ **Pflege der menschlichen Beziehungen zu anderen sozialen Gebilden und zur Öffentlichkeit (Public Relations)**

Möglichkeiten, diese Beziehungen zu pflegen, sind

- Verteilung von Betriebszeitschriften,
- gegenseitige Betriebsbesichtigungen,
- Betriebssport,
- Spenden,
- Errichtung von Stiftungen für öffentliche, wissenschaftliche und soziale Zwecke,
- Übernahme von öffentlichen Ämtern,
- Mitarbeit in Vereinen,
- Berichte über Betriebsveranstaltungen in Zeitungen und Zeitschriften,
- Maßnahmen zum Umweltschutz.

▶ Aufgaben und Probleme

1. Nennen Sie die Vor- bzw. Nachteile des
   a) autoritären Führungsstils,
   b) kooperativen Führungsstils.
2. Warum ist in Großbetrieben oft der bürokratische Führungsstil anzutreffen?
3. Zeichnen Sie eine Strecke, an deren Anfang der autoritäre Führungsstil und an deren Ende der kooperative Führungsstil markiert wird. Ordnen Sie auf dieser Strecke die nachfolgenden Führungsstile ein.
   a) Vorgesetzter steckt die Grenzen ab und fordert die Mitarbeiter zu Entscheidungen auf.
   b) Vorgesetzter legt Vorschläge vor und fordert zu Fragen auf.
   c) Vorgesetzter legt Probleme vor, fordert Lösungsvorschläge ein und entscheidet.
   d) Vorgesetzter trifft Entscheidungen und gibt sie weiter.
   e) Vorgesetzter legt vorläufige Entscheidungen vor, ist zu Änderungen bereit.
   f) Vorgesetzter gestattet den Mitarbeitern, innerhalb der von ihm gesetzten Grenzen völlig frei zu handeln.
4. Welcher Art der Vollmacht entspricht Management by Delegation?
5. Welchen Vorteil haben die drei Führungstechniken für die Unternehmensleitung?
6. Der Filialleiter eines Computerunternehmens erhält die Zusage, einen zusätzlichen Mitarbeiter einstellen zu dürfen, wenn seine Filiale einen Jahresumsatz von 5 Mio. EUR erreicht.

   Stellen Sie fest, um welche Führungstechnik es sich handelt.
7. Manchen Menschen sind Anerkennung und Verständnis wichtiger als eine Gehaltserhöhung. Erläutern Sie diese These.
8. Warum hängt das Betriebsklima entscheidend von den Erwartungen der Vorgesetzten und Mitarbeiter ab?

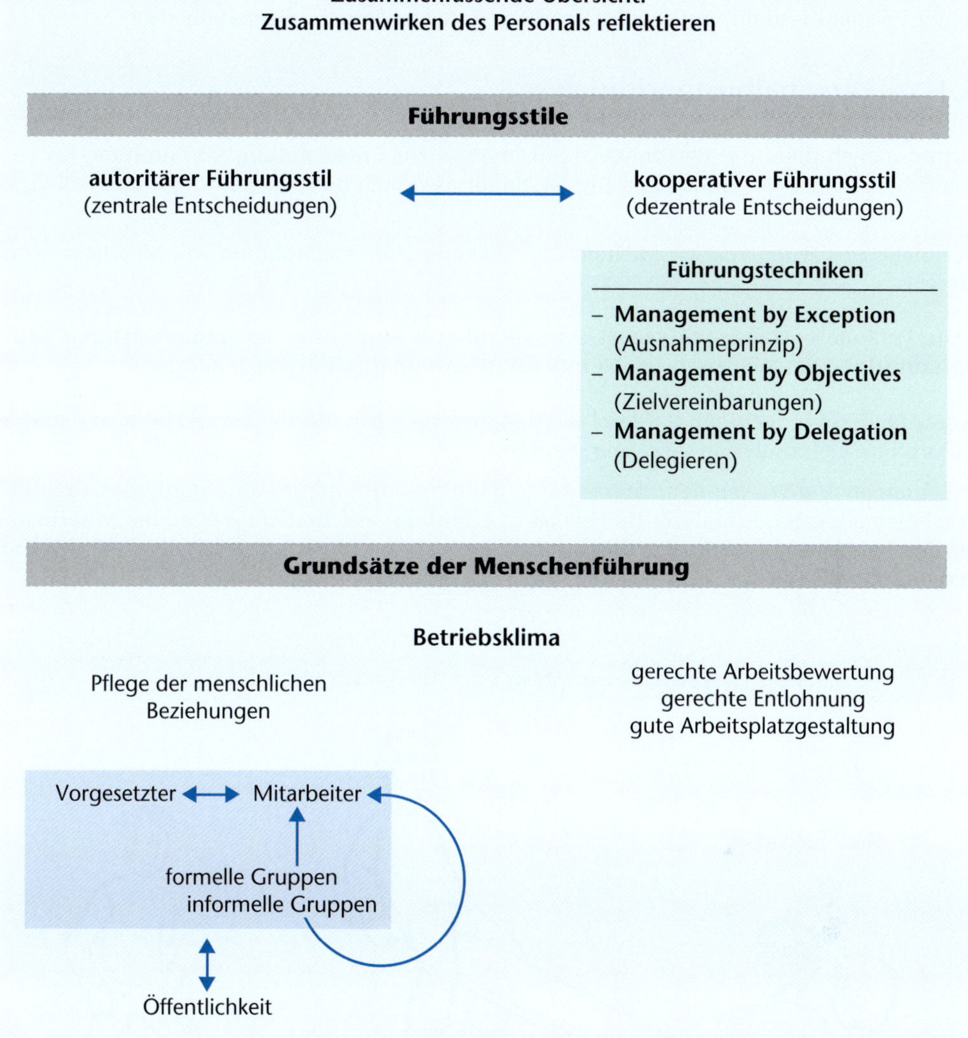

5 Personaleinsatz planen

▶ **Handlungsauftrag**

Stellen Sie in einem Schaubild den Zusammenhang zwischen Personalbestand und -bedarfsanalyse dar.

Eine wichtige personalwirtschaftliche Aufgabe ist die Planung des Personalbedarfs.

Unter dem **Personalbedarf** eines Unternehmens ist die **Gesamtheit an Arbeitskräften** zu verstehen, die zur Wahrnehmung aller Aufgaben in dem betreffenden Unternehmen benötigt werden.

Um den Personalbedarf effektiv planen zu können, muss ein Unternehmen zunächst den aktuellen Personalbestand und den Personalbedarf analysieren. Aus der Differenz zwischen Personalbestand und -bedarf ergibt sich der zusätzliche Personalbedarf.

5.1 Personalbestandsanalyse

Grundsätzlich dient die Personalbestandsanalyse zur Entscheidungsvorbereitung im Personalbereich. Die Bestandserfassung bestimmt demnach die Beschaffungs- und Entwicklungsaktivitäten.

Beispiele: Einstellung von Mitarbeitern oder Planung und Durchführung von Mitarbeiterschulungen

Die **Personalbestandsanalyse** ist eine detaillierte Ermittlung des **gegenwärtigen** und **zukünftigen** Personalbestands in **quantitativer** und **qualitativer** Hinsicht.

Aus quantitativer Sicht muss erfasst werden, wie viele Mitarbeiter zurzeit tätig sind und in Zukunft im Unternehmen tätig sein werden.

Das Können und Wissen der Mitarbeiter (Qualifikation) steht im Mittelpunkt der qualitativen Personalbestandsanalyse. Hierbei ist zu ermitteln, welche Fähigkeiten die Mitarbeiter bereits haben und welche Qualifikationen dem Unternehmen zukünftig zur Verfügung stehen sollten.

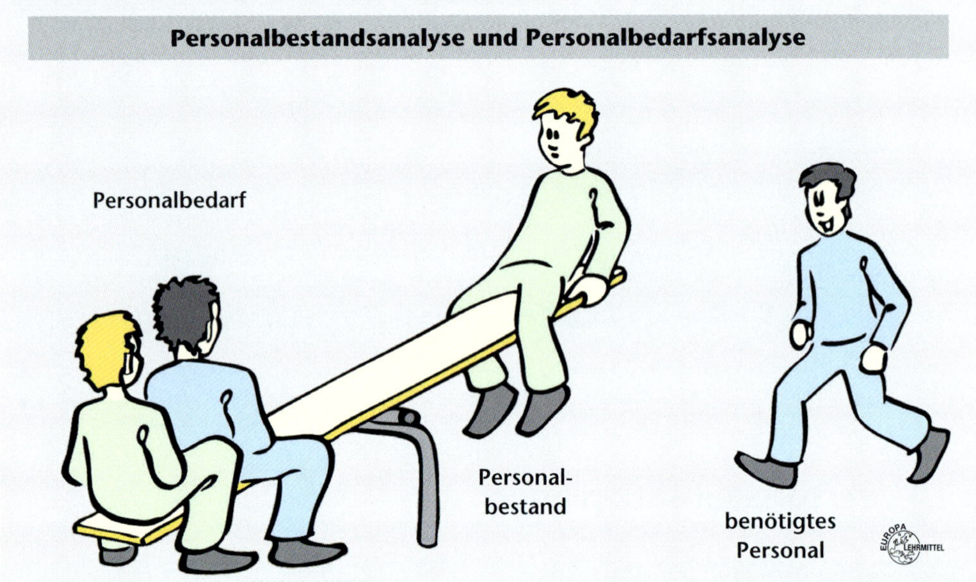

5.2 Personalbedarfsanalyse

Aufgabe der **Personalbedarfsanalyse** ist es, den Personalbedarf nach dem **zeitlichen Einsatz, der Eignung und der Zahl der Mitarbeiter** sowie dem **örtlichen Einsatz** langfristig festzulegen.

Arten der Personalbedarfsanalyse

Um die Unternehmensaufgaben effizient bewältigen zu können, müssen im Rahmen der Personalbedarfsanalyse folgende Aspekte geklärt werden:

- **quantitative Personalbedarfsanalyse.** Wie viele Mitarbeiter werden voraussichtlich benötigt?
- **qualitative Personalbedarfsanalyse.** Welche Qualifikationen brauchen die Mitarbeiter?
- **örtliche Personalbedarfsanalyse.** An welchem Arbeitsplatz/in welcher Abteilung sind Mitarbeiter erforderlich?
- **zeitliche Personalbedarfsanalyse.** Wann und wie lange werden Mitarbeiter benötigt?

Hierbei hat das Unternehmen Änderungen der Sortimentspolitik, des Umsatzes, der Arbeitszeit und der Rationalisierungsmaßnahmen zu berücksichtigen.

Personalbedarfsanalyse		
	Arten	**Beispiele**
quantitativ	Neubedarf	Erhöhung der Betriebskapazität, Arbeitszeitverkürzungen
	Zusatzbedarf	saisonale Bedarfsschwankungen
	Ersatzbedarf	Kündigung eines Mitarbeiters, Erreichen der Altersgrenze eines Mitarbeiters, innerbetriebliche Versetzung
	Minderbedarf	Betriebseinschränkung wegen schlechter konjunktureller Lage, Personaleinsparung durch neue Produktionsverfahren
qualitativ	ungelernte Arbeitskräfte	Kräfte für Gelegenheitsarbeiten
	angelernte Arbeitskräfte	kurz eingewiesene Hilfskräfte für das Lager
	ausgebildete Arbeitskräfte	Kaufleute für Groß- und Außenhandelsmanagement
	hochqualifizierte Arbeitskräfte	Spezialisten für Informationstechnik
örtlich	innerbetriebliche Mitarbeiter	Einsatz in der Verwaltung oder im Vertrieb
	außerbetriebliche Mitarbeiter	Einsatz als Angestellter im Außendienst
zeitlich	Stellenausbau	Errichtung einer Filiale zum 1. August
	Stellenabbau	Auslagerung der Buchführung an einen Dienstleister im nächsten Jahr
	Mitarbeiterwechsel (Fluktuation)	Kündigung durch einen Mitarbeiter zum Jahresende
	Ausfallzeit	Elternzeit

Zugangs-/Abgangstabellen

Um einen besseren Überblick über den zukünftigen Personalbedarf zu bekommen, ist eine tabellarische Darstellung der Personalzugänge bzw. -abgänge sinnvoll. Dabei werden zunächst der zukünftige Personalbedarf und der aktuelle Personalbestand gegenübergestellt. Anschließend werden alle absehbaren Personalabgänge abgezogen bzw. Personalzugänge hinzugezählt. Als Ergebnis ergibt sich der zusätzliche Personalbedarf.

Beispiel: In der Versandabteilung der Reifen Roesch GmbH sind derzeit 34 Mitarbeiterinnen und Mitarbeiter für die Kommissionierung beschäftigt. Der Personalbestand soll aufgrund des Umsatzrückgangs zum 01.04. auf 32 reduziert werden. Ein Auszubildender macht im März seine

Abschlussprüfung und soll anschließend übernommen werden. Zwei Mitarbeiterinnen gehen zum 01.04. in den Mutterschutz. Dafür kehrt ein Mitarbeiter aus der Elternzeit zurück. Drei Beschäftigte gehen zum 31.03. in Rente.

Personalbedarfsermittlung zum 01.04.20..		
	Abgang/Zugang	Summe
geplanter Personalbedarf		32
Personalbestand		34
Beginn des Mutterschutzes	2	
Ruhestand	3	
Summe der Abgänge		5
Übernahme von Auszubildenden	1	
Ende der Elternzeit	1	
Summe der Zugänge		2
zusätzlicher Personalbedarf		1

Es wird also ein Mitarbeiter/eine Mitarbeiterin zusätzlich benötigt.

BetrVG § 92 Der Arbeitgeber muss den Betriebsrat über die Personalbedarfsanalyse umfassend informieren und mit ihm die Art und den Umfang der erforderlichen Maßnahmen besprechen. Dabei kann der Betriebsrat dem Arbeitgeber Vorschläge machen

▶ Aufgaben und Probleme

1. Warum ist es für ein Unternehmen sehr wichtig, den Personalbedarf langfristig zu planen?
2. Im neuen Tarifvertrag wird die Arbeitszeit verkürzt. Diskutieren Sie die Auswirkungen für die Personalbedarfsanalyse.
3. Erläutern Sie die Vorgehensweise bei der quantitativen bzw. qualitativen Personalbedarfsanalyse in Ihrem Unternehmen.
4. Ermitteln Sie den Personalbedarf für die Buchhaltung eines Unternehmens zum 01.07. nach folgenden Daten:
   - Bestand: 21 Mitarbeiterinnen und Mitarbeiter; dieser soll auf 25 Arbeitskräfte aufgestockt werden;
   - vier Auszubildende, die übernommen werden sollen, machen Mitte Juni ihre Abschlussprüfung;
   - drei Mitarbeiter gehen zum 30.06. in den Ruhestand;
   - von zwei Sachbearbeiterinnen liegen ärztliche Atteste vor, dass diese schwanger sind und voraussichtlich ab Anfang Juli in den Mutterschutz gehen werden;
   - zwei Mitarbeiterinnen kommen Ende Juni aus der Elternzeit zurück.

   Alle genannten Mitarbeiterinnen und Mitarbeiter haben gleichwertige Qualifikationen.

   Wie viele Mitarbeiterinnen und Mitarbeiter werden zusätzlich zum 01.07. benötigt?

Zusammenfassende Übersicht:
Personaleinsatz planen

Personalbedarf = Gesamtheit der benötigten Arbeitskräfte

Personalbestandsanalyse

Personalbedarfsanalyse

quantitativ wie viele?	**qualitativ** welche?	**örtlich** wo?	**zeitlich** wann?/wie lange?
Neubedarf Zusatzbedarf Ersatzbedarf Minderbedarf	Ungelernte Angelernte Ausgebildete Hochqualifizierte	Innendienst Außendienst	Zeitpunkt/Zeitraum – des Stellenausbaus – des Stellenabbaus – des Mitarbeiterwechsels – der Ausfallzeit

Hilfsmittel

Stellenbeschreibung

Zugangs-/Abgangstabelle

geplanter Personalbedarf
– Personalbestand
+ Zugänge
– Abgänge

= Personalanpassung

6 Maßnahmen zur Personalbeschaffung ergreifen

▶ Handlungsauftrag

Schreiben Sie eine Stellenbeschreibung und gestalten Sie anschließend eine passende Personalanzeige. Tauschen Sie diese Personalanzeige mit einem Mitschüler aus und bewerben Sie sich anschließend auf die Personalanzeige Ihres Mitschülers.

Simulieren Sie zum Abschluss ein mögliches Vorstellungsgespräch mit Ihrem Mitschüler.

Jede Unternehmensleitung hat bei der Beschaffung des Produktionsfaktors Arbeit darauf zu achten, dass ihre Personalentscheidungen zur Verwirklichung der unternehmerischen Pläne beitragen.

6.1 Personalbeschaffung

Die **Personalbeschaffung** hat die Aufgabe, die vom Unternehmen **benötigten Arbeitskräfte** in qualitativer, quantitativer, örtlicher und zeitlicher Hinsicht **optimal rechtzeitig bereitzustellen.**

Wir stellen ein:

Kaufmann/Kauffrau für Groß- und Außenhandelsmanagement

auch gerne Berufsanfänger, Einstellung nach Vereinbarung. Ihr Aufgabengebiet umfasst Auftragseingabe, Korrespondenz und Kundenbetreuung. Wir erwarten: Einsatzbereitschaft, kaufm. Verständnis, Belastbarkeit und sicheren DV-Umgang. Schriftliche Bewerbungen an Personal-Werbung, Postfach 12 47, 71636 Ludwigsburg

6.1.1 Stellenbeschreibung

Die wesentliche Informationsgrundlage für die Personalbeschaffung ist die **Stellenbeschreibung.** Sie enthält Angaben über die Stelle hinsichtlich ihrer Ziele, Aufgaben, Ausstattung mit Kompetenzen und Beziehungen zu anderen Stellen. Daraus ergibt sich das Anforderungsprofil für einen Stelleninhaber. Die Stellenbeschreibung dient als Grundlage für eine Stellenausschreibung und außerdem der Information des Stelleninhabers.

Vorteile der Stellenbeschreibung

Die **Stelleninhaberin**/der **Stelleninhaber** kennt die
- Erwartungen, die an sie bzw. ihn gestellt werden,
- Arbeitsaufgabe,
- weisungsberechtigten Vorgesetzten (Übergeordnete),
- weisungsgebundenen Mitarbeiter (Untergeordnete),
- Stellenbewertung; sie bzw. er kann im Vergleich mit den Kollegen prüfen, ob die Vergütung angemessen ist.

Die **Unternehmensleitung** erreicht
- einen Überblick über die Aufgaben der Stelle,
- eine Grundlage für die Stellenbewertung (Lohn- und Gehaltsgefüge),
- ein besseres Betriebsklima,
- eine bessere Leistungskontrolle.

Die Stellenbeschreibung ist eine verbindliche und in einheitlicher Form gefasste Beschreibung einer Stelle mit folgendem Inhalt:

a) Bezeichnung der Stelle,
b) Eingliederung einer Stelle in den Stellenplan,
c) Einordnung in die Unternehmensorganisation,
d) Ziele der Stelle,
e) Aufgaben, Kompetenzen und besondere Befugnisse der Stelleninhaberin/des Stelleninhabers,
f) Anforderungen an die Stelleninhaberin/den Stelleninhaber,
g) Angabe von Lohn- oder Gehaltsgruppen.

Beispiel einer Stellenbeschreibung:

	**Stellenbeschreibung**	Stelleninhaber(in): Frau Jahn Hauptabteilung: Verkauf

I. Bezeichnung der Stelle: Leiter(in) der Hauptabteilung Verkauf
II. Dienstrang: Hauptabteilungsleiter(in)
III. Vorgesetzter: Geschäftsführer(in)
IV. Stellvertreter: Leiter(in) der Abteilung Verkauf Ausland
V. Unmittelbar untergeordnete Stellen: Marketing, Verkauf Inland, Verkauf Ausland, Versand

VI. Ziele der Stelle:
Alle Maßnahmen einzuleiten, die zur Erhaltung und Erweiterung des Verkaufsumsatzes erforderlich sind.

VII. Aufgaben, Kompetenzen:
1. Leitung der Hauptabteilung Verkauf.
2. Beratung der Geschäftsführung in Vertriebsfragen einschließlich der Exportmöglichkeiten, Analyse der Umsatzentwicklung.
3. Kontrolle der verkaufsabhängigen Kosten.
4. Koordinierung von Umsatzplan, Werbeplan und Budget.
5. Schulung der Vertriebskräfte, Vertreterschulung.
6. Entscheidungs- und Unterschriftsbefugnisse:
   Genehmigung von Sonderpreisen und Sonderkonditionen sowie abweichender Kreditrichtlinien für einzelne Kunden, soweit im Einzelfall mit Nachlässen von über 5.000 EUR zu rechnen ist.
   Verhandlungsführung bei Aufträgen über 100.000 EUR.
   Die Position ist mit Gesamtprokura ausgestattet.

VIII. Anforderungen:
Fachkenntnisse (Ausbildung, Erfahrung): Abitur, Fachschule erwünscht; Kenntnisse in Englisch und mind. einer weiteren Fremdsprache; 5 - 7 Jahre kaufmännische Tätigkeit, dabei 4 Jahre im Vertrieb, davon 2 Jahre als Vorgesetzte(r).
Sonstige Anforderungen: Verhandlungsgeschick, Fähigkeit zur Menschenführung.
IX. Lohn-/Gehaltsgruppe: Gehalt nach K4

6.1.2 Interne und externe Personalbeschaffungswege

Die Personalbeschaffungswege lassen sich in **interne** (innerbetriebliche) Personalbeschaffung und **externe** (außerbetriebliche) Personalbeschaffung unterscheiden.

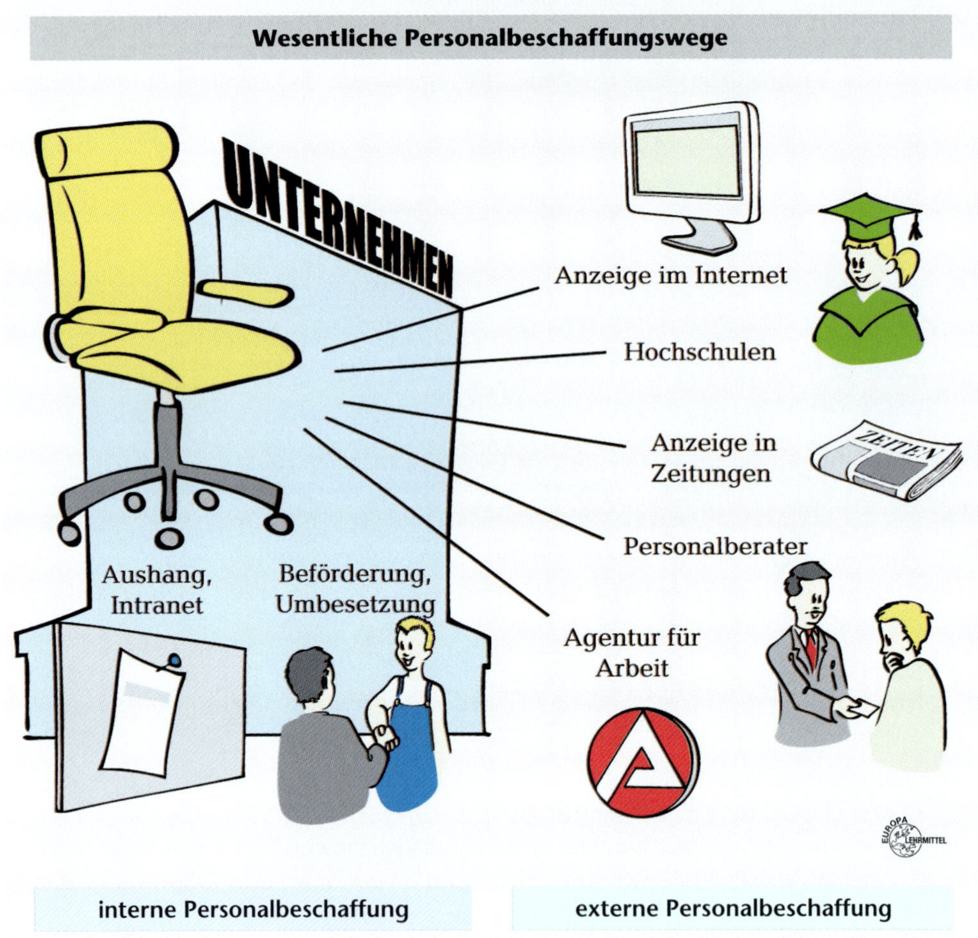

Interne Personalbeschaffung

Die Besetzung von Stellen des Unternehmens mit **Betriebsangehörigen** erfolgt durch:

a) interne Stellenausschreibung (Aushang am »Schwarzen Brett« oder Veröffentlichung im Intranet),

b) Umbesetzung oder Beförderung von Mitarbeitern,

c) Übernahme von eigenen Auszubildenden.

Mit der Beförderung eines Arbeitnehmers zeigt die Unternehmensleitung, dass sie mit der Arbeit ihres Mitarbeiters zufrieden ist und ihm erweiterte Aufgaben zutraut. Haben Arbeitnehmer die Aussicht, im Unternehmen befördert zu werden, sind sie in der Regel bereit, langfristig ihren beruflichen Werdegang mit den Interessen des Unternehmens bzw. der Unternehmensleitung zu koppeln.

Meist werden die Beförderung von Betriebsangehörigen und die Besetzung freier Stellen mit neuen Arbeitnehmern in einem angemessenen Verhältnis kombiniert, wobei in vielen Unternehmen dem innerbetrieblichen Aufstieg der Vorzug eingeräumt wird (Nachwuchsschulung, interne Karriereplanung).

Beispiel: Stellenanzeige im Intranet der Reifen Roesch GmbH

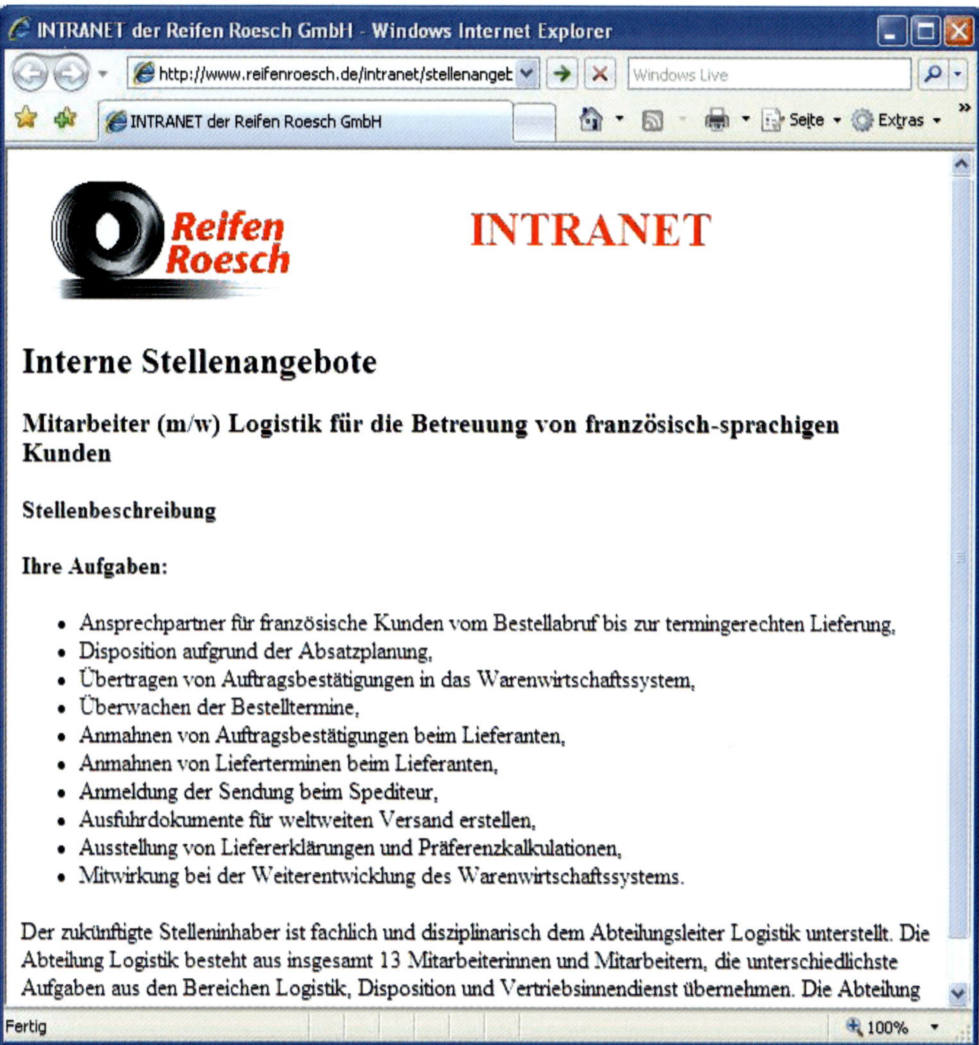

Interne Stellenangebote

Mitarbeiter (m/w) Logistik für die Betreuung von französisch-sprachigen Kunden

Stellenbeschreibung

Ihre Aufgaben:

- Ansprechpartner für französische Kunden vom Bestellabruf bis zur termingerechten Lieferung,
- Disposition aufgrund der Absatzplanung,
- Übertragen von Auftragsbestätigungen in das Warenwirtschaftssystem,
- Überwachen der Bestelltermine,
- Anmahnen von Auftragsbestätigungen beim Lieferanten,
- Anmahnen von Lieferterminen beim Lieferanten,
- Anmeldung der Sendung beim Spediteur,
- Ausfuhrdokumente für weltweiten Versand erstellen,
- Ausstellung von Liefererklärungen und Präferenzkalkulationen,
- Mitwirkung bei der Weiterentwicklung des Warenwirtschaftssystems.

Der zukünftigte Stelleninhaber ist fachlich und disziplinarisch dem Abteilungsleiter Logistik unterstellt. Die Abteilung Logistik besteht aus insgesamt 13 Mitarbeiterinnen und Mitarbeitern, die unterschiedlichste Aufgaben aus den Bereichen Logistik, Disposition und Vertriebsinnendienst übernehmen. Die Abteilung

Externe Personalbeschaffung

Für alle Stellen, welche die Unternehmensleitung nicht mit Betriebsangehörigen besetzen kann oder will, müssen **Arbeitskräfte von außen** geworben werden.

Die Unternehmensleitung kann z. B. Stellen nicht besetzen, wenn es sich um Arbeiten handelt, die die Betriebsangehörigen nicht übernehmen wollen (Hilfsarbeitertätigkeit) oder nicht übernehmen können, weil es keine geeigneten Mitarbeiter gibt (Administration des Netzwerkes).

Die Unternehmensleitung will Stellen nicht mit Betriebsangehörigen besetzen, weil sie diese für nicht geeignet hält oder befürchtet, dass infolge von »Betriebsblindheit« der Arbeitsvorgang nicht nach neuesten Erkenntnissen durchgeführt wird.

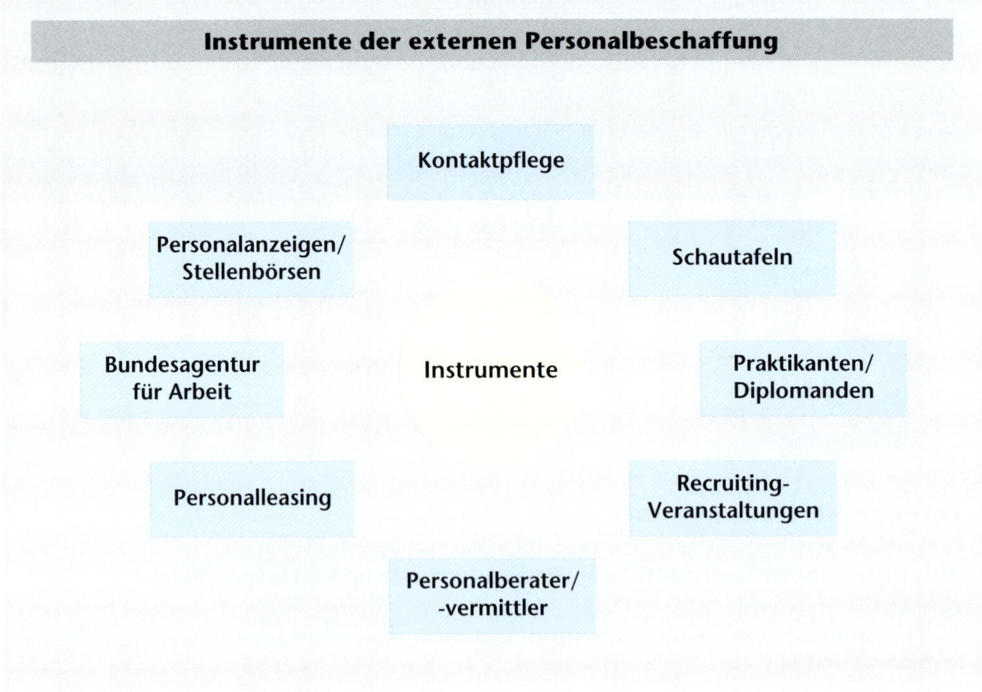

Folgende Möglichkeiten können Unternehmen für die externe Personalbeschaffung in Betracht ziehen:

a) **Personalanzeigen** werden in Printmedien und /oder im Internet von einem Arbeitgeber oder von einer Personalberatung aufgegeben, um nach neuen Mitarbeitern zu suchen.

b) Die **Bundesagentur für Arbeit** vermittelt Arbeitslose und Arbeitsuchende an Unternehmen, die neue Arbeitskräfte suchen.

c) Beim **Personalleasing** werden Mitarbeiter von einem darauf spezialisierten Unternehmen (Zeitarbeitsunternehmen) geliehen.

d) Ein **Personalberater** bzw. **Personalvermittler** ist ein Unternehmer, der Personal für andere Unternehmen gezielt sucht und vermittelt.

e) Durch für jedermann sichtbare **Schautafeln im Eingangsbereich** des Handelsunternehmens kann ein Unternehmen ebenfalls seine Personalanzeigen veröffentlichen.

f) Die **Kontaktpflege** zu Hochschulen, zur Bundeswehr, zu Kammern oder zu Mitarbeitern bietet Unternehmen die Möglichkeit, frühzeitig neue Mitarbeiter anzusprechen oder auf das Unternehmen aufmerksam zu machen.

g) Um vor allem Berufsanfänger nach dem Studium zu werben, bieten sich der Besuch oder die Organisation von **Recruiting-Veranstaltungen** an. Hierbei handelt es sich um spezielle Veranstaltungen zur Kontaktaufnahme zwischen Unternehmen und potenziellen Mitarbeitern, die häufig an Hochschulen oder auf Messen durchgeführt werden.

h) Die **Beschäftigung von Praktikanten bzw. Diplomanden** bietet dem Unternehmen die Möglichkeit, zukünftige Mitarbeiter schon vor einer Anstellung im Arbeitsalltag kennen zu lernen.

i) **Stellenbörsen** sind große Sammlungen von Stellenangeboten bzw. Personalanzeigen verschiedener Unternehmen.

Beispiele: www.monster.de (Bild) oder www.stepstone.de

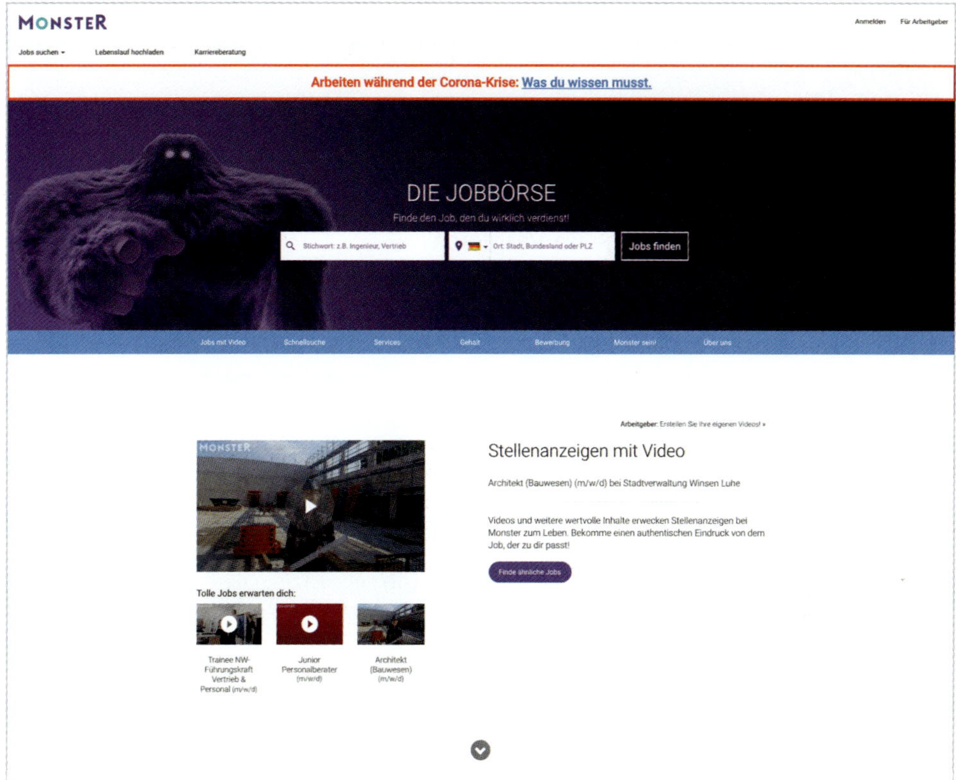

▶ Erstellen einer Personalanzeige

Mit einer Personalanzeige will man das Interesse der möglichen Bewerber wecken. Um dies zu erreichen, sollten in der Personalanzeige folgende Fragen beantwortet werden:

- Wer schreibt die Stelle aus (Beschreibung des Unternehmens)?
- Welche Aufgaben sollen übernommen werden?
- Welche Anforderungen sollen Bewerberinnen und Bewerber erfüllen (fachlich, sozial)?
- Wann soll die Stelle besetzt werden?
- Wo befindet sich der zukünftige Arbeitsplatz?
- Wen soll die Bewerbung ansprechen?
- Was wird Bewerberinnen und Bewerbern angeboten?

Als führendes Großhandelsunternehmen für Reifen sind wir der gefragteste Partner in Deutschland. Diese Position streben wir auch in Europa an. Für dieses ehrgeizige Ziel suchen wir zum **nächstmöglichen Termin** zur Verstärkung unseres Teams in unserer Europazentrale in Ludwigsburg eine/n branchenerfahrene/n

Kaufmann/Kauffrau für Groß- und Außenhandelsmanagement

Ihre Aufgaben
- internationaler Ein- und Verkauf von Reifen und Zubehör
- Erstellung der erforderlichen Fracht- und Import-/Exportpapiere
- Terminkoordination und -überwachung bei Lieferungen

Ihre Qualifikation
- abgeschlossene Ausbildung als Kaufmann/Kauffrau für Groß- und Außenhandelsmanagement
- erste Berufserfahrung im Einkauf und Verkauf
- Englischkenntnisse in Wort und Schrift, weitere Fremdsprachenkenntnisse (frz., span.)

Ihre Perspektive
- angenehmes Umfeld mit beruflichen und persönlichen Entfaltungsmöglichkeiten
- eine verantwortungsvolle Position in unserem Unternehmen
- ein Einkommen, das Ihrer Qualifikation angemessen ist

Interesse an einem Arbeitsplatz mit Zukunft? Dann bewerben Sie sich!

Reifen Roesch GmbH
Personalabteilung
Frau Martina Packmohr

Schwieberdinger Str. 61
71636 Ludwigsburg
E-Mail: mpackmohr@reifenroesch.de

Außerdem sollte das Layout der Personalanzeige so gestaltet sein, dass es die gewünschte Zielgruppe anspricht. Dabei sind auch die unternehmensinternen Vorgaben zu beachten, die das Unternehmen in einem einheitlichen Bild nach außen darstellt **(Corporate Identity).**

Die Angaben in einer Personalanzeige über die zu besetzende Stelle sind weniger ausführlich als in einer Stellenbeschreibung. Der Schwerpunkt bei der Personalanzeige liegt im Bereich der Anforderungen an soziale und fachliche Kompetenzen.

Personalbeschaffungswege im Vergleich

Je nach Personalbedarf muss abgewogen werden, ob ein interner oder ein externer Personalbeschaffungsweg besser geeignet ist.

	interne Personalbeschaffung	**externe Personalbeschaffung**
Vorteile	– stärkere Bindung an das Unternehmen – geringere Beschaffungskosten – gute Kenntnis der Qualifikation – schnellere Stellenbesetzungsmöglichkeit – Motivation der Mitarbeiter	– große Auswahl – Verhinderung von Betriebsblindheit – Zugewinn von Know-how (z. B. neue Arbeitsmethoden) – geringe Fortbildungskosten – Vermeidung des Kettenreaktionseffekts (Neubesetzung der innerbetrieblich frei gewordenen Stelle)
Nachteile	– weniger Auswahlmöglichkeiten – Enttäuschung bei nicht berücksichtigten Kollegen (Neid bzw. Demotivation) – quantitativer Bedarf wird nicht gedeckt; häufig nur Bedarfsverschiebung – Kettenreaktionseffekt	– höhere Beschaffungskosten – Risiko einer Fehlbesetzung – evtl. Schwierigkeiten bei der Integration der neuen Mitarbeiter

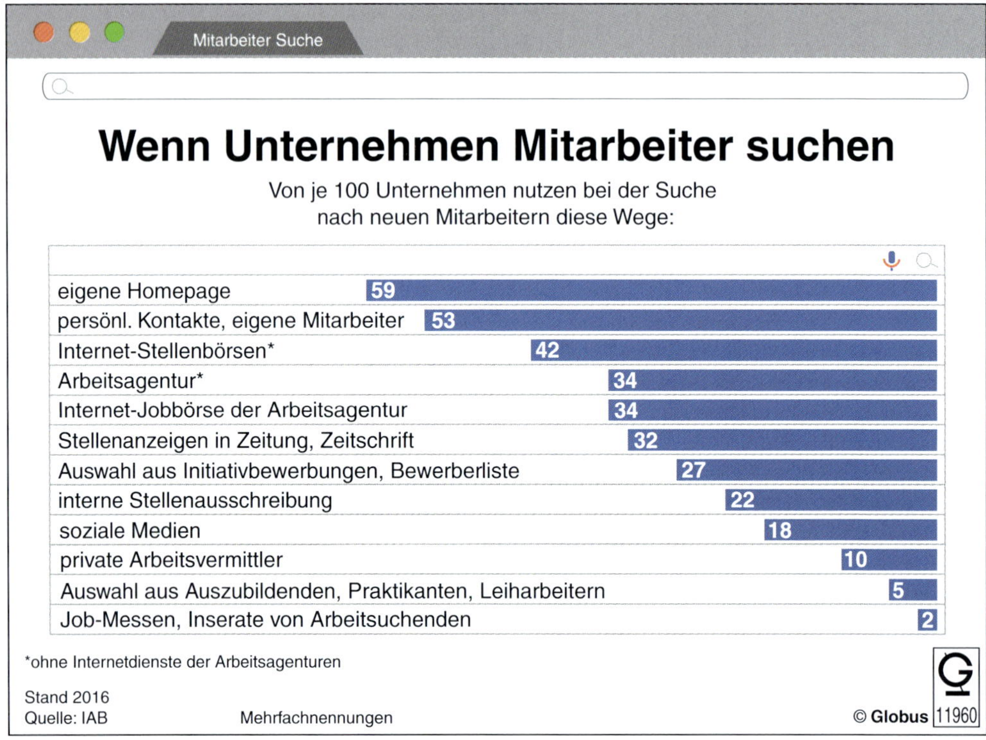

▶ Aufgaben und Probleme

1. Welchem Zweck dienen Stellenbeschreibungen in einem Unternehmen?
2. Begründen Sie, weshalb sich ein Unternehmen entschließt, eine Stelle intern zu besetzen.
3. Welche Probleme könnte eine interne Stellenbesetzung mit sich bringen?
4. Der Hamburger Lebensmittelgroßhandel Hansa GmbH zählt zu den größten Händlern mit Südfrüchten in Europa. Außerdem ist die Hansa GmbH Marktführer beim Handel mit Fischen und Meeresfrüchten im deutschsprachigen Raum.

   Für das Logistikzentrum in Hamburg sucht die Hansa GmbH zum Sommer 20.. einen Logistikmanager. Die Hauptaufgabe des zukünftigen Mitarbeiters ist die Durchführung aller Lagerprozesse vom Wareneingang, der Lagerhaltung und Kommissionierung bis hin zur Distribution. Weiter ist der Stelleninhaber für neue Logistikprojekte und deren Umsetzung verantwortlich. Zusätzlich verantwortet er die Distribution und termingerechte Verteilung der Waren im norddeutschen und skandinavischen Raum.

   Geeignete Bewerberinnen und Bewerber sollen über Berufs- und Führungserfahrung in der Lager- und Transportlogistik verfügen. Neben einer betriebswirtschaftlichen bzw. logistischen Ausbildung ist die Fähigkeit, neue Projekte erfolgreich zu konzipieren und zu realisieren, besonders wichtig. Gute DV-Kenntnisse (speziell mit Lagerverwaltungsprogrammen) sind neben sehr guten Deutsch- und Englischkenntnissen selbstverständlich. Von Vorteil für Bewerberinnen und Bewerber sind weitere Sprachkenntnisse (besonders aus dem skandinavischen Raum).

   a) Sie sind Mitarbeiter in der Personalabteilung der Hansa GmbH. Entwerfen Sie eine Personalanzeige. Skizzieren Sie hierfür zunächst, welche Informationen in die Anzeige aufgenommen werden müssen. Gestalten Sie die Ausschreibung anschließend entsprechend Ihrer Zielgruppe.

   b) Welche anderen Personalbeschaffungswege würden Sie der Hansa GmbH empfehlen? Begründen Sie Ihre Antwort.

6.2 Einstellungsverfahren

Nachdem ein Unternehmen das Bewerberprofil für die zu besetzende Stelle festgelegt und sich für die geeigneten Personalbeschaffungswege entschieden hat, folgt das eigentliche Einstellungsverfahren. Im Rahmen der Personalauswahl müssen die Bewerbungsunterlagen gesichtet, mit potenziellen Bewerbern Vorstellungs- und Einstellungsgespräche geführt und am Ende eine Entscheidung getroffen werden.

Aus Sicht des Bewerbers spielt zunächst die »richtige« Bewerbung eine große Rolle. Auch die Vorbereitung auf ein Vorstellungs- und Einstellungsgespräch ist für den Bewerber von entscheidender Bedeutung.

6.2.1 Bewerbung

In einer **schriftlichen Bewerbung** für eine zu besetzende Stelle muss der Bewerber versuchen, dem Leser ein möglichst klares und positives Bild von sich zu entwerfen. Er sollte seine Ausbildung, seinen bisherigen beruflichen Werdegang, seine Fähigkeiten, seine Fertigkeiten und seine Kenntnisse beschreiben.

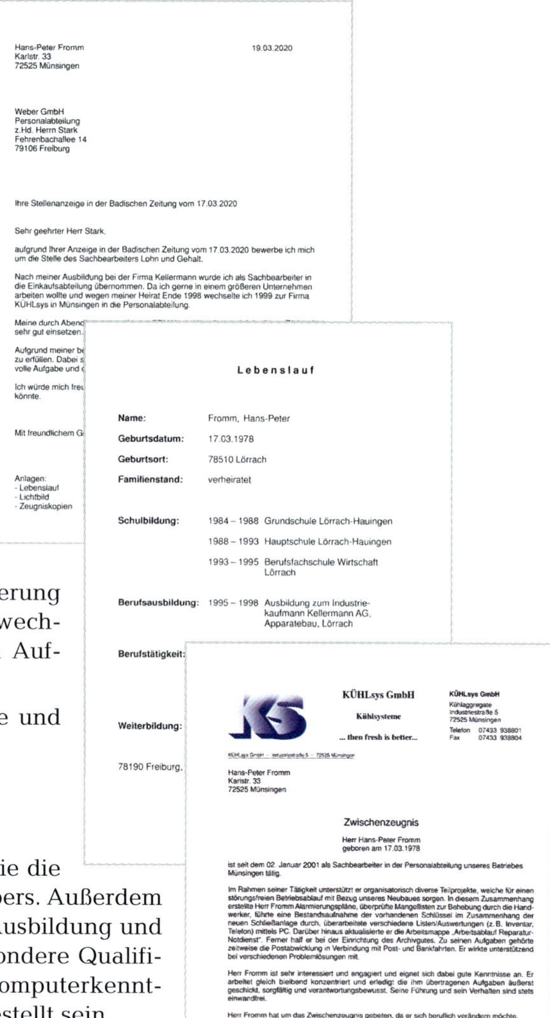

Hans-Peter Fromm
Karlstr. 33
72525 Münsingen

19.03.2020

Weber GmbH
Personalabteilung
z.Hd. Herrn Stark
Fehrenbachallee 14
79106 Freiburg

Ihre Stellenanzeige in der Badischen Zeitung vom 17.03.2020

Sehr geehrter Herr Stark,

aufgrund Ihrer Anzeige in der Badischen Zeitung vom 17.03.2020 bewerbe ich mich um die Stelle des Sachbearbeiters Lohn und Gehalt.

Nach meiner Ausbildung bei der Firma Kellermann wurde ich als Sachbearbeiter in die Einkaufsabteilung übernommen. Da ich gerne in einem größeren Unternehmen arbeiten wollte und wegen meiner Heirat Ende 1998 wechselte ich 1999 zur Firma KÜHLsys in Münsingen in die Personalabteilung.

Meine durch Abend…
sehr gut einsetzen.

Aufgrund meiner be…
zu erfüllen. Dabei s…
volle Aufgabe und …

Ich würde mich freu…
könnte.

Mit freundlichem G…

Anlagen:
- Lebenslauf
- Lichtbild
- Zeugniskopien

Lebenslauf

Name:	Fromm, Hans-Peter	
Geburtsdatum:	17.03.1978	
Geburtsort:	78510 Lörrach	
Familienstand:	verheiratet	
Schulbildung:	1984 – 1988	Grundschule Lörrach-Hauingen
	1988 – 1993	Hauptschule Lörrach-Hauingen
	1993 – 1995	Berufsfachschule Wirtschaft Lörrach
Berufsausbildung:	1995 – 1998	Ausbildung zum Industriekaufmann Kellermann AG, Apparatebau, Lörrach
Berufstätigkeit:		
Weiterbildung:		

78190 Freiburg,

KÜHLsys GmbH
Kühlsysteme
... then fresh is better...

KÜHLsys GmbH
Kühlaggregate
Industriestraße 5
72525 Münsingen
Telefon 07433 938801
Fax 07433 938804

KÜHLsys GmbH – Industriestraße 5 – 72525 Münsingen

Hans-Peter Fromm
Karlstr. 33
72525 Münsingen

Zwischenzeugnis

Herr Hans-Peter Fromm
geboren am 17.03.1978

ist seit dem 02. Januar 2001 als Sachbearbeiter in der Personalabteilung unseres Betriebes Münsingen tätig.

Im Rahmen seiner Tätigkeit unterstützt er organisatorisch diverse Teilprojekte, welche für einen störungsfreien Betriebsablauf mit Bezug unseres Neubaues sorgen. In diesem Zusammenhang erstellte Herr Fromm Alarmierungspläne, überprüfte Mangellisten zur Behebung durch die Handwerker, führte eine Bestandsaufnahme der vorhandenen Schlüssel im Zusammenhang der neuen Schließanlage durch, überarbeitete verschiedene Listen/Auswertungen (z. B. Inventar, Telefon) mittels PC. Darüber hinaus aktualisierte er die Arbeitsmappe „Arbeitsablauf Reparatur-Notdienst". Ferner half er bei der Einrichtung des Archivgutes. Zu seinen Aufgaben gehörte zeitweise die Postabwicklung in Verbindung mit Post- und Bankfahrten. Er wirkte unterstützend bei verschiedenen Problemlösungen mit.

Herr Fromm ist sehr interessiert und engagiert und eignet sich dabei gute Kenntnisse an. Er arbeitet gleich bleibend konzentriert und erledigt die ihm übertragenen Aufgaben äußerst geschickt, sorgfältig und verantwortungsbewusst. Seine Führung und sein Verhalten sind stets einwandfrei.

Herr Fromm hat um das Zwischenzeugnis gebeten, da er sich beruflich verändern möchte.

Wir wünschen Herrn Fromm für seine persönliche und berufliche Zukunft alles Gute.

KÜHLsys GmbH
Marc Stöcklin
(Geschäftsführer)

Christa Spät
(Leiterin Personalabteilung)

15.03.2020

Dabei muss er sich bemühen, durch den Inhalt, aber auch durch die Sprache und die Form seiner Ausführungen die Aufmerksamkeit des Empfängers zu wecken und sein Wohlwollen zu gewinnen.

Zu einer sachlich und formal richtigen Bewerbung empfiehlt es sich, dass die Unterlagen in einem Schnellhefter mit Klarsichtdeckel in zeitlicher Reihenfolge abgeheftet sind. Dieser muss enthalten:

▶ Bewerbungsschreiben

Hier wird ausgeführt:

- der Bezug (auf eine Anzeige oder einen Anschlag am Schwarzen Brett),
- kurzer beruflicher Werdegang,
- Grund der gewünschten Veränderung (Beendigung der Ausbildung, Ortswechsel, Interesse an einem beruflichen Aufstieg),
- Interesse an der neuen Arbeitsstelle und dem Unternehmen,
- Bitte um einen Vorstellungstermin.

▶ Lebenslauf

Er enthält die biografischen Daten sowie die beruflichen Qualifikationen des Bewerbers. Außerdem sollten in ihm Informationen über die Ausbildung und den beruflichen Werdegang sowie besondere Qualifikationen (wie Fremdsprachen- oder Computerkenntnisse) und persönliche Interessen dargestellt sein.

Der Lebenslauf wird meist in tabellarischer Form verfasst. In besonderen Fällen wird ein handschriftlicher und/oder ausformulierter Lebenslauf verlangt.

▶ Zeugnisse

Sie dürfen nicht fehlen. Es sind Kopien von wichtigen schulischen und betrieblichen Zeugnissen. Beglaubigte Kopien sind nur notwendig, wenn sie ausdrücklich verlangt werden.

▶ Lichtbild

Es kann auf den Lebenslauf geklebt werden.

▶ Digitale Bewerbungsformen

Neben der schriftlichen Bewerbung ist es auch möglich, sich per E-Mail zu bewerben. Hierbei wird das Anschreiben als E-Mail verfasst. Die übrigen Teile der Bewerbung werden als Dateianlage versendet. Im Gegensatz zur schriftlichen Bewerbung wird die **E-Mail-Bewerbung** nicht ohne Weiteres akzeptiert, sodass vorher geklärt werden sollte, ob und in welcher Form eine E-Mail-Bewerbung möglich ist.

Manche Unternehmen fordern die Bewerber auf, eine **Onlinebewerbung** auf einer speziellen Bewerberhomepage im Internet auszufüllen. Diese Angaben können anschließend elektronisch weiterverarbeitet werden und der Bewerber erhält sofort bzw. sehr kurzfristig Mitteilung, ob seine Bewerbung weiterhin berücksichtigt wird und welche weiteren Bewerbungsunterlagen benötigt werden.

6.2.2 Vorstellung und Einstellungsgespräch

Bewerber um eine Stelle, die zu einer persönlichen Vorstellung eingeladen werden, haben schon einen ersten Erfolg erzielt.

Um das eigentliche Gespräch sorgfältig vorzubereiten, verlangen manche Unternehmen, dass die Bewerber vorher noch einen **Personalfragebogen** ausfüllen. Hier werden in einer vom Unternehmen bestimmten Ordnung nochmals Angaben über die Person, die besuchten Schulen, Berufsausbildung, bisherige Arbeitgeber, zusätzliche Qualifikationen, Sprachkenntnisse u. Ä. erfragt.

Im Einstellungsgespräch werden offene Fragen geklärt. Außerdem soll ein persönlicher Eindruck vom Bewerber/von der Bewerberin gewonnen werden.

Aus dem täglichen Leben ist bekannt, wie sehr Kleinigkeiten und Äußerlichkeiten beim ersten Aufeinandertreffen oft einen dauernden Eindruck hinterlassen. Deshalb sollte der Bewerber unbedingt pünktlich sein. Er sollte auf ein gepflegtes äußeres Erscheinungsbild achten, nachlässige, aber auch zu extravagante Aufmachung vermeiden. Seinen Gesprächspartner sollte der Bewerber nicht aufdringlich mustern, ihn aber doch interessiert ansehen.

In einer solchen Unterhaltung ergeben sich häufig Fragen oder Gesprächsanregungen wie z. B.:

- Warum wollen Sie für uns arbeiten?
- Warum wollen Sie die Stelle wechseln?
- Berichten Sie uns über Ihre persönliche Situation und Ihren Werdegang.
- Was wissen Sie über unser Unternehmen?
- Welche beruflichen Ziele haben Sie?

Hierbei stehen nicht die Fachkenntnisse des Bewerbers im Vordergrund, sondern seine Persönlichkeit. Der Bewerber sollte dem Frager aufmerksam zuhören und ihn ausreden lassen. Er sollte dann die Fragen wahrheitsgemäß und in angemessener höflicher Form beantworten. Durch entsprechende Fragen kann er selbst Interesse bekunden und Kenntnisse aufzeigen. Insgesamt sollte es ihm gelingen, zu einer angenehmen fortlaufenden Unterhaltung seinen positiven Beitrag zu leisten, ohne den Frager dabei aus der führenden Rolle zu drängen.

Als Ergebnis des Einstellungsgespräches kann dem Bewerber **sofort** eine **Zusage** gemacht werden; meist verspricht das Unternehmen einen **schriftlichen Bescheid.**

6.2.3 Personalauswahl

Die Personalauswahl hat die Aufgabe, aus den eingehenden Bewerbungen zum richtigen Zeitpunkt die richtige Anzahl **qualifizierter Mitarbeiter** auszuwählen.

Um nicht in der Flut von eingehenden Bewerbungsunterlagen unterzugehen oder den Überblick zu verlieren, empfiehlt sich bei der Personalauswahl eine strukturierte Vorgehensweise:

Vorgehensweise bei der Personalauswahl

Personalauswahl

1. Schritt: Erstellen eines Anforderungsprofils

Das Anforderungsprofil ist Grundlage für die Ausschreibung, strukturiert die Auswertung der Bewerbungsunterlagen, ist Leitfaden für das Bewerbungsgespräch und letztendlich für die zu treffende Personalentscheidung. Ziel ist es, durch einen Vergleich zwischen den Erwartungen an die Bewerber und der tatsächlichen Bewerberqualifikation eine höchstmögliche Übereinstimmung zu erreichen.

2. Schritt: Bewerbungsunterlagen auswerten

Auf der Basis der vorher festgelegten Anforderungen an den neuen Mitarbeiter und dessen zukünftigen Aufgaben werden die schriftlichen Bewerbungen ausgewertet, Lebensläufe studiert und Zeugnisse interpretiert. Ziel hierbei ist es, eine Vorauswahl zu treffen, um die Anzahl der Vorstellungsgespräche in Grenzen zu halten.

3. Schritt: Das Vorstellungsgespräch

In dem Vorstellungsgespräch geht es darum, im persönlichen Kontakt Eindrücke über die Persönlichkeit, die Kenntnisse und Fähigkeiten, die Vorstellungen des Bewerbers über seine berufliche Tätigkeit und Entwicklung und über dessen Motivation zu erhalten.

4. Schritt: Testverfahren

Viele Unternehmen führen neben dem Vorstellungsgespräch unterschiedliche Typen von Testverfahren durch. Diese Tests sind aber nie allein ausschlaggebend für die Einstellung, sondern sie sollen in Zusammenhang mit den anderen Informationen über den Bewerber die Personalauswahl untermauern. Drei der häufigsten Verfahren sind:

- **Assessment-Center.** Ein Assessment-Center ist eine vielschichtige, gleichzeitige Beurteilung mehrerer Kandidaten (Teilnehmer) durch verschiedene Beobachter unter Einsatz unterschiedlicher Beurteilungsmethoden.
- **Intelligenztests.** Hier wird versucht, die intellektuelle Leistungsfähigkeit (sprachliches und praktisch-rechnerisches Denkvermögen, Kombinations-, Abstraktions- und Vorstellungsfähigkeit) zu bestimmen.
- **Persönlichkeitstests.** Sie werden eingesetzt, um Informationen über verschiedene Persönlichkeitsmerkmale erfassbar zu machen.

Die Persönlichkeitsmerkmale, die mit einem Test erfasst werden, sind je nach Test durchaus unterschiedlich. Möglich sind z. B. die Verhaltensdimensionen Aggressivität, Interessen, Depressivität, Dominanzstreben oder Kontaktverhalten.

5. Schritt: Auswahl der geeigneten Mitarbeiter/-in

Für die Auswertung des Gesprächs bzw. der Testverfahren sollte sich der Einstellende angemessen Zeit lassen. Je gründlicher die definierten Anforderungen mit den Auswertungen der Bewerbungsunterlagen und den Eindrücken des Vorstellungsgesprächs abgeglichen werden, desto geringer ist die Gefahr einer personellen Fehlentscheidung.

Die freie Auswahl des geeigneten Mitarbeiters durch die Unternehmensführung wird durch die **Rechte des Betriebsrates** eingeschränkt. Er kann verlangen, dass Arbeitsplätze, die besetzt werden sollen, innerhalb des Unternehmens ausgeschrieben werden. Der Betriebsrat kann seine Zustimmung zu einer Einstellung verweigern, wenn keine innerbetriebliche Ausschreibung stattgefunden hat. Der Arbeitgeber ist jedoch nicht verpflichtet, den innerbetrieblichen Bewerber vorzuziehen. *BetrVG §§ 93 ff.*

Vergleich von Arbeitszeugnissen

Ein wichtiger Bestandteil der Personalauswahl ist das »richtige« Lesen und das Verstehen sowie der Vergleich von Arbeitszeugnissen der Bewerber.

In einem **qualifizierten Arbeitszeugnis** wird die Arbeitsleistung (einschließlich Qualifikation) und das Verhalten des Arbeitnehmers vom Arbeitgeber beurteilt.

Der Arbeitnehmer hat einen gesetzlichen Anspruch auf ein qualifiziertes Arbeitszeugnis. Ein qualifiziertes Zeugnis muss folgenden Grundsätzen gerecht werden: *BGB § 630*

a) **Wahrheitspflicht.** Alle Inhalte des Arbeitszeugnisses müssen der Wahrheit entsprechen, wobei negative Beurteilungen nur zulässig sind, wenn sie über die gesamte Dauer des Arbeitsverhältnisses Bestand hatten.

b) **Wohlwollen.** Das Zeugnis muss nach der geltenden Rechtsprechung wohlwollend formuliert sein, um dem Arbeitnehmer das »berufliche Fortkommen nicht zu erschweren«.

c) **Vollständigkeit.** Vom Zeugnisaussteller dürfen keine Dinge ausgelassen werden, die ein Zeugnisleser üblicherweise erwartet.

   Beispiel: Bei einer ehrlichen Kassiererin darf nicht der Hinweis fehlen, dass sie ehrlich ist.

Aus einem triftigen Grund kann der Arbeitnehmer auch ein **Zwischenzeugnis** verlangen, beispielsweise beim Wechsel des Vorgesetzten oder bei Versetzung auf einen anderen Arbeitsplatz. Im Gegensatz zum qualifizierten Zeugnis ist das **einfache Arbeitszeugnis** lediglich eine Bescheinigung über die Dauer und die wahrgenommenen Aufgaben des Arbeitnehmers.

Inzwischen haben sich in qualifizierten Arbeitszeugnissen bestimmte Formulierungen durchgesetzt, die mit den klassischen Schulnoten gleichgesetzt werden können.

Formulierungen (Beispiele)	Note
– stets zu unserer vollsten Zufriedenheit erledigt – hat unseren Erwartungen in jeder Hinsicht und in besonderer Weise entsprochen – ihre Leistungen haben unsere besondere Anerkennung gefunden	sehr gut
– stets zu unserer vollen Zufriedenheit – mit den Arbeitsergebnissen waren wir stets vollauf zufrieden	gut
– zu unserer vollen Zufriedenheit – hat unseren Erwartungen voll entsprochen	befriedigend
– zu unserer Zufriedenheit – hat unseren Erwartungen entsprochen	ausreichend
– hat sich bemüht, den Anforderungen gerecht zu werden – hat im Großen und Ganzen unsere Erwartungen erfüllt	mangelhaft

Weitere Informationen zu Arbeitszeugnissen gibt es unter http://www.arbeitszeugnis.de.

▶ Aufgaben und Probleme

Die IT-Consult GmbH entwickelt Softwarelösungen für Groß- und Außenhandelsunternehmen. Für das nächste Geschäftsjahr ist in verschiedenen Abteilungen eine Kapazitätsausweitung geplant. Die Personalbedarfsplanung hat ergeben, dass folgende Arbeitskräfte beschafft werden müssen: 1 Softwareentwickler, 2 Fachinformatiker zur Programmierung, 1 kaufmännische Angestellte für die Lohn- und Gehaltsabrechnung, 4 Informatikkaufleute.

Alle offenen Stellen werden ins Internet gestellt. Der Softwareentwickler und die Fachinformatiker werden zusätzlich mithilfe einer Stellenanzeige in der regionalen Presse gesucht.

a) Erläutern Sie Gründe, warum für die gesuchten Arbeitskräfte unterschiedliche Personalbeschaffungswege beschritten werden.

b) Nennen Sie weitere Möglichkeiten der Personalbeschaffung.

c) Erläutern Sie Gründe, warum ein Unternehmen versucht, eine offene Stelle häufig mithilfe einer Personalbeschaffungsmaßnahme zu besetzen.

d) Entwerfen Sie eine Stellenbeschreibung für kaufmännische Angestellte im Bereich Lohn- und Gehaltsabrechnung.

e) Für die Softwareentwicklerstelle gehen mehrere Bewerbungen ein. Sammeln Sie Informationsgrundlagen, die bei der Personalauswahl zu berücksichtigen sind.

f) Erstellen Sie einen Musterarbeitsvertrag für kaufmännische Angestellte. Weitere Informationen unter: http://www.arbeitsvertrag.de; http://www.betriebsrat.de.

g) Bei der IT-Consult GmbH bewirbt sich auch Herr Mark Müller. Seine Bewerbungsunterlagen enthalten folgendes Zeugnis:

> Herr Mark Müller, geboren am 8. September 1979 in Ulm, trat am 1. April 2008 in unsere Dienste.
>
> Herr Müller wurde zunächst im Bereich Vertrieb eingesetzt. Er war hier verantwortlich für das Gebiet Österreich/Schweiz. Am 01.12.2008 versetzten wir ihn in unsere Rechnungsabteilung. Ihm oblagen neben der Abrechnung der Zählerstandskarten unserer Kopiergeräte die Abrechnung der Großkunden und das Erstellen von Statistiken.
>
> Herr Müller bemühte sich, die ihm gestellten Aufgaben sorgfältig zu erledigen. Bei unterschiedlichen Aufgaben genügte er den Anforderungen fast immer. Sein Verhalten gegenüber Vorgesetzten, Mitarbeitern und Kunden war im Wesentlichen einwandfrei.
>
> Herr Müller scheidet mit dem heutigen Tag aus unserem Unternehmen aus.
>
> Ulm, den 31.03.2020
>
> K. Kleiss

- Nennen Sie die Aussagen des Arbeitszeugnisses, die Sie für negativ halten.
- Bewerten Sie das Zeugnis mit einer Note zwischen 1 und 5.
- Begründen Sie die Note, die Sie vergeben haben.

Zusammenfassende Übersicht: Maßnahmen der Personalbeschaffung ergreifen

Personalbeschaffung

① Stellenbeschreibung → Anforderungsprofil

② Personalbeschaffungswege

intern
- Ausschreibung
- Umbesetzung
- Beförderung
- Übernahme Auszubildender

extern
- Anzeigen } Zeitung
- Stellenbörse } Internet
- Schautafel
- Personalvermittlung
  - Bundesagentur für Arbeit
  - privat
- Hochschulen
- Kontaktpflege

③ Bewerbung

Bewerbungsschreiben	Lebenslauf mit Lichtbild	Zeugnisse

④ Vorauswahl

⑤ Vorstellung mit Einstellungsgespräch

Auftreten/Erscheinungsbild	Gespräch

⑥ evtl. Testverfahren

Assessment-Center	Intelligenztest	Persönlichkeitstest

⑦ Personalauswahl und Stellenbesetzung

7 Konzepte für die Personalentwicklung erstellen

▶ Handlungsauftrag

Erstellen Sie ein Wandplakat, in dem Sie die Konzepte der Personalentwicklung übersichtlich darstellen.

7.1 Ziele und Aufgaben der Personalentwicklung

Trotz verstärkten Einsatzes technischer Mittel ist der Mensch der wichtigste Leistungsfaktor im Unternehmen. Ohne tüchtige Mitarbeiterinnen und Mitarbeiter kann kein Unternehmen aufgebaut und ausgebaut werden. Qualifiziertes Personal ist die treibende Kraft des betrieblichen Erfolgs.

Deshalb ist die **Personalentwicklung** eine wesentliche Voraussetzung für die betriebliche Leistungsfähigkeit. Die Personalabteilung hat entsprechende Maßnahmen zu planen, damit alle individuellen Kenntnisse und Fertigkeiten aller Mitarbeiter entwickelt bzw. eingesetzt werden können.

Um die geeigneten Maßnahmen zur Personalentwicklung festzulegen, müssen Personalbeurteilungen vorgenommen und Mitarbeitergespräche geführt werden. Die Mitarbeitergespräche dienen zusätzlich zur Motivation der Mitarbeiter und zur Bewältigung von Konflikten.

7.2 Maßnahmen der Personalentwicklung

Zu den betrieblichen Maßnahmen der Personalentwicklung zählen die **Berufsausbildung** und die **betriebliche Weiterbildung.**

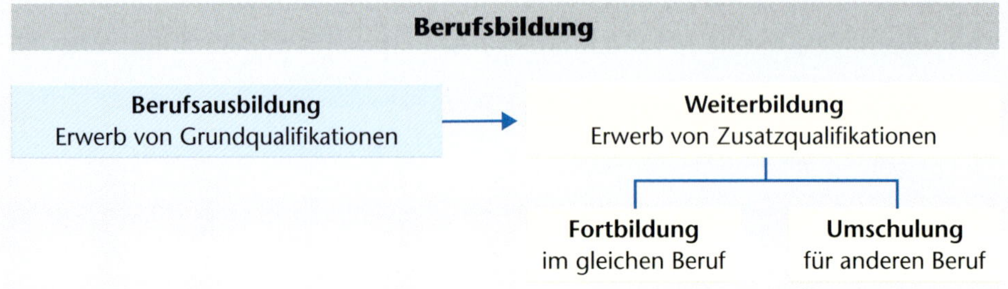

Berufsausbildung

Auszubildende in einem kaufmännischen Beruf sind Personen, die in einem **kaufmännischen Unternehmen** zur **Erlernung kaufmännischer Dienste** tätig sind.

Die Ausbildung muss planmäßig die theoretischen Kenntnisse, praktischen Fertigkeiten und personalen Fähigkeiten (berufliche Handlungsfähigkeit) vermitteln, die zum Erreichen des Ausbildungszieles erforderlich sind. Die theoretischen Kenntnisse erhalten die Auszubildenden vorwiegend **in der Berufsschule** vermittelt, während die praktischen Fertigkeiten **im Unternehmen** erlernt werden sollen. Da die Ausbildung in Deutschland an diesen zwei Orten erfolgt, spricht man von der **dualen Ausbildung.**

Weiterbildung

Fortbildung

Bildungsmaßnahmen, die erforderlich werden, um die **Qualifikation** von Angestellten an die **veränderten Anforderungen in ihrem Beruf anzupassen,** nennt man **Fortbildung.**

Viele Unternehmen qualifizieren ihre Mitarbeiter durch Fortbildung im Unternehmen weiter.

Wie viel lassen sich Unternehmen die Weiterbildung kosten?

ausgewählte Branchen	Weiterbildungskosten je Mitarbeiter in EUR/Jahr
Baugewerbe	364
Bergbau, Energieversorgung	510
Grundstoff- und Produktionsgüter	655
Handwerk	687
Einzelhandel	999
Verbrauchsgütergewerbe	1.510
Kreditinstitute, Versicherungen	2.660

Quelle: IW/DINT

Hierbei werden die Fortbildungsmaßnahmen so kombiniert, dass diese zum Teil in der Arbeitszeit, zum Teil aber auch in der Freizeit durchgeführt werden. Dadurch wird vom Mitarbeiter die Bereitschaft zur Fortbildung demonstriert, und das Unternehmen kann aus diesem Kreis Mitarbeiter für Führungsfunktionen gewinnen.

Beispiel: Bei einem Fortbildungskurs werden Fähigkeiten und Aktivitäten der Teilnehmer dadurch getestet, dass diese Referate anfertigen und vortragen müssen. Die Referate mit anschließenden Diskussionsbeiträgen werden auf Video aufgezeichnet und ausgewertet.

Weitere Fortbildungsmaßnahmen werden heutzutage mithilfe von **E-Learning** (engl. = electronic learning – elektronisch unterstütztes Lernen) durchgeführt. E-Learning ist Lernen unter Einbezug von elektronischen Kommunikationsmitteln und Medien, indem PCs, CD-ROMs oder das Internet eingesetzt werden.

Umschulung

Bildungsmaßnahmen, die erforderlich werden, um Angestellte **für eine andere Berufstätigkeit zu qualifizieren,** nennt man **Umschulung.**

Umschulung kann notwendig sein, wenn

- eine Arbeitsstelle durch Einschränkung oder Auslagerung einer betrieblichen Aufgabe wegfällt.

  Beispiel: Die Buchhaltung eines kleineren Betriebes wird einem Steuerberater übertragen. Die Buchhalterin soll im Verkauf eingesetzt werden und erhält eine Schulung für Verkaufstätigkeit.

- Mitarbeiter den Anforderungen des Berufes nicht mehr genügen.

  Beispiel: Da eine Lagerfachkraft wegen anhaltender Rückenbeschwerden nicht mehr im Lager arbeiten kann, wird sie zum kaufmännischen Sachbearbeiter umgeschult.

Die Umschulung kann durch Kurse außerhalb des Unternehmens erfolgen (IHK, Volkshochschule, REFA-Verband, Gewerkschaft).

Die **Umschulungsförderung** soll Arbeitsuchenden die Teilnahme an solchen Maßnahmen ermöglichen, die den Übergang in eine andere geeignete berufliche Tätigkeit vorbereiten oder verwirklichen helfen. Damit wird auch die berufliche Beweglichkeit gesichert und verbessert. Gewährt werden Zuschüsse und Darlehen während der Umschulung und Einarbeitungszuschüsse, wenn die volle Leistung am neuen Arbeitsplatz erst nach einer gewissen Einarbeitungszeit erreicht werden kann. Die Arbeitnehmer müssen vor Beginn der Einarbeitung arbeitslos oder von Arbeitslosigkeit bedroht sein.

Beispiel: Ein arbeitsloser Lehrer wird nach entsprechenden Fachkursen in der betrieblichen Lehrlingsausbildung eingesetzt. Während der Kurse erhält er einen Zuschuss zu seinem Arbeitslosengeld.

▶ Aufgaben und Probleme

1. Welche Vorteile hat
   a) der Betrieb,
   b) der Auszubildende

   von der dualen Ausbildung?
2. Andere Länder beneiden Deutschland um die duale Berufsausbildung. Welche Vorteile sehen Sie in diesem System?
3. Welche Teilnahme fällt unter die berufliche Fortbildung?
   a) Ein Maschinenmonteur belegt einen Kurs über die Einrichtung von computergesteuerten Fertigungsrobotern.
   b) Ein Auszubildender nimmt an einem Kurs zur Vorbereitung auf die Wiederholungsprüfung in seinem Ausbildungsberuf teil.
   c) Eine Einzelhandelskauffrau macht eine Weiterbildung zur Handelsfachwirtin.
   d) Eine arbeitsuchende Mutter von drei Kindern nimmt an einer Maßnahme der Bundesagentur für Arbeit zum Wiedereintritt in das Berufsleben teil.
4. Welche Fortbildungsmaßnahmen gibt es
   a) in Ihrem Betrieb,
   b) in Ihrem Heimatort?
5. Warum ist die Bundesagentur für Arbeit bereit, für Umschulungsmaßnahmen Zuschüsse zu gewähren?

7.3 Personalbeurteilung

Die Personalbeurteilung hat besondere Bedeutung bei der Einstellung bzw. Beförderung von Arbeitnehmern, aber auch bei der Umbesetzung und Entlassung.

Bei der Beurteilung sind folgende **Verfahren** möglich:

Freie Beurteilung

Hier wird die allgemeine Leistungsfähigkeit und die Persönlichkeit des Beurteilten aufgrund des Gesamteindrucks in freier Formulierung beurteilt. Dieses Verfahren hat den Nachteil, dass die Beurteilungskriterien nicht vorgegeben sind und allein der persönliche Eindruck des Beurteilers entscheidend ist.

Kennzeichnungs- und Einstufungsverfahren

Durch dieses Verfahren versucht man, die Beurteilung in der Weise zu objektivieren, dass man Material verwendet, das sich auf Arbeitsergebnisse stützt.

Der Vorteil hierbei ist, dass der Beurteiler für alle Mitarbeiter genau vorgegebene Beurteilungskriterien kennzeichnet (Checkliste) bzw. den Beurteilten einstufen oder benoten muss. Solche Beurteilungskriterien sind u. a. Vorbildung, berufliche Ausbildung, fachliche Kenntnisse und Erfahrungen, Aufgabenerfüllung, Durchsetzungsvermögen, Zuverlässigkeit, Fähigkeit zur Führung von Mitarbeitern, Verhandlungsgeschick, Bereitschaft zur Fortbildung, Verhalten gegenüber Vorgesetzten und Mitarbeitern. Dadurch wird die Beurteilung nachprüfbar.

Der Nachteil ist, dass es generell anerkannte Merkmale nicht gibt und dass sich das gleiche Beurteilungsschema nicht für alle Leitungsebenen eignet.

Bei Beurteilungen können folgende **Fehler** auftreten:

1. Vorurteile bezüglich eines Bewertungsmerkmals werden auf alle anderen Merkmale übertragen (ein unpünktlicher Mitarbeiter kann nicht gut sein).
2. Wenn der Bewerter unsicher ist und sich wegen seines Urteils nicht zur Rechenschaft ziehen lassen will, besteht die Neigung zu einem nachsichtigen oder geschönten Urteil.

Da der Arbeitnehmer das Recht hat, eine Erörterung seiner Leistungsbeurteilung zu verlangen, wird sich daraus ein **Beurteilungsgespräch** ergeben. In ihm werden die Ergebnisse besprochen und ausgewertet. *BetrVG § 82*

Leistungsbeurteilung für Angestellte – Beurteilungsbogen
(bitte entsprechende Bewertungsstufe kennzeichnen)

Name: Wendt, Erika — Abteilung: Finanzbuchhaltung

Beurteilungsmerkmale	**Gewichtung**	**Bewertungsstufen** 1 entspricht selten	2 entspricht i. Allg.	3 entspricht voll	4 liegt über	5 liegt weit über
		der Erwartung				
1. Anwendung von Kenntnissen Beweglichkeit im Denken, Erkennen des Wesentlichen, gezeigte Selbstständigkeit	1	1	②	3	4	5
2. Arbeitseinsatz Eigeninitiative, Ausdauer, Zuverlässigkeit	1	1	2	3	④	5
3. Quantität der Arbeit Umfang bzw. Menge der erzielten Arbeitsergebnisse	1	1	②	3	4	5
4. Arbeitsqualität Arbeitsgenauigkeit und Fehlerfreiheit des Arbeitsergebnisses	2	2	4	6	⑧	10
5. Zusammenarbeit Zusammenarbeit mit Mitarbeitern, Vorgesetzten und Untergebenen	2	2	4	⑥	8	10

Datum: 23. März 2020
Beurteilter: E. Wendt

Summe der Punkte (max. 35 P.): 22
Datum: 20. März 2020
Abteilungsleiter: Schmieder

▶ Aufgaben und Probleme

1. Welche Vor- und Nachteile haben
   a) die freie Beurteilung,
   b) das Einstufungsverfahren?
2. Ordnen Sie die Beurteilungskriterien des Einstufungsverfahrens in der Reihenfolge, in der sie Ihnen am wichtigsten erscheinen.
3. Bei welchen Anlässen erscheint Ihnen eine Beurteilung besonders wichtig? Begründen Sie Ihre Entscheidung.
4. Welche Vor- und Nachteile ergeben sich, wenn der Beurteiler mit dem Mitarbeiter die Ergebnisse der Leistungsbeurteilung besprechen muss?

7.4 Mitarbeitergespräche

Mitarbeitergespräche sind ein wichtiges Instrument der Personalführung. In ihnen können sich Mitarbeiter und Vorgesetzter ein Bild von den Erwartungen machen, die an sie gestellt werden. Über gegenseitiges Feedback erfahren sie, wie sie wahrgenommen werden und wie ihr Verhalten bewertet wird. Hierdurch sollen beide Seiten die Möglichkeit haben, ihr Auftreten und ihr Verhalten zu überdenken und ggf. anzupassen.

Mitarbeitergespräche sollten in regelmäßigen Abständen (z.B. einmal im Jahr) oder bei Bedarf geführt werden. Als Gründe für ein Mitarbeitergespräch kommen u.a. infrage:

- Ende der Probezeit,
- Ablauf eines befristeten Arbeitsvertrags,
- Lob und Kritik,
- Rückkehr nach Arbeitsunfähigkeit bzw. Krankheit,
- Personalbeurteilung,
- Absprechen von Zielvereinbarungen,
- Konflikte,
- Kündigung.

Häufig gibt es in Unternehmen Checklisten oder Leitfäden, an denen sich Vorgesetzte und Mitarbeiter bei der Durchführung eines Mitarbeitergesprächs orientieren können.

Am Ende eines Mitarbeitergesprächs sollte eine **Zielvereinbarung** stehen. In ihr wird beispielsweise vereinbart,

- welche Fortbildungsmaßnahmen der Mitarbeiter im nächsten Jahr besuchen soll,
- wie hoch der Umsatz der Abteilung im nächsten halben Jahr sein soll,
- welche Projekte innerhalb des nächsten Vierteljahres fertiggestellt werden sollen,
- wie viele neue Ausbildungsplätze geschaffen werden sollen.

Die Zielvereinbarung dient der Orientierung und Motivation des Mitarbeiters. Sie ist u.a. ein wichtiger Bestandteil des **Management by Objectives.**

Besondere Anforderungen werden an ein Mitarbeitergespräch gestellt, wenn es darum geht, Konflikte zu lösen. Hierbei ist besonders auf eine angenehme und ruhige Gesprächsatmosphäre zu achten. Ziel des Gesprächs sollte es sein, dass eine Lösung gefunden wird, bei der sich beide Seiten als Gewinner sehen **(Win-win-Situation).**

▶ Aufgaben und Probleme

1. Erkundigen Sie sich in Ihrem Ausbildungsbetrieb, in welcher Form Mitarbeitergespräche durchgeführt werden.
2. Recherchieren Sie im Internet nach einem Leitfaden für Mitarbeitergespräche und stellen Sie diesen Ihren Mitschülern vor.
3. Informieren Sie sich zunächst, welche Regeln in einem Konfliktgespräch zu beachten sind, damit eine Win-win-Situation erreicht werden kann. Überlegen Sie sich anschließend eine Konfliktsituation und stellen Sie die Lösung der Konfliktsituation in einem Rollenspiel dar. Achten Sie dabei auf die recherchierten Regeln.

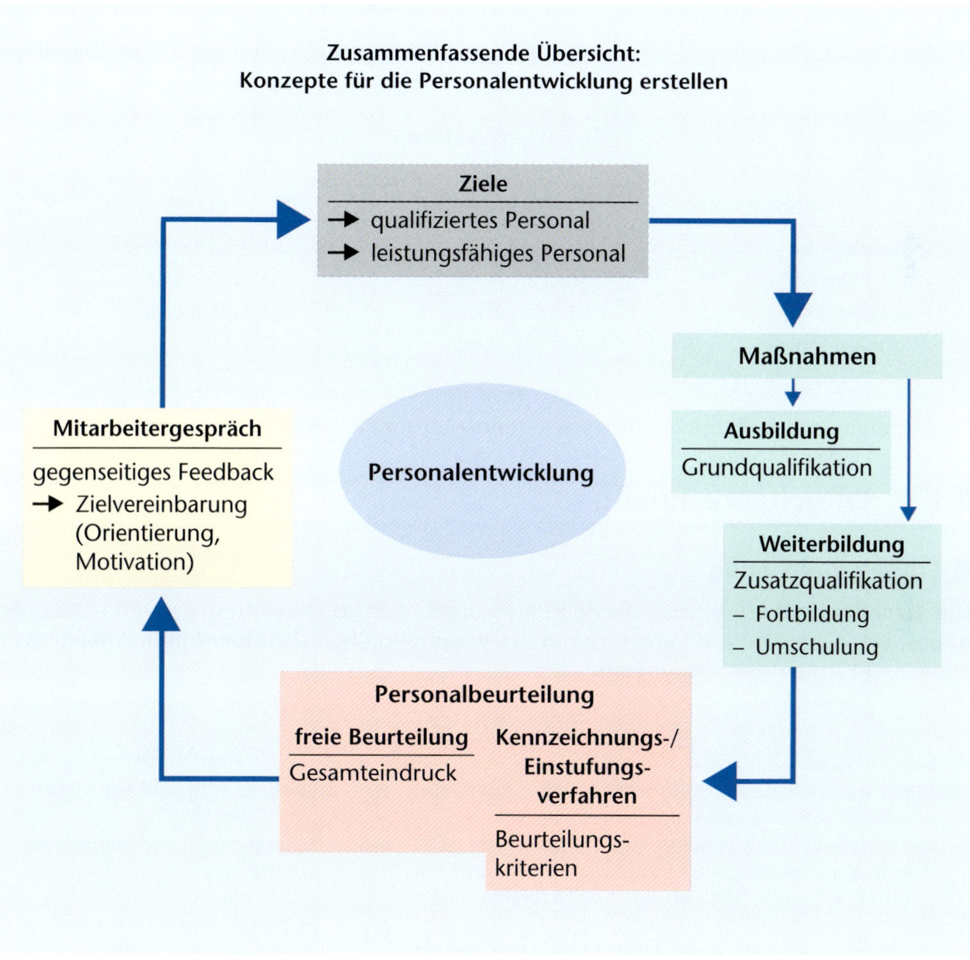

8 Entgeltabrechnung vornehmen und Überblick über einkommensteuerrechtliche Regelungen verschaffen

▶ Handlungsauftrag

Laden Sie sich die elektronische Steuererklärung (www.elster.de) herunter und installieren Sie das Programm nach Anweisung. Untersuchen Sie die Funktionen und Vorgehensweisen dieses Programms bei der Erstellung der Einkommensteuererklärung. Stellen Sie Ihre Ergebnisse Ihren Mitschülern vor.

Die häufigsten Entgeltsysteme sind der Zeitlohn, der Leistungslohn und der Prämienlohn.

Entgeltsysteme

Zeitlohn	Akkordlohn	Prämienlohn
– Stundenlohn – Tagelohn – Wochenlohn – Monatslohn	– Stückgeldakkord – Stückzeitakkord – Gruppenakkord	– Leistungsprämie – Mengenprämie – Gruppenprämie

Im kaufmännischen Bereich wird vorwiegend ein Monatslohn (Gehalt) gezahlt.

8.1 Entgeltabrechnung

Entgeltabrechnung

Das **Grundentgelt** ergibt sich aus den Regelungen des Arbeitsvertrages und des Tarifvertrages. Das Grundentgelt kann sich durch **Zulagen** erhöhen (**Bruttoentgelt). Abzüge** werden vom Bruttoentgelt vorgenommen.

Grundentgelt	
+ Zulagen	**– Abzüge**
Zulagen sind Teile des vertraglichen Arbeitsentgelts für – besonders schwere und schmutzige Arbeiten, – die Berücksichtigung der sozialen Verhältnisse der Arbeitnehmer (Orts-, Alters- und Kinderzulagen), – überdurchschnittliche Leistungen der Arbeitnehmer (Prämien), – die Berücksichtigung besonderer Anlässe wie Urlaub, Weihnachten, Jubiläen, – vermögenswirksame Leistungen des Arbeitgebers. **Zuschläge** werden für Sonderleistungen bezahlt und sind meist im Tarifvertrag vereinbart. Dazu gehören Zuschläge für – Überstunden, – Sonn- und Feiertagsarbeit.	**a) Abzüge aufgrund von Gesetzen.** Dazu gehören – Lohnsteuer und Solidaritätszuschlag, – Kirchensteuer, – Sozialversicherungsbeiträge (Arbeitnehmeranteil). **b) Abzüge aufgrund besonderer Vereinbarungen.** Dazu gehören – vermögenswirksame Leistungen, – Beiträge zu Unterstützungskassen, – Gewerkschaftsbeiträge.
Nettoentgelt	

Das **Nettoentgelt** (Auszahlungsbetrag) wird an den Arbeitnehmer überwiesen.

Der Arbeitgeber hat in den ersten zehn Tagen des folgenden Monats die einbehaltene Lohn- und Kirchensteuer sowie den Solidaritätszuschlag an das Finanzamt abzuführen.

Die Anteile an der Sozialversicherung sind zusammen mit dem Arbeitgeberanteil bis zum drittletzten Bankarbeitstag des Monats fällig, in dem das Arbeitsentgelt erzielt wird. Sie sind an die **zuständige Krankenkasse** abzuführen.

Beispiel: Die Reifen Roesch GmbH, Unna, führt die monatliche Entgeltabrechnung für ihre Mitarbeiter mit einem Tabellenkalkulationsprogramm durch.

Der Mitarbeiter Tobias Eisenhardt (25 Jahre, keine Kinder) verdient bei der Reifen Roesch GmbH, Unna, monatlich 2.500,00 EUR.

Entgeltabrechnung Reifen Roesch GmbH, Januar 2020				
Sozialversicherung	**RV**	**AV**	**KV**	**PV**
Beitragssatz in %	18,6	2,4	14,6	3,05 *
Beitragsbemessungsgrenze	6.900,00	6.900,00	4.687,50	4.687,50
Gehaltsdaten				
Mitarbeiternummer	34	Nach Eingabe der Mitarbeiternummer werden sämtliche Daten aus der Datenbank automatisch geladen!		
Name	Eisenhardt			
Steuerklasse	I/0			
Bruttoentgelt	2.500,00 EUR			
– Lohnsteuer	286,66 EUR			
– Solidaritätszuschlag	16,54 EUR			
– Kirchensteuer (9 %)	25,80 EUR			
– Krankenversicherung AN	182,50 EUR		AG-Anteil	182,50 EUR
– Rentenversicherung AN	232,50 EUR		AG-Anteil	232,50 EUR
– Arbeitslosenversicherung	30,00 EUR		AG-Anteil	30,00 EUR
– Pflegeversicherung AN*	44,38 EUR		AG-Anteil	38,13 EUR
Nettoentgelt	1.682,40 EUR		Summe	483,13 EUR

* Kinderlose Arbeitnehmer über 23 Jahren zahlen einen zusätzlichen Beitrag von 0,25 %.

Am 28. Januar erhalten die Träger der Sozialversicherung 972,51 EUR. Spätestens am 10. Februar erhält das Finanzamt 328,22 EUR.

Lohnsteuerabzugsmerkmale

Der Arbeitgeber muss die Lohnsteuer des Arbeitnehmers bei jeder Lohnzahlung errechnen, einbehalten und an das Finanzamt abführen. Dazu hat der Arbeitgeber für jeden Arbeitnehmer ein Lohnkonto zu führen. Darin sind die **elektronischen Lohnsteuerabzugsmerkmale** einzutragen. Die elektronischen Lohnsteuerabzugsmerkmale stehen in einer Datenbank beim Bundeszentralamt für Steuern bereit und werden vom Arbeitgeber dort abgerufen. *EStG § 38*

Die Lohnsteuerabzugsmerkmale sind *§ 39 (4)*

1. Steuerklasse und Faktor (siehe Seite 198),
2. Zahl der Kinderfreibeträge bei den Steuerklassen I bis IV (siehe Seite 202),
3. Freibetrag und Hinzurechnungsbetrag, den der Arbeitnehmer beim Finanzamt beantragt hat,

4. Höhe der Beiträge für eine private Krankenversicherung und für eine private Pflege-Pflichtversicherung für die Dauer von zwölf Monaten, wenn der Arbeitnehmer dies beantragt,
5. Mitteilung, dass der von einem Arbeitgeber gezahlte Arbeitslohn nach einem Abkommen zur Vermeidung der Doppelbesteuerung von der Lohnsteuer freizustellen ist, wenn der Arbeitnehmer oder der Arbeitgeber dies beantragt.

Für die Änderung der Lohnsteuerabzugsmerkmale sind die Finanzämter zuständig. Dazu zählen z. B.

- der Steuerklassenwechsel,
- Änderungen nach einer Trennung der Ehegatten,
- Eintragungen von Kinderfreibeträgen,
- Berichtigung unrichtiger Lohnsteuerabzugsmerkmale.

Für melderechtliche und standesamtliche Änderungen sind die Gemeindeverwaltungen zuständig. Dies können z. B. sein

- Kirchenein- oder Kirchenaustritte,
- Eheschließung,
- Geburt,
- Anschriftenänderung.

Lohnsteuertabellen und Lohnsteuerklassen

Zur Vereinfachung des Abzugs der Lohnsteuer werden Lohnsteuertabellen für monatliche, wöchentliche und tägliche Lohnzahlungen aufgestellt.

ALLGEMEINE MONATS-LOHNSTEUERTABELLE 2019 TEIL WEST (AUSZUG)												
Tabelle ab		**2.496,00**	**EUR**									
Tabellenschritt		**3**	**EUR**									
Kirchensteuer		**9**	**%**									
Kinderfreibetrag		**0,5**	ohne KiFrei		KiF - 0,5 -		KiF - 1 -		KiF - 1,5 -		KiF - 2 -	
ab Lohn	StKl	**Lohnsteuer**	SolZu	KiSt	SolZu	KiSt	SolZu	KiSt	SolZu	KiSt	SolZu	KiSt
2.496,00	I	285,91	15,72	25,73	10,86	17,78	6,30	10,31		3,61		
	II	242,08			8,59	14,06		6,84		1,08		
	III	66,83		6,01		1,08						
	IV	285,91	15,72	25,73	13,25	21,69	10,86	17,78	8,54	13,97	6,30	10,31
	V	559,50	30,77	50,35								
	VI	592,83	32,60	53,35								
2.499,00	I	286,66	15,76	25,79	10,89	17,83	6,33	10,36		3,65		
	II	242,75			8,63	14,13		6,89		1,10		
	III	67,33		6,05		1,10						
	IV	286,66	15,76	25,79	13,29	21,75	10,89	17,83	8,58	14,04	6,33	10,36
	V	560,66	30,83	50,45								
	VI	594,00	32,67	53,46								
2.502,00	I	287,33	15,80	25,85	10,93	17,89	6,36	10,41		3,70		
	II	243,41			8,66	14,18		6,94		1,14		
	III	67,83		6,10		1,15						
	IV	287,33	15,80	25,85	13,33	21,81	10,93	17,89	8,61	14,09	6,36	10,41
	V	561,50	30,88	50,53								
	VI	595,00	32,72	53,55								

In der Lohnsteuertabelle werden die Steuerpflichtigen je nach Familienstand in folgende **Steuerklassen** eingeteilt: *EStG § 38b*

Steuerklasse	Arbeitnehmergruppe
I	Unverheiratete (Ledige, Verwitwete, Geschiedene) und dauernd Getrenntlebende.
II	Unverheiratete, denen ein Entlastungsbetrag für Alleinerziehende zusteht.
III	1. Verheiratete, wenn der Ehegatte a) keinen Arbeitslohn bezieht oder b) auf Antrag beider Ehegatten in Steuerklasse V eingereiht wird. 2. Verwitwete für das Kalenderjahr, das dem Todesjahr des Ehegatten folgt. 3. Geschiedene im Jahr der Ehescheidung.
IV	Verheiratete, wenn der Ehegatte ebenfalls Arbeitslohn bezieht.
V	Verheiratete, wenn der Ehegatte a) ebenfalls Arbeitslohn bezieht und b) auf Antrag beider Ehegatten in Steuerklasse III eingereiht wird.
VI	Steuerpflichtige, die Arbeitslohn aus einem zweiten oder weiteren Dienstverhältnis beziehen.

8.2 Einkommensteuer des Arbeitnehmers

Die wichtigsten Einnahmen des Staates zur Erfüllung seiner Aufgaben sind die **Steuern.** *AO § 1*

Steuern sind **Geldleistungen,** die **öffentliche Gemeinwesen** kraft ihrer Finanzhoheit von den **Steuerpflichtigen ohne unmittelbare Gegenleistung** zur Finanzierung der kollektiven Bedarfsdeckung erheben.

Beispiele: Lohnsteuer, Einkommensteuer, Umsatzsteuer, Kfz-Steuer, Kaffeesteuer

Die Unternehmen sind verpflichtet, dem Staat bei der Einkommensbesteuerung behilflich zu sein, indem sie die **Lohnsteuer** der Mitarbeiter berechnen und **abführen.** Darüber hinaus muss jeder Steuerpflichtige für weitere Einkünfte eines Jahres eine Einkommensteuererklärung abgeben, damit auch die anderen Einkünfte besteuert werden. Man unterscheidet sieben Einkunftsarten.

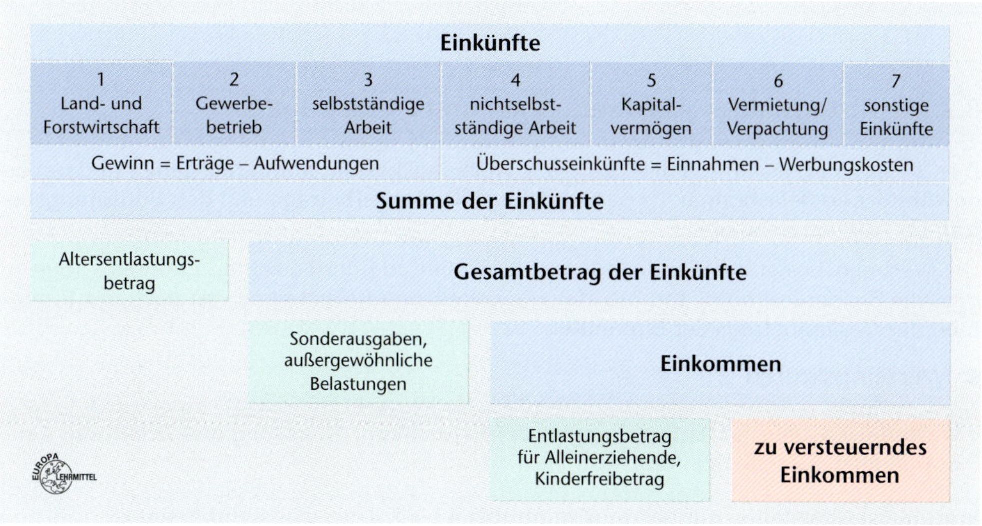

Einkünfte						
1 Land- und Forstwirtschaft	2 Gewerbebetrieb	3 selbstständige Arbeit	4 nichtselbstständige Arbeit	5 Kapitalvermögen	6 Vermietung/ Verpachtung	7 sonstige Einkünfte
Gewinn = Erträge – Aufwendungen			Überschusseinkünfte = Einnahmen – Werbungskosten			
Summe der Einkünfte						

Altersentlastungsbetrag	**Gesamtbetrag der Einkünfte**
Sonderausgaben, außergewöhnliche Belastungen	**Einkommen**
Entlastungsbetrag für Alleinerziehende, Kinderfreibetrag	**zu versteuerndes Einkommen**

Mit seiner Steuererklärung muss der Steuerpflichtige eine Aufstellung seiner gesamten Einkünfte erstellen. Die Summe der Einkünfte wird um den Altersentlastungsbetrag vermindert. Dies ergibt den Gesamtbetrag der Einkünfte. Werden hiervon die Sonderausgaben und die außergewöhnlichen Belastungen abgezogen, erhält man das Einkommen. Nach Abzug von Sonderfreibeträgen (Kinderfreibetrag, Entlastungsbetrag für Alleinerziehende) ergibt sich das zu versteuernde Einkommen.

Das zu versteuernde Einkommen ist die Bemessungsgrundlage für die **tarifliche Einkommensteuer,** die in der Einkommensteuertabelle abgelesen wird.

8.2.1 Einkunftsarten

EStG § 2

Der Einkommensteuer unterliegen folgende **7 Einkunftsarten:**

Einkunftsarten	
Arten	**Erklärung/Beispiele**
1. Einkünfte aus **Land- und Forstwirtschaft**	Gewinn aus dem Verkauf agrarischer Produkte.
2. Einkünfte aus **Gewerbebetrieb**	Gewinn eines Kaufmanns, eines Versicherungsvertreters, eines Lebensmittelgroßhändlers.
3. Einkünfte aus **selbstständiger Arbeit**	Hierzu gehören die Einkünfte von selbstständig Tätigen, die keinen gewerblichen, land- oder forstwirtschaftlichen Betrieb haben, also von Ärzten, Architekten, Steuerberatern, Künstlern.
4. Einkünfte aus **nichtselbstständiger Arbeit**	Löhne und Gehälter. Die bei der Lohn- und Gehaltszahlung einbehaltene **Lohnsteuer** stellt dabei nur eine Vorauszahlung auf die Einkommensteuerschuld dar.
5. Einkünfte aus **Kapitalvermögen**	Zinsen, Dividenden, Erträge aus Fonds und Zertifikaten sowie Veräußerungsgewinne bei Aktienverkäufen. Einkünfte aus Kapitalvermögen von Privatpersonen unterliegen der Abgeltungssteuer in Höhe von 25 % (zzgl. Solidaritätszuschlag und Kirchensteuer).
6. Einkünfte aus **Vermietung und Verpachtung**	Hierzu gehören Einkünfte aus Vermietung und Verpachtung von Gebäuden, die nicht zu einem land- oder forstwirtschaftlichen oder gewerblichen Betrieb gehören.
7. **Sonstige** Einkünfte	Hierzu gehören Einkünfte aus wiederkehrenden Bezügen, wie Leibrenten, sowie Einkünfte aus privaten Veräußerungsgeschäften, aus gelegentlichen Vermittlungen.

8.2.2 Abzugsfähige Aufwendungen und Freibeträge

Das Steuerrecht gestattet den Abzug von **Werbungskosten, Sonderausgaben** und **außergewöhnlichen Belastungen.** Es berücksichtigt **Kinderfreibeträge** und den **Entlastungsbetrag für Alleinerziehende.**

Die Werbungskosten werden bereits bei der Ermittlung der einzelnen Einkünfte abgezogen, die Sonderausgaben und die außergewöhnlichen Belastungen erst nach der Ermittlung des Gesamtbetrags der Einkünfte.

Werbungskosten

§ 9

Werbungskosten sind **Aufwendungen zur Erwerbung, Sicherung und Erhaltung der Einnahmen** aus einer Einkunftsart.

Werbungskosten fallen nur bei den Einkünften 4 bis 7 (Überschusseinkünfte) an.

Werbungskosten sind z.B.

- **bei Einkünften aus nichtselbstständiger Arbeit** die Kosten für Berufskleidung, für Fahrten zwischen Wohnung und Arbeitsstätte, die Anschaffung von Fachliteratur, die Kosten für einen Fortbildungskurs in DV,
- **bei Einkünften aus Vermietung und Verpachtung** die Schuldzinsen, die Abschreibungen, die Ausgaben für Instandhaltung.

Werbungskosten sind bei der Einkunftsart abzuziehen, bei der sie entstanden sind.

Beispiele: Fahrtkosten zum Arbeitsplatz, Aufwendungen für die Berufskleidung und Kontoführungsgebühren für das Gehaltskonto werden bei den Einkünften aus nichtselbstständiger Arbeit berücksichtigt; Wertpapier-Depotgebühren bei Einkünften aus Kapitalvermögen. *EStG § 9a*

Sofern nicht höhere Beträge nachgewiesen werden, berücksichtigt das Finanzamt in jedem Fall folgende jährliche **Pauschbeträge:**

- 1.000 EUR von den Einkünften aus nichtselbstständiger Arbeit,
- 801 EUR als Sparerpauschbetrag bei den Einkünften aus Kapitalvermögen,
- 102 EUR bei wiederkehrenden Bezügen (Leibrenten).

Sonderausgaben

Sonderausgaben sind meist **Aufwendungen der Lebensführung,** die mit keiner Einkunftsart in wirtschaftlichem Zusammenhang stehen. Sie werden aus sozial-, finanz- und wirtschaftspolitischen Gründen **steuerlich begünstigt.**

In unbegrenzter Höhe sind abzugsfähig:

- Beiträge zur gesetzlichen Kranken- und Pflegeversicherung, soweit sie für die Grundversorgung und die Pflegepflichtversicherung gezahlt werden.
- die gezahlte Kirchensteuer.

In begrenzter Höhe sind abzugsfähig:

- sogenannte sonstige Vorsorgeaufwendungen: Beiträge zur Kranken- und Pflegeversicherung, die über den steuerlich begünstigten Basisschutz hinausgehen, sowie Beiträge zu einer Berufsunfähigkeits-, Unfall- und Haftpflichtversicherung.
- Aufwendungen für die eigene Berufsausbildung oder Weiterbildung in einem bisher nicht ausgeübten Beruf,
- Ausgaben zur Förderung mildtätiger, kirchlicher, religiöser, wissenschaftlicher und staatspolitischer Zwecke.

Werden die Sonderausgaben nicht nachgewiesen, so wird stattdessen für die übrigen Sonderausgaben ein Sonderausgaben-Pauschbetrag von 36 EUR abgezogen. Dieser Pauschbetrag verdoppelt sich bei zusammenveranlagten Ehegatten. *§ 10c*

Außergewöhnliche Belastungen

Außergewöhnliche Belastungen sind **zwangsläufig entstandene Aufwendungen,** die einem Steuerpflichtigen in höherem Maße erwachsen als der überwiegenden Mehrzahl der Steuerpflichtigen. *§§ 33–33c*

Zwangsläufig sind Aufwendungen, wenn sich der Steuerpflichtige ihnen aus rechtlichen, tatsächlichen oder sittlichen Gründen nicht entziehen kann. Gründe können sein: Krankheit, Körperbehinderung, Beschäftigung einer Haushaltshilfe, Berufsausbildung von Kindern. Einen Teil der Aufwendungen hat der Steuerpflichtige in jedem Fall als zumutbare Belastung selbst zu tragen.

Kinderfreibetrag bzw. Kindergeld

Steuerpflichtige mit Kindern haben die Wahl zwischen **Kinderfreibetrag** und **Kindergeld.** (Das Finanzamt berücksichtigt bei der Steuerveranlagung die günstigere Alternative.)

EStG § 32 (6)

a) Der **Kinderfreibetrag** von 2.586 EUR pro Kind (Verheiratete 5.172 EUR) im Jahr wird bei der Besteuerung vom Einkommen abgezogen, hinzu kommt zusätzlich ein **Freibetrag für Betreuung, Erziehung und Ausbildung** in Höhe von 1.320 EUR (Verheiratete 2.640 EUR). Die Höhe der Steuerersparnis hängt also vom persönlichen Steuersatz ab.

BKGG § 6

b) Das **Kindergeld** beträgt je Monat für die ersten beiden Kinder jeweils 204 EUR, für das 3. Kind 210 EUR, für das 4. und jedes weitere Kind 235 EUR. Das Kindergeld ist ein fester, einkommensunabhängiger Auszahlungsbetrag. Es wird vom Arbeitgeber bzw. von der Familienkasse der Bundesagentur für Arbeit ausgezahlt.

Entlastungsbetrag für Alleinerziehende

EStG 24b

Alleinerziehenden mit Kindern wird ein Entlastungsbetrag von 1.908 EUR gewährt.

8.2.3 Einkommensteuertarif

§§ 32a, 52

Die Steuerpflichtigen werden nicht gleich hoch besteuert, vielmehr wird die **Leistungsfähigkeit** durch höhere Besteuerung steigender Einkommen berücksichtigt:

- zu versteuernde Einkommen bis 9.408 EUR sind steuerfrei (Grundfreibetrag, Freizone),
- zu versteuernde Einkommen von 9.409 EUR bis 14.532 EUR werden mit 14 % bis 24 % (1. Progressionszone) linear ansteigend besteuert,
- zu versteuernde Einkommen von 14.533 EUR bis 57.051 EUR werden mit 24 % bis 42 % (2. Progressionszone) linear ansteigend besteuert,
- zu versteuernde Einkommen ab 57.052 EUR bis 270.500 EUR werden mit 42 % besteuert (1. obere Proportionalzone),
- zu versteuernde Einkommen ab 270.501 EUR werden mit 45 % besteuert (2. obere Proportionalzone).

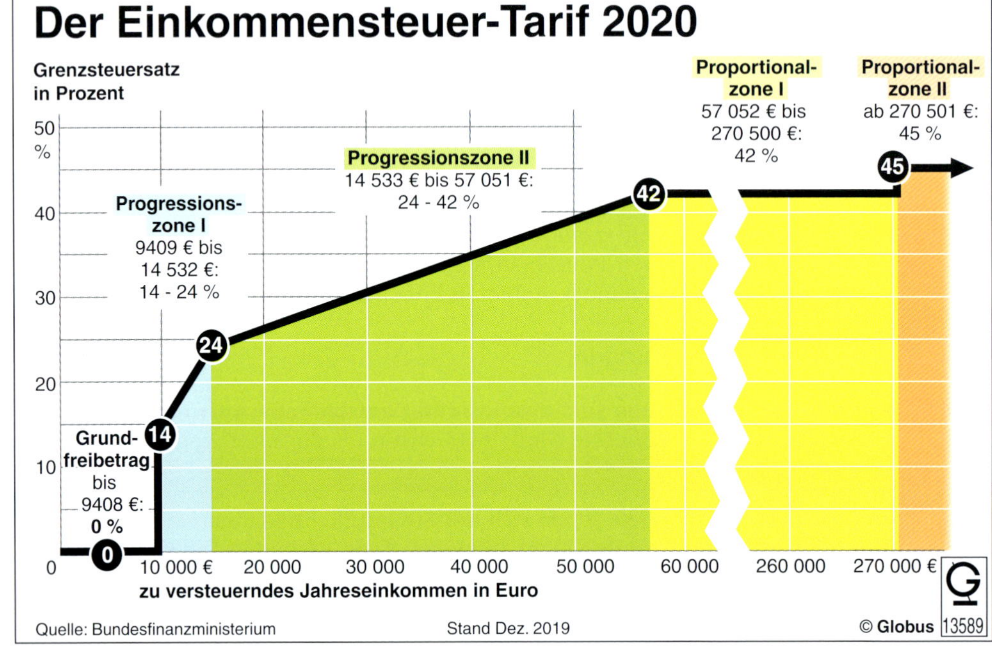

Die **Grenzbelastung** (der Grenzsteuersatz) gibt an, mit wie viel Prozent **jeder zusätzliche Euro,** um den das Einkommen anwächst, besteuert wird.

Die **Durchschnittsbelastung** (Durchschnittssteuersatz) zeigt an, mit wie viel Prozent **das jeweilige Einkommen** insgesamt belastet wird.

Zur Finanzierung des »Aufbau Ost« wird auf die zu zahlende Einkommensteuer zurzeit ein **Solidaritätszuschlag** erhoben (5,5 %). *SolZG §§ 1, 4*

Die **Einkommensteuertabelle** erleichtert die Errechnung der Steuerschuld. Das zu versteuernde Einkommen ist in der Tabelle aufzuschlagen und die Steuer abzulesen.

Auszug aus der Einkommensteuertabelle 2020 gemäß § 32a EStG								
	Grundtabelle				Splittingtabelle			
bis	**Steuer**	**Soli**	**KiSt 8 %**	**KiSt 9 %**	**Steuer**	**Soli**	**KiSt 8 %**	**KiSt 9 %**
18.000	1.829,00	100,59	146,32	164,61	0,00	0,00	0,00	0,00
19.000	2.086,00	114,73	166,88	187,74	24,00	0,00	1,92	2,16
20.000	2.346,00	129,03	187,68	211,14	172,00	0,00	13,76	15,48
21.000	2.611,00	143,60	208,88	234,99	328,00	0,00	26,24	29,52
22.000	2.881,00	158,45	230,48	259,29	494,00	0,00	39,52	44,46
23.000	3.154,00	173,47	252,32	283,86	670,00	0,00	53,60	60,30
24.000	3.432,00	188,76	274,56	308,88	856,00	0,00	68,48	77,04
25.000	3.714,00	204,27	297,12	334,26	1.050,00	0,00	84,00	94,50
26.000	4.000,00	220,00	320,00	360,00	1.256,00	0,00	100,48	113,04
27.000	4.290,00	235,95	343,20	386,10	1.470,00	0,00	117,60	132,30
28.000	4.585,00	252,17	366,80	412,65	1.696,00	0,00	135,68	152,64
29.000	4.884,00	268,62	390,72	439,56	1.930,00	0,00	154,40	173,70
30.000	5.187,00	285,28	414,96	466,83	2.170,00	45,20	173,60	195,30

8.2.4 Verfahren bei der Einkommensbesteuerung

Bei der Besteuerung des Einkommens werden das **Abzugsverfahren** und das **Veranlagungsverfahren (Antragsveranlagung)** unterschieden.

Abzugsverfahren bei der Lohnsteuer

Zur Sicherstellung der Steuereinnahmen ist die Lohnsteuer direkt bei der Einkommensentstehung, der Lohnzahlung, durch den Arbeitgeber einzubehalten und abzuführen. *EStG § 38*

Lohnsteuerpflichtig sind alle Empfänger von Einkünften aus nichtselbstständiger Arbeit, also Arbeiter, Angestellte und Beamte. Sie werden jedoch nach Jahresende zusätzlich zur Einkommensteuer veranlagt **(Pflichtveranlagung),** wenn *§ 46*

a) neben den Einkünften aus nichtselbstständiger Arbeit noch andere Einkünfte von mehr als 450 EUR erzielt wurden,

b) der Steuerpflichtige von mehreren Arbeitgebern Arbeitslohn bezogen hat,

c) die Lohnsteuerabzugsmerkmale einen Freibetrag oder einen Kinderfreibetrag enthalten.

Lohnsteuerbescheinigung

Früher erfolgte die Lohnsteuerbescheinigung am Jahresende durch den Arbeitgeber auf der Lohnsteuerkarte. 2004 wurde die elektronische Lohnsteuerbescheinigung eingeführt. Arbeitgeber müssen jetzt bis spätestens 28. Februar des Folgejahres die Lohnsteuerdaten durch Fernübertragung per Internet mit dem Programm **Elster (= Elektronische Steuererfassung)** an eine zentrale Übermittlungsstelle melden. Eine Kopie dieser Übermittlung erhält der Arbeitnehmer. Damit die Daten entschlüsselt werden können, bildet der Arbeitgeber aus den persönlichen Daten des Arbeitnehmers eine sogenannte **e-Tin** (Electronic Tax Payer Identification). Deshalb enthält die Anlage N der Steuererklärung auch ein Eingabefeld für diese e-Tin des Antragstellers.

Lohnsteuerjahresausgleich durch den Arbeitgeber

Es ist möglich, dass die im Laufe des Kalenderjahres einbehaltene Lohnsteuer höher ist als die auf den Jahresarbeitslohn entfallende Lohnsteuer. Ursachen dafür können sein: Zeitweilige Arbeitslosigkeit, schwankender Arbeitslohn, Änderung im Familienstand, umfangreiche Werbungskosten. Eine solche Benachteiligung des Arbeitnehmers wird am Schluss des Kalenderjahres normalerweise durch den Arbeitgeber beseitigt. War die einbehaltene Lohnsteuer höher, als die Jahreslohnsteuer betragen würde, so wird der Unterschiedsbetrag zurückerstattet.

Veranlagungsverfahren bei der Einkommensteuer

Wird der Lohnsteuerjahresausgleich nicht vom Arbeitgeber durchgeführt, kann der steuerpflichtige Arbeitnehmer selbst durch Abgabe einer Einkommensteuererklärung beim Finanzamt den Ausgleich beantragen.

Der Steuerpflichtige hat nach Ablauf eines Kalenderjahres in einer **Steuererklärung** dem Finanzamt alle Angaben zu machen, die zur Errechnung der Steuerschuld erforderlich sind, also

1. den Familienstand und die Kinderzahl,
2. die einzelnen Einkünfte,
3. die einzelnen Sonderausgaben,
4. beantragte Vergünstigungen *(EStG §§ 33, 33a §§ 34, 34a)*
   - wegen außergewöhnlicher Belastung,
   - wegen außerordentlicher Einkünfte,
5. die Art der Veranlagung.
   § 26 Verheiratete können zwischen **getrennter Veranlagung** und **Zusammenveranlagung** wählen.
   a) *§ 26 a* Getrennte Veranlagung: Jedem Ehegatten werden die von ihm bezogenen Einkünfte zugerechnet.
   b) *§ 26b § 32a (5)* Zusammenveranlagung: Die Einkünfte der Ehegatten werden zusammengerechnet und dann halbiert (Splitting). Von der Hälfte wird die Steuer errechnet und der sich ergebende Steuerbetrag sodann verdoppelt.

Die **Veranlagung,** d. h. die Festsetzung der Steuerschuld, erfolgt durch das Finanzamt aufgrund der eingereichten Steuererklärung. In einem **Steuerbescheid** wird den Steuerpflichtigen die Höhe der Steuerschuld und die Art der Berechnung mitgeteilt. Bereits geleistete Vorauszahlungen (Kapitalertrag- und Lohnsteuer) werden von der Steuerschuld abgezogen. Sie ist binnen eines Monats zu bezahlen. Zu viel bezahlte Steuer wird zurückerstattet. Schließlich wird dem Steuerpflichtigen mitgeteilt, wie hoch die künftigen vierteljährlichen **Vorauszahlungen** sein werden.

Ausdruck der elektronischen Lohnsteuerbescheinigung für 2020

Nachstehende Daten wurden maschinell an die Finanzverwaltung übertragen.

Frank GmbH Kommissionier- und Handhabungstechnik X02
Platzstraße 4–6 56132
88348 Bad Saulgau

Dominik Müller
Seewattenstr. 80
88348 Bad Saulgau

		EUR	Ct
1. Dauer des Dienstverhältnisses		vom - bis 01.01. – 31.12.2020	
2. Zeiträume ohne Anspruch auf Arbeitslohn		Anzahl „U"	
Großbuchstaben (S, M, F)			
3. Bruttoarbeitslohn einschl. Sachbezüge ohne 9. und 10.		28.600	00
4. Einbehaltene Lohnsteuer von 3.		3.091	00
5. Einbehaltener Solidaritätszuschlag von 3.		170	01
6. Einbehaltene Kirchensteuer des Arbeitnehmers von 3.		247	28
7. Einbehaltene Kirchensteuer des Ehegatten von 3. (nur bei konfessionsverschiedener Ehe)			
tätigkeit			
21. Steuerfreie Arbeitgeberleistungen bei doppelter Haushaltsführung			
22. Arbeitgeber-anteil/ -zuschuss	a) zur gesetzlichen Rentenversicherung	2.659	80
	b) an berufsständische Versorgungseinrichtungen		
23. Arbeitnehmer-anteil	a) zur gesetzlichen Rentenversicherung	2.659	80
	b) an berufsständische Versorgungseinrichtungen		
24. Steuerfreie Arbeitgeber-zuschüsse	a) zur gesetzlichen Krankenversicherung		
	b) zur privaten Krankenversicherung		
	c) zur gesetzlichen Pflegeversicherung		
25. Arbeitnehmerbeiträge zur gesetzlichen Krankenversicherung		2.087	80
26. Arbeitnehmerbeiträge zur sozialen Pflegeversicherung		507	65
27. Arbeitnehmerbeiträge zur Arbeitslosenversicherung		343	20
28. Beiträge zur privaten Kranken- und Pflege-Pflichtversicherung oder Mindestvorsorgepauschale			
29. Bemessungsgrundlage für den Versorgungsfreibetrag zu 8.			
30. Maßgebendes Kalenderjahr des Versorgungsbeginns zu 8. und/oder 9.			
31. Zu 8. bei unterjähriger Zahlung: Erster und letzter Monat, für den Versorgungsbezüge gezahlt wurden			
32. Sterbegeld; Kapitalauszahlungen/Abfindungen und Nachzahlungen von Versorgungsbezügen - in 3. und 8. enthalten			
33. Ausgezahltes Kindergeld			–

Finanzamt, an das die Lohnsteuer abgeführt wurde (Name und vierstellige Nr.)
Sigmaringen ASt. Bad Saulgau 2881

Steuerfreier Jahresbetrag	gültig ab

Jahreshinzurechnungsbetrag	gültig ab

Kirchensteuermerkmale	gültig ab
	01.01. – 31.12.

Anschrift und Steuernummer des Arbeitgebers:

Frank GmbH
Kommissionier- und Handhabungstechnik
Platzstraße 4 - 6
88348 Bad Saulgau

▶ Aufgaben und Probleme

1. Recherchieren Sie neben dem Monatsgehalt weitere Entlohnungssysteme (z. B. im Bereich der Industrie) und stellen Sie diese in einer Übersicht zusammen.
2. Berechnen Sie den Nettoverdienst von folgenden Mitarbeitern. Besorgen Sie sich die aktuellen Daten aus dem Internet. (Hinweis: Diese Aufgabe kann auch mit einem Tabellenkalkulationsprogramm gelöst werden.)
   - Romy Metzger, verheiratet, ein Kinderfreibetrag, brutto 2.500,00 EUR, evangelisch, Steuerklasse IV, 1,0 % Zusatzbeitrag bei der Krankenversicherung.
   - Fritz Ulmer, verheiratet, zwei Kinderfreibeträge, Alleinverdiener, brutto 2.500,00 EUR, aus der Kirche ausgetreten, 1,0 % Zusatzbeitrag bei der Krankenversicherung.
3. »Ich kenne jemand, der hat nicht nur einen Job in einem Textilgeschäft, der vermietet auch sein halbes Haus, bekommt von der Bank Zinsen, nebenher hilft er Bekannten gegen Geld bei den Steuererklärungen und verkauft auch noch seinen Überschuss an Tomaten in der Nachbarschaft – alles steuerfrei, hat er mir gesagt!«

   Nehmen Sie dazu Stellung.

4. Bei welcher Einkunftsart werden versteuert
   a) der Gewinnanteil eines Kommanditisten (KG),
   b) das Gehalt eines Angestellten einer Versicherungsagentur,
   c) das Honorar einer Rechtsanwältin,
   d) die Mieteinnahmen eines Hauseigentümers,
   e) die Provision eines Handelsvertreters,
   f) die Dividende einer Aktionärin,
   g) die Sparbuchzinsen einer Schülerin,
   h) der Gewinn eines Winzers aus Weinverkauf?
5. Welcher Unterschied besteht zwischen Einkommen und Einkünften?
6. Karl Schreiner sammelt Fahrkarten, Kaufbelege für alle seine Anschaffungen, Tankstellenquittungen, Hotel- und Restaurantrechnungen. »Das kann ich alles von der Steuer absetzen«, schmunzelt er.
   Nehmen Sie zu dieser Aussage kritisch Stellung.
7. Unterscheiden Sie Werbungskosten von Sonderausgaben.
8. Zu welchen steuerlichen Abzugsbeträgen gehören
   a) Sozialversicherungsbeiträge,
   b) Aufwendungen für Fachliteratur,
   c) Wegekosten zur Arbeitsstelle,
   d) gezahlte Kirchensteuer,
   e) Kosten der Unterbringung und des Unterhaltes für den studierenden Sohn,
   f) Spenden an das Rote Kreuz?
9. Herr Reiß klagt: »Jedes Jahr zahle ich mindestens 15.000 EUR Einkommensteuer, der Staat ist doch ein richtiger Ausbeuter!« Herr Grunert entgegnet: »Ich wäre froh, ich müsste so viel Steuern bezahlen!«
   Beurteilen Sie die Ansicht von Herrn Grunert.
10. Warum wird ein Mindesteinkommen von der Besteuerung ausgenommen?
11. In welche Tarifzone fällt
    a) ein lediger Steuerpflichtiger mit einem zu versteuernden Jahreseinkommen von 10.000 EUR, 20.000 EUR, 60.000 EUR,
    b) ein Ehepaar mit einem zu versteuernden Jahreseinkommen von 10.000 EUR, 20.000 EUR, 60.000 EUR?
12. Aus welchem Grund bleibt bei einem zu versteuernden Jahreseinkommen von 265.327 EUR der Steuersatz bei 45 % und erhöht sich nicht weiter?
13. Ermitteln Sie mithilfe der Einkommensteuertabelle den Durchschnittssteuersatz eines ledigen Steuerpflichtigen bei einem zu versteuernden Jahreseinkommen von 31.000 EUR.
14. In der Einkommensteuertabelle für ledige Steuerpflichtige ist bei 46.400 EUR eine Steuer von 10.764 EUR angegeben. Bei einem Zusatzverdienst von 100 EUR zahlt er 10.802 EUR.
    Wie hoch ist die Grenzbelastung?
15. Wie trägt die Steuergesetzgebung bei der Einkommensteuer den sozialen Verhältnissen des Besteuerten Rechnung?
16. Beurteilen Sie die Aussage »bei meinem Einkommen muss ich 40 % Einkommensteuer bezahlen«.

17. Ermitteln Sie das zu versteuernde Einkommen des 39-jährigen Heinz Gossler, Einzelunternehmer: Jahresgewinn laut GuV-Rechnung 122.000 EUR. Für abzugsfähige Sonderausgaben werden 15.780 EUR anerkannt. Seine Einkünfte aus Vermietung und Verpachtung betragen 15.000 EUR, die Einnahmen aus Kapitalvermögen 1.600 EUR.

18. Der Angestellte Dominik Müller, geb. am 4. März 1978, ledig, katholisch, Seewattenstraße 80, 88348 Bad Saulgau, verdiente 2019 brutto 28.600,00 EUR. Vom Arbeitslohn wurden einbehalten: 3.091,00 EUR Lohnsteuer, 170,01 EUR Solidaritätszuschlag und 247,28 EUR Kirchensteuer. Der Arbeitnehmeranteil zur gesetzlichen Rentenversicherung betrug 2.659,80 EUR. Den Weg zur Arbeitsstelle (Entfernung 1 km) bewältigt er mit dem Fahrrad.

    Dominik Müller zahlte als Spende an den Tierschutzverein 150,00 EUR, als Mitgliedsbeitrag für die Gewerkschaft 60,00 EUR und für eine Lebensversicherung monatlich 150,00 EUR. Für Fachliteratur gab er 25,00 EUR aus und für Steuerberatungskosten 279,84 EUR.

    Auf seinem Bausparkonto erhielt Dominik Müller eine Zinsgutschrift von 180,00 EUR, auf seinem Sparbuch Sparzinsen in Höhe von 43,50 EUR. Für beide Zinserträge wurde ein Freistellungsantrag gestellt.

    An Sonderausgaben werden 2.540,00 EUR anerkannt.

    a) Ermitteln Sie das zu versteuernde Einkommen von Dominik Müller.

    b) Muss Dominik Müller Steuern nachzahlen oder bekommt er bereits gezahlte Steuern erstattet?

       Ermitteln Sie den Betrag.

Zusammenfassende Übersicht:
Entgeltabrechnung vornehmen und Überblick über einkommensteuerrechtliche Regelungen verschaffen

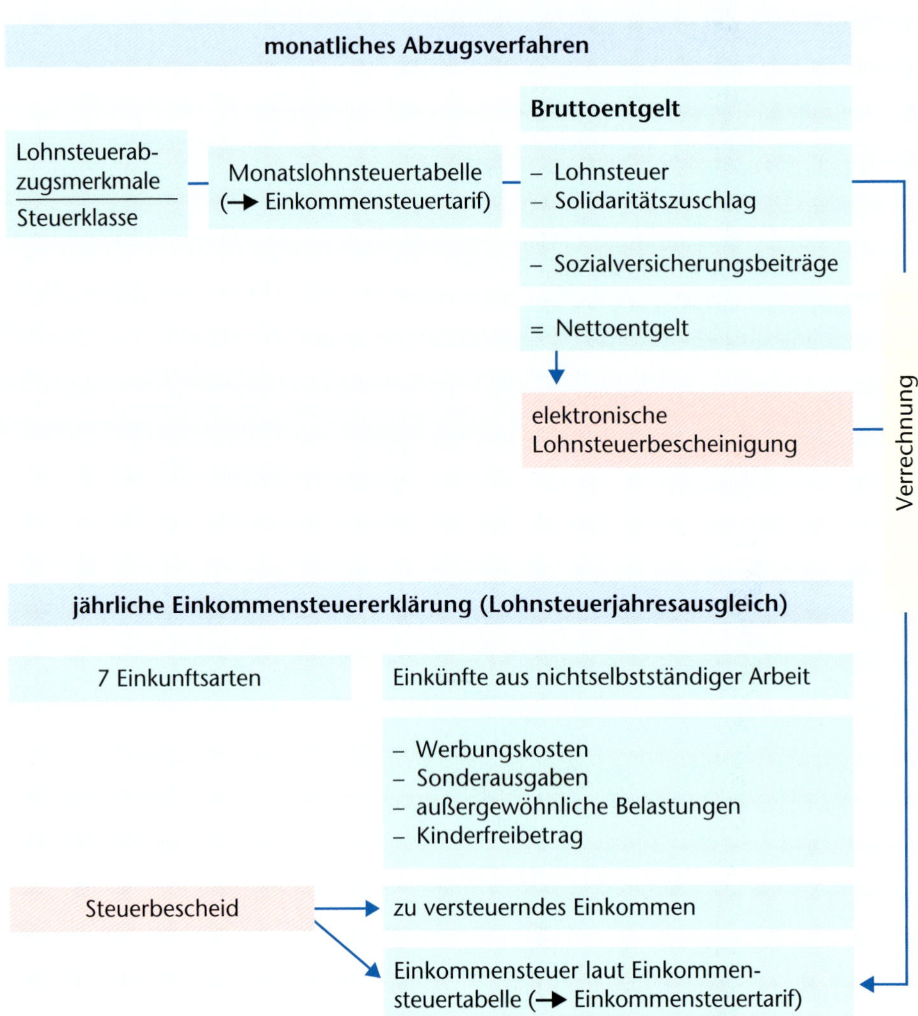

1 Rechtliche Grundtatbestände erarbeiten

▶ Handlungsauftrag

Entwickeln Sie bei der Bearbeitung dieses Kapitels Ihr persönliches Mindmap.

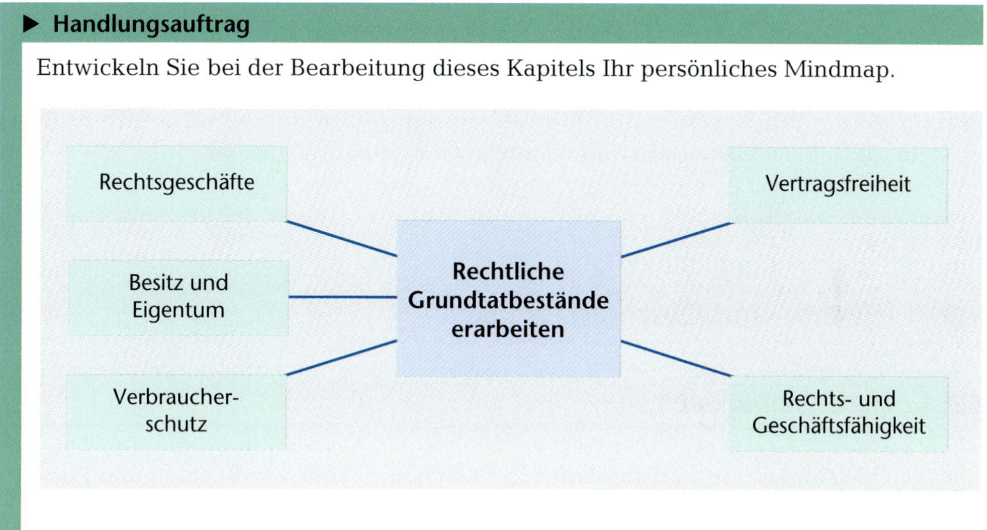

1.1 Vertragsfreiheit

In der Bundesrepublik Deutschland gilt nach dem Grundgesetz (GG) und den entsprechenden Gesetzen, wie z.B. Bürgerliches Gesetzbuch (BGB) und Handelsgesetzbuch (HGB), der **Grundsatz der Vertragsfreiheit.** *GG Art. 2*

Vertragsfreiheit		
Abschlussfreiheit	**Inhaltsfreiheit**	**Formfreiheit**
Geschäftsfähige Personen können ihre **Vertragspartner frei wählen.** **Beispiel:** Die Gemüse-Frisch GmbH beliefert ausschließlich eine Einzelhandelskette in Norddeutschland.	Verträge können **inhaltlich frei gestaltet** werden. **Beispiel:** Die Warenlieferung eines Großhändlers erfolgt immer am Montag und muss sofort bar bezahlt werden.	Rechtsgeschäfte können in jeder **beliebigen Form** abgeschlossen werden. **Beispiel:** Aufgrund einer mündlichen Absprache beliefert ein Getränkehändler das diesjährige Sportfest.

Die Vertragsfreiheit hat dort ihre Grenzen, wo der Einzelne bzw. die Allgemeinheit schutzbedürftig ist. Deshalb enthält unsere Rechtsordnung Regelungen, die **zwingendes Recht** sind und durch die Vertragspartner nicht abgeändert werden können.

Beispiele:

1. Die Zustimmung des gesetzlichen Vertreters, ohne die ein Vertrag mit einem beschränkt Geschäftsfähigen nicht rechtswirksam ist, kann durch vertragliche Vereinbarungen nicht ausgeschlossen werden.
2. Ein Vertrag, der Rauschgifthandel zum Inhalt hat, ist nichtig.
3. Beim Grundstückskauf wird zum Schutz der Vertragspartner die notarielle Beurkundung vorgeschrieben.

▶ Aufgaben und Probleme

1. Erläutern Sie den Begriff der Vertragsfreiheit in der Bundesrepublik Deutschland.
2. In welchen Bereichen schränkt der Staat die Vertragsfreiheit ein?

1.2 Rechts- und Geschäftsfähigkeit

1.2.1 Rechtsfähigkeit

Die **Rechtsfähigkeit** ist die **Fähigkeit von Personen, Träger von Rechten und Pflichten** zu sein.

BGB § 1 Jede **natürliche Person** ist von der Vollendung der Geburt bis zum Tode rechtsfähig.

Beispiele: Ein zweijähriges Kind wird durch Erbfolge Eigentümer eines Hauses mit allen Rechten und Pflichten; jeder Jugendliche hat das Recht auf Schulbildung; bis zur Vollendung des 18. Lebensjahres ist der Jugendliche berufsschulpflichtig.

§§ 21–89 **Juristische Personen** sind z. B. Kapitalgesellschaften und Stiftungen, die von der Rechtsordnung als Personen behandelt werden. Sie sind von der Gründung bis zur Auflösung rechtsfähig.

Beispiel: Die Volkswagen AG hat einen rechtlich geschützten Namen, unter dem sie klagen und verklagt werden kann. Sie haftet mit ihrem eigenen Vermögen (Grundstücke, Fuhrpark usw.). Sie ist verpflichtet, Körperschaftsteuer zu bezahlen.

1.2.2 Geschäftsfähigkeit

Die **Geschäftsfähigkeit** ist die **Fähigkeit, rechtsgeschäftliche Willenserklärungen abzugeben und entgegenzunehmen.**

Man unterscheidet drei Stufen der Geschäftsfähigkeit:

a) Geschäftsunfähigkeit,

b) beschränkte Geschäftsfähigkeit,

c) unbeschränkte Geschäftsfähigkeit.

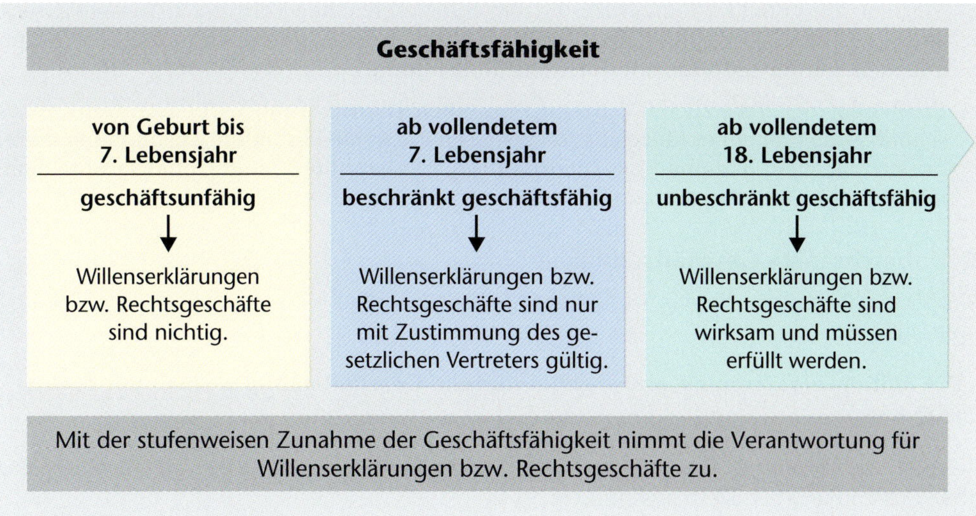

Geschäftsunfähigkeit

BGB § 104

Sie gilt für

- Personen bis zum vollendeten 7. Lebensjahr,
- dauernd Geisteskranke.

Die Willenserklärung eines Geschäftsunfähigen ist nichtig (Mangel der Geschäftsfähigkeit).

Beispiel: Ein fünfjähriges Kind ist nicht imstande, sein Fahrrad rechtsgültig zu verschenken. Die Eltern können die Rückgabe verlangen. *§ 105*

Für einen Geschäftsunfähigen handelt der **gesetzliche Vertreter** (Eltern, Vormund).

Geschäftsunfähige können aber als **Boten** (Übermittlung einer fremden Willenserklärung) handeln.

Ein **volljähriger Geschäftsunfähiger** kann ein Geschäft des täglichen Lebens, das mit geringwertigen Mitteln bewirkt werden kann, rechtsgültig tätigen. *§ 105a*

Beschränkte Geschäftsfähigkeit

§ 106

Sie gilt für Personen vom vollendeten 7. bis zum vollendeten 18. Lebensjahr.

Die Willenserklärung eines beschränkt Geschäftsfähigen bedarf in der Regel der Zustimmung des gesetzlichen Vertreters.

Beispiel: Ein 16-jähriger Schüler braucht für den Kauf eines Mofas die Zustimmung seiner Eltern. *§ 107*

Ein von einem beschränkt Geschäftsfähigen ohne Einwilligung des gesetzlichen Vertreters abgeschlossenes Rechtsgeschäft ist bis zur Genehmigung schwebend unwirksam. Durch die nachträgliche Zustimmung wird es voll wirksam. Bei Kredit- und Ratengeschäften ist die Genehmigung des Familiengerichts erforderlich. *§ 108* *§ 1643*

Folgende Rechtsgeschäfte eines beschränkt Geschäftsfähigen sind ohne Zustimmung rechtswirksam:

a) Rechtsgeschäfte, durch die er nur Vorteile (in rechtlicher Hinsicht) erlangt, wie z. B. die Annahme einer Schenkung ohne Folgekosten. *§ 107*

BGB § 110 b) Verträge, die er mit Mitteln erfüllt, die ihm vom gesetzlichen Vertreter zu diesem Zweck oder zur freien Verfügung überlassen wurden (»Taschengeldparagraf«). Als Mittel kommen hierbei alle Vermögensgegenstände infrage.

§ 113 c) Ermächtigt der gesetzliche Vertreter ihn, einen Dienstvertrag (Arbeitsvertrag) abzuschließen, so braucht er für solche Rechtsgeschäfte keine besondere Zustimmung mehr, die sich aus dem genehmigten Dienstvertrag ergeben (Lohn- und Gehaltsabsprachen, Kündigung). Diese Bestimmungen gelten nicht für Berufsausbildungsverhältnisse.

Unbeschränkte Geschäftsfähigkeit

Sie gilt für Personen, die das 18. Lebensjahr vollendet haben, sofern sie nicht geschäftsunfähig sind.

Die Willenserklärungen eines unbeschränkt Geschäftsfähigen sind voll rechtswirksam.

Beispiel: Ein 19-jähriger Auszubildender kann einen Kaufvertrag über einen gebrauchten Pkw ohne Zustimmung der Eltern abschließen.

§ 1896 Für einen Volljährigen, der körperlich, geistig oder seelisch behindert ist, kann das Vormundschaftsgericht einen **Betreuer** bestellen. Dieser wird beauftragt, in den Aufgabenkreisen für den Behinderten zu handeln, die der Behinderte nicht selbst regeln kann. Der **Betreute** bleibt dabei unbeschränkt geschäftsfähig.

Eine **juristische Person** ist von ihrer Gründung bis zur Auflösung unbeschränkt geschäftsfähig. Für sie handeln die im Gesetz und in der Satzung dafür bestimmten **Organe** (für einen eingetragenen Verein der Vorstand, für eine GmbH der Geschäftsführer, für ein Bundesland dessen Regierung).

▶ Aufgaben und Probleme

1. Ein Schüler behauptet: »Ein fünfjähriges Kind ist weder rechts- noch geschäftsfähig.« Überprüfen Sie diese Aussage.
2. Die 17-jährige Ayse Ünal absolviert eine Ausbildung zur Kauffrau für Dialogmarketing.

   Beurteilen Sie folgende Fälle:
   a) Von der Ausbildungsvergütung stehen ihr monatlich 600 EUR als Taschengeld zur Verfügung. Eines Tages schließt sie mit einem Media-Center einen Kaufvertrag über eine Multimedia-Anlage im Wert von 1.800 EUR ab.
   b) Ein Onkel hat ihr für diesen Zweck 2.000 EUR geschenkt.
3. Prüfen Sie die Rechtslage in folgenden Fällen:
   a) Die 15-jährige Christine hat von ihrem Patenonkel als Geschenk ein Fahrrad erhalten. Da die Eltern seit einiger Zeit mit dem Onkel Streit haben, verlangen sie von Christine, das Fahrrad zurückzugeben.
   b) Der 6-jährige Jörg kauft ohne Wissen der Eltern von seinen Ersparnissen im benachbarten Spielwarengeschäft ein Spielzeug. Da die Eltern damit nicht einverstanden sind, wollen sie das Spielzeug zurückbringen und das Geld wieder holen.
   c) Die 17-jährige Arbeiterin eines Reinigungsunternehmens kündigt ihrem Arbeitgeber. Der Vater will mit einem Schreiben die Kündigung rückgängig machen.
4. Onkel Karl schenkt seinem 6-jährigen Neffen Paul ein Bilderbuch und seiner 12-jährigen Nichte Paula 100 EUR.
   a) Die Eltern von Paul und Paula sind mit der Schenkung nicht einverstanden. Prüfen Sie, ob die Beschenkten trotzdem Eigentum erwerben können.

b) Paula hat von ihrem monatlichen Taschengeld in Höhe von 50 EUR im Laufe der Zeit 120 EUR gespart. Sie möchte sich einen MP3-Player kaufen. Bei ihrem letzten Stadtbummel wurde sie auf ein Gerät aufmerksam, von dem sie sofort begeistert war. Der Verkäufer bot das Gerät zu einem Sonderpreis von 158 EUR an. Paula einigt sich mit dem Verkäufer, die fehlenden 38 EUR in zwei Monatsraten zu je 19 EUR zu bezahlen.

Begründen Sie, ob der Kauf gültig ist.

1.3 Rechtsgeschäfte

1.3.1 Zustandekommen und Arten von Rechtsgeschäften

Willenserklärungen (WE). Wer rechtswirksam aktiv werden will, muss dazu seinen Willen äußern, d. h., er muss **Willenserklärungen** abgeben.

Arten von Willenserklärungen		
mündliche Äußerung	**schriftliche Erklärung**	**schlüssiges (konkludentes) Handeln**
Beispiel: Der Verkäufer in einem Ladengeschäft nennt dem Kunden den Preis eines Artikels.	Beispiel: Der Sachbearbeiter im Einkauf schickt ein ausgefülltes und unterschriebenes Angebotsformular an den Lieferanten.	Beispiele: – Handheben bei einer Versteigerung, – Einsteigen in einen Bus, – Verzehr eines aufliegenden Gebäcks im Restaurant.

Rechtsgeschäfte (RG) entstehen durch Willenserklärungen, die darauf gerichtet sind, **Rechtsverhältnisse** zu **begründen,** zu **ändern** oder **aufzuheben.**

Rechtsgeschäfte sind somit Geschäfte, aus denen sich Rechtsfolgen ergeben.

Beispiel: Beim Kaufvertrag für ein Smartphone ergibt sich für den Verkäufer die Verpflichtung, dem Käufer das Smartphone zu übergeben und ihm das Eigentum daran zu übertragen.

Abhängig von der Zahl der abgegebenen Willenserklärungen unterscheidet man folgende Arten von Rechtsgeschäften:

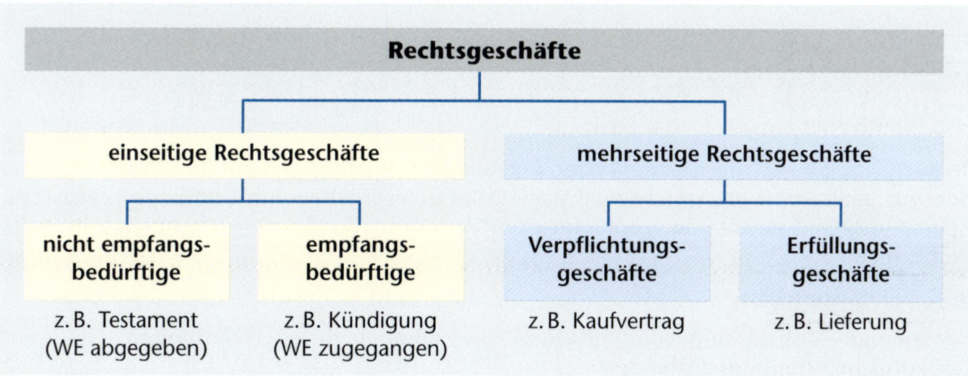

Einseitige Rechtsgeschäfte

Sie entstehen durch die Willenserklärung einer Person.

▶ Nicht empfangsbedürftige Willenserklärungen

Sie werden bereits mit ihrer Abgabe rechtswirksam.

Beispiel: Ein formgerechtes Testament ist bereits mit der Erstellung rechtsgültig.

▶ Empfangsbedürftige Willenserklärungen

Sie müssen in den Herrschaftsbereich des Empfängers gelangen, um rechtswirksam zu werden.

Beispiel: Eine Kündigung muss spätestens zum Kündigungstermin im Briefkasten oder auf dem Schreibtisch des Empfängers angekommen sein.

Mehrseitige Rechtsgeschäfte

Sie entstehen durch die Willenserklärungen von zwei oder mehr Personen. Es können sein:

▶ Verpflichtungsgeschäfte (Verträge)

Sie legen den beiden Vertragspartnern rechtliche Verpflichtungen auf.

Beispiel beim Kaufvertrag: Verpflichtung des Verkäufers zur Übergabe und Eigentumsübertragung, Verpflichtung des Käufers zur Annahme und Zahlung

Verträge kommen durch übereinstimmende **Willenserklärungen** von zwei oder mehr Personen **zustande.**

Die zuerst abgegebene Willenserklärung heißt **Antrag.** Er kann von jedem Partner ausgehen. Die zustimmende Willenserklärung heißt **Annahme.** Ein Vertrag ist mit der Annahme des Antrages abgeschlossen.

Beispiel: Beim Verkauf eines Pkws kann der Verkäufer durch Angabe des Preises das Auto »antragen«. Mit der Annahme des Antrags durch den Käufer ist der Kaufvertrag abgeschlossen. Der Käufer kann aber auch dem Verkäufer gegenüber den Kaufantrag stellen; dann wird durch die Annahme des Antrags seitens des Verkäufers der Kaufvertrag abgeschlossen.

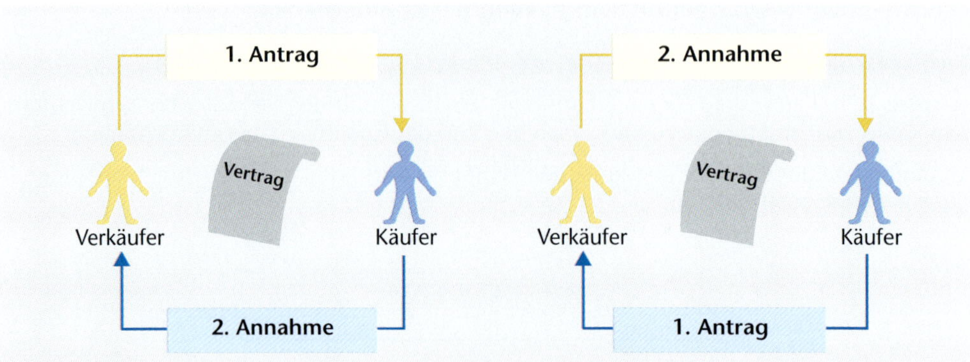

Je nachdem, ob sich aus einem Vertrag Leistungsverpflichtungen nur für eine der Parteien oder für beide ergeben, spricht man von einseitig verpflichtenden Verträgen (Bürgschaft, Schenkung) und mehrseitig verpflichtenden Verträgen (Kauf, Miete, Pacht, Gesellschaftsvertrag).

▶ Erfüllungsgeschäfte

Sie dienen zur Erfüllung von Verträgen. Sie kommen durch **Handlungen** (Übergabe, Grundbucheintragung) zustande.

Im Wirtschaftsleben spielen die nachfolgend dargestellten **Vertragsarten** eine wichtige Rolle.

Vertragsart	Vertragsgegenstand	Pflichten der Vertragspartner	Beispiel	
Kaufvertrag	Erwerb eines Gutes gegen Entgelt	**Verkäufer:** Übergabe des Gutes und Verschaffung des Eigentums **Käufer:** Annahme des Gutes und Bezahlung des Kaufpreises	Ein Unternehmen kauft ein Auto.	*BGB §§ 433–479*
Werkvertrag	Herstellung eines Werkes gegen Entgelt	**Unternehmer:** Zustandebringen eines bestimmten Arbeitserfolges **Besteller:** Annahme des Werkes, Bezahlung der vereinbarten Vergütung	Ein Großhändler lässt ein Tor für die Lagerhalle einbauen.	*§§ 631–650*
Dienstvertrag	Leistung von Diensten gegen Entgelt	**Arbeitnehmer:** Verrichtung einer Arbeit **Arbeitgeber:** Bezahlung der vereinbarten Vergütung	Ein Kaufmann unterschreibt einen Arbeitsvertrag.	*§§ 611–630*
Schenkungsvertrag	Unentgeltliche Zuwendung von Sachen oder Rechten, durch die der Beschenkte bereichert wird	**Schenker:** Übereignung der Sache	Ein Kaufmann spendet dem Roten Kreuz einen Notarztwagen.	*§§ 516–534*
Mietvertrag	Überlassung von Sachen zum Gebrauch gegen Entgelt	**Vermieter:** Übergabe der Sache im vertragsgemäßen Zustand **Mieter:** Bezahlung der Miete, Rückgabe derselben Sache	Ein Auszubildender mietet ein Zimmer.	*§§ 535–580*
Pachtvertrag	Überlassung von Sachen und Rechten zum Gebrauch und Fruchtgenuss gegen Entgelt	**Verpächter:** Übergabe der Sache im vertragsgemäßen Zustand **Pächter:** Bezahlung der Pacht, Rückgabe derselben Sache	Ein Getränkegroßhändler übernimmt eine Gastwirtschaft.	*§§ 581–597*
Leihvertrag	Überlassung von Sachen zum Gebrauch ohne Entgelt	**Verleiher:** Übergabe der Sache im vertragsgemäßen Zustand **Entleiher:** Rückgabe derselben Sache	Ein Schüler erhält von seiner Schule kostenlos die Lehrbücher.	*§§ 598–606*
Darlehensvertrag	Unentgeltliche oder entgeltliche Überlassung eines vereinbarten Geldbetrages	**Darlehensgeber:** Geldbetrag ist in der vereinbarten Höhe zur Verfügung zu stellen **Darlehensnehmer:** Rückerstattung des Darlehens und Zahlung der geschuldeten Zinsen	Ein Versicherungskaufmann nimmt bei der Bank einen Kredit auf.	*§§ 488–498*
Sachdarlehensvertrag	Unentgeltliche oder entgeltliche Überlassung von vertretbaren Sachen	**Darlehensgeber:** Überlassung einer vereinbarten vertretbaren Sache **Darlehensnehmer:** Rückerstattung von Sachen gleicher Art, Güte und Menge und Zahlung des vereinbarten Darlehensentgelts	Ein Autofahrer erhält von seinem Nachbarn 5 Liter Benzin und gibt später den wieder aufgefüllten Ersatzkanister zurück.	*§§ 607–609*
Versicherungsvertrag	Risikoübernahme gegen Entgelt	**Versicherer:** Deckung des Geldbedarfs beim Eintritt bestimmter Ereignisse **Versicherungsnehmer:** Rechtzeitige Zahlung der Versicherungsprämien	Ein Spediteur lässt den Transport von Waren versichern.	*VVG § 1*

1.3.2 Form der Rechtsgeschäfte

Die meisten Rechtsgeschäfte benötigen bei ihrem Abschluss und für ihre Rechtsgültigkeit keine besondere Form.

Formfreiheit

Formfreiheit bedeutet, dass ein Rechtsgeschäft in jeder beliebigen Form abgeschlossen werden kann. Willenserklärungen können mündlich, schriftlich oder durch schlüssige (konkludente) Handlungen abgegeben werden. Die Form ist also grundsätzlich für die Gültigkeit des Rechtsgeschäftes unerheblich.

Beispiele: Anfrage mittels Telefongespräch, Brief, Fax, E-Mail oder online

Willenserklärungen, die per E-Mail bzw. online abgegeben werden, sind rechtsverbindlich, aber kaum oder nur aufwendig zu beweisen. Vertragspartner verlangen daher häufig nach der Abgabe einer Onlinewillenserklärung aus Beweisgründen eine Bestätigung per Fax oder per Post.

Formzwang

BGB § 125 Formzwang bedeutet, dass ein Rechtsgeschäft in der gesetzlich vorgeschriebenen oder vertraglich vereinbarten Form vorgenommen werden muss. Vorteile: Erhöhte Sicherheit, leichte Beweisbarkeit, Schutz vor Übereilung und Leichtfertigkeit. Folgende Formen sind möglich:

§ 126 (1) ▶ **Schriftliche Form**

§ 126 (2) Die Urkunde muss vom Aussteller eigenhändig durch Namensunterschrift unterzeichnet werden. Wird über einen Vertrag nur eine Urkunde ausgestellt, müssen beide Parteien
§§ 766, 2247 unterzeichnen. Werden über einen Vertrag mehrere Urkunden ausgestellt, so genügt es, wenn jede Partei die Urkunde unterzeichnet, die für die andere Partei bestimmt ist.

Beispiele: Private Bürgschaftserklärungen; Privattestamente müssen sogar eigenhändig geschrieben und unterschrieben sein.

§ 126a VDG § 12 ▶ **Elektronische Form**

Die elektronische Form ersetzt die Schriftform, wenn das elektronische Dokument mit einer qualifizierten elektronischen Signatur versehen und der Name des Ausstellers hinzugefügt wird.

Beispiel: elektronische Steuererklärung

BGB § 126b ▶ **Textform**

Bei der Textform muss die Erklärung durch die Nachbildung einer Namensunterschrift oder anders beendet werden; dadurch wird die eigenhändige Unterschrift in bestimmten Fällen entbehrlich.

Beispiele: Gehaltsabrechnung, Bußgeldbescheid

§ 129 ▶ **Öffentliche Beglaubigung**

Die Erklärung muss schriftlich abgefasst und die Unterschrift des Erklärenden von einem Notar beglaubigt werden. Die Beglaubigung bestätigt nur die Echtheit der Unterschrift und bezieht sich nicht auf den Inhalt der Urkunde.

Beispiele: Schriftliche Anmeldungen und Anträge zum Handelsregister und zum Grundbuch.

Unterhaltungselektronik & Telekommunikation

Ja, das Angebot hat mich überzeugt!
Unmittelbar nach Bestelleingang erhalten Sie von unseren Online-Beratern einen Rückruf zur Vereinbarung eines persönlichen Liefertermins. Zur Sicherheit nennen Sie uns Ihre Bankverbindung erst am Telefon. Sie haben noch Fragen? Wir rufen Sie zurück!

Sie haben sich für das Nokia Lumia 1320 entschieden.
Mobilfunknetz: D-Netz / E-Netz
Name: *
Vorname: *
Geburtsdatum: *
Straße: *
PLZ: *
Ort: *
E-Mail:
Telefon: *

Absenden | Löschen

*Diese Felder sollten Sie mindestens ausfüllen.

zurück

▶ Notarielle Beurkundung

Die Willenserklärungen werden von einem Notar protokollarisch aufgenommen. Seine Beurkundung bestätigt sowohl die Echtheit der Unterschrift als auch den Inhalt der Willenserklärung. BGB § 128

Beispiel: Beim Kauf eines Grundstückes ist ein notariell beurkundeter Kaufvertrag abzuschließen. Damit hat der Käufer den Anspruch auf Eigentumsübertragung erhalten. Diese erfolgt dann durch notariell beurkundete Einigung (Auflassung) und Eintragung ins Grundbuch. § 311b

Wird die **gesetzlich vorgeschriebene** oder **vertraglich vereinbarte Form nicht beachtet,** so ist das Rechtsgeschäft **nichtig (Formnichtigkeit).** § 125

1.3.3 Nichtigkeit und Anfechtbarkeit

Nichtigkeit von Willenserklärungen und Rechtsgeschäften

§§ 105 ff. §§ 134, 138 § 311b § 873

Gründe für die Nichtigkeit von Willenserklärungen und Rechtsgeschäften			
Mangel in der Geschäftsfähigkeit	**Inhalt des Rechtsgeschäftes**	**Verstoß gegen Formvorschriften**	**Bewusstes Abweichen des Willens von der Erklärung**
Geschäftsunfähigkeit **Beispiel:** Ein 6-jähriges Kind kann sein Dreirad nicht rechtswirksam seiner Freundin schenken. Die Eltern können die Herausgabe verlangen.	**Verstoß gegen ein gesetzliches Verbot** **Beispiel:** Ein 19-jähriger Schüler vereinbart mit einem Dealer den Kauf von 10 g Haschisch. Er verweigert die Annahme und Bezahlung mit der Begründung, dass Drogenhandel verboten und der Kaufvertrag deshalb nichtig sei.	**Bewusste Missachtung zwingender Formvorschriften** **Beispiel:** Ein mündlich abgeschlossener Grundstückskaufvertrag ist nichtig, weil er der notariellen Beurkundung bedarf.	**Scheingeschäfte** **Beispiel:** Der Käufer eines Hauses lässt beim Notar in den Kaufvertrag nicht die tatsächlich verabredete Kaufsumme von 450.000 EUR eintragen, sondern nur 300.000 EUR, um die Grunderwerbsteuer zu vermindern. Der Scheinvertrag über 300.000 EUR ist nichtig.
Zustand der Bewusstlosigkeit oder Störung der Geistestätigkeit **Beispiel:** Jemand verschenkt »im Vollrausch« seine Armbanduhr.	**Verstoß gegen die guten Sitten (Wucher)** **Beispiel:** Jemand verlangt für ein Darlehen in einer Notlage 36 % Zinsen pro Jahr. Der Darlehensvertrag ist nichtig.		**Scherzgeschäfte** **Beispiel:** Vereinbarung am Biertisch: »Ich fliege mit meiner selbstgebastelten Mondrakete jeden für 1,00 EUR zum Mond.«

Die **Nichtigkeit von Rechtsgeschäften** hat zur **Folge,** dass die Vertragspartner so gestellt werden müssen, als hätte das **Rechtsgeschäft nie stattgefunden.**

Anfechtbarkeit der Rechtsgeschäfte

BGB §§ 119 ff.

Gründe für die Anfechtbarkeit von Rechtsgeschäften	
Unbewusstes Abweichen des Willens von der Erklärung (Irrtum)	**Arglistige Täuschung und widerrechtliche Drohung** Die Anfechtung hat binnen Jahresfrist ab Entdeckung der Täuschung oder seit Wegfall der Zwangslage zu erfolgen. Auch hier gilt die 10-Jahresfrist, in der die Anfechtung möglich ist. **Beispiele:** 1. Ein Gebrauchtwagenhändler verkauft seinen Unfallwagen als »garantiert unfallfrei«. 2. Ein Arbeitnehmer droht dem Arbeitgeber mit einer Anzeige wegen Steuerhinterziehung, falls er seine Forderung auf Gehaltserhöhung ablehnen sollte.

Art des Irrtums			
Inhaltsirrtum	**Erklärungsirrtum**	**Übermittlungsirrtum**	**Eigenschaftsirrtum**
Irrtum über die Bedeutung der Willenserklärung	Irrtum bei der Äußerung des Willens durch Versprechen oder Verschreiben	Irrtum bei der Übermittlung des fremden Willens durch einen Dritten	Irrtum bei der Willensbildung aufgrund einer falschen Vorstellung der Person oder der Sache
Beispiel: Statt eines Mietvertrages für einen Pkw wird ein Kaufvertrag unterschrieben.	**Beispiel:** Bei einem Angebot wird durch Verschreiben als Preis 15 EUR statt 51 EUR angegeben.	**Beispiel:** Der Bote einer Autowerkstatt wird beauftragt, eine Auspuffanlage für den Autotyp A4 im Zentrallager zu kaufen. Versehentlich verlangt er dort aber eine Auspuffanlage für den Typ A6.	**Beispiel:** Ein Geschäftsmann stellt einen Kassierer ein und erfährt nachträglich, dass dieser wegen Unterschlagung vorbestraft ist.

Kein Anfechtsgrund besteht beim **Motivirrtum.**

Beispiel: Ein Anleger kauft Aktien in der irrtümlichen Annahme, dass der Kurs steigen werde.

§ 142

Gültig zustande gekommene **Rechtsgeschäfte** werden **durch Anfechtung** mit rückwirkender Kraft **von Anfang an nichtig.**

▶ Aufgaben und Probleme

1. Entscheiden und begründen Sie, ob in folgenden Fällen eine rechtsgeschäftliche Willenserklärung vorliegt:
   a) Frau Birk legt einige Lebensmittel auf den Kassentisch des Supermarktes.
   b) Die Groß KG schickt eine Anfrage für den Kauf einer Maschine an die Maschinenfabrik Schneider GmbH.
   c) Herr Weber steigt in die Straßenbahn ein.

d) Die 20-jährige Cornelia verabredet sich mit ihrer Freundin zu einem Kinobesuch.
e) Cornelia bestellt telefonisch eine Kinokarte.
f) Herr Schwarz vermietet einem Studenten ein Zimmer seines Hauses für ein Semester.

2. Nennen Sie Beispiele für einseitige und mehrseitige Rechtsgeschäfte.
3. Ein Mieter kündigt seinen Mietvertrag. Er wirft den Kündigungsbrief in den Briefkasten der Deutschen Post AG. Zu welchem Zeitpunkt ist die Kündigung wirksam geworden?
4. Zu welchen Arten von Rechtsgeschäften gehören folgende Vorgänge?
   a) Die Groß KG bestellt auf ein Angebot der Schneider GmbH.
   b) Herr Schadt mietet eine Wohnung.
   c) Frau Kuhnert erklärt schriftlich, dass sie vom Kauf einer Zimmereinrichtung zurücktritt.
   d) Aus Dankbarkeit verspricht ein Rentner seiner Pflegerin die Schenkung eines wertvollen Schrankes.
5. Unterscheiden Sie folgende Verträge:
   a) Mietvertrag – Leihvertrag,
   b) Mietvertrag – Pachtvertrag,
   c) Leihvertrag – Sachdarlehensvertrag,
   d) Werkvertrag – Dienstvertrag.
6. Jemand verfasst ein handschriftliches Testament und legt es in die Schreibtischschublade.
   a) Begründen Sie, ob dieses Testament im Erbfall rechtswirksam ist.
   b) Warum ist es in jedem Fall besser, das Testament einem Notar zu übergeben?
7. Begründen Sie, ob folgende Rechtsgeschäfte gültig sind:
   a) ein maschinenschriftlich abgefasstes und eigenhändig unterschriebenes Testament,
   b) ein mündlich abgeschlossener Vertrag über den Kauf eines Gebrauchtwagens,
   c) ein schriftlich abgefasster Vertrag über den Kauf eines Hauses,
   d) ein mündlich abgeschlossener Vertrag über die Vermietung eines Wohnhauses für die Dauer von 5 Jahren.
8. Begründen Sie, weshalb Formfreiheit nicht für alle Rechtsgeschäfte gelten kann.
9. Wie ist die Rechtslage in folgenden Fällen?
   a) Ein Waffenschieber schließt einen Kaufvertrag über die Lieferung von Maschinenpistolen ab.
   b) Beim Schreiben eines Angebotes vertippt sich die Sachbearbeiterin und gibt als Einzelpreis 58 EUR statt 85 EUR an. Der Kunde bestellt darauf 80 Stück der Ware zu je 58 EUR.
   c) Der Vorstand eines Kegelclubs hatte vor 4 Wochen für eine Wochenendausflugsfahrt einen Omnibus bestellt. Der Wetterbericht kündigt am Freitag vor dem Ausflug nasskaltes, regnerisches Wetter an. Der Vorstand möchte deshalb die Bestellung wegen Irrtums anfechten.

1.4 Verbraucherschutz

Die Unternehmen stehen unter einem derartigen Konkurrenzdruck, dass manche mit allen Mitteln um den Kunden kämpfen. Hinzu kommt, dass die rechtlichen Regelungen für den Verbraucher oft nicht überschaubar sind. So wird ein Kaufvertrag schnell zu einem Fangnetz für den Käufer.

Damit hat der Verbraucherschutz zunehmend an Bedeutung gewonnen. Staatliche Regelungen sollen die Position des Verbrauchers stärken.

1.4.1 Verbraucherschutz und Allgemeine Geschäftsbedingungen (AGB)

BGB § 305

Unter **Allgemeine Geschäftsbedingungen (AGB)** versteht man **Vertragsbedingungen,** die für eine **Vielzahl von Verträgen vorformuliert** und auf der Vertragsurkunde (Angebots-, Bestellformular) oder auf einem besonderen Blatt abgedruckt werden.

Gründe für das Vorhandensein von Allgemeinen Geschäftsbedingungen (AGB) beim Vertragsabschluss

- Zeit- und Kostenersparnis
- Begrenzung des individuellen Vertragsrisikos
- Erhöhung der allgemeinen Rechtssicherheit

Allgemeine Regelungen der Allgemeinen Geschäftsbedingungen

- AGB gelten für alle geschlossenen Verträge
- Individuelle Vertragsabsprachen haben Vorrang vor den AGB
- unangemessene Benachteiligungen sind unwirksam

Verbotene Klauseln in den Allgemeinen Geschäftsbedingungen zum besonderen Schutz des Verbrauchers

- kurzfristige Preiserhöhungen
- Ausschluss oder Einschränkung von Rechten bei Leistungsstörungen
- unangemessen lange Lieferzeit

Beispiele für verbraucherfreundliche AGB	Beispiele für verbraucherunfreundliche AGB
1. Die AGB sind kurz gefasst und gut verständlich formuliert.	1. Die AGB sind auf verschiedene Textstellen verteilt und verweisen noch auf weitere andere Dokumente.
2. Der Anbieter liefert stets frei Haus ohne Aufpreis.	2. Der Anbieter liefert nur ab Werk und schließt das Abholen der Ware aus.
3. Der Anbieter bietet eine Garantiezeit von drei Jahren auf alle Teile des Produktes.	3. Der Anbieter bietet eine Garantie von einem halben Jahr auf alle beweglichen Teile des Produktes.
4. Bei Nichtgefallen der Ware gewährt der Anbieter ein Rückgaberecht von sechs Monaten ab dem Kaufdatum oder die Rückerstattung des Kaufpreises.	4. Der Anbieter gewährt ein Rückgaberecht nur bei berechtigt aufgetretenem Mangel. Die Rückerstattung des Geldes erfolgt in Form eines Gutscheines.
5. Es wird eine kostenlose Hotline angeboten oder der umgehende Rückruf.	5. Es wird nur eine kostenpflichtige Hotline angeboten.
6. Der Anbieter verspricht, die persönlichen Kundendaten unter keinen Umständen an Dritte weiterzugeben.	6. Der Anbieter informiert, dass er die Kundendaten für Marketingzwecke an Dritte weitergeben darf.
7. Der Internetanbieter übernimmt alle Verpackungs- und Versandkosten.	7. Der Internetanbieter übernimmt nur die Verpackungskosten.
8. Für den Zahlungsvorgang im Internet kann man drei Möglichkeiten anklicken: SEPA-Lastschrifteinzug unter Angabe der Bankdaten, der Kreditkartennummer oder eines Zahlungsdienstleisters (z.B. Paypal).	8. Für den Zahlungsvorgang im Internet kann man nur einen Zahlungsdienstleister anklicken.

Gerade bei Onlinerechtsgeschäften ist es besonders wichtig, Allgemeine Geschäftsbedingungen wirksam in einen Vertrag mit einzubeziehen.

Die AGB werden nur dann Vertragsinhalt, wenn der Kunde sie spätestens bis zum Zeitpunkt des Vertragsabschlusses zur Kenntnis nehmen kann bzw. in zumutbarer Weise zur Kenntnis nehmen konnte. Daher hat der Hinweis: »Es gelten unsere allgemeinen Geschäftsbedingungen« keine rechtliche Bedeutung, da es hier regelmäßig auf die tatsächliche Kenntnisnahme ankommt.

Im B2B-Bereich reicht der Hinweis auf die Geltung der AGB aus. Nur der bloße Hinweis auf die AGB im B2C-Bereich ist nicht ausreichend. Ein zusätzlicher Link auf der Bestellseite zu den AGB muss enthalten sein.

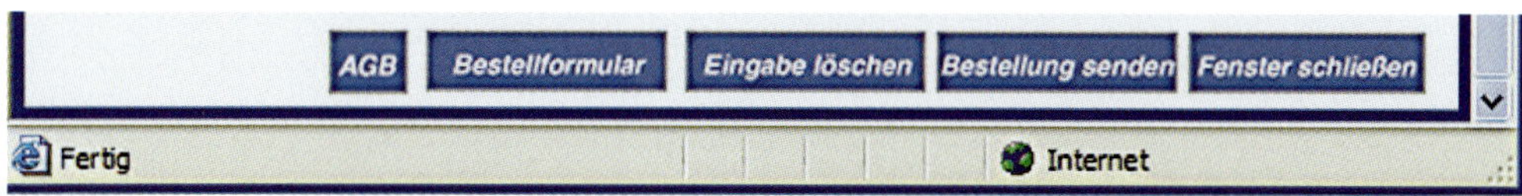

Besser ist es, hier die Möglichkeit zu schaffen, dass der Kunde ein Kästchen anklicken kann, dass er die AGB zur Kenntnis genommen hat.

Beim Onlinehandel hat der Unternehmer bei der Darstellung seiner AGB zu beachten:

- die sichtbare Platzierung auf der Webseite,
- die nachweisbare Integration in den Bestellvorgang,
- eine gute Download- oder Ausdruckmöglichkeit.

1.4.2 Verbraucherschutz bei Fernabsatzverträgen

BGB §§ 312b ff.

Fernabsatzverträge sind Verträge, die unter Verwendung von Fernkommunikationsmitteln zwischen **Unternehmern und Verbrauchern** abgeschlossen werden.

Fernkommunikationsmittel in diesem Sinne sind Kommunikationsmittel, die zwischen einem Verbraucher und einem Unternehmer ohne gleichzeitige körperliche Anwesenheit der Vertragsparteien eingesetzt werden können, insbesondere Briefe, Kataloge, Telefone, E-Mails sowie Rundfunk, Tele- und Mediendienste.

Beispiel: Bestellformular mit Eingabemöglichkeit für Kundendaten

Ihr Warenkorb:

Anzahl Bestell-Nr. Titel Einzelpreis Gesamtpreis

Summe: 0,00 EURO aktualisieren
zuzüglich Versandkosten

Bitte geben Sie Ihre Kundendaten an:

Kunden-Nr. und Bestellzeichen

Name*

Vorname

Straße*

PLZ und Ort*

E-Mail

☑ Ja, ich bin mit der Zusendung von Online-Informationen einverstanden.

Aufgrund gesetzlicher Vorschriften ist der Unternehmer verpflichtet, dem Kunden bzw. Verbraucher zum Abschluss von Fernabsatzverträgen bestimmte Informationen zu geben.

Informationspflicht bei Fernabsatzbeträgen über		
die Identität und Anschrift des Unternehmers.	wesentliche Merkmale der Ware oder Dienstleistung und den Preis.	zusätzlich anfallende Liefer- und Versandkosten sowie die Einzelheiten hinsichtlich der Zahlung und der Lieferung.

Beispiel: Auszug über Lieferungs- und Zahlungsbedingungen aus dem Internet.

Lieferungs- und Zahlungsbedingungen

Die nachstehenden Lieferungs- und Zahlungsbedingungen gelten für sämtliche Aufträge, auch dann, wenn wir uns zukünftig nicht besonders auf sie berufen oder falls wir nicht andere Bedingungen ausdrücklich vereinbart haben. Mit Auftragserteilung oder Annahme unserer Lieferung gelten unsere Bedingungen als anerkannt. Gegenbedingungen des Bestellers sind für uns, auch wenn wir nicht ausdrücklich widersprechen, nicht bindend. Unwirksamkeit oder Nichtigkeit einer der nachfolgenden einzelnen Bedingungen berührt nicht die Gültigkeit der übrigen Bedingungen. Für einen solchen Fall gilt das als vereinbart, was der Geschäftsabsicht der Vertragspartner, wie in den folgenden Bedingungen festgelegt, in rechtsgültiger Formulierung am nahesten kommt.

1. Unsere Anschrift
Verlag Europa-Lehrmittel
Düsselbergerstraße 23
42781 Haan
Tel.: 02104-69160
Fax: 02104-691627
E-Mail: info@europa-lehrmittel.de

2. Geltungsbereich
Für die Geschäftsbeziehung zwischen dem Verlag Europa-Lehrmittel und dem Besteller gelten ausschließlich diese Allgemeinen Geschäftsbedingungen in ihrer zum Zeitpunkt der Bestellung gültigen Fassung. Abweichende Bedingungen des Bestellers erkennen wir nicht an, es sei denn, der Verlag hätte ausdrücklich schriftlich ihrer Geltung zugestimmt.

Bei bestimmten Fernabsatzverträgen finden die gesetzlichen Vorschriften keine Anwendung.

Beispiele: Verträge über

1. Finanzgeschäfte und Versicherungen,
2. Lieferung von Lebensmitteln, Getränken oder sonstigen Haushaltsgegenständen des täglichen Bedarfs,
3. Dienstleistungen im Bereich Unterbringung, Beförderung; Lieferung von Speisen und Getränken sowie Freizeitgestaltung.

Bei allen Fernabsatzverträgen besteht ein **Widerrufs- und Rückgaberecht.** Das Fernabsatzrecht verpflichtet den Unternehmer zur Beweislast. So muss er im Zweifel beweisen, ob, wann und wie dem Verbraucher die Widerrufsbelehrung zugegangen ist.

BGB §§ 355 ff.

Die Widerrufsbelehrung durch den Unternehmer muss den Erfordernissen des eingesetzten Kommunikationsmittels entsprechen und in Textform mitgeteilt werden. Dafür ist keine schriftliche, auf Papier fixierte Form erforderlich; ausreichend ist vielmehr auch eine elektronische Fixierung.

Beispiele: Übermittlung per E-Mail oder DVD

Die Belehrung des Verbrauchers sowie die Formulierung der Widerrufsrechte muss sorgfältig und entsprechend den gesetzlichen Regelungen durch den Unternehmer erfolgen, da andernfalls der Verbraucher bis zwölf Monate und 14 Tage nach Erhalt der Ware widerrufen kann.

Das Widerrufsrecht besteht nicht bei Verträgen

- zur Lieferung von Waren, die nach Kundenspezifikation angefertigt wurden;
  Beispiel: Spezialanfertigung von Verpackungsmaterial
- zur Lieferung von Waren, die aufgrund ihrer Beschaffenheit nicht für eine Rücksendung geeignet sind;
  Beispiele: Heizöl oder Onlinedownloads von Computerprogrammen
- zur Lieferung von Waren, die schnell verderben können;
  Beispiele: Frischobst, Saisongemüse
- zur Lieferung von Waren, deren Verfalldatum bei Rücksendung überschritten würde;
  Beispiele: Molkereiprodukte, Lebensmittel

- zur Lieferung von Audio- oder Videoaufzeichnungen oder Software, sofern die gelieferten Datenträger vom Verbraucher entsiegelt worden sind;
  Beispiele: CD-ROM mit Musik, DVD mit einem Spielfilm
- zur Erbringung von Wett- und Lotteriedienstleistungen;
  Beispiele: Klassenlotterien, Fußballwetten

BGB § 156
- die in der Form von Versteigerungen geschlossen werden.
  Beispiel: Briefmarkenauktionen

Auch bei gewerblichen Verkäufen in Form von Internetversteigerungen gilt das Fernabsatzrecht.

Beispiel: Internetversteigerungen eines Händlers bei www.ebay.de

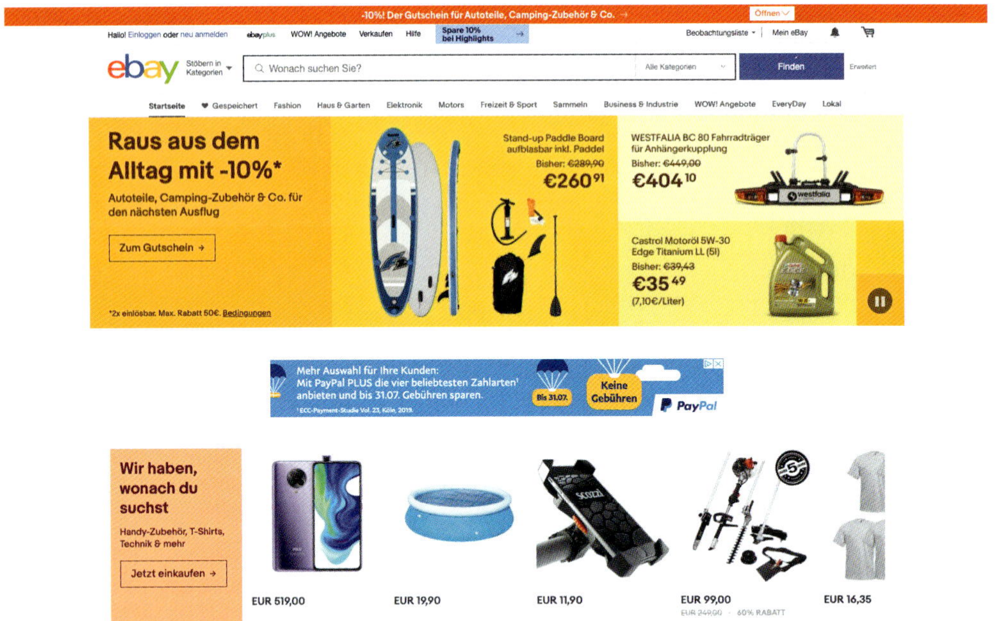

Ist ein Widerrufsrecht gegeben, kann der Verbraucher innerhalb von zwei Wochen den Vertrag widerrufen. Der Widerruf kann durch einen Text oder durch Rücksendung der Sache innerhalb von zwei Wochen erklärt werden. Zur Fristwahrnehmung genügt die rechtzeitige Absendung.

Die Kosten und die Gefahr der Rücksendung trägt bei Widerruf und Rückgabe der Verbraucher.

Durch den Widerruf oder die Rückgabe wird der Vertrag aufgelöst.

1.4.3 Verbraucherschutz durch Preisangaben

Klare und wahre Preisangaben für Waren oder Dienstleistungen verschärfen den Wettbewerb, erhöhen die Markttransparenz und schützen den Verbraucher vor Übervorteilung durch den Anbieter.

Wer **Letztverbrauchern** regelmäßig Waren oder Dienstleistungen **anbietet** oder unter Angabe von Preisen für Waren oder Dienstleistungen gegenüber Letztverbrauchern **wirbt**, muss

- die Preise angeben, die **einschließlich** der **Umsatzsteuer** und **sonstiger Preisbestandteile** (Provision, Bedienungsgeld) unabhängig von einer Rabattgewährung zu zahlen sind **(Endpreise),** und
- die **Grundpreise** je Maßeinheit (kg, l, m) sowie die **Gütebezeichnung** angeben.

Beispiele:

1. Waren, die im Schaufenster, im Schaukasten oder auf Verkaufsständen innerhalb oder außerhalb des Verkaufsraumes sichtbar ausgestellt werden, sind auszuzeichnen. *PAngV § 4*
2. Gaststätten haben am Eingang ein Preisverzeichnis für wesentliche Getränke und Speisen anzubringen. *§ 7*
3. Von Tankstellen sind die Kraftstoffpreise so auszuzeichnen, dass sie für Kraftfahrer deutlich sichtbar sind. *§ 8*
4. Kreditgewährende Unternehmen müssen als Preis des Kredits die Gesamtkosten in der Form des »effektiven Jahreszinssatzes« angeben. *§ 6*

Die Einhaltung der Preisangabevorschriften wird von Preisbehörden überwacht. Zuwiderhandlungen werden mit Strafen oder Bußgeldern geahndet.

1.4.4 Verbraucherschutz durch Produkthaftung

Produkthaftung bedeutet, dass der **Hersteller** für **Schäden haftet,** die durch Fehler des Produktes an **Personen oder Sachen** – nicht an dem Produkt selbst – verursacht werden. *ProdHaftG § 1 (1)*

Beispiel: Ein Autofahrer fährt gegen einen Zaun, weil das Getriebe einen Konstruktionsfehler aufwies. Für den am Zaun entstandenen Schaden haften der Hersteller des Pkw und der Zulieferer des Getriebes.

Der Hersteller haftet auch, wenn ihn keine Schuld an der Fehlerhaftigkeit trifft. Den Fehler muss der Geschädigte beweisen.

Neben dem eigentlichen Hersteller haften alle, die Waren in den Verkehr bringen, die durch Fehler zu Schäden führen können. So haftet z. B. auch der Importeur gegenüber seinem Kunden, ohne in Wirklichkeit Hersteller zu sein, sofern er diesen nicht binnen vier Wochen nach dem Verkauf benennen kann. *§ 4*

Die Haftung und damit die Ersatzpflicht kann nicht durch Allgemeine Geschäftsbedingungen oder Vertrag ausgeschlossen werden. Bei Sachschaden besteht eine Selbstbeteiligung des Geschädigten in Höhe von 500 EUR; Personenschäden werden bis zu 85 Mio. EUR ersetzt. *§ 14* *§§ 10 f.*

Fehlerbegriff: Nach dem Produkthaftungsgesetz hat das Produkt einen Fehler, wenn es nicht die Sicherheit bietet, die man berechtigterweise erwarten kann. Bei der Sachmängelhaftung nach Kaufrecht kommt es auf die Gebrauchstauglichkeit des Gegenstandes an. *§ 3*

Ein Produkt hat aber nicht allein deshalb einen Fehler, weil später ein verbessertes Produkt in den Verkehr gebracht wurde. *§ 3 (2)*

Einschränkungen: Bei Schäden an Personen oder Sachen besteht die Haftung nur dem Verbraucher gegenüber. *§ 1 (1)*

Ausgeschlossen ist die Haftung für Fehler, die nach dem Stand der Wissenschaft und Technik nicht erkannt werden konnten **(Entwicklungsrisiken).** *§ 1 (2)*

1.4.5 Verbraucherschutz bei Kreditverträgen

Kredit- und Teilzahlungsgeschäfte, bei denen die Tilgung bzw. Abzahlung in »bequemen Raten« zu erfolgen hat, können bei unerfahrenen und unbedachten Verbrauchern zum vorschnellen Vertragsabschluss führen.

Das Gesetz schützt deshalb **Verbraucher** durch

BGB §§ 491 f. §§ 355 f.

- die vorgeschriebene Schriftform der Verträge und
- die Möglichkeit des schriftlichen Widerrufs innerhalb von zwei Wochen ohne Angabe eines Grundes. Der Kunde muss die Belehrung über dieses Recht durch eine weitere Unterschrift bestätigen, sonst hat er ein Rücktrittsrecht von sechs Monaten.

Im Einzelnen müssen Kreditverträge enthalten:

Kreditverträge im Allgemeinen	Teilzahlungskreditverträge
a) Nettokreditbetrag	a) Barzahlungspreis
b) Gesamtbetrag (Bruttokreditbetrag einschließlich Zinsen und sonstige Kosten)	b) Teilzahlungspreis (Gesamtbetrag von Anzahlungen und aller Teilzahlungen)
c) Art und Weise der Rückzahlung	c) Betrag, Zahl und Fälligkeit der einzelnen Raten
d) Zinssatz und sonstige Kosten	d) effektiver Jahreszinssatz
e) effektiver Jahreszinssatz	e) Versicherungskosten
f) Versicherungskosten	f) Vereinbarung eines Eigentumsvorbehalts oder anderer Sicherheiten
g) zu bestellende Sicherheiten	

1.4.6 Verbraucherschutz durch Produktsicherheit

ProdSG §§ 3 ff.

Von einem Unternehmer darf im europäischen Wirtschaftsraum kein Produkt in den Verkehr gebracht werden, das für Verbraucher gefährlich werden kann. Selbst dann nicht, wenn es für diese nicht bestimmt ist, aber von diesen – auch vorhersehbar falsch – benutzt werden kann.

So müssen der Hersteller oder der Händler dafür sorgen, dass gefährliche Produkte gar nicht erst in den Verkehr kommen. Sie müssen zurückgerufen und zurückgenommen und evtl. vernichtet werden, die Verbraucher vor Bedienungsfehlern gewarnt und die zuständigen Behörden unterrichtet werden.

Auf jedem Produkt muss der Name des Herstellers bzw. Importeurs stehen mit

- dem **CE-Zeichen** (Communauté Européenne – Europäische Gemeinschaft), einer Selbsterklärung des Herstellers, dass das Produkt die grundlegenden Anforderungen der jeweiligen Richtlinien zum Schutz der Gesundheit, Sicherheit oder Umwelt erfüllt,
- dem **GS-Zeichen** (geprüfte Sicherheit), das ein deutsches Sicherheits- und Gebrauchstauglichkeits-Prüfzeichen auf gesetzlicher Basis darstellt und von zugelassenen Überwachungsstellen wie z. B. TÜV Product Service vergeben wird.

Zuwiderhandlungen können mit Geldbußen oder Freiheitsstrafen geahndet werden.

▶ Aufgaben und Probleme

1. Entscheiden Sie, ob folgende AGB-Klauseln eines Händlers gegenüber Verbrauchern Gültigkeit haben:
   a) Mängel an der Ware können nur innerhalb von 14 Tagen geltend gemacht werden.
   b) Rücktritt vom Kaufvertrag wird als Gewährleistungsanspruch ausgeschlossen.
2. Was kann ein Unternehmer gegenüber einem Verbraucher unternehmen, um Bestimmungen, die in den AGB unwirksam wären, rechtswirksam zu vereinbaren?
3. Überprüfen Sie die AGB im Hinblick auf ihre Rechtmäßigkeit.

Allgemeine Geschäftsbedingungen der Elektromedia GmbH

1. Gültigkeit der Bedingungen

Die nachstehenden Geschäftsbedingungen werden bei sämtlichen Verträgen Vertragsbestandteil.

2. Lieferfristen

Bei Lieferverzögerungen kann der Käufer nur dann vom Vertrag zurücktreten, wenn die Lieferung auch innerhalb der nächsten zehn Monate ohne gerechtfertigten Grund nicht erfolgt.

3. Preise und Zahlungsbedingungen

Die vereinbarten Preise beinhalten die gesetzliche Umsatzsteuer. Skonto gewähren wir nur aufgrund besonderer Vereinbarungen.

Während der Lieferzeit entstehende Preiserhöhungen unserer Hersteller berechtigen uns jederzeit zur Weitergabe an die Kunden.

4. Gewährleistung

Der Käufer einer mangelhaften Ware kann als Nacherfüllung zunächst die Beseitigung des Mangels ohne die Lieferung einer mangelfreien Sache verlangen.

Die zum Zweck der Nacherfüllung erforderlichen Aufwendungen (Transport-, Arbeits-, Materialkosten) sind grundsätzlich vom Käufer zu tragen.

Ist die Nacherfüllung fehlgeschlagen, so kann der Käufer vom Vertrag zurücktreten oder den Kaufpreis mindern.

5. Zusatzleistung

Beim Kauf von Waren über 100,00 EUR schließt der Kunde automatisch ein Abonnement der Zeitschrift Computerfreak zum Jahresvorzugspreis von 25,00 EUR ab. Die Zusendung erfolgt, wenn der Kunde uns bei Vertragsabschluss keine gegenteilige Mitteilung macht.

6. Eigentumsvorbehalt

Die Ware bleibt bis zur vollständigen Bezahlung unser Eigentum.

4. Beschreiben Sie,
   a) welche Vertriebsformen von den Regelungen zu den Fernabsatzverträgen erfasst werden,
   b) welche Fristen bei Fernabsatzverträgen gelten.

5. Prüfen Sie die folgenden AGB-Klauseln auf ihre Gültigkeit und begründen Sie Ihre Entscheidung:
   a) Die Lieferung der bestellten Ware erfolgt zu den am Liefertag gültigen Preisen.
   b) Der Käufer verzichtet ausdrücklich auf sämtliche Gewährleistungsansprüche.
   c) Für alle Leistungen gelten ausschließlich unsere Lieferungs- und Zahlungsbedingungen. Abweichende Vorschriften des Bestellers werden nicht anerkannt, auch wenn wir ihnen nicht ausdrücklich widersprechen.
   d) Rücksendungen gehen ausschließlich zulasten des Käufers.
6. Handelt es sich bei Internetversteigerungen um Fernabsatzverträge? Begründen Sie Ihre Entscheidung.
7. Welche Informationspflicht hat ein gewerblicher Anbieter bei Fernabsatzverträgen?
8. Der Auszubildende Max, der sich in nächster Zeit einen MP3-Player kaufen will, macht mit seinem Freund einen Schaufensterbummel. »Diesen MP3-Player habe ich im Schaufenster bei Elco zu 80 EUR gesehen. Dumm, dass hier bei Elektro-Weber das Gerät nicht ausgezeichnet ist.«

   Welchen Nachteil hat dies für den Kunden, welchen für Elektro-Weber?
9. In einem Schaufenster sehen Sie einen DVD-Rekorder mit einer Preisangabe von 420 EUR und einem Zusatz »zuzüglich 19 % Umsatzsteuer«. Überprüfen Sie diese Preisauszeichnung mithilfe des Gesetzes.
10. Frau Leuze kaufte vor einem Monat bei der Konzelmann KG eine Heim-Bügelpresse. Bei der Arbeit mit dem neuen Gerät wird ihr wertvolles Abendkleid stark versengt, weil die Warn- und Ausschaltautomatik aufgrund eines Konstruktionsfehlers nicht funktionierte. Frau Leuze weiß, dass für den Mangel am Gerät gesetzliche Gewährleistung besteht. Sie fragt sich aber, ob jemand für den Verlust des Kleides haftet.

    Welcher rechtliche Rat kann Frau Leuze gegeben werden?
11. Inwiefern liegt bei folgenden Fällen Sachmängelhaftung bzw. Produkthaftung vor:
    a) Bei einer Küchenmaschine ist zwei Monate nach dem Kauf der Motor defekt.
    b) Bei einer neu gekauften Waschmaschine löst sich der Schlauch. Es handelt sich um einen Konstruktionsfehler beim Wasserstopp. Durch das auslaufende Wasser wurde die wertvolle Holzdecke der darunterliegenden Wohnung ruiniert.
    c) Ein Hobbygärtner verletzt sich mit einer Motorsäge beim Absägen von Ästen. Wegen eines Fabrikationsfehlers hat die doppelte Sicherung nicht funktioniert.
    d) Der Käufer eines Computers stellt fest, dass der Arbeitsspeicher nicht die in der Auftragsbestätigung genannte Kapazität von 1 GB enthält.
12. Herr Strobel will ein HD-Ready-LCD-Fernsehgerät kaufen. Als er sich wegen des hohen Preises von 1.200 EUR nicht ohne Weiteres zu einem Kauf entschließen kann, schlägt der Verkäufer die Zahlung in 24 Monatsraten ohne Anzahlung vor mit einem Zinsaufschlag von »nur 3 % je Monat«.

    Beurteilen Sie, ob dieses Angebot den gesetzlichen Vorschriften entspricht.
13. Herr Konold will aufgrund einer Zeitungsanzeige einen angeblich günstigen Kredit aufnehmen. Auf Anfrage erhält er ein ausgefülltes Kreditvertragsformular zugeschickt, das u.a. folgende Punkte enthält: »Der Zinssatz beträgt 1,2 % je Monat« und »Der Kreditbetrag beträgt 10.000 EUR und wird zu 98 % ausgezahlt«. Über den Zinssatz und die Tilgungsbeträge enthält der Vertrag sonst keine Angaben.

    Prüfen Sie, ob die Vorschriften zum Schutz der Verbraucher erfüllt sind.

1.5 Eigentum und Besitz

Eigentum ist die **rechtliche Herrschaft** über einen Gegenstand. BGB § 903

Dem Eigentümer gehört der Gegenstand. Er kann ihn verkaufen, verschenken oder vermieten.

Besitz ist die **tatsächliche Gewalt** über einen Gegenstand. § 854

Der Besitzer hat den Gegenstand. Der Besitzer eines Autos kann damit fahren, der Besitzer einer Wohnung kann darin leben.

Im Allgemeinen ist der Eigentümer einer Sache auch ihr Besitzer. Vermietet der Hauseigentümer jedoch eine Wohnung, so bleibt er Eigentümer, der Mieter wird Besitzer. Verleiht jemand ein Buch, so bleibt er Eigentümer, der Entleiher wird Besitzer. Der Besitzer muss dem Eigentümer die Sache unbeschädigt zurückgeben. Der Eigentümer hat gegenüber dem Besitzer einen Herausgabeanspruch. § 872 § 985

Diebe sind widerrechtliche Besitzer der gestohlenen Sache.

Besitz und Eigentum unterstehen dem Schutz des Gesetzes. Wird dem **Besitzer** der Besitz widerrechtlich entzogen, so hat er das Recht der Selbsthilfe. Er darf dem auf frischer Tat angetroffenen Täter die Sachen abnehmen, wenn nötig, mit Gewalt. Später hat er kein Selbsthilferecht mehr, er hat jedoch gerichtlichen Besitzschutz; er kann auf Wiedereinräumung des Besitzes oder auf Beseitigung der Besitzstörung klagen. §§ 858 ff.

Wird dem **Eigentümer** der Besitz einer Sache widerrechtlich entzogen, so kann er auf Herausgabe klagen. Wird der Besitz in anderer Weise beeinträchtigt, so kann der Eigentümer die Beseitigung der Störung verlangen und im Weigerungsfalle auf Unterlassung klagen. § 985 § 1004

Eigentumsübertragung (Übereignung)

▶ Bewegliche Sachen

An **beweglichen Sachen** erfolgt die **Eigentumsübertragung:**

a) durch **Einigung** zwischen dem Veräußerer und dem Erwerber, dass das Eigentum übergehen soll, **und Übergabe,** wenn sich der Gegenstand beim Veräußerer befindet. Die Einigung erfolgt meist stillschweigend. Durch die Übergabe wird der Erwerber Besitzer, durch Einigung und Übergabe Eigentümer. § 929

   Beispiel: Der Buchhändler übergibt dem Käufer das gekaufte Buch. Sie sind sich einig über die beabsichtigte Eigentumsübertragung.

b) durch **Einigung und Abtretung des Herausgabeanspruches,** wenn sich der Gegenstand bei einem Dritten befindet. Diese Abtretung kann erfolgen durch Zession oder durch Übergabe einer kaufmännischen Anweisung, eines Lagerscheines, Ladescheines oder Konnossements. § 931

   Beispiel: Ein Händler verkauft Ware, die er in einem Lagerhaus eingelagert hat. Mit der Einigung und der Übergabe des Orderlagerscheines geht das Eigentum auf den Erwerber über.

c) durch **Einigung**, dass der Besitzer Eigentümer werden soll, wenn sich der Gegenstand bereits beim Erwerber befindet. § 929 S. 2

   Beispiele: Kauf des bisher leihweise überlassenen Verpackungsmaterials, Kauf eines auf Probe überlassenen Audio-Systems.

d) durch **Einigung**, dass der Erwerber Eigentümer werden soll, **und Vereinbarung,** dass der Veräußerer Besitzer bleibt **(Besitzkonstitut).** § 930

   Beispiel: Der Großhändler kauft Regale bei einem Möbelhersteller, die auf Abruf erst später an den Einzelhändler ausgeliefert werden.

▶ Unbewegliche Sachen

BGB § 873 § 925

An **unbeweglichen Sachen** (bebaute oder unbebaute Grundstücke) erfolgt die Eigentumsübertragung nach Abschluss des notariell beurkundeten Kaufvertrages **durch Auflassung und Eintragung im Grundbuch.** Die **Auflassung** ist die Einigung zwischen dem Veräußerer und dem Erwerber, dass das Eigentum übergehen soll; sie muss bei gleichzeitiger Anwesenheit beider Teile vor einem Notar erklärt und durch ihn beurkundet werden. Die **Eintragung** ins Grundbuch ist bei Grundstücken das äußere Zeichen des Eigentumsübergangs.

Die Eintragung erfolgt, wenn

- die Auflassung nachgewiesen ist,
- die Eintragung bewilligt und beantragt wird,
- eine Bestätigung des Finanzamts über die Entrichtung der Grunderwerbsteuer vorliegt.

Um den Vertragsparteien den Weg zum Grundbuchamt zu ersparen, erfolgt häufig mit dem Abschluss des notariell zu beurkundenden Kaufvertrags zugleich die Auflassung in Verbindung mit der Eintragungsbewilligung und dem Eintragungsantrag. Die Akte geht dann an das Grundbuchamt.

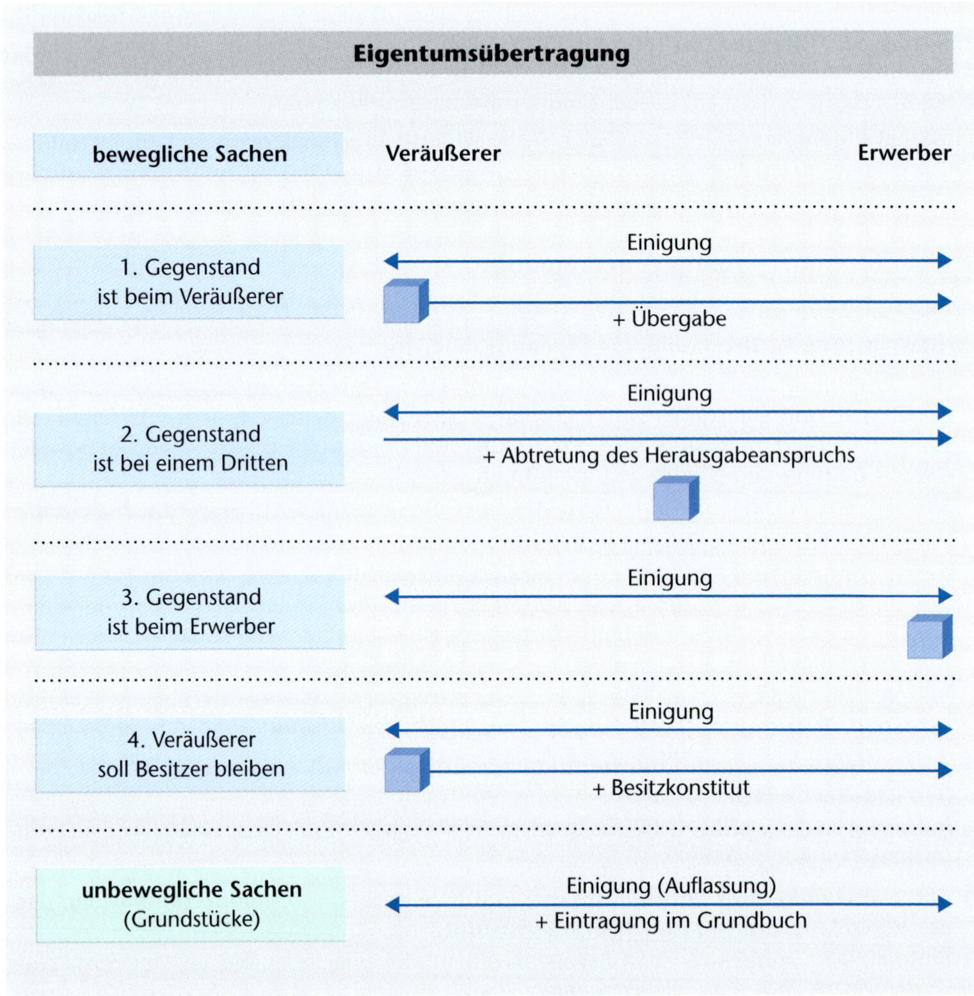

Gutgläubiger Eigentumserwerb

Verkauft jemand eine Ware, die ihm gar nicht gehört, so erwirbt der Käufer dennoch das Eigentum, wenn er im »guten Glauben« ist. Gutgläubig ist, wer den Veräußerer nach den Umständen für den Eigentümer halten darf. *BGB § 932*

Beispiel: Ein Textilhändler verkauft ein Kleid, für das sich der Kleiderfabrikant das Eigentum noch vorbehalten hat, zum normalen Preis an eine Kundin. Die Kundin ist gutgläubig. Sie wird aus Gründen der Rechtssicherheit Eigentümerin des Kleides.

Veräußert oder verpachtet ein Kaufmann im Betrieb seines Handelsgewerbes eine ihm nicht gehörende Sache, so ist gutgläubiger Erwerb auch dann möglich, wenn der Veräußerer für verfügungsberechtigt gehalten werden darf (Kommissionär).

Gutgläubiger Erwerb ist nicht möglich an gestohlenen, verlorengegangenen oder sonst wie abhandengekommenen Sachen. Der Eigentümer kann von jedem späteren Erwerber die Herausgabe seines Eigentums ohne Erstattung eines Entgelts verlangen. Auf Geld und Inhaberpapiere findet diese Bestimmung keine Anwendung.

▶ Aufgaben und Probleme

1. Begründen Sie, wann Sie in den folgenden Fällen Eigentümer werden:
   a) Sie schließen am 15. Oktober im Computer-Shop einen Kaufvertrag über einen PC mit Zubehör ab.
   Sie bezahlen sofort. Die Anlage wird am 30. Oktober geliefert.
   b) Sie kaufen am 1. Juni im Fahrradgeschäft ein Rennrad für 800 EUR und nehmen es sofort mit.
   Die Zahlung soll innerhalb eines Monats erfolgen.
2. Der Geschäftsführer der Kopier- und Textverarbeitungs-GmbH verkauft seiner Auszubildenden Cornelia Schreiber einen PC, dessen Kaufpreis 3 Monate später mit der Ausbildungsvergütung verrechnet werden soll. Noch vor der Zahlung verkauft und übergibt Cornelia den PC an ihre Freundin Brigitte.
   a) Begründen Sie, wer nach diesen Vorgängen Eigentümer(in) ist.
   b) Beurteilen Sie die Situation rechtlich, wenn Brigitte wusste, dass Cornelia den PC noch nicht bezahlt hat.
3. Sie kaufen von einem Bekannten ein Surfbrett. Es stellt sich nachträglich heraus, dass das Surfbrett von einem Sportgeschäft gemietet war. Wie ist die Rechtslage?
4. Sie verhandeln mit Frau Stückle über den Erwerb eines Grundstücks. Mit Schreiben vom 20. Juni erklärt sich Frau Stückle mit dem Verkauf einverstanden. Die Grundstücksauflassung erfolgt am 15. Juli in Anwesenheit beider Vertragspartner vor dem Notar. Gleichzeitig wird die Eintragung der Grundstücksübertragung im Grundbuch beantragt. Am 10. August erfolgt die Umschreibung.
   a) Wann fand der rechtswirksame Abschluss des Kaufvertrags statt?
   b) Welche Rechte haben Sie dadurch erworben?
   c) Wann wurden Sie Eigentümer(in) des Grundstücks?
   d) Welche Rechtsstellung haben Sie als Eigentümer(in) des Grundstücks erlangt?
5. Frau Reich kauft von ihrer Freundin einen Perserteppich gegen sofortige Zahlung.
   a) Nach einigen Tagen erhält sie die polizeiliche Aufforderung, den Teppich abzuliefern, da er aus einem Einbruchdiebstahl stamme. Was kann sie bezüglich des Teppichs und des gezahlten Kaufpreises unternehmen?
   b) Welche Rechtslage würde sich ergeben, wenn sie den Teppich von einem »fliegenden« Händler an der Haustür erworben hätte?

6. Wann und wo geht in folgenden Fällen das Eigentum an einer Ware auf den Käufer über?
   a) Der Käufer kauft die Ware im Laden und nimmt sie mit (Handkauf).
   b) Der Verkäufer sendet die Ware dem Käufer am gleichen Ort zu (Platzkauf).
   c) Verkäufer und Käufer wohnen an verschiedenen Orten und der Verkäufer sendet die Ware mit dem Paketdienst zu (Versendungskauf).

Zusammenfassende Übersicht:
Rechtliche Grundtatbestände erarbeiten

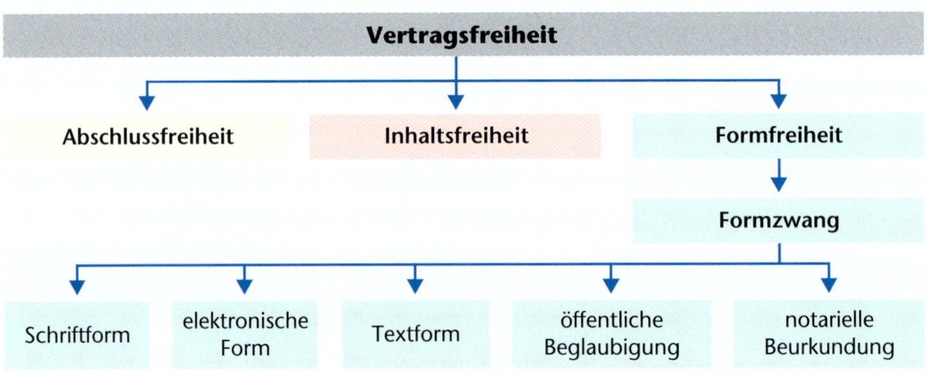

Rechtsfähigkeit

ist die Fähigkeit von Personen, Träger von Rechten und Pflichten zu sein.

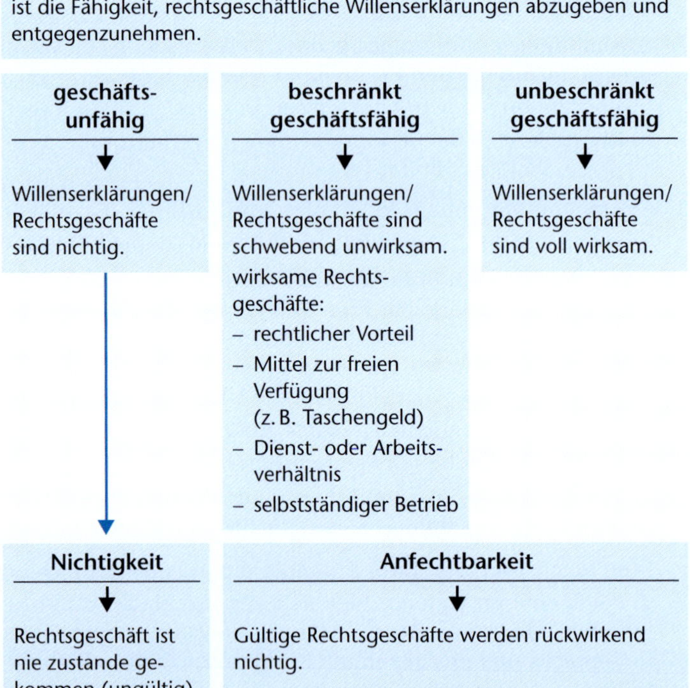

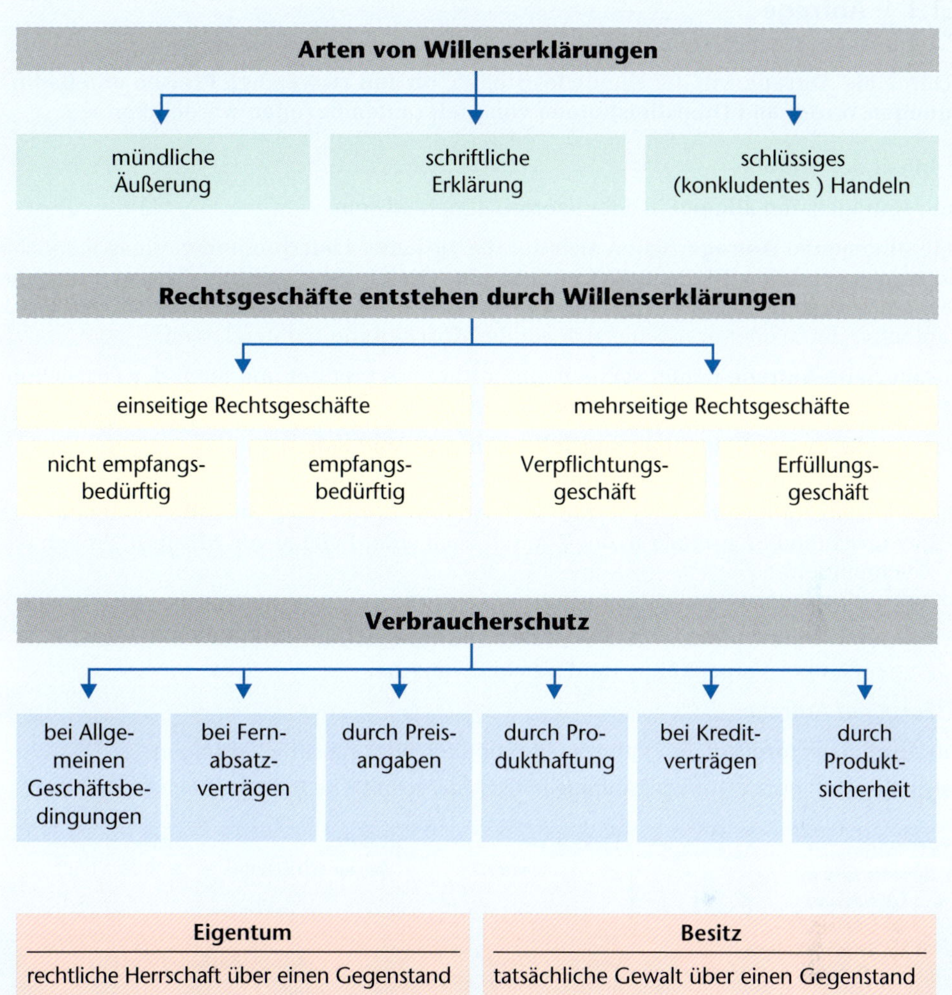

2 Vertragsrecht anwenden

▶ Handlungsauftrag

Stellen Sie den Ablauf bis zum Kaufvertragsabschluss während der Bearbeitung dieses Kapitels grafisch dar.

2.1 Anbahnung von Kaufverträgen

Wenn für den Bezug von Material, Waren oder Dienstleistungen mehrere Bezugsquellen zur Auswahl stehen, kann der Kaufmann durch gezielte **Anfragen** die für die Kaufentscheidung wichtigen, aber noch fehlenden Informationen erfragen.

2.1.1 Anfrage

Durch **die Anfrage** will der Kunde feststellen, **ob und zu welchen Preisen und Bedingungen Waren und Dienstleistungen von Lieferanten bezogen** werden können.

▶ Inhalt der Anfrage

Eine Anfrage kann **allgemein** oder **speziell** abgefasst sein.

Eine **allgemeine Anfrage** richtet sich auf das gesamte Lieferprogramm eines möglichen Lieferanten. Dieser wird um die Zusendung eines Kataloges, einer Preisliste oder um einen Vertreterbesuch gebeten. Der Kunde möchte sich über die zur Verfügung stehende Auswahl informieren oder er möchte sich vor der Anschaffung beraten lassen.

Die **spezielle Anfrage** richtet sich auf ein bestimmtes Produkt und dient der Feststellung, zu welchem Preis und zu welchen Bedingungen es geliefert werden kann.

Wesentliche **Bestandteile einer speziellen Anfrage** sind daher:
- der Anlass und der Grund der Anfrage;
- die Bezeichnung der Ware (Marke, evtl. Angabe der Katalog- oder Bestellnummer, der gewünschten Eigenschaften, der Wunsch nach einer Beilage von Mustern, Proben oder Zeichnungen);
- die voraussichtliche Bezugsmenge;
- die gewünschten Lieferungs- und Zahlungsbedingungen;
- Angaben über Verpackungs- und Versandwünsche.

▶ Form der Anfrage

Die Anfrage ist **formfrei.** Sie kann somit mündlich oder schriftlich erfolgen.

Beispiele: telefonische Anfrage, Anfrage mittels Fax, schriftliche Anfrage, Anfrage per E-Mail

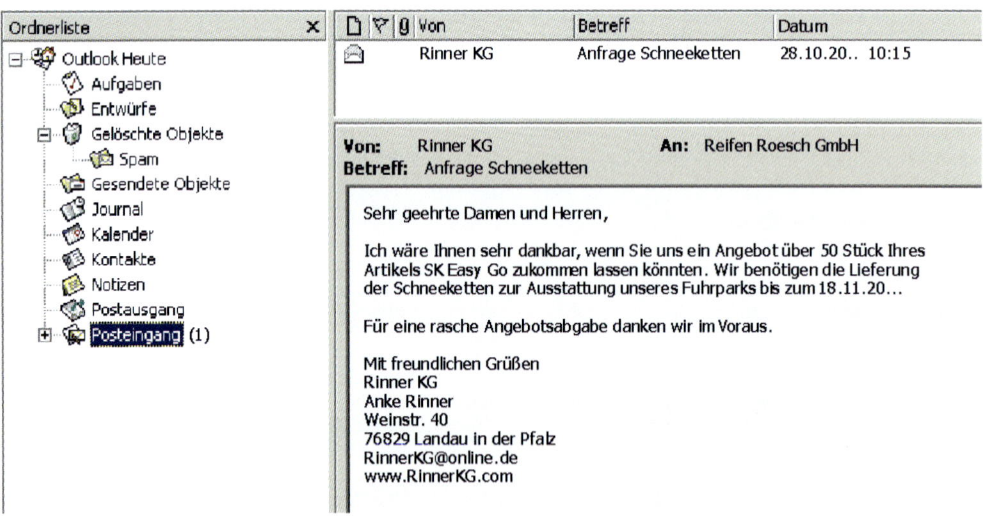

Von: Rinner KG An: Reifen Roesch GmbH
Betreff: Anfrage Schneeketten

Sehr geehrte Damen und Herren,

Ich wäre Ihnen sehr dankbar, wenn Sie uns ein Angebot über 50 Stück Ihres Artikels SK Easy Go zukommen lassen könnten. Wir benötigen die Lieferung der Schneeketten zur Ausstattung unseres Fuhrparks bis zum 18.11.20...

Für eine rasche Angebotsabgabe danken wir im Voraus.

Mit freundlichen Grüßen
Rinner KG
Anke Rinner
Weinstr. 40
76829 Landau in der Pfalz
RinnerKG@online.de
www.RinnerKG.com

▶ Rechtliche Wirkung der Anfrage

Anfragen sind **unverbindlich;** der **Anfragende** wird durch die Anfrage **rechtlich nicht verpflichtet.**

Daher ist es möglich, gleichzeitig an mehrere potenzielle Lieferanten Anfragen zu richten, um so die optimale Beschaffungsquelle zu ermitteln.

Eine spezielle Anfrage ist die **Ausschreibung (Invitation to Tender).** Mit einer Ausschreibung wird eine bestimmte Lieferantengruppe öffentlich aufgefordert, ein Lieferungs- und Leistungsangebot innerhalb einer bestimmten Frist abzugeben. Die Ausschreibungsbedingungen werden in einem Lastenheft festgelegt. Ein **Lastenheft** enthält in der Regel Angaben über die Ware oder Leistung, den Lieferort und Liefertermin sowie die Art und Höhe der Sicherungsleistungen, z.B. Lieferungs- und Gewährleistungsgarantien.

Beispiel: Internationale Ausschreibung der Handelsschule in Genf über 200 Schulstühle und 100 Schultische

International tätige Unternehmen können über Datenbanken internationale Ausschreibungen weltweit täglich abrufen.

Mit dieser besonderen Art der Anfrage will der Ausschreibende die Abgabe einer möglichst großen Anzahl von Angeboten erreichen, um somit eine große Auswahlmöglichkeit unter verschiedenen Lieferanten zu erhalten.

Beispiel: https://www.gtai.de/gtai-de/trade/ausschreibungen

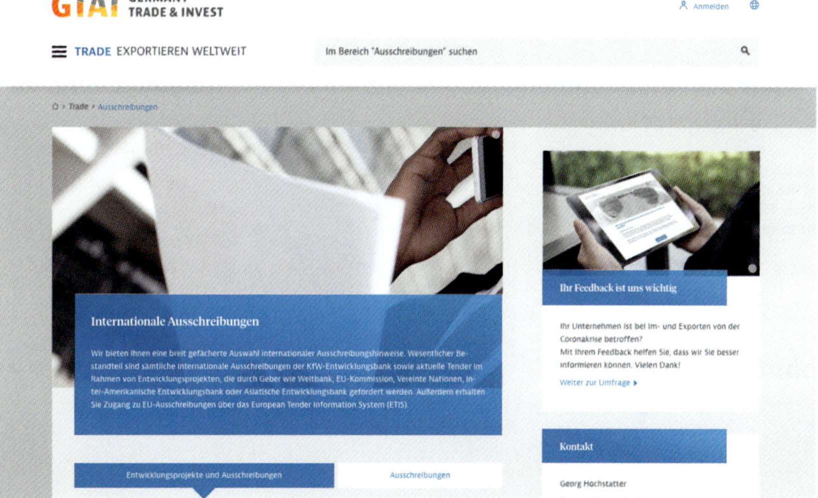

2.1.2 Angebot

Das **Angebot** ist eine **an eine bestimmte Person gerichtete Willenserklärung,** Waren und Dienstleistungen **zu den angegebenen Bedingungen** liefern zu wollen.

Zu diesen Bedingungen gehören Angaben über die Art, Beschaffenheit und Güte, die Menge, den Preis, die Lieferungs- und Zahlungsbedingungen, den Erfüllungsort und Gerichtsstand.

Anpreisungen von Waren oder Dienstleistungen, die nicht an eine bestimmte Person, sondern an die Allgemeinheit gerichtet sind, gelten nicht als Angebot im rechtlichen Sinn. Sie sollen lediglich die Kunden anregen, ihrerseits einen Kaufantrag abzugeben, der jedoch noch der Annahme durch den Verkäufer bedarf. Solche Anpreisungen finden sich beispielsweise in Zeitungsanzeigen, Prospekten, Katalogen, Plakaten, im Internet oder auch in Schaufensterauslagen. Daher hat der Kunde keinen Anspruch auf die Aushändigung des Ausstellungsstückes. Auch das Aufstellen von Waren im Selbstbedienungsladen gilt noch nicht als Angebot. Hier macht der Käufer durch das Vorzeigen der Ware an der Kasse einen Kaufantrag.

Die Aufstellung eines Automaten gilt als Angebot an jeden, der die richtige Münze einwirft; dabei wird vorausgesetzt, dass der Automat technisch funktioniert und der enthaltene Warenvorrat ausreicht.

Form des Angebots

Für das Angebot gelten keine Formvorschriften. Es kann abgegeben werden

a) **unter Anwesenden:** mündlich, schriftlich oder durch schlüssiges Handeln der Geschäftsinhaber, Verkäufer, Reisenden oder Vertreter;

b) **unter Abwesenden:** schriftlich durch Brief, mittels Telefax oder E-Mail und im Internet.

Mündliche oder telefonische Angebote werden häufig schriftlich bestätigt, damit Irrtümer durch Verhören, Versprechen und Übermittlungsfehler vermieden werden und bei Rechtsstreitigkeiten schriftliche Unterlagen vorhanden sind.

Beispiel: schriftliches Angebot

Reifen Roesch GmbH - Dortmunder Str. 61 - 59425 Unna

AZD Autozubehör Dortmund GmbH
Herr Fred Bruderek
Saarlandstr. 157
44139 Dortmund

Reifen Roesch GmbH
Großhandel
Reifen und Radzubehör

Angebot

Bei Zahlung angeben
Nummer :
Kunden-Nr. :
Datum : 23.03.20..
Unser Auftrag : A 721
Sachbearbeiter/in : Schmidt

Angebot

Artikel	Anzahl	Stückpreis (EUR)	Betrag (EUR)
1001 Felgenreinigungsspray	100	4,50	450,00
Warenwert			450,00
19 % Umsatzsteuer			85,50
Rechnungsbetrag			**535,50**

Mit freundlichen Grüßen

i. A. Schmidt

Es gelten unsere umseitigen Lieferungs- und Zahlungsbedingungen.

Reg. Gericht Dortmund HRB55876-G • Geschäftsführer: Jürgen Roesch, Marc Gröben   USt. IDNr. 31 68856 9564

Hausanschrift:
Dortmunder Str. 61 • 59425 Unna

Telefon:
02303 528619-0

Telefax:
02303 528619-11

Bank:
Dortmunder Volksbank IBAN: DE23 4416 0014 0753 6690 02 BIC: GENODEM1DOR
Stadtsparkasse Unna IBAN: DE38 4435 0060 0605 2220 01 BIC: WELADED1UNN

Rechtliche Wirkung des Angebots

Wer einer **bestimmten Person ein Angebot ohne Einschränkung** abgibt, ist **an dieses Angebot gebunden.**

Die Bindung an ein Angebot kann gesetzlich oder durch ausdrückliche Erklärung eingeschränkt werden.

▶ Einschränkungen der Bindung an das Angebot

BGB §§ 145 ff.

gesetzliche Bindungsfrist unter Anwesenden	gesetzliche Bindungsfrist unter Abwesenden	vertragliche Bindungsfrist	Freizeichnung
Das Angebot wird sofort mit der Abgabe wirksam und bindet den Anbietenden, solange die Unterredung dauert (§ 147 (1) BGB). Der zögernde und später wiederkehrende oder anrufende Kunde muss damit rechnen, dass der Gegenstand nicht mehr verfügbar oder nur zu anderen Bedingungen zu haben ist. **Beispiele:** Angebot – in einer Verkaufsstelle, – auf dem Markt, – durch das Telefon.	Das Angebot wird erst wirksam, wenn es dem Abwesenden zugeht, und bindet den Anbietenden nur so lange, bis der Eingang der Antwort unter regelmäßigen Umständen erwartet werden darf (Beförderungsdauer und Überlegungsfrist; §§ 147 (2), 130 BGB). **Beispiele:** – Brief (ca. 1 Woche), – Telefax (ca. 3 Tage), – E-Mail (am gleichen Tag).	Der Anbietende kann für die Annahme des Angebots eine Frist bestimmen (befristetes Angebot). Die Annahme kann nur innerhalb dieser Frist erfolgen. Die Bestellung muss bis zum angegebenen Zeitpunkt zugegangen sein (§ 148 BGB). **Beispiel:** gültig bis 25. Mai d. J.	Der Anbietende kann die Bindung an das Angebot durch Freizeichnungsklauseln einschränken oder ganz ausschließen (§ 145 BGB). **Beispiele:** – solange der Vorrat reicht = Menge unverbindlich, Preis verbindlich; – Preis freibleibend = Menge verbindlich, Preis unverbindlich; – freibleibend, unverbindlich = völlig unverbindlich.

▶ Erlöschen der Bindung an das Angebot

Die Bindung an das Angebot erlischt,

- wenn es vom Empfänger ausdrücklich oder stillschweigend abgelehnt, *§ 146*
- wenn es von ihm abgeändert, *§ 150 (2)*
- wenn es von ihm nicht rechtzeitig angenommen wird. *§ 146*

Auch wenn die Verspätung der Annahme durch unverschuldete Zwischenfälle (Verkehrsunfall, Störung der Nachrichtenübermittlung) verursacht wird, ist der Anbietende nicht mehr an sein Angebot gebunden. Musste er allerdings erkennen, dass die Verspätung durch den Postdienstleister verursacht wurde, so muss er den Besteller unverzüglich davon benachrichtigen, da dieser sonst mit der Lieferung rechnet. *§ 149*

▶ Widerruf des Angebots

Da ein Angebot erst wirksam wird, wenn es dem Empfänger zugegangen ist, kann es bis zum Eintreffen beim Kunden widerrufen werden. Der Widerruf muss möglichst vor, spätestens gleichzeitig mit dem Angebot beim Kunden eintreffen. Es empfiehlt sich also, ein briefliches Angebot mittels E-Mail, Telefon oder Telefax zu widerrufen.

Beurteilungskriterien für den Angebotsvergleich

Die Einkaufsabteilung hat in der Regel mehrere Angebote zur Auswahl. Der Einkäufer muss denjenigen Anbieter auswählen, bei dem die Ware bestellt werden soll. Diesem Ziel dient ein Angebotsvergleich. Dessen Ergebnisse können bei Bedarf durch klärende Rückfragen bei den Anbietern oder durch ergänzende Verhandlungen untermauert und verbessert werden.

2.1.3 Bestellung (Auftrag)

Die **Bestellung** ist die **Willenserklärung des Käufers,** eine bestimmte Ware oder Dienstleistung zu **kaufen.**

Zu diesen Bedingungen gehören, wie beim Angebot, Angaben über die Art, Beschaffenheit und Güte, die Menge, den Preis, die Lieferungs- und Zahlungsbedingungen, den Erfüllungsort und Gerichtsstand. Liegt der Bestellung ein ausführliches Angebot zugrunde, mit dessen Bedingungen der Käufer einverstanden ist, so genügt es, wenn er sich auf dieses bezieht.

Die Bestellung wird häufig auch **Auftrag** genannt.

Form der Bestellung

Die Bestellung ist an **keine besondere Form** gebunden. Schriftlich kann sie durch Postkarte, Brief, Telefax, online oder auf vorgedrucktem Bestellschein erfolgen.

Beispiel: schriftliche Bestellung

ROBERT BOSCH GMBH BOSCH

Bestellung

Bestell-Nr.: EKF2-ABC-355 472

Lieferer-Nr.: 66318

In allen Schriftstücken angeben.

Müller + Fischer GmbH
Siemensdamm 44
13629 Berlin

Nur für interne Bearbeitung beim Besteller

Konto
97/5001

Unsere Zeichen: EKF2
Bearbeiter: Schneider
Telefon (Durchwahl)
0711 811- 9999

Liefertermin: verbindlich bis spätestens 26. Juni 20..
Versandart: günstigste

Postfach 50, 70469 Stuttgart
23.03.20..

Zu unseren umstehenden Einkaufsbedingungen bestellen wir:

Preis pro Stück

3 Spannvorrichtungen SP 300

Ausführung wie in Ihrem Angebot
Nr. 19/01 vom 16. Januar 20.. beschrieben

1.735,00 EUR

./. 7,5% Sondernachlass
zzgl. USt.

Der verbindliche Liefertermin, der Festpreis und die Bezugsbedingungen wurden mit Herrn Fischer fernmündlich am 21. März 20.. vereinbart.

Preisstellung: frei unserem Werk, einschließlich Verpackung einschließlich Transportversicherung von Haus zu Haus
Zahlung: 20/3, 30/2, 60/-

Anlagen: 1 Zeichnung SP 300/A

Für die Annahme der Bestellung muss das anliegende Formular „Annahme der Bestellung" verwendet werden.

Versand an:

Robert Bosch GmbH
Werk Stuttgart-Feuerbach
Wareneingang 2
Wernerstr. 51
70469 Stuttgart

Adresse für Rechnungen:
Robert Bosch GmbH
Rechnungsprüfung – LFB
Postfach 50, 70008 Stuttgart

Adresse für Schriftverkehr und Versandanzeigen:
Robert Bosch GmbH, Zentraleinkauf
Postfach 50, 70008 Stuttgart

Jeder Sendung ist ein DIN-Lieferschein in dreifacher Ausfertigung beizufügen; eine Versandanzeige bitten wir am Abgangstag an unsere Adresse zu senden.

ROBERT BOSCH GMBH

Mündliche oder telefonische Bestellungen sollten schriftlich wiederholt werden, wenn die Gefahr eines Irrtums besteht und ein Beweismittel erwünscht ist.

Rechtliche Wirkung der Bestellung

Wie der Anbietende an sein Angebot, so ist der **Besteller an seine Bestellung gebunden.**

Die Bindung wird erst wirksam, wenn die Bestellung dem Empfänger zugegangen ist (empfangsbedürftige Willenserklärung). Ein Widerruf muss daher spätestens gleichzeitig mit der Bestellung beim Lieferanten eingehen.

Gibt der Besteller mit der Bestellung den Antrag (1. Willenserklärung) zum Abschluss eines Kaufvertrages ab, kann er für die Annahme der Bestellung eine Frist bestimmen **(befristeter Antrag).** Die Annahme kann dann nur innerhalb dieser Frist erfolgen. *BGB § 148*

Durch eine Bestellung (Auftrag), die auf ein verbindliches Angebot folgt, kommt ein Vertrag zustande.

2.1.4 Bestellungsannahme (Auftragsbestätigung)

Die **Bestellungsannahme** ist eine **Willenserklärung des Verkäufers,** mit der er sich bereit erklärt, die bestellte Ware oder Dienstleistung **zu den angegebenen Bedingungen zu liefern.**

Die Bestellungsannahme ist rechtlich erforderlich, sofern der Kaufvertrag nicht bereits durch Angebot und Bestellung zustande gekommen war, wenn also die Bestellung die 1. Willenserklärung (Antrag) ist.

Die Bestellungsannahme wird häufig auch **Auftragsbestätigung** genannt.

Form der Bestellungsannahme. Die Bestellungsannahme kann mündlich, schriftlich oder durch schlüssiges Handeln (Lieferung) erfolgen. Häufig ist sie mit Lieferschein und Rechnung verbunden.

Kaufmännisches Bestätigungsschreiben. Es ist üblich, auch einen bereits mündlich oder telefonisch vollzogenen Vertragsabschluss im unmittelbaren Anschluss daran **schriftlich zu bestätigen.**

Ein solches Bestätigungsschreiben hat Zusammenfassungs-, Festlegungs- und Beweisfunktion für den Inhalt des zuvor geschlossenen Vertrages. Widerspricht der Empfänger diesem Schreiben nicht unverzüglich nach Erhalt, gilt sein Inhalt als beweiskräftiger Vertragsinhalt.

▶ Aufgaben und Probleme

1. Beschreiben Sie die wirtschaftliche und die rechtliche Bedeutung einer Anfrage.
2. Nehmen Sie Stellung zu der Behauptung, durch die Anfrage eines Kunden und ein darauf folgendes Angebot kommt ein Kaufvertrag zustande.
3. Die Chemische Großhandels GmbH in Jena ermittelte einen größeren Bedarf an Propangas in Druckflaschen. Sie erkundigt sich bei der Hydrierwerk KG in Dresden nach den derzeitigen Preisen ab Werk und den Lieferungs- und Zahlungsbedingungen. Voraussichtliche Abnahme etwa 500 Flaschen verschiedener Größen im Monat. Die Zeit und der Umfang der benötigten Teilmengen ist noch unbestimmt. Die Abholung mit eigenem Lkw ist möglich. Entwerfen Sie den Text der Anfrage.

4. Warum kann das Anbieten von Waren durch eine Zeitungsanzeige kein Angebot im rechtlichen Sinne sein?
5. Warum gibt ein Kaufmann seinen Kunden häufig freibleibende Angebote ab?
6. Wie kann sich ein Lieferant verhalten, der kurz nach dem Versand seines brieflichen Angebotes erfährt, dass der Preis für die angebotene Ware gestiegen ist?
7. Karl Lang e.K., Mainz, macht dem Einzelhändler Fritz Kaiser e.K., Kassel, ein schriftliches Angebot von Flaschenwein zu 6,00 EUR für 1 Flasche, bei Abnahme von mindestens 100 Flaschen zu 5,60 EUR. Der Brief wird am 20. Mai zur Post gegeben.
   a) Kaiser antwortet auf das Angebot überhaupt nicht. Welche rechtliche Wirkung ergibt sich daraus?
   b) Da am 30. Mai keine Bestellung vorliegt, verkauft Lang die Ware anderweitig. Am 31. Mai trifft von Kaiser eine Bestellung ein. Wie ist die Rechtslage?
   c) Aus dem Poststempel und dem Briefdatum ergibt sich, dass Kaiser seinen Bestellbrief am 23. Mai abends zur Post gegeben hat. Die Zustellung ist offensichtlich durch die Post verzögert worden. Wie kann sich Lang verhalten?
   d) Am 22. Mai bestellt Kaiser 40 Flaschen Wein zu 5,60 EUR für 1 Flasche. Wie kann sich Lang dazu verhalten?
   e) Lang, dessen Angebot am 20. Mai verschickt wurde, könnte noch am selben Tag die Ware zu einem höheren Preis an einen anderen Kunden verkaufen. Was kann er unternehmen?
8. Die Schäfer KG, Kleidergroßhandel, Zwickau, unterbreitet dem Bekleidungshaus Wilhelm Kaufmann e.K., Chemnitz, auf die vorausgegangene Anfrage vom ... ein Angebot nach beiliegendem Musterbuch und Preisliste. Die Preise verstehen sich ab Werk einschließlich Verpackung, die Lieferung ist innerhalb 6 Wochen nach Auftragseingang möglich. Zahlung 2 Monate nach Rechnungserteilung ohne Abzug, innerhalb 14 Tagen mit 3 % Skonto. Eine Auswahl von Stoffproben liegt bei.

   Verfassen Sie das Angebotsschreiben. Weisen Sie dabei besonders auf die Güte der Stoffe und der Verarbeitung hin.
9. Aus welchen Gründen und unter welchen Voraussetzungen kann der Lieferant eine Bestellung ablehnen?
10. Was kann einen Kunden veranlassen, seine Bestellung zu widerrufen?

2.2 Abschluss von Kaufverträgen

2.2.1 Zustandekommen von Kaufverträgen

Der Kaufvertrag dient dem Austausch von Waren und Dienstleistungen zwischen Verkäufer und Käufer. Wie alle Verträge kommt er durch **übereinstimmende Willenserklärungen der Vertragspartner** zustande.

Jeder **Vertrag** kommt zustande durch die **Übereinstimmung** von **Antrag** und **Annahme.**

Da der Antrag sowohl vom Verkäufer als auch vom Käufer ausgehen kann, gilt:

Der Kaufvertrag kommt zustande durch
1. Angebot des Verkäufers und **2. Bestellung des Käufers**
oder durch
1. Bestellung des Käufers und **2. Bestellungsannahme des Verkäufers**

Es ergeben sich somit für den **Abschluss eines Kaufvertrages** folgende Möglichkeiten (Fälle):

Fall a)
1. Angebot
Vertrag
Verkäufer
Käufer
2. Bestellung

a) **Der Verkäufer macht ein verbindliches Angebot, der Käufer bestellt** rechtzeitig und ohne Änderungen. Damit ist der Kaufvertrag zustande gekommen.

b) **Der Verkäufer macht ein Angebot, der Käufer bestellt zu spät** oder **mit Abänderungen** (Erweiterungen oder Einschränkungen). Die verspätete Annahme eines Antrages und/oder eine Annahme mit Änderungen gelten als neuer Antrag. Der Kaufvertrag kommt erst durch die Annahme des neuen Antrages zustande (schriftliche Bestätigung oder sofortige Lieferung).

Besonders bei großen und bedeutsamen Kaufabschlüssen sind oft längere Verhandlungen nötig. Dann ist der Vertrag erst abgeschlossen, wenn sich die Parteien über alle Punkte geeinigt haben.

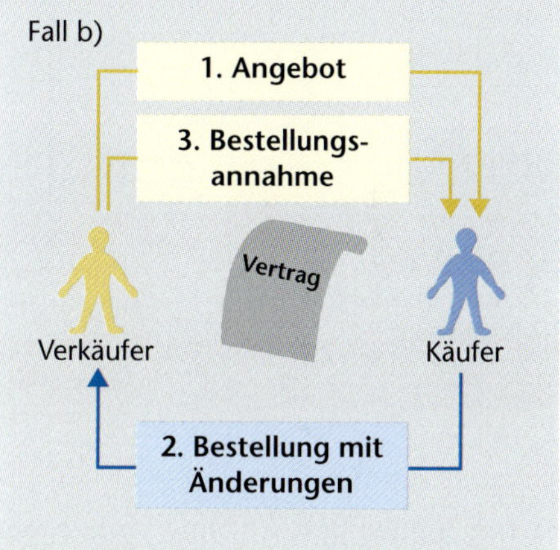

c) **Der Verkäufer macht ein freibleibendes Angebot, der Käufer bestellt.** Der Vertrag kommt zustande, wenn der Lieferant den Auftrag bestätigt oder die Ware sofort ausliefert.

d) **Der Verkäufer sendet unbestellte Ware zu.** Die Warensendung stellt nur ein Angebot dar. Der Vertrag kommt zustande, wenn der Empfänger den Kaufpreis bezahlt, die Ware in Gebrauch nimmt oder erklärt, dass er die Ware annehme.

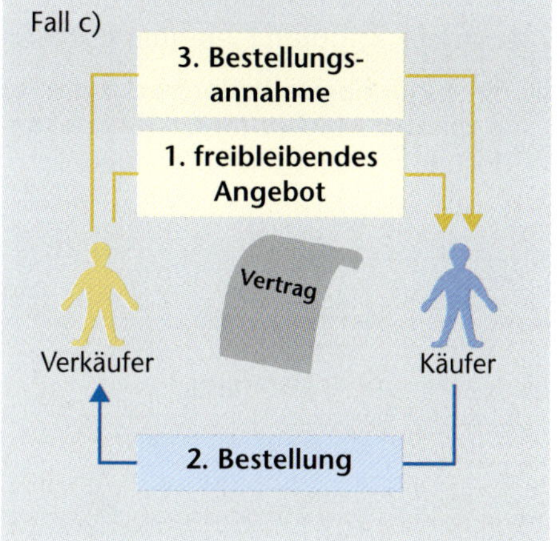

Ist der Empfänger ein Kaufmann mit bereits bestehender Geschäftsverbindung, so gilt sein Stillschweigen als Annahme des Angebots, sofern die Zusendung unbestellter Ware üblich ist. Nimmt er das Angebot nicht an, so ist er verpflichtet, unverzüglich zu antworten, die Ware aufzubewahren und sie später zurückzusenden. *HGB § 346*

Ist der Empfänger ein Kaufmann ohne bisherige Geschäftsverbindung, dann gilt sein Stillschweigen als Ablehnung. Er ist zur Aufbewahrung, aber nicht zur Rücksendung oder Bezahlung verpflichtet, auch dann nicht, wenn der Lieferant schreibt: »Wenn die Rücksendung nicht bis … erfolgt, wird der Rechnungsbetrag durch Nachnahme erhoben.«

Liefert ein Unternehmer einem Verbraucher unbestellte Waren oder erbringt er unbestellte sonstige Leistungen, entsteht keine Verpflichtung. Der Verbraucher muss die Ware weder aufbewahren, noch bezahlen oder zurücksenden. *BGB § 241a*

Fall d)

Zusendung unbestellter Waren an

Empfänger:	**Kaufmann** mit bereits bestehender Geschäftsverbindung (übliche Lieferung)	**Kaufmann** ohne bisherige Geschäftsverbindung	**Verbraucher**
Wirkung bei Stillschweigen:	Annahme	Ablehnung	Ablehnung
Pflichten des Empfängers bei Ablehnung:	Mitteilung, Aufbewahrung, später Rücksendung	Aufbewahrung, keine Rücksendung	keine Aufbewahrung, keine Rücksendung

e) Der Käufer bestellt ohne vorhergehendes Angebot, der Verkäufer nimmt die Bestellung an. Der Vertrag kommt mit der Annahme der Bestellung zustande, und zwar

- durch Bestätigung der Bestellung oder
- durch sofortige Lieferung der Ware (schlüssiges Handeln).

f) Der Käufer bestellt, der Verkäufer lehnt die Bestellung ab. Unter Umständen verknüpft er mit der Ablehnung ein Gegenangebot. Der Kaufvertrag kommt erst durch die neue Bestellung des Kunden zustande.

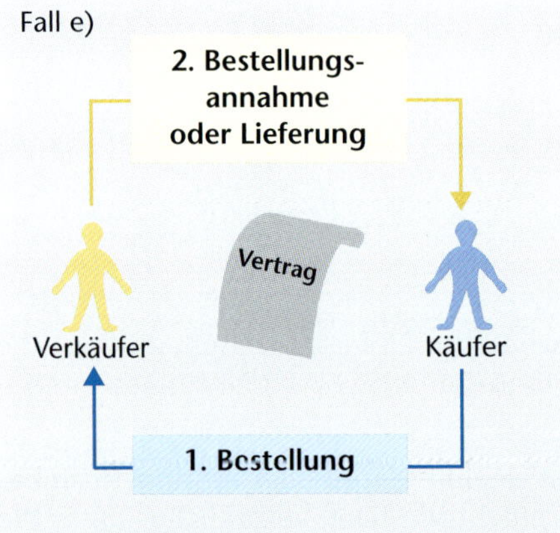

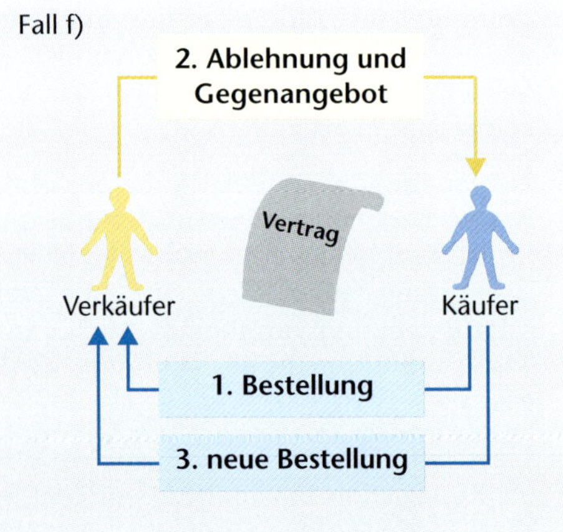

Partner des Kaufvertrages

Die Partner des Kaufvertrages sind der Käufer und der Verkäufer. Sie können ihrer rechtlichen Stellung nach **Unternehmer (Kaufmann)** oder **Verbraucher** sein.

Unter einem **Verbraucher** versteht man hierbei eine natürliche Person, die ein Rechtsgeschäft für private Zwecke abschließt. Demgegenüber versteht man unter einem **Unternehmer** eine natürliche oder juristische Person, die beim Abschluss eines Rechtsgeschäftes selbstständig beruflich tätig handelt. *BGB § 13 § 14*

Nach der **rechtlichen Stellung** des Vertragspartners und dem **Zweck des Vertragsabschlusses** sind demnach zu unterscheiden:

Der Verkäufer ist / Der Käufer ist	ein Unternehmer (Kaufmann)	ein Verbraucher
ein Verbraucher	Verbrauchsgüterkauf (einseitiger Handelskauf)	bürgerlicher Kauf (Privatkauf)
ein Unternehmer (Kaufmann)	zweiseitiger Handelskauf	sonstiger einseitiger Handelskauf

In allen Fällen gelten die allgemeinen Regelungen des BGB. Spezielle Vorschriften gibt es für den Verbrauchsgüterkauf und den zweiseitigen Handelskauf, sowie für Kaufverträge über gebrauchte Sachen.

Pflichten der Vertragspartner

Die Abgabe eines Antrages und dessen Annahme sind für den Käufer und den Verkäufer freiwillig. Durch den Abschluss des Vertrages aber werden beide Teile verpflichtet, den Vertrag zu erfüllen. Der Kaufvertrag ist ein **verpflichtendes Rechtsgeschäft.** *§ 241*

§ 433

Der Verkäufer ist verpflichtet,
1. dem Käufer den Kaufgegenstand mangelfrei und rechtzeitig zu übergeben,
2. dem Käufer das Eigentum daran zu verschaffen,
3. den Kaufpreis anzunehmen.

Der Käufer ist verpflichtet,
1. den vereinbarten Kaufpreis rechtzeitig zu zahlen,
2. den Kaufgegenstand anzunehmen.

2.2.2 Erfüllung von Kaufverträgen

Das durch den Abschluss des Kaufvertrages **(Verpflichtungsgeschäft)** entstandene Schuldverhältnis **erlischt,** wenn die **geschuldeten Leistungen** an den Gläubiger **erfüllt** sind **(Erfüllungsgeschäft),** d.h., wenn *§ 362*

- der **Verkäufer** den Besitz und das Eigentum am Kaufgegenstand auf den Käufer übertragen und das Entgelt angenommen,
- der **Käufer** den Kaufgegenstand angenommen und das Entgelt bezahlt hat.

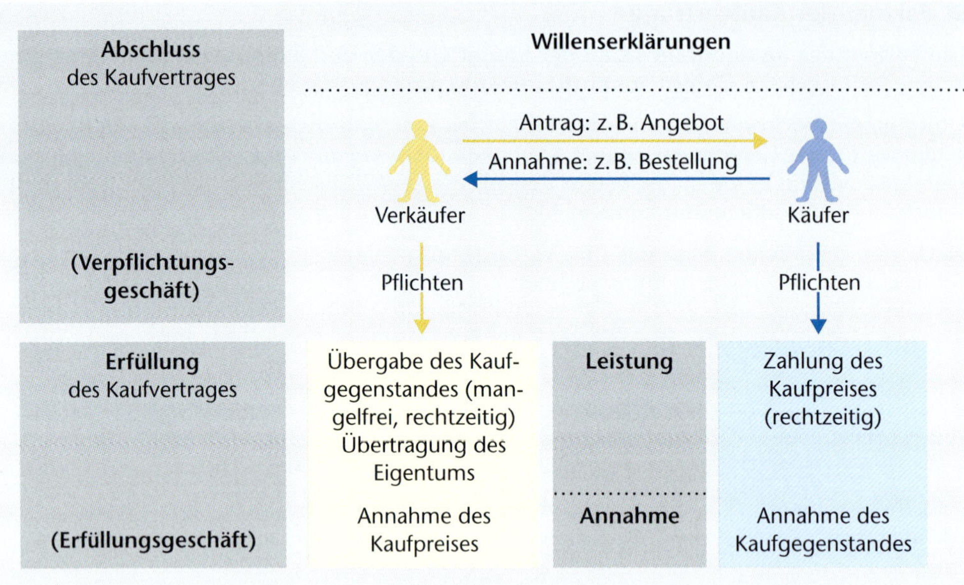

Beispiel: Der Versicherungskaufmann Müller e.K. beschließt, ein Auto zu kaufen.

Vorgang	Bezeichnung	rechtliche Bedeutung	
Herr Müller erkundigt sich bei verschiedenen Autohändlern nach Preisen, Ausführungen, Bedingungen.	**Anfrage**	keine	
Die Autohändler teilen Herrn Müller Preise, Ausführungen, Bedingungen usw. mit.	**Angebot**	Antrag	**Verpflichtungs-geschäft**
		Vertrags-abschluss	
Herr Müller erteilt an das Autohaus Kirchbauer KG den Auftrag, den gewünschten Pkw so bald wie möglich zu liefern.	**Bestellung**	Annahme	
Das Autohaus Kirchbauer KG schickt Herrn Müller die Auftragsbestätigung über die Autobestellung.	**Bestellungs-annahme**	In diesem Fall keine rechtliche Bedeutung	
Nach 8 Wochen wird das Auto durch die Kirchbauer KG an Herrn Müller ausgeliefert.	**Übergabe** des Kaufgegenstandes	**Vertragserfüllung** durch Verkäufer	**Erfüllungsgeschäfte**
Gleichzeitig wird Herrn Müller der Fahrzeugbrief übergeben.	**Übereignung/ Übertragung des Eigentums**		
Herr Müller nimmt den Pkw und den Fahrzeugbrief gegen Unterschrift entgegen.	**Annahme** des Kaufgegenstandes	**Vertragserfüllung** durch Käufer	
Am folgenden Tag überweist Herr Müller den Rechnungsbetrag an die Kirchbauer KG.	**Zahlung** des Kaufpreises		

Erfüllungsweise

Maßgebend für die Art und Weise, wie der Vertrag zu erfüllen ist, sind die vertraglichen Abmachungen. Ist jedoch der Inhalt der Willenserklärung nicht eindeutig und klar, gelten folgende Auslegungsgrundsätze:

a) Alle Verträge sind so auszulegen und zu erfüllen, wie Treu und Glauben mit Rücksicht auf die Verkehrssitte es erfordern. Es kommt dabei nicht auf den Buchstaben, sondern auf den Sinn der Willenserklärungen an, wie er den Interessen beider Vertragspartner gerecht wird. *BGB § 157 § 242 § 133*

b) Bei zweiseitigen Handelsgeschäften haben die Kaufleute auf die im Handelsverkehr geltenden Gewohnheiten und Gebräuche Rücksicht zu nehmen. Handelsbräuche stellen die im geschäftlichen Verkehr übliche Handlungsweise dar. *HGB § 346*

Beispiele:

1. Im **Holzhandel** gelten die »Tegernseer Gebräuche«. Danach berechtigen Zusätze zu Mengenbezeichnungen wie »etwa« zu Lieferungen von 10% mehr oder weniger als die vertraglich vereinbarte Menge. Als »Wagenladung« Schnittholz gelten mindestens 20 t, höchstens 25 t. Besondere Vorschriften betreffen die Holzfeuchte, die Astreinheit, Abmessungen und die Qualität je nach Holzart.
2. Im **Weinhandel** ist nicht nur für die Lieferung, sondern auch für die Zahlung der Wohnsitz des Verkäufers Erfüllungsort.

Haftung für Verschulden

Grundsätzlich hat ein Schuldner eigenes Verschulden sowie das seines gesetzlichen Vertreters und seiner Erfüllungsgehilfen zu vertreten. **Verschulden** kann in Fahrlässigkeit oder Vorsatz bestehen. *BGB § 276*

1. **Fahrlässig** handelt, wer die im Verkehr erforderliche Sorgfalt außer Acht lässt.
2. **Vorsätzlich** handelt, wer sich der Rechtswidrigkeit seines Handelns bewusst ist und den Eintritt irgendeines Schadens voraussehen kann.

Beispiel: Ein Hersteller kann nicht pünktlich liefern, da die Lagerhalle durch ein Feuer zerstört wurde.
Die Schadensursache kann sein:
1. Ein Angestellter drückte eine Zigarette unabsichtlich nicht vollständig aus (Fahrlässigkeit).
2. Ein Angestellter legte absichtlich Feuer (Vorsatz).

2.2.3 Inhalt von Kaufverträgen

Der Kaufvertrag enthält Abmachungen über
- die Art, Beschaffenheit und Güte der Ware,
- die Menge der Ware,
- den Preis der Ware,
- die Verpackung der Ware,
- den Versand der Ware,
- die Lieferzeit,
- die Zahlungsbedingungen,
- den Erfüllungsort und Gerichtsstand,
- den Eigentumsvorbehalt,
- die Allgemeinen Geschäftsbedingungen (AGB).

Fehlen solche Vereinbarungen, so treten an ihre Stelle die jeweiligen gesetzlichen Bestimmungen des BGB bzw. des HGB.

Art, Beschaffenheit und Güte der Ware

Die **Art** des Kaufgegenstandes ist durch seinen handelsüblichen Namen gekennzeichnet.

Die **Beschaffenheit** und **Güte** können festgelegt werden durch:

a) **Augenschein (Besicht).** Diese Möglichkeit der Qualitätsfestlegung bietet sich vor allem im Ladengeschäft, auf Messen und bei Vertreterbesuchen.

b) **Muster und Proben** bei Gattungswaren; sie können sein:
   - Qualitätsmuster bei Stoffen, Tapeten, Leder, Getreide, Baumwolle,
   - Formmuster oder Modelle bei Kleidung und Wäsche, Spielzeug, Sanitäreinrichtungsgegenständen, Möbel, Baustoffen,
   - Proben bei Lebens- und Genussmitteln, Wein, Spirituosen, kosmetischen Artikeln, Waschmitteln.

c) **Abbildungen und Beschreibungen in Prospekten und Katalogen;** sie erläutern das Design und die Beschaffenheit z. B. bei Maschinen und Werkzeugen, DVD-Geräten, Computern, Kopiergeräten, Lederwaren und Konfektionskleidung. Häufig wird die Warenqualität mit einer Katalog- oder Bestellnummer gekennzeichnet.

d) **Herstellermarken und Typenbezeichnungen.** Sie gewährleisten, dass die Ware von einem bestimmten Unternehmen stammt und eine gleichbleibende oder verbesserte Qualität aufweist.

Marke	Typenbezeichnung
Dallmayr Kaffee	Prodomo gemahlen vakuumverpackt
Bosch Kettensäge	AKE 35 S
Samsung	Galaxy S20
Reebok	Bestell-Nr. 853 134 30
Europa-Lehrmittel	Allgemeine Wirtschaftslehre – Wirtschafts- und Sozialkunde, Europa-Nr. 73426

e) **Gütezeichen** werden entweder von **Herstellern gleichartiger** Erzeugnisse aufgrund freiwilliger Vereinbarung gemeinschaftlich geschaffen (Kollektivmarken) oder vom Gesetzgeber festgelegt (gesetzliche Gütezeichen). Sie sind ein **Garantieausweis** für eine bestimmte **Warengüte** und werden von RAL Deutsches Institut für Gütersicherung und Kennzeichnung e.V. überwacht. Waren, die ein solches Gütezeichen tragen, müssen aus genau festgelegten Werkstoffen bestehen und nach bestimmten Arbeitsmethoden hergestellt oder behandelt worden sein.

Inzwischen gibt es eine Vielzahl von **Umweltsiegeln** (Umweltzeichen, Umweltlabel). Diese erfüllen teilweise umfangreiche Gütekriterien und garantieren damit dem Ge- oder Verbraucher einen hohen **Umweltstandard.**

Kollektivmarken unterscheiden sich von **Individualmarken** dadurch, dass der Markeninhaber ein rechtsfähiger Verband ist. *MarkenG §§ 97 ff.*

Beispiele: Kollektivmarke »V« der europäischen Vegetarier-Union, Kollektivmarke NARVA des Warenzeichenverbandes der ostdeutschen Lichtquellenindustrie

f) **Güteklassen** werden von Handelsorganisationen (Fachverbänden, Börse) oder vom Staat oder von der EU festgelegt. Sie bezeichnen die zu Handelsklassen, Typen oder Standards zusammengefassten Qualitäten einer Ware.

Von **Handelsklassen** spricht man vor allem bei landwirtschaftlichen Erzeugnissen wie Butter, Milch, Käse, Eiern, Kartoffeln, Vieh.

Typen sind Güteklassen von industriellen Erzeugnissen, z. B. Kraftfahrzeugtypen, Mehltypen.

Beispiel: Mehltype 550 bedeutet, dass der Mineralstoffgehalt bei 550 mg pro 100 g Mehl liegt. Je höher der Mineralstoffgehalt, desto dunkler ist das Mehl.

Standards sind Qualitätstypen, die besonders für im Börsengeschäft gehandelte Waren festgesetzt werden, sodass es sich erübrigt, den Käufern Warenproben zu übergeben. Da die Qualitäten bei jeder Ernte verschieden ausfallen, werden sie jedes Jahr neu aufgestellt. Standards gibt es für Baumwolle, Kaffee, Zucker, Getreide, Kautschuk.

g) **Herkunft der Waren** (Provenienz); sie wird bezeichnet durch das Anbaugebiet, z. B. bei Wein, Südfrüchten, Getreide, Baumwolle, Kaffee, oder durch den Verschiffungshafen, z. B. bei Santoskaffee.

h) **Jahrgang** bei den von der Witterung abhängigen Gewächsen, z. B. Wein.

i) **Gehalt.** Er gibt die Teile Alkohol in Spirituosen, Fett in Käse, Edelmetall in Legierungen an.

j) **Qualitätsgewicht.** Es gibt bei Getreide an, wie viel kg ein hl oder wie viel lbs ein bushel wiegen.

k) **Farbe.** Sie spielt bei Rohbaumwolle (weiß, farbig, gelb, gefleckt, fleckig), bei Stoffen, Porzellan, Papier, Fahrrädern und Autos eine Rolle.

Gesetzliche Regelung. Wird eine nur der Gattung nach bestimmte Ware geschuldet, so ist Ware mittlerer Art und Güte zu liefern. *BGB § 243 (1) HGB § 360*

Menge der Ware

Sie kann angegeben sein

- in metrischen (gesetzlichen) Maßeinheiten: m, m², m³, g, kg, l, hl;
- in handelsüblichen Bezeichnungen: Stück, Dutzend, Sack, Pack, Kiste, Ballen, Palette, Wagenladung.

Preis der Ware

Bei den **Preisangaben** in Kaufverträgen sind zu unterscheiden:

- **Nettopreise.** Der Anbieter erlaubt keinerlei Preisabzüge. Die Vertragsklauseln lauten z.B. »Zahlbar netto Kasse« oder »Zahlbar ohne jeden Abzug«.
- **Bruttopreise.** Der Anbieter erlaubt, dass vom Rechnungsbetrag je nach der vertraglichen Vereinbarung prozentuale Abzüge vorgenommen werden.

Folgende Preisminderungen sind möglich:

a) **Rabatt.** Dies ist eine Preisvergünstigung, die aus verschiedenen Anlässen ohne Rücksicht auf den Zeitpunkt der Zahlung eingeräumt wird.

- **Mengenrabatt** wird Großabnehmern gewährt.
- **Treuerabatt** erhalten langjährige treue Kunden.
- **Wiederverkäuferrabatt** gewähren die Hersteller von Markenwaren, z.B. Elektrogeräten, Tabakwaren, Büchern. Die Ware wird zum empfohlenen Ladenpreis berechnet, von dem der Wiederverkäufer aber einen hohen Prozentsatz (20–50 %) abziehen darf.
- **Sonderrabatt** wird bei besonderen Anlässen eingeräumt, z.B. bei Jubiläums-, Sommer- und Winterschlussverkäufen und beim Ausverkauf wegen Geschäftsaufgabe.
- **Personalrabatt** erhalten die Mitarbeiter des Unternehmens.

b) **Bonus** ist eine Sondervergünstigung, die nachträglich gewährt wird, z.B. wenn der Jahresumsatz mit dem Abnehmer einen bestimmten Betrag überschreitet.

c) **Skonto.** Dies ist eine Preisvergünstigung, die bei Zahlung innerhalb einer vereinbarten Frist eingeräumt wird. Skonto soll zu vorzeitiger Zahlung ermuntern.

Beispiel: Ziel 2 Monate, »bei Zahlung innerhalb von 10 Tagen 2% Skonto.«

Verpackung der Ware

Ein vereinbarter Preis kann sich beziehen auf das		
Reingewicht einschließlich Verpackung.	**Reingewicht ausschließlich Verpackung.**	**Rohgewicht einschließlich Verpackung** (brutto für netto).
Der Preis wird vom Reingewicht berechnet, die Verpackungskosten sind im Preis inbegriffen. Die Verpackung geht in das Eigentum des Käufers über.	Der Preis wird vom Reingewicht berechnet. Die Verpackung bleibt meist Eigentum des Verkäufers.	Der Preis wird vom Rohgewicht berechnet. Das Verpackungsgewicht wird wie das Warengewicht behandelt.

Das Gewicht der Transportverpackung heißt **Tara** (Verpackungsgewicht).

Sie wird berechnet als

- **wirkliche Tara** (Effektivtara), wenn in jedem einzelnen Fall das tatsächliche Gewicht der Verpackung genau ermittelt und bei der Berechnung des Warenpreises abgezogen wird;
- **Durchschnittstara,** wenn aus einer kleineren Anzahl von Behältnissen das Durchschnittsgewicht ermittelt und für die gesamte Verpackungsmenge gerechnet wird;
- **handelsübliche Tara** (Usotara), wenn aus der durch lange Zeit hindurch verwendeten üblichen Verpackung ein »handelsüblicher« Satz ermittelt wird;
- **Zolltara** ist das Gewicht der Verpackung, das die Zollbehörde bei der Berechnung des Zollgewichtes vom Bruttogewicht abzieht.

VerpackG § 3

Arten der Verpackung			
Verpackungsarten	**Transportverpackung** § 3 (1) Z. 3	**Verkaufsverpackung** § 3 (1) Z. 1	**Umverpackung** § 3 (1) Z. 2
Verwendungszweck	Auf dem Weg **vom Hersteller zum Handel** – zur Erleichterung des Warentransportes, – zum Schutz der Ware vor Transportschäden oder – zur Sicherheit des Transportes.	Serviceverpackung für den **Endverbraucher** – als Verkaufseinheit, – zur Übergabe der Ware, – als Werbeträger.	**Zusätzliche Verpackungen** zur Verkaufsverpackung – zur Warenabgabe durch Selbstbedienung, – zum Diebstahlschutz, – überwiegend zur Werbung.
Verpackungsform	Kartons, Kisten, Paletten, Container, Fässer, Säcke, geschäumte Schalen, Schrumpffolien.	Tube für Zahncreme, Schachtel und Blister bei Pralinen, Dose für Getränke, Flaschen für Getränke oder Parfüme.	Schachtel um Zahncremetube, Geschenkpapier um Pralinenverpackung, Schweißfolie um mehrere Dosen, Kiste oder Schachtel um Getränke- oder Parfümflasche.
Entsorgung	Zum Schutze der Umwelt sind Hersteller und Vertreiber grundsätzlich zur Rücknahme und zur Wiederverwendung oder zur stofflichen Verwertung verpflichtet.		
Verpackungskosten	– Meist vom Hersteller von den Herstellungskosten getrennt erfasst. Vertragliche Kostenübernahme durch Käufer oder Verkäufer. Häufig gegen Pfandgebühr geliehen oder zu Selbstkosten übereignet.	Meist im Kaufpreis inbegriffen, da der Verpackungsvorgang eng mit der Fertigung verbunden ist. – Mehrwegverpackung häufig gegen Pfandgebühr geliehen oder zu Selbstkosten übereignet.	– Beutel und Tragetaschen häufig dem Endverbraucher in Rechnung gestellt. – Kostenersparnis durch den Verzicht auf Umverpackung.
	– Die Vertragsklausel »brutto für netto« drückt aus, dass der Kaufpreis vom Bruttogewicht der Sendung, also ohne Abzug des Verpackungsgewichtes (der Tara), zu berechnen ist und die Verpackung damit ebenfalls dem Käufer überlassen wird.		

Gesetzliche Regelung. Die Verpackungskosten sind Kosten der Abnahme. Sie sind vom Käufer zu tragen. BGB § 448

Ist der Kaufpreis nach dem Gewicht der Ware zu berechnen, so ist das Verpackungsgewicht abzuziehen. HGB § 380

Versand der Ware

a) Versandart. Die Ware kann persönlich, durch Boten, mit eigenem Fahrzeug oder durch Vermittlung eines Transportunternehmens überbracht oder abgeholt werden.

b) Versandkosten. An Versandkosten entstehen Fracht, Wiegegebühren und Umschlagkosten. Aus den Lieferungsbedingungen geht hervor, wer diese Kosten zu tragen hat.

Es kann vereinbart werden:	Lieferungsbedingung
1. Der **Käufer** trägt alle Versandkosten:	ab Werk, ab Lager
2. Der **Verkäufer** trägt alle Versandkosten:	frei Haus, frei Lager, frei Werk

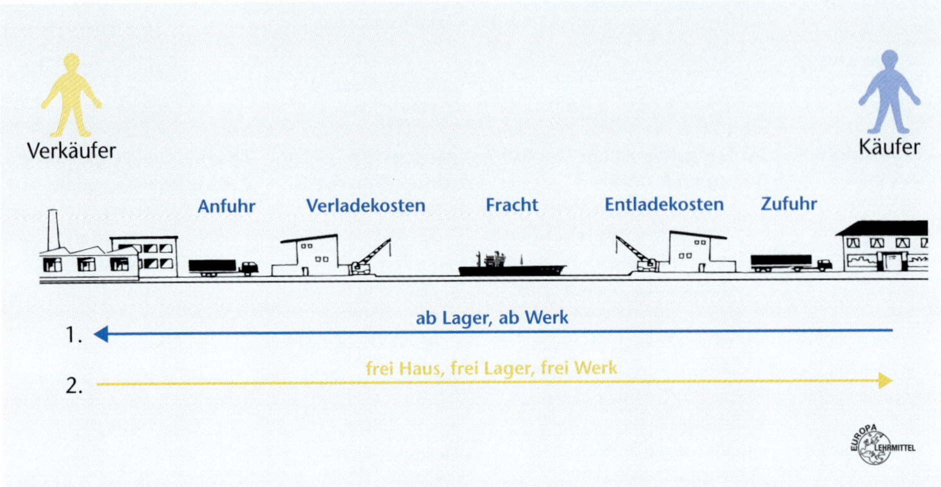

Üblicherweise vereinbaren die Kaufvertragsparteien, wer die Versandkosten übernimmt.

BGB § 448 **Gesetzliche Regelung:** Ist nichts vereinbart und besteht kein besonderer Handelsbrauch, so sind

- die **Kosten der Übergabe,** insbesondere die Kosten des Messens und Wiegens, vom Verkäufer,
- die **Kosten der Abnahme und der Versendung** nach einem anderen Ort als dem Erfüllungsort vom Käufer zu tragen.

Lieferzeit

Für die Lieferung kann ein Termin oder eine Frist gesetzt werden. Diese können sich aus einer vertraglichen Regelung ergeben oder durch stillschweigende Übernahme der bisher üblichen Gepflogenheit. Möglicherweise lassen sie sich auch aus den Umständen der Lieferung entnehmen, z.B. bei der Lieferung von Anzeigen zum Geschäftsjubiläum oder Saisonartikeln.

§ 271 **Gesetzliche Regelung.** Ist eine Zeit für die Lieferung weder bestimmt noch aus den Umständen zu entnehmen, so kann der Lieferant sofort liefern, der Käufer sofortige Lieferung verlangen.

Zahlungsbedingungen

Sie bestimmen die Art und Weise sowie die Kosten und den Zeitpunkt der Zahlung.

a) Art und Weise der Zahlung. Im Kaufvertrag kann bare, halbbare, bargeldlose Zahlung oder Wechselzahlung vereinbart werden. Zahlungen können vereinbarungsgemäß in einem Betrag oder in Raten geleistet werden.

Für die **rechtzeitige Bezahlung** einer **Geldforderung** kommt es nicht auf die Rechtzeitigkeit der Zahlung, sondern auf die **Rechtzeitigkeit des Geldeingangs** beim Gläubiger an. Dies ergibt sich aus der EU-Zahlungsverzugsrichtlinie. Allerdings haftet ein Schuldner, der die Überweisung rechtzeitig veranlasst hat, nicht für mögliche Verzögerungen im Bankenverkehr.

§ 270 **b) Kosten der Zahlung.** Die Kosten der Zahlung der Kaufsumme hat der Schuldner zu tragen. Er darf sie daher nicht vom Rechnungsbetrag abziehen.

c) Zeitpunkt der Zahlung. Die Zahlung kann erfolgen:

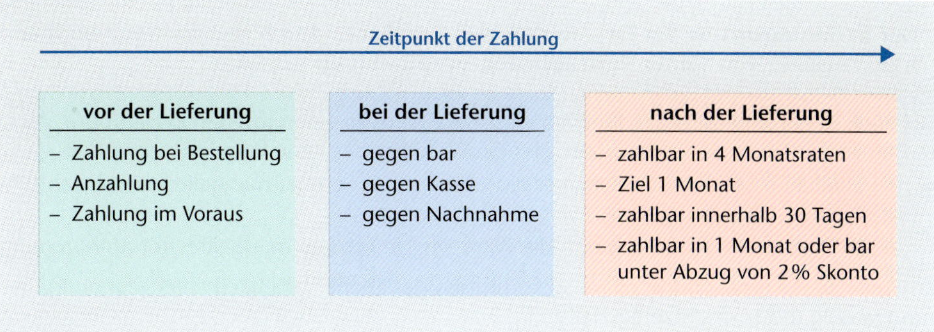

Gesetzliche Regelung: Ist über den Zeitpunkt der Zahlung nichts vereinbart und auch aus den Umständen nichts zu entnehmen, so kann der Verkäufer die sofortige Zahlung verlangen, der Käufer sie sofort bewirken. *BGB § 271*

Ist der Leistungstag ein Samstag, Sonntag oder gesetzlicher Feiertag, so braucht der Schuldner erst am nächsten Werktag zu leisten. *§ 193*

Erfüllungsort

Der **Erfüllungsort** ist der Ort, an dem der **Schuldner** seine **Leistung zu bewirken** hat.

▶ Arten des Erfüllungsortes

a) Der vertragliche Erfüllungsort wird von Verkäufer und Käufer vereinbart. Eine solche Vereinbarung kommt zustande, wenn die in einem Angebot, einem Bestellschein oder in einem Bestätigungsbrief aufgenommenen Klauseln über den Erfüllungsort angenommen werden oder unwidersprochen bleiben. Die Aufnahme einer Klausel in einer Rechnung genügt nicht.

Beispiel: Der Verkäufer in Düsseldorf und der Käufer in Stuttgart vereinbaren »Erfüllungsort für beide Teile Düsseldorf«.

b) Der gesetzliche Erfüllungsort ist der Wohnsitz bzw. die gewerbliche Niederlassung des **Schuldners** im Zeitpunkt des Vertragsabschlusses. Er gilt dann, wenn ein Ort für die Leistung weder vereinbart noch aus den Umständen zu entnehmen ist. *§ 269*

Gesetzlicher Erfüllungsort für die **Lieferung** der Leistung ist also der **Wohn- oder Geschäftssitz des Verkäufers** (der Verkäufer schuldet die Leistung).

Gesetzlicher Erfüllungsort für die **Zahlung** des Kaufpreises ist der **Wohn- oder Geschäftssitz des Käufers** (der Käufer schuldet das Geld).

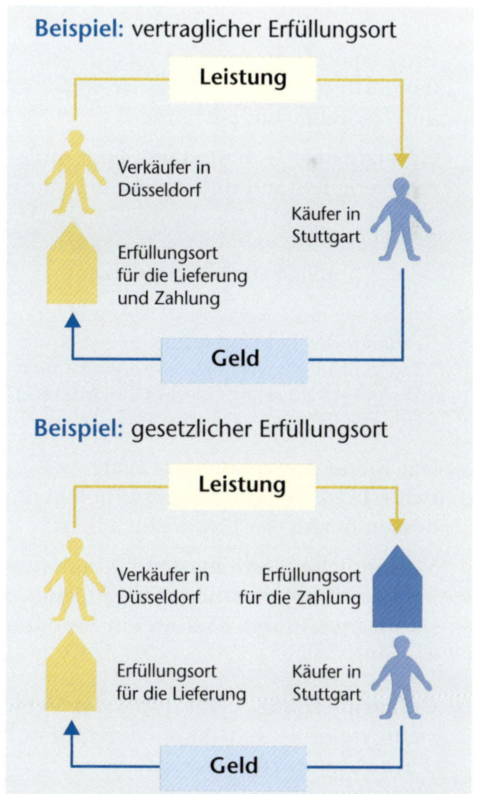

▶ Bedeutung des Erfüllungsortes

Der **Erfüllungsort** ist der Ort, an dem der **Schuldner** durch rechtzeitige und mangelfreie Leistung **von seiner vertraglichen Verpflichtung** frei wird.

Beispiel: Ein Großhändler in München versendet Ware an einen Kunden in Hamburg. Als Liefertermin ist der 15. Februar vereinbart. Der Großhändler hat seine Verpflichtung erfüllt
- bei Erfüllungsort München, wenn er die Ware am 15. Februar mangelfrei dem Frachtführer in München übergibt,
- bei Erfüllungsort Hamburg, wenn die Ware am 15. Februar mangelfrei in Hamburg eintrifft.

Erfüllt er diese Verpflichtung nicht, so kommt er, gegebenenfalls nach einer Mahnung, in Lieferungsverzug (Nicht-Rechtzeitig-Lieferung).

Neben dieser Grundbedeutung kann der Erfüllungsort auch abgeleitete Bedeutung für den **Gerichtsstand,** den **Gefahrübergang** und die **Übernahme der Kosten** haben, sofern hierfür keine Sonderregelungen bestehen.

a) **Gerichtsstand.** Ergeben sich Streitigkeiten über das Bestehen, über die Auslegung oder wegen der Erfüllung eines Vertragsverhältnisses, so können die Vertragspartner die Hilfe des zuständigen Gerichtes in Anspruch nehmen. Das **zuständige Gericht** wird bestimmt durch die sachliche und örtliche Zuständigkeit.

GVG § 23
VwVfG § 3

zuständiges Gericht	
sachliche Zuständigkeit	**örtliche Zuständigkeit**
– Amtsgericht: bis 5.000 EUR Streitwert – Landgericht: über 5.000 EUR Streitwert	– vertraglich vereinbarter Ort – gesetzlich vorgegebener Ort

Die Durchführung eines Prozesses im eigenen Gerichtsbezirk bedeutet eine wesentliche Ersparnis an Zeit und Kosten. Durch den Gerichtsstand werden auch das anzuwendende Recht (eigenes oder fremdes Recht beim Außenhandel) sowie Handelsbrauch und Verkehrssitte bestimmt.

Gesetzlicher Gerichtsstand. Hier muss zwischen dem **allgemeinen** und dem **besonderen** Gerichtsstand unterschieden werden.

ZPO §§ 12 ff.

gesetzlicher Gerichtsstand	
allgemeiner Gerichtsstand	**besonderer Gerichtsstand**
ist der Sitz des Gerichtes, in dessen Bezirk der **Wohnsitz des Beklagten** liegt. Hier können Klagen erhoben werden, sofern vertraglich oder gesetzlich kein anderer Gerichtsstand bestimmt ist.	ist der Sitz des Gerichts, in dessen Bezirk der **vertragliche** oder **gesetzliche Erfüllungsort** fällt. Durch die Vereinbarung des Erfüllungsortes kann also der Gerichtsstand (stillschweigend) bestimmt sein.

Der Kläger hat jedoch die Wahl zwischen dem allgemeinen und dem besonderen Gerichtsstand. In Grundstücksangelegenheiten ist ausschließlich das Gericht zuständig, in dessen Bezirk das Grundstück liegt.

Vertraglicher Gerichtsstand. Kaufleute und juristische Personen des öffentlichen Rechts können für alle vermögensrechtlichen Streitigkeiten einen Gerichtsstand vereinbaren, sofern nicht durch Gesetz ein besonderer Gerichtsstand begründet ist (Grundstücksklagen).

BGB § 276

b) **Gefahrübergang.** Geht durch das **Verschulden** eines Vertragspartners der Kaufgegenstand verloren, zugrunde oder wird er beschädigt, so hat **der schuldige Teil** den Schaden zu tragen. Der Verkäufer muss bei der Verpackung, der Auswahl des Beförderungspersonals und des Transportunternehmens die erforderliche Sorgfalt anwenden.

§ 278

Insbesondere muss er Anweisungen des Käufers über die Art des Versandes beachten. Weicht er ohne dringenden Grund davon ab, so ist er für den daraus entstehenden Schaden verantwortlich. *BGB § 447 (2)*

Beispiel: Trotz Frostgefahr sendet ein Obsthändler Orangen nicht mit einem Lkw mit Kofferaufbau, sondern nur mit einem Lkw mit Planenaufbau. Während der längeren Beförderungsdauer erleiden die Orangen einen Frostschaden. Er muss vom Verkäufer getragen werden.

Bei **zufälligem** Untergang oder **zufälliger** Verschlechterung trägt derjenige den Schaden, der die Gefahr trägt. Der Gefahrübergang auf den Käufer tritt ein

- **mit der Übergabe der Ware an den Käufer** oder an seinen Erfüllungsgehilfen ohne Rücksicht auf den Erfüllungsort. *§ 446 (1)*
- **mit der Auslieferung der Ware an den Spediteur oder Frachtführer,** wenn die Ware auf Verlangen des Käufers nach einem anderen Ort als dem Erfüllungsort versandt wird (Versendungskauf). § 447 gilt nicht beim Fernabsatzgeschäft, wo der Verkäufer das Risiko für die Ware trägt, bis sie beim Empfänger angekommen ist. *§ 447 (1)*

Führt der Verkäufer die Versendung üblicherweise durch eigene Mitarbeiter oder eigene Beförderungsmittel aus, so trägt er die Transportgefahr.

Um das Risiko des zufälligen Untergangs oder der Verschlechterung der Ware abzuwälzen, wird häufig eine Versicherung abgeschlossen (Transport-, Bruch-, Diebstahl-, Brandversicherung). Wenn nichts anderes vereinbart ist, sind die Versicherungskosten von dem zu tragen, der die Gefahr trägt.

Bei der **Übersendung von Geld** trägt der Versender die Gefahr, bis es in die Verfügungsgewalt des Empfängers gelangt (bare Auszahlung oder Gutschrift auf das Konto). *§ 270*

Beispiele:

1. Ein Schuldner lässt einem Lieferanten die Kaufsumme durch einen Boten übermitteln. Dieser verliert das Geld. Der Lieferant kann auf Zahlung bestehen.
2. Ein Schuldner zahlt durch Überweisung. Der Betrag geht dem Gläubiger nicht zu. Er kann weiterhin Zahlung verlangen. Der Absender kann aber die Bank haftbar machen.

c) **Übernahme der Kosten.** Der Erfüllungsort bestimmt auch, wer die **Kosten der Lieferung** zu tragen hat, sofern die Übernahme der Versandkosten nicht im Vertrag besonders geregelt ist. Umgekehrt hat aber eine vertragliche Versandkostenregelung keinen Einfluss auf den Erfüllungsort. *§ 269 (3)*

Gesetzliche Regelung:

- **Versandkosten** (siehe Seite 249). *§ 448*
- Die **Kosten der Zahlung** richten sich jedoch nicht nach dem Erfüllungsort. Diese hat, sofern keine andere Regelung vereinbart wurde, in jedem Fall der Käufer zu tragen. *§ 270 (1)*

Aus der gesetzlichen Regelung des Gefahr- und Kostenübergangs, die bei Zahlungsschulden vom Erfüllungsort abweicht, lassen sich folgende **Grundsätze** ableiten:

1. **Warenschulden sind Holschulden.** Mit der Übergabe der Ware gehen Kosten und Gefahr auf den Käufer (Gläubiger) über. *§ 269*
2. **Geldschulden sind Bringschulden.** Zahlungen sind auf Kosten und Gefahr des Käufers (Schuldner) an den Verkäufer zu überbringen. *§ 270*

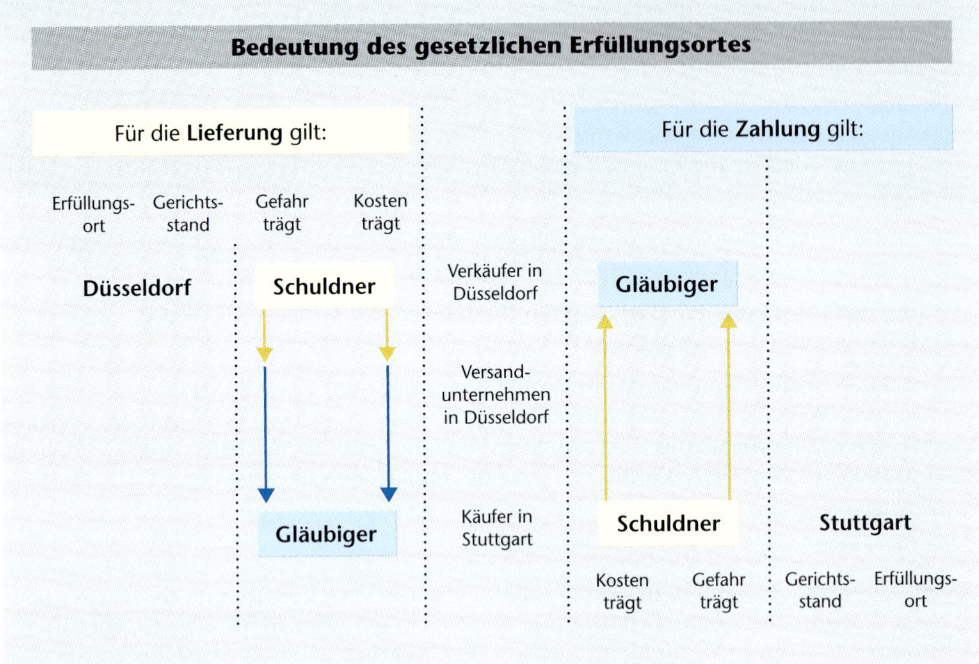

Eigentumsvorbehalt

BGB § 449 Der **Eigentumsvorbehalt** ist eine **Vereinbarung** zwischen dem Verkäufer und Käufer, wonach **der Erwerber zunächst nur Besitzer werden** soll (Übergabe), während **der Veräußerer bis zur Bezahlung des Kaufpreises Eigentümer** bleibt.

Die Vorbehaltsklausel in einem Angebot lautet: »Die Ware bleibt bis zur vollständigen Bezahlung des Kaufpreises mein Eigentum.«

InsO § 47 BGB § 323 Der Verkäufer kann deshalb bei Pfändung die Freigabe, im Insolvenzverfahren Aussonderung der Ware verlangen. Kommt der Käufer seiner Vertragsverpflichtung nicht nach, dann kann der Verkäufer sein Eigentum erst dann zurückverlangen, wenn er vom Vertrag zurückgetreten ist. Dies setzt wiederum voraus, dass eine gesetzte Nachfrist mit Ablehnungsandrohung erfolglos verstrichen ist.

Der Eigentumsvorbehalt muss, wenn er wirksam sein soll, beim Abschluss des Kaufvertrages ausdrücklich vereinbart sein.

Der Eigentumsvorbehalt erlischt, wenn der Kaufpreis vollständig bezahlt ist. Er wird unwirksam, wenn die Ware

§ 932 – an einen gutgläubigen Dritten weiterveräußert oder verpfändet,

§ 950 – verarbeitet,

§ 947 – mit einer beweglichen Sache fest verbunden,

§ 946 – mit einer unbeweglichen Sache fest verbunden,

– verbraucht oder

– vernichtet wird.

Beispiele:

1. Ein Textilgroßhändler verkauft eine Outdoorjacke, die er unter Eigentumsvorbehalt erworben und noch nicht bezahlt hat. Mit der Übergabe wird der gutgläubige Einzelhändler Eigentümer.
2. Ein Bauunternehmer verarbeitet den unter Eigentumsvorbehalt gelieferten Zement und errichtet damit Mauern in einem Einfamilienhaus.
3. In der Werkstatt eines Kraftfahrzeughändlers wird ein Auspufftopf, den der Händler unter Eigentumsvorbehalt erworben und noch nicht bezahlt hat, in das Auto eines Kunden eingebaut. Der Kunde wird durch den Einbau in sein Auto Eigentümer des Auspufftopfes.
4. Ein Installateur baut eine Badewanne, die er unter Eigentumsvorbehalt erworben und noch nicht bezahlt hat, in das Haus eines Kunden ein. Mit dem Einbau wird der Kunde Eigentümer der Badewanne.
5. In einer Gaststätte werden Spirituosen, die unter Eigentumsvorbehalt geliefert worden sind, ausgeschenkt und verbraucht.
6. Der Eigentumsvorbehalt eines Kraftfahrzeughändlers auf einem gegen Raten verkauften Personenkraftwagen wird unwirksam, wenn das Auto bei einem Verkehrsunfall zerstört wird. Um diesen Schaden auszugleichen, veranlasst der Kraftfahrzeughändler seinen Kreditkunden beim Kauf, eine Vollkaskoversicherung für das Auto abzuschließen. Im Schadensfall erhält der Händler Ersatz von der Versicherung.

Vom **verlängerten Eigentumsvorbehalt** spricht man, wenn beim Weiterverkauf die entstehende Forderung abgetreten ist, bei der Verarbeitung der hergestellte Gegenstand zur Sicherung übereignet wird.

Ein **erweiterter Eigentumsvorbehalt** liegt vor, wenn sich die Vorbehaltsrechte auch auf andere vom selben Lieferanten an denselben Käufer gelieferte Waren beziehen sollen.

Beim **Kontokorrenteigentumsvorbehalt** erwirbt der Käufer das Eigentum an einer bezogenen Ware erst, wenn er alle Forderungen des Verkäufers getilgt, also den Kontokorrentsaldo ihm gegenüber ausgeglichen hat.

2.2.4 Arten von Kaufverträgen

Nach den inhaltlichen Bestimmungen des Kaufvertrages sind verschiedene Arten des Kaufs zu unterscheiden.

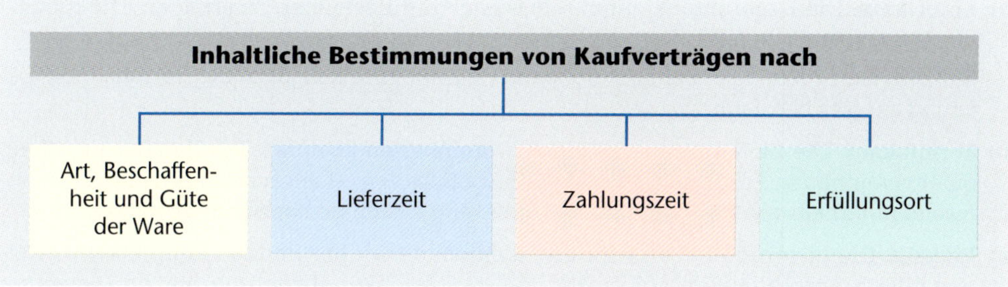

▶ **Nach der Bestimmung von Art, Beschaffenheit und Güte der Ware**

a) Gattungskauf. Der Kaufgegenstand ist eine vertretbare Sache. Vertretbare Sachen sind bewegliche Sachen, die in mehreren gleichen Ausfertigungen hergestellt werden und wegen ihrer Gleichartigkeit durch andere Stücke der gleichen Gattung ersetzt werden können. *BGB § 243 HGB § 360*

Beispiele: Kauf von Baumwolle, Kauf eines Kunstdruckes, Kauf von Serienmöbeln

b) Stückkauf. Der Kaufgegenstand ist eine nicht vertretbare, also einmalige Sache, die in dieser Form nicht wieder beschafft werden kann.

Beispiele: Kauf eines Grundstückes, eines Originalgemäldes, eines antiken Bauernschrankes

c) Kauf nach Probe (nach Muster). Er ist ein Kauf aufgrund früher bezogener Waren (»wie gehabt«) oder nach einer vom Verkäufer übergebenen Probe.

BGB §§ 437 ff. Die zu liefernde Ware muss der Probe entsprechen; unwesentliche Abweichungen müssen jedoch geduldet werden. Die Eigenschaften der Probe oder des Musters sind als vereinbarte Beschaffenheit anzusehen.

Beispiele: Kauf von Kaffee, Tee, Tabak, Stahl, Metallen, Textilrohstoffen, Tapeten

§ 454 **d) Kauf auf Probe.** Er ist ein Kauf mit Rückgaberecht innerhalb einer vereinbarten Frist, falls der Gegenstand nicht den Erwartungen des Käufers entspricht.

§ 455 Der Verkäufer überlässt dem Käufer die Ware für eine bestimmte Zeit »auf Probe« oder »zur Ansicht«, damit er prüfen und ausprobieren kann.

Beispiele: Kauf eines Kopiergerätes, eines Schreibtischstuhls, eines Musikinstrumentes

e) Kauf mit Umtauschrecht. Der Käufer kann verlangen, dass anstelle der gekauften eine andere Ware gleichen Wertes geliefert wird, wenn die Ware nachträglich nicht zusagen sollte.

Beispiel: Beim Kauf eines Geschenkartikels hat der Verkäufer Umtauschmöglichkeit zugesagt.

HGB § 375 **f) Bestimmungskauf (Spezifikationskauf).** Hier erfolgt ein Abschluss über eine genau festgelegte Gesamtmenge einer Gattungsware. Der Käufer hat aber das Recht, innerhalb einer festgesetzten Frist die zu liefernden Waren nach Maß, Form oder Farbe näher zu bestimmen (»je nach Käufers Wahl«).

Für die Gesamtmenge wird ein Grundpreis vereinbart. Dazu kommen die für die einzelnen Ausführungsarten vereinbarten Zuschläge.

Beispiele:

1. Ein Metallgroßhändler macht einen Abschluss über den Kauf von 1.000 t Eisen mit dem Recht der Spezifikation für Flach-, Rund-, Stab-, Winkel- und T-Eisen in verschiedenen Längen und Stärken.
2. Ein Textilgroßhändler kauft 10.000 Paar Strumpfhosen. Die Größen und Farben der Strumpfhosen werden nachträglich bestimmt.

▶ Nach der Bestimmung der Lieferzeit

a) Sofortkauf. Die Lieferung hat unmittelbar nach der Bestellung zu erfolgen. Die Klausel lautet: »Lieferung sofort«.

Beispiel: Ein Großhändler benötigt dringend Heizöl. Der Mineralölhändler verspricht die Lieferung am gleichen Tage.

b) Terminkauf. Die Lieferung hat zu einem vereinbarten späteren Termin oder innerhalb einer vereinbarten Frist zu erfolgen. Die Klauseln lauten: »Lieferung Ende August«, »Lieferung innerhalb von zwei Monaten«, »Lieferung 2 Monate nach Auftragseingang«.

BGB § 323 (2) Nr. 2 HGB § 376 **c) Fixkauf.** Die Lieferung hat an oder bis zu einem genau bestimmten Zeitpunkt zu erfolgen. Die Klauseln lauten: »Lieferung am 20. Mai fix«, »Lieferung bis 20. Dezember fest.« Der Vertrag steht und fällt mit der Beachtung der Fixklausel.

Beispiele: Lieferung von Geschenken, von Wein oder Einladungskarten zu einem Betriebsjubiläum; Lieferung von Büromöbeln bis zur Eröffnung einer Filiale

d) Kauf auf Abruf. Der Zeitpunkt der Lieferung ist in das Ermessen des Käufers gestellt. Er ruft die Ware ab.

Beispiel: Ein Bauherr kauft Möbel, die er erst nach der Fertigstellung des Hauses anliefern lässt.

e) **Teillieferungskauf.** Bei ihm erfolgt die Lieferung in Teilmengen. Er kann sein:
- ein Termin- oder Zeitkauf (lieferbar in monatlichen Teilmengen),
- ein Fixkauf (lieferbar am 1. Mittwoch eines jeden Monats fix),
- ein Kauf auf Abruf (lieferbar auf Abruf).

Der Käufer hat hierbei den Vorteil des Einkaufs in großen Mengen (Mengenrabatt, Schutz vor Preissteigerung) bei gleichzeitig niedriger Lagerhaltung.

▶ **Nach der Bestimmung der Zahlungszeit**

a) **Kauf gegen Vorauszahlung.** Die Zahlung ist vor der Lieferung zu leisten.

b) **Barkauf.** Der Käufer hat Zug um Zug mit der Lieferung zu leisten.

c) **Ziel- oder Kreditkauf.** Die Zahlung ist einige Zeit nach der Lieferung zu leisten.

d) **Teilzahlungskauf.** Die Zahlung ist in Teilbeträgen zu verschiedenen Zeitpunkten vor, bei oder nach der Lieferung zu bewirken.

▶ **Nach dem Erfüllungsort**

a) **Versendungskauf.** Verkäufer und Käufer befinden sich an verschiedenen Orten; Erfüllungsort ist der Ort des Verkäufers, der jedoch die Ware auf Verlangen des Käufers an einen anderen Ort versendet.

Beispiel: Ein Großhändler in Nürnberg verkauft Ware an einen oberbayrischen Kunden. Für den Kaufvertrag gilt der gesetzliche Erfüllungsort, d.h. Nürnberg als Ort der geschäftlichen Niederlassung des Verkäufers. Die Ware soll mit dem Lkw an den Empfangsort gesandt werden.

b) **Fernkauf.** Verkäufer und Käufer befinden sich an verschiedenen Orten; als Erfüllungsort für die Übergabe der Ware ist ein anderer als der Ort des Verkäufers vereinbart.

Beispiel: Der Großhändler in Nürnberg vereinbart im Kaufvertrag mit einem Würzburger Kunden dessen geschäftliche Niederlassung in Aschaffenburg als Erfüllungsort.

c) **Platzkauf.** Verkäufer und Käufer befinden sich an verschiedenen Stellen desselben Ortes; Ausgangs- und Endpunkt der Lieferung sind so weit voneinander entfernt, dass eine Versendung erforderlich ist.

Beispiel: Der Großhändler in Hamburg beliefert mehrere Einzelhändler der Großstadt teils mit eigenem Fahrzeug, teils durch Einschaltung eines Frachtführers.

d) **Handkauf.** Verkäufer und Käufer befinden sich am gleichen Ort; die Ware wird im Geschäft des Verkäufers gekauft und dort ausgehändigt. Das Verpflichtungs- und Erfüllungsgeschäft fallen in einem tatsächlichen Vorgang zusammen.

Beispiel: Ein Cash-and-Carry-Großhändler verkauft Ware an einen ortsanwesenden Einzelhändler, dem sie unmittelbar nach dem Kauf ausgehändigt wird.

e) **Streckengeschäft.** Hierbei handelt es sich um eine Besonderheit, die im Großhandel häufig vorkommt. Es bietet die Möglichkeit, Verlade-, Lager- und Fuhrparkkosten einzusparen.

Beispiel: Ein Stahlgroßhändler bestellt bei einem Stahlwerk eine größere Menge Baustahl, die von seinen Kunden, den Bauunternehmen, benötigt wird. Er veranlasst regelmäßig die unmittelbare Lieferung an den Kunden »ab Werk« oder »ab Lager« zu den Bedingungen des Lieferanten.

Der Großhändler hat dabei nur vermittelnde Funktion, sodass die Lieferung zwischen dem Hersteller und dem Großhandelskunden direkt erfolgt; es handelt sich dann um einen Versendungskauf zwischen dem Hersteller und dem Großhandelskunden. Im Übrigen gelten die Bedingungen, die zwischen dem Großhändler und seinen Kunden vertraglich festgelegt werden.

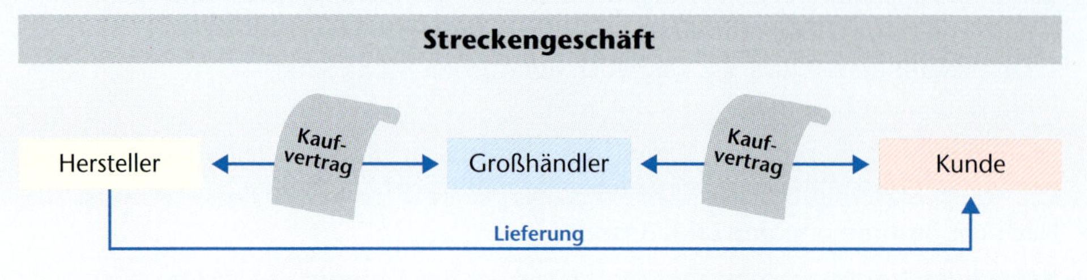

2.2.5 Onlineverträge

Immer mehr Unternehmen präsentieren ihre Angebote und ihre Dienstleistungen »online«. Wenn Waren oder Dienstleistungen per E-Mail oder über das Internet gehandelt werden, gelten hinsichtlich der Rechte bei der Bestellung, der Warenlieferung oder der Abwicklung von Reklamationen die besonderen Regeln für sogenannte Fernabsatzverträge.

Die allgemeinen Grundsätze für Vertragsabschlüsse gelten auch für Onlineverträge. Die Besonderheit besteht aber in der Form der Abgabe der Willenserklärung. Alle Internetnutzer geben ihre elektronische Willenserklärung per Mausklick, Enter-Taste oder E-Mail ab.

Die **elektronische Willenserklärung** (Inhalt einer E-Mail) wird erst wirksam, wenn sie in den **Machtbereich des Empfängers,** nämlich in seinen elektronischen Briefkasten gelangt ist.

Grundsätzlich ist daher maßgeblich, **wann mit dem Abruf** einer E-Mail durch den Empfänger **üblicherweise gerechnet** werden kann.

Abruf einer E-Mail	
bei Unternehmern	**bei Verbrauchern**
Die regelmäßige Kontrolle des elektronischen Briefkastens ist verpflichtend. Nachrichten, die während den **üblichen Geschäftszeiten** empfangen werden, gelten im gleichen Zeitpunkt als zugegangen. Mitteilungen, die außerhalb der Geschäftszeiten eingehen, werden üblicherweise bei Wiederaufnahme des Geschäfts zur Kenntnis genommen. **Beispiel:** Bindung an ein per E-Mail eingegangenes Angebot nur während der üblichen Geschäftszeit	Einmal am Tag wird der Posteingang durchgesehen. Da es hier aber keine übliche Abfragezeit gibt, gelten Nachrichten bei diesen Empfängern als am Tag nach der **möglichen Abrufbarkeit** auf dem Server oder in der Mailbox des Empfängers als **zugegangen.** **Beispiel:** Bindung an ein per E-Mail eingegangenes Angebot innerhalb einer möglichen Abfragezeit von mindestens einem Tag

Ein **Vertragsabschluss** im und über das Internet ist nicht auf die Landesgrenzen beschränkt, sondern auch **international** möglich.

Beispiel: Onlinebestellung von Waren bei einem italienischen Versandhandel

Nach dem sogenannten **Herkunftslandprinzip** gilt deutsches Recht für in Deutschland niedergelassene Internetanbieter auch dann, wenn die Internetdienste im europäischen Ausland geschäftsmäßig angeboten oder erbracht werden.

Beispiel: Ein in Deutschland niedergelassener Versandhändler bietet seine Waren über das Internet auch spanischen Kunden an. Dabei unterliegt er ausschließlich deutschem Recht.

Für Internetanbieter mit Sitz im europäischen Ausland gilt ebenfalls nur das Recht des jeweiligen Landes, in dem sie ihren Sitz haben.

Beispiel: Ein dänischer Verkäufer unterliegt dem dänischem Recht, auch wenn sein Internetangebot in Deutschland abrufbar ist.

Ausgenommen vom Herkunftslandprinzip sind Verbraucherverträge. Darunter versteht man Verträge zwischen Verbrauchern und Unternehmern. In diesen Fällen gilt immer das für den Verbraucher günstigere Landesrecht.

2.2.6 Überwachung der Vertragserfüllung

Die bestellten Produkte müssen mangelfrei und rechtzeitig geliefert werden. Daraus ergibt sich die Verpflichtung für den Käufer, die Zahlung termingerecht zu leisten. Es ist deshalb erforderlich, die Vertragserfüllung zu überwachen, um rechtzeitig Ansprüche aus den möglichen Erfüllungsstörungen geltend zu machen.

Wareneingangskontrolle

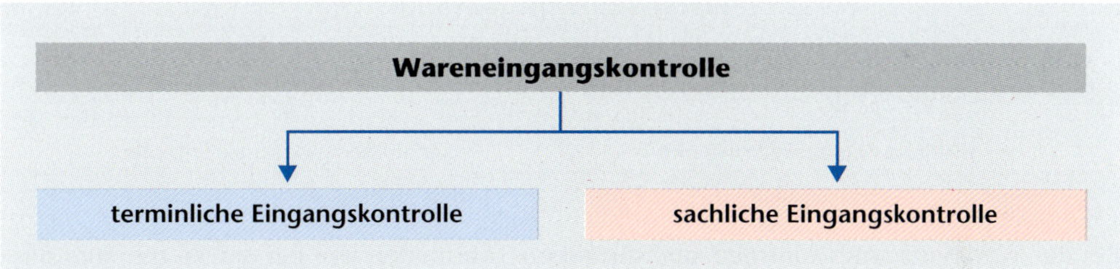

▶ Terminliche Eingangskontrolle

Der geordnete Betriebsablauf erfordert, dass der Käufer die Einhaltung der vereinbarten Lieferzeit überwacht. Für diese **Terminkontrolle** werden verschiedene Hilfsmittel verwendet:

- Terminüberwachung mittels DV. Die gespeicherten Liefertermine können jederzeit und sofort abgerufen werden.
- Die Ablage der Bestelldurchschläge kann zeitlich nach Lieferungen erfolgen in Terminmappen und Terminordnern (mit Tageseinteilung), in Terminkarteien (mit Tages- und Monatskarteien) und Terminschränken (mit Tagesfächern).
- Bei Führung eines Bestellbuches wird jede Bestellung unter laufender Nummer mit Angabe des Lieferanten und des vereinbarten Liefertermins eingetragen. Da in einer besonderen Überwachungsspalte der Eingang der bestellten Sache vermerkt ist, sind unerledigte Bestellungen deutlich erkennbar.

Wenn die Überwachung der Liefertermine ergibt, dass ein Lieferant nicht rechtzeitig liefert, muss dieser unter Umständen durch Mahnung in Verzug gesetzt werden.

▶ Sachliche Eingangskontrolle

Bei der Übernahme der Sendung ist zu prüfen:

- die Angabe von Empfänger und Absender,
- die Anzahl und Richtigkeit der Stücke durch Vergleich mit den Begleitpapieren (Stück, Aufschrift, Zeichen, Nummer, Gewicht),
- die Verpackung auf ihre Unversehrtheit,
- die Ware selbst, falls sie unverpackt ist.

> Ware ordnungsgemäß und vollständig erhalten:
>
> Datum: 10.05....

Bei Beanstandungen kann die Annahme der Sendung verweigert oder vom Überbringer eine Bescheinigung des Mangels verlangt werden, damit die Rechte aus der Mängelrüge geltend gemacht werden können **(Tatbestandsaufnahme).**

HGB § 377 Bei zweiseitigen Handelskäufen sind die eingegangenen Waren unverzüglich zu prüfen. Die Prüfung erstreckt sich auf die Menge, Art, Güte, Beschaffenheit und Aufmachung.

Die Unterlagen zur Prüfung bilden: Packzettel und Lieferschein, Rechnung, Bestellscheindurchschlag, Auftragsbestätigung, aufbewahrte Proben und Muster. Bei Massenartikeln genügt es, Stichproben vorzunehmen.

Festgestellte Mängel sind genau zu beschreiben, damit beim Lieferanten Mängelrüge erhoben werden kann. Die beanstandete Ware darf nicht ohne Weiteres zurückgesandt werden, sondern ist zunächst aufzubewahren.

Warenausgangskontrolle

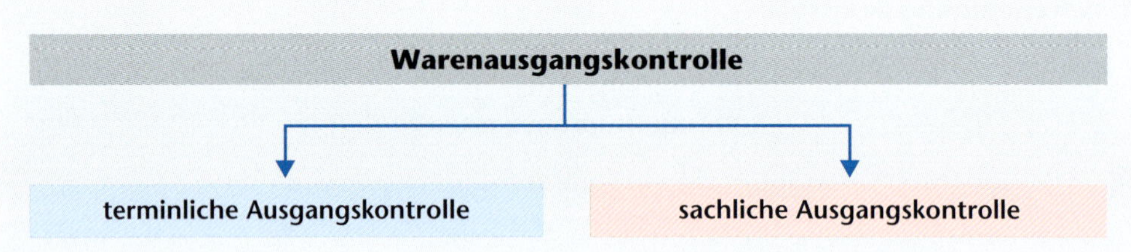

Bei der Warenausgangskontrolle sind dieselben Tätigkeiten wie bei der Wareneingangskontrolle notwendig.

Beispiel: Aus dem Qualitätsmanagement-Handbuch eines Großhandelsunternehmens:

QM-Handbuch

Kapitel: 10
Seite: 4 von 5
Stand: 01.10.20..

Prüfungen

Art der Prüfung	Bemerkung
Wareneingangsprüfung Lager verantwortlich: Wareneingang	– Hausstandard (Bestellung, Identität, Menge, Aussehen, Transportschäden) – Q-Stichprobe bei Bedarf, nach Erfahrungswerten und Lieferhistorie – 100%-Prüfung bei Bedarf – Sichtprüfung auf beschädigte Ware – Musterprüfung – Funktionstest nach Spezifikation und bei Bedarf; Testprogramme – Fehler-/Sperrmeldung; RMA (Repair Material Authorization) ausfüllen, Entscheidung ob Rücklieferung o. Ä.; Info an Fachabteilung – Fehlerrate größer als Toleranz? – Fehleranalysen, Auswertungen, Korrekturmaßnahmen
Zwischenprüfung Bestellung, Verkauf, Handel, Lager verantwortlich: Fachbereiche	– Lieferschein mit Ware ggf. inkl. Zubehör vergleichen – Lieferantenbewertung: Einkauf – Info an Produktmanager bei Verdacht auf Problemfall: PM/GL – Plakate, Sortimente, Bundle zusammenstellen – Warenumschlag, Rentabilität prüfen: EK, GL
Endprüfung Kommissionieren, Verpacken, Auslieferung verantwortlich: Logistik, Fachbereiche	– Selbstprüfung durch Logistik-Personal für Versand/Spedition
Warenausgangsprüfung verantwortlich: Versand	– Es wird nach Vorgaben des Auftrags verpackt und versendet – Sichtung – Auftrag/Lieferschein – Bei Rückläufer vom Kunden: RMA-Nr., Identität, Vollständigkeit, Transportschaden, Garantiefall; siehe Sperrlager

Rechnungskontrolle

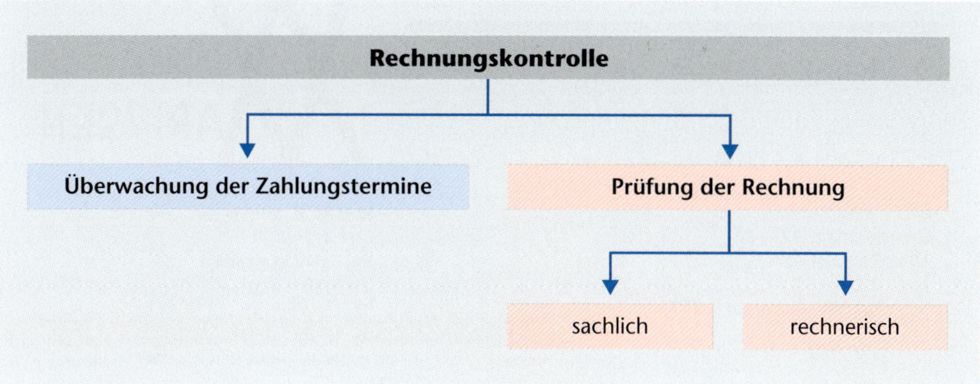

Die Tätigkeiten der Rechnungskontrolle sind bei Ein- und Ausgangsrechnungen identisch. Sie umfassen:

▶ Überwachung der Zahlungstermine

Bei Eingangsrechnungen hat der Käufer zu entscheiden, ob er sie unter Abzug von Skonto bezahlen kann und will oder ob er das vom Lieferanten eingeräumte Zahlungsziel in Anspruch nehmen möchte. Danach richten sich die Zahlungstermine. Der Terminüberwachung dienen:

- mittels DV gespeicherte Zahlungstermine,
- Terminmappen, in die die Rechnungen, nach den Zahlungsterminen geordnet, eingelegt werden.

▶ Prüfung der Rechnung

Sie erstreckt sich

- auf die **sachliche** Richtigkeit, z. B. Übereinstimmung der Rechnung mit der Bestellung nach der Menge, der Art, dem Preis, den Lieferungs- und Zahlungsbedingungen,
- auf die **rechnerische** Richtigkeit, z. B. des Netto- und Bruttopreises, der Fracht, der Nachlässe.

Erst nach durchgeführter Prüfung ist die Rechnung buchungs- und zahlungsreif.

Zahlungskontrolle

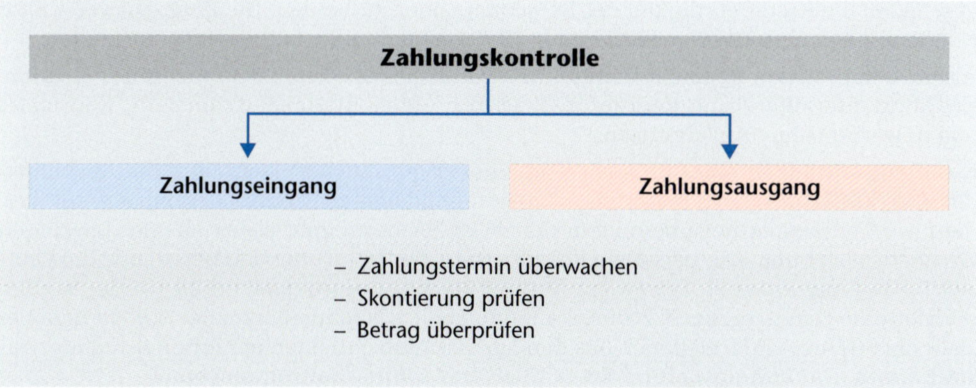

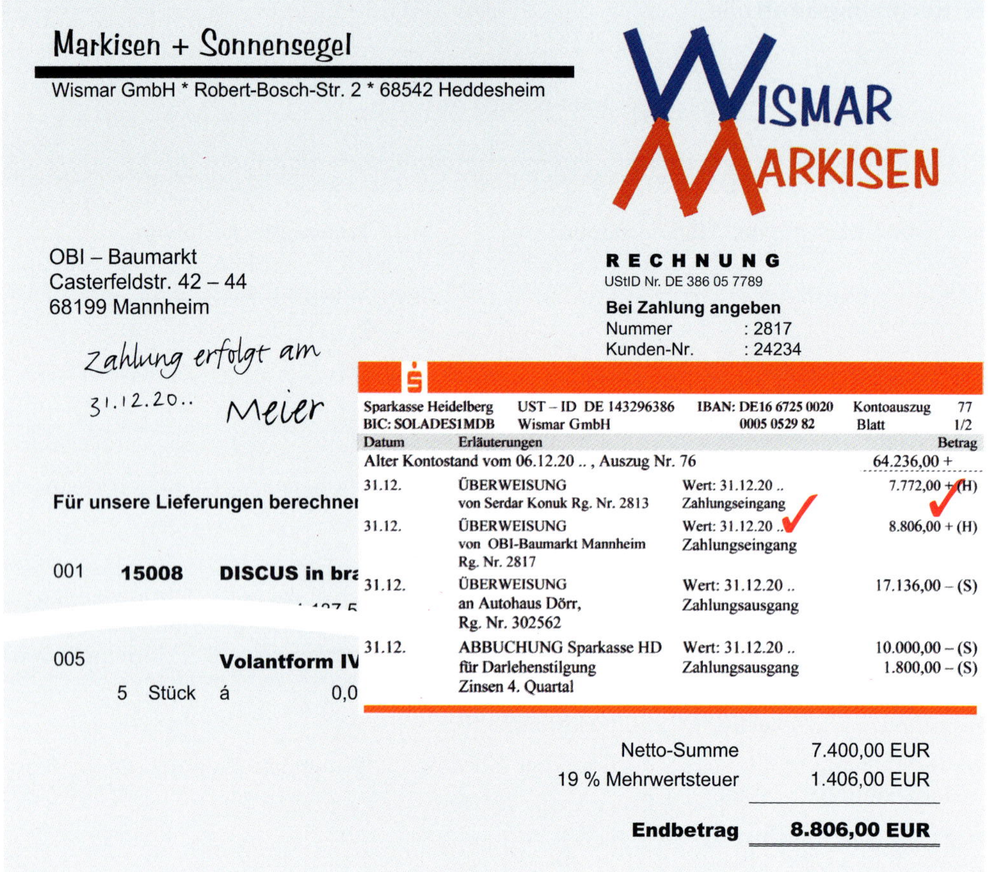
Markisen + Sonnensegel
Wismar GmbH * Robert-Bosch-Str. 2 * 68542 Heddesheim

WISMAR MARKISEN

OBI – Baumarkt
Casterfeldstr. 42 – 44
68199 Mannheim

Zahlung erfolgt am 31.12.20.. Meier

RECHNUNG
UStID Nr. DE 386 05 7789

Bei Zahlung angeben
Nummer : 2817
Kunden-Nr. : 24234

Für unsere Lieferungen berechne[…]

001 15008 DISCUS in br[…]

005 Volantform IV[…]
5 Stück á 0,0[…]

Sparkasse Heidelberg UST – ID DE 143296386 IBAN: DE16 6725 0020 0005 0529 82 Kontoauszug 77
BIC: SOLADES1MDB Wismar GmbH Blatt 1/2

Datum	Erläuterungen		Betrag
Alter Kontostand vom 06.12.20 .. , Auszug Nr. 76			64.236,00 +
31.12.	ÜBERWEISUNG von Serdar Konuk Rg. Nr. 2813	Wert: 31.12.20 .. Zahlungseingang	7.772,00 + (H)
31.12.	ÜBERWEISUNG von OBI-Baumarkt Mannheim Rg. Nr. 2817	Wert: 31.12.20 .. Zahlungseingang	8.806,00 + (H)
31.12.	ÜBERWEISUNG an Autohaus Dörr, Rg. Nr. 302562	Wert: 31.12.20 .. Zahlungsausgang	17.136,00 – (S)
31.12.	ABBUCHUNG Sparkasse HD für Darlehenstilgung Zinsen 4. Quartal	Wert: 31.12.20 .. Zahlungsausgang	10.000,00 – (S) 1.800,00 – (S)

Netto-Summe	7.400,00 EUR
19 % Mehrwertsteuer	1.406,00 EUR
Endbetrag	**8.806,00 EUR**

Vorbeugende Maßnahmen zur Vermeidung von Forderungsausfällen

Unternehmen verkaufen ihre Leistungen an ihre Kunden meist auf Ziel. Die entstehenden Forderungen werden vor allem durch die Einholung verlässlicher Auskünfte, durch die Vereinbarung eines Eigentumsvorbehalts und entsprechender Zahlungsbedingungen gesichert.

Häufig ist die Aufgabe der Forderungssicherung Teil eines umfassenden **Risikomanagements.** Dieses beinhaltet alle Risikoentscheidungen des Unternehmens einschließlich der Versicherung von Risiken.

Da die Kreditgewährung mit Gefahren verbunden ist, muss vor dem Abschluss von Kreditgeschäften die Kreditwürdigkeit des Schuldners geprüft werden. Die Zahlungsweise alter Kunden ist bekannt. Über neue Kunden sollte Auskunft eingeholt werden.

Als Auskunftsstellen kommen infrage: der Kunde selbst, Geschäftsfreunde des Kunden, Kreditinstitute, öffentliche Register, halbamtliche Stellen (Handelskammern, Konsulate) und gewerbsmäßige Auskunfteien.

Die Kreditwürdigkeit eines privaten Schuldners (Verbraucher) kann über die Auskunftsdatei der »**SCHUFA**« = »Schutzgemeinschaft für allgemeine Kreditsicherung« erfragt werden. Die Vertragspartner übermitteln der SCHUFA bestimmte Daten aus der jeweiligen Geschäftsbeziehung, z.B. bei einem Kreditvertrag die Daten über den Betrag und die Laufzeit (»Positivmerkmale«). Soweit ein Vertrag nicht vertragsgemäß erfüllt wurde, werden ebenfalls die Daten an die SCHUFA weitergegeben (»Negativmerkmale«). Außerdem bezieht die SCHUFA Informationen aus den bei den Amtsgerichten geführten Schuldnerverzeichnissen. Die Vertragspartner der SCHUFA sind Wirtschaftsunternehmen.

▶ Aufgaben und Probleme

1. In welchen Fällen kommt durch eine Bestellung
   a) ein Kaufvertrag zustande,
   b) kein Kaufvertrag zustande?
2. Ein Hobbygärtner erhält von einem Solinger Stahlwarengroßhändler unbestellt eine Heckenschere zugesandt. Im Begleitschreiben wird mitgeteilt, dass die Schere bezahlt werden müsse, falls sie nicht binnen 14 Tagen zurückgeschickt werde. Der Empfänger ist an der Heckenschere nicht interessiert, legt sie zu den übrigen Gartengeräten und vergisst sie. Nach 4 Wochen erhält er eine Mahnung.
   a) Begründen Sie, ob der Empfänger mit der Heckenschere ordnungsgemäß verfahren ist.
   b) Muss er den Kaufpreis bezahlen (Begründung)?
   c) Wer hat den Schaden zu tragen, wenn die Schere wie die übrigen Gartengeräte durch Regenwasser infolge eines Unwetters verrostet ist?
3. Es wird Ihnen unbestellt eine Sendung Weihnachtspostkarten ins Haus geliefert. Auf dem Begleitschreiben steht: »Bitte zahlen Sie mit beiliegendem Zahlschein innerhalb 14 Tagen 20,00 EUR, oder senden Sie die Karten umgehend wieder zurück.«

   Wie verhalten Sie sich? Begründen Sie Ihr Vorgehen.
4. Welche grundsätzliche Bedeutung hat die Unterscheidung zwischen bürgerlichem Kauf und Handelskauf?
5. Stellen Sie bei folgenden Fällen fest, welche Art von Kaufvertrag im Hinblick auf die rechtliche Stellung des Vertragspartners und den Zweck des Vertragsabschlusses vorliegt.
   a) Ein Schüler verkauft seinen MP3-Player an einen Mitschüler.
   b) Ein Geschäftsmann kauft in der Apotheke für sich Beruhigungspillen.
   c) Ein Großhändler kauft in einem Schreibwarengeschäft einige Kartons Briefumschläge.
   d) Eine Bank kauft aus Privatbesitz eine Münzsammlung auf.
   e) Die Gemeindeverwaltung kauft bei einem Förster einen Weihnachtsbaum.
6. Wann ist der Kauf, den ein Geschäftsmann tätigt, kein Handelskauf?
7. Worin bestehen die Unterschiede zwischen dem Abschluss und der Erfüllung des Kaufvertrages?
8. Wofür haftet beim Kaufvertrag laut Gesetz
   a) der Verkäufer,
   b) der Käufer?
9. Auf eine Bestellung vom 1. April erfolgt die Lieferung am 15. April. Wann ist bei den folgenden Zahlungsbedingungen der Rechnungsbetrag fällig?
   a) Zahlung bei Bestellung
   b) Anzahlung
   c) Zahlung im Voraus
   d) netto Kasse gegen Rechnung
   e) gegen bar
   f) gegen Nachnahme
   g) Abzahlung in 4 Monatsraten
   h) Ziel 1 Monat, innerhalb 30 Tagen
   i) Ziel 2 Monate und 3 Monate Valuta
   j) zahlbar in 2 Monaten unter Abzug von 2 % Skonto
   k) Ziel 2 Monate oder netto Kasse innerhalb 14 Tagen unter Abzug von 1 % Skonto

10. Auf dem Lkw-Transport vom Verkäufer in Frankfurt zum Käufer in Osnabrück kommt die Ware abhanden. Der Käufer verweigert die Zahlung des Kaufpreises mit der Begründung, dass im Kaufvertrag die Lieferung »frei Haus« vereinbart war und demzufolge der Verkäufer für das Abhandenkommen hafte. Wie ist die Rechtslage?
11. Erstellen Sie eine der Seite 254 entsprechende Übersicht, wenn durch Kaufleute vertraglich »Erfüllungsort für beide Teile Stuttgart« vereinbart ist.
12. Welche besonderen Vorteile erwachsen gegenüber der gesetzlichen Regelung dem Verkäufer oder dem Käufer, wenn sie ihren Wohnsitz als »Erfüllungsort und Gerichtsstand für beide Teile« vereinbaren?
13. Warum ist auch beim Verkauf unter Eigentumsvorbehalt die Zuverlässigkeit des Käufers zu überprüfen?
14. Welche Bedeutung hat der Vermerk auf der Rechnung: »Ich sende Ihnen für Ihre Rechnung und auf Ihre Gefahr«?
15. Zwei Geschäftsleute schließen einen Kaufvertrag ohne besondere Angabe von Vertragsinhalten. Wie ist der Vertrag zu erfüllen bezüglich

    a) Warenqualität, c) Versandkosten, e) Zahlungstermin,

    b) Verpackungskosten, d) Liefertermin, f) Erfüllungsort?
16. Unterscheiden Sie den Kauf auf Probe vom Kauf nach Probe.
17. Welche Vorteile bietet der Spezifikationskauf für den Käufer und den Verkäufer?
18. Wodurch unterscheiden sich der Kauf auf Abruf und der Bestimmungskauf?
19. Durch welche Vertragsvereinbarung wird ein Kauf zum Fixkauf?
20. Begründen Sie, um welche Arten von Kaufverträgen es sich in folgenden Fällen handelt.
    a) Privatmann A hat mit Kunsthändler B einen Kaufvertrag über ein echtes Picasso-Gemälde abgeschlossen.
    b) Ein Lebensmittelgroßhändler hat mit der Campina AG einen Kaufvertrag über 500 kg Süßrahmbutter abgeschlossen, lieferbar in Teilmengen.
    c) Eine Elektrohandlung hat mit einer Glühlampenfabrik einen Kaufvertrag über 10.000 Stück Energiesparlampen abgeschlossen, mit dem Zusatz, dass bis zum 15. des nächsten Monats die verschiedenen Wattstärken angegeben werden.
    d) Die Reifen Roesch GmbH liefert einem Reifenhändler in Stuttgart neue Winterreifen vom Typ Snowspeed.
    e) Ein Farbenhändler in Karlsruhe beliefert alle Baumärkte in Mannheim. Als Erfüllungsort wurde Karlsruhe vereinbart.
    f) Die Möbelunion AG in Berlin verkauft ihre Büroschreibtische an einen Möbelgroßhändler in Potsdam. Dieser Möbelgroßhändler beliefert verschiedene Möbelhäuser in Neubrandenburg. Die bestellten Büroschreibtische werden direkt von der Möbelunion AG in Berlin an die verschiedenen Möbelhäuser in Neubrandenburg geliefert.
21. Wie kommt ein Onlinevertrag zustande?
22. Welche rechtliche Bedeutung hat das Herkunftslandprinzip beim Handel im Internet?
23. Erklären Sie die Besonderheit von Verbraucherverträgen beim Onlinehandel.
24. Bei der Abwicklung von Kundenaufträgen sind zur Überwachung der Vertragserfüllung verschiedene Kontrollen notwendig. Erläutern Sie den Ablauf dieser Kontrollen.

25. Sie erhalten die folgende Telefonnotiz Ihrer Kollegin der KÜHLsys GmbH:

Gesprächsnotiz

Telefonat vom: 20.10.20..

Gesprächspartner: Cool & Fresh GmbH, Herr Burger

Gesprächsinhalt: Die bestellten Standkühlgeräte aus dem laufenden Auftrag Nr. 1001 sollen nicht geliefert werden, da sie der Kunde von einem anderen Hersteller zu einem niedrigeren Preis angeboten bekommen hat.

Kunden-Nr.: 24007
Bestell-Nr.:
Datum: 12.10.20..

Auftragsbestätigung Nr. 1001

Artikel-Nr.	Bezeichnung	Menge	Einheit	E-Preis/€	Rabatt %	MwSt %	G-Preis/€
70061	Standkühlgerät	100	Stück	450,00		MWST	45.000,00
				Zwischensumme		**19 %**	**45.000,00**

Zahlungsbedingungen:
Lieferbedingung: LIEFERUNG
Liefertermin: 22.10.20..

Wir werden Ihren Auftrag sorgfältig ausführen.

Mit freundlichen Grüßen

Bereiten Sie sich auf einen Anruf von Herrn Burger von der Cool & Fresh GmbH vor. Es handelt sich hierbei um eine langjährige und erfolgreiche Geschäftsbeziehung. Erstellen Sie hierzu stichwortartige Notizen, die Ihnen bei dem Telefonat als Orientierung dienen können. Ziel des Gespräches soll sein, dass Sie eine angemessene Lösung des Problems erreichen. Berücksichtigen Sie dabei auch rechtliche Aspekte.

2.3 Störungen bei der Erfüllung von Kaufverträgen

Bei der Erfüllung von Kaufverträgen können folgende Störungen auftreten:

Bezeichnung	Art der Störung
Mangelhafte Lieferung (Schlechtleistung)	Der Verkäufer liefert fehlerhafte Ware.
Lieferungsverzug (Nicht-Rechtzeitig-Lieferung)	Der Verkäufer liefert nicht rechtzeitig.
Annahmeverzug (Nicht-Rechtzeitig-Annahme)	Der Käufer nimmt die Lieferung des Verkäufers nicht oder nicht rechtzeitig an.
Zahlungsverzug (Nicht-Rechtzeitig-Zahlung)	Der Käufer bezahlt den vereinbarten Kaufpreis nicht oder nicht rechtzeitig,

2.3.1 Mangelhafte Lieferung (Schlechtleistung)

BGB § 433 **Mangelhafte Lieferung** liegt vor, wenn der Verkäufer die verkaufte Sache **nicht frei von Sach- und Rechtsmängeln liefert.**

Arten der Mängel

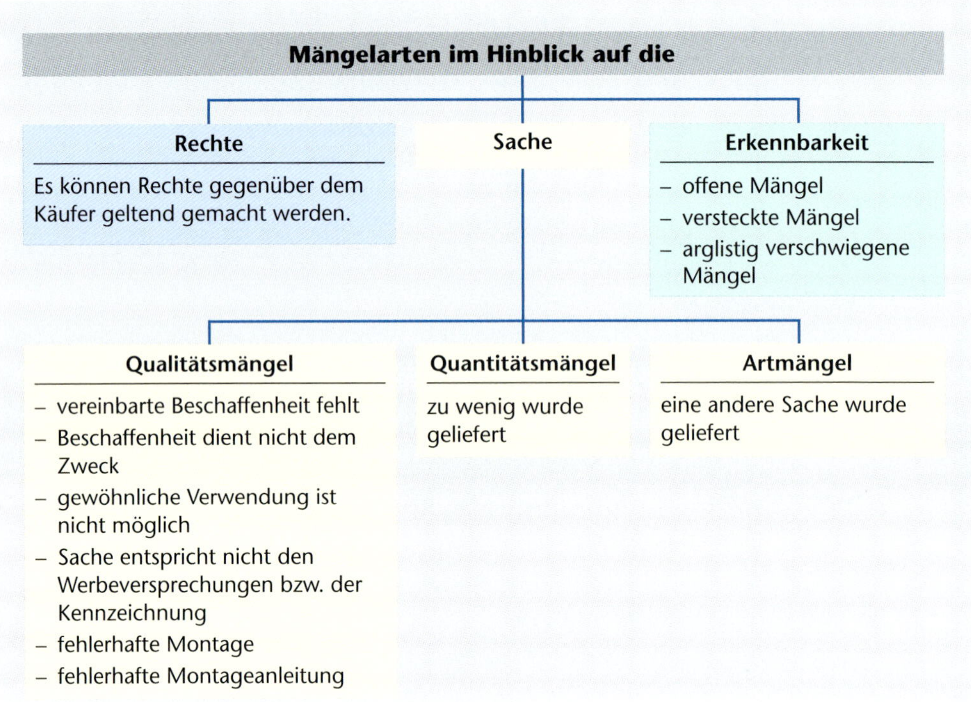

▶ Im Hinblick auf die Rechte an einer Sache

§ 435 **Rechtsmangel.** Eine gelieferte Sache weist **Rechtsmängel** auf, wenn Dritte Rechte gegenüber dem Käufer geltend machen können.

Beispiel: Bezogene Sweatshirts werden mit einem Markenzeichen verkauft, ohne dass der Markeninhaber eine Lizenz erteilt hatte.

▶ Im Hinblick auf die Sache

Ein **Sachmangel** liegt vor, wenn die Kaufsache bei der Übergabe an den Käufer nicht in Ordnung ist. Ob man im Einzelfall von Sachmangel sprechen kann, hängt von der Situation beim Vertragsabschluss ab. Ein Sachmangel liegt demnach vor, wenn

§ 434 (1) – die **tatsächliche Beschaffenheit** der Sache **von der vereinbarten Beschaffenheit abweicht**.

Beispiel: Eine digitale Kamera leistet nur eine Auflösung von 16 Mio. Pixel, obwohl 18 Mio. Pixel vereinbart waren.

§ 434 (1) S. 2 Nr. 1 – die **Beschaffenheit nicht vereinbart** wurde, der Käufer **die Kaufsache aber nicht zu dem Zweck verwenden kann,** zu dem er sie gekauft hat **und der Verkäufer diesen Zweck kannte.**

Beispiel: Ein Gastronom kauft 200 Dessertteller aus Glas. Nach mehrmaligem Waschen in der

Geschirrspülmaschine beginnt das Glas trübe zu werden. Der Verkäufer hätte wissen müssen, dass sich die Glasteller für den Gastronomie-Bereich nicht eignen.

- die **Beschaffenheit** zwar **nicht vereinbart** wurde, die **Kaufsache aber nicht die Beschaffenheit aufweist,** die der **Käufer erwarten kann,** um **die Sache so zu verwenden, wie es bei solchen Sachen gewöhnlich ist.** *BGB § 434 (1) S. 2 Nr. 2*

  Beispiel: Lebensmittel sind verdorben.

- die **gelieferte Sache nicht** den **Versprechungen** in der **Werbung entspricht.** *§ 434 (1) S. 3*

  Beispiel: Das viel gepriesene 5-Liter-Auto verbraucht tatsächlich 8 Liter Benzin auf 100 km.

- die **Kennzeichnung der Ware auf der Verpackung** oder **auf der Ware selbst von der Kaufsache abweicht.** *§ 434 (1) S. 3*

  Beispiel: Lachs wird auf der Folie als fangfrischer kanadischer Fluss-Wildlachs gekennzeichnet. In Wirklichkeit stellt sich heraus, dass er in Norwegen im Meer gezüchtet wurde.

- eine **Montage durch den Verkäufer fehlerhaft durchgeführt** wurde. *§ 434 (2) S. 1*

  Beispiel: Vereinbart wurde die Lieferung und Montage eines Geschirrspülers. Macht der Verkäufer dabei etwas falsch, ist dies ein Sachmangel.

- die **fehlerhafte Montageanleitung** des Verkäufers **dazu führt,** dass die **Sache nicht montiert** werden kann **oder fehlerhaft montiert** wird. *§ 434 (2) S. 2*

  Beispiel: Aufgrund einer fehlerhaften Montageanleitung kann eine Schrankwand nicht aufgebaut werden.

- eine **ganz andere Sache geliefert** wurde. *§ 434 (3)*

  Beispiel: Der Verkäufer liefert 36 Kisten Mineralwasser ohne Kohlensäure, anstatt 36 Kisten Mineralwasser mit Kohlensäure.

- eine **zu geringe Menge geliefert** wurde. *§ 434 (3)*

  Beispiel: Der Verkäufer liefert statt 36 Kisten nur 30 Kisten Mineralwasser.

▶ Im Hinblick auf die Erkennbarkeit

Offene Mängel. Sie sind bei der Prüfung der Kaufsache klar erkennbar.

Beispiele: Webfehler, beschädigtes Furnier, Stempelaufdruck in einem Buch: »Eigentum der Stadtbibliothek«

Versteckte Mängel. Sie sind bei der Untersuchung der Kaufsache auf den ersten Blick nicht erkennbar.

Beispiele: Nicht lichtechte Stoffe, Wein mit Korkgeschmack, gestohlenes Fahrrad

Arglistig verschwiegene Mängel. Sie sind versteckte Mängel, die der Lieferant dem Käufer absichtlich verheimlicht hat.

Beispiel: Ein Unfallauto wird als »unfallfrei« gekauft. Ein Bodenleger verlegt 6-mm- statt 10-mm-Parkett.

Pflichten des Käufers

▶ Zweiseitiger Handelskauf

Beim zweiseitigen Handelskauf hat der Käufer folgende Pflichten:

a) Prüfungspflicht. Eingegangene Stoffe sind **unverzüglich** auf Güte, Menge und Art zu untersuchen. *HGB § 377*

Unverzüglich heißt ohne schuldhaftes Zögern. Wenn z.B. beim Eingang der Stoffe das Lagerpersonal mit dringenden Inventurarbeiten beschäftigt ist, so reicht es noch, wenn die Stoffe unmittelbar nach der Beendigung dieser Arbeiten untersucht werden. *BGB § 121*

Stellt der Käufer bereits **bei der Übergabe** Mängel fest, so kann er die Annahme verweigern; nimmt er sie trotzdem an, so muss er sich die Rechte aus der **Mängelrüge** sofort (Tatbestandsaufnahme) vorbehalten.

Beispiel: Mängelrüge

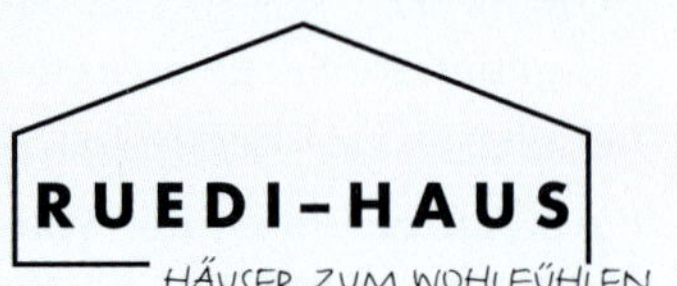

Kurt Ruedi GmbH & Co. KG • Im Wasen 27 • 73630 Remshalden

Holzgroßhandel-Holzimport
Jens Hinrichsen KG
Hafentor 6 – 8
20459 Hamburg

Ihre Zeichen, Ihre Nachricht vom	Unsere Zeichen, unsere Nachricht vom	Telefon, Name	Datum
hu-br 06.11.20..	re-wi	07581 201-101 Frau Wiehl	04.12.20..

Mängelrüge

Sehr geehrte Damen und Herren,

wir erhielten von Ihnen

3.000 m² Nord. Fichte, Nut- und Federbretter, 14,5 mm stark,

gemäß unserer Bestellung vom 20.09.20.. .

Nach Prüfung der Ware stellten wir folgende Mängel fest:

1. Die Bretter sind sehr astreich. Die Äste weisen größtenteils einen Durchmesser von 5 cm und mehr auf.
2. Ein Teil der Bretter hat Risse. Die Länge der Risse liegt zwischen der zwei- und dreifachen Brettbreite.

Entsprechend unserem Auftrag haben wir Bretter bestellt, deren Äste und Risse klein bis höchstens mittelgroß sein dürfen.

Nach den „Tegernseer Gebräuchen" für den Holzhandel dürfen mittelgroße Äste höchstens einen Durchmesser von 4 cm haben und die Risse höchstens die eineinhalbfache Breite aufweisen. Aus diesem Grunde stellen wir Ihnen die Ware zur Verfügung und verlangen unverzüglich Lieferung einer einwandfreien Ware.

Mit freundlichen Grüßen

Kurt Ruedi GMBH & CO. KG

ppa. Reck

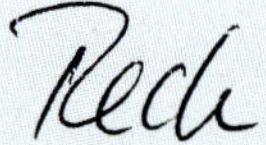

b) **Rügepflicht.** Offene Mängel sind **unverzüglich nach der Prüfung** zu rügen, versteckte Mängel **unverzüglich nach der Entdeckung,** jedoch innerhalb der Gewährleistungsfrist. Diese beträgt gesetzlich zwei Jahre vom Zeitpunkt der Ablieferung an, kann aber vertraglich verlängert werden (Garantie). *BGB § 438*

Der Käufer muss die Mängel in der Güte, Menge und Art genau bezeichnen. Ein allgemeiner Hinweis wie »Ware unverkäuflich«, »Ware schlecht«, »Ware nicht vertragsgemäß« genügt nicht.

Wird ein Mangel in der Art oder Güte nicht gerügt, dann muss der Kaufmann die gelieferte Ware behalten und den vereinbarten Kaufpreis bezahlen.

Hat der Verkäufer den Mangel arglistig verschwiegen, dann verjährt der Mangel erst nach drei Jahren. Die Frist beginnt am Ende des Jahres, in dem der Mangel entdeckt wurde. Der Mangel muss aber innerhalb von 30 Jahren entdeckt werden, um einen Anspruch geltend zu machen. *§§ 438 (3), 195, 199 (3) Nr. 2*

c) **Aufbewahrungspflicht.** Beim Platzkauf kann die beanstandete Ware sofort zurückgeschickt werden, beim Versendungskauf dagegen nicht. Damit werden unnötige Transportkosten vermieden. Sie muss dem Verkäufer zunächst zur Verfügung gestellt werden. Bis zu dessen Entscheidung muss sie der Käufer zulasten des Verkäufers ordnungsgemäß selbst aufbewahren oder bei einem Dritten einlagern. Ist die Ware dem Verderb ausgesetzt und ist Gefahr im Verzug, so kann sie der Käufer öffentlich versteigern lassen oder, sofern sie einen Börsen- oder Marktpreis hat, freihändig verkaufen (Notverkauf). *HGB § 379*

▶ Verbrauchsgüterkauf und bürgerlicher Kauf

Beim Verbrauchsgüterkauf und beim bürgerlichen Kauf bestehen gegenüber dem zweiseitigen Handelskauf folgende Abweichungen:

1. Der Käufer muss **nicht unverzüglich prüfen.**
2. Er muss Mängel **nicht unverzüglich rügen,** sondern kann die Rüge bei offenen und versteckten Mängeln innerhalb der Gewährleistungsfrist vornehmen.

Beispiele für Verbrauchsgüterkauf: Ein Lehrer kauft einen PC, den er nur dienstlich nutzt. Ein Heimwerker kauft einen Profibohrhammer.

Tritt innerhalb von sechs Monaten seit Gefahrübergang der Sache ein Sachmangel auf, so gilt die Vermutung, dass die Sache mangelhaft war **(Rückwirkungsvermutung),** es sei denn, dass die Vermutung mit der Art der Sache oder des Mangels unvereinbar ist. Der Verkäufer muss nachweisen, dass das Gut zum Zeitpunkt des Gefahrübergangs in Ordnung war **(Grundsatz der Beweislastumkehr).** Reklamiert der Käufer nach sechs Monaten den Mangel, so trägt er die Beweislast, dass der Mangel bereits beim Gefahrübergang vorhanden war. *BGB § 476*

Beispiel: Bei einem neuen Pkw tritt innerhalb von vier Monaten nach dem Kauf ein Motorschaden auf. Bei üblichem Gebrauch und pfleglicher Behandlung gilt dieser Schaden als Mangel beim Gefahrübergang. Wird der Pkw stattdessen bei der Rallye Monte Carlo eingesetzt und versagt deshalb der Motor, besteht die Vermutung, dass der Mangel wegen der unsachgemäßen Behandlung entstanden ist.

Musste ein Unternehmer als Letztverkäufer die verkaufte Sache wegen eines Mangels vom Verbraucher wieder zurücknehmen oder den Kaufpreis mindern, so kann er die gleichen Rechte gegenüber seinem Lieferanten geltend machen **(Unternehmerrückgriff).** Diese Rechte stehen dem Letztverkäufer aber nur dann zu, wenn die bewegliche Sache bereits bei der Übergabe vom Lieferanten an den Verkäufer fehlerhaft war. Der Lieferant muss dabei vonseiten des Unternehmers nicht zur Nacherfüllung aufgefordert werden.

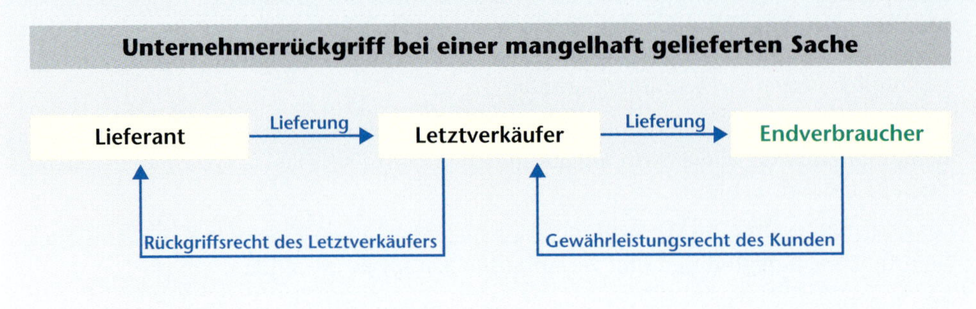

Rechte des Käufers bei Mängeln

Wenn eine Sache mangelhaft verkauft wurde, dann hat der Käufer folgende Rechte:

▶ **Zunächst Nacherfüllung innerhalb einer angemessenen Frist verlangen.**

BGB §§ 437, 439 Dabei kommt dem Käufer das Wahlrecht zu, entweder die Beseitigung des Mangels (Nachbesserung) durch Reparatur oder die Lieferung einer mangelfreien Sache (Ersatzlieferung) zu verlangen.

§ 439 (4) Der Verkäufer kann die vom Käufer gewählte Form der **Nacherfüllung verweigern,** wenn sie mit unverhältnismäßigen hohen Kosten verbunden ist.

Beispiel: Ein Kunde verlangt die Reparatur eines fehlerhaften neuen Weckers, den er für 10 EUR gekauft hat. Die Reparatur würde dem Verkäufer Kosten in Höhe von 20 EUR verursachen. Die Reparaturkosten stehen in keinem Verhältnis zum Warenwert. Der Händler kann daher die Nachbesserung des Weckers ablehnen und stattdessen eine Ersatzlieferung vornehmen.

In manchen Fällen kann eine **Nacherfüllung** in einer ihrer Formen **nicht möglich** sein:

- Es ist keine Ersatzlieferung möglich bei einer gebrauchten Sache oder bei einem Stückkauf.

  Beispiel: Ein Originalgemälde kann nicht wiederbeschafft werden.

- Es ist keine Nachbesserung möglich, wenn eine fehlerhafte bewegliche Sache zerstört wird.

  Beispiel: Aufgrund fehlerhafter Bremsen erleidet ein Pkw einen Totalschaden.

§ 439 (2) **Aufwendungen,** die zum Zwecke der Nacherfüllung notwendig sind, wie Transport-, Wege-, Arbeits- und Materialkosten, hat der Verkäufer zu tragen.

Beispiel: Telefonkosten, Porto, Fahrtkosten für die Abwicklung der Reklamation

§ 440 Im Normalfall gilt eine Nachbesserung nach dem **erfolglosen zweiten** Versuch als fehlgeschlagen.

Beispiel: Nach dem erfolglosen zweiten Versuch, eine neu gelieferte Waschmaschine zu reparieren, kann der Käufer eine neue Waschmaschine verlangen.

Verstreicht die festgesetzte **angemessene Nachfrist zur Nacherfüllung,** so kann der Käufer weitere Rechte geltend machen:

- Rücktritt vom Vertrag oder Minderung des Kaufpreises,
- Schadensersatz oder Ersatz vergeblicher Aufwendungen.

Der Käufer ist aber nicht verpflichtet, eine angemessene Frist zur Nacherfüllung zu setzen, wenn der Verkäufer eine Nacherfüllung verweigert oder diese als fehlgeschlagen zu erachten ist.

▶ Rücktritt vom Kaufvertrag

Der Kaufgegenstand ist zurückzugeben und der etwa schon bezahlte Kaufpreis zurückzuzahlen. *BGB §§ 437 S. 1, Nr. 2, 440, 323, 326*

Beispiel: Die Nacherfüllung bei einem MP3-Player ist fehlgeschlagen bzw. wurde verweigert. Außerdem hat der Käufer bei einem anderen Händler inzwischen ein günstigeres Angebot erhalten und macht daher den Kaufvertrag rückgängig.

▶ Minderung des Kaufpreises *§ 441*

Der Kaufvertrag bleibt bestehen. Der Käufer kann jedoch eine Herabsetzung des Kaufpreises verlangen.

Beispiel: Die Nacherfüllung bei einem Herrenanzug mit kaum auffälligen Webfehlern ist fehlgeschlagen. Der Käufer will aber den Herrenanzug unbedingt wegen seiner topmodischen Form behalten und verlangt deshalb eine angemessene Kaufpreisminderung.

▶ Schadensersatz *§ 437 S. 1 Nr. 3*

Dem Käufer stehen zwei Möglichkeiten des Schadensersatzes zu, wenn folgende Voraussetzungen erfüllt sind:

- Pflichtverletzung des Schuldners oder seines Erfüllungsgehilfen. *§§ 278, 280*

  Beweislastumkehr: Steht fest, dass der Schuldner seine Pflichten verletzt hat, muss er beweisen, dass er die Pflichtverletzung nicht zu vertreten hat. *§ 271*

- Unabhängig davon haftet der Schuldner auch, wenn er ein Beschaffungsrisiko oder eine Garantie übernommen hat. *§ 276 (1) S. 2*

Folgende Arten des Schadensersatzes sind möglich:

a) **Schadensersatz neben der Erfüllung (kleiner Schadensersatz).** Der Käufer hat Anspruch auf die Erfüllung des Vertrages und den Ersatz der Kosten.

   Beispiel: Reparaturkostenerstattung für die Eigenleistung des Käufers, um den Mangel zu beseitigen.

b) **Schadensersatz statt Erfüllung (großer Schadensersatz).** Der Käufer kann vom Kaufvertrag zurücktreten und Schadensersatz verlangen. Bereits erbrachte Teilleistungen müssen vom Käufer zurückgegeben werden. *§ 325 §§ 346 ff.*

   Beispiele: Eine defekte Maschine wird am 18.01.20.. geliefert. Zweimal wurde der Lieferant vergeblich aufgefordert, eine Nachbesserung durchzuführen. Infolge der defekten Maschine entsteht ein mehrtägiger Produktionsausfall. Der Kunde kann vom Kaufvertrag zurücktreten und vom Lieferanten Schadensersatz für den Produktionsausfall verlangen.

▶ Ersatz vergeblicher Aufwendungen *§ 284*

Anstelle des großen Schadensersatzes kann der Käufer den Ersatz der Aufwendungen verlangen, die er im Vertrauen auf den Erhalt der Leistung gemacht hat.

Beispiel: Zur Montage einer Maschine wurde ein Fundament gegossen. Zwei Reparaturversuche an der Maschine sind fehlgeschlagen und damit ist die Nacherfüllung gescheitert. Die Kosten für das Fundament hat der Verkäufer der Maschine zu übernehmen.

Die gesetzlichen Ansprüche des Käufers aufgrund der mangelhaften Lieferung verjähren in der Regel nach zwei Jahren. Die Frist beginnt bei beweglichen Sachen mit der Ablieferung. Bei arglistig verschwiegenen Mängeln verjährt der Anspruch erst nach drei Jahren. Die Frist beginnt am Ende des Jahres, in dem der Mangel entdeckt wurde; der Anspruch muss innerhalb von 30 Jahren nach Vertragsabschluss geltend gemacht werden. *§§ 438, 195, 199*

2.3.2 Lieferungsverzug (Nicht-Rechtzeitig-Lieferung)

Der Kaufvertrag verpflichtet den Lieferanten, rechtzeitig zu liefern.

Lieferungsverzug liegt vor, wenn der Verkäufer **trotz Mahnung schuldhaft nicht** oder **nicht rechtzeitig liefert** und die **Leistung noch möglich ist.**

Voraussetzungen des Lieferungsverzuges (Nicht-Rechtzeitig-Lieferung)

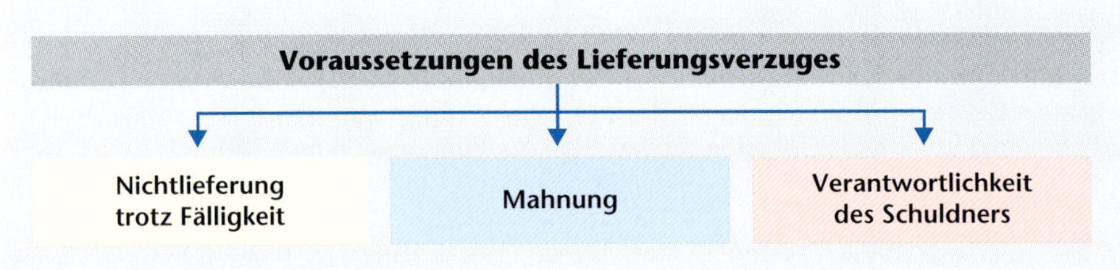

BGB § 286 § 242 § 271

▶ Nichtlieferung trotz Fälligkeit

Wird im Kaufvertrag keine Lieferungszeit vereinbart, dann ist die Leistung so zu bewirken, wie es Treu und Glauben mit Rücksicht auf die Verkehrssitte erfordern. Die Lieferung kann auch sofort verlangt werden.

Beispiel: »Lieferung innerhalb von 14 Tagen nach Bestellungseingang«

§ 286 (1) **▶ Mahnung**

Die Mahnung ist die Aufforderung, die Lieferung zu bewirken. Es ist keine bestimmte Form vorgeschrieben (siehe Seite 273).

§ 286 (2) Die Mahnung ist nicht erforderlich, wenn die Lieferzeit kalendermäßig bestimmbar ist.

Beispiel: »Lieferung am 18. August 20..«

§ 286 (4) § 276 **▶ Verantwortlichkeit des Schuldners**

Der Lieferant handelt in seinem Verantwortungsbereich schuldhaft, wenn er vorsätzlich oder fahrlässig nicht rechtzeitig liefert. Der Schuldner kommt nicht in Verzug, wenn er die verspätete Lieferung nicht zu verantworten (vertreten) hat.

Beispiel: Die Lagerhalle des Lieferanten wurde durch Blitzeinschlag vollständig zerstört.

Rechte des Käufers beim Lieferungsverzug

Kommt der Lieferant in Verzug, dann kann der Käufer wahlweise beanspruchen:

a) **Erfüllung des Vertrages,** d.h. Lieferung der Ware.

Beispiel: Eine Kühlanlage kann von keinem anderen Hersteller bezogen werden, deshalb besteht der Käufer auf Lieferung.

§§ 280, 286 b) **Erfüllung und Schadensersatz** wegen Verzögerung.

Beispiel: Durch die verspätete Lieferung einer Lagereinrichtung kann die Lagerhaltung nicht rechtzeitig aufgenommen werden. Der Lieferant muss liefern und den entstandenen Schaden ersetzen.

§ 323 (1) c) **Rücktritt vom Vertrag** und/oder

Beispiel: Eine Sendung Stahl kann bei einem anderen Lieferanten inzwischen preisgünstiger beschafft werden.

d) Schadensersatz statt der Leistung. BGB § 281

Beispiel: Der Käufer muss die Ware kurzfristig bei einem anderen Lieferanten zu einem höheren Preis beschaffen.

Beispiel: Mahnschreiben

Kurt Ruedi GmbH & Co. KG • Im Wasen 27 • 73630 Remshalden

Franz Gminder GmbH
Bahnhofstr. 16
88518 Herbertingen

Ihre Zeichen, Ihre Nachricht vom	Unsere Zeichen, unsere Nachricht vom	Telefon	Datum
fr-ba 30.08.20..	re-wi	07581 201-101	08.11.20..

Mahnung

Sehr geehrte Damen und Herren,

am 30. August bestätigten Sie unseren Auftrag zur Kommission Milderstett und versprachen die Lieferung bis Ende Oktober.

Leider sind die bestellten Isolierfenster noch nicht eingetroffen. Wir benötigen diese dringend, um den weiteren Ausbau des Hauses vornehmen zu können.

Sollten die Fenster nicht bis zum 15. Nov. 20.. bei uns eingetroffen sein, müssten wir Sie für den aus der verspäteten Lieferung entstandenen Schaden haftbar machen.

Mit freundlichen Grüßen

Eine Nachfrist ist angemessen, wenn der Lieferant noch die Möglichkeit hat, die Ware zu liefern, ohne diese erst zu beschaffen oder anzufertigen. Eine Nachfrist ist nicht erforderlich, wenn der Schuldner erklärt, dass er auch später nicht liefern werde, oder wenn der Gläubiger beweist, dass eine spätere Lieferung für ihn keinen Sinn mehr hat, wie z.B. bei der Lieferung von Blumen nach dem Hochzeitstag. § 281 (2) § 323 (2)

Ausnahmen beim Lieferungsverzug

Ist offensichtlich erkennbar, dass die Voraussetzungen des Rücktritts eintreten werden, kann der Gläubiger bereits vor dem Eintritt der Fälligkeit von der Leistung zurücktreten. § 323 (4)

Beispiel: Die Lagerhalle eines Möbelgroßhändlers ist zwei Wochen vor der Auslieferung der Büromöbel abgebrannt.

Nicht selten werden in den Vertragsbedingungen die Rechte des Gläubigers eingeschränkt. Derartige Bestimmungen sind beim Verbrauchsgüterkauf unwirksam, wenn sie nicht im §§ 305–310

Einzelnen ausgehandelt sind, sondern durch »Allgemeine Geschäftsbedingungen« zum Vertragsbestandteil wurden.

Lieferungsverzug beim Fixkauf

Erfolgt bei einem Fixkauf die Lieferung nicht zum vereinbarten Termin, so kann der Käufer folgende Rechte in Anspruch nehmen:

BGB a) **Rücktritt vom Vertrag** ohne Nachfrist und ohne Rücksicht auf Verschulden.

§ 323 § 325 b) **Schadensersatz wegen Nichterfüllung,** wenn der Termin schuldhaft nicht eingehalten wurde.

HGB § 376 Zusätzlich kann bei einem Handelskauf als Fixgeschäft der Käufer auf die **Erfüllung des Vertrages** bestehen. Dies muss er aber dem Verkäufer sofort ausdrücklich mitteilen.

Ermittlung des Schadens

▶ Schadensersatz

BGB § 251 Der Lieferant hat den Käufer so zu stellen, als ob er seine Leistungspflicht erfüllt hätte. Die Entschädigung erfolgt meistens in Geld.

Der Schadensersatz beim Lieferungsverzug kann ermittelt werden:

a) **Nach dem konkreten Schaden.** Der Käufer nimmt für die nicht gelieferte Ware einen Deckungskauf vor. Der Schaden ergibt sich aus dem Mehrpreis zuzüglich der Kosten.

b) **Nach dem abstrakten Schaden.** Der zu ersetzende Schaden umfasst auch den entgangenen Gewinn. Als solcher gilt der Gewinn, der unter normalen Umständen erwartet werden konnte. Er besteht in der Regel im Unterschiedsbetrag zwischen dem vertraglichen Einkaufspreis und dem erzielbaren Verkaufspreis.

▶ Vertragsstrafe

§ 339 Da die Ermittlung der Schadenshöhe, insbesondere des entgangenen Gewinns, Schwierigkeiten bereiten kann, vereinbaren die Vertragsparteien häufig eine Vertragsstrafe **(Konventionalstrafe).**

Haftung beim Lieferungsverzug

§ 287 Die Haftung des Lieferanten erweitert sich auf den Zufall, denn bei rechtzeitiger Lieferung hätte der Zufall nicht wirksam werden können.

2.3.3 Zahlungsverzug (Nicht-Rechtzeitig-Zahlung)

Der Kaufvertrag verpflichtet den Käufer, den Kaufpreis fristgerecht zu zahlen.

Zahlungsverzug liegt vor, wenn der Käufer trotz Mahnung den vereinbarten Kaufpreis **schuldhaft nicht** oder **nicht rechtzeitig bezahlt.**

Voraussetzungen des Zahlungsverzuges (Nicht-Rechtzeitig-Zahlung)

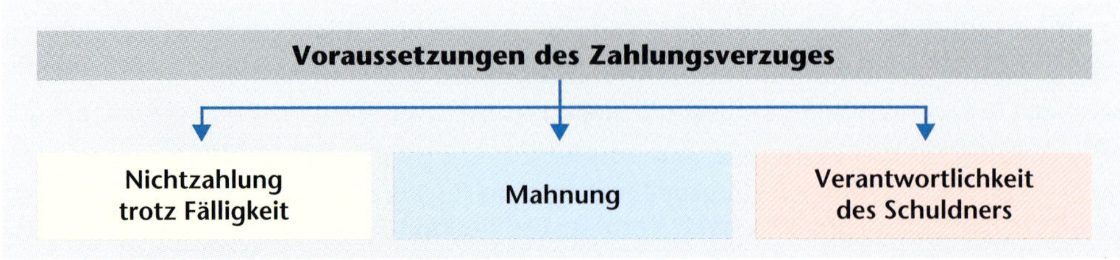

▶ Nichtzahlung trotz Fälligkeit

Wird im Kaufvertrag kein Zahlungstermin vereinbart, dann ist die Leistung so zu bewirken, wie es Treu und Glauben mit Rücksicht auf die Verkehrssitte erfordern. Die Zahlung kann auch sofort bewirkt werden. *BGB § 286 § 242 § 271*

Beispiel: Bei Warenlieferungen ist es üblich, die Rechnung erst nach der Eingangsprüfung der Waren zu begleichen.

▶ Mahnung

Die Mahnung ist die Aufforderung, die Rechnung zu bezahlen. Es ist keine bestimmte Form vorgeschrieben. *§ 286 (1)*

Die Mahnung ist nicht erforderlich, wenn der Zahlungstermin kalendermäßig bestimmbar ist. *§ 286 (2)*

Beispiel: »Zahlbar spätestens am 10. April 20..«; »zahlbar im März 20..«

Der Schuldner kommt automatisch 30 Tage nach Fälligkeit und Zugang der Rechnung in Verzug. Gegenüber einem Verbraucher muss auf diese Folge in der Rechnung hingewiesen werden. *§ 286 (3)*

Beispiel: »Zahlungsverzug tritt ein, wenn Sie den Rechnungsbetrag nicht innerhalb von 30 Tagen nach Zugang dieser Rechnung beglichen haben.«

▶ Verantwortlichkeit des Schuldners

Der Schuldner handelt in seinem Verantwortungsbereich schuldhaft, wenn er vorsätzlich oder fahrlässig nicht rechtzeitig zahlt. Der Schuldner kommt nicht in Verzug, wenn er die verspätete Zahlung nicht zu verantworten (vertreten) hat. *§ 286 (4)*

Beispiel: Wegen eines unverschuldeten Unfalls liegt der Schuldner auf der Intensivstation eines Krankenhauses und kann deshalb nicht bezahlen.

■ Rechte des Gläubigers aus dem Zahlungsverzug

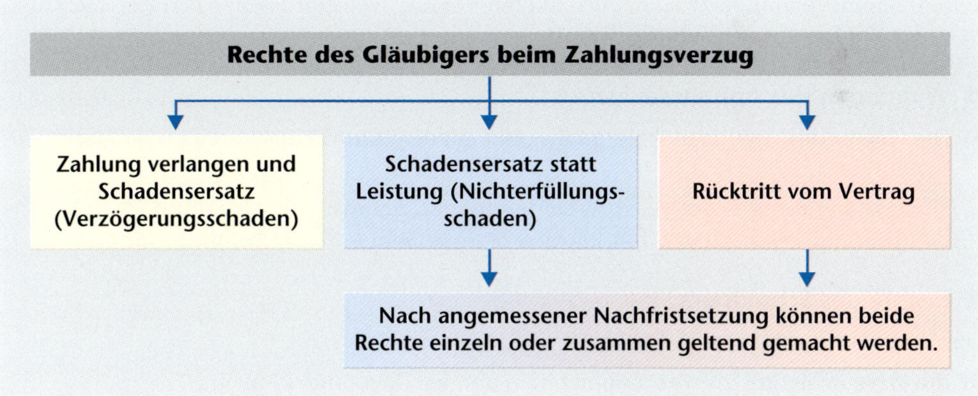

■ Ermittlung des Schadens

Wenn der Verkäufer wegen des ausstehenden Zahlungseingangs einen Kredit aufnehmen muss, so ergibt sich der Schaden aus Kreditzinsen und Kreditkosten.

Der Gläubiger kann neben einem sonstigen Schaden **Verzugszinsen** geltend machen. *§ 288*

Der Zinssatz liegt in der Regel

- 5 % über dem Basiszinssatz der Deutschen Bundesbank (Stand: Juli 2020: –0,88 % = Basiszinssatz),

- 9 % über dem Basiszinssatz bei Rechtsgeschäften, bei denen ein Verbraucher nicht beteiligt ist.

Ein höherer Zinssatz kann vertraglich vereinbart werden.

2.3.4 Annahmeverzug (Nicht-Rechtzeitig-Annahme)

Durch den Kaufvertrag sind **beide Vertragsteile verpflichtet, die Leistung des anderen bei Fälligkeit anzunehmen.**

Annahmeverzug liegt vor, wenn der **Käufer die Ware** oder der **Verkäufer die Zahlung nicht** oder **nicht rechtzeitig annimmt.**

Voraussetzungen des Annahmeverzuges (Nicht-Rechtzeitig-Annahme)

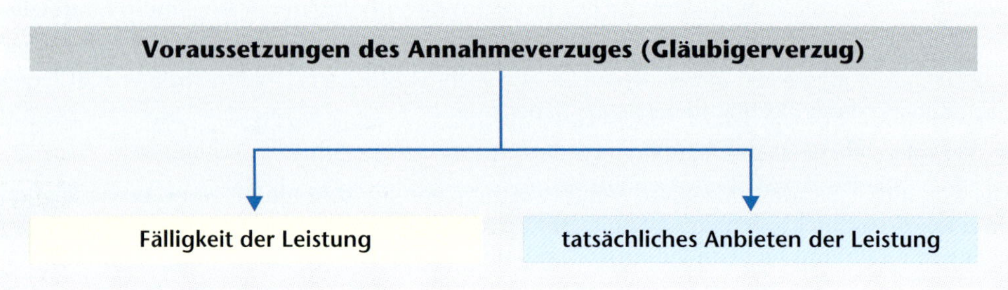

BGB § 294 § 295 Ein **wörtliches** Anbieten der Leistung genügt, wenn der Gläubiger erklärt hat, dass er die Leistung nicht annehmen werde, oder wenn der Gläubiger die geschuldete Sache abzuholen hat.

Der Annahmeverzug setzt kein Verschulden voraus, weil der Käufer von der Lieferung bzw. der Käufer von der Zahlung wusste.

Wirkungen des Annahmeverzugs

§ 300 (2) a) Die **Gefahr** des zufälligen Untergangs geht mit dem Eintritt des Verzuges auf den Gläubiger über.

§ 300 (1) b) Die **Haftung** des Schuldners wird eingeschränkt. Sie erstreckt sich nur noch auf grobe Fahrlässigkeit und Vorsatz. Für leichte Fahrlässigkeit haftet er nicht.

Rechte des Schuldners

Der Schuldner kann

a) die Ware in eigene Verwahrung nehmen und **auf Annahme klagen.**

b) sich von der **Leistungspflicht befreien.**

HGB §§ 373 f.
1. Ein **Kaufmann** kann die Ware an jedem geeigneten Ort, in sicherer Weise **einlagern.**
2. Er kann sie aber auch an jedem Ort **versteigern** lassen, Waren mit einem Börsen- oder Marktpreis freihändig verkaufen, den **Erlös** behalten und mit der Forderung aufrechnen **(Selbsthilfeverkauf).** Einen Mehrerlös hat er herauszugeben.

Alle **Kosten,** die durch die Einlagerung, den freihändigen Verkauf oder die öffentliche Versteigerung entstehen, kann er vom Käufer **verlangen.**

c) Er kann **Schadensersatz wegen Nichterfüllung** verlangen, wenn der Käufer die Ware schuldhaft nicht entgegennimmt.

Eine Versteigerung ist mit Fristsetzung für die Abnahme der Ware dem Käufer anzudrohen. Bei Gefahr des Verderbs der Ware kann die Androhung unterbleiben **(Notverkauf).** Ort und Zeit der Versteigerung sind dem Käufer mitzuteilen. Käufer und Verkäufer können mitbieten. Das Ergebnis der durchgeführten Versteigerung ist dem Käufer bekannt zu geben.

BGB § 384
HGB § 373

2.3.5 Überblick über die Störungen bei der Erfüllung von Kaufverträgen

Pflichten aus dem Kaufvertrag	Lieferung der Ware durch den **Verkäufer**		Bezahlung des Kaufpreises durch den **Käufer**	Annahme der Ware durch den **Käufer**
	mangelfrei	rechtzeitig		
Störung	**Mangelhafte Lieferung (Schlechtleistung)**	**Lieferungsverzug (Nicht-Rechtzeitig-Lieferung)**	**Zahlungsverzug (Nicht-Rechtzeitig-Zahlung)**	**Annahmeverzug (Nicht-Rechtzeitig-Annahme)**
gesetzliche Regelung	§§ 433 ff. BGB, §§ 377 ff. HGB	§§ 286 ff., §§ 323 ff. BGB	§§ 286 ff., §§ 323 ff. BGB	§§ 293 ff. BGB, §§ 373 ff. HGB
Voraussetzungen	– Sachmängel – Rechtsmängel	– Fälligkeit – Mahnung, wenn kein bestimmter Liefertermin vereinbart ist – Verantwortlichkeit des Schuldners	– Fälligkeit – Mahnung, wenn kein bestimmter Zahlungstermin vereinbart ist – 30 Tage nach Zugang der Rechnung – Verantwortlichkeit des Schuldners	– Fälligkeit – tatsächliches Anbieten der Ware (Annahmeverzug setzt kein Verschulden voraus)
Rechte des Vertragspartners nach seiner Wahl	Durch Mängelrüge (Reklamation) sichert sich der Käufer folgende Gewährleistungsansprüche: – Nacherfüllung in Form von Nachbesserung oder Ersatzlieferung – Rücktritt vom Vertrag – Preisminderung – Schadensersatz neben oder statt der Erfüllung – Ersatz vergeblicher Aufwendungen	– Lieferung – Lieferung und Schadensersatz wegen Verzögerung – Rücktritt vom Vertrag (nach angemessener Nachfrist) und/oder – Schadensersatz wegen Nichterfüllung (nach angemessener Nachfrist)	– Zahlung – Zahlung und Schadensersatz wegen Verzögerung – Rücktritt vom Vertrag (nach angemessener Nachfrist) und/oder – Schadensersatz wegen Nichterfüllung (nach angemessener Nachfrist)	– Einlagerung der Ware – Versteigerung oder Verkauf zum Markt- bzw. Börsenpreis (Selbsthilfeverkauf) – Klage auf Abnahme

▶ Aufgaben und Probleme

1. Begründen Sie rechtlich und wirtschaftlich, welche Gewährleistungsansprüche Sie in folgenden Fällen geltend machen würden:
   a) Ein Reifenhändler liefert runderneuerte Reifen als fabrikneu. Nach einiger Zeit löst sich eine Reifendecke und es entsteht ein Verkehrsunfall, bei dem das Fahrzeug stark beschädigt wird.
   b) Ein gelieferter Mantelstoff hat grobe Webfehler, sodass er für die Weiterverarbeitung nicht mehr verwendet werden kann. Ein anderer Lieferant könnte schnell und preisgünstig liefern.
   c) Die für die Werkskantine preisgünstig gelieferten Kochtöpfe weisen starke Kratzer auf.
   d) Zwei von fünf gelieferten Büroschränken haben leichte Kratzer im Furnier der Seitenwände.
2. Die Metallwerke Eberle KG, Cottbus, haben vor 10 Tagen auf ihre Bestellung vom ... von der Stahlhandel GmbH, Görlitz, eine Lieferung von 10 t Qualitätsstahl Gruppe St 50 erhalten. Eine inzwischen durchgeführte Gussprobe ergab, dass der gelieferte Stahl von geringerer Härte und Elastizität ist als das mit dem Angebot überreichte Muster. Er ist für die zu fertigenden Gussstücke nicht verwendbar. Ein schadhaftes Gussstück und ein Gutachten ihres Chemikers, in dem die Qualitätsabweichung festgestellt ist, wird mitgeschickt. Das ungeeignete Material wird zur Verfügung gestellt.
   a) Wie ist die Rechtslage?
   b) Auf welche Weise werden die Metallwerke Eberle KG ihre Rechte geltend machen?
3. Sie erhalten die folgende Telefonnotiz Ihrer Kollegin der KÜHLsys GmbH:

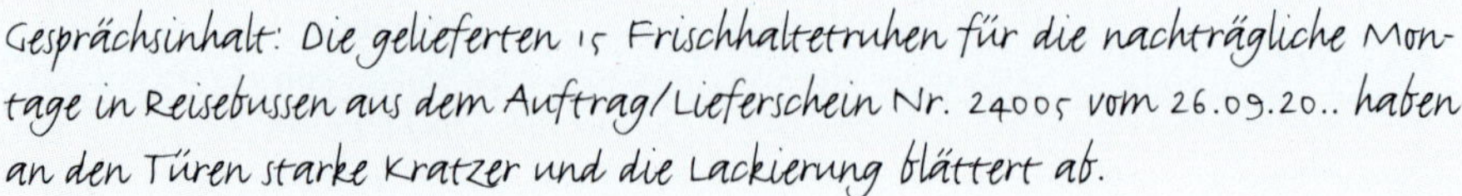

Gesprächsnotiz

KS

Telefonat vom: 12.11.20..

Gesprächspartner: BB GmbH Busreisen Berlin, Herr Schmidt

Gesprächsinhalt: Die gelieferten 15 Frischhaltetruhen für die nachträgliche Montage in Reisebussen aus dem Auftrag/Lieferschein Nr. 24005 vom 26.09.20.. haben an den Türen starke Kratzer und die Lackierung blättert ab.

   Bereiten Sie sich auf ein Telefonat mit Herrn Schmidt von der BB GmbH Busreisen in Berlin vor. Erstellen Sie hierzu stichwortartige Notizen, die Ihnen bei dem Telefonat als Orientierung dienen können. Ziel des Gespräches soll sein, dass Sie eine angemessene Lösung des Problems erreichen. Berücksichtigen Sie dabei auch rechtliche Aspekte.
4. Worin liegt die Besonderheit beim Lieferungsverzug, sofern es sich um einen Fixkauf unter Kaufleuten handelt?
5. Welches Recht würden Sie beim Lieferungsverzug in Anspruch nehmen, wenn
   a) inzwischen eine Preissenkung bei der bestellten Ware eingetreten ist,
   b) die Ware eine Sonderanfertigung für Sie ist,
   c) die Ware ein Saisonartikel ist,
   d) die Ware nach Ablauf der Nachfrist anderweitig beschafft werden musste?
6. Begründen Sie, warum die Erweiterung der Haftung beim Lieferungsverzug gerechtfertigt ist.

7. Die Fensterbau GmbH in Rostock bestellte am 5. Mai 20.. entsprechend einem Angebot bei der Metallbau Roller KG, Warnemünde, Metallfensterrahmen, die für die Renovierung einer Schule verwendet werden sollen. Dem Auftraggeber gegenüber hat sich die Fensterbau GmbH verpflichtet, die Fenster während der Sommerferien einzusetzen. Eine mögliche Konventionalstrafe wurde festgelegt. Deshalb wurde der 20. Juni als spätester Liefertermin für die Fensterrahmen vereinbart. Am 25. Juni sind die Fensterrahmen immer noch nicht geliefert worden.
   a) Begründen Sie, ob sich die Metallbau Roller KG in Lieferungsverzug befindet.
   b) Welche Rechte stehen der Fensterbau GmbH beim Lieferungsverzug zu?
   c) Begründen Sie, von welchem Recht Sie als Sachbearbeiterin im vorliegenden Fall Gebrauch machen würden.
8. Ein Automobilzubehörgroßhändler hat mit einem Lieferanten bestimmte Termine für die Zulieferung von elektrischen Teilen (Spezialanfertigung) vereinbart. Bei Lieferstockung entsteht ein Schaden von täglich 300.000 EUR.
   a) Wie kann sich der Automobilzubehörgroßhändler gegen Schäden wegen Lieferungsverzögerung absichern?
   b) Wer muss den Schaden tragen, wenn die Anlieferung wegen einer witterungsbedingten Verkehrsstockung auf der Autobahn verspätet erfolgt?
9. Begründen Sie, ob der Käufer beim Lieferungsverzug vom Kaufvertrag zurücktreten und Schadensersatz verlangen kann.
10. Der KÜHLsys GmbH liegt folgende Auftragsbestätigung der Stahlwerke KG in Esslingen vor:

Kunden-Nr.: 24956
Bestell-Nr.: 45608
Datum: 30.09.20..

Auftragsbestätigung Nr. 34978

Artikel-Nr.	Bezeichnung	Menge	Einheit	E-Preis/EUR	Rabatt%	MwSt%	G-Preis/EUR
M1 5 · 30	Gewindestift DIN 417	2.000	Stück	11,21		19	22.420,00
				Zwischensumme			**22.420,00**

Zahlungsbedingungen:
Lieferbedingung: LIEFERUNG
Liefertermin: 22.10.20..

Wir werden Ihren Auftrag sorgfältig ausführen.

Mit freundlichen Grüßen

Die zur Fertigung eines Großauftrages dringend benötigten Gewindestifte sind bei der KÜHLsys GmbH bis zum heutigen Tag, 15.11.20.., noch nicht eingetroffen. Eine kurzfristige Ersatzbeschaffung bei einem anderen Lieferanten ist leider nicht möglich. Bitte nehmen Sie mit dem Lieferanten der Gewindestifte der Stahlwerke KG in Esslingen Kontakt auf. Berücksichtigen Sie hierbei auch die Rechtslage.

11. Die Süßwaren-Großhandlung Magda Vogt e.K., …, hatte für das Ostergeschäft bei der Schokoladenfabrik Feldmann KG 2.000 Stück Schokolade-Osterhasen Marke »Gustav« Katalog Nr. 24, und 5.000 Packungen gefüllter Ostereier, Katalog Nr. 78, zur Lieferung nach der Weihnachtssaison bestellt. Die Auftragsbestätigung vom … liegt vor. Da bis Ende Februar die Lieferung nicht erfolgte und bereits Rückfragen von Einzelhandelskunden einlaufen, soll der Lieferant mit angemessener Nachfrist gemahnt werden. Verfassen Sie das Mahnschreiben. Weisen Sie darin auch auf mögliche Verzugsfolgen hin.

12. Schreiben Sie wegen einer ausstehenden Lieferung einen Brief mit folgendem Aufbau:
    - Hinweis auf die Fälligkeit der Lieferung, also auf den nicht rechtzeitig ausgeführten Auftrag.
    - Auswirkung auf unseren Betrieb: Gefährdung der Erfüllung unserer Verpflichtungen unseren Kunden gegenüber, Verminderung des Sortiments wegen der ausgebliebenen Sendung.
    - Nachfrist, soweit eine solche infrage kommt.
    - Hinweis auf Rechte, die von uns bei Überschreiten der Nachfrist geltend gemacht werden können.
13. Entscheiden Sie, ob bei folgenden Zahlungsbedingungen eine Mahnung erforderlich ist, um den Schuldner in Verzug zu setzen:
    a) »Zahlbar innerhalb von 14 Tagen ab Rechnungsdatum.«
    b) »Zahlbar bis spätestens 31. Oktober 20...«
    c) »Handwerkerrechnung, deshalb sofort zahlbar.«
14. Möbelhersteller Beier KG in Heidelberg lieferte an den Einzelhändler Fröhlich GmbH in Frankfurt Sitzgarnituren im Wert von 68.000 EUR. In den Zahlungsbedingungen wurde Folgendes vereinbart: »Zahlbar netto bis spätestens 20. November 20...« Die Rechnungsstellung erfolgte am 18. Oktober.
    a) Wie kann die Beier KG ihre Außenstände überwachen?
    b) Prüfen Sie, ob sich die Fröhlich GmbH am 22. November 20.. in Zahlungsverzug befindet.
    c) Welche Rechte kann die Beier KG geltend machen, falls Zahlungsverzug eingetreten ist?
15. Überprüfen Sie, wie im BGB die Rechte des jeweiligen Vertragspartners
    a) beim Lieferungsverzug und
    b) beim Zahlungsverzug

    geregelt sind.
16. Begründen Sie, warum der Lieferant beim Annahmeverzug nicht mehr für leichte Fahrlässigkeit haftet.
17. Worin liegt die Besonderheit des Notverkaufs?
18. Die Hiebler & Stoll KG, Wuppertal, hat sich auf den Innenausbau von Repräsentationsräumen spezialisiert. Am 2. Mai 20.. wird an die Gemeinschaftspraxis Dr. Rist und Dr. Weber, Solingen, eine maßgefertigte Einbauschrankwand termingerecht geliefert, Auftragswert 28.000 EUR. Dr. Rist verweigert die Annahme mit dem Hinweis, sein Kollege sei vor 10 Tagen bei einem Autounfall ums Leben gekommen. Er selbst beabsichtige einen Ortswechsel und sei deswegen an der Lieferung nicht mehr interessiert.
    a) Liegt in diesem Fall Annahmeverzug vor (Begründung)?
    b) Welche Rechte stehen der Hiebler & Stoll KG im Falle eines Annahmeverzugs zu?
    c) Welches Recht würden Sie im vorliegenden Fall beanspruchen (Begründung)?
    d) Stoll schlägt vor, von dem Vertrag zurückzutreten und Dr. Rist auf Abnahme zu verklagen. Wie beurteilen Sie diesen Vorschlag?
    e) Hiebler möchte einen Selbsthilfeverkauf durchführen lassen.
        - Beschreiben Sie den Ablauf eines Selbsthilfeverkaufs.
        - Halten Sie einen Selbsthilfeverkauf in diesem Fall für sinnvoll (Begründung)?

2.4 Verjährung, Mahn- und Klageverfahren

2.4.1 Verjährung

Unter **Verjährung** versteht man den **Ablauf einer gesetzlich festgelegten Frist,** innerhalb derer ein Anspruch **gerichtlich durchgesetzt** werden kann.

Ein Anspruch ist das Recht, ein Tun oder Unterlassen zu verlangen. Der Anspruch bleibt zwar weiterhin bestehen, aber mit der Verjährung des Anspruchs erwirbt der Schuldner die »**Einrede der Verjährung**« (das **Leistungsverweigerungsrecht).** *BGB §§ 194 ff.*

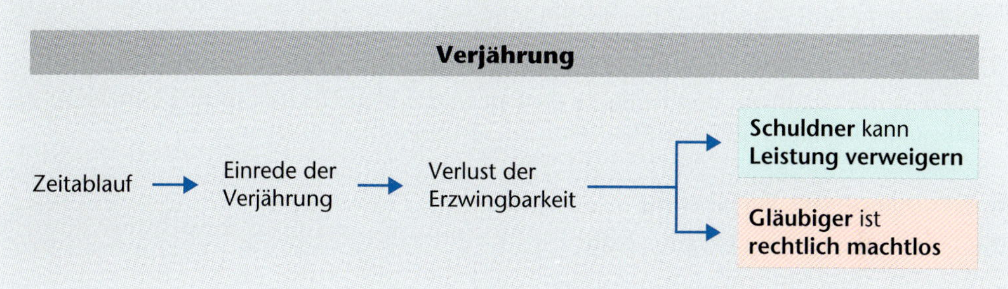

Hat der Schuldner aber eine verjährte Forderung erfüllt, so kann er das Geleistete nicht zurückfordern. Ist zur Sicherung des Anspruchs ein Pfandrecht bestellt, so kann sich der Gläubiger auch nach der Verjährung aus dem Pfandgegenstand befriedigen.

Der Zeitpunkt der Verjährung hängt vom Zeitpunkt der Entstehung des Anspruchs und von der jeweiligen Verjährungsfrist ab.

Beginn der Verjährung

Die regelmäßige Verjährungsfrist beginnt am Ende des Jahres, in dem der Anspruch entstanden ist. Bei Ansprüchen, die nicht der regelmäßigen Verjährungsfrist unterliegen, beginnt die Verjährung mit der Entstehung des Anspruchs. *§§ 199 f.*

Dauer der Verjährung

Verjährungsfristen

Die **regelmäßige Verjährung** beträgt **3 Jahre** und gilt für alle Forderungen der Privatleute und Gewerbetreibenden.	*§ 195*
In **10 Jahren** verjähren die Ansprüche auf bestimmte Rechte an einem Grundstück.	*§ 196*
In **30 Jahren** verjähren u. a. Ansprüche aus der Herausgabe des Eigentums, familien- und erbrechtliche Ansprüche, Ansprüche aus vollstreckbaren Urkunden sowie vollstreckbare Ansprüche aus Insolvenzverfahren.	*§ 197*
Verkürzte Verjährungsfristen gelten für Mängelrügen aus Kauf- oder Werkverträgen.	*§ 438 § 634a*

Hemmung der Verjährung

BGB §§ 203 ff. Bei der Hemmung wird die Verjährungsfrist um die Zeitspanne der Hemmung verlängert. Die Verjährung wird u.a. gehemmt,

a) bei **Verhandlungen** zwischen Schuldner und Gläubiger, ob der Anspruch berechtigt ist.

   Die Verjährung tritt frühestens drei Monate nach dem Ende der Verhandlungen ein.

b) durch **Rechtsverfolgung** wie

   - Erhebung der Klage auf Leistung oder Erlass des Vollstreckungsurteils,
   - Zustellung des Mahnbescheids,
   - Anmeldung des Anspruchs im Insolvenzverfahren.

   Die Hemmung endet sechs Monate nach der rechtskräftigen Entscheidung oder einer anderen Beendigung des eingeleiteten Verfahrens.

c) solange der Schuldner vorübergehend berechtigt ist, die Leistung zu verweigern.

d) solange der Gläubiger durch höhere Gewalt während der letzten sechs Monate der Verjährungsfrist daran gehindert ist, seine Rechte geltend zu machen.

Neubeginn der Verjährung

§ 212 Die Verjährung beginnt erneut, wenn

a) der Schuldner seine Schuld anerkennt,

   Beispiel: Der Schuldner leistet eine Abschlagszahlung.

b) der Gläubiger eine gerichtliche oder behördliche Vollstreckungshandlung beantragt oder vornehmen lässt.

   Beispiel: Der Gläubiger beantragt, einen Mahnbescheid zu erlassen.

Zusammenfassendes Beispiel

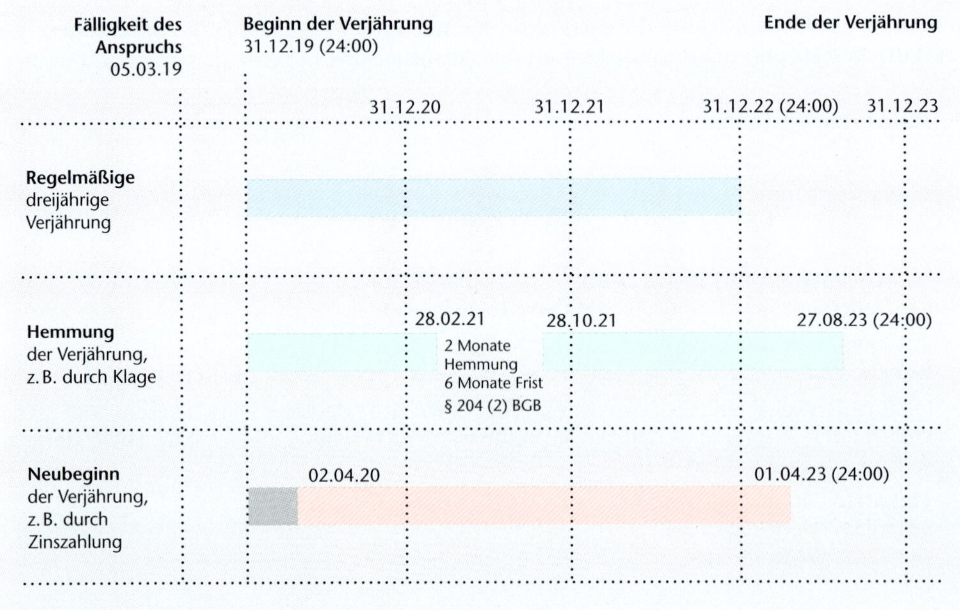

2.4.2 Außergerichtliches Mahnverfahren

Das außergerichtliche Mahnverfahren bezweckt, den Schuldner zur Erfüllung seiner Leistungen zu veranlassen, ohne dass der Gläubiger sich dabei gerichtlicher Hilfe bedient.

Durchführung des außergerichtlichen Mahnverfahrens. Die Mahnung kann in mündlicher oder schriftlicher Form erfolgen. Der Gläubiger beschreitet gewöhnlich folgenden Weg:

a) Erinnerung durch Zusendung einer Rechnungsabschrift oder eines Kontoauszuges,
b) Mahnbrief mit Hinweis auf die Fälligkeit der Schuld und Aufforderung zur Zahlung,
c) Ankündigung des Einzugs durch Nachnahme oder durch ein Inkassoinstitut,
d) Zusendung der Nachnahme oder Abtretung der Forderung an ein Inkassoinstitut,
e) letzte Mahnung unter Androhung gerichtlicher Maßnahmen.

Beispiel: Mahnbrief

GARDENA AG
Hans-Lorenser-Straße 40
89079 Ulm

Telefon 0731 490-0
Telefax 0731 490-219
UST-ID
DE 225547309

GARDENA AG · D-89070 Ulm

Max Dilger GmbH
Gartengerätegroßhandel
Postfach 1720
72760 Reutlingen

Ihre Nachricht:
Ihre Zeichen:
Ihr Partner: Herr Mack
Durchwahl Telefon: 490-1727
Durchwahl Telefax: 490-1723
Datum: 21. November 20..

Buchhaltung
2. Mahnung

Sehr geehrte Damen und Herren,

für den nachstehend aufgeführten Posten erhielten Sie bereits eine erste Mahnung. Nachdem wir bis heute keine Zahlung feststellen können, bitten wir Sie nochmals um sofortige Zahlung des offenen Postens.

Rechnungs-Nr.	Rechnungsdatum	Rechnungsbetrag
47012	10. Oktober 20..	1.140,00 EUR

Mit freundlichen Grüßen

Mack

GARDENA AG
- Rechnungswesen/Finanzen -

2.4.3 Gerichtliches Mahnverfahren

Das gerichtliche Mahnverfahren bezweckt, dem Gläubiger einer Geldforderung einen Vollstreckungsbescheid zu verschaffen, und zwar schneller und kostengünstiger, als dies durch Klage möglich wäre.

Antrag auf Erlass eines Mahnbescheides

Der Antrag auf Erlass eines Mahnbescheides wird mithilfe eines besonderen Formulars oder online über das zentralisierte Mahnverfahren gestellt. Zuständig für das Mahnverfahren ist immer das zentrale Mahngericht des Bundeslandes, in dem der Antragsteller wohnt.

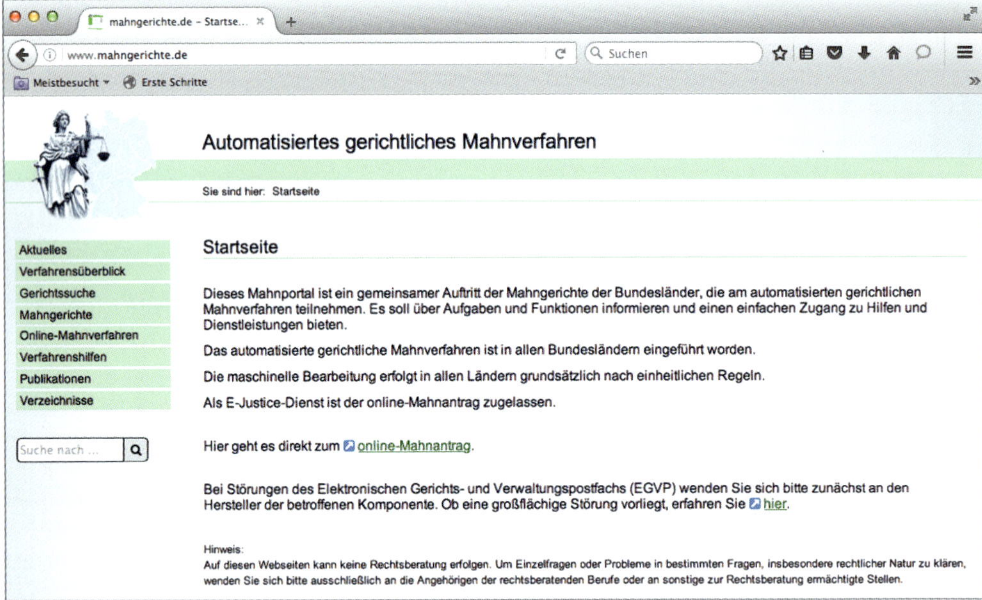

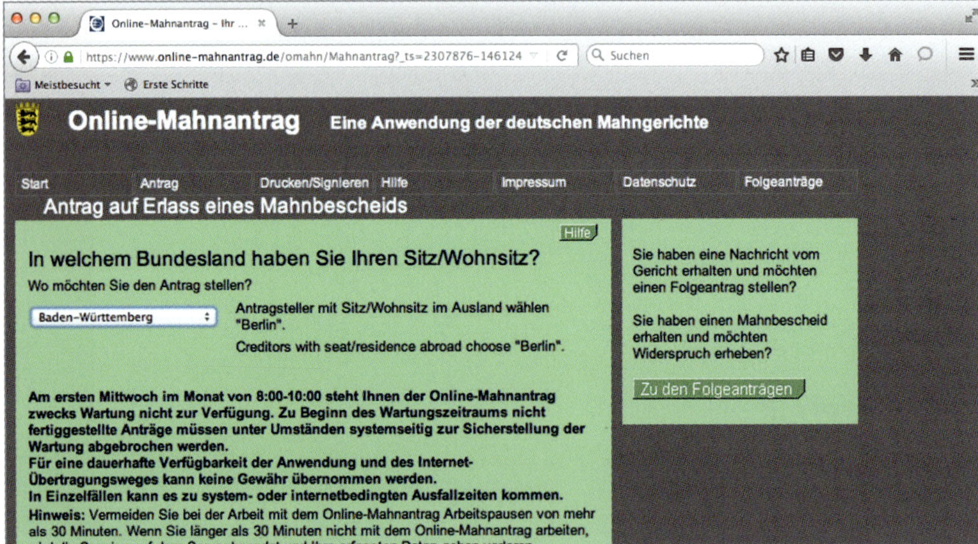

▶ **Zuständigkeit**

Der Antrag auf Erlass eines Mahnbescheides ist grundsätzlich bei dem Amtsgericht zu stellen, in dessen Bezirk der Antragsteller (Gläubiger) seinen Wohnsitz bzw. seine geschäftliche Niederlassung hat. Die Bundesländer bieten zwischenzeitlich die Möglichkeit, den Mahnantrag direkt im Internet auszufüllen. Dieses automatisierte gerichtliche Mahnverfahren ist mittlerweile in allen Bundesländern eingeführt worden. Auf der Website „www.mahngerichte.de" wird das Verfahren (Antragstellung, Verfahrensablauf, besondere Verfahrensgestaltung) leicht verständlich erläutert. *ZPO § 692*

Beispiel: Für alle Mahnbescheide in Baden-Württemberg ist das Amtsgericht Stuttgart zuständig.

▶ **Antrag**

Der Antrag auf Erlass eines Mahnbescheides wird mithilfe eines Formularsatzes gestellt.

Schon der Antrag auf Erlass eines Mahnbescheides muss die Bezeichnung des Gerichts des Schuldners enthalten, das für ein späteres Verfahren sachlich zuständig wäre. Außerdem kann der Gläubiger bereits im Antrag für den Fall, dass der Schuldner Widerspruch erheben sollte, die Durchführung eines Streitverfahrens beantragen. *§ 690 (1) Nr. 5 § 696*

Mahnbescheid

Der **Mahnbescheid** ist eine **Mahnung durch das Gericht.**

Der Schuldner wird aufgefordert, die Schuld samt Kosten und Zinsen binnen einer Frist von zwei Wochen zu bezahlen oder beim Amtsgericht Widerspruch zu erheben (Widerspruchsfrist). *§ 692*

Das Amtsgericht erlässt den Mahnbescheid und stellt ihn von Amts wegen zu. Der Schuldner kann sich folgendermaßen verhalten: *§ 693*

a) **Er zahlt** an den Gläubiger (nicht an das Gericht). Das Verfahren ist beendet.

b) **Er erhebt Widerspruch** bei dem Gericht, das den Mahnbescheid erlassen hat. Der Gläubiger wird von dem rechtzeitig erhobenen Widerspruch benachrichtigt. Beantragt der Gläubiger ein Streitverfahren, so gibt das Gericht, das den Mahnbescheid erlassen hat, den Rechtsstreit an das Gericht des Schuldners ab. Dieses fordert den Gläubiger auf, den Anspruch zu begründen, und bestimmt nach dem Eingang der Begründung einen Termin zur mündlichen Verhandlung. *§ 694 §§ 696 f.*

c) **Er unternimmt nichts.** Binnen sechs Monaten kann der Gläubiger nach Ablauf der Widerspruchsfrist den Antrag stellen, den Vollstreckungsbescheid zu erlassen.

Vollstreckungsbescheid

Auf der Grundlage des Mahnbescheides erlässt das Gericht den Vollstreckungsbescheid.

Der **Vollstreckungsbescheid** ist ein »vollstreckbarer Titel«; er gestattet dem Gläubiger, gegen den Schuldner die **Zwangsvollstreckung zu betreiben.**

Mit der Zustellung beginnt eine zweiwöchige Einspruchsfrist. Der Schuldner kann sich wie folgt verhalten:

a) **Er zahlt.** Das Verfahren ist beendet.

b) **Er erhebt Einspruch** gegen den Vollstreckungsbescheid innerhalb der gesetzlichen Frist von zwei Wochen. Das Gericht gibt den Rechtsstreit an das im Mahnbescheid bezeichnete Gericht des Schuldners ab. *§ 700*

c) **Er unternimmt nichts.** Der Gerichtsvollzieher pfändet und kann nach Ablauf der Einspruchsfrist die gepfändeten Gegenstände versteigern.

Gerichtliches Mahnverfahren im Überblick

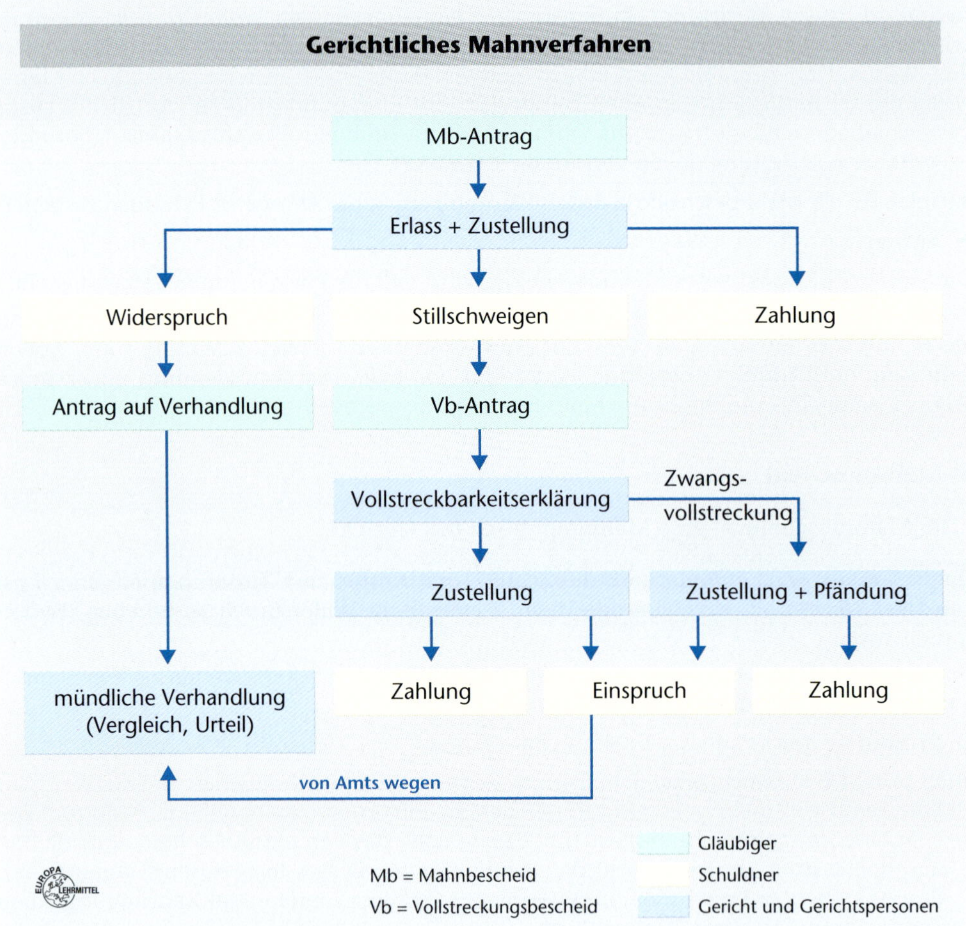

▶ Aufgaben und Probleme

1. Wann verjähren die Forderungen in folgenden Fällen?
   a) Herr Braun hat am 15. Mai 2020 von seinem Geschäftskollegen ein Mountainbike für 350 EUR gekauft.
   b) Frau Kaiser hat ein neues Fahrrad in dem Fahrradgeschäft ihres Wohnortes für 880 EUR gekauft. Die Rechnung war am 15. Dezember 2020 fällig.
   c) Die Fahrradhandlung hat in der Fabrik Fahrräder für 12.680 EUR gekauft. Die Rechnung war am 25. Mai 2020 fällig.
   d) Die Fahrradfabrik aus Fall c) beantragt einen Mahnbescheid gegen die Fahrradhandlung, der am 11. Januar 2021 zugestellt wird.
2. Der Einzelhändler Späth e.K. hat nach langer Zeit dem Lieferanten, Großhandel Schöller KG, eine Schuld in Höhe von 2.500 EUR beglichen, die, wie er hinterher bemerkt, bereits verjährt war. Jetzt will er diesen Betrag mit einer neuen Verbindlichkeit gegenüber Großhandel Schöller KG aufrechnen.

   Wie ist die Rechtslage?

3. Nennen Sie Gründe, warum ein gut funktionierendes außergerichtliches Mahnverfahren für das Unternehmen wichtig ist.
4. In welchen Schritten vollzieht sich üblicherweise das außergerichtliche Mahnverfahren?
5. Die Lebensmittelgroßhandlung Gebr. Esser GmbH, ..., hatte mit Rechnung vom ... an den Einzelhändler Max Groß e.K., ..., Ware für 1.235 EUR geliefert. Der Betrag ist seit über 2 Monaten zur Zahlung fällig. Zwei Mahnungen vom ... und ... waren ohne Wirkung geblieben.

   Verfassen Sie eine letzte außergerichtliche Mahnung. Zu Beginn des nächsten Monats hat die Gebr. Esser GmbH selbst größeren Zahlungsverpflichtungen nachzukommen. Es erfolgt die Androhung eines Mahnbescheids.
6. Beschreiben Sie den Ablauf des gerichtlichen Mahnverfahrens.
7. Die Holl GmbH, Mannheim, schuldet der Eisenmann GmbH KG, Ludwigshafen, 17.000 EUR aus einem Kaufvertrag, in dem über Erfüllungsort und Gerichtsstand nichts vereinbart wurde.

   Welches Gericht (Gerichtsort, Gerichtsart) ist zuständig
   a) für die Beantragung des Mahnbescheids,
   b) für die Einreichung der Klage?
   c) Welche Vorzüge hat das gerichtliche Mahnverfahren gegenüber dem Klageverfahren?
   d) Was könnte einen Gläubiger veranlassen, einen Schuldner sofort zu verklagen, statt zunächst einmal einen Mahnbescheid zu beantragen?

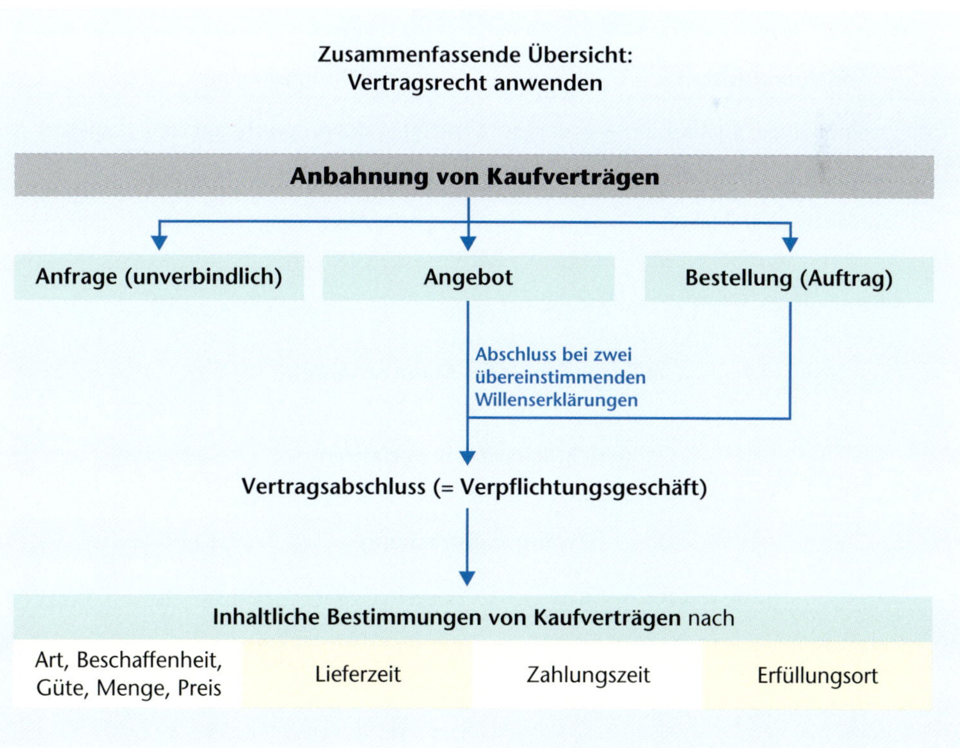

Erfüllungsgeschäft
Überwachung durch
Warenkontrolle
Rechnungskontrolle
Zahlungskontrolle

Erfüllungsstörungen
verursacht durch den Verkäufer
verursacht durch den Käufer
Mangelhafte Lieferung (Schlechtleistung)
Lieferungsverzug (Nicht-Rechtzeitig-Lieferung)
Zahlungsverzug (Nicht-Rechtzeitig-Zahlung)
Annahmeverzug (Nicht-Rechtzeitig-Annahme)
Schuldnerverzug
Gläubigerverzug

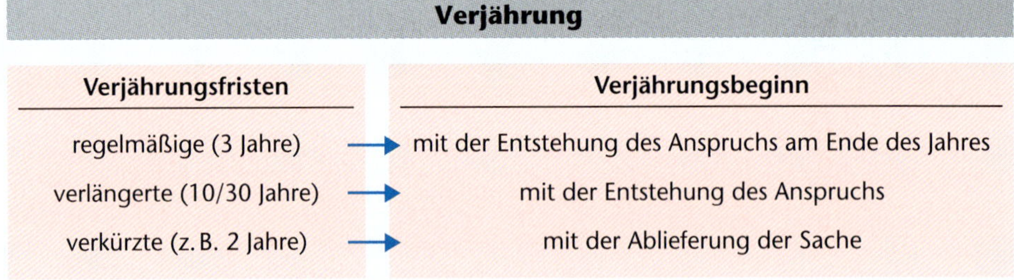
Verjährung
Verjährungsfristen
Verjährungsbeginn
regelmäßige (3 Jahre)
mit der Entstehung des Anspruchs am Ende des Jahres
verlängerte (10/30 Jahre)
mit der Entstehung des Anspruchs
verkürzte (z. B. 2 Jahre)
mit der Ablieferung der Sache

außergerichtliches Mahnverfahren
gerichtliches Mahnverfahren
Zwangsvollstreckung

3 Möglichkeiten des Zahlungsverkehrs kennen

▶ **Handlungsauftrag**

Erstellen Sie Wandplakate über die Abwicklung des Zahlungsverkehrs in Ihrem Ausbildungsbetrieb.

3.1 Zahlungsmittel und Zahlungsarten

Bei der Begleichung seiner Schulden muss der Schuldner die Frage beantworten, welches **Zahlungsmittel** und welche **Zahlungsart** er verwenden will.

3.1.1 Zahlungsmittel

Gesetzliche Zahlungsmittel

Darunter fällt nur das **Bargeld.** Es besteht aus Banknoten und Münzen. Der Gläubiger muss Banknoten unbegrenzt annehmen, jedoch nicht mehr als 50 Münzen.

- **Banknoten** werden allein von der Europäischen Zentralbank ausgegeben (Notenprivileg). Sie erleichtern den Zahlungsverkehr mit größeren Beträgen.
- **Münzen** werden in Münzstätten geprägt und von der Bundesregierung in den Verkehr gebracht (Münzprivileg).

Vereinbarte Zahlungsmittel

- **Buchgeld.** Es besteht aus Guthaben oder Schulden bei den Kreditinstituten. Es entsteht durch Einzahlung von Bargeld auf Konten und durch Kreditgewährung der Kreditinstitute. Es wird übertragen durch beleghafte oder beleglose Aufträge, mittels »Plastikgeld« oder im Onlineverkehr. Es wird vernichtet durch Abhebung von diesen Konten und durch Überweisung ins Ausland.
- **Geldersatzmittel.** Man versteht darunter die im Umlauf befindlichen Schecks und Wechsel. Da für sie kein Annahmezwang besteht, sie aber einen Anspruch auf Geld verbriefen, dienen sie **zahlungshalber** als Geldersatz.

3.1.2 Zahlungsarten

Im Hinblick auf die bei der Zahlung verwendeten Zahlungsmittel (Bargeld, Buchgeld, Scheck) unterscheidet man bare, halbbare und bargeldlose Zahlung.

a) **Bare Zahlung.** Die Zahlung erfolgt mit barem Geld und der Empfänger erhält bares Geld.

b) **Halbbare Zahlung.** Sie erfolgt durch Bareinzahlung des Zahlers und Gutschrift auf dem Konto des Empfängers oder durch Abbuchung vom Konto des Zahlers und Barauszahlung an den Empfänger.

c) **Bargeldlose Zahlung.** Die Zahlung erfolgt durch Abbuchung vom Konto des Zahlers und durch Gutschrift auf dem Konto des Empfängers.

3.2 Zahlungsmöglichkeiten

Voraussetzung für die Abwicklung des **bargeldlosen Zahlungsverkehrs** war die Errichtung von **Gironetzen.** Sie sind Zusammenschlüsse gleichartiger Kreditinstitute. In Deutschland gibt es fünf Gironetze, die untereinander in Verbindung stehen: Gironetze der Sparkassen, der Kreditgenossenschaften, der Postbank, der Großbanken und der Bundesbank.

3.2.1 SEPA-Überweisung und SEPA-Dauerauftrag

SEPA, BIC, IBAN und SWIFT

BGB § 676a

Die Europäische Union richtete einen gemeinsamen europäischen Markt im unbaren Zahlungsverkehr ein **(SEPA: S**ingle **E**uro **P**ayment **A**rea). Dabei hat jedes Geldinstitut einen **BIC** (**B**ank **I**dentifier **C**ode). Er ist eine von der SWIFT festgelegte international gültige Bankleitzahl. Jeder Kontoinhaber hat eine individuelle **IBAN** (**I**nternational **B**ank **A**ccount **N**umber). **SWIFT** (**S**ociety for **W**orld Wide **I**nterbank **F**inancial **T**elecommunication) ist eine gemeinsame Computerzentrale in Brüssel, an die Banken der ganzen Welt angeschlossen sind.

SEPA-Überweisung

Bei der **SEPA-Überweisung beauftragt der Schuldner sein Geldinstitut, sein Konto zu belasten** und den **Betrag einem anderen Konto gutzuschreiben.**

Voraussetzung für die Abwicklung eines Überweisungsauftrages ist das Bestehen eines Girovertrages zwischen dem Geldinstitut und dem Kunden. Bei Ausführung einer Überweisung muss das Geldinstitut den Kunden darüber informieren, an welchem Tag die Kontobelastung (Belastungswertstellung) bzw. die Kontogutschrift (Gutschriftwertstellung) erfolgt. Das Wertstellungsdatum ist die Grundlage für die Zinsenberechnung.

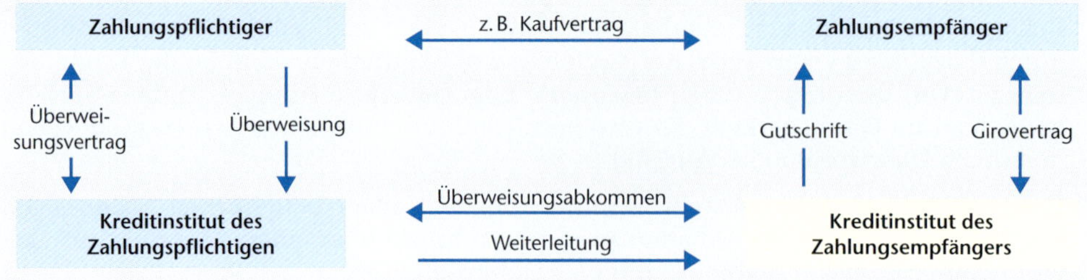

SEPA-Dauerauftrag

Bei einem **Dauerauftrag** beauftragt der Schuldner sein Geldinstitut, **regelmäßig wiederkehrende, gleichbleibende Beträge** an denselben Empfänger zu überweisen (z. B. Miete). Der Schuldner erspart sich dadurch die Terminüberwachung und die wiederkehrende Auftragserteilung an das Geldinstitut.

3.2.2 SEPA-Lastschrift

Bei der **SEPA-Lastschrift beauftragt der Gläubiger das Geldinstitut,** ihm einen **Betrag gutzuschreiben** und danach das **Konto des Schuldners zu belasten.**

Der Datenfluss ist also genau umgekehrt wie bei der Überweisung. Für die SEPA-Lastschrift gibt es zwei Verfahren: die **SEPA-Basislastschrift** (SEPA Core Direct Debit) sowie die SEPA-**Firmenlastschrift** (SEPA Business to Business Direct Debit), die ausschließlich für den Verkehr mit Geschäftskunden vorgesehen ist.

Die fälligen Beträge können vom Inlandszahlungskonto als SEPA-Lastschrift abgebucht werden. Wie bei SEPA-Überweisungen werden für SEPA-Lastschriften grundsätzlich IBAN und BIC benötigt.

Für den Einzug von SEPA-Lastschriften ist das **Mandat** eine rechtliche Voraussetzung. Das Mandat ist die Zustimmung des Zahlers gegenüber dem Zahlungsempfänger zum Einzug fälliger Forderungen mittels Lastschrift und die Weisung an seinen Zahlungsdienstleister (Zahlstelle) zur Einlösung durch Belastung seines Zahlungskontos.

Ablauf einer SEPA-Lastschrift

- Der Schuldner erteilt seinem Gläubiger ein SEPA-Lastschriftmandat (Mandat = Vollmacht).
- Das Mandat umfasst die Zustimmung des Zahlungspflichtigen zum Einzug der Zahlung per Lastschrift, sowie den Auftrag an die eigene Bank, die Lastschrift einzulösen.
- Das Mandat muss neben der Unterschrift des Schuldners vom Gläubiger mit einer Mandatsreferenznummer (MRN) sowie einer Identifikationsnummer (Unique Creditor Identifier = UCI) versehen werden. Die UCI muss bei der Deutschen Bundesbank elektronisch beantragt werden.
- Bei jedem Lastschrifteinzug müssen beide Nummern zur Kennung und Sicherheit mitgeliefert werden.
- Der Gläubiger muss mit dem Endkunden ein Fälligkeitsdatum vereinbaren und ihn 14 Tage vorher daran erinnern.

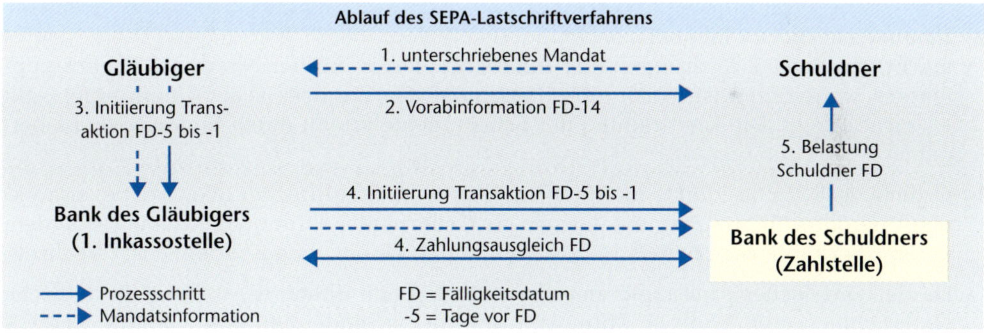

3.2.3 Scheck

Der Scheck ist eine **Urkunde,** in der **der Aussteller ein Kreditinstitut anweist,** bei Sicht **aus seinem Guthaben einen bestimmten Geldbetrag zu zahlen.**

Seine Verwendung ist möglich, wenn der Zahler ein Bankkonto besitzt. Der Scheck ist ein Geldersatzmittel. Der Scheckbetrag wird vom Konto des Zahlers abgebucht.

Bestandteile des Schecks

Der Scheck enthält

- die Bezeichnung als **Scheck** im Text der Urkunde, *ScheckG Art. 1*

- die **unbedingte Anweisung**, eine bestimmte **Geldsumme zu zahlen**,

ScheckG Art. 3
- den Namen des **Bezogenen**; Bezogener kann nur ein Kreditinstitut sein,

Art. 2 (2)
- den **Zahlungsort**,

Art. 2 (4)
- **den Ort und das Datum der Ausstellung**; fehlt der Ausstellungsort, so gilt der Scheck als ausgestellt an dem Ort, der bei dem Namen des Ausstellers angegeben ist,
- die **Unterschrift des Ausstellers.**

Scheckarten

Man unterscheidet Schecks

▶ Nach der Art der Einlösung

a) Barscheck. Das bezogene Kreditinstitut ist berechtigt, die Zahlung an den Scheckinhaber in bar zu leisten.

Art. 39
b) Verrechnungsscheck. Er trägt auf der Vorderseite den Vermerk »Nur zur Verrechnung«. Jeder Scheckinhaber ist berechtigt, diesen Vermerk anzubringen. Das bezogene Kreditinstitut darf in diesem Falle den Scheckbetrag nicht bar auszahlen, sondern muss ihn dem Konto des Einreichers gutschreiben.

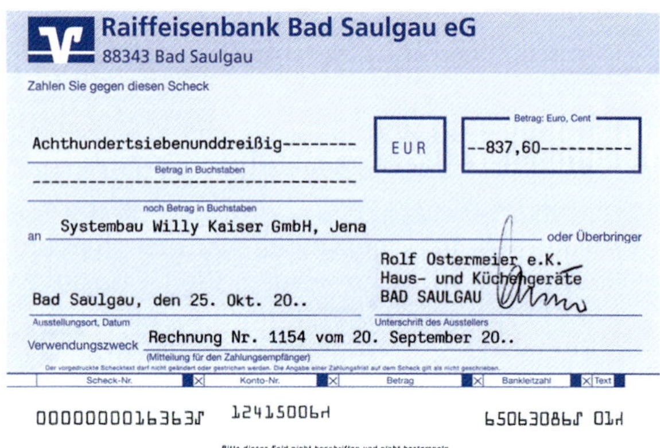

Raiffeisenbank Bad Saulgau eG
88343 Bad Saulgau
Zahlen Sie gegen diesen Scheck
Achthundertsiebenunddreißig-------- EUR Betrag: Euro, Cent --837,60----------
Betrag in Buchstaben
----
noch Betrag in Buchstaben
an Systembau Willy Kaiser GmbH, Jena oder Überbringer
Rolf Ostermeier e.K.
Haus- und Küchengeräte
BAD SAULGAU
Bad Saulgau, den 25. Okt. 20..
Ausstellungsort, Datum
Unterschrift des Ausstellers
Verwendungszweck Rechnung Nr. 1154 vom 20. September 20..
(Mitteilung für den Zahlungsempfänger)
Scheck-Nr. Konto-Nr. Betrag Bankleitzahl Text
Bitte dieses Feld nicht beschriften und nicht bestempeln

▶ Nach der Art der Weitergabe

Art. 5 (2)
a) Inhaberscheck. Der Inhaberscheck trägt den Zusatz »oder Überbringer«. Diese Klausel macht den Scheck auch dann zum **Inhaberpapier**, wenn der Name des Scheckempfängers eingetragen ist. Auch eine Streichung des Zusatzes »oder Überbringer« gilt als nicht erfolgt. Die Übertragung der Scheckrechte erfolgt durch Einigung und Übergabe.

Art. 5 (1)
b) Orderscheck. Er ist durch Einigung, Indossament (schriftlicher Weitergabevermerk) und Übergabe übertragbar und deshalb ein **Orderpapier.** Orderpapiere sind Urkunden, deren Übertragbarkeit mittels Indossament durch Gesetz vorgeschrieben ist (Wechsel).

Da der Orderscheck im anglo-amerikanischen Raum üblich ist, werden an deutsche Unternehmen auf Wunsch Formulare mit dem Sonderaufdruck ORDERSCHECK ausgegeben.

Einlösung des Schecks

▶ Verpflichtung zur Einlösung

Das bezogene Kreditinstitut ist gegenüber dem Aussteller aus dem Scheckvertrag zur Einlösung des Schecks verpflichtet; gegenüber dem Scheckberechtigten besteht jedoch keine Verpflichtung zur Einlösung.

BBankG § 23
Ausnahme: Bestätigter Bundesbankscheck

Die Bundesbank darf Schecks ihrer Kunden mit einem Bestätigungsvermerk versehen, durch den sie sich zur Einlösung binnen acht Tagen nach der Ausstellung verpflichtet. Der bestätigte Bundesbankscheck bietet dem Empfänger die volle Sicherheit der Einlösung und erspart dem Aussteller die Mitführung größerer Geldbeträge.

▶ Zeitpunkt der Einlösung

Der Scheck ist **bei Sicht** zahlbar. ScheckG Art. 29

Er soll so bald wie möglich vorgelegt und nicht zu Kreditzwecken missbraucht werden. Das Scheckgesetz hat deshalb für in Deutschland zahlbare Schecks Vorlegungsfristen gesetzt. Sie betragen, jeweils vom Zeitpunkt der Ausstellung an,

- 8 Tage, wenn der Scheck in Deutschland ausgestellt,
- 20 Tage, wenn der Scheck in einem anderen europäischen Land oder in einem an das Mittelmeer angrenzenden Land ausgestellt, und
- 70 Tage, wenn der Scheck in einem anderen Erdteil ausgestellt worden ist.

Nichteinlösung des Schecks

Wird der Scheck innerhalb der gesetzlichen Vorlegungsfristen (im Inland 8 Tage) vorgelegt Art. 29
und vom bezogenen Geldinstitut nicht eingelöst, so hat der Scheckberechtigte die Pflicht,
seine Vormänner zu benachrichtigen. Er hat das Recht, Rückgriff zu nehmen, sofern er die Art. 42
Verweigerung der Einlösung nachweist. Dies erfolgt durch einen Vorlegungsvermerk des Art. 40
Geldinstituts »Vorgelegt am … und nicht bezahlt« oder durch eine öffentliche Urkunde (Protest).

3.2.4 Elektronische Zahlungssysteme

Wer elektronische Zahlungssysteme nutzen will, muss über eine **Bankkarte** (früher ec-Karte) oder eine **Kreditkarte** verfügen. Die **Geldkarte** ist als aufladbarer Chip in der Bankkarte integriert. Außerdem sind **Onlinezahlungen** möglich.

Electronic cash mittels Bankkarte

Bei diesem System erfolgt die Zahlung am Ort des Verkaufsgeschehens **(point of sale = POS)** durch Eingabe der persönlichen Identifikationsnummer **(PIN)** in das Kartenlesegerät. Bankkarten mit dem Logo »**Maestro**« oder »**VISA**« bieten eine weltweite Akzeptanz.

Eine Electronic-cash-Zahlung läuft wie folgt ab:

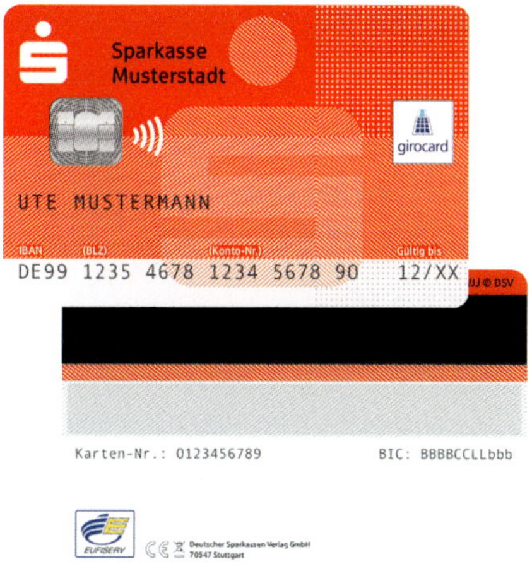

- Der Betrag wird eingetippt.
- Der Kunde kontrolliert die Kaufsumme.
- Der Kunde steckt die Bankkarte in das Lesegerät oder hält die Bankkarte an das Lesegerät und gibt seine Geheimnummer (PIN) ein.
- Im Kassenterminal werden die Kartendaten geprüft, d. h., in Sekundenschnelle werden die Geheimnummer, eine mögliche Kartensperre sowie das Kreditlimit geprüft.
- Der Betrag wird im Kassenterminal gespeichert.
- Der Kassenbon mit Artikelname, Preis, Händlername, Datum und Uhrzeit wird ausgedruckt.
- Die Formulierung »Zahlung erfolgt« bedeutet für den Händler Zahlungsgarantie.

Eine Variante von POS ist die Bezahlung mit der Bankkarte ohne PIN. In diesem Fall lässt der Verkäufer nur einen Lastschrifteinzugsauftrag unterschreiben. Man spricht vom

elektronischen Lastschriftverfahren (ELV). Die Zahlung erfolgt damit ohne Zahlungsgarantie. Deswegen ist sie für den Verkäufer günstiger als bei POS.

Vorteile des Electronic cash	
für den Käufer	**für den Verkäufer**
– Unabhängigkeit von Bargeld und Schecks, – Erhöhung des finanziellen Spielraums, – Minimierung des Diebstahl- und Verlustrisikos, – Schecks ausfüllen entfällt, – Verwendung im In- und Ausland, – geringere Kassenbestände, – Umrechnung zum Devisen- statt Sortenkurs, – geringere Kontoführungsgebühren als bei der Zahlung mit Scheck, – ausführliche Informationen auf dem Kontoauszug (Händlername, Datum, Uhrzeit).	– Verringerung der Arbeiten an der Kasse, – absolute Zahlungssicherheit, Schutz vor Betrug, Raub und Kassendifferenzen, – weniger Scheckeinreichungen und damit – geringere Kontoführungsgebühren, – geringere Kassenbestände.

Kreditkarte

Um den bargeldlosen Zahlungsverkehr weiter zu vereinfachen, bieten Kreditkartenorganisationen Privat- und Geschäftsleuten mit einwandfreier Bonität und bestimmtem Jahreseinkommen die **Kreditkarte** als Zahlungsinstrument an.

Gegen Vorlage der Kreditkarte kann der Karteninhaber bei allen der Kartenorganisation angeschlossenen Vertragsunternehmen bargeldlos Rechnungen begleichen. Die Karte ermöglicht auch das Abheben von Bargeld bis zu festgelegten Höchstgrenzen. Bei allen Zahlungsvorgängen sind folgende Schritte zu beachten:

- Vorlage der Karte durch den berechtigten Karteninhaber,
- Prüfung der Gültigkeitsdauer und des Namens,
- Übertragung der Kartennummer und des Namens auf einen genormten Abrechnungsbeleg,
- Unterzeichnung der Abrechnung durch den Karteninhaber.

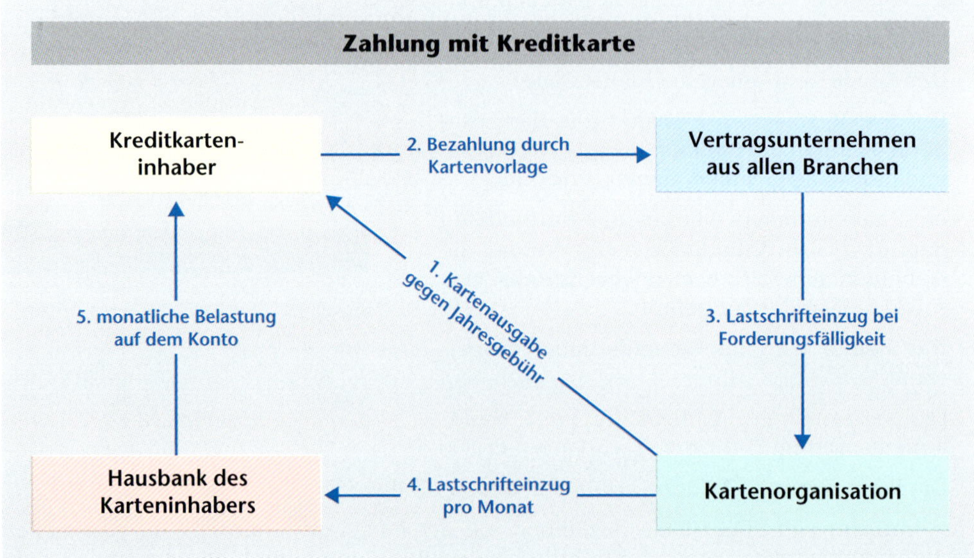

Die Kreditkartenorganisation lässt vor der Ausgabe der Karte die Bonität des Antragstellers durch dessen Hausbank prüfen. Die Karte bedeutet für den Gläubiger deshalb **absolute Zahlungsgarantie,** d. h., er erhält von der Kreditkartenorganisation per Lastschrifteinzug immer sein Geld. Für diese Risikoübernahme verlangt die Kreditkartenorganisation vom Gläubiger eine Gebühr (3 % vom jeweiligen Rechnungsbetrag). Gegenüber dem Kartenbenutzer rechnet die Organisation immer nur monatlich ab, sodass der Kunde eine Art zinslosen Kredit hat. Diesem Zinsvorteil steht aber eine Jahresgebühr von beispielsweise 20 EUR gegenüber. Bei Kartenverlust liegt die Haftungsgrenze des Kunden bei höchstens 150 EUR.

Onlinebanking

Beim Onlinebanking hat der Bankkunde direkten Zugriff auf den Rechner der Bank. Er kann seine Bankgeschäfte vom jeweiligen Standort rund um die Uhr, an Wochenenden und Feiertagen abwickeln.

Das Tätigen von Überweisungen oder das Einrichten von Daueraufträgen erfolgt computergestützt. Darüber hinaus kann der Bankkunde seinen Kontostand und Bankkonditionen (Börsenkurse, Zinssätze) abfragen. Die Absicherung vor unberechtigtem Zugriff erfolgt über eine Geheimnummer (**PIN**) und bei Verfügungen durch Transaktionsnummern **(TAN).**

Die Banken unterstützen unterschiedliche PIN/TAN-Systeme:

- **chipTAN:** TAN-Generator in Verbindung mit Bankkarte (TAN wird errechnet).
- **QR-TAN:** Die TAN wird mit einer Barcodegrafik generiert, welche mit einem Smartphone oder Lesegerät gelesen wird.
- **smsTAN:** TAN für den jeweiligen Vorgang wird per SMS auf die hinterlegte Mobilnummer des Nutzers gesandt.
- **SecureApp:** Die TAN-Eingabe erfolgt über ein kryptografisches abgesichertes Verfahren innerhalb einer App auf dem Smartphone oder dem Computer.

Ein weiteres Verfahren zur Absicherung ist **HBCI**: **H**ome **B**anking **C**omputer **I**nterface. HBCI verwendet eine elektronische Signatur, die mit der persönlichen Unterschrift vergleichbar ist. Diese dient zur Autorisierung der Aufträge. Die elektronische Signatur wird durch ein mathematisches Verfahren gebildet. Dazu errechnet die Software ein Schlüsselpaar, bestehend aus einem »privaten« und einem »öffentlichen« Schlüssel.

Internetbanking

Wer im Internet online einkauft, kann auch im Netz bezahlen: entweder durch Preisgabe seiner Bankdaten oder seiner Kreditkartendaten gegenüber dem Verkäufer. Dieser lässt dann über seine Bank per Lastschrift den Betrag einziehen.

Will der Käufer nicht jedes Mal seine Daten preisgeben, kann er sich eines Onlinezahlungsservice-Vermittlers **(PayPal)** bedienen, wenn der Onlineshop dies anbietet. In diesem Fall kennt nur der Vermittler die sensiblen Daten. Er holt sich das Geld von dem bei ihm eingerichteten Kundenaccount, leitet es in Echtzeit weiter an den Verkäufer und bestätigt dem Käufer die getätigte Zahlung per E-Mail.

Andere Onlineshop-Verkäufer bieten einen für sie garantierten Überweisungsvorgang **(Giropay)** an. Voraussetzung ist ein für das Onlinebanking freigeschaltetes Girokonto. Durch Eingabe seiner Bankleitzahl wird der Käufer zu seiner Bank geführt. Dort wird ihm eine bereits vollständig ausgefüllte und nicht mehr veränderbare Überweisung angeboten. Durch Eingabe der TAN wird die Überweisung autorisiert und gleichzeitig erhält der Verkäufer die Zahlungsgarantie der Bank.

▶ Aufgaben und Probleme

1. An der Kasse eines Modehauses werden die Laufkunden gefragt: »Zahlen Sie bar oder mit Karte?«

   Dasselbe Modehaus schickt einem Stammkunden eine Rechnung mit dem Text: »Barzahlung innerhalb von acht Tagen bei 2 % Skonto oder 30 Tage netto auf Konto Sparkasse Heidelberg, IBAN: DE16 6725 0020 0005 0529 82; BIC: SOLADES1MDB.«

   Erklären Sie den Begriff Barzahlung.

2. Bei Banken und Sparkassen liegen viele neutrale Überweisungs-/Zahlscheinvordrucke internationaler Hilfsorganisationen aus. Beschreiben Sie, welche Vorteile dieser Überweisungsbeleg den Empfängern und Spendern bringt.

3. Ein Unternehmer beantragt bei seinem Kreditinstitut, im Einzugsermächtigungsverfahren seine Kundenforderungen in monatlicher Höhe von 65.000 EUR einziehen zu dürfen. Daraufhin wird er gebeten, in der Kreditabteilung vorzusprechen und die letzten beiden Jahresbilanzen mitzubringen.

   Wie begründen Sie dem Unternehmer das Verhalten der Bank?

4. Welche Zahlungsmöglichkeiten bieten sich an für die Zahlung von

   a) monatlicher Miete,
   b) Steuern,
   c) Postwertzeichen,
   d) Gehältern,
   e) Telefonrechnungen,
   f) Eingangsrechnungen bei andauernder Geschäftsbeziehung?

5. Ein Schuldner hat die Wahl, seine Schuld in Höhe von 20.000 EUR mit Verrechnungsscheck oder per Überweisung zu zahlen.

   Prüfen Sie die Zins- und Kostenvor- und -nachteile, und entscheiden Sie, welche Zahlungsmöglichkeit die günstigere ist.

6. Stellen Sie fest, wer im Scheckverkehr Aussteller, Bezogener und Schecknehmer ist.

7. Willy Kaiser, Jena, sendet den Scheck (Bild, Seite 292) an Hans Glatz, Aachen, zur Begleichung einer Rechnung. Prüfen Sie,

   a) wo der Scheck bar eingelöst werden kann,
   b) wie Herr Glatz den Scheck verwenden kann,
   c) wann Herr Kaiser seine Schuld beglichen hat.

8. Worin unterscheiden sich die Kreditkarte und die Bankkarte?

	Kredikarte	**Bankkarte**
Ausgabestelle		
Empfänger		
Jahresgebühr		
Zusatzleistungen		
Kontobelastung		

9. Rufen Sie im Internet die Homepage der Postbank auf (www.postbank.de). Im Menüpunkt Onlinebanking (Mauszeiger auf »Kunden-Login« → Online-Banking → Demokonto testen) können Sie ein Demokonto testen. Lesen Sie die Informationen sorgfältig durch und erkunden Sie die Möglichkeiten des Onlinebankings.
   a) Welchen Betrag haben Sie zuletzt an das Finanzamt Köln überwiesen?
   b) Wie hoch ist Ihr aktueller Kontostand?
   c) Welche Funktionen stehen den Kunden beim Onlinebanking zur Verfügung?
   d) Welche Funktionen beinhaltet der Menüpunkt »Einstellungen«?
   e) Nennen Sie die notwendigen Schritte zur Vornahme einer Überweisung.
10. Wie kann man sich gegen die Gefahren beim Onlinebanking schützen?

Zusammenfassende Übersicht:
Möglichkeiten des Zahlungsverkehrs kennen

Angebote im Zahlungsverkehr

	SEPA-Überweisung	SEPA-Dauerauftrag	SEPA-Lastschrift	– Basislastschrift	– Firmenlastschrift	Scheck	Bankkarte	Geldkarte	Kreditkarte
beleghafte Zahlung	●	●		●	●	●			
Kartenzahlung							●	●	●
Onlinebanking	●	●		●	●				
Onlinezahlung (Internet)	●			●	●		●		●

1 Außerbetriebliche Beziehungen darstellen

▶ Handlungsauftrag

Erstellen Sie eine Übersicht, aus der hervorgeht,

- welche Faktoren für den derzeitigen Standort Ihres Ausbildungsunternehmens sprechen und
- welche Faktoren gegen den Standort sprechen.

1.1 Das Ausbildungsunternehmen im Wirtschaftskreislauf

1.1.1 Einfacher Wirtschaftskreislauf

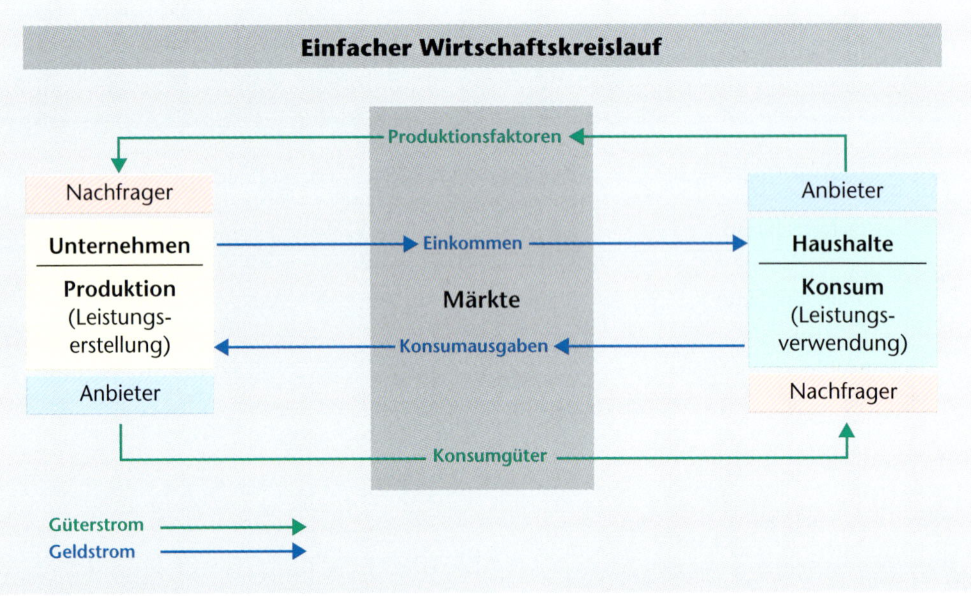

Im einfachen Wirtschaftskreislauf treten lediglich Unternehmen und Haushalte auf. Beide können sowohl Anbieter als auch Nachfrager nach Gütern und Dienstleistungen sein.

▶ Unternehmen

Sie produzieren Güter und Dienstleistungen (Produktion, **Leistungserstellung).** Dieser Produktionsprozess vollzieht sich in Stufen von der Rohstoff- und Energiegewinnung

(Urproduktion) bis zur Bereitstellung der Güter in Handels- oder sonstigen Dienstleistungsunternehmen (Distribution). Um diese Leistungen produzieren zu können, fragen die Unternehmen die betriebswirtschaftlichen Produktionsfaktoren Arbeit, Roh-, Hilfs- und Betriebsstoffe und Betriebsmittel nach.

Beispiele:

1. Ein Industrieunternehmen benötigt zur Herstellung von Sitzmöbeln Mitarbeiter, den Rohstoff Holz, die Hilfsstoffe Schrauben und Leim sowie eine Werkhalle und Maschinen.
2. Ein Stahl-Großhandelsunternehmen kommissioniert in seinem Freilager mittels geeigneter Umschlaggeräte die Aufträge für die Baubranche.

Unternehmen treten auf den Märkten als **Nachfrager** nach **Produktionsfaktoren** (Arbeitsleistungen und sachlichen Mitteln) auf. Gleichzeitig sind sie **Anbieter** von **Gütern und Dienstleistungen.**

Sie bestimmen ihre Geschäftstätigkeit selbst und orientieren sich dabei über die Preise an der Nachfrage am Markt.

Beispiel: Im Bereich der Unterhaltungsbranche steigt der Preiskampf für Handys. Der Einzelhandel auf der Absatzseite ist davon ebenso betroffen wie der Großhandel im Beschaffungsbereich für Rohstoffe zur Herstellung von Geräten. Auf allen Stufen führt der Kostendruck dazu, die Kosten zu senken oder die Gewinnspanne zu reduzieren.

Wesentliche Merkmale der Unternehmen sind die Absicht, maximalen Gewinn zu erzielen und die Bereitschaft, das Unternehmerrisiko zu übernehmen.

▶ Haushalte

Die von den Unternehmen produzierten Konsumgüter und Dienstleistungen werden mittelbar oder unmittelbar zur Bedarfsdeckung verwendet **(Leistungsverwendung).** Unmittelbare Bedarfsdeckung vollzieht sich vornehmlich in privaten Haushalten.

Haushalte treten auf den Märkten als **Anbieter** von **Produktionsfaktoren** und als **Nachfrager** nach **Konsumgütern** auf.

Sie finanzieren die Deckung ihres Bedarfs aus Einkommen, das sie durch die Bereitstellung von Produktionsfaktoren bezogen haben.

1.1.2 Erweiterter Wirtschaftskreislauf

Im erweiterten Wirtschaftskreislauf treten neben den Unternehmen und Haushalten auch **Kapitalsammelstellen,** der Staat und das Ausland auf. Der **Staat** tritt über den Bund, die Länder und Gemeinden als Anbieter und Nachfrager von Gütern und Dienstleistungen auf.

Im Normalfall wächst die Wirtschaft von Jahr zu Jahr. Zu diesem Zweck müssen neue Produktionsanlagen geschaffen werden. Die Vergrößerung und Verbesserung des Produktionsapparates setzt voraus, dass die Konsumenten nicht alles erworbene Geld konsumieren, sondern einen Teil davon **sparen**, d. h., Kapital bilden, das dann in den Unternehmen **investiert** wird.

Als Sammelstellen für gespartes Kapital kommen die Kapitalsammelstellen (Banken, Versicherungen und Bausparkassen) zum Wirtschaftskreislauf hinzu.

Innerhalb der Unternehmen führen die Außenhandelsbetriebe die wirtschaftlichen Beziehungen zum Ausland als Außenhandelspartner.

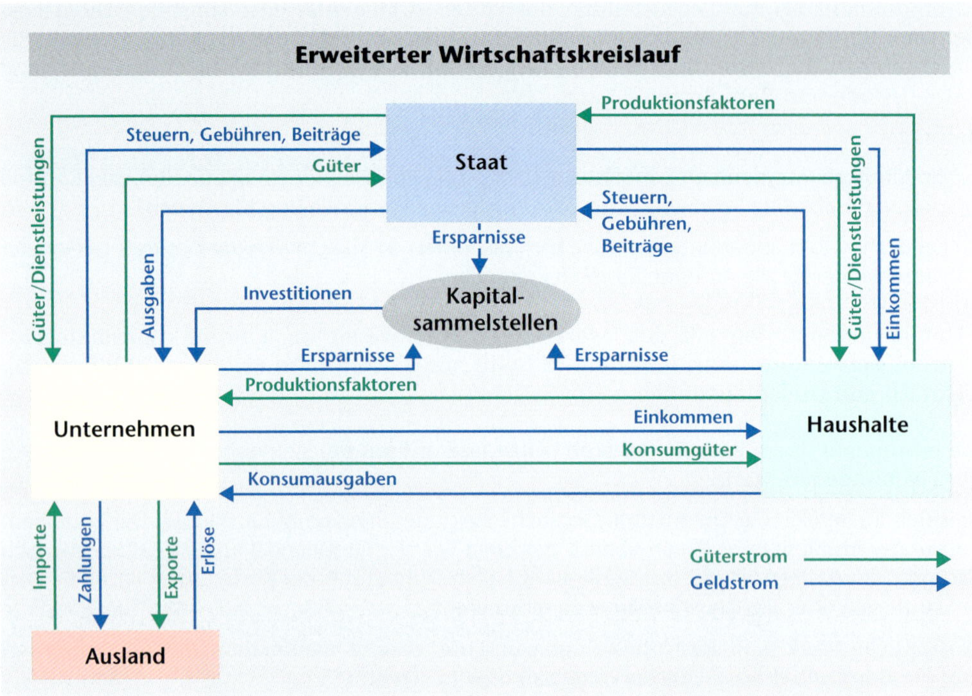

Die **Bedeutung des Außenhandels** für die Exportnation Deutschland wird anhand der untenstehenden Zahlen deutlich.

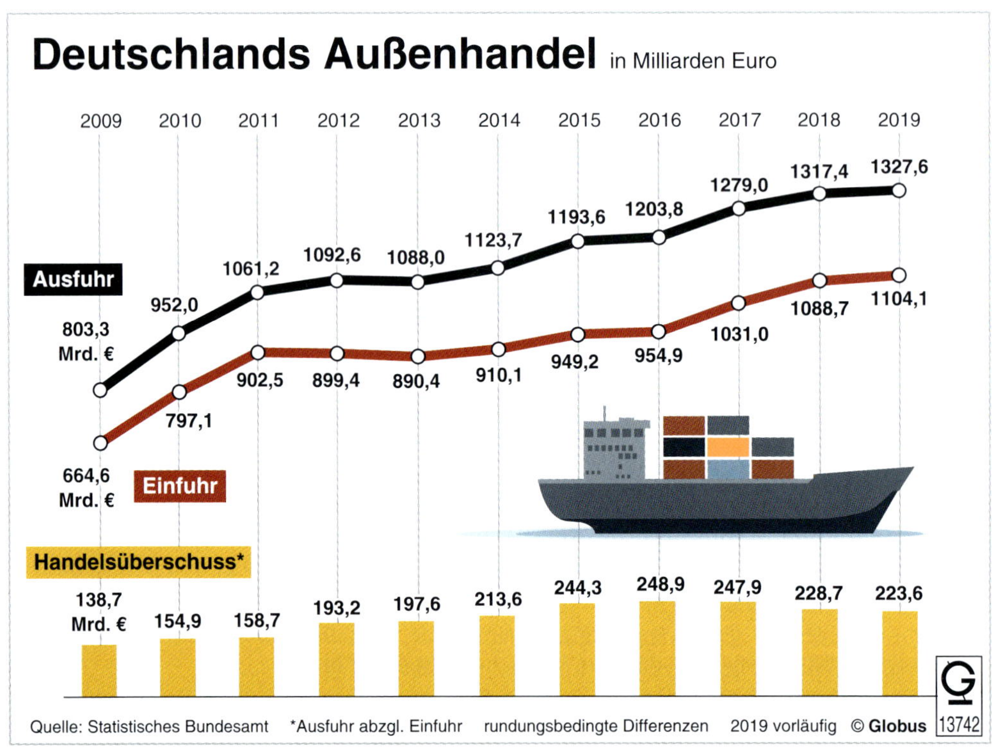

	2009	2010	2011	2012	2013	2014	2015	2016	2017	2018	2019
Ausfuhr	803,3 Mrd. €	952,0	1061,2	1092,6	1088,0	1123,7	1193,6	1203,8	1279,0	1317,4	1327,6
Einfuhr	664,6 Mrd. €	797,1	902,5	899,4	890,4	910,1	949,2	954,9	1031,0	1088,7	1104,1
Handelsüberschuss*	138,7 Mrd. €	154,9	158,7	193,2	197,6	213,6	244,3	248,9	247,9	228,7	223,6

In den Modellen des einfachen und erweiterten Wirtschaftskreislaufs unterscheidet man zwischen **stationärer** und **evolutorischer Wirtschaft.**

	stationäre Wirtschaft	evolutorische Wirtschaft
Merkmal	Keine Veränderungen im Zeitablauf: **konstant**	Veränderungen im Zeitablauf: **wachsend oder schrumpfend**
Verhalten der Marktteilnehmer	– Die Haushalte konsumieren ihr gesamtes Einkommen. – Die Unternehmen ersetzen das abgenutzte Anlagevermögen.	– Die Haushalte sparen und können damit Kapital für mögliche Investitionen bereitstellen. – Die Unternehmen erweitern ihre Kapazitäten, um zusätzliche Güter bereitzustellen.
Annahmen des Modells	– Die Bevölkerungszahl bleibt gleich. – Die Struktur der Bevölkerung bleibt gleich.	– Die Bevölkerungszahl ändert sich. – Der Verbrauch ändert sich. – Es findet technischer Fortschritt statt. – In der Gesellschaft steht Kapital zur Verfügung.
Ergebnis	Die Gesellschaft hat keinen Zuwachs bzw. Rückgang an Wohlstand.	– Eine wachsende Wirtschaft kann Grundlage dafür sein, dass der Wohlstand steigt. – Eine schrumpfende Wirtschaft kann zu Wohlstandsverlusten führen.

▶ Aufgaben und Probleme

1. Weshalb ist eine stationäre Wirtschaft weder wünschenswert noch vorstellbar?
2. Erklären Sie den Begriff der evolutorischen Wirtschaft.
3. Stellen Sie die wesentlichen Beziehungen in einem erweiterten Kreislaufmodell als güter- und geldwirtschaftliche Beziehungen dar.
4. Welche Leistungen erstellt
   a) ein Großhandelsunternehmen,
   b) ein Industrieunternehmen,
   c) ein Kreditinstitut,
   d) ein Versicherungsunternehmen,
   e) ein Speditionsbetrieb,
   f) ein Reisebüro,
   g) ein Hotel- und Gaststättenbetrieb,
   h) ein Importgroßhändler?
5. Erläutern Sie, welche Funktionen (Aufgaben)
   – bei einem Industrieunternehmen,
   – bei einem Handelsunternehmen erfüllt werden
   a) im Güterstrom,
   b) im Geldstrom,
   c) in der Leitung des Unternehmens.

1.2 Entstehung, Verwendung und Verteilung des Bruttoinlandsproduktes

Das Statistische Bundesamt erstellt für unsere Volkswirtschaft regelmäßig Statistiken, die auch zur Erstellung der **Volkswirtschaftlichen Gesamtrechnung (VGR)** führen. Dabei hat der volkswirtschaftliche Begriff **Bruttoinlandsprodukt** eine wesentliche Bedeutung.

Die Berechnung des Bruttoinlandsproduktes berücksichtigt den Einsatz der Produktionsfaktoren in einer Volkswirtschaft.

Das **Bruttoinlandsprodukt (BIP)** ist eine **Messgröße,** die die Summe aller in einer Volkswirtschaft in einem Jahr **produzierten Güter und Dienstleistungen** erfasst.

Damit kann diese Größe zu Vergleichen herangezogen werden:

- Vergleich des Wachstums einer Volkswirtschaft verschiedener Jahre;
- Vergleich des Wachstums einer Volkswirtschaft mit anderen Volkswirtschaften.

Wenn man die Entwicklung der Volkswirtschaft durch den Vergleich mit vergangenen Jahren oder mit anderen Nationen untersucht hat, lassen sich anschließend für die Wirtschaftspolitik wichtige Empfehlungen ableiten.

Der Ausweis der Wachstumswerte muss als **reale Größen erfolgen.** Dabei werden die Zahlen des Bruttoinlandsproduktes auf ein Basisjahr (z. B. 2010) zurückgeführt. Die Statistik ermöglicht

- eine Übersicht über den Umfang und den Wert der **wirtschaftlichen Leistung** (Gesamtproduktion – BIP),
- einen Einblick in die **Produktionsstruktur** Deutschlands,
- eine Darstellung der **Einkommensverteilung** auf die an der Produktion beteiligten gesellschaftlichen Gruppen,
- einen Überblick über die **Verwendungsarten** der produzierten Güter,
- einen **Vergleich** mit anderen Volkswirtschaften.

Bruttowertschöpfung nach Wirtschaftsbereichen

Wirtschaftsbereich	2017	2018	2019	2017	2018	2019
	in jeweiligen Preisen, Mrd. EUR			**preisbereinigt, Veränderung gegenüber dem Vorjahr in %**		
Land- und Forstwirtschaft	27,0	25,7	28,1	-2,7	-1,3	2,3
Produzierendes Gewerbe, ohne Baugewerbe	752,7	765,6	749,9	3,2	1,3	-3,5
Baugewerbe	137,8	152,8	171,4	-0,6	3,4	3,5
Handel, Gastgewerbe und Verkehr	467,2	483,7	501,1	2,9	1,8	2,1
Information und Kommunikation	134,0	138,0	143,8	3,5	3,1	2,6
Finanz- und Versicherungsdienstleister	117,9	118,0	119,5	3,8	-0,1	2,5
Grundstücks- und Wohnungswesen	308,6	315,9	326,2	-1,0	1,1	1,3
Unternehmensdienstleister	334,9	346,4	354,6	3,7	2,2	0,7
Öffentliche Dienstleister, Erziehung und Gesundheit	531,4	553,1	581,1	3,4	1,2	1,7
Sonstige Dienstleister	111,0	113,1	116,8	0,8	0,1	1,0
Alle Wirtschaftsbereiche	2.922,3	3.012,3	3.092,5	2,5	1,5	0,4

Quelle: Statistisches Bundesamt (http://www.destatis.de), Monatsabericht der Deutschen Bundesbank, Juli 2020

Die Steigerung des Bruttoinlandsproduktes kann durch eine Veränderung der Preise erfolgt sein, ohne dass dadurch mehr Güter und Dienstleistungen produziert wurden. Um die tatsächliche Entwicklung der Mehrproduktion erfassen zu können, müssen Preisveränderungen herausgerechnet werden.

Eine wichtige Größe für die Planungen der Träger der Wirtschaftspolitik ist das **Volkseinkommen.** Es wird in der Verteilungsrechnung ermittelt als die Summe aus dem Arbeitnehmereinkommen und dem Unternehmens- und Vermögenseinkommen.

Die Ermittlung des Bruttoinlandsproduktes (Jahr 2019, in Mrd. EUR)

Entstehung
(Entstehungsrechnung)

Es wird ermittelt, **welchen Beitrag** die einzelnen **Wirtschaftsbereiche** zum Bruttoinlandsprodukt **beitragen.**

Bruttowertschöpfung aus
- Land- und Forstwirtschaft, Fischerei 28,1
- Baugewerbe 171,4
- Produzierendes Gewerbe 749,9
- Handel, Gastgewerbe und Verkehr 501,1
- Information und Kommunikation 143,8
- Finanz- und Versicherungsdienstleister 119,5
- Grundstücks- und Wohnungswesen 326,2
- Unternehmensdienstleister 354,6
- Öffentliche und private Dienstleister 581,1
- Sonstige Dienstleister 116,8

\+

Gütersteuern abzüglich Gütersubventionen 342,7

=

Verwendung
(Verwendungsrechnung)

Es wird ermittelt, **von wem** die produzierten Güter und Dienstleistungen **verbraucht** werden.

Ausgaben für
- privaten Konsum und Konsum privater Organisationen ohne Erwerbszweck 1.795,4
- Konsumausgaben des Staates 698,9

\+

Investitionen 746,5

\+

Außenbeitrag (Exporte – Importe) 200,5

\+

Vorratsveränderungen –6,1

=

Verteilung
(Verteilungsrechnung)

Es wird ermittelt, **welche Gruppen** welchen **Anteil** am Bruttoinlandsprodukt **erhalten.**

- Arbeitnehmereinkommen (Löhne und Gehälter) 1.848,4
- Unternehmens- und Vermögenseinkommen 711,8

=

Volkseinkommen

\+

Produktions- und Importabgaben 337,6

=

Nettonationaleinkommen

\+

Abschreibungen 637,0

=

Bruttonationaleinkommen

–

Saldo der Primäreinkommen aus der übrigen Welt –99,6

=

Bruttoinlandsprodukt 3.435,2

Quelle: Statistisches Bundesamt

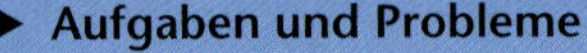

▶ Aufgaben und Probleme

1.

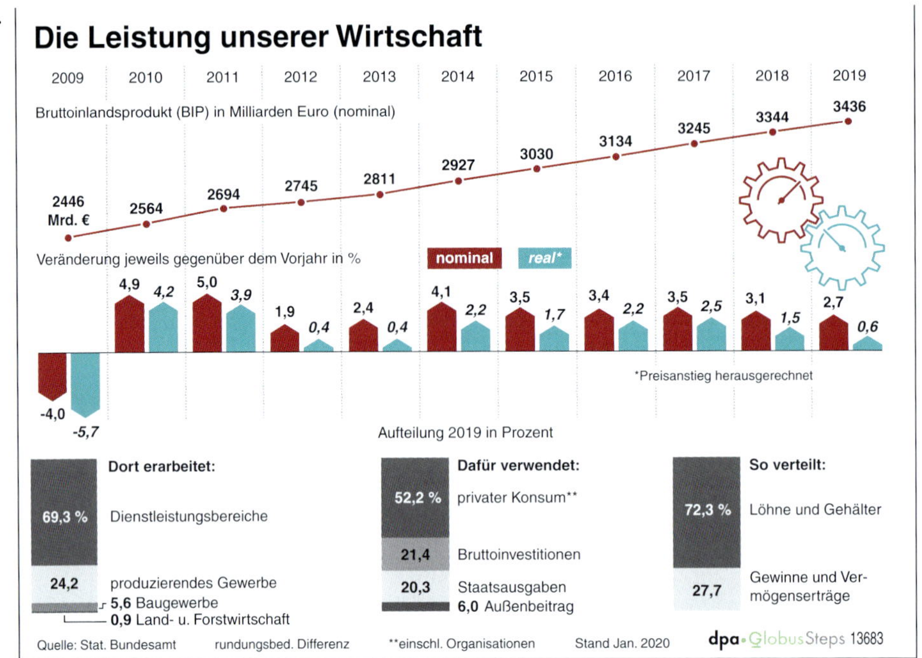

a) Erklären Sie das Schaubild.

b) Was als »Entstehung« und »Verwendung« des Bruttoinlandsproduktes beschrieben ist, sind die beiden Seiten »einer Medaille«. Formulieren Sie sowohl für die Entstehung als auch für die Verwendung jeweils zwei Aussagen, die für 2019 die wirtschaftliche Situation in Deutschland beschreiben.

2. Erklären Sie den Zusammenhang zwischen Volkseinkommen einerseits und Arbeitnehmerentgelt und Unternehmens- und Vermögenseinkommen andererseits.

3.

	Bruttoinlandsprodukt	Bevölkerung
	Mrd. EUR	in 1.000.000
Jahr/Stichtag	**2018**	**30.06.2018**
Deutschland	3.386,0	82,8
Baden-Württemberg	511,4	11,0
Bayern	625,1	13,0
Berlin	147,0	3,6
Brandenburg	73,7	2,5
Bremen	34,2	0,7
Hamburg	120,3	1,8
Hessen	292,0	6,2
Mecklenburg-Vorpommern	44,9	1,6
Niedersachsen	296,1	7,9
Nordrhein-Westfalen	705,0	17,9
Rheinland-Pfalz	149,1	4,1

Quelle: Statistische Ämter des Bundes und der Länder, Zahlen gerundet

	Bruttoinlandsprodukt	Bevölkerung
	Mrd. EUR	in 1.000.000
Jahr/Stichtag	**2018**	**30.06.2018**
Saarland	35,9	1,0
Sachsen	126,3	4,0
Sachsen-Anhalt	63,5	2,2
Schleswig-Holstein	97,0	2,9
Thüringen	63,8	2,1

Quelle: Statistische Ämter des Bundes und der Länder, Zahlen gerundet

a) Werten Sie die Tabelle aus.

b) Treffen Sie mindestens fünf wesentliche Aussagen, die sich aus dem Zahlenmaterial ergeben.

c) Präsentieren Sie diese Aussagen.

4. Die Verwendungsrechnung des Bruttoinlandsproduktes zeigt, wofür das Produktionsergebnis verwendet wurde.

   Ermitteln Sie anhand der nachstehenden Daten den Außenbeitrag.

   - private Konsumausgaben 1.330,98 Mrd. EUR
   - Konsumausgaben des Staates 414,75 Mrd. EUR
   - Ausrüstungen 153,85 Mrd. EUR
   - Bauten 204,97 Mrd. EUR
   - sonstige Anlagen 26,52 Mrd. EUR
   - Inländische Verwendung 2.131,07 Mrd. EUR
   - Bruttoinlandsprodukt 2.244.00 Mrd. EUR

5. Für eine Volkswirtschaft gelten folgende Größen:

   - Einkommen der privaten Haushalte aus Faktorleistungen ??
   - Einkommen der privaten Haushalte vom Staat (Löhne, Gehälter, Sozialleistungen) 500 GE
   - Ersparnisse der privaten Haushalte 300 GE
   - Konsumausgaben der privaten Haushalte 2.400 GE
   - Von privaten Haushalten an den Staat abgeführte direkte Steuern 1.100 GE
   - Von Unternehmen an den Staat abgeführte Steuern ??
   - Subventionen 200 GE
   - Ausgaben des Staates für Sachgüter und Dienstleistungen 1.300 GE
   - Von Unternehmen bei den Banken in Anspruch genommene Investitionskredite 300 GE
   - Exporte und Importe belaufen sich auf je 120 GE

   a) Tragen Sie in den Geldkreislauf (nächste Seite) die einzelnen Ströme und Stromgrößen ein.

   b) Wie hoch müssen die Einkommen der privaten Haushalte aus Faktorleistungen sein, damit der Kreislauf geschlossen ist?

   c) Wie hoch müssen die Steuern der Unternehmen an den Staat sein, damit der Staatshaushalt ausgeglichen ist?

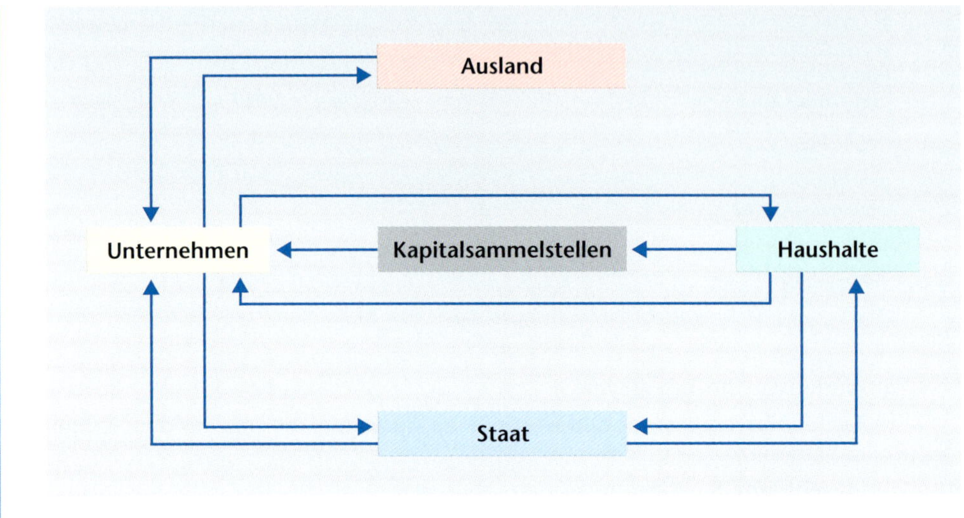

1.3 Faktoren für die Wahl des Standortes

Der richtige **Standort** ist oft entscheidend für die Lebensfähigkeit eines Unternehmens. Er bestimmt die Umsatzhöhe und die erzielbaren Preise, aber auch die Kosten für die Leistungen und damit den Gewinn. Groß- und Außenhandelsbetriebe sind bei der Standortentscheidung grundsätzlich frei **(freier Standort).** Dagegen sind viele Industriebetriebe bei der Standortwahl festgelegt **(gebundener Standort).** Dies gilt für Betriebe der Urproduktion oder für Betriebe der Mineralölindustrie.

Der optimale Standort für das Unternehmen ergibt sich dort, wo der **größtmögliche Gewinn** als Unterschied zwischen standortbedingten Erträgen und standortbedingten Aufwendungen erwartet werden kann.

Bei der Entscheidung für den **Standort eines Unternehmens** kann eine Vielzahl von Faktoren eine Rolle spielen. Es wird zwischen »weichen« und »harten« **Standortfaktoren** unterschieden:

Die Wahl des Standortes	
harte Standortfaktoren	**weiche Standortfaktoren**
– **Verkehrsanbindung** – **Nähe** zu den Absatzmärkten – **Verfügbarkeit** über qualifizierte **Mitarbeiter** – **Verfügbarkeit** über und **Kosten** von **Büro-, Lager- und Verkaufsflächen** – **Beschaffungsmöglichkeiten**	– **Image der Region** oder der **Kommune** – **Wohnen und Wohnumfeld** in der Region/Kommune – **Kulturangebot** – **Verbundenheit** des Entscheidungsträgers mit der **Region/Kommune**
– messbar – objektive Bewertung liefert die Entscheidungsgrundlage – Überprüfbarkeit der Auswirkungen	– kaum messbar – persönliche Einschätzung liefert die Entscheidungsgrundlage – Auswirkungen nachträglich nur schwer überprüfbar

Aus den bewertbaren und überprüfbaren Faktoren sollen die harten Standortfaktoren näher erläutert werden.

Standortfaktoren Orientierungsmerkmale	Bezeichnung des Standortes	Beispiele
Verkehrsanbindung Bindung an die Verkehrsnetze von Schiene, Straße und Wasser sowie im Luftverkehr	verkehrsorientierter Standort	Kohlekraftwerke, Stahlwerke, Raffinerien
Nähe zu den Absatzmärkten Kundennähe	– konsumorientierter Standort – absatzorientierter Standort	– Kaufhäuser – Zulieferindustrie
Verfügbarkeit von Mitarbeitern (quantitativ/qualitativ) Bindung an Arbeitnehmer	arbeits- und lohnorientierter Standort	Betriebe mit hoher Beschäftigtenzahl oder mit Bedarf an Spezialkräften (feinmechanische, optische Industrie)
Verfügbarkeit und Kosten von Büro-, Lager- und Verkaufsflächen Bindung an regionale Kostenvorteile und an die Gewährung von Vorteilen durch den Bund, die Länder und Kommunen und durch die Europäische Union (Subventionen, Steuervorteile, verbilligte Betriebsgrundstücke)	– gesamtwirtschaftlich orientierter Standort – umweltorientierter Standort	– Betriebsansiedlung in strukturschwachen Gebieten – Betriebsaussiedlung aus Ballungsräumen wegen Umweltgefährdung
Beschaffungsmöglichkeiten Bindung an den Standort rohstoffgewinnender Betriebe	beschaffungsorientierter Standort	Obst- und Gemüsegroßhandel, Stahlgroßhandel

Mit der Attraktivität des Standortes für die Ansiedlung von Industrie- und Handelsbetrieben werben die Kommunen und Regionen ebenso wie die Bundesländer.

Jährlich werden umfangreiche Statistiken erstellt, um auch weltweit die Länder als Standorte zu vergleichen. Nach einer neueren Studie erreicht Deutschland dabei neben den USA und den aufstrebenden Volkswirtschaften Asiens eine sehr gute Position. Begründet wird dies mit einer sehr guten Infrastruktur, der hohen Qualität der Mitarbeiter, mit hervorragenden Telekommunikationssystemen und der hohen Lebensqualität in Deutschland.

Unternehmen können die Ergebnisse solcher Studien heranziehen, wenn es um die Frage der internationalen Standortwahl geht.

Bei der Standortwahl des **Unternehmens** wird die Entscheidung zunehmend auch auf Alternativen im Ausland ausgeweitet. Vor allem hohe Arbeitskosten werden als ein deutliches Argument für eine Verlagerung ins europäische oder überseeische Ausland genannt. Außerdem gilt es zu klären, wie die gegenwärtigen und absehbaren zukünftigen politischen Verhältnisse im Standortland sind.

Neben dieser grundsätzlichen Überlegung hängt die Standortfrage wesentlich davon ab, ob die Kunden oder die Lieferanten im Ausland ansässig sind.

Befinden sich die **Lieferanten** überwiegend im Ausland, hat das Unternehmen die Möglichkeit, die Kosten des Transportes zu beeinflussen und damit gegenüber seinen Konkurrenten die Wettbewerbsfähigkeit zu erhöhen.

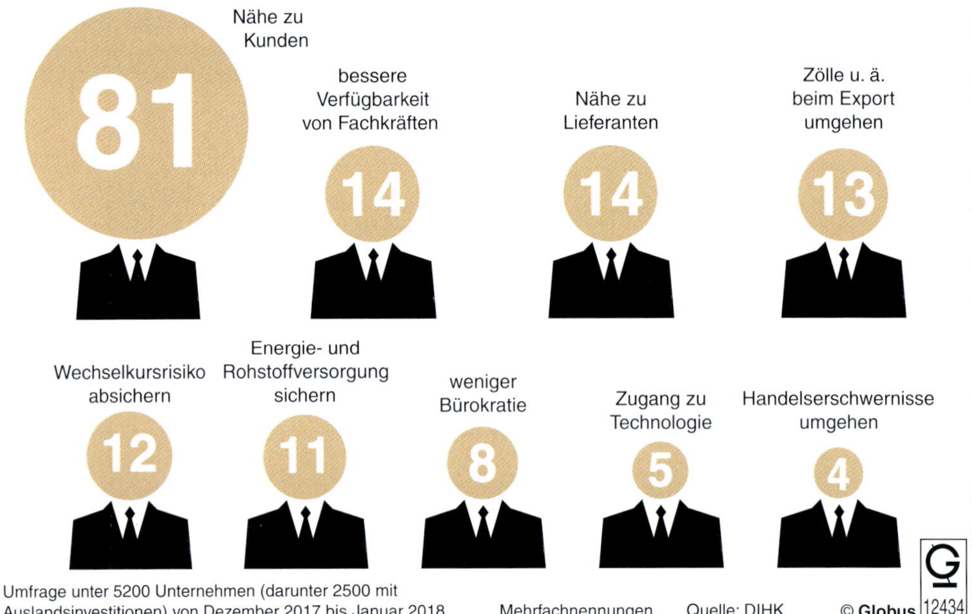

Um die Entscheidung einer Standortwahl zu untermauern, bedient man sich verschiedener Hilfsmittel. Eine Entscheidungsgrundlage können die Ergebnisse aus einer Entscheidungsbewertung sein. Dazu wird zunächst eine **Entscheidungsbewertungstabelle** erstellt.

Die Durchführung einer Entscheidungsbewertung wird im Folgenden dargestellt.

Sachverhalt: Ein Unternehmen des Obst- und Gemüseimportgroßhandel bereitet die Entscheidung für eine mögliche Verlagerung des bisherigen Standortes vor. Zur Auswahl stehen die folgenden Standorte:

- Offenburg in Südbaden als bisheriger Standort.
- Almeria in Südspanien; inmitten der großen Anbaugebiete Südspaniens.
- Neu-Isenburg bei Frankfurt/Main, mit direkter Anbindung an den Frankfurter Flughafen.

Vorgehensweise zur Ermittlung des optimalen Standortes (Bild, Seite 309):

1. Schritt: Festlegung geeigneter Standortfaktoren.
2. Schritt: Erstellung einer Tabelle.
3. Schritt: Gewichtung der Standortfaktoren im Vergleich (Spalte B). Dabei kann eine Skala von 0 (geringster Wert) bis 100 (höchster Wert) gewählt werden. Die Summe aller Gewichtungspunkte ergibt 100. Die Abstufung erfolgt in 5er-Schritten.
4. Schritt: Festlegung der Rangfolge für die einzelnen Standorte, bezogen auf einen Standortfaktor (Spalten C, E, G). Die Rangpunkte können frei gewählt werden. Der jeweils beste Standort für ein Kriterium erhält die höchste Punktzahl.
5. Schritt: Multiplikation der Gewichtung für die Standortfaktoren mit dem jeweiligen Rang (Spalten D, F, H).
6. Schritt Summenbildung und Entscheidung. Der Standort mit der höchsten Punktzahl erhält den Zuschlag.

	A	B	C	D	E	F	G	H
1	Standortfaktor		Offenburg		Almeria		Neu-Isenburg	
2 3		Gewichtung (G)	Rang (R)	G · R	Rang (R)	G · R	Rang (R)	G · R
4	Verkehrs-anbindung	25	1	25	2	50	3	75
5	Nähe zu Absatzmärkten	30	2	60	1	30	3	90
6	Verfügbarkeit qualifizierter Mitarbeiter	10	3	30	1	10	2	20
7	Büro-, Lager-, Verkaufsflächen	20	2	40	3	60	1	20
8	Beschaffungs-möglichkeiten	15	1	15	3	45	2	30
9	Summe	100		170		195		235

Ergebnis: Infolge der Ergebnisse der Entscheidungsbewertungstabelle kommt der Standort Neu-Isenburg infrage. Unberücksichtigt bleiben bei der Entscheidung allerdings die weichen Standortfaktoren.

▶ Aufgaben und Probleme

1. a) Ermitteln Sie mithilfe des Internets, wo in Deutschland Großhandelsunternehmen verschiedener Branchen ihre Standorte haben.
   b) Erstellen Sie eine Landkarte.
   c) Erklären Sie mögliche Gründe für die jeweilige Standortwahl.
   Führen Sie Ihre Untersuchung für folgende Branchen durch:
   – Stahlgroßhandel,
   – Lebensmittelgroßhandel,
   – …

2. »Das Freizeitangebot hat für die Standortwahl von Unternehmen, die hohe Ansprüche an die Qualifikation ihrer Mitarbeiter stellen, größeres Gewicht als wirtschaftliche Standortfaktoren«. Zu diesem Ergebnis kam eine Studie des Kommunalverbandes Ruhrgebiet. Begründen Sie diese Aussage und geben Sie Beispiele.

3. Die Bedeutung von Standortfaktoren kann sich im Laufe der Jahre verändern. Frühere Standortvorteile können zu Standortnachteilen werden. Zeigen Sie diesen Zusammenhang an einem Beispiel eines Handelsunternehmens.

4. »Chancen des Wirtschaftsstandorts Deutschland«
   (Auszüge aus: Peter Nunnenkamp, Schreckgespenst Globalisierung)
   »[...] Für die wirtschaftliche Zukunft Deutschlands ist letztlich entscheidend, ob die Anpassungszwänge (Anm.: infolge weltweit forcierter Arbeitsteilung) durch wirtschaftlichen Strukturwandel erfolgreich gemeistert werden. Die andauernden Arbeitsmarktprobleme deuten darauf hin, dass dies bisher nicht gelungen ist.
   [...] Kaum zu bestreiten ist der Tatbestand des ›Hochlohnlandes‹.
   [...] Die Wirtschaftspolitik wird zwar in verschiedener Hinsicht diszipliniert; so ist Kapital nur noch beschränkt besteuerbar, weil dieser Produktionsfaktor mobiler geworden ist. [...] Die Wirtschaftspolitik hat jedoch verschiedene Instrumente zur Hand, um die gesamtwirtschaftliche Kapitalbildung zu fördern.

[...] Es geht dabei nicht nur um Sachkapital, sondern auch um technologische Fertigkeiten und Humankapital. All diese Aspekte der Kapitalbildung können wirtschaftspolitisch gestaltet werden. [...]«

a) Welche Standortprobleme werden in diesen Textauszügen angesprochen?

b) Stellen Sie Lösungsansätze des Staates dar, um die genannten Probleme zu beseitigen.

c) Ermitteln Sie spezielle Standortprobleme
   - innerhalb Deutschlands,
   - im Vergleich Deutschlands zu angrenzenden europäischen Ländern.

5. Mit der Frage der Standortwahl verbinden Kommunen und Länder die Frage der Wirtschaftsförderung. Ermitteln Sie, welche Maßnahmen der Wirtschaftsförderung an den folgenden Standorten getroffen werden, damit sich Industrieunternehmen für den jeweiligen Standort entscheiden:
   - Dresden,
   - Stuttgart,
   - Bremen.

6. Unter dem Stichwort »Standortanalyse« werden die folgenden Standortfaktoren als bedeutsam bei der Entscheidung für einen Unternehmensstandort genannt:
   - Kundennähe
   - Verkehrslage
   - Energieversorgung
   - Umweltschutz
   - Fachkräfte
   - Geschäftslage
   - Bedarf am Standort
   - Sozialräume
   - Erweiterungsmöglichkeiten
   - Kundenparkplätze
   - Infrastruktur, allgemein
   - geringe Kosten, allgemein
   - Gewerbesteuer
   - repräsentative Räume
   - Materialversorgung
   - Zulieferer
   - Bodenbeschaffenheit
   - Umbau

   (Quelle: http://www.unternehmerinfo.de/Gruendung/Allgemein/Existenzgruendung_Standortanalyse.htm)

   a) Klären Sie die Inhalte der Standortfaktoren und bringen Sie diese in eine Rangfolge. Stellen Sie diese Rangfolge dar und begründen Sie Ihre Aufstellung.

   b) Führen Sie ein entsprechendes »Ranking« der obigen Standortfaktoren durch nach deren Bedeutung für die Standortauswahl
      - eines Einzelhandelsbetriebes für Haushaltsgeräte;
      - eines industriellen Herstellers für Baustoffe.

   c) Stellen Sie mindestens fünf Informationsquellen dar, die bei der Entscheidungsfindung für einen Unternehmensstandort im Einzelhandel wichtige Informationen liefern können.

7. Führen Sie einen Standortvergleich mithilfe einer Entscheidungsbewertungstabelle durch. Entscheiden Sie sich anschließend begründet für einen Standort, indem Sie mindestens fünf Argumente formulieren.

   Die Reuss und Kleinn GmbH vertreibt als Großhändler Bauteile für die Elektronikindustrie. Das Unternehmen liefert schon seit langer Zeit an namhafte deutsche Computerhersteller. Die Reuss und Kleinn GmbH sieht nun eine Möglichkeit, Platinen selbst zu produzieren. Dazu sollen Fertigteile unterschiedlicher Hersteller beschafft und anschließend die Platinen im Hause selbst gefertigt werden. Gleichzeitig soll für diesen Bereich eine eigene Entwicklungsabteilung aufgebaut werden. Aufgrund einer internen Analyse und nach einer Umfrage unter den möglichen Abnehmern hat man sich für die Aufnahme der Fertigung und den Vertrieb der Platinen entschieden. Für die Wahl der Produktionsstätte werden mehrere Standorte geprüft.

Der bisherige Standort im Westfälischen Raum:

Die Gemeinde (1.800 Einwohner, Zentrum mehrerer zusammengelegter Landgemeinden) hat die ausgewiesenen Gewerbegebiete erweitert. Auf eine Ansiedlung von Unternehmen unterschiedlicher Branchen wird in den nächsten Jahren gehofft, der Landrat verhehlt jedoch nicht, dass die Strukturen sehr ländlich geprägt sind. Die Grundstückspreise und die steuerlichen Abgaben sind im überregionalen Vergleich sehr günstig. Das Wohnumfeld ist in der Region sehr ländlich geprägt. Die Bevölkerung lebt jedoch in Ruhe und ohne Lärm- und Geräuschbelästigung. Deshalb lobt der geschäftsführende Gesellschafter Hajo Reuss auch das Lebensgefühl, das er seit seiner frühen Kindheit hier empfunden hat. Außer den allgemeinbildenden Schulen und dem im 20 Kilometern Entfernung befindlichen Berufsschulzentrum gibt es wenige berufliche Ausbildungsstätten. Die Nahverkehrsverbindungen werden durch ein privates Linienbusnetz aufrechterhalten. Die Belegschaft der Reuss und Kleinn GmbH besteht seit Jahren aus kompetenten und dem Unternehmen verbundenen Mitarbeitern.

Regionalzentrum in Brandenburg:

Die Region mit dem Mittelzentrum von 22.500 Einwohnern und einem Umfeld von weiteren 75.000 Einwohnern in Gemeinden bis zu 2.000 Einwohnern hat den Abwärtstrend der Abwanderung gestoppt. Seit zwei Jahren hat die Region leicht steigende Bevölkerungszahlen. Die Gemeinden beteiligen sich am regionalen Wirtschaftsförderungsprogramm, das Subventionen zur Ansiedlung gewährt. Bundes- und Landesfördermaßnahmen sind zwar reduziert worden, dennoch gibt es noch Möglichkeiten der Unterstützung, die die Kosten einer Ansiedlung gewaltig drücken. Die EU mit ihren regionalen Förderungsprogrammen gewährt ebenfalls Zuschüsse an die Unternehmen. Die neue technisch ausgerichtete Fachhochschule am Ort bildet in modernen Ingenieurwissenschaften aus. Die Gemeinde hat unmittelbaren Anschluss an die neue West-Ost-Tangente der Bundesautobahn. Die örtlichen Fremdenverkehrsvereine werben inzwischen mit der guten Infrastruktur und den vielen Freizeit- und Kulturangeboten. Die Deutsche Bahn AG verhandelt mit einem regionalen Verkehrsanbieter, der die vorhandenen Strecken mit einer hohen Taktung nutzen will.

Große Kreisstadt im Norden Baden-Württembergs:

Die große Kreisstadt mit 40.000 Einwohnern hat unmittelbare Anbindungen an die Autobahnen. Die Bundesstraßen in der Region bilden darüber hinaus ein engmaschiges Verkehrsnetz. Der Flughafen Stuttgart und kleinere Regionalflughäfen sind sehr schnell zu erreichen – und damit auch die Urlaubsziele im Süden. Das gewerbliche Umfeld ist seit Jahrzehnten geprägt von kleinen bis mittelständischen Betrieben, die jedoch die konjunkturellen und strukturellen Krisen der vergangenen Jahre sehr gut überstanden haben. Die Kammern führen dies nicht zuletzt auf den hohen Ausbildungsstand der Beschäftigten und die Bodenständigkeit der Bevölkerung zurück. In ersten Gesprächen mit Vertretern der Behörden und Kammern wurde signalisiert, dass die relativ hohen Steuersätze auch weiterhin Bestand haben werden. In Anbetracht der Anfragen von ansiedlungswilligen Unternehmen liegen die Grundstückpreise sehr hoch. Weiterhin über dem Bundesdurchschnitt liegen die Lohn- und Gehaltskosten in der Gegend. Die Verkehrsverbände betonen neben den vielfältigen Angeboten die Erhaltung der Naturschätze und die guten Umweltwerte.

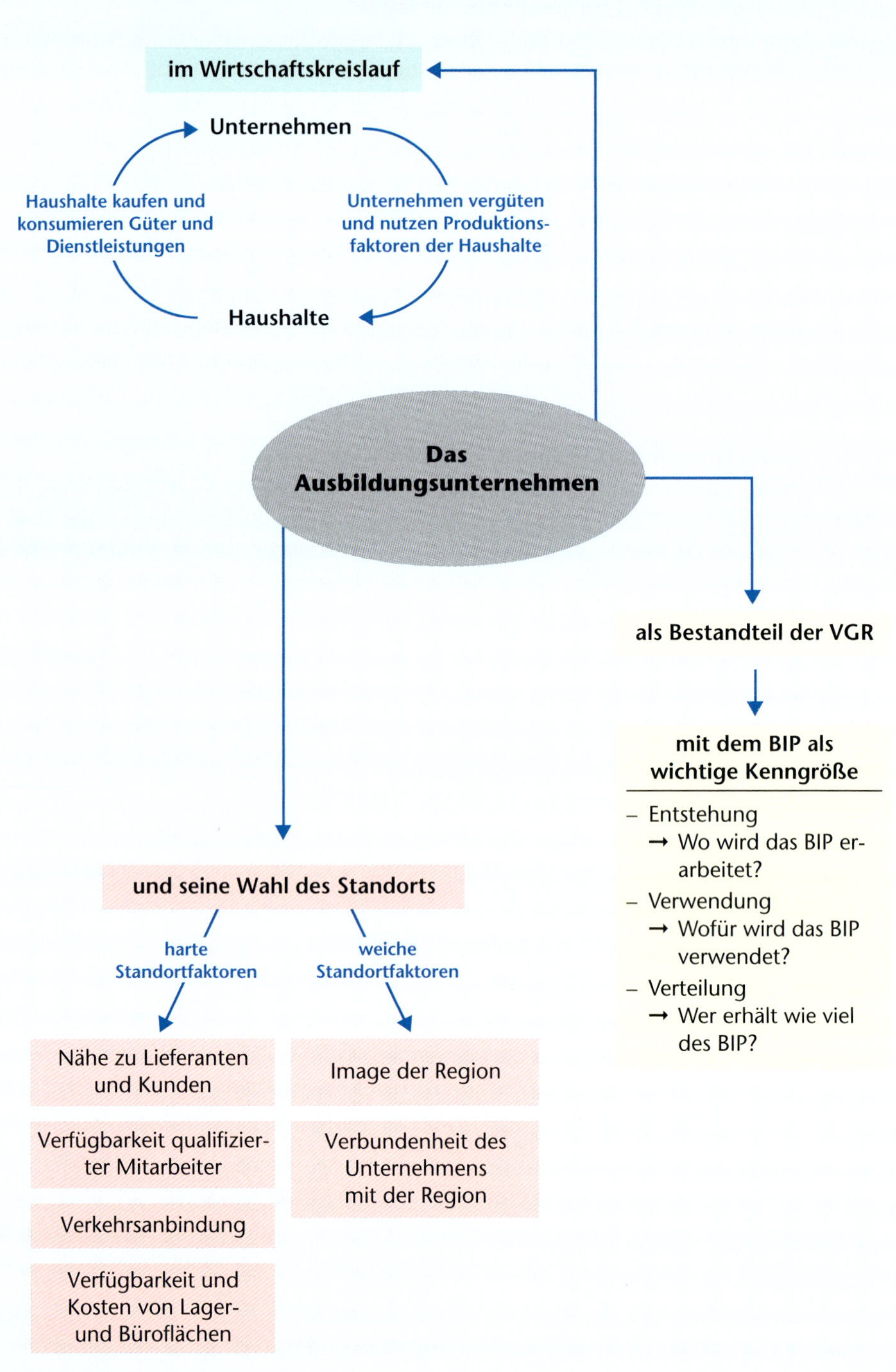
Zusammenfassende Übersicht:
Außerbetriebliche Beziehungen darstellen
im Wirtschaftskreislauf
Unternehmen
Haushalte kaufen und konsumieren Güter und Dienstleistungen
Unternehmen vergüten und nutzen Produktionsfaktoren der Haushalte
Haushalte
Das Ausbildungsunternehmen
als Bestandteil der VGR
mit dem BIP als wichtige Kenngröße
– Entstehung
→ Wo wird das BIP erarbeitet?
– Verwendung
→ Wofür wird das BIP verwendet?
– Verteilung
→ Wer erhält wie viel des BIP?
und seine Wahl des Standorts
harte Standortfaktoren
weiche Standortfaktoren
Nähe zu Lieferanten und Kunden
Verfügbarkeit qualifizierter Mitarbeiter
Verkehrsanbindung
Verfügbarkeit und Kosten von Lager- und Büroflächen
Image der Region
Verbundenheit des Unternehmens mit der Region

2 System der Sozialen Marktwirtschaft beurteilen

▶ Handlungsauftrag

Untersuchen Sie die Teilmärkte für Benzin, Reisen, Mineralwasser sowie Versicherungen hinsichtlich räumlich-zeitlicher, qualitativer und quantitativer Gesichtspunkte und erstellen Sie eine Tabelle.

Eine Wirtschaftsordnung, in der die einzelnen Menschen planen können, welche Güter sie als Produzenten herstellen oder als Konsumenten kaufen wollen und in der der Staat keine Preise vorschreibt, wird **Marktwirtschaft** genannt. Der Name deutet dabei darauf hin, dass die Abstimmung nachgefragter und bereitgestellter Güter über **Märkte** erfolgt.

2.1 Markt als Zusammentreffen von Angebot und Nachfrage

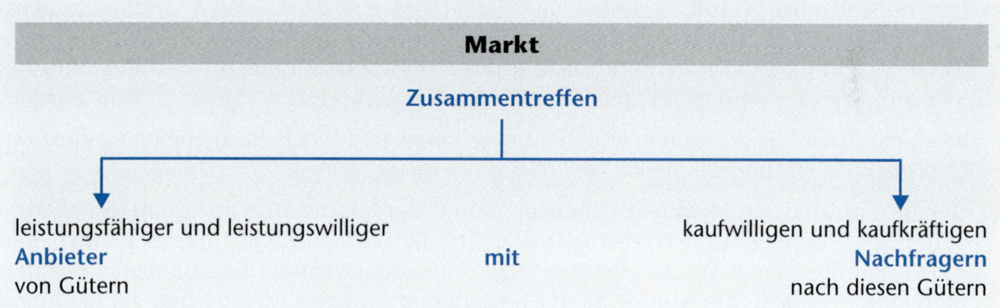

Es gibt eine Vielzahl von Märkten. Manchen dieser Märkte – wie z. B. den Wochenmarkt – kann jeder aufsuchen, sich das Warenangebot anschauen, es unmittelbar prüfen und mit den Händlern darüber sprechen. Andere Märkte sind für die meisten gar nicht erreichbar oder es liegen gar keine konkreten Waren aus (Börsenmarkt in Tokio, Arbeitsmarkt in Deutschland).

Alle Märkte haben in einer arbeitsteiligen Volkswirtschaft ein gemeinsames Merkmal: Sie dienen der **Tauschpartnerfindung.**

Aufgaben des Marktes

Damit sich die Tauschpartner finden, hat der Markt drei Aufgaben zu erfüllen:

Aufgaben des Marktes

sachlich	räumlich	wertmäßig
Er führt leistungsbereite Anbieter und beschaffungsbereite Nachfrager bestimmter Güter zusammen.	Er verbindet den Ort der Leistungserstellung mit dem Ort der Leistungsverwendung.	Er ermöglicht den Ausgleich von Tauschgütern, die als unterschiedlich wertvoll angesehen werden. Dabei ergeben sich **Preise.** Mithilfe eines gegenseitig anerkannten und beliebig teilbaren Zwischentauschgutes, des Geldes, wird der Ausgleich vollzogen.

Das **Gesamtangebot,** das sich aus den Güterangeboten zahlreicher Einzelanbieter zusammensetzt, und die **Gesamtnachfrage,** die sich aus den Bedarfsvorstellungen unzähliger Einzelnachfrager herausbildet, werden meist nur als **Angebot und Nachfrage** bezeichnet.

Die gesamtwirtschaftliche **Aufgabe des Marktes** besteht darin, das **Gesamtangebot** mit der **Gesamtnachfrage** über den Preis **ins Gleichgewicht** zu bringen.

Diese Überlegungen machen deutlich, dass vom Staat festgesetzte Preise die Aufgabe des Marktes nicht erfüllen, da sie sich nicht nach dem Verhältnis von Angebot und Nachfrage richten.

Marktformen

▶ Unterscheidung nach räumlich-zeitlichen Gesichtspunkten

Betrachtet man das Zusammentreffen von Angebot und Nachfrage unter dem räumlich-zeitlichen Gesichtspunkt (wo und wann treffen sich Gesamtangebot und Gesamtnachfrage?), so kann zwischen **zentralisiertem und dezentralisiertem Markt** unterschieden werden.

a) **Der zentralisierte Markt.** Angebot und Nachfrage eines größeren Wirtschaftsraumes konzentrieren sich zu festgelegten Zeiten an bestimmten Marktorten. Anbieter wie Nachfrager können sich verhältnismäßig rasch und bequem einen Überblick über die Verkaufs- und Kaufmöglichkeiten verschaffen. Der zentralisierte Markt ist **transparent.**

   Beispiele: Zu den zentralisierten Märkten zählen neben den allgemeinen Märkten (Jahrmarkt, Großmarkt) auch spezielle Märkte (Versteigerung, Messe, Börse).

b) **Der dezentralisierte Markt.** Die meisten Güter werden auf dezentralisierten Märkten gehandelt. Anbieter und Nachfrager eines größeren Wirtschaftsraumes können den Austausch der Güter frei an vielerlei Stellen besorgen. Durch die räumliche Aufspaltung fehlt dem dezentralisierten Markt weitgehend die gewünschte Einheitlichkeit und Übersichtlichkeit des gesamten Marktgeschehens. Der dezentralisierte Markt ist **nicht transparent.**

   Beispiele: Aufteilung des Lebensmittelhandels einer Stadt auf viele Einzelhandelsgeschäfte; briefliche oder telefonische Geschäftsabschlüsse zwischen Industrie- und Handelsunternehmen, deren Standorte voneinander entfernt sind; E-Commerce.

▶ Unterscheidung nach qualitativen Gesichtspunkten

Konkurrenten sind in aller Regel bemüht, ihre Leistungen mit besonderen Vorzügen **(Präferenzen)** auszustatten, sodass am Markt mehr oder weniger unterschiedliche Leistungen miteinander konkurrieren. Man unterscheidet zwischen dem **vollkommenen** und dem **unvollkommenen Markt.**

a) **Der vollkommene Markt** setzt voraus:

   - **Markttransparenz.** Alle Marktteilnehmer verfügen über die erforderlichen Informationen, damit der Markt für alle voll überschaubar ist.
   - **Homogenität der Güter.** Die auf dem Markt von Konkurrenten angebotenen Güter sind völlig gleichartig (homogen).
   - **Keine Präferenzen.** Einzelne Marktteilnehmer dürfen nicht von anderen Marktteilnehmern bevorzugt werden, weder in sachlicher, zeitlicher, örtlicher noch persönlicher Hinsicht.

b) **Der unvollkommene Markt** liegt vor, wenn mindestens eine der Voraussetzungen des vollkommenen Marktes nicht erfüllt ist.

Fast alle Märkte sind mehr oder weniger **unvollkommene Märkte** (Ausnahme: Börse).

▶ Unterscheidung nach quantitativen Gesichtspunkten

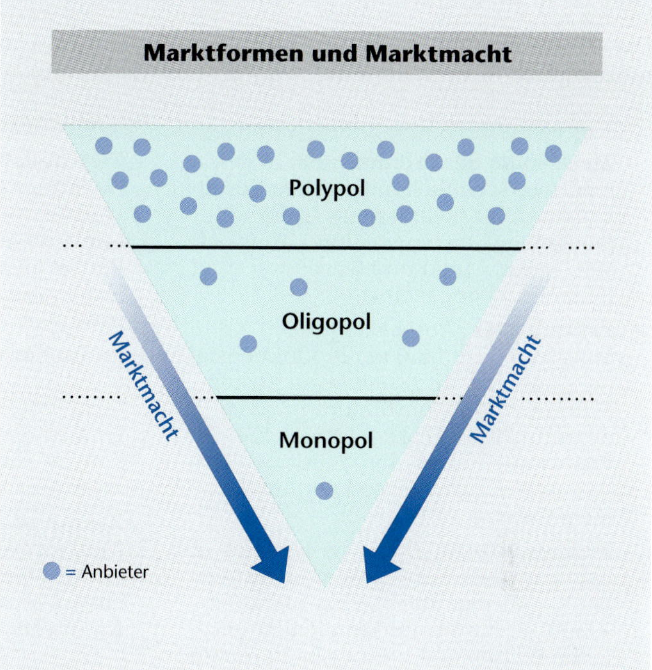

a) **Polypol:** Viele Konkurrenten stehen miteinander im Wettbewerb. Handelt es sich um so viele Wettbewerber, dass eine Erhöhung oder Verminderung der Gütermengen den Preis nur unerheblich beeinflusst, spricht man von einer vollkommenen Konkurrenz.

b) **Oligopol:** Einige wenige Wettbewerber beherrschen den Markt.

c) **Monopol:** Das gesamte Angebot (Angebotsmonopol) oder die gesamte Nachfrage (Nachfragemonopol) auf dem Markt eines Gutes befindet sich in einer Hand. Preise und Geschäftsbedingungen unterliegen einer einheitlichen Willensbildung und werden durch keinen Wettbewerb beeinflusst.

Da die Zahl der Konkurrenten sowohl auf der Angebotsseite als auch auf der Nachfrageseite verschieden sein kann, ergibt sich folgendes **Marktformenschema:**

Anzahl der Anbieter / Anzahl der Nachfrager	sehr viele	wenige	einer
sehr viele	Polypol	Angebotsoligopol	Angebotsmonopol
wenige	Nachfrage-oligopol	beiderseitiges Oligopol	beschränktes Angebotsmonopol
einer	Nachfrage-monopol	beschränktes Nachfragemonopol	beiderseitiges Monopol

Beispiele:

1. **Polypol:** Lebensmittelmarkt einer Großstadt mit zahlreichen Lebensmittelgeschäften
2. **Angebotsoligopol:** Lebensmittelmarkt einer Kleinstadt mit nur wenigen Lebensmittelgeschäften
3. **Angebotsmonopol:** einziges Schuhgeschäft einer Kleinstadt
4. **Nachfragemonopol:** Markt für militärische Ausrüstungsgegenstände
5. **Beiderseitiges Oligopol:** Markt für Satellitentransporte ins Weltall
6. **Beiderseitiges Monopol:** Tarifverhandlungen auf dem Arbeitsmarkt

2.2 Preisbildung in der Sozialen Marktwirtschaft

Die Unterscheidung der Marktformen ist vor allem wichtig für eine Untersuchung des preispolitischen Verhaltens der Anbieter und der Nachfrager.

Bestimmungsgründe des Angebots	Bestimmungsgründe der Nachfrage
– **Zielsetzung der Produzenten.** In der marktwirtschaftlichen Ordnung bestimmen die Unternehmer ihre Unternehmensziele (Gewinnerzielung, Umsatzsteigerung, Marktanteile, Bedarfsdeckung) selbst. – **Faktorkosten.** Ausschlaggebend dafür, in welchem Umfang ein Produktionsfaktor eingesetzt wird, sind seine Kosten. Teurere Produktionsfaktoren werden deshalb durch billigere ersetzt. Ziel des Produzenten ist es, durch die jeweils kostengünstigste Faktorkombination mehr Gewinn zu erzielen. – **Wettbewerbssituation.** Das Anbieterverhalten wird auch in starkem Maße von der Konkurrenzsituation am Markt bestimmt. Wenn Konkurrenten mit günstigeren Preisen und Vertragsbedingungen um die Gunst der Nachfrager kämpfen, wird ein Anbieter gezwungen, ebenfalls den Preis und die Leistungen anzupassen. Gelingt dies nicht, weil z. B. eine Senkung der Arbeitskosten nicht erreicht werden kann, wird für das Angebot kein Nachfrager gefunden werden.	– **Zielvorstellungen der Nachfrager.** Die Nachfrage nach Konsumgütern hängt von den Konsumwünschen der Menschen ab. Sie kaufen Güter nach ihrem Bedarf und ihrer Nutzenerwartung. Die Nachfrage nach Produktionsgütern hängt von den Unternehmenszielen ab. – **Preise der Güter.** Auch wenn die Wünsche noch so ausgeprägt sind, kann nicht jeder erfüllt werden. Im Regelfall müssen diejenigen, die Güter nachfragen, bei ihren Kaufentscheidungen den Preis des Gutes berücksichtigen. – **Zahlungsfähigkeit der Nachfrager.** Um Marktpreise bezahlen zu können, müssen die Nachfrager mit den entsprechenden Geldmitteln (Einkommen, Kredite) ausgestattet sein.

2.2.1 Preisbildung beim Polypol

Das **Polypol** ist die Marktform, bei der es sehr viele Anbieter und sehr viele Nachfrager gibt. Viele Konkurrenten stehen miteinander im Wettbewerb. Bei **vollkommener Konkurrenz** auf beiden Seiten des Marktes bildet sich der **Gleichgewichtspreis.**

Wechselwirkung von Angebot, Nachfrage und Preis

Aus dem Verhalten der Anbieter und Nachfrager gegenüber Preisentwicklungen lassen sich folgende Regeln ableiten:

Angebotsregel:

Je mehr der Preis eines Gutes steigt, desto größer wird die angebotene Menge.

Je mehr der Preis eines Gutes sinkt, desto geringer wird die angebotene Menge.

Der steigende Preis bietet lieferfähigen Anbietern einen wachsenden Anreiz, mehr Güter auf den Markt zu bringen. Mehr Anbieter werden das teurer gewor-

Nachfrageregel:

Je mehr der Preis eines Gutes steigt, desto geringer wird die nachgefragte Menge.

Je mehr der Preis eines Gutes sinkt, desto größer wird die nachgefragte Menge.

Der sinkende Preis erleichtert den Kaufentschluss und ermöglicht auch weniger kaufkräftigen Nachfragern den Kauf.

dene Gut produzieren und auf den Markt bringen.

Der sinkende Preis vermindert den Anreiz, ein Gut zu produzieren und auf den Markt zu bringen.

Der steigende Preis vermindert den Anreiz und die Fähigkeit, ein Gut zu erwerben.

Grafisch lassen sich diese Regeln in **typischen Kurvenverläufen** darstellen:

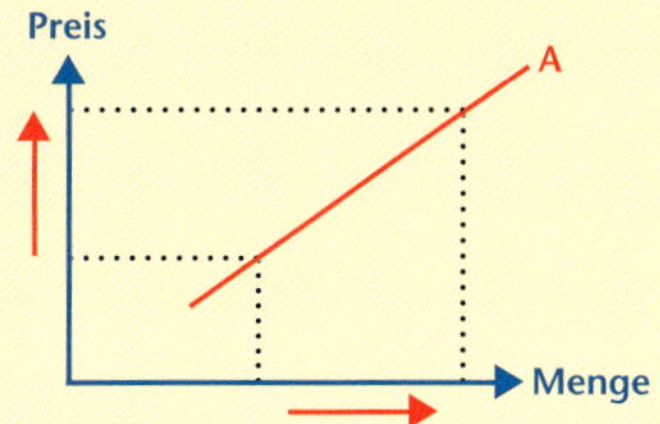

Die typische **Angebotskurve** steigt.

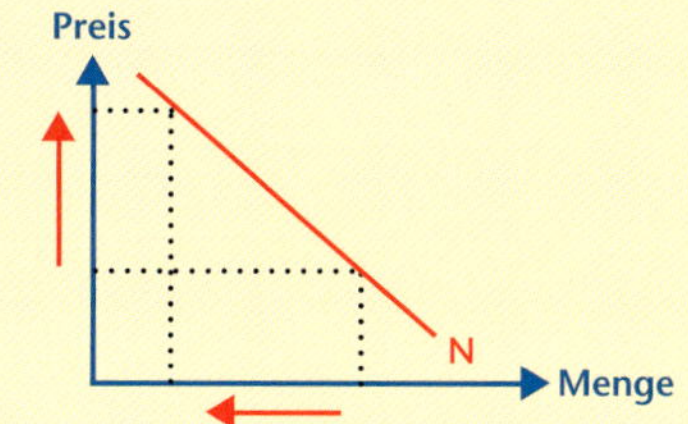

Die typische **Nachfragekurve** fällt.

Marktpreisbildung

Beispiel: Auf dem Wochenmarkt unterhalten sich Händler über die Preise für Kartoffeln. Dabei werden Preise zwischen 48 EUR und 60 EUR je Doppelzentner (dz) genannt. Aufgrund des regelmäßigen Angebots- und Nachfrageverlaufs wären zu den jeweiligen Preisen folgende Angebots- und Nachfragemengen zu erwarten:

Preis EUR je dz	zu erwartendes **Angebot** dz	zu erwartenede **Nachfrage** dz	**Marktlage**	jeweils mögliche **umgesetzte Menge** dz
48	14.500	19.500	Nachfrageüberhang	14.500
50	15.500	18.605	=	15.500
52	16.350	17.750	Angebotslücke	16.350
54	17.000	17.000	Gleichgewicht	17.000
56	17.500	16.250	Angebotsüberhang	16.250
58	17.800	15.750	=	15.750
60	18.100	15.250	Nachfragelücke	15.250

Analyse der jeweiligen Marktlage:

- Angenommener Preis von unter 54 EUR: **Nachfrageüberhang.**
  Bei transparenter Marktlage bemerken die Anbieter einen fließenden Absatz, die Nachfrager Warenknappheit. Dies gibt den Anbietern Anlass, einen höheren Preis zu fordern; die Nachfrager sind bereit, einen höheren Preis zu zahlen. Der Preis steigt. Es besteht ein »Verkäufermarkt«.
- Angenommener Preis von über 54 EUR: **Angebotsüberhang.**
  Bei transparenter Marktlage bemerken die Anbieter schleppenden Absatz, die Nachfrager Warenfülle. Die Nachfrager verhalten sich abwartend; die Anbieter sind bereit, mit dem Preis nachzugeben. Der Preis fällt. Es besteht ein »Käufermarkt«.
- Marktpreis von 54 EUR: **Marktgleichgewicht.**
  Gleichgewicht von Angebot und Nachfrage. Bei diesem Preis, bei dem weder ein Angebots- noch ein Nachfrageüberhang besteht, tritt Preisberuhigung ein. Er ist der Gleichgewichtspreis.

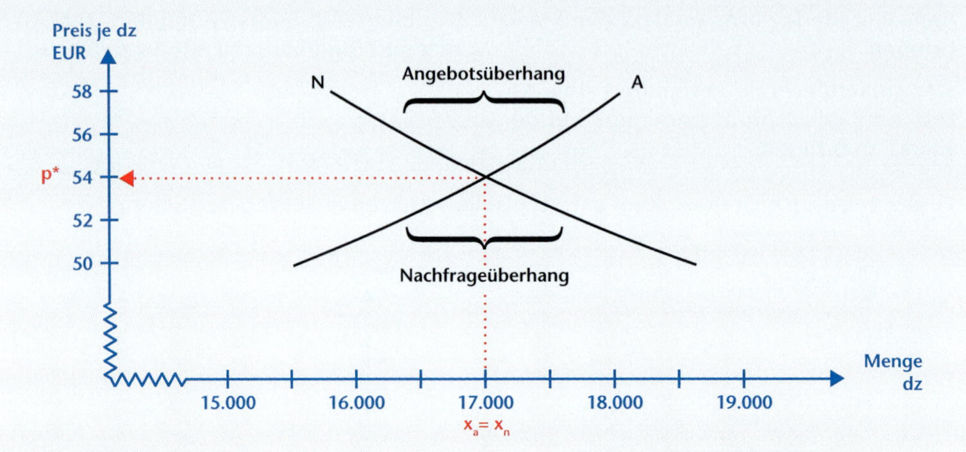

Aus diesem Beispiel und seiner Analyse ergibt sich das marktwirtschaftliche

Preisbildungsgesetz: Das Verhältnis von Angebot und Nachfrage bestimmt den Preis.

Da der **Gleichgewichtspreis** von den marktwirksamen Kräften, nämlich von Angebot und Nachfrage, am Markt gebildet wird, nennt man ihn auch den **Marktpreis.**

Änderungen des Gleichgewichtspreises

Das Gesamtangebot am Markt ändert sich fortwährend, da die Erwartungen der Produzenten über die künftige Wirtschaftslage, über die erzielbaren Gewinne und die zu erwartenden Produktionskosten zu ständig neuen Produktionsbedingungen führen. Auch die Gesamtnachfrage ändert sich mit der Zahl der Nachfrager, mit deren Kaufvorstellungen und Einkommen.

Mit jedem neuen Angebots-Nachfrage-Verhältnis muss sich aber auch ein neuer Gleichgewichtspreis herausbilden. **Marktpreise** müssen sich also **ständig ändern.**

Beispiele:

1. Es wird angenommen, dass die Nachfrage infolge gestiegener Einkommen gewachsen ist. Die Nachfragekurve verschiebt sich von N_1 nach N_2.

   Bei gleichbleibender Angebotssituation steigt der Gleichgewichtspreis p_1 auf p_2.

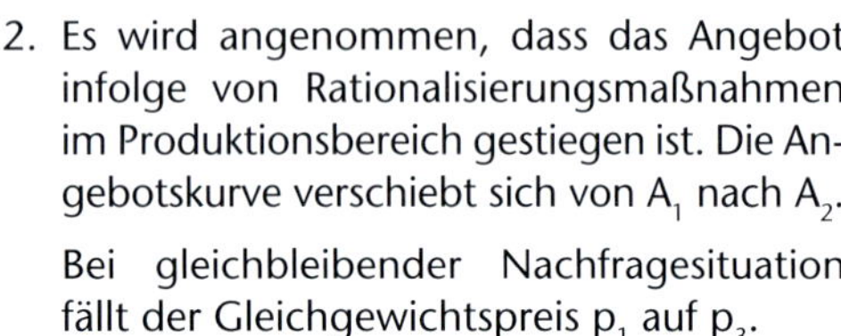

2. Es wird angenommen, dass das Angebot infolge von Rationalisierungsmaßnahmen im Produktionsbereich gestiegen ist. Die Angebotskurve verschiebt sich von A_1 nach A_2.

   Bei gleichbleibender Nachfragesituation fällt der Gleichgewichtspreis p_1 auf p_3.

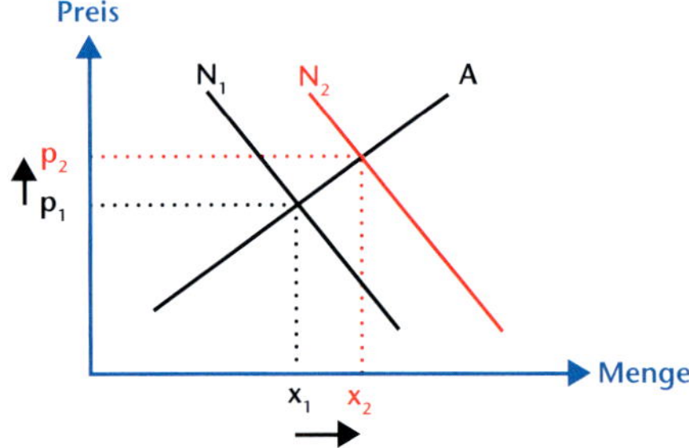

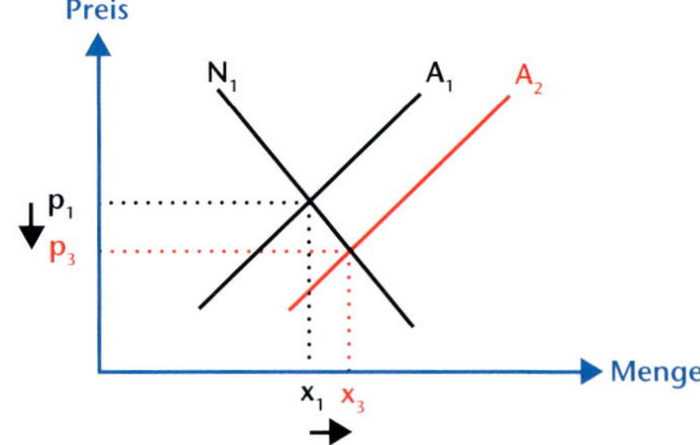

Bei fallender Nachfrage bzw. bei fallendem Angebot würden sich umgekehrte Preisänderungen ergeben.

Wirkung des Gleichgewichtspreises

Beim **Gleichgewichtspreis,** und nur bei diesem, ist der **Güterumsatz am höchsten.**

»Der Gleichgewichtspreis räumt den Markt.« (W. Röpke)

Der Gleichgewichtspreis, der sich durch das Spiel von Angebot und Nachfrage bildet, räumt den Markt

- von der größtmöglichen Gütermenge, die nur bei diesem Preis umgesetzt werden kann, und damit auch
- von der größtmöglichen Zahl zufriedener Anbieter, die zu diesem Preis ihre Ware verkaufen konnten, und
- von der größtmöglichen Zahl zufriedener Nachfrager, die zu diesem Preis die Ware kaufen konnten.

Die **größtmögliche Umsatztätigkeit** auf allen Märkten bedeutet in gesamtwirtschaftlicher Hinsicht **optimale Bedarfsdeckung.** Dieses wichtigste volkswirtschaftliche Ziel wird also **nur bei freier Preisbildung** erreicht.

Jeder staatliche Preiseingriff führt in der Regel zu einem Preis über oder unter dem Gleichgewichtspreis, bei dem der mögliche Umsatz niedriger ist. **Staatliche Preisfestsetzung verhindert also die optimale Bedarfsdeckung.**

Funktionen des Gleichgewichtspreises

Funktionen des Gleichgewichtspreises			
Bestimmungsgrößen für das Angebot	**Anbieterziel**	**Wirkungsweise des Gleichgewichtspreises**	**Benennung**
1. Zielsetzung der Produzenten	Erzielung eines angemessenen Gewinnes (erwerbswirtschaftliches Primärziel)	– Steigender Preis zeigt den Produzenten an, wo durch vermehrte Produktion der Gewinn noch verbessert werden kann. – Sinkender Preis zeigt den Produzenten an, wo infolge Marktsättigung der bisherige Gewinn nicht mehr erzielt werden kann.	**Informationsfunktion**
2. Faktorkosten der Produzenten	Finden eines günstigeren Verhältnisses zwischen Erlösen und Kosten	– Steigender Preis lenkt Produktionsfaktoren in die Produktion der Güter, für die Bedarf, Nachfrage und damit Gewinnchancen bestehen. – Sinkender Preis lenkt Produktionsfaktoren aus derjenigen Produktion heraus, bei der bereits Marktsättigung erreicht ist.	**Lenkungsfunktion**
3. Wettbewerbssituation der Produzenten	Erhaltung der Wettbewerbsfähigkeit	– Starke Preiskonkurrenz zwingt die Produzenten zu fortschrittlicher Produktionsweise. – Fehlende Preiskonkurrenz behindert Produktionsfortschritt und Wettbewerbsfähigkeit.	**Fortschrittsfunktion**

Funktionen des Gleichgewichtspreises			
Bestimmungsgrößen für die Nachfrage	**Nachfragerziel**	**Wirkungsweise des Gleichgewichtspreises**	**Benennung**
4. Zielvorstellung der Nachfrager	Bedarfsdeckung gemäß Dringlichkeit der Bedürfnisse	– Steigende Preise zeigen an, wo noch dringlicher Bedarf vorhanden ist. – Sinkende Preise zeigen an, wo die Dringlichkeit des Bedarfs zurückgegangen ist.	**Informationsfunktion**
5. Preise der Güter für die Nachfrager	Möglichst preisgünstige Bedarfsdeckung	– Bei Nachfrageüberhang steigen die Preise, bewirken Kaufzurückhaltung, bis die Nachfrage wieder mit dem Angebot im Gleichgewicht ist. – Bei Nachfragelücke sinken die Preise, bewirken Kaufzunahme, bis die Nachfrage wieder mit dem Angebot im Gleichgewicht ist.	**Ausgleichsfunktion**
6. verfügbares Einkommen der Nachfrager	Erlangung eines angemessenen Anteils am Bruttoinlandsprodukt	– Steigender Preis bewirkt bei gleichbleibendem Einkommen eine geringere Güterzuteilung. – Sinkender Preis bewirkt bei gleichbleibendem Einkommen eine vermehrte Güterzuteilung.	**Zuteilungsfunktion**

Da sich mithilfe des Gleichgewichtspreises also ein Ausgleich zwischen den Anbieter- und Nachfragerzielen von selbst einstellt, nennt man das Zusammenspiel der Marktkräfte auch **Marktautomatismus** oder **Marktmechanismus.**

Unternehmenspolitik beim Polypol

▶ auf dem vollkommenen Markt

Bei einer großen Zahl von Konkurrenten mit gleichartigen Angeboten und überschaubaren Marktverhältnissen wird der Preis durch das Gesamtangebot und die Gesamtnachfrage, also »vom Markt«, vorgegeben. Der **Marktpreis** ist ein »**Datum**«. Das anbietende Unternehmen ist an diesen Preis gebunden; es kann den Marktpreis selbst kaum beeinflussen. Seine Marktpolitik richtet sich weniger auf den Preis als auf die Absatzmenge.

Bei vollkommener Konkurrenz ist der **einzelne Anbieter ein »Mengenanpasser«; er betreibt nur Mengenpolitik, keine aktive Preispolitik.**

▶ auf dem unvollkommenen Markt

In der Realität ist die Konkurrenz selten so vollkommen, dass die Konkurrenten vollständig gleichartige (homogene) Leistungen auf transparenten Märkten anbieten. Konkurrierende Unternehmen sind eher bestrebt, ihre Leistungen (Produkte oder Dienstleistungen) zu individualisieren und von vergleichbaren Konkurrenzleistungen abzuheben. Die konkurrierenden Leistungen werden mit bestimmten Vorzügen (Präferenzen) ausgestattet, die jedoch noch einen Vergleich des Käufers zulassen.

Eine **Leistungsdifferenzierung** ergibt sich, wenn die Waren oder Dienstleistungen sich unterscheiden durch

a) **sachliche Vorzüge:** Ausstattung der Leistung mit besonderen Eigenschaften, z.B. besondere Ausstattung von Kraftfahrzeugen derselben Wagen- und Preisklasse;

b) **werbliche Vorzüge:** Schaffung eines Firmenwertes und von Marken durch besondere Werbemaßnahmen, Public Relations und hervorragenden Kundendienst;

c) **zeitliche Vorzüge:** Wahl eines für die Käufer günstigen Standortes und Bereitstellung von Parkmöglichkeiten.

Solche Vorzüge verschaffen den Unternehmen bei den Käufern eine besondere Anziehungskraft. Anstelle des einheitlichen Gleichgewichtspreises entstehen Preisklassen, innerhalb derer die Preise konkurrierender Leistungen differieren.

2.2.2 Preisbildung beim Angebotsmonopol

Ein **Angebotsmonopol** liegt vor, wenn es nur einen Anbieter (keine Konkurrenz) und sehr viele Nachfrager gibt.

Entstehung des Monopolpreises

Dem alleinigen Angebot des Monopolisten steht die gesamte Nachfragemenge des Marktes gegenüber. Obwohl der Absatz des Monopolisten durch das Gesamtverhalten der Nachfrager bestimmt wird, setzt er den Monopolpreis fest. Dabei muss er beachten: Übersteigt der Monopolpreis die Nutzenerwartung, den die Nachfrager seiner Leistung zuerkennen, so verliert er jeglichen Absatz. Je niedriger aber der Monopolpreis angesetzt wird, desto mehr nimmt die Absatzmenge zu. Diesen Zusammenhang zwischen alternativen Monopolpreisen und dementsprechenden Absatzmengen nennt man **Preis-Absatz-Funktion.** Unterschiedliche Absatzmengen setzen aber unterschiedliche Leistungsmengen voraus, verursachen also auch unterschiedliche Kosten.

Bei der **Festsetzung des Monolpolpreises** muss der Monopolist den **Gesamterlös** und die **Gesamtkosten berücksichtigen.**

Will er einen möglichst hohen Gewinn erzielen, muss er den Preis und die damit zusammenhängende Absatzmenge so festlegen, dass das Verhältnis von Gesamterlös und Gesamtkosten besonders günstig ist. Man nennt diesen Preis den **optimalen Monopolpreis** und die dazugehörige Leistungsmenge den **optimalen Beschäftigungsgrad** des Monopolisten.

Beispiel: Die monatliche Kapazität eines Monopolunternehmens beträgt 400 Stück eines Produktes. Eine Kosten-Erlös-Untersuchung ergab die folgenden Werte, aus denen sich die Gesamterlöse und die Gesamtkosten und damit auch der jeweilige Gesamtgewinn wie folgt ermitteln lassen:

Produktions- und Absatzmenge (Stück)	50	100	150	200	250	300	350	400
Preis (Erlös) je Stück (EUR)	4.000	3.500	3.000	2.500	2.000	1.500	1.000	500
Kosten je Stück (EUR)	4.000	2.200	1.600	1.400	1.200	1.100	1.000	900
Gesamterlös (EUR)	200.000	350.000	450.000	500.000	500.000	450.000	350.000	200.000
Gesamtkosten (EUR)	200.000	220.000	240.000	280.000	300.000	330.000	350.000	360.000
Gesamtgewinn (EUR)	0	130.000	210.000	220.000	200.000	120.000	0	–160.000

Auswertung der Tabelle:

1. Menge 50 Stück, Preis 4.000 EUR: An diesem Punkt deckt der Gesamterlös gerade die Gesamtkosten. Es entsteht weder Gewinn noch Verlust. Dieser Punkt ist die **Nutzenschwelle.**

Hier verlässt der Betrieb bei steigender Produktion die Verlustzone und gelangt in die Gewinnzone.

2. Menge 350 Stück, Preis 1.000 EUR: An diesem Punkt deckt der Gesamterlös gerade noch die Gesamtkosten. Es entsteht weder Gewinn noch Verlust. Dieser Punkt ist die **Nutzengrenze.** Hier verlässt der Betrieb bei steigender Produktion die Gewinnzone und gerät in die Verlustzone.

Zwischen diesen beiden Punkten, also zwischen den Preisen 4.000 EUR und 1.000 EUR, liegt das **monopolistische Preisintervall.** In diesem Bereich kann der Monopolist Gewinn erzielen.

3. Menge 200 Stück, Preis 2.500 EUR: An diesem Punkt ist der Gesamtgewinn am höchsten. Der Preis von 2.500 EUR ist also der **optimale Monopolpreis**, die Menge 200 Stück der **optimale Beschäftigungsgrad** des Monopolisten.

Unternehmenspolitik beim Monopol

Im Gegensatz zum Anbieter bei polypolistischer Konkurrenz kann der Angebotsmonopolist entweder mit Preisen oder mit Absatzmengen operieren.

Wenn auch der Preiswillkür durch das Verhalten der Nachfrager eine Grenze gesetzt ist, so kann das Monopolunternehmen dennoch **den günstigsten aus mehreren** möglichen Preisen **(monopolistische Preisspanne)** für seine Leistung auswählen. Dies verleiht ihm eine **wirtschaftliche Machtstellung,** die zum Nachteil der Geschäftspartner genutzt werden könnte. Der Monopolist beherrscht den Markt.

Ein monopolistisch beherrschter Markt hat die folgenden gesamtwirtschaftlichen **Nachteile:**

a) Geht man davon aus, dass der Monopolist das Nutzenmaximum anstrebt, wird er für seine Leistung einen **höheren Preis** verlangen, als es zur Kostendeckung erforderlich wäre. Ein Monopolpreis ist also unsozial.

b) Bei diesem Preis ist die **Produktions- und Absatzmenge geringer** als bei voller Auslastung der Kapazität. Die Versorgung des Marktes mit Gütern ist bei monopolistischer Marktlage also schlechter, als sie sein könnte.

c) Da der Monopolist nicht unter Konkurrenzdruck steht, bringt er auch **geringere qualitative Leistung,** er schadet also der gesamten Volkswirtschaft.

d) Da der Konkurrenzdruck fehlt, ist der Monopolist auch **nicht** gezwungen, sich dem **technisch-ökonomischen Fortschritt anzupassen.** Er verzögert also Investitionen.

2.2.3 Preisbildung beim Angebotsoligopol

Ein **Angebotsoligopol** liegt vor, wenn es **wenige Anbieter, aber viele Nachfrager** gibt. Die Anbieter, die untereinander Konkurrenten sind, sind in ihrer Preisfestlegung nicht unabhängig. Setzt ein Anbieter den Preis für seine Leistungen herab, fordert er damit seine Konkurrenten heraus. Da sie kaum bereit sein werden, Marktanteile zu verlieren, sind mehrere Reaktionen möglich:

a) Die Konkurrenzprodukte werden durch technische Veränderung oder geeignete Werbung attraktiver gemacht, um die entstandene Preisdifferenz zu rechtfertigen (Leistungsdifferenzierung). Es entsteht dann ein unvollkommener oligopolistischer Konkurrenzmarkt.

b) Die Konkurrenz antwortet mit entsprechenden Preisherabsetzungen, um ein Abwandern ihrer Kunden zu verhindern. Es kommt zum **Preiskampf.**

c) Die Konkurrenz nimmt den Kampf auf mit dem Ziel, den lästigen Mitbewerber vom Markt zu verdrängen, indem sie billiger, unter Umständen vorübergehend sogar mit Verlust, verkauft. Wer den größeren finanziellen Rückhalt hat, wird diesen Kampf bestehen.

Lidl, Aldi und Edeka: Mehrwertsteuersenkung heizt Preiskampf an

Die Discounter scheinen sich jetzt unterbieten zu wollen – 26.06.2020 08:51 Uhr

DÜSSELDORF – Erst zog Lidl die Preissenkung um mehr als eine Woche vor. Jetzt schlagen Aldi und Rossmann zurück und legen bei vielen Produkten noch ein Prozent Rabatt auf die Steuersenkung drauf. Und das ist vielleicht nur der Anfang.

Die Mehrwertsteuersenkung ist schon da – zumindest bei Lidl. Seit Anfang der Woche hat der Discounter die Preise reduziert – mehr als eine Woche vor dem eigentlichen Stichtag am 1. Juli.

An den Regalen in den Filialen prangt seitdem für jedes Produkt ein großes rote Schilder mit dem alten und dem neuen Preis und einem markanten „Billiger!". Konkret: Dosentomaten kosten jetzt 38 statt 39 Cent, Fischstäbchen 3,42 statt 3,49 Euro. Doch das letzte Wort im Preiskampf im deutschen Lebensmittelhandel hatte Lidl damit noch nicht gesprochen.

Ein riesiges Konjunkturpaket haben die Spitzen der großen Koalition nach zweitägigen Verhandlungen beschlossen. Damit soll die Wirtschaft wieder angekurbelt werden, die in der Corona-Pandemie in eine schwere Rezession gerutscht ist. „Wir wollen mit Wumms aus der Krise kommen", sagte Vizekanzler Olaf Scholz am Mittwochabend. Doch wer profitiert von den Milliarden?

Denn der Erzrivale Aldi kündigte inzwischen an, noch eine Schippe draufzulegen. Der Discount-Erfinder senkt die Lebensmittelpreise von diesem Samstag an nicht wie vom Gesetzgeber vorgegeben nur um zwei, sondern sogar um drei Prozent. Dies koste Aldi einen dreistelligen Millionenbetrag, betonte das Unternehmen. Doch will der Konzern offenbar sein Preisimage stärken.

Und die Drogeriemarktkette Rossmann kündigte weniger später an, diesem Beispiel zu folgen. „Die Mehrwertsteuersenkung soll für unsere Kunden klar und unkompliziert sein, daher gehen wir auf 3 Prozent Rabatt und unterscheiden nicht zwischen dem Normal– und ermäßigten Steuersatz", sagt Raoul Roßmann, Geschäftsführer Einkauf und Marketing.

Auch Edeka will nachziehen

Auch die anderen großen Lebensmittelhändler stehen auf dem Sprung, die Mehrwertsteuersenkung umzusetzen. Alle haben angekündigt, sie komplett an die Kunden weiterzugeben. Und jeder versucht, dabei eine gute Figur zu machen. Edeka etwa will ab Montag die Preise senken. Für eine Vielzahl der Produkte runde man dabei die Verkaufspreise – nach Abzug der steuerlichen Vorteile – zugunsten der Kunden ab, erklärt der Handelsriese, und die Edeka-Discount-Tochter Netto runde sogar alle Preise zugunsten der Kunden.

Konkurrent Rewe hat zwar ebenfalls angekündigt, die Mehrwertsteuersenkung komplett weiterzugeben, hält sich mit Details aber noch zurück. Abseits des Lebensmittelhandels wollen auch Deutschlands größter Schuhhändler Deichmann und die Elektronikketten Media Markt und Saturn die Steuersenkung eins zu eins an die Kunden weitergeben.

Für den Handelsexperten Stephan Rüschen von der Dualen Hochschule Baden–Württemberg in Heilbronn kommt es nicht überraschend, dass sich der Preiskampf im deutschen Handel ausgerechnet jetzt zuspitzt. Er warnte schon frühzeitig: „Die Mehrwertsteuersenkung erhöht die Gefahr eines Preiskrieges im Einzelhandel." Denn sie biete den Händlern eine fast einzigartige Möglichkeit, sich zu profilieren.

Dass der Preis plötzlich wieder ein heißes Thema im Lebensmittelhandel ist, hat aber nicht nur mit der Mehrwertsteuersenkung zu tun. „Die Händler rücken den Preis wieder stärker in den Vordergrund, weil sie damit rechnen, dass die Verbraucher aufgrund der wirtschaftlichen Verwerfungen beim Einkauf schon bald wieder stärker auf den Cent achten", erklärt Robert Kecskes von der Gesellschaft für Konsumforschung (GfK).

https://www.nordbayern.de/wirtschaft/lidl-aldi-und-edeka-mehrwertsteuersenkung-heizt-preiskampf-an-1.10212655

d) Je weniger Aussicht auf einen Erfolg im Preiskampf besteht (etwa bei gleich starken Unternehmen), umso eher werden sich die Oligopolisten auf ausdrückliche oder stillschweigende Preisvereinbarungen einlassen. So entsteht ein **Preiskartell.** Ein Angebotsoligopol wird damit zu einem kollektiven Angebotsmonopol.

▶ Aufgaben und Probleme

1. Was versteht man unter Markttransparenz?
2. Unterscheiden Sie zwischen Polypol, Oligopol und Monopol.
3. Beschreiben Sie die Marktverhältnisse auf dem Benzinmarkt.
4. Der große Traum von Familie Eisele (Ehepaar mit drei Kindern) ist ein Ägyptenurlaub. Eine vierzehntägige Reise würde insgesamt etwa 7.000 EUR kosten. Vor zwei Jahren hat die Familie angefangen zu sparen, um sich den Wunsch erfüllen zu können. Leider ist Herr Eisele vor einem halben Jahr arbeitslos geworden. Die Familie ist seither auf Arbeitslosenunterstützung angewiesen. Ein weiteres Ansparen für die Reise ist nicht mehr möglich, da das Geld gerade reicht, um einigermaßen über die Runden zu kommen. Immerhin befinden sich aber auf dem Sparbuch fast 800 EUR. Im Mai spaziert die Familie an einem Reisebüro vorbei, das sich auf »Last-Minute-Reisen« spezialisiert hat. Im Schaufenster hängt ein großes Plakat, das zu einem zweiwöchigen Ägyptenurlaub animieren soll. Mit einem ausgesprochen günstigen Preis wird geworben. Ein »All-inclusive-Urlaub« für eine Familie mit bis zu drei Kindern kostet lediglich 4.500 EUR. Der bisherige Katalogpreis war mit 7.200 EUR ausgewiesen.

   Familie Eisele ist hin- und hergerissen. Das ganze Wochenende diskutiert sie darüber, ob sie die Reise buchen soll.

   a) Welche Argumente werden für Familie Eisele eine Rolle spielen?

   b) Weshalb ist der Reiseveranstalter zu diesem »Schnäppchen-Angebot« bereit?

5. Erklären Sie folgende Vorgänge und Erscheinungen in einer Volkswirtschaft:
   a) Im Sommer und Herbst fallen die Preise für Obst beträchtlich.
   b) Trotz Steigens der Produktionskosten und erheblicher Werbekosten für ein Gut ist sein Preis gefallen.
   c) Trotz Nachfragerückganges steigt der Preis eines Gutes.
6. Ermitteln Sie mithilfe eines Diagramms den Gleichgewichtspreis und die dazugehörige Menge.

angebotene Menge in Stück	100	150	200	300	400	550	700	900
Preis in EUR je Stück	10	20	30	40	50	60	70	80
nachgefragte Menge in Stück	900	700	550	400	300	200	150	100

7. Dem Makler an der Wertpapierbörse liegen folgende Aufträge in Aktien der Telematik AG vor:

Verkaufsaufträge (zum Nennwert 1 EUR)		Kaufaufträge (zum Nennwert 1 EUR)	
6.500 Stück	bestens	8.000 Stück	billigst
6.000 Stück	limit 56	7.000 Stück	limit 55
9.000 Stück	limit 56,5	7.500 Stück	limit 55,5
8.000 Stück	limit 57	6.500 Stück	limit 56
10.000 Stück	limit 57,5	4.000 Stück	limit 56,5
		5.000 Stück	limit 57

   a) Ermitteln Sie in einer Gesamtaufstellung die Marktlage bei den jeweiligen Preisen (Kursen) und den Gleichgewichtspreis.
   b) Warum ist dieser Gleichgewichtspreis der optimale Preis?
8. Warum kann ein Monopolist den Markt nicht »willkürlich« bestimmen?
9. Ein Monopolunternehmen ermittelt durch eine Kosten-Erlös-Untersuchung für ein Produkt folgende Ergebnisse:

Preis	1.000	900	800	700	600	500	400	300	200
Poduktions-menge in Stück	10	20	30	40	50	60	70	80	90
Gesamtkosten in EUR	15.000	18.000	21.000	24.000	27.000	30.000	33.000	36.000	39.000

   Stellen Sie anhand dieser Zahlen fest:
   a) Menge und Preis der Gewinnschwelle,
   b) Menge und Preis der Gewinngrenze,
   c) das »monopolistische Preisintervall«,
   d) den »optimalen Preis« und den »optimalen Beschäftigungsgrad« des Monopolisten.
10. Ein Monopolunternehmen könnte monatlich maximal 400 Stück eines Produktes herstellen. Eine Kosten-Erlös-Untersuchung ergab folgende Werte:

Produktionsmenge (Stück)	50	100	150	200	250	300	350	400
Preis je Stück in EUR	2.000	1.750	1.500	1.250	1.000	750	500	250
Kosten je Stück in EUR	2.000	1.100	800	700	600	550	500	450

Ermitteln Sie anhand dieser Werte, jeweils mit Begründung und Berechnung,
a) das monopolistische Preisintervall,
b) den Preis mit dem höchsten Gewinn je Stück,
c) den »optimalen Preis« des Monopolisten,
d) den »optimalen Beschäftigungsgrad« des Monopolisten (in Prozenten der Kapazitätsgrenze).

11. a) »Je mehr der Preis eines Gutes sinkt, desto größer wird die Nachfrage.« Um welche Regel handelt es sich?
b) Stellen Sie diese Regel grafisch dar.

12. Unter welchen Umständen gelingt es einem Oligopolisten trotz einer Preissenkung nicht, seinen Konkurrenten Marktanteile abzunehmen?

2.3 System der Sozialen Marktwirtschaft

Die **Soziale Marktwirtschaft** ist eine Wirtschaftsordnung, in der die **Vorteile der Marktwirtschaft verwirklicht, unsoziale Auswirkungen aber verhindert** werden sollen.

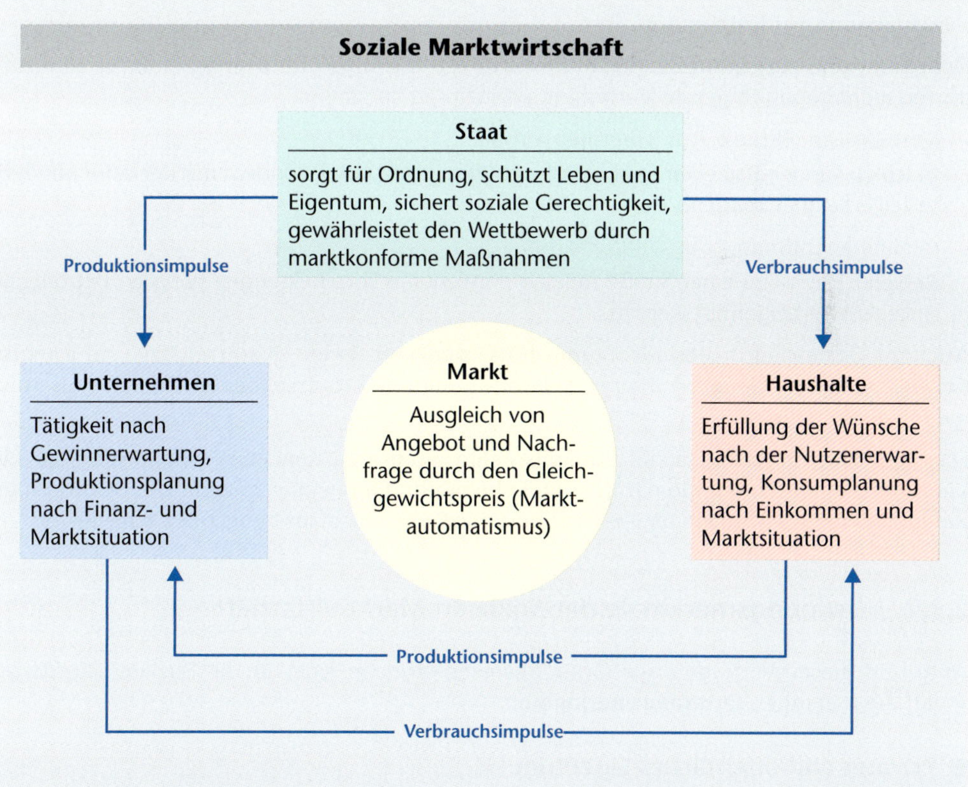

In der Sozialen Marktwirtschaft übernimmt der Staat die **ordnende und steuernde Funktion,** um **mit** geeigneten **marktkonformen Maßnahmen** den Wettbewerb zu gewährleisten und soziale Gerechtigkeit zu sichern.

2.3.1 Grundgesetz und Wirtschaftsordnung

Das Grundgesetz enthält keinen ausdrücklichen Hinweis auf eine bestimmte Wirtschaftsordnung. Die Freiheitsrechte im Rahmen der Grundrechte machen aber deutlich, dass der Gesetzgeber eine Wirtschaftsordnung nach dem Modell der Zentralverwaltungswirtschaft wegen der damit verbundenen Einschränkung der Freiheitsrechte nicht wollte. Deshalb haben Gesetzgeber und Bundesregierung auf der Grundlage des Grundgesetzes die Wirtschaftsordnung der Sozialen Marktwirtschaft geschaffen.

Die **Freiheitsrechte** beziehen sich u. a. auf

GG Art. 2
- die freie Entfaltung der Persönlichkeit, d. h. die allgemeine Handlungsfreiheit und Vertragsfreiheit;

Art. 9
- die Bildung von Vereinen und Gesellschaften, d. h. die Gründung von Unternehmen;

Art. 9
- die Bildung von Vereinigungen zur Wahrung und Förderung der Arbeits- und Wirtschaftsbedingungen, d. h. die Gründung von Gewerkschaften und Unternehmensverbänden zur Wahrnehmung der Tarifautonomie;

Art. 11
- die Freizügigkeit, d. h. die freie Wahl des Wohnorts und des Niederlassungsorts für Gewerbetreibende;

Art. 12
- die freie Berufs- und Arbeitsplatzwahl sowie die freie Wahl der Ausbildungsstätte;

Art. 14, 15
- das Privateigentum an Grund und Boden und den Produktionsmitteln sowie die Entschädigung bei Enteignung.

Dem Staat sind bei einem Eingriff in die Grundrechte enge Grenzen gesetzt. Die Eingriffe dürfen nicht gegen folgende Verfassungsprinzipien verstoßen:

- Verhältnismäßigkeit, d. h. Übermaßverbot.

  Beispiel: Für den Bau einer Straße darf nicht der ganze Acker, sondern nur der dafür benötigte Teil enteignet werden.

- Gleichbehandlung, d. h. Willkürverbot.

  Beispiel: Beim Bau einer Straße müssen notwendige Entscheidungen bei allen betroffenen Anliegern herbeigeführt werden.

Art. 12, 15, 19 Auch die Sozialisierungsermächtigung für Grund und Boden, Naturschätze und Produktionsmittel ist an strenge Auflagen gebunden und nach herrschender Meinung als Ausnahme zu betrachten.

Art. 20a Dagegen darf der Staat in die Freiheitsrechte eingreifen, um in Verantwortung für die künftigen Generationen die natürlichen Lebensgrundlagen zu schützen. Der Schutz ist im Rahmen der verfassungsmäßigen Ordnung durch die Gesetzgebung zu gewährleisten.

2.3.2 Ordnungsmerkmale der Sozialen Marktwirtschaft

Aufgrund dieser Vorgaben des Grundgesetzes ergeben sich für die Soziale Marktwirtschaft die folgenden **Ordnungsmerkmale:**

Privates und öffentliches Eigentum

▶ Privates Eigentum

Das Grundgesetz gewährleistet das Privateigentum. Jeder Einzelne ist daran interessiert, sein Eigentum zu erhalten, da Eigentumserwerb mit Verzicht verbunden ist.

Beispiel: Der Kauf eines Mittelklassewagens ist nur möglich, wenn genügend Geldmittel vorhanden sind, die zuvor durch Verzicht auf andere Konsumgüter gespart werden mussten.

Das Streben nach Eigentumserhalt setzt Antriebskräfte für den wirtschaftlichen und technischen Fortschritt frei.

Beispiel: Forschen nach neuen Materialien, um Güter haltbarer und langlebiger zu machen.

Mit Gesetzen wird sichergestellt, dass jeder Eigentum erwerben kann, aber auch, dass kein Missbrauch damit getrieben wird.

Beispiel: Staatliche Förderprogramme für Vermögensbildung, Alterssicherung, Existenzgründung, Wohnungsbau, Steuererleichterungen bei Investitionen in den neuen Bundesländern

Die Gesetze sind **sozialverträglich** gestaltet, um einer möglichst breiten Schicht der Bevölkerung Privateigentum zukommen zu lassen.

Von besonderer Bedeutung für die marktwirtschaftliche Ordnung ist das **Privateigentum an Produktionsmitteln** (Maschinen, Fabrikgebäude). Es bildet die Voraussetzung für die private unternehmerische Betätigung. Der private Unternehmer setzt auf eigenes Risiko sein Vermögen ein, um Marktlücken zu schließen und durch Produktion geeigneter Güter einen Beitrag zur Bedarfsdeckung zu leisten. Private Unternehmen haben einen besseren Überblick über die Nachfrage auf ihren Absatzmärkten, als ihn noch so gut ausgestattete staatliche Behörden haben können. Sie können deshalb auch mit weit größerer Sicherheit Investitionsentscheidungen treffen als diese. Da sie ihr eigenes Vermögen aufs Spiel setzen, sind sie einerseits vorsichtiger, andererseits aber auch wegen der Gewinnchancen wagemutiger und schneller in der Ausführung als eine Behörde.

▶ Öffentliches Eigentum

Dennoch kann auch in einer auf Privateigentum gegründeten Marktwirtschaft nicht auf **öffentliches Eigentum (Gemeineigentum) an Produktionsmitteln** verzichtet werden. So ist Gemeineigentum erforderlich, wenn der Bedarf der Bevölkerung durch private Unternehmen nicht oder nur unzureichend gedeckt werden kann.

Beispiel: Krankenhäuser dienen der Grundversorgung, die nur dann gewährleistet ist, wenn durch den Staat eventuelle Verluste übernommen werden.

Dem Recht auf Eigentum steht die Pflicht gegenüber, es so zu nutzen, dass es zugleich dem Wohl der Allgemeinheit dient. Eigentum verpflichtet. *GG Art. 14 (2)*

Beispiel: Der Eigentümer einer Papierfabrik leistet der Allgemeinheit durch die Herstellung von Papier sicher einen wichtigen Dienst. Dies berechtigt ihn aber nicht, einen nahegelegenen Fluss mit den bei der Produktion anfallenden Abwässern zu verschmutzen und die Trinkwasserversorgung zu gefährden. Er kann verpflichtet werden, eine Kläranlage zu erstellen.

Ziel der Eigentumspolitik des Staates muss es sein, das Eigentum an Produktionsvermögen weit zu streuen. So kann für viele Menschen der durch Eigentum gewährleistete Freiheitsraum geschaffen werden. Andererseits hat der Staat in zwingenden Fällen das Recht, Vermögen dann zu **enteignen,** wenn das öffentliche Interesse wichtiger ist als das Privatinteresse des Privateigentümers. Die Enteignung muss aber gegen angemessene Entschädigung erfolgen. *Art. 14 (3)*

Beispiel: Enteignung eines Ackers zur Erweiterung einer Bahntrasse

Vertragsfreiheit

Das Leben in Freiheit schließt das Recht der Menschen mit ein, ihre Beziehungen zueinander durch Verträge frei und eigenverantwortlich zu regeln. Die Vertragsfreiheit ist wesentliches Merkmal der Marktwirtschaft.

a) **Abschlussfreiheit.** Jede geschäftsfähige Person ist frei in ihrer Entscheidung, ob und mit welchem geschäftsfähigen Vertragspartner sie einen Vertrag abschließen will.

   Beispiel: Das Unternehmen schließt mit dem Lieferanten einen Vertrag ab, der nach den Kriterien der Lieferantenauswahl der geeignetste ist.

b) **Inhaltsfreiheit.** Die Vertragspartner können frei entscheiden, mit welchem Inhalt sie einen Vertrag gestalten.

   Beispiel: In den Vertrag können individuelle Vereinbarungen über Lieferzeit und Zahlungsbedingungen aufgenommen werden.

c) **Formfreiheit.** Die Vertragspartner können frei entscheiden, in welcher Form sie den Vertrag abschließen wollen.

   Beispiel: Der Vertrag über einen Rohstoffeinkauf kann (fern)mündlich geschlossen werden. Aus Beweisgründen wird allerdings häufig die Text- oder Schriftform gewählt.

Grenzen der Vertragsfreiheit. Die Vertragsfreiheit hat dort ihre Grenzen, wo der Einzelne bzw. die Allgemeinheit schutzbedürftig ist. Deshalb enthält unsere Rechtsordnung Regelungen, die **zwingendes** Recht sind und durch die Vertragspartner nicht abgeändert werden können.

Beispiele:

1. Ein Vertrag, der Rauschgifthandel zum Inhalt hat, ist nichtig.
2. Beim Grundstückskauf ist die notarielle Beurkundung vorgeschrieben.

Die Bestimmungen über Nichtigkeit und Anfechtbarkeit von Rechtsgeschäften sowie die Verbraucherschutzgesetze schützen in besonderem Maße vor Missbrauch der Vertragsfreiheit.

Gewerbefreiheit

Nach der Gewerbeordnung und dem Grundgesetz kann **grundsätzlich jedermann ein Gewerbe betreiben.** Die Gewerbefreiheit ermöglicht den freien Wettbewerb und damit preisgünstige Bedarfsdeckung.

Der Schutz der Öffentlichkeit erfordert aber eine gewisse **Beschränkung** der Gewerbefreiheit.

GewO §§ 30–38 Sie gibt es z. B. im Einzelhandel, gewerblichen Güterverkehr, Kredit- und Versicherungswesen, Gaststättengewerbe, beim Handel mit Arzneimitteln und Giften. Die Erlaubnis oder Genehmigung zur Ausübung des Gewerbes kann in solchen Fällen von der persönlichen Zuverlässigkeit, häufig auch vom Nachweis der Sachkunde, abhängig gemacht werden.

§ 24 Die Errichtung und der Betrieb von Anlagen, die wegen ihrer Gefährlichkeit einer besonderen Überwachung bedürfen, können von einer behördlichen Erlaubnis abhängig gemacht werden.

Beispiele: Dampfkessel, Druckbehälter, Aufzugsanlagen, elektrische Anlagen in besonders gefährdeten Räumen

Die Bundesregierung kann verordnen, dass diese Anlagen vor Inbetriebnahme und regelmäßig wiederkehrend technisch geprüft werden müssen. Aufsichtsbehörde ist das Gewerbeaufsichtsamt.

Das Bundes-Immissionsschutzgesetz regelt die Errichtung und Betreibung von genehmigungsbedürftigen Anlagen. Das Gesetz über die friedliche Verwendung der Kernenergie und den Schutz gegen ihre Gefahren regelt den Umgang mit der Kerntechnik. Mit dem Gesetz zur Bekämpfung der Umweltkriminalität sind im Strafgesetzbuch Bestimmungen aufgenommen worden, welche die Verunreinigung von Gewässern, Luft und Boden als kriminelles Delikt unter Strafe stellen.

StGB §§ 324–328

Freie Berufs- und Arbeitsplatzwahl

Jeder hat das Recht, Beruf, Arbeitsplatz und Ausbildungsstätte frei zu wählen **(Berufsfreiheit).** Es steht jedem Einzelnen frei, mit welchem Arbeitgeber er einen Arbeitsvertrag abschließen will. Für die Ausübung eines Berufes gelten jedoch gesetzliche Vorschriften über Ausbildung, Abschluss sowie körperliche und gesundheitliche Eignung.

GG Art. 12

Beispiele:

1. Meisterprüfung und Sachkundenachweis im Hinblick auf die fachliche Eignung
2. Gesundheitsnachweis für Lebensmitteleinzelhändler und Gastwirte
3. abgeschlossenes Studium für Ärzte und Apotheker

Durch Maßnahmen der Arbeitsförderung versucht der Staat, lenkend in den Arbeitsmarkt einzugreifen. Er hilft Berufseinsteigern oder Berufswechslern bei der Wahl des richtigen Berufs. Damit wird bereits im Vorfeld versucht, Arbeitslosigkeit zu verhindern.

Markteingriffe des Staates

Wesentliches Merkmal der Sozialen Marktwirtschaft ist die **Steuerung der Wirtschaft durch Angebot und Nachfrage am Markt.** Treten dabei unsoziale Auswirkungen auf, versucht der Staat, diese durch **Eingriffe** auszugleichen.

Als **marktkonform** bezeichnet man solche Markteingriffe, bei denen der Marktmechanismus nicht aufgehoben wird, z.B. Subventionen für den Denkmalschutz, Liquiditätshilfen für Unternehmen in wirtschaftlichen Krisen.

Marktkonträr ist die unmittelbare behördliche Festsetzung von Fest-, Mindest- oder Höchstpreisen, z.B. Lohn- und Preisstopp. Dieser Preis würde zu einem Instrument der Fehlsteuerung.

▶ Preispolitik des Staates (Bild, Seite 330)

Der Preis hat die Aufgabe, möglichst viele Anbieter und Nachfrager zufriedenzustellen. Wird der Preis seiner Aufgabe nicht gerecht, so versucht der Staat durch seine Preispolitik über Veränderungen von Angebot und Nachfrage den Preis mittelbar zu beeinflussen.

In der Sozialen Marktwirtschaft wendet man vor allem marktkonforme Mittel an.

▶ Wettbewerbspolitik des Staates

Die Anzahl der Marktteilnehmer hat wesentlichen Einfluss auf die Höhe der Marktpreise.

Hinreichender Wettbewerb nützt der Volkswirtschaft, mangelnder Wettbewerb schädigt sie. Aus diesem Grund versucht der Staat in der Sozialen Marktwirtschaft, die **Entstehung von monopolistischen Märkten zu verhindern** und den **Wettbewerb auf allen Märkten zu unterstützen.**

Beispiele: Verbote wettbewerbshemmender Kartelle, behördliche Monopolkontrolle, staatliche Förderung von Klein- und Mittelbetrieben durch Subventionen und Steuererleichterungen

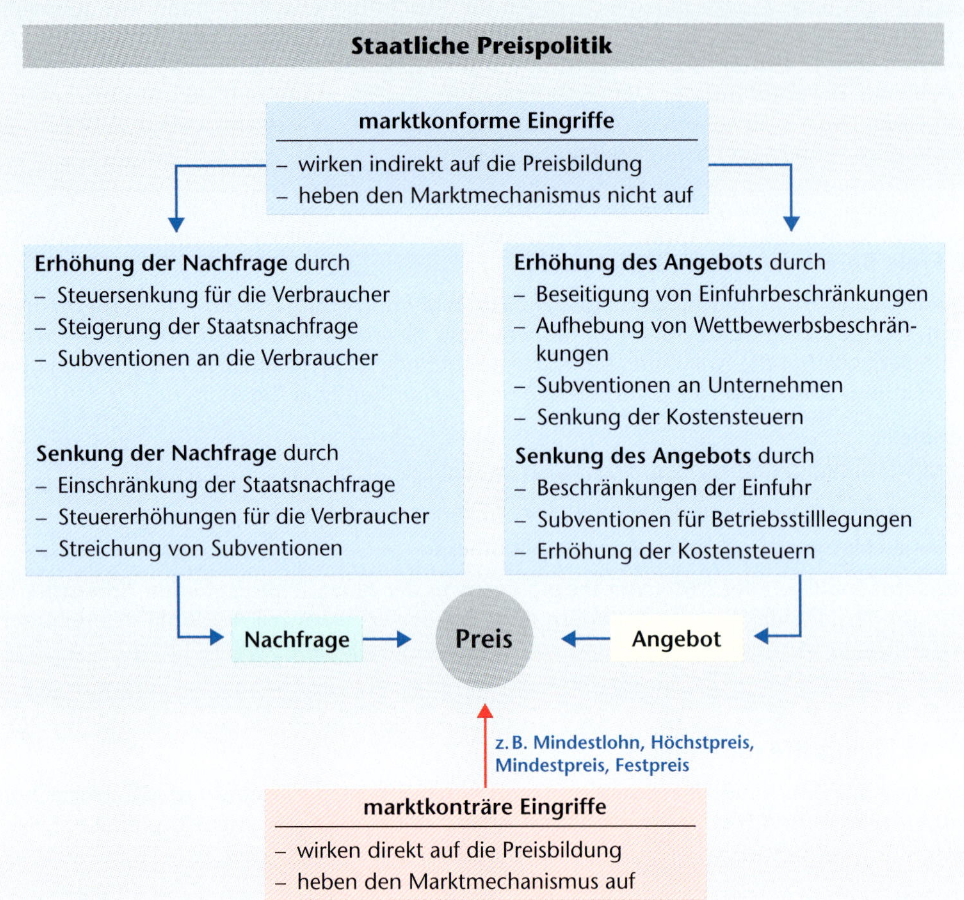

▶ Setzung und Durchsetzung wirtschafts- und sozialpolitischer Ziele durch den Staat

Bund und Länder müssen bei ihren wirtschafts- und finanzpolitischen Maßnahmen ebenfalls das Gleichgewicht zwischen Gütern und Geld beachten. Die Maßnahmen sind so zu treffen, dass sie im Rahmen der marktwirtschaftlichen Ordnung gleichzeitig

- zur **Stabilität des Preisniveaus,**
- zu einem **hohen Beschäftigungsgrad,**
- stetigem und **angemessenem Wirtschaftswachstum** und
- **außenwirtschaftlichem Gleichgewicht**

beitragen.

▶ Aufgaben und Probleme

1. Erläutern Sie, in welcher Weise in der Bundesrepublik Deutschland in die Grundrechte eingegriffen werden kann.
2. Einige junge Leute gründen einen Club und treffen sich regelmäßig im Hobbyraum eines Clubmitgliedes. Die Eltern des 20-Jährigen und die Nachbarschaft wollen die Gründung des Clubs und die regelmäßigen Treffen verbieten.

   Beurteilen Sie die Chance der Eltern, sich mit ihrer Forderung durchzusetzen.

3. Eine Gemeinde verfolgt folgende Projekte:
   - Erweiterung von Sportanlagen,
   - Anlegen eines Golfplatzes,
   - Verlegung einer Straße.

   Prüfen Sie anhand des Grundgesetzes, ob die Gemeinde für die Realisierung der Projekte Privatgrundstücke enteignen könnte.
4. Herr Krauss ist Alleinerbe eines Wohnhauses geworden. Als er mit seiner Familie in das Haus einziehen will, erreicht ihn ein Schreiben des Bürgermeisteramtes mit der Ankündigung, dass das Haus abgerissen werden müsse. Die Trasse der neuen Umgehungsstraße führt direkt über das Grundstück. Der Beschluss des Gemeinderates ist inzwischen rechtskräftig geworden.

   Prüfen Sie, welche Chancen Herr Krauss hat, das Erbe anzutreten.
5. Erläutern Sie, an welche gesellschaftspolitische Grundeinstellung die Marktwirtschaft gebunden ist.
6. Worin sehen Sie die Leistungsfähigkeit der Marktwirtschaft?
7. Zählen Sie Vor- und Nachteile auf, die das Eigentum an Produktionsmitteln dem privaten Unternehmer bringt.
8. Begründen Sie, warum das Privateigentum an Produktionsmitteln eine Gewähr dafür bietet, dass die Produzenten nur Güter anbieten, welche von den Haushalten gewünscht werden.
9. Inwiefern ist Privateigentum das beste Mittel zur Erhaltung gesamtwirtschaftlichen Vermögens?
10. Nehmen Sie Stellung zu der Aussage, dass die Marktwirtschaft durch die Gesetzgebung des Staates sozial gestaltet werden muss.
11. Die Wirtschaftsordnung der Bundesrepublik Deutschland ist die Soziale Marktwirtschaft. Sie hat viele Elemente der freien Marktwirtschaft.

    Nennen Sie gemeinsame Merkmale und zeigen Sie Unterschiede auf.
12. In der Sozialen Marktwirtschaft gibt es auch staatliches Eigentum an Produktionsmitteln.

    Erörtern Sie diese Notwendigkeit.
13. Nennen Sie Gründe für die Einschränkung des Eigentums in der Sozialen Marktwirtschaft.
14. Der Aufbau und die Unterhaltung staatlicher Einrichtungen ist ohne Eingriffe in das Privateigentum und damit in das Wirtschaftsleben nicht denkbar.

    Suchen Sie nach Gründen für diese Behauptung.
15. Begründen Sie, warum das System der Marktwirtschaft nicht ohne Vertragsfreiheit denkbar ist.
16. Unsere Rechtsordnung enthält Bestimmungen, die auch durch Vertrag nicht geändert werden können. Geben Sie Beispiele dafür an.
17. Warum muss der Staat in der Sozialen Marktwirtschaft dafür sorgen, dass die Regeln des Wettbewerbs eingehalten werden?
18. Erörtern Sie, was Gewerbefreiheit mit Wettbewerb zu tun hat.
19. Begründen Sie, ob die staatliche Berufsberatung mit der Freiheit der Berufswahl zu vereinbaren ist.

20. Ein arbeitsloser Ingenieur hat bereits mehrere Vermittlungsangebote der Agentur für Arbeit abgelehnt. Jetzt erhält er von der Agentur für Arbeit die Aufforderung, eine zumutbare Arbeit anzunehmen, andernfalls die Arbeitslosenunterstützung gestrichen werde.

    Beurteilen Sie diese Aufforderung der Agentur für Arbeit im Hinblick auf das Grundrecht der freien Berufswahl.

21. Stellen Sie die Merkmale der Sozialen Marktwirtschaft mit je einem Beispiel in einer Übersicht zusammen.

22. Entscheiden Sie in den folgenden Fällen, ob die Markteingriffe des Staates marktkonform sind:

    a) Die Kostenexplosion bei den Arzneimitteln und den ärztlichen Leistungen hat den Gesetzgeber veranlasst,

       - Höchstsätze für verschreibungspflichtige Arzneimittel und
       - Budgets für die Abrechnung zwischen Ärzten und gesetzlichen Krankenkassen

       festzulegen.

    b) Im Rahmen von Arbeitsförderungsmaßnahmen gewährt der Staat sogenannten Beschäftigungsgesellschaften im Dienstleistungsbereich Zuschüsse.

    c) Landwirtschaftsministerien verbieten die Einfuhr von Rindfleisch.

    d) Der Export von Maschinen in Kriegsgebiete ist verboten.

    e) Ein Bauherr erhält staatliche Zuschüsse mit der Auflage, die Wohnungen nur an sozial schwache Mieter zu einem staatlich festgelegten Höchstpreis zu vermieten.

23. In einem Vorort einer größeren Stadt will ein Bauherr ein Einkaufszentrum errichten. Diese Absicht stößt auf Kritik der Einzelhändler dieses Vorortes.

    Welche Überlegungen wird die Genehmigungsbehörde vor der Erteilung der Baugenehmigung anstellen müssen?

24. Prüfen und begründen Sie, inwieweit folgende staatliche Maßnahmen mit den Prinzipien der Sozialen Markwirtschaft vereinbar sind:

    a) Erhöhung der Umsatzsteuer (Mehrwertsteuer).

    b) In der Coronakrise zahlt der Staat Kurzarbeitergeld, gewährt den Unternehmen Finanzhilfen, stundet Steuerzahlungen und gewährt Bürgschaften für Kredite.

    c) Zahlung von Elterngeld.

    d) Vergabe von Aufträgen zum Bau von Verkehrswegen.

    e) Um Landwirte zu unterstützen, wird für Rindfleisch ein Mindestpreis eingeführt.

    f) Senkung des Spitzensteuersatzes in der Einkommen- und Körperschaftsteuer.

    g) Absenkung der Einfuhrzölle.

    h) Zur Erweiterung des Krankenhauses werden angrenzende Grundstückseigner von der Gemeinde enteignet.

    i) Neuordnung des Steuersystems, damit jeder Steuerpflichtige über das gleiche Nettoeinkommen verfügt.

25. Es herrschen die gezeigten Marktsituationen (p*) vor. Der Staat ergreift Maßnahmen:

    a) Nennen Sie die Markteingriffe, die der Staat in diesen Fällen vorgenommen haben könnte.

b) Erläutern Sie mögliche Auswirkungen dieser Markteingriffe.

Fall 1: Fall 2:

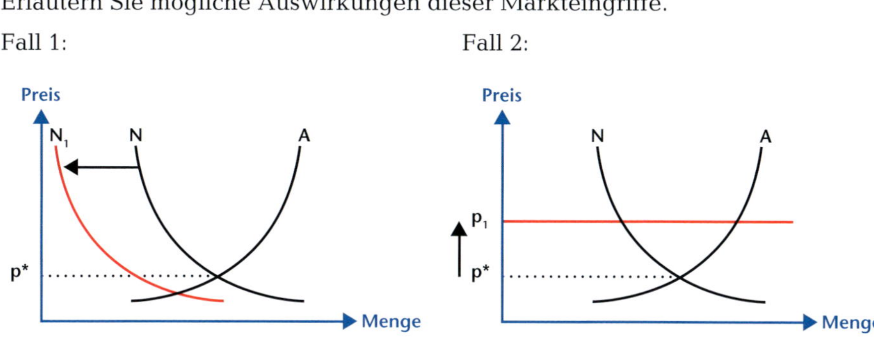

Zusammenfassende Übersicht: System der Sozialen Marktwirtschaft beurteilen

Anbieter — **Markt** — Nachfrager

Marktformen

Unterscheidung nach

räumlich-zeitlichen Gesichtspunkten	qualitativen Gesichtspunkten	quantitativen Gesichtspunkten
– zentralisierter Markt – dezentralisierter Markt	– vollkommener Markt – unvollkommener Markt	– Polypol – Oligopol – Monopol

Preisbildung

Gleichgewichtspreis beim
- vollkommenen Polypol

Preisfestsetzung beim
- unvollkommenen Polypol
- Oligopol
- Monopol

Markteingriffe des Staates in der Sozialen Marktwirtschaft durch
- Preispolitik
- Wettbewerbspolitik
- Sozialpolitik

3 Wirtschaftspolitische Ziele begründen und Zielbeziehungen untersuchen

▶ Handlungsauftrag

Recherchieren Sie im Internet nach aktuellen Informationen

- zur Inflationsrate,
- zur Zahl der Arbeitslosen, der Arbeitslosenquote sowie der regionalen Verteilung der Arbeitslosigkeit,
- zu Maßnahmen der Bundesagentur für Arbeit zur Bekämpfung der Arbeitslosigkeit,
- zu Vorschlägen der Bundesregierung, von Parteien, Verbänden und Gewerkschaften zur Bekämpfung der Arbeitslosigkeit,
- zum aktuellen Wirtschaftswachstum,
- zum Konzept des nachhaltigen Wirtschaftens.

Gestalten Sie über Ihre Rechercheergebnisse eine Wandzeitung.

Die **staatliche Wirtschaftspolitik** hat das Ziel, positive wirtschaftliche Entwicklungen zu unterstützen sowie Fehlentwicklungen und Störungen zu verhindern oder zumindest einzudämmen. Damit beeinflusst und gestaltet sie das wirtschaftliche Leben.

Ziele der Wirtschaftspolitik					
gesamtwirtschaftliches Gleichgewicht					
Stabilität des Preisniveaus	hoher Beschäftigungsstand (Vollbeschäftigung)	außenwirtschaftliches Gleichgewicht	stetiges und angemessenes Wirtschaftswachstum	gerechte Einkommens- und Vermögensverteilung	Erhaltung der natürlichen Lebensgrundlagen
quantitative Ziele				**qualitative Ziele**	

Die quantitativen Ziele sind gesetzlich im »**Stabilitätsgesetz**« (Gesetz zur Förderung der Stabilität und des Wachstums der Wirtschaft – StabG – vom 8. Juni 1967) zusammengefasst.

StabG § 1

»Bund und Länder haben bei ihren wirtschaftlichen Maßnahmen die Erfordernisse des **gesamtwirtschaftlichen Gleichgewichts** zu beachten. Die Maßnahmen sind so zu treffen, dass sie im Rahmen der marktwirtschaftlichen Ordnung gleichzeitig zur **Stabilität des Preisniveaus,** zu einem **hohen Beschäftigungsstand** und **außenwirtschaftlichen Gleichgewicht** bei stetigem und angemessenem **Wirtschaftswachstum** beitragen«.

Zur **gerechten Verteilung von Einkommen und Vermögen** und für die Erhaltung **der natürlichen Lebensgrundlagen** (Umweltschutz) gibt es eine Vielzahl besonderer Umwelt-, Arbeits- und Steuergesetze.

Neben diesen Zielen bestehen noch **weitere wirtschaftspolitische Ziele** wie z. B.

- Erhaltung der Arbeitskraft und Förderung des Leistungsstandes der Bevölkerung durch zeitgemäße Aus- und Weiterbildung sowie durch verbesserte Gesundheitsfürsorge;
- Sicherung des technischen Fortschritts durch Unterstützung der wissenschaftlichen Forschung;
- Sicherung der Rohstoffversorgung aus inländischen und ausländischen Quellen (Ressourcen).

3.1 Wirtschaftspolitische Ziele

3.1.1 Preisniveaustabilität

Stabilität des Preisniveaus herrscht, wenn die **Inflationsrate unter 2 % liegt.**

Die für die verschiedenen Güter zu zahlenden Preise sollen über einen längeren Zeitraum möglichst stabil bleiben. Dies ist nur dann zu erreichen, wenn auch die Kaufkraft des Geldes in dieser Zeit erhalten bleibt. Die **Kaufkraft des Geldes** bestimmt sich nach der Gütermenge, die man mit einer Geldeinheit kaufen kann. Je höher das Preisniveau der Güter ist, desto weniger kann man mit einer Geldeinheit kaufen; je niedriger das Preisniveau, desto mehr kann man mit einer Geldeinheit kaufen.

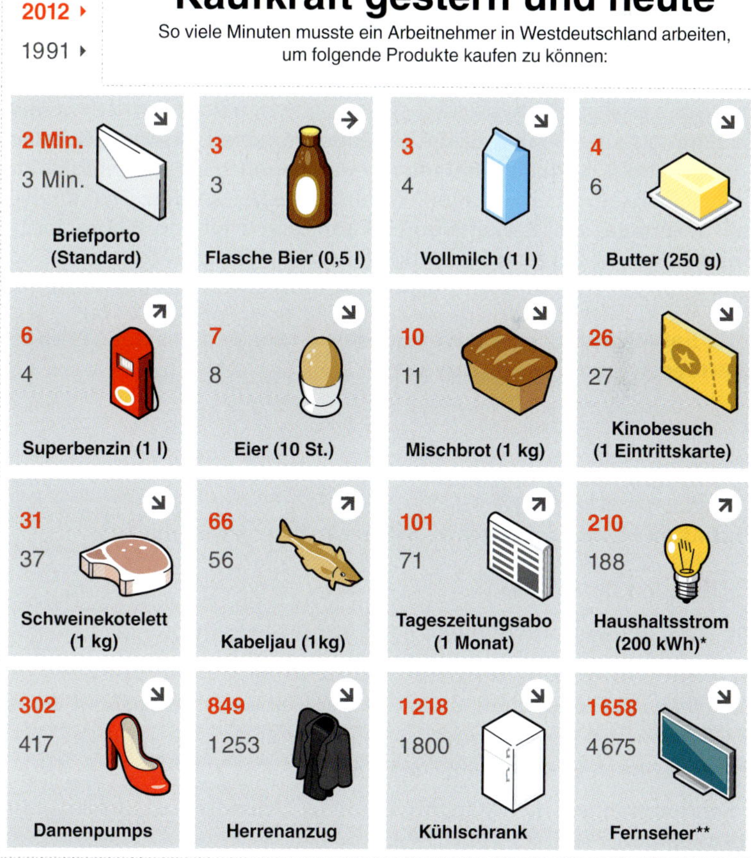

*inkl. Grundgebühr
**1991: Röhrenfarbfernseher, Stereo, 70 cm;
2012: Flachbildfernseher, 100 Hz, 37 Zoll (94 cm), Full HD
Quelle: Institut der deutschen Wirtschaft Köln

© Globus 5797

Die Kaufkraft des Geldes – Nominalverdienst und Realverdienst

Für die Arbeitnehmer ist es nicht entscheidend, in welchem Umfang die Verbraucherpreise steigen. Ebenso ist der Anstieg der Löhne und Gehälter von untergeordneter Bedeutung.

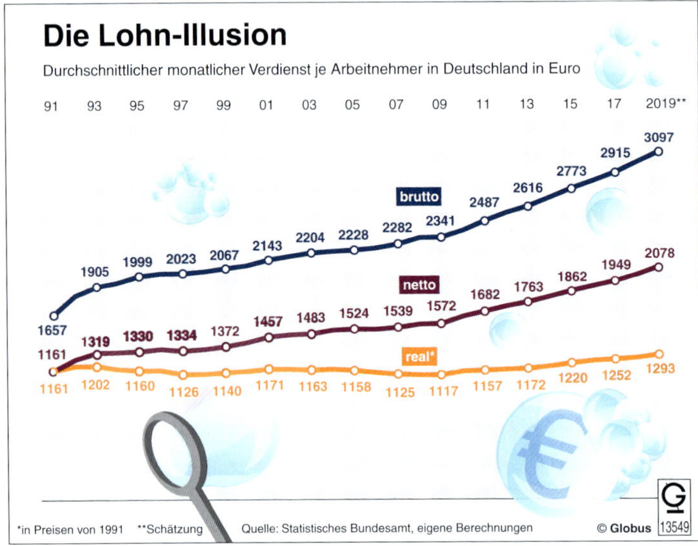

Entscheidend ist, wie sich Nominal- und Realverdienst in einer Periode verändert haben.

Der **Nominalverdienst** entspricht dem Nettoverdienst.

Der **Realverdienst** ist die Menge der Güter, die man mit dem Nominalverdienst kaufen kann.

Steigt der Nominalverdienst aufgrund von Tariferhöhungen, so bedeutet dies, dass die Arbeitnehmer nominal (dem Betrage nach) mehr Einkommen zur Verfügung haben. Dabei ist die Veränderung des Preisniveaus jedoch noch nicht berücksichtigt. Steigt nämlich das Preisniveau schneller als der Nominalverdienst, so kann der Einkommensbezieher weniger Waren als bisher kaufen. Der Realverdienst ist in diesem Fall gesunken; der Arbeitnehmer kann sich weniger Waren leisten (Kaufkraftverlust). Steigt jedoch das Preisniveau langsamer als der Nominalverdienst, so ist der Realverdienst gestiegen; der Arbeitnehmer kann sich mehr Waren leisten (Kaufkraftzuwachs).

Die **Entwicklung** des **Realverdienstes** ergibt sich aus der **Veränderung** der **Nominalverdienste** und des **Preisniveaus.**

Inflation

Inflation ist eine **anhaltende Steigerung** des **Preisniveaus.**

▶ Ursachen der Inflation

Die Ursachen der Erhöhungen des Preisniveaus sind:

- übermäßige Kreditgewährung an die private Wirtschaft,
- wachsende Einkommen, durch die der Konsum stärker steigt als das Güterangebot,
- Erhöhung der Umschlagshäufigkeit der Geldmenge durch übermäßige Konsumfreudigkeit der Bevölkerung (Hamsterkäufe),
- Schrumpfungen des Handelsvolumens (Missernten, Streiks, Bürgerkriege, Erdölverknappung),
- importierte Inflation.

▶ Arten der Inflation

Inflationsarten im Überblick*			
Inflationsarten		**Merkmale**	**Beispiele**
offene Inflation	schleichende Inflation	– niedrige Preissteigerungsraten – lang anhaltend	Deutschland seit dem Jahre 1948
	galoppierende Inflation	– Preissteigerungsrate liegt über dem Zinssatz für langfristige Geldanlagen (6 bis 8 %).	Länder der Dritten Welt
	Hyperinflation	– Die Inflationsrate beträgt mehr als 50 %.	Deutschland in den Jahren 1918 bis 1923
verdeckte Inflation		– Die Preissteigerungen werden durch Lohn- und Preisstopp unterbunden. – Schwarzmarkt mit »Wucherpreisen«	Deutschland zwischen 1939 und 1948
Nachfrageinflation	Binnennachfrageinflation	Unternehmen, private und/oder öffentliche Haushalte erhöhen ihre Nachfrage nach Gütern und Dienstleistungen.	Mehrmalige Situation Deutschlands in den vergangenen Jahrzehnten
	importierte Inflation	Ausländische Unternehmen und öffentliche Haushalte fragen inländische Güter und Dienstleistungen nach; es entsteht ein Exportüberschuss.	
Angebotsinflation	Kosteninflation	Der Kostenanstieg in den Unternehmen wird durch Preiserhöhungen auf die Nachfrager abgewälzt.	Erhöhungen der Tarifgehälter können zu gesamtwirtschaftlichen Preiserhöhungen führen (**Lohn-Preis-Spirale**).
	Gewinninflation	Unternehmen mit starker Marktstellung erhöhen ihre Preise**	Preiserhöhungen durch Mineralölgesellschaften

* Inflationsursachen können immer mehrere Merkmale aufweisen. Deshalb kann es auch gleichzeitig verschiedene Arten der Inflation geben.

** Führen die durch die Unternehmen verursachten Preissteigerungen zu neuen Lohnforderungen der Gewerkschaften, so entsteht ein Preis-Lohn-Zusammenhang. Entwickelt sich dieser Zusammenhang zu einem fortlaufenden Prozess, so spricht man von der **Preis-Lohn-Spirale.**

▶ Auswirkungen der Inflation

- Geldvermögensbesitzer ergreifen die »Flucht in die Sachwerte«.
- Das Vermögen der Eigentümer von Sachgütern (Immobilien) erhöht sich.
- Eine Verschiebung der Vermögensverhältnisse innerhalb der Gesellschaft ist möglich.
- Schuldner von Nominalwerten (Kreditnehmer) sind begünstigt, da sie ihre Kreditkosten und die Kredite selbst mit »entwertetem« Geld zurückzahlen können.
- Einkommensbezieher und Rentner erhalten einen Ausgleich für die inflationäre Entwicklung erst mit einer zeitlichen Verzögerung.
- Die Preise verlieren ihre Bedeutung als Informationsträger für den Verbraucher.
- Für Unternehmen entstehen zusätzliche Kosten (Informationsbeschaffung, Kalkulation, Preisauszeichnung).

Deflation

Deflation ist eine **anhaltende Senkung** des **Preisniveaus.**

▶ Ursachen der Deflation

Deflation entsteht dadurch, dass die Wirtschaft mit Geldmitteln unterversorgt wird. Die Gründe können sein:

- Durch Rekordernten, Überproduktion oder Importüberschüsse wird das Handelsvolumen stark erweitert.
- Die Bevölkerung hortet übermäßig viel Geld, weil sie die weitere Wirtschaftsentwicklung pessimistisch einschätzt.
- Die Unternehmen verschieben Investitionen und fragen keine Kredite nach. Auch sie beurteilen die wirtschaftliche Entwicklung negativ.
- Die Europäische Zentralbank verknappt die Geldmenge.

▶ Auswirkungen der Deflation

Eine Senkung des Preisniveaus erfolgt in aller Regel nicht in der Art, dass plötzlich alle Güterpreise sinken. Die Deflation zeigt sich in der Praxis vielmehr in sogenannten »deflationistischen Tendenzen«. Dies bemerkt der inflationsgewohnte Bürger dadurch, dass eine zunehmende Anzahl von Güterpreisen nach und nach sinkt, bis schließlich das Preisniveau insgesamt zurückgeht.

Dadurch **steigt die Kaufkraft des Geldes.** Geldbesitz gewinnt an Wert. Deshalb versucht man, Sachwerte zu Geld zu machen (Flucht in die Geldwerte). Der Zwang zum Güterabsatz führt zu weiteren Preissenkungen. Geldbesitzer wollen nicht kaufen, weil sie weitere Preissenkungen erwarten. Durch Betriebseinschränkungen, -stilllegungen und -zusammenbrüche entstehen Kurzarbeit und **Arbeitslosigkeit.** Damit schrumpfen die Arbeitseinkommen und die Konsumgüternachfrage. Wegen der verminderten Wirtschaftsleistung schwinden auch die Steuereinnahmen des Staates; die öffentlichen Aufträge an die Wirtschaft gehen dementsprechend zurück. Die Deflation verschärft sich.

Beispiel: Die Weltwirtschaftskrise von 1929 bis 1932 war für Deutschland mit einer starken Deflation verbunden.

Messung der Preisentwicklung

Verbraucherpreisindex für Deutschland in %, **Basisjahr 2015**			
Jahr	2017	2018	2019
Index in %	102,1	104,0	105,5
Zu-/Abnahme in % gegenüber dem Vorjahr	+1,7	+1,9	+1,4

Quelle: Monatsbericht der Deutschen Bundesbank Juli 2020

Der **Verbraucherpreisindex für Deutschland** zeigt die Preis- und Kaufkraftentwicklung deutscher Haushalte. Er geht vom durchschnittlichen Lebenshaltungsbedarf einer für Deutschland typischen Standardfamilie aus (2 Erwachsene, 2 Kinder). Um eine europäische Vergleichbarkeit der Preisentwicklung zu ermöglichen, gibt es den **h**armonisierten **V**erbraucher**p**reis**i**ndex **(HVPI).**

Aus dem Vergleich des Verbraucherpreisindex mit entsprechenden Messzahlen der Lohneinkommen (Lohnindizes) kann man auf Verbesserungen oder Verschlechterungen des Lebensstandards der Bevölkerung schließen.

Der **Verbraucherpreisindex** wird in Abständen von ca. 5 Jahren neu berechnet. Die Berechnung erfolgt auf der Grundlage eines Warenkorbes. Der **Warenkorb** für das **Basisjahr 2015** enthält ca. 650 Produkte und Dienstleistungen, deren Preisentwicklung vom Statistischen

Bundesamt laufend verfolgt wird. Im Vergleich zum Warenkorb 2000 wurden bei der Umstellung veraltete Produkte ausgesondert, z. B. herkömmliche Kameras. Gleichzeitig wurden verschiedene Güter aufgenommen, z. B. Flatrate-Tarife für Internet, DVD-Player und Espresso-Maschinen.

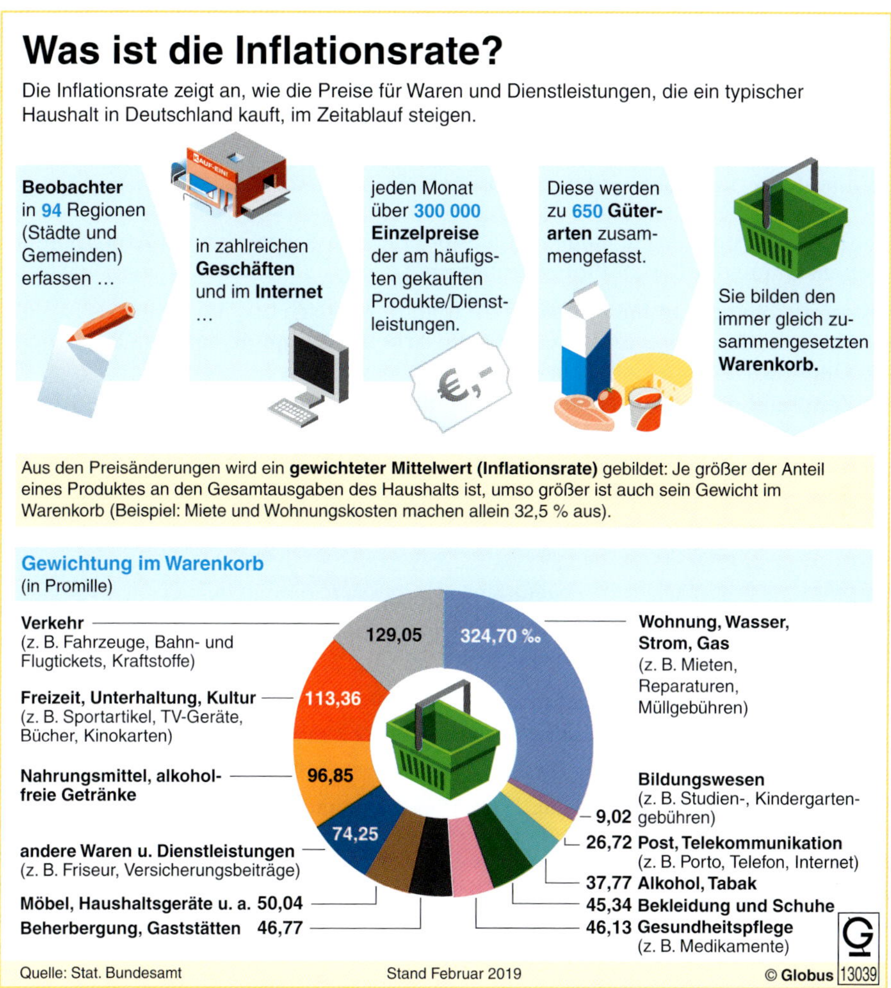

3.1.2 Hoher Beschäftigungsstand

Arbeitskräfteangebot und Situationen auf dem Arbeitsmarkt		
Vollbeschäftigung	**Unterbeschäftigung**	**Überbeschäftigung**
Arbeitslosenquote etwa 2–3 Prozent	Arbeitskräfteangebot ist größer als die Nachfrage	Arbeitskräftenachfrage ist größer als das Angebot
Gleichgewicht	**Ungleichgewicht**	

Vollbeschäftigung

Bei **Vollbeschäftigung** sind alle Personen, die arbeitsfähig und arbeitswillig sind, entsprechend ihrer **vollen Belastbarkeit beschäftigt und alle Arbeitsstellen** in der Wirtschaft sind besetzt.

Vollbeschäftigung lässt sich anhand der Arbeitslosenquote messen.

$$\textbf{Arbeitslosenquote} = \frac{\textbf{registrierte Arbeitslose}}{\textbf{abhängige Erwerbspersonen}^{*)}} \cdot \textbf{100}$$

*) abhängige Erwerbspersonen = Beschäftigte + Arbeitslose. Nach der Eurostatistik zählen zusätzlich auch die Selbstständigen zu den Erwerbspersonen.

Dabei sind neben den inländischen auch die aus dem Ausland stammenden Arbeitnehmer in die Personensumme der Beschäftigten einbezogen.

Die Arbeitslosenquote beträgt bei Vollbeschäftigung theoretisch 0 %. In der Praxis ist Vollbeschäftigung auch schon dann erreicht, wenn die **Arbeitslosenquote bei etwa 2–3 %** liegt. Eine solche Quote wird selten unterschritten,

- da es im Zeitpunkt der statistischen Erfassung durch kurzfristigen Wechsel der Arbeitsstellen immer eine gewisse Anzahl von Arbeitslosen geben muss und
- da nicht jeder Arbeitslose zu jeder Arbeit fähig und bereit ist.

Die Situationen auf dem Arbeitsmarkt in Deutschland zeigt die folgende Tabelle:

Entwicklung der Arbeitslosenquote in Deutschland									
	offene Stellen/Arbeitslose (jeweils in Tsd.)								
	Angaben für **Westdeutschland**								
Jahr	1970	1972	1993	2014	2015	2016	2017	2018	2019
offene Stellen	795	546	243	490	569	655	731	796	774
Arbeitslose	149	246	2.270	2.898	2.795	2.691	2.533	2.340	2.267
Arbeitslosenquote in %	0,7	1,1	8,0	6,7	6,4	6,1	5,7	5,2	5,0
Beschäftigungsstand	**Überbeschäftigung:** Zahl der offenen Stellen > Zahl der Arbeitslosen		**Unterbeschäftigung:** Arbeitslosenquote > 2 – 3 % und Zahl der offenen Stellen < Zahl der Arbeitslosen						

Quelle: Monatsberichte der Deutschen Bundesbank

Unterbeschäftigung

Unterbeschäftigung liegt vor, wenn die **Arbeitslosenquote höher** als 2–3 % und die Zahl der **offenen Stellen geringer** als die Zahl der Arbeitslosen ist.

Seit 1974 herrscht in Deutschland Unterbeschäftigung. Nach der Wiedervereinigung Deutschlands entwickelte sich besonders ab 1991 eine **strukturelle Arbeitslosigkeit,** d. h. eine Arbeitslosigkeit, die durch die Umwandlung des inneren Aufbaus der Wirtschaft hervorgerufen wird. Besondere Ausmaße erreichte sie in den neuen Bundesländern durch die totale Umstrukturierung des Wirtschaftssystems.

Überbeschäftigung

Überbeschäftigung liegt vor, wenn die **Zahl der offenen Stellen die Arbeitslosenzahl erheblich übersteigt.**

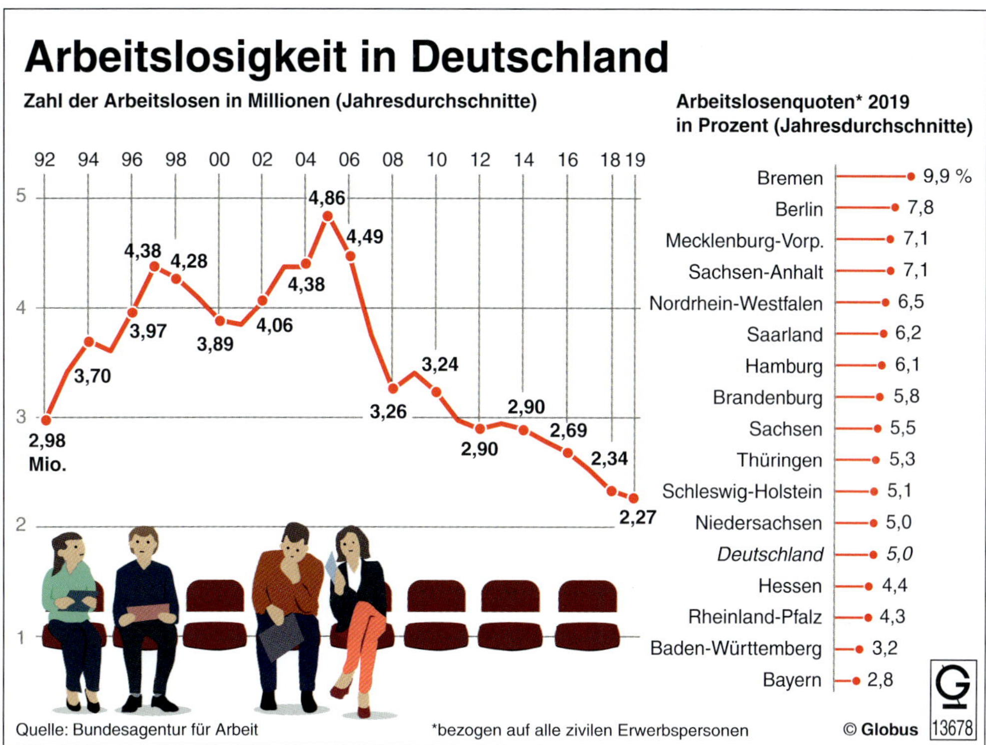

Nach den Zahlen in der Tabelle (Seite 340) herrschte in Deutschland in den Jahren 1970 bis 1972 Überbeschäftigung. Die Zahl der Arbeitslosen reichte nicht aus, um die offenen Stellen zu besetzen. Selbst eine steigende Zahl von Gastarbeitern konnte diesen Mangel nicht beseitigen.

In der Überbeschäftigung wird die Arbeitskraft der Menschen durch Überstunden, zusätzliche Schichten, Erhöhung der Arbeitsintensität stark beansprucht. Im Bereich der Produktion und Investition kommt es zur »Konjunkturüberhitzung«. Der nun knappe Faktor Arbeit wird gesucht. Dementsprechend werden hohe Löhne bezahlt. Die Güterpreise steigen. Es entsteht die **Lohn-Preis-Spirale,** in der sich die Löhne und Preise gegenseitig hochtreiben.

Das Zentralbankensystem und die Bundesregierung müssen mit konjunkturdämpfenden Maßnahmen eingreifen.

Ursachen der Arbeitslosigkeit

Arbeitslosigkeit als volkswirtschaftliches Problem lässt sich nicht auf eine Ursache zurückführen. Vielmehr sind es viele Faktoren, die von Land zu Land oder auch im Zeitablauf unterschiedlich sein können.

Aus der Vielzahl möglicher Ursachen sollen einige dargestellt werden:

- In den zurückliegenden Jahren sind traditionelle deutsche Wirtschaftszweige in Bedrängnis geraten. Der **technologische Wandel** verläuft heute so rasant, dass Unternehmen bestimmter Wirtschaftszweige hohe Rationalisierungsanstrengungen vornehmen (Industrieroboter in der Automobilbranche).

Außerdem führen der technologische Wandel und die Konkurrenz auf dem Weltmarkt zu **strukturellen Veränderungen** ganzer Regionen, in denen diese Wirtschaftszweige ehemals führend gewesen sind (Kohle- und Stahlerzeugung im Ruhrgebiet).

- Insbesondere die Unternehmen sehen in den hohen **Lohn- und Lohnnebenkosten** einen Grund dafür, dass die Wettbewerbsfähigkeit der Unternehmen nicht gegeben ist. Die Unternehmen sind deshalb gezwungen, die Produktion an kostengünstigere Standorte zu verlagern.
- Eine »blühende« **Schattenwirtschaft** leistet in Deutschland einen Beitrag von über 14 % des Bruttoinlandsproduktes. Hohe Steuern und Abgaben führen zur Schwarzarbeit (Baubranche und Handwerk).
- Die mit »**Globalisierung**« einhergehende weltwirtschaftliche Verflechtung führt dazu, dass Unternehmen Arbeit an kostengünstigere Standorte auslagern.
- Das **Profitstreben von Unternehmen** führt zur Kapitalabwanderung in Länder, in denen eine höhere Verzinsung des Kapitals und eine geringere Steuerbelastung möglich sind. Damit fehlt im Inland der Kapitalstock für Investitionen.
- Für den Einzelnen können **gesundheitliche Beeinträchtigungen** und **Immobilität** dazu führen, dass man arbeitslos wird.
- Das **Qualifikationsniveau** für den beruflichen Einstieg oder Wiedereinstieg ist **zu niedrig.** Außerdem kann nach einer längeren Zeit der Arbeitslosigkeit die **Motivation** zur erneuten **Arbeitssuche** zurückgehen.
- Eine leistungsfähige Volkswirtschaft verlangt entsprechend qualifizierte Arbeitskräfte. Geringe **berufliche Qualifikation** und eine generell vernachlässigte allgemeine Ausbildung führen daher zu langfristigen Wettbewerbsnachteilen.

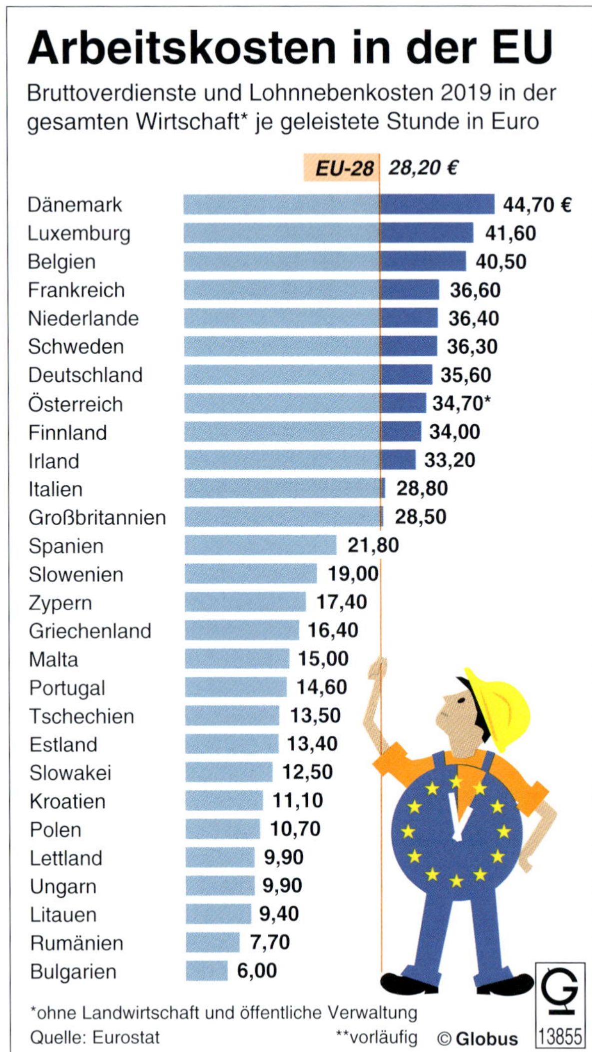

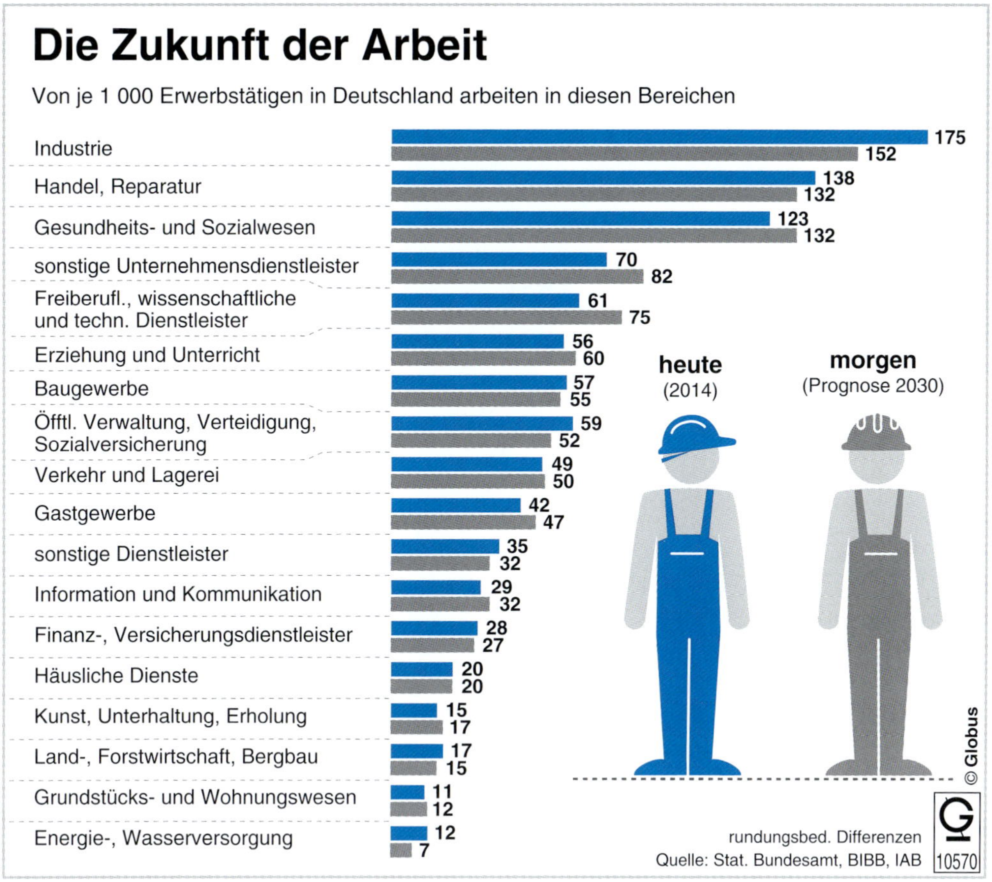
Die Zukunft der Arbeit
Von je 1 000 Erwerbstätigen in Deutschland arbeiten in diesen Bereichen
Industrie 175 152
Handel, Reparatur 138 132
Gesundheits- und Sozialwesen 123 132
sonstige Unternehmensdienstleister 70 82
Freiberufl., wissenschaftliche und techn. Dienstleister 61 75
Erziehung und Unterricht 56 60
Baugewerbe 57 55
Öfftl. Verwaltung, Verteidigung, Sozialversicherung 59 52
Verkehr und Lagerei 49 50
Gastgewerbe 42 47
sonstige Dienstleister 35 32
Information und Kommunikation 29 32
Finanz-, Versicherungsdienstleister 28 27
Häusliche Dienste 20 20
Kunst, Unterhaltung, Erholung 15 17
Land-, Forstwirtschaft, Bergbau 17 15
Grundstücks- und Wohnungswesen 11 12
Energie-, Wasserversorgung 12 7
heute (2014)
morgen (Prognose 2030)
© Globus
rundungsbed. Differenzen
Quelle: Stat. Bundesamt, BIBB, IAB
10570

Arten der Arbeitslosigkeit

Im Wesentlichen unterscheidet man fünf Arten der Arbeitslosigkeit (vgl. Seite 344).

Die Erfassung der Arbeitslosigkeit als statistische Größe erfolgt laufend durch verschiedene Institutionen. Jeweils zum Beginn eines Monats werden in Deutschland die neuesten statistischen Zahlen durch den Leiter der **Bundesagentur für Arbeit** bekannt gegeben. Er teilt dabei die neuesten Zahlen mit als:

- Arbeitslosenzahlen und Arbeitslosenquoten,
- Vergleichswerte des Vormonats,
- Vergleichswerte des Vorjahresmonats.

Bildung schützt vor Arbeitslosigkeit
Arbeitslosenquoten* in Deutschland in Prozent
Erwerbspersonen
West
Ost
mit Hoch-, Fachhochschul-abschluss 2,0 % 2,9
mit Lehr-/ Fachschul-abschluss 2,7 4,7
ohne Berufs-abschluss 16,4 27,1
zum Vergleich: Arbeitslosenquote insgesamt 4,7 6,4
*in Prozent aller zivilen Erwerbspersonen (ohne Auszubildende) gleicher Qualifikation
Quelle: Bundesagentur für Arbeit Stand 2019 © Globus
13771

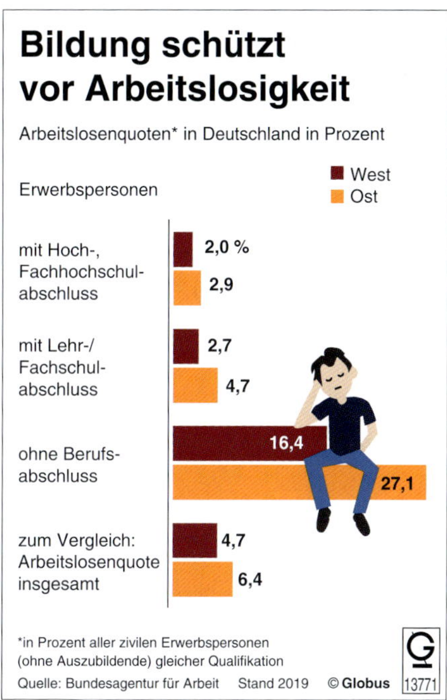

Außerdem erfassen die statistischen Ämter, die Bundesbank, Eurostat (Statistisches Amt der europäischen Kommission) Zahlen zur Arbeitslosigkeit und werten diese aus. Meist werden der Politik Handlungsanweisungen genannt, um auf neue Entwicklungen wirtschaftspolitisch sinnvoll reagieren zu können.

Folgen der Arbeitslosigkeit

Besonders in Zeiten wirtschaftlicher Krisen werden in Umfragen unter abhängig Beschäftigten die Ängste vor drohender Arbeitslosigkeit immer an erster Stelle genannt. Die fehlende Beschäftigung wirkt sich in der Regel nicht nur auf die Zufriedenheit des Menschen aus. Sie kann auch eine Bedrohung des Lebensstandards von Familien zur Folge haben.

Arbeitslosigkeit stellt die Gemeinschaft vor große Probleme. Während der Einzelne und dessen Familie leidet, kommt die Arbeitslosigkeit auch die Gesellschaft teuer zu stehen. Die entstehenden Probleme und Folgen lassen sich auf mehreren Ebenen darstellen.

Betroffene	Probleme	Folgen
Das Individuum und dessen Familie	Verringerung des Einkommens	Senkung des Lebensstandards
	fehlende Teilhabe an der beruflichen Weiterbildung	Wiedereingliederung in den Arbeitsprozess wird erschwert
	Belastung bzw. Zerstörung familiärer Beziehungen	Trennung von Eltern und Familie; Fehlentwicklungen bei Kindern
	soziale Isolation gegenüber Freunden und Bekannten	Vereinsamung, psychische Erkrankungen

Betroffene	Probleme	Folgen
Fortsetzung: Das Individuum und dessen Familie	psychische Belastungen bis zum Entstehen von Krankheiten	psychische und physische Erkrankungen
	Alkohol- und Drogenkonsum	Dauerkrankheit
	politische Gleichgültigkeit	fehlendes politisches Engagement
	Kriminalität und Radikalisierung	Strafverfolgung, Isolation, Spirale der Ausweglosigkeit
Die Gesellschaft	Kosten der Arbeitslosigkeit	Belastung der Staatshaushalte, Senkung der Sozial- und Transferleistungen
	Mindereinnahmen bei den Zweigen der Sozialversicherung	höhere Belastung der Arbeitenden
	Gewalt und Kriminalität	hohe Kosten der Aufklärung, für Schutzmaßnahmen und Gewaltverfolgung
	Auseinanderklaffen der Schere zwischen Arm und Reich	vermögens- und sozialpolitische Kosten
Die Weltgemeinschaft	Anwachsen der Kluft zwischen armen und reichen Ländern	politische Krisen in den betroffenen Ländern, Terrorakte
	Wirtschaftsflüchtlinge	Kosten und Akzeptanzprobleme in den Aufnahmeländern
	geringes bzw. kein Wirtschaftswachstum	fehlende Auslandsaufträge, importierte Wirtschaftskrise

3.1.3 Stetiges und angemessenes Wirtschaftswachstum

Unter **Wirtschaftswachstum** versteht man die **Zunahme des realen Bruttoinlandsproduktes** einer Volkswirtschaft binnen eines Jahres.

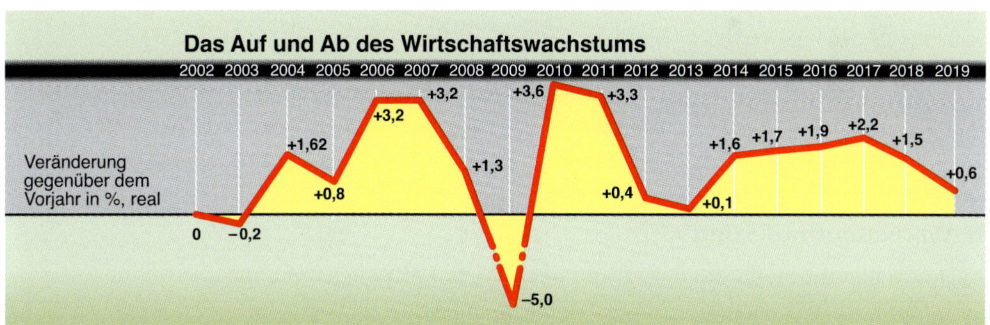

Wirtschaftswachstum wird ermöglicht und bestimmt durch

- das Wirtschaftssystem (Soziale Marktwirtschaft), die Wirtschaftsstruktur (Industrie, Handel, Dienstleistungen) und die Wirtschaftspolitik einer Volkswirtschaft (Steuer-, Sozial-, Subventionspolitik);
- den Bildungsstand, den Sparwillen und die Entwicklung der Bevölkerung;
- den technischen Fortschritt (Erfindungen) und die Qualität der Produktionsanlagen sowie die sich daraus ergebenden Möglichkeiten hochwertiger Güterproduktion;
- die Erschließung neuer Rohstoff- und Energiequellen (Ressourcen: Metalle, Mineralien, Erdöl, Erdgas, Kohle, Elektrizität, alternative Energiequellen);

- die Ausweitung von Angebot und Nachfrage über den Inlandsmarkt hinaus bis hin zum Welthandel sowie den Ausbau eines internationalen Nachrichten- und Transportwesens;
- die Belastbarkeit der Umwelt und die Erhaltung eines gesunden Lebensraumes.

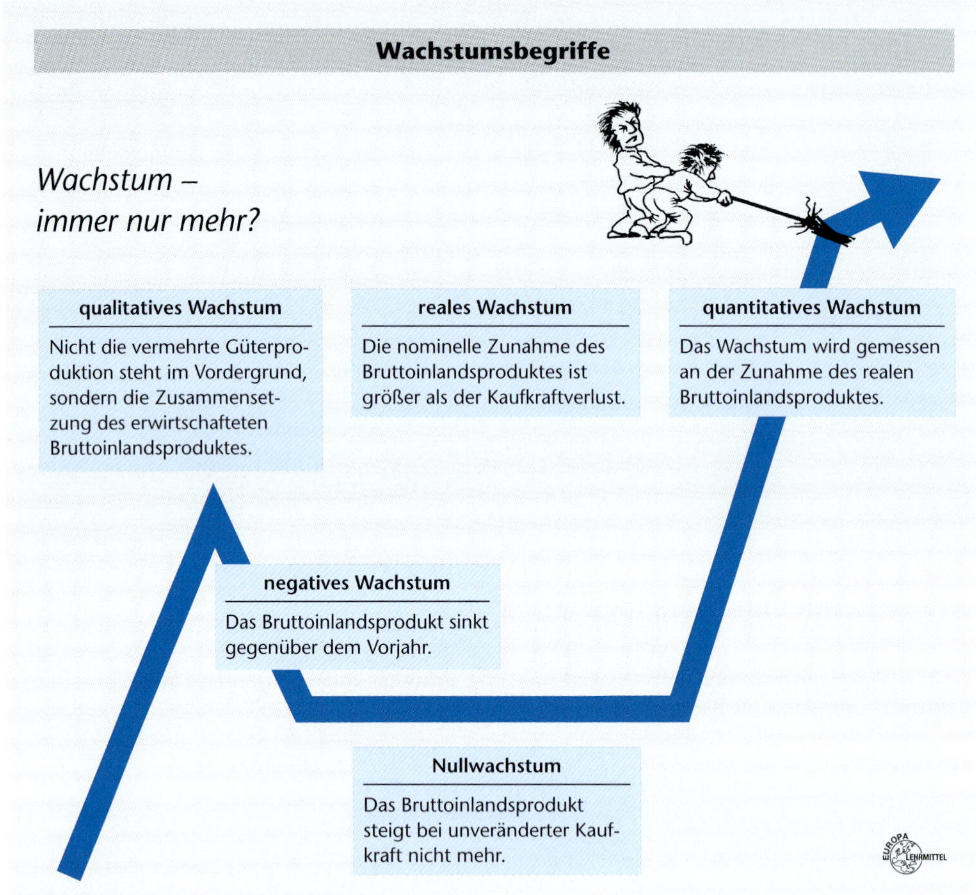

Wachstumsforderung

In Deutschland besteht die Forderung nach Wirtschaftswachstum, um

a) **quantitatives Wachstum** zu erreichen, d. h., durch bessere Versorgung mit Gütern einen höheren Lebensstandard zu schaffen.

Durch das Stabilitätsgesetz sind der Bund und die Länder verpflichtet, ihre wirtschaftspolitischen Maßnahmen so zu treffen, dass sie zu **stetigem und angemessenem Wirtschaftswachstum** beitragen. Als »angemessen« wird in diesem Zusammenhang eine jährliche Quote von **2–4 % Zunahme des realen Bruttoinlandsproduktes** angesehen.

b) **qualitatives Wachstum** zu erreichen, d. h., durch höherwertige Güter und Dienstleistungen eine Verbesserung der Umwelt- und Sozialbedingungen zu schaffen.

Viele Umweltorganisationen fordern deshalb ein qualitatives Wachstum. Der erreichte hohe Lebensstandard soll erhalten werden. Es steht jedoch nicht mehr die Mehrproduktion im Vordergrund, sondern der Ersatz von Gütern. Gleichzeitig wird die Produktion in vielen Sachgüter- und Dienstleistungsbereichen gesteigert (Wasseraufbereitungsanlagen, Müllverwertungsanlagen, Aufforstungsprogramme, menschenfreundlicher Wohnungsbau, Einrichtung von Umweltschutzdiensten).

Die Weltkommission für Umwelt und Entwicklung prägte 1987 als »**sustainable development**« einen neuen Wachstumsbegriff. Er bedeutet »**nachhaltiges Wachstum**« und kennzeichnet eine »Wirtschaftsentwicklung, die die Bedürfnisse der Gegenwart befriedigt, ohne zu riskieren, dass künftige Generationen ihre Bedürfnisse nicht befriedigen können«. Gemeint ist ein Wirtschaftsprozess, der langfristig aufrechterhalten werden kann, ohne das »**Ökosystem Erde**« zu überlasten.

Wachstumsmessung

Das jährliche Wachstum einer Volkswirtschaft lässt sich messen an den Veränderungen

- des privaten und staatlichen Verbrauchs (Konsum),
- der Investitionen,
- des nominalen und realen **Bruttoinlandsproduktes.**

Beispiel: Verschiedene Wachstumsphasen

Entstehung des Bruttoinlandsprodukts	2017	2018	2019	2017	2018	2019
	Index 2015 = 100			**Veränderung gegenüber Vorjahr in %**		
Produzierendes Gewerbe (ohne Baugewerbe)	107,6	109,0	105,2	3,2	1,3	-3,5
Baugewerbe	101,4	104,8	108,6	–0,6	3,4	3,5
Handel, Gastgewerbe und Verkehr	104,4	106,2	108,5	2,9	1,8	2,1
Information und Kommunikation	106,4	109,7	112,6	3,5	3,1	2,6
Finanz- und Versicherungsdienstleister	100,2	100,1	102,6	3,8	–0,1	2,5
Grundstücks- und Wohnungswesen	99,0	100,1	101,4	–1,0	1,1	1,3
Öffentliche Dienstleister, Erziehung und Gesundheit	107,7	109,0	110,8	3,4	1,2	1,7
Bruttoinlandsprodukt	104,8	106,4	106,9	2,5	1,5	0,4

Quelle: Monatsbericht der Deutschen Bundesbank Juli 2020

Aus der Tabelle sind verschiedene Wachstumsphasen erkennbar:

- **positives Wachstum** im Jahr 2018 in nahezu allen Wirtschaftsbereichen.
- **negatives Wachstum** im Jahr 2019 im produzierenden Gewerbe.

3.1.4 Außenwirtschaftliches Gleichgewicht

Außenwirtschaftliches Gleichgewicht bedeutet, dass die von anderen Volkswirtschaften **empfangenen Zahlungen** den an andere Volkswirtschaften **geleisteten Zahlungen entsprechen.**

Ihren Niederschlag finden diese außenwirtschaftlichen Zahlungsvorgänge in der jährlich aufgestellten Zahlungsbilanz.

Außenwirtschaftliches Gleichgewicht liegt vor, wenn die Zahlungsbilanz ausgeglichen ist. Der Saldo der Devisenbilanz ist gleich null.

Aufbau der deutschen Zahlungsbilanz

a) **Leistungsbilanz** mit den Unterpositionen
   1. **Außenhandel** = Gegenüberstellung der Einnahmen für die Ausfuhr und der Ausgaben für die Einfuhr von Waren. Sie wird auch **Handelsbilanz** genannt.
   2. **Dienstleistungen** = Gegenüberstellung aller Einnahmen und Ausgaben, die sich aus dem Austausch von Dienstleistungen, z. B. im Reise- und Güterverkehr und beim Transithandel, ergeben.
   3. **Erwerbs- und Vermögenseinkommen** = Gegenüberstellung der grenzüberschreitenden Einnahmen und Ausgaben für Kapitalerträge und Einkommen aus unselbstständiger Arbeit.
   4. **Laufende Übertragungen** = Saldo der grenzüberschreitenden unentgeltlichen Leistungen, z. B. Geldüberweisungen ausländischer Arbeiter, Leistungen an internationale Organisationen.

b) **Vermögensübertragungen** = Saldo der erhaltenen und geleisteten Vermögenstransfers wie Erbschaften, Schenkungen, Versicherungstransaktionen.

c) **Kapitalbilanz** = Saldo von Kapitalexport und Kapitalimport einschließlich Direktinvestitionen, Wertpapieranlagen, Kreditverkehr.

d) **Veränderung der Währungsreserven zu Transaktionswerten.** Bestände aus Gold und Devisen, die aus dem Zahlungsverkehr mit dem Ausland herrühren. Diese Bilanz ist die **Devisenbilanz.**

Veränderung der Nettoauslandsaktiva. Hierbei handelt es sich um Auslandsforderungen abzüglich Auslandsverbindlichkeiten der Deutschen Bundesbank. Sie werden in der Kapitalbilanz erfasst.

Ein außenwirtschaftliches Ungleichgewicht liegt vor, wenn ein Zahlungsbilanzüberschuss oder ein Zahlungsbilanzdefizit herrscht.

Die Entwicklung der deutschen Zahlungsbilanzen seit 2016 zeigt die Darstellung auf der folgenden Seite.

Zahlungsbilanzausgleich

Ist der Saldo der Devisenbilanz gleich null, ist die Zahlungsbilanz ausgeglichen.

Zahlungsbilanzüberschuss

Ein **Zahlungsbilanzüberschuss** ergibt sich, wenn die Leistungs- und Kapitalbilanzen insgesamt einen Einnahmeüberschuss aufweisen, der durch **Gold- und Devisenzuflüsse** ausgeglichen wird. In diesem Falle spricht man von einer **aktiven Zahlungsbilanz.**

Die Außenhandelsbilanz ist sichtbarer Ausdruck der Exportabhängigkeit unserer Wirtschaft. Die aktive Zahlungsbilanz des Jahres 2016 basiert vor allem auf sehr hohen Außenhandelsüberschüssen.

Zahlungsbilanzdefizit

Ein **außenwirtschaftliches Ungleichgewicht** ergibt sich auch, wenn die Zahlungsbilanz ein Defizit aufweist. Ein solches Defizit liegt vor, wenn die Leistungs- und Kapitalbilanzen insgesamt einen Ausgabenüberschuss aufweisen, der durch **Gold- und Devisenabflüsse** ausgeglichen wird. Man spricht in diesem Falle von einer **passiven Zahlungsbilanz.**

Die Zahlungsbilanzdefizite der Jahre 2017 und 2019 entstanden trotz eines hervorragenden Warenexportgeschäftes. Der Grund liegt in sehr hohen Abzügen im Dienstleistungssektor sowie in einem sehr hohen Kapitalabfluss ins Ausland.

Zahlungsbilanzen der Bundesrepublik Deutschland				
Wichtige Posten (Salden in Mio. EUR)	2016	2017	2018	2019
Saldo der Leistungsbilanz	+268.811	+262.669	+247.471	+243.991
Unterpositionen				
– Warenhandel	+267.999	+265.554	+226.275	+220.993
– Dienstleistungen	–19.948	–16.123	–19.686	–21.703
– Primäreinkommen	+60.639	+67.357	+89.453	+92.312
– Sekundäreinkommen	–39.879	–54.120	–48.571	–47.612
Vermögensänderungsbilanz	+3.468	–254	+436	–323
Kapitalbilanz	+257.693	+275.748	+236.936	+205.543
darunter: Währungsreserven	+1.686	–1.269	+392	–544
Zahlungsbilanzdefizit = Abnahme der Währungsreserven		✗		✗
Zahlungsbilanzüberschuss = Zunahme der Währungsreserven	✗		✗	

Quelle: Monatsberichte der Deutschen Bundesbank

Länder/Regionen als Außenhandelspartner Deutschlands im Jahre 2019

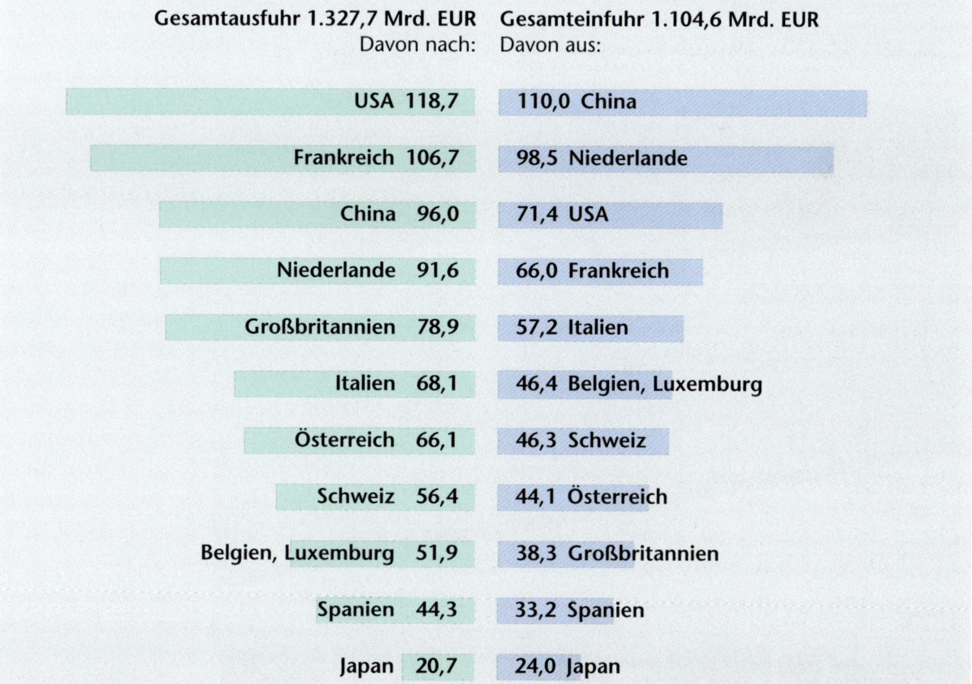

Gesamtausfuhr 1.327,7 Mrd. EUR Davon nach:		Gesamteinfuhr 1.104,6 Mrd. EUR Davon aus:	
USA	118,7	110,0	China
Frankreich	106,7	98,5	Niederlande
China	96,0	71,4	USA
Niederlande	91,6	66,0	Frankreich
Großbritannien	78,9	57,2	Italien
Italien	68,1	46,4	Belgien, Luxemburg
Österreich	66,1	46,3	Schweiz
Schweiz	56,4	44,1	Österreich
Belgien, Luxemburg	51,9	38,3	Großbritannien
Spanien	44,3	33,2	Spanien
Japan	20,7	24,0	Japan

Quelle: Monatsbericht der Deutschen Bundesbank Juli 2020

3.1.5 Erhaltung der natürlichen Lebensgrundlagen

Die Ausnutzung, Beschädigung und Belastung der Natur infolge steigenden Konsums und weiterer Industrialisierung hat in den vergangenen Jahrzehnten bedrohliche Ausmaße angenommen. Aus Verpflichtung für die gegenwärtig lebenden Menschen, die nachfolgenden Generationen und für alles Leben auf der Erde ist es notwendig, die bedrohte Umwelt zu schützen.

Für die Entwicklung der Menschen und der Natur ist inzwischen der Begriff der »Nachhaltigkeit« von besonderer Bedeutung geworden. Nachhaltige Entwicklung für den Menschen und die Natur bedeutet deshalb:

»Nachhaltige Entwicklung heißt, Umweltgesichtspunkte gleichberechtigt mit sozialen und wirtschaftlichen Gesichtspunkten zu berücksichtigen. Zukunftsfähig wirtschaften bedeutet also: Wir müssen unseren Kindern und Enkelkindern ein intaktes ökologisches, soziales und ökonomisches Gefüge hinterlassen. Das eine ist ohne das andere nicht zu haben.«
(Quelle: Rat für Nachhaltige Entwicklung der Bundesregierung; www.nachhaltigkeitsrat.de)

Die Bundesregierung beschreibt bereits 1971 in ihrem **Umweltprogramm** die Umweltpolitik als die »Gesamtheit aller Maßnahmen, die notwendig sind, um

- dem Menschen eine Umwelt zu sichern, wie er sie für seine Gesundheit und für ein menschenwürdiges Dasein braucht,
- Boden, Luft und Wasser, Pflanzen- und Tierwelt vor nachteiligen Wirkungen menschlicher Eingriffe zu schützen und
- Schäden oder Nachteile aus menschlichen Eingriffen zu beseitigen«.

Damit ist der **Umweltschutz** zum **Gegenstand der Wirtschaftspolitik** und die **Umwelt** zum schützenswerten **Wirtschaftsfaktor** erhoben.

Die Verbesserung der Umweltbedingungen erfordert wirtschaftliche Anstrengungen, die man als qualitatives Wachstum bewertet. Gleichwohl schlägt sich die Produktion umweltfreundlicher und umweltfördernder Güter rechnerisch im realen Bruttoinlandsprodukt als quantitatives Wachstum nieder.

Beispiele: Die Produktionen von Kläranlagen zur Verbesserung der Wasserqualität, von Immissionsschutzanlagen zur Entschwefelung von Industrieabgasen, von Autos mit Katalysatoren zur Verminderung der schädlichen Abgase, von FCKW-freien Kühlschränken zur Erhaltung der schützenden Ozonschicht gehen als quantitative Beiträge in die Entstehungsrechnung des Bruttoinlandsprodukts ein.

Es wäre also ein Irrtum, mit einer Forderung nach Null- oder gar Minuswachstum die Umweltschutzaufgaben bewältigen zu können.

Umweltbelastung und Umweltschutz

Beispiele für Umweltbelastungen und dagegen erhobene Schutzmaßnahmen:

Umweltbelastung und Umweltschutz		
Art der Umweltbelastung	**Beispiele**	**Schutzvorschriften und Gegenmaßnahmen** (Beispiele)
Gesundheitliche Beeinträchtigungen durch **Schmutz und Lärm**	Abwassereinleitungen in Flüsse und Seen, Emission von Ruß, Motoren- und Maschinenlärm	Gesetze, Verordnungen und »Technische Anleitungen« gegen Schadstoff-, Lärm-, Wärme- und Strahlungsbelastungen, Schadstoff- und Abfallabgaben von Betrieben und Haushalten
Raubbau an der Natur	Übertageabbau von Braunkohle, Torf und anderen Ressourcen	Strenge Bebauungs- und Abbauvorschriften, Rekultivierungsmaßnahmen
	Zunehmende Vernichtung von Naturlandschaften, landwirtschaftliche Monokulturen	Einrichtung von Wasserschutzgebieten und Naturschutzzonen, Rekultivierung von Ackerland in Naturland, strenge Vorschriften zur Schädlingsbekämpfung
	Gefahren durch die Gentechnik	Gentechnikgesetz von 1993
Verschwendung von Roh- und Energiestoffen	Nur-einmal-Verwendung wiederverwertbarer Rohstoffe	Recycling
	Unnötiger Nutzwertverbrauch von Energiestoffen	Bessere Energieausnutzung durch verringerten Verbrauch mittels moderner technischer Anlagen, Einsatz alternativer Energieträger
Umweltzerstörung durch Schadstoffe	Stick- und Reizgase, giftige Stäube bei der Güterproduktion, giftige Ab- und Klärwasserbestandteile	Immissionsvorschriften (»Technische Anleitung Luft«), Verkehrsverlagerung von der Straße auf die Schiene
Deponierung von Abfällen	Lagerung von giftigen Abfallstoffen, Verklappung von Abfällen, Problem der nuklearen Entsorgung	Ablieferungs- und Beseitigungspflicht für Abfälle, Duales System, Abfallsortierung

Im Einzelnen lassen sich zahlreiche Umweltzerstörungen finden, die teilweise verheerende Auswirkungen haben.

Beispiele:

1. Reaktorkatastrophe von Tschernobyl (Ukraine) 1986 und Fukushima (Japan) 2011
2. Ölkatastrophe im Golf von Mexiko 2010

Der Mensch nimmt zudem auch für seine Freizeitvergnügungen, für seine Sicherheit und aus Bequemlichkeitsgründen **Umweltschädigungen** in Kauf.

Beispiele: Anlegen von Skipisten, Benutzung von Streusalz, »wilde« Abfalldeponien, ungezügelter Ausstoß von CO_2-Gasen

Soziale Kosten

Zum Erhalt oder Ausgleich der angegriffenen Lebensgrundlagen sowie für vorsorgliche Umweltschutzmaßnahmen ergeben sich Kosten, die von der Allgemeinheit zu übernehmen sind. Man spricht von **sozialen Kosten.**

Soziale Kosten entstehen meist durch einzelwirtschaftliches Handeln, müssen aber **von der Allgemeinheit getragen** werden.

Die Erfassung dieser Kosten ist schwierig. Zum Teil beruhen diese auf Schätzungen. Dadurch wird es jedoch schwierig, politische Entscheidungen herbeizuführen, weil der konkrete Nachweis kaum erbracht werden kann.

Soziale Kosten

Naturschutz und länderübergreifende sowie globale Umweltschutzmaßnahmen

- Einrichtung und Sicherung von Naturschutzgebieten
- Maßnahmen zum Tropenwaldschutz
- Internationale Maßnahmen zum Schutz vor einer Klimakatastrophe

Umweltverschmutzung

- Behandlung von Erkrankungen der Atmungsorgane
- Instandsetzung geschädigter Baumsubstanzen
- Forstschutzmaßnahmen infolge des Waldsterbens

soziale Kosten

Lärm

- Behandlung von Innenohrschädigungen (Gefahr ab 85 Dezibel)
- Bau von Lärmschutzwänden an viel befahrenen Straßen
- Lärmschutzmaßnahmen gegen Industrie- und Gewerbelärm

Gewässerverschmutzung

- Maßnahmen zur Beseitigung von Ölverschmutzungen
- Maßnahmen zur Beseitigung der Nitratverseuchung des Grundwassers und zur Trinkwasseraufbereitung
- Verbesserung der Gewässergüte zur Sicherung von Erholungsaktivitäten

Bodenbelastung

- Beseitigung von umweltgefährdenden Ablagerungen einschließlich Sanierung von Altlasten
- Gebäudeschäden durch Bodensenkung
- Beseitigung von Schädigungen durch Hangrutschungen aufgrund von Bodenerosion

Umweltschutzpolitik

▶ Grundlagen für eine Umweltschutzpolitik

Ökologische und **ökonomische Wirksamkeit** bilden die Maßstäbe, an denen sich Umweltschutzpolitik zu orientieren hat. Das heißt aber auch, dass zwischen dem ökologisch Erforderlichen und dem ökonomisch Möglichen abzuwägen ist. Schließlich spielt es auch eine Rolle, ob umweltschutzpolitische Entscheidungen von der Bevölkerung akzeptiert und von der Politik durchgesetzt werden können.

Beispiel: Der Autoverkehr gilt als einer der Hauptverursacher der Luftverschmutzung. Eine Umweltabgabe auf den Benzinverbrauch lehnen jedoch 63 % der Westdeutschen und 72 % der Ostdeutschen ab.

Allgemein ist als richtig anerkannt, dass sich wirtschaftliches Wachstum in der Form, wie es in den letzten 100 Jahren in den Industrieländern stattgefunden hat, nicht unbegrenzt fortsetzen wird. Abzuwägen gilt es, ob die **ökonomischen** oder die **ökologischen** Zielsetzungen bei der politischen Entscheidung **stärkeres Gewicht** zu bekommen haben.

Beispiele:

1. Neubau oder Stilllegung von Kernkraftwerken
2. Freilandversuche mit gentechnisch veränderten Organismen

▶ Prinzipien der Umweltschutzpolitik

Prinzipien der Umweltschutzpolitik		
Prinzip	**Merkmal**	**Beispiel**
Vorsorgeprinzip	Umweltpolitische und sonstige Maßnahmen werden so getroffen, dass **von vornherein** möglichst sämtliche **Umweltgefahren vermieden** und damit die **Naturgrundlagen geschützt und schonend in Anspruch genommen** werden.	Eine Erlaubnis zum Einleiten von Abwässern wird nur erteilt, wenn die Abwässer nach dem Stand der Technik gereinigt wurden.
Verursacherprinzip	Die **Kosten** zur Vermeidung, zur Beseitigung oder zum Ausgleich von Umweltbelastungen sind **dem Verursacher zuzurechnen.**	Hersteller und Vertreiber sind laut Verpackungsverordnung dazu verpflichtet, Transportverpackungen nach Gebrauch zurückzunehmen.
Kooperationsprinzip	Der **Staat strebt** zur Lösung der Umweltprobleme zunächst **einvernehmliche Regelungen mit den gesellschaftlichen Gruppen an,** bevor er Gesetze und Verordnungen erlässt.	Umweltschutzverbände wirken in Planfeststellungsverfahren über Vorhaben mit, die mit Eingriffen in Natur und Landschaft verbunden sind.
Gemeinlastprinzip	Die **Kosten des Umweltschutzes** können auf **die Allgemeinheit verteilt werden,** d. h., sie werden vom Staatshaushalt getragen.	Kostenübernahme für Altlastensanierungen durch die öffentliche Hand.

▶ Instrumente der Umweltschutzpolitik

Neben **ordnungsrechtlichen** und **ökonomischen Instrumenten** kann staatliche Einflussnahme über **Aufklärungsmaßnahmen** erfolgen.

Instrument	Inhalt	Beispiel
ordnungsrechtliche Instrumente	staatliche Ge- und Verbote, Bußgeldbescheid	Produktionsverbot, Ansiedlungsverbot
ökonomische Instrumente		
– Abgaben	Belegung der Umweltnutzung durch Nutzungsabgaben	Wasserpfennig, Ökosteuern
– Subventionen	finanzielle Ausgleichszahlungen durch den Staat	Steuererleichterungen, Sonderabschreibungen
– Zertifikate (Umweltlizenzen)	Marktfähige Rechte, die die Gesamtmenge der Belastungen festlegen, können gehandelt werden.	Zertifikate, die eine bestimmte Menge an Schadstoffemissionen zulassen, werden zwischen Unternehmen gehandelt.
– Haftungsrecht	staatliches Eingreifen im Falle konkreter Umweltzerstörungen bzw. -beeinträchtigungen	Bußgeld gegenüber dem Unternehmen Sandoz wegen Rheinverschmutzung
Aufklärung	Entwicklung eines Umweltbewusstseins, Aufbau von ökologischem Wissen	Umwelterziehung, allgemeine Informationen, Appelle

▶ Nationale Institutionen für Umweltschutz

In Deutschland wurden folgende Gremien und Institutionen für den Umweltschutz eingerichtet:

- **Rat von Sachverständigen für Umweltfragen:** Er besteht aus Fachleuten besonders gefährdeter Umweltbereiche. Seine Aufgabe ist vor allem die Begutachtung der Umweltsituation und der Umweltbedingungen in Deutschland.
- **Umweltbundesamt:** Diese Behörde unterstützt und berät die Bundesregierung bei Angelegenheiten des Umweltschutzes.
- **Private Organisationen:** Der **B**und für **U**mwelt und **N**aturschutz in **D**eutschland **(BUND)** und zahlreiche andere Organisationen (wie Schutzstation Wattenmeer e.V.) befassen sich ebenfalls mit Umweltschutzaufgaben.

▶ Internationale Institutionen für Umweltschutz

Im europäischen und weltweiten Rahmen gibt es zahlreiche umweltpolitische Initiativen. Dies ist auch Ausdruck des **globalen Problems »Umwelt«,** das nicht an Grenzen Halt macht.

Beispiele: Ozonloch, Treibhauseffekt (Klimaerwärmung), Waldsterben, Endlagerung von Kernbrennstoffen, Stilllegung veralteter und gefährlicher Kernkraftwerke (Tschernobyl), Meeresverschmutzung, zunehmende Knappheit der Wasservorräte

Auch auf internationaler Ebene wird deshalb durch verschiedene Einrichtungen und Maßnahmen auf Umweltgefährdungen reagiert:

- Seit 1983 wurden vom **Umweltprogramm der Vereinten Nationen** (United Nations Environment Program, UNEP) und der **Umweltabteilung der Weltbank** mehrere Symposien (Tagungen) durchgeführt.

- Auf Initiative des **Statistischen Amtes der Europäischen Union (EUROSTAT)** werden Arbeiten an einem europaweiten Berichtssystem vorgenommen, das eine Beschreibung der Beziehungen zwischen Wirtschaft und Umwelt ermöglichen soll.
- 1992 wurde auf dem **Welt-Umweltgipfel in Rio de Janeiro** mit der **Agenda 21** (weltweites Entwicklungs- und Aktionsprogramm für das 21. Jahrhundert) das Leitbild einer naturverträglichen Entwicklung (Sustainable Development) konkretisiert. Sie verpflichtet vor allem die Industrieländer, ihre Energie-, Verkehrs-, Wirtschafts-, Agrar- und Handelspolitik neu auszurichten, damit die natürlichen Lebensgrundlagen nicht zerstört werden und auch künftigen Generationen ungeschmälert zur Verfügung stehen.

  1997 wurde auf dem Klimagipfel in Kyoto das sogenannte **Kyoto-Protokoll** beschlossen. Das Kyoto-Protokoll sieht vor, die Treibhausgase der Industrieländer in einer ersten Verpflichtungsperiode von 2008–2012 um 5,2 % gegenüber dem Stand von 1990 zu reduzieren. Bislang haben 193 Staaten und die EU das Kyoto-Protokoll ratifiziert. Auf den folgenden Weltklimagipfeln konnte man sich jedoch über eine zweite Verpflichtungsperiode nicht einigen. Daher wurde auf der UN-Klimakonferenz in Katar 2012 beschlossen, das Kyoto-Protokoll bis 2020 zu verlängern. Strittig ist vor allem der Umfang der Emissionsreduktionen, die Verteilung der Reduktionen auf die Länder, die Einbindung von Entwicklungsländern sowie der Umgang mit Ländern, die das Kyoto-Protokoll bis heute nicht akzeptiert haben (USA) oder aber bereits wieder ausgetreten sind (Kanada, 2011). Auf der UN-Klimakonferenz in Paris 2015 wurde ein Klimaabkommen beschlossen, das die Begrenzung der Erderwärmung auf weniger als 2 Grad Celsius vorsieht. Hierzu sollen die Treibhausgasemissionen zwischen 2045 und 2060 auf null reduziert werden. Die letzten Klimakonferenzen dienten der Umsetzung des Pariser Abkommens.

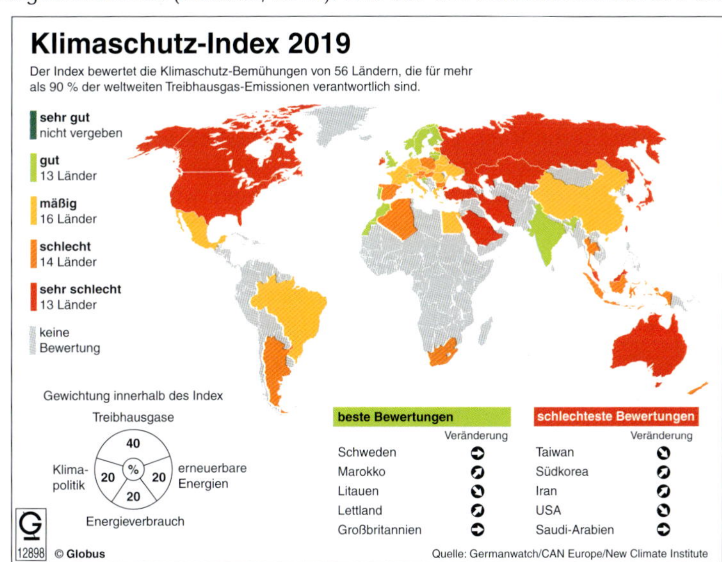

3.1.6 Gerechte Einkommens- und Vermögensverteilung

Einkommen und Vermögen

Unter **Einkommen** versteht man den **Anteil,** den ein **Einkommensempfänger** aus dem jährlichen **Volkseinkommen** (Nettonationaleinkommen) **bezieht.**

Beispiele: Bruttojahreseinkommen gemäß Lohnsteuerkarte; Einkommen aus Zinserträgen, aus Vermietung

Einkommen ist wesentliche Voraussetzung dafür, dass Vermögen erworben werden kann.

Unter **Vermögen** versteht man den gesamten Wert an Sachgütern, Forderungen und Geld, den der **Einzelne zu einem bestimmten Zeitpunkt besitzt.**

Werden vom Bruttovermögen die Schulden abgezogen, erhält man das Nettovermögen.

Beispiele: Summe aus dem Wert des gesamten Hausrates, Wert aller Immobilien abzüglich der Schulden, Guthaben auf Sparkonten

Vermögen kann wiederum Einkommensquelle sein. Da die Anteile am Einkommen und Vermögen der Gesamtbevölkerung den Lebensstandard der Bürger wesentlich bestimmen, ist die Verteilung des Einkommens und des Vermögens eine wichtige volkswirtschaftliche Kennzahl.

Verteilung des Einkommens und Vermögens

Von besonderem gesellschaftlichen Interesse ist die Verteilung auf folgende gesellschaftliche Gruppen: Selbstständige, Beamte, Angestellte, Rentner, Arbeiter, Arbeitslose und Sozialhilfeempfänger. Für diese typischen Gruppen wird im Folgenden die Einkommens- und Vermögensverteilung dargestellt. Das Bruttoeinkommen umfasst sämtliche Einkommen aus den Einkunftsarten.

▶ Verteilung des Einkommens

Die Selbstständigen erzielen zwar hohe Einkommen, allerdings müssen sie für ihre soziale Absicherung selbst Vorsorge treffen, da sie nicht sozialversichert sind. Außerdem tragen sie das Unternehmerrisiko.

Die niedrigsten Einkommen stehen den Arbeitslosen zur Verfügung. Sie mussten im Monat mit durchschnittlich 1.488 EUR je Haushalt zurechtkommen. In diesem Betrag ist alles enthalten, was ihnen an Geldmitteln zugeflossen ist. Hierzu zählen auch Sozialtransfers (z. B. Arbeitslosengeld II, Sozialhilfe, Wohngeld, Kindergeld).

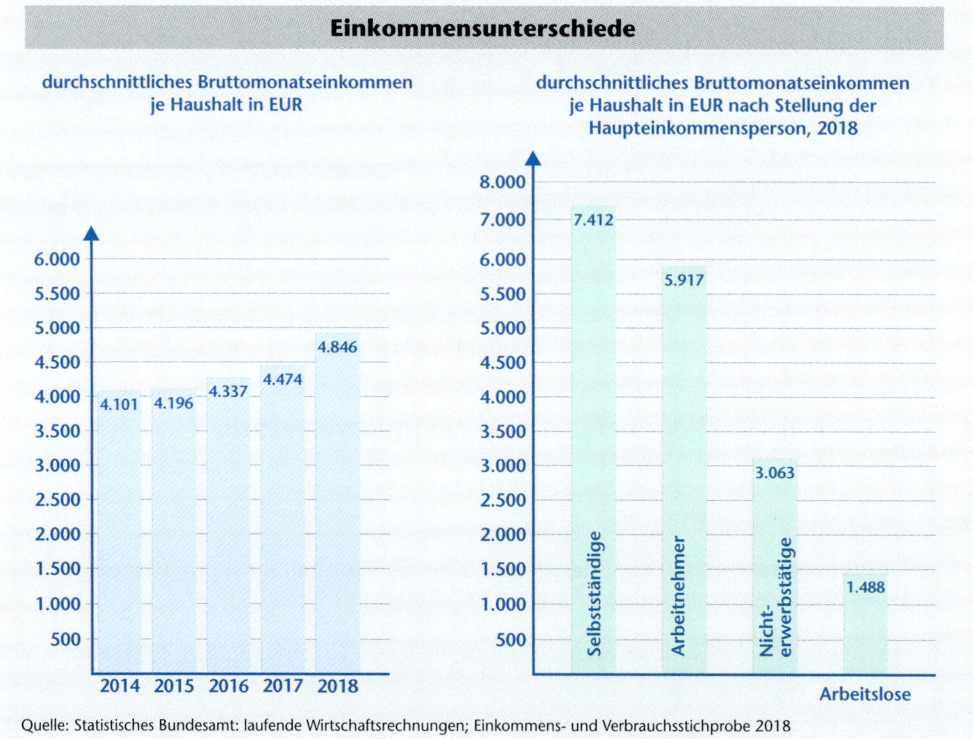

▶ Verteilung des Vermögens

Über die größten **Geldvermögen** verfügen die Selbstständigen. Allerdings muss auch hier berücksichtigt werden, dass sie für ihre Alterssicherung selbst sorgen und sich deshalb ein privates Vermögenspolster schaffen müssen, aus dem sie später ein angemessenes Einkommen zur Bestreitung ihres Lebensunterhalts beziehen können.

Entwicklung der Einkommens- und Vermögensverteilung

Die Entwicklung der Einkommens- und Vermögensverteilung in Deutschland wird ermittelt, indem man auf die Einkommens- und Verbrauchsstichproben (EVS) des Statistischen Bundesamtes zurückgreift, die alle fünf Jahre durchgeführt und durch weitere Studien ergänzt wird.

Beispiele:

1. Im Durchschnitt verfügte ein Privathaushalt in Deutschland im Jahr 2018 über ein monatliches Bruttoeinkommen von 4.846 EUR.
2. Ergebnisse der Studie LEBEN IN EUROPA 2014 zeigen, dass im Jahr 2014 16,7 % der Bevölkerung in Deutschland armutsgefährdet waren. Damit hat sich der Anteil der armutsgefährdeten Personen in der Bevölkerung im Vergleich zum Vorjahr leicht erhöht. Die Armutsgefährdungsquote ist nach EU-Definition der Anteil der Personen, die mit weniger als 60 % des mittleren Einkommens der gesamten Bevölkerung auskommen müssen.

Das Vermögen der Privathaushalte

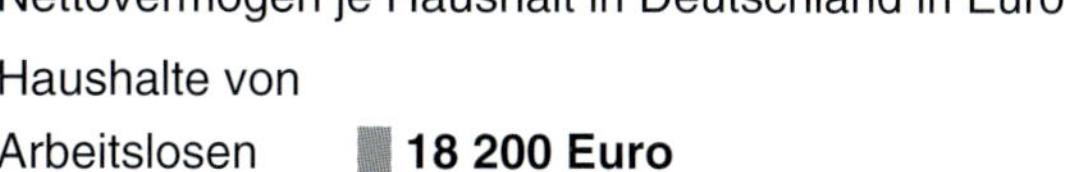

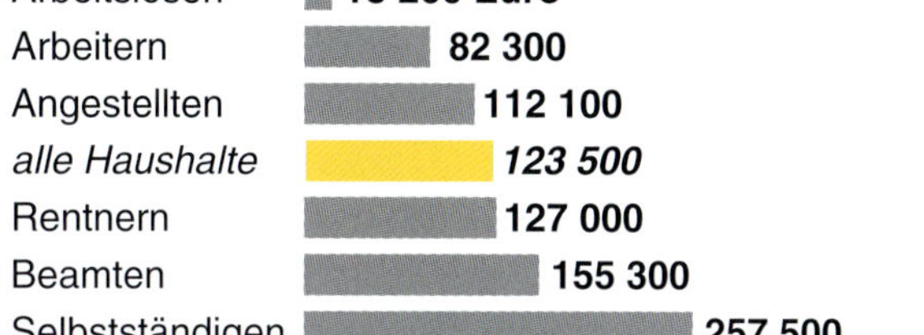

Selbstständigen 257 500
Pensionären 298 700

Und so setzt sich das durchschnittliche Nettovermögen zusammen:

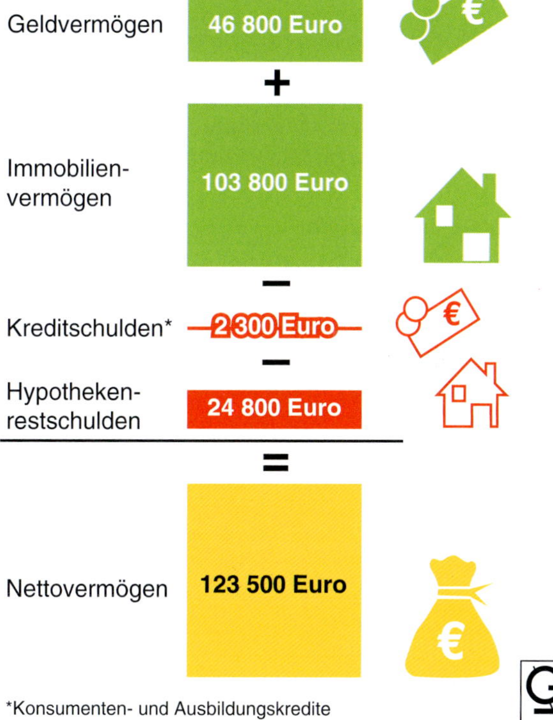

*Konsumenten- und Ausbildungskredite
Quelle: Statistisches Bundesamt Stand 2013 © Globus 6562

3. Die Steuern und Abgaben machten 2018 im Durchschnitt pro Haushalt 1.222 EUR monatlich aus. Knapp die Hälfte dieser Abgaben entfielen dabei auf die Einkommen- und Kirchensteuer sowie auf den Solidaritätszuschlag. Damit ergab sich eine durchschnittliche Belastung eines Haushaltes durch Steuern und Abgaben von 25,2 % des Bruttoeinkommens. Diese ist im Zeitablauf kontinuierlich gestiegen; sie lag vor 15 Jahren noch bei 19,4 %.

Probleme durch die Einkommens- und Vermögensverteilung

Das Volkseinkommen (Nettonationaleinkommen) lässt sich in **Arbeitnehmerentgelt** und in **Unternehmens- und Vermögenseinkommen** aufteilen.

Damit entsteht die Frage, wann von einer gerechten Einkommens- und Vermögensverteilung gesprochen werden kann.

Verteilung des Volkseinkommens	2017	2018	2019	2017	2018	2019
	Mrd. EUR			Lohn- und Gewinnquote		
Arbeitnehmerentgelt	1.694,7	1.771,3	1.848,4	70 %	71 %	72 %
Unternehmens- und Vermögenseinkommen	735,8	731,8	711,8	30 %	29 %	28 %
Volkseinkommen	2.430,5	2.503,1	2.560,2	100 %	100 %	100 %

Quelle: Monatsbericht der Deutschen Bundesbank Juli 2020

Gleiche Verteilung von Einkommen und Vermögen würde voraussetzen, dass alle Einkommensbezieher eine gleichwertige Leistung erbringen. Das entspricht aber nicht den wirklichen Gegebenheiten. Vielmehr wird eine höhere Leistung auch höher bezahlt. Da es keine gleiche Einkommensverteilung gibt, ist auch eine gleiche Verteilung des Vermögens unrealistisch.

Ungleiche Verteilung führt aber immer zu sozialen Spannungen. Es ist deshalb eine ständige Auseinandersetzung zwischen Arbeitgebern und Arbeitnehmern darüber im Gange, welches Verhältnis zwischen Arbeitnehmerentgelt **(Lohnquote)** und Unternehmens- und Vermögenseinkommen **(Gewinnquote)** richtig sei. Dabei ist zu beachten, dass Kapital- und Mieterträge der Arbeitnehmer in der Gewinnquote enthalten sind. Sie zählen zu den Vermögenseinkommen.

Grundsätzlich gilt jedoch:

Wer einen höheren Beitrag zum Bruttoinlandsprodukt leistet, kann auch einen höheren Anteil am Bruttoinlandsprodukt einfordern. Daher wird die Einkommensverteilung ungleich sein. Es gibt Ursachen im Verlauf der Wirtschaftsentwicklung, die zu einer einseitigen Bevorteilung bzw. Benachteiligung einzelner Bevölkerungsgruppen führen:

- Empfänger höherer Einkommen können leichter Vermögen bilden, Vermögende können leichter ein höheres Einkommen erzielen. So ergibt sich eine »kumulative Einseitigkeit« der Einkommens- und Vermögensverteilung.
- In der Rezessionsphase muss der Staat unter dem Zwang zur sparsamen Haushaltsführung soziale Leistungen vorübergehend zurücknehmen, Maßnahmen, welche sozial schwächere Bevölkerungskreise in besonderem Maße treffen (Kürzung der Arbeitslosen- und Sozialleistungen, BAföG-Einschränkungen).

Verteilungspolitik

Durch staatliche Verteilungspolitik soll versucht werden, Ungerechtigkeiten in der Einkommens- und Vermögensverteilung zu mildern. Dabei will man mit einkommenspolitischen Maßnahmen die Jahreseinkommen benachteiligter Einkommensbezieher erhöhen und mit vermögenspolitischen Maßnahmen Teile des Einkommens durch attraktive Sparanreize in Vermögen umwandeln.

▶ Einkommenspolitische Maßnahmen

a) Steuerpolitik: Investitionsförderung durch Sonderabschreibungen, Steuerfreistellung des »Existenzminimums«, progressiver Steuersatz bei der Einkommensteuer, Unterstützung einkommensschwacher Haushalte durch Freibeträge.

b) Sozialpolitik: Befreiung der Geringverdiener von der Sozialversicherung, nach Kinderzahl gestaffeltes Kindergeld, verlängerte Bezahlung des Arbeitslosengeldes für ältere Arbeitslose.

▶ Vermögenspolitische Maßnahmen

Eine neue Vermögensverteilung soll hauptsächlich erreicht werden durch eine andere Verteilung der Vermögenszuwächse zugunsten benachteiligter Gruppen. Insbesondere ist deren Sparbereitschaft, ja die Sparfähigkeit überhaupt, zu fördern.

a) Vermögenswirksame Leistungen: Arbeitnehmer bis zu einem zu versteuernden Jahreseinkommen von 17.900 EUR (Ledige) und 35.800 EUR (Verheiratete) erhalten vom Staat Sparzulagen. So zahlt der Staat für vermögenswirksames Sparen neun Prozent auf höchstens 470 EUR jährlich. Eine staatliche Zulage von 20 Prozent wird gewährt, wenn man weitere bis zu 400 EUR in Produktivvermögen (z. B. Aktienfonds, Genossenschaftsanteile) anlegt.

b) Wohnungsbauprämie: Zusätzlich zur vermögenswirksamen Leistung erhält ab 01.01.2021 ein Arbeitnehmer bis zu einem zu versteuernden Jahreseinkommen von 35.000 EUR (Ledige) und 70.000 EUR (Verheiratete) bei einer jährlichen Sparsumme von höchstens 700 EUR bei Alleinstehenden (1.400 EUR bei Verheirateten) auf Bausparkonten eine 8,8 %ige Wohnungsbauprämie.

▶ Aufgaben und Probleme

1. Welche Gleichgewichtsbedingungen müssen erfüllt sein, damit man vom gesamtwirtschaftlichen Gleichgewicht sprechen kann?
2. Welche Schwierigkeiten können sich bei der Verfolgung der wirtschaftspolitischen Hauptziele ergeben?
3. Welcher Zusammenhang besteht zwischen der Kaufkraft in EUR und dem Preisniveau in Deutschland?
4. a) Ergänzen Sie folgende Tabelle:

	Jahr 01 (Basisjahr)	Jahr 02	Jahr 03
Ausgaben für den Warenkorb (EUR)	2.000	2.040	2.101
Preisniveausteigerung	–	… ? …	… ? …
Preisindex	… ? …	… ? …	… ? …

   b) Erläutern Sie die Entwicklung der Kaufkraft in diesem Zeitraum.
5. Stellen Sie die beiden grundsätzlichen Möglichkeiten der Ungleichgewichte des Preisniveaus in einer kleinen Tabelle gegenüber. Führen Sie Ihre Abgrenzung anhand folgender Merkmale durch:
   - Entstehen der jeweiligen Entwicklung,
   - Auswirkungen auf die allgemeine Wirtschaftslage,
   - Auswirkungen auf das ökonomische Verhalten,
   - Möglichkeiten der staatlichen Einflussnahme zur Bekämpfung der Lage.
6. Wie wird eine schleichende Inflation
   a) vom Verbraucher bemerkt,
   b) aus der amtlichen Statistik erkennbar?

7. Beschreiben Sie die importierte Inflation.

8. »Deflation im klassischen Sinne kann heute nicht mehr auftreten.« Grenzen Sie die herkömmliche und die heutige Form von Deflation gegeneinander ab.

9. a) Nennen Sie Güter, die in den letzten Jahren teurer bzw. billiger geworden sind.

   b) Wie wirken sich die Preisveränderungen dieser Güter jeweils auf den Verbraucherpreisindex aus?

10. Warum spricht man bei einer Arbeitslosenquote von 2–3 % noch von Vollbeschäftigung?

11. 1970 betrug die Arbeitslosenquote 0,7 %, 2019 lag sie bei 5,0 %. Beide Zahlen drücken Ungleichgewichte aus. Benennen Sie die Ungleichgewichte und geben Sie die davon ausgehenden Gefahren für die wirtschaftliche Entwicklung an.

12. Stellen Sie dar, welche öffentlichen Haushalte durch Unterbeschäftigung belastet werden können. Beschreiben Sie dabei auch die möglichen öffentlichen Leistungen, die diese Belastungen hervorrufen.

13. Stellen Sie die vielfältigen Ursachen von Arbeitslosigkeit dar.

14. »Jede Woche gibt es neue Entlassungen, und in den Büros und Fabriken der ganzen Welt bangen die Menschen um ihren Arbeitsplatz. Gleich einer unaufhaltsamen tödlichen Epidemie breitet sich eine unheimliche ökonomische Krankheit aus, gegen die es kein Mittel zu geben scheint. Sie zerstört das Leben unzähliger Menschen und bedroht ganze Gemeinschaften.« (Rifkin)

    a) Was versteht man unter Arbeitslosigkeit?

    b) Unterscheiden Sie die verschiedenen Arten von Arbeitslosigkeit.

    c) Welche Folgen hat Arbeitslosigkeit für das Individuum und dessen Familie?

    d) Nehmen Sie kritisch Stellung zu der Aussage Rifkins.

15. Sammeln Sie Berichte von Arbeitslosen und analysieren Sie die Texte.

16. Jeden Tag hört man Stimmen arbeitender Menschen, die sich in unterschiedlicher Weise abwertend über ihre Tätigkeit äußern. Wenn man laufend solche Positionen hört, fragt man nach dem Sinn von Arbeit.

    Welche Bedeutung kommt der Arbeit für den Menschen zu?

17. Die strukturelle Arbeitslosigkeit beruht zu einem wesentlichen Teil auf einer Substitution des Produktionsfaktors Arbeit durch Kapital. Erklären Sie diesen Sachverhalt.

18. Arbeitslosenzahlen und Arbeitslosenquoten werden monatlich von der Bundesagentur für Arbeit veröffentlicht.

    In den Pressemeldungen ist dabei von saisonbedingten Korrekturen der Arbeitslosenzahlen die Rede.

    Erklären Sie, was unter saisonbedingten Korrekturen zu verstehen ist.

19. a) Stellen Sie die Zahlen der Bundesagentur für Arbeit zur Arbeitslosigkeit der vergangenen 10 Jahre grafisch dar.

    b) Begründen Sie die Entwicklung der Zahlenreihe anhand der wirtschaftlichen und gesellschaftlichen Entwicklung.

20. Aussage eines Sozialpolitikers:

    »Arbeitslosengeld, Arbeitslosengeld II und Sozialhilfe fördern die Arbeitslosigkeit.«

    a) Klären Sie die Begriffe Arbeitslosengeld, Arbeitslosengeld II, Sozialhilfe.

    b) Nehmen Sie zu der Aussage kritisch Stellung.

21. Wie lässt sich Wirtschaftswachstum messen?

22. Das nominale Bruttoinlandsprodukt betrug im Jahre 2018 = 3.344 Mrd. EUR und im Jahre 2019 = 3.436 Mrd. EUR.

    a) Berechnen Sie die prozentuale Zunahme für 2019 gegenüber 2018 und ordnen Sie ihr den entsprechenden Wachstumsbegriff zu.

    b) Nach den Zahlen im Bild auf Seite 345 beträgt die Wertzunahme des realen Bruttoinlandsprodukts für 2019 gegenüber 2018 0,6%. Begründen Sie den Unterschied zur unter a) errechneten Wachstumsrate.

23. Trotz Zunahme des Inlandsprodukts kann sich ein Nullwachstum ergeben. Wie ist das möglich?

24. Begründen Sie die Entwicklung

    a) beim Baugewerbe,

    b) beim Handel, Verkehr, Gastgewerbe,

    für das Jahr 2019 (Grundlage: Tabelle, Seite 347).

25. Im Jahr 2019 haben die Währungsreserven um 544 Mio. EUR abgenommen, während sie im Jahr 2018 um 392 Mio. EUR zugenommen haben.

    Welche Zahlungsbilanzsituationen lagen in den beiden Jahren vor und wie werden dementsprechend die beiden Zahlungsbilanzen benannt?

26. Welche Gefahren ergeben sich aus einer anhaltend aktiven bzw. passiven Zahlungsbilanz?

27. Weshalb hat Deutschland trotz dauerhafter aktiver Handelsbilanz immer wieder eine passive Zahlungsbilanz ausgewiesen?

28. a) Ermitteln Sie aus dem Bild Seite 349 die prozentualen Import- und Exportanteile Deutschlands
       - für den Handel mit den genannten Ländern der EU,
       - für den Handel mit den USA.

    b) Begründen Sie die unterschiedlichen Ergebnisse.

29. Wie wirken sich Geldüberweisungen ausländischer Arbeitskräfte in ihre Heimatländer in der deutschen Zahlungsbilanz aus?

30. Bevor der Euro gegenüber dem US-Dollar stark an Wert verlor, mussten für einen US-Dollar 0,73 EUR bezahlt werden. Nach der Abwertung des EUR kostet ein US-Dollar 0,94 EUR.

    Wie wirkt sich diese Verringerung (Abwertung) aus

    a) auf den Export des Eurolandes,

    b) auf den Touristenverkehr?

31. Begründen Sie den Satz: »Der Export ist unser Schicksal.«

32. Inwiefern kann eine Verbesserung der Umweltbedingungen zu Wirtschaftswachstum führen?

33. Tagesbilanz der weltweiten Umweltzerstörung:

    a) 60 Millionen Tonnen CO_2 werden durch Industrie und Verkehr in die Atmosphäre ausgestoßen.

    b) 55.000 Hektar Tropenwald werden vernichtet.

    c) Das verfügbare Ackerland nimmt um 20.000 Hektar ab.

    d) 220.000 Tonnen Fisch werden gefangen.

    Welche »Chancen« bieten diese traurigen Tatbestände für »findige« Unternehmer, neue Betätigungsfelder zu finden und damit neue Arbeitsplätze zu schaffen?

34. Nennen Sie wesentliche Umweltbelastungen und die möglichen Gegenmaßnahmen des Umweltschutzes.

35. Was versteht man unter

    a) Recycling,

    b) Wegwerfgesellschaft,

    c) Immission,

    d) alternativen Energien,

    e) dualem System,

    f) Umweltauflagen,

    g) Ressourcen,

    h) FCKW-Schäden,

    i) Klimawandel?

36. Wie könnte nach Ihrer Meinung auch der einzelne Mensch zum Umweltschutz beitragen?

37. »Raucher sind Umweltverschmutzer« – Nehmen Sie zu dieser Behauptung Stellung.

38. Nennen Sie Beispiele, bei denen die Forderungen von Umweltschützern

    a) gewerkschaftlichen,

    b) unternehmerischen Interessen zuwiderlaufen.

39. Beschreiben Sie aktuelle Umweltprobleme

    a) in Deutschland,

    b) in den Ländern der Dritten Welt,

    c) in den sogenannten Schwellenländern.

40. Wie kann sich der Umweltschutz auf Güterproduktion und Güterpreise auswirken?

41. Der bekannte Maler Oskar Kokoschka urteilte: »Die heutige Gesellschaft übersieht, dass die Welt nicht das Eigentum einer einzigen Generation ist.« Nehmen Sie dazu Stellung.

42. a) Klären Sie den Begriff Artensterben.

    b) Welcher Zusammenhang besteht zwischen Umwelt und Artensterben?

43. Nennen Sie praktizierte Maßnahmen der Umweltschutzpolitik.

44. Bringen Sie in Erfahrung, worum es bei dem »Grünen Punkt« und dem »Dualen System« geht.

45. Auf dem Weltmarkt für Umweltschutzgüter durfte sich Deutschland Mitte der 1990er Jahre als »Exportweltmeister« bezeichnen.

    a) Welche Gründe kann es für diese Tatsache geben?

    b) Welche grundlegenden Maßnahmen müssen in Deutschland ergriffen werden, um diese Position langfristig zu sichern?

46. »Eine nationale Umweltpolitik ist nicht mehr zeitgemäß und gefährdet Arbeitsplätze«.

    Diskutieren Sie dieses Politikerzitat.

47. Es wird weiterhin die Frage diskutiert, welches die grundsätzliche Ausrichtung der Umweltpolitik ist. Dabei werden die Prinzipien Vorsorgeprinzip, Verursacherprinzip, Kooperationsprinzip und Gemeinlastprinzip diskutiert.

    a) Klären Sie die verschiedenen Begriffe.

    b) Stellen Sie Beispiele dar, in denen die verschiedenen Prinzipien angewendet werden können.

    c) Ermitteln Sie jeweils Vorteile und Nachteile aus Sicht des Individuums und der Gemeinschaft.

48. In welchen Bereichen des öffentlichen Lebens sind Vorsorge- und Verursacherprinzip verwirklicht?

49. Begründen Sie die Notwendigkeit des Vorsorge- und Verursacherprinzips auf

    a) privater,

    b) betrieblicher,

    c) staatlicher,

    d) globaler

    Ebene.

50. »Vorbeugen ist besser als Heilen.«

    »Was du heute kannst vorsorgen, das verschiebe nicht auf morgen.«

    Inwiefern haben diese Aussagen sowohl für den betrieblichen Umweltschutz als auch für die Umweltgesetzgebung eine Bedeutung?

51. Erklären Sie die Zusammenhänge zwischen Einkommen und Vermögen.

52.

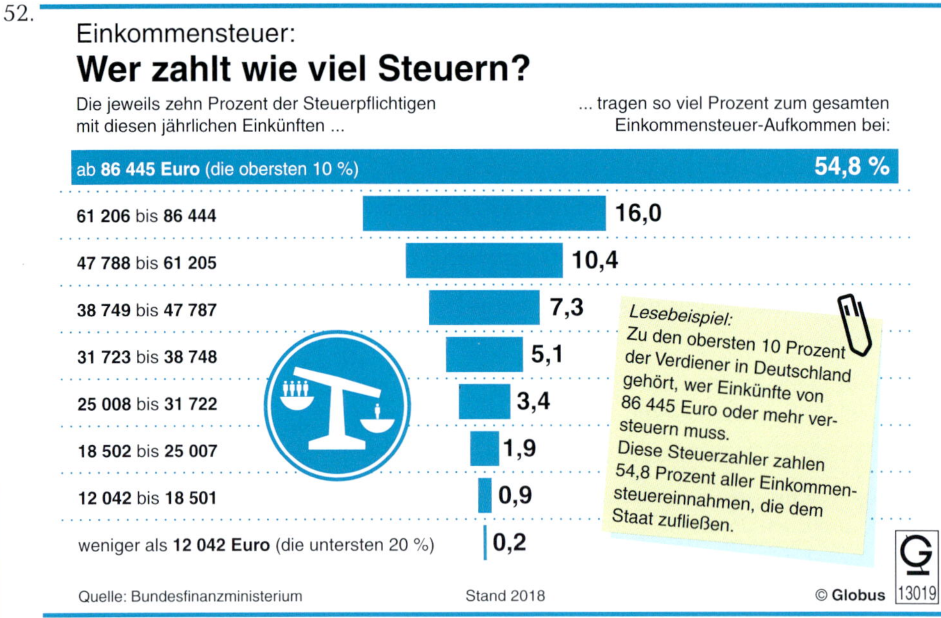

a) Interpretieren Sie das Schaubild unter dem Gesichtspunkt der Steuergerechtigkeit.

b) Mit welchen Mitteln der Politik kann die
   - Einkommensverteilung,
   - Vermögensverteilung

   beeinflusst werden?

c) Was wären Sie lieber, ein Einkommensmillionär oder ein Vermögensmillionär? Begründen Sie Ihre Ansicht.

3.2 Zielbeziehungen

Konflikte bei der Zielverwirklichung

Es ist kaum möglich, alle wirtschaftspolitischen Ziele gleichzeitig zu verwirklichen. Der Grund liegt darin, dass die Verfolgung eines wirtschaftspolitischen Zieles meist der Erreichung eines anderen Zieles entgegenläuft.

In solchen Konfliktfällen wird dann oft nach politischen Mehrheitsverhältnissen entschieden.

Beispiele:

1. In Baden-Württemberg konnte der Bau des Kernkraftwerks Wyhl am Kaiserstuhl nicht durchgesetzt werden. Der politische Widerstand breiter Bevölkerungsschichten zwang die Entscheidungsträger zur Aufgabe des Projektes.
2. Um die Arbeitslosigkeit auch mithilfe kreditfinanzierter staatlicher Großaufträge zu bekämpfen, kann sich die politische Mehrheit bereit erklären, inflationäre Entwicklungen in Kauf zu nehmen.

Die Bemühungen des Staates, trotzdem alle Ziele in einen Zustand harmonischer Verträglichkeit zu bringen, verlangen von der deutschen Regierung ein gleichsam zauberisches (magisches) Geschick. Besonders die im Stabilitätsgesetz genannten Ziele Stabilität des Preisniveaus, hoher Beschäftigungsstand, außenwirtschaftliches Gleichgewicht und stetiges und angemessenes Wirtschaftswachstum stellt man deswegen auch gern im »**magischen Viereck**« der Wirtschaftspolitik zusammen.

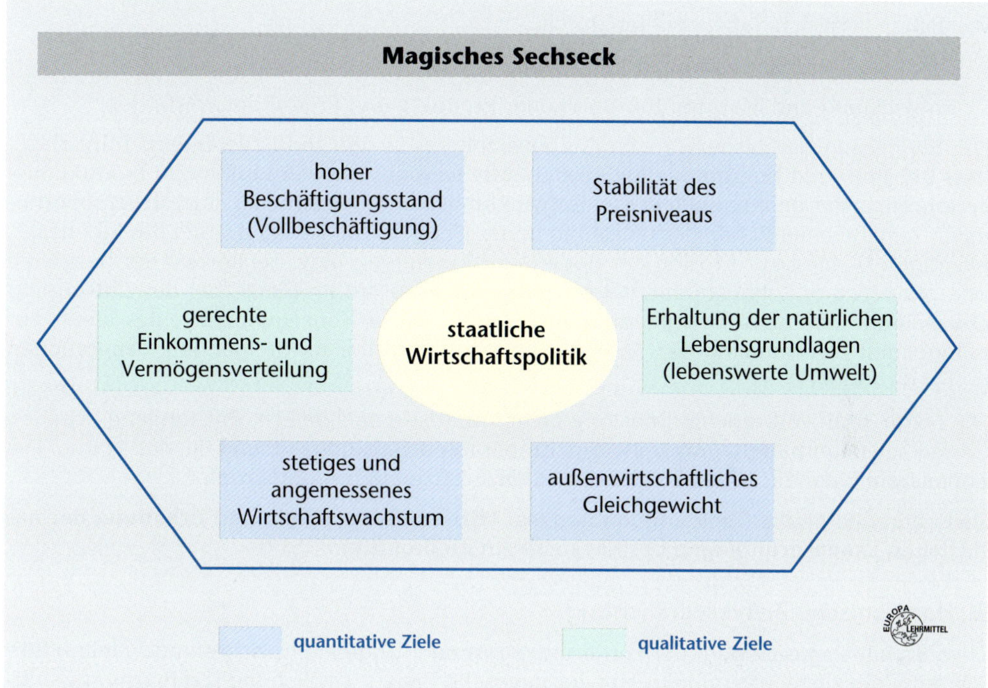

Die Darstellung im Bild ist zum »**magischen Sechseck**« erweitert, weil die Zielsetzungen Erhaltung der natürlichen Lebensgrundlagen sowie eine gerechte Einkommens- und Vermögensverteilung als gleichgewichtige und gleichberechtigte Ziele der Wirtschaftspolitik einzuschließen sind.

Für die Wirtschaftspolitik können sich daraus Zielkonflikte ergeben.

Von einem **Zielkonflikt** wird gesprochen, wenn die Verfolgung eines Zieles die Erreichung eines oder mehrerer anderer wirtschaftspolitischer Ziele gefährdet.

Zielkonflikte können sich u. a. ergeben aus den gleichzeitigen Forderungen nach

- Vollbeschäftigung und Preisniveaustabilität,
- Wirtschaftswachstum und lebenswerter Umwelt.

▶ Vollbeschäftigung und Preisniveaustabilität

Bei Hochkonjunktur und damit verbundener Vollbeschäftigung gibt es praktisch keine Arbeitslosen, wohl aber offene Stellen. Auf dem Arbeitsmarkt besteht zwar Nachfrage, das Angebot ist jedoch ausgeschöpft. Die Gewerkschaften als Vertreter des Produktionsfaktors Arbeit haben bei Tarifverhandlungen eine starke Position. Sie können die Aufnahme größerer Lohnsteigerungen in die Lohntarife durchsetzen. Die höheren Löhne führen zu Kostendruck und Nachfragesog. Damit setzen sie die »**Lohn-Preis-Spirale**« in Bewegung, d. h., die Löhne treiben die Preise, die Preise wiederum die Löhne in die Höhe.

Zwischen den beiden wirtschaftspolitischen **Zielen** Vollbeschäftigung und Preisniveaustabilität besteht also eine **grundsätzliche Konfliktsituation.**

▶ Wirtschaftswachstum und Erhaltung der natürlichen Lebensgrundlagen

Wirtschaftswachstum im herkömmlichen Sinne bedeutet, dass das reale Bruttoinlandsprodukt einer Volkswirtschaft innerhalb eines Jahres zunimmt. Es ist die Voraussetzung dafür, dass sich der Lebensstandard in der Gesellschaft erhöht.

Wachstum lässt sich dabei erzielen durch

- Erhöhung der bisher produzierten Mengen,
- Entwicklung und Markteinführung neuer Produkte und Produktionsverfahren.

Die Steigerung der bisherigen Produktionsmengen in den Industrieländern führt dazu, dass Rohstoff- und Energiequellen ausgebeutet werden. Viele Produkte und Produktionsverfahren, insbesondere auch in den Entwicklungsländern, führen zu einer überproportionalen Zunahme der Schadstoffbelastung in der Umwelt, zur Verminderung des lebensnotwendigen Waldes, zur Erosion der Böden und Einengung bzw. Zerstörung der tierischen und pflanzlichen Lebensräume. Gleichzeitig wachsen die Probleme bei der Entsorgung ausgedienter Produkte und Produktionsanlagen. Diese Konsequenzen eines stetig zunehmenden Wachstums gehen in erster Linie zulasten der nachfolgenden Generationen (»unserer Kinder«).

Die Natur kann verbrauchte Rohstoffe nicht kurzfristig nachliefern. Entstandene Schäden führen zu dauerhaften und teilweise irreparablen Schäden an und in der Natur. Die Lebensgrundlage für Mensch, Tier und Pflanze ist zumindest gefährdet.

Zwischen den beiden Zielen (quantitatives) **Wirtschaftswachstum** und **Erhaltung der natürlichen Lebensgrundlagen** besteht somit ein **Zielkonflikt.**

■ Harmonische Zielverwirklichung

Dem Stabilitätsgesetz liegt die Forderung zugrunde, Ungleichgewichten und Zielkonflikten entgegenzusteuern und auf eine harmonische Zielverwirklichung **(Zielharmonie)** hinzuwirken.

> Von **Zielharmonie** wird gesprochen, wenn einzelne wirtschaftspolitische Ziele gleichzeitig erreicht werden können.

Ein Beispiel für die harmonische Zielverwirklichung ist das gleichzeitige Streben nach und Erreichen von **Wirtschaftswachstum** und **Vollbeschäftigung.**

Vollbeschäftigung ist nur in Zeiten kräftigen Wirtschaftswachstums möglich. Steigendes Wirtschaftswachstum zieht eine Zunahme des Beschäftigungsstandes mit sich. Beide Zielgrößen sind also miteinander verbunden.

Wachstum kann aber auch in eine andere Richtung zielen. Es können Produkte und Produktionsverfahren entwickelt werden, die die Schadstoffemissionen vermindern, bestenfalls sogar beenden und den Rohstoffverbrauch einschränken. In diesem Fall kann **qualitatives Wirtschaftswachstum** mit dem Ziel der **Erhaltung der natürlichen Lebensgrundlagen** in Einklang gebracht werden (Zielharmonie).

▶ Aufgaben und Probleme

1. Beschreiben Sie die möglichen Zielkonflikte zwischen
   a) Preisniveaustabilität und außenwirtschaftlichem Gleichgewicht,
   b) Vollbeschäftigung und Wirtschaftswachstum,
   c) außenwirtschaftlichem Gleichgewicht und Wirtschaftswachstum,
   d) Vollbeschäftigung und Erhaltung der natürlichen Lebensgrundlagen,
   e) Preisniveaustabilität und Wirtschaftswachstum,
   f) Vollbeschäftigung und außenwirtschaftlichem Gleichgewicht.
2. Stellen Sie dar, wie sich die Ziele außenwirtschaftliches Gleichgewicht und Preisniveaustabilität gegenseitig ergänzen können.
3. Welche wirtschaftliche Situation liegt vor, wenn die Importpreise die Exporterträge »verschlingen«?
4. a) Welches wirtschaftspolitische Ziel sollte die Bundesregierung nach Ihrer Meinung in der gegenwärtigen Zeit vorrangig betreiben?
   b) Begründen Sie Ihre Meinung.
   c) Welche Gefahren können aus einer entsprechenden Politik entstehen?
5. 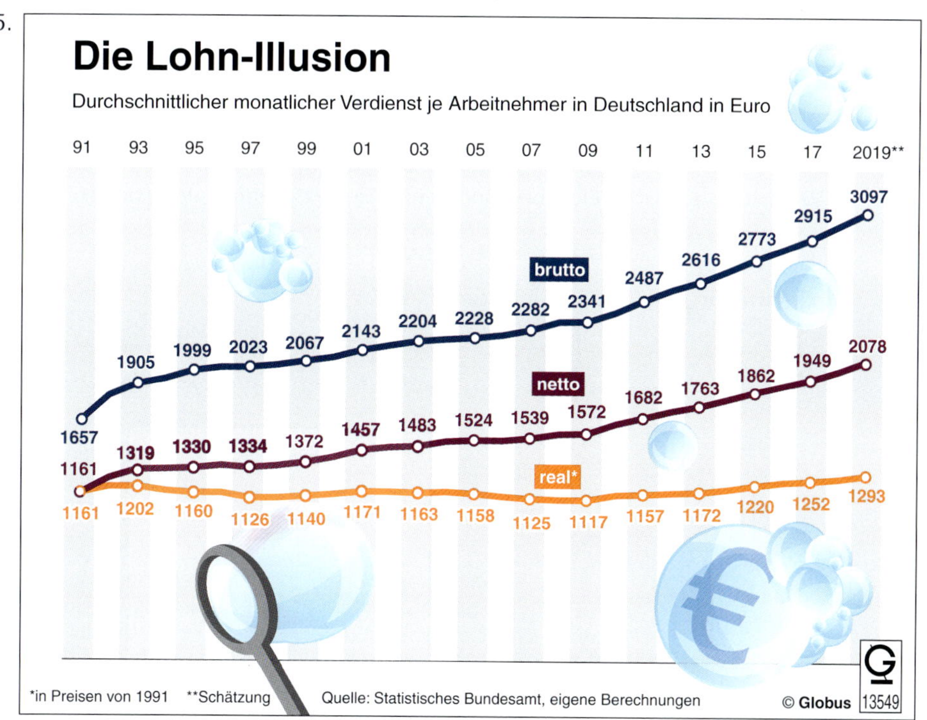

   a) Welche wesentlichen Aussagen können Sie der Grafik entnehmen?
   b) Erklären Sie die Begriffe Bruttoeinkommen, Nettoeinkommen und Realeinkommen.
   c) Wie ist die unterschiedliche Entwicklung in den vergangenen Jahren zu erklären?
   d) Schildern Sie mögliche Zielkonflikte zwischen gerechter Einkommens- und Vermögensverteilung und Wirtschaftswachstum.

6. Besorgen Sie sich Programme der großen deutschen Parteien sowie der Wirtschaftsverbände und Gewerkschaften (z.B. über das Internet).
   a) Analysieren Sie die Programme im Hinblick auf die Aussagen zu Ökonomie und Ökologie. Stellen Sie Ihre Ergebnisse (Gemeinsamkeiten, Abweichungen) in einem Vergleich dar.
   b) Präsentieren Sie Ihre Ergebnisse.
   c) Diskutieren Sie die Positionen.
7. Wie muss Wirtschaftspolitik betrieben werden, die unter dem Leitsatz eines harmonischen Ausgleichs der wirtschaftspolitischen Ziele steht?
8. Mit welchen marktkonformen Mitteln kann der Staat in das Wirtschaftsgeschehen eingreifen?
9. Nehmen Sie unter dem Aspekt der wirtschaftspolitischen Zielharmonisierung zu folgenden Aussagen von Politikern Stellung:
   a) »Man sollte zur Unterstützung der leeren Sozialkassen die Umsatzsteuer erhöhen. Das schafft sozialen Ausgleich und wird von allen zugleich getragen.«
   b) »Die Schaffung von Arbeitsplätzen ist in diesem Fall noch wichtiger als eine regionale Umwelterhaltung. Garzweiler II (Werk zum Braunkohleabbau über Tage in Nordrhein-Westfalen) muss gebaut werden.«
   c) »Nur mit Abschaffung jeglicher Gewerbesteuer werden unsere Unternehmen wieder international konkurrenzfähig. Die Preise können gesenkt und neue Arbeitsplätze geschaffen werden.«

Zusammenfassende Übersicht:
Wirtschaftspolitische Ziele begründen und Zielbeziehungen untersuchen

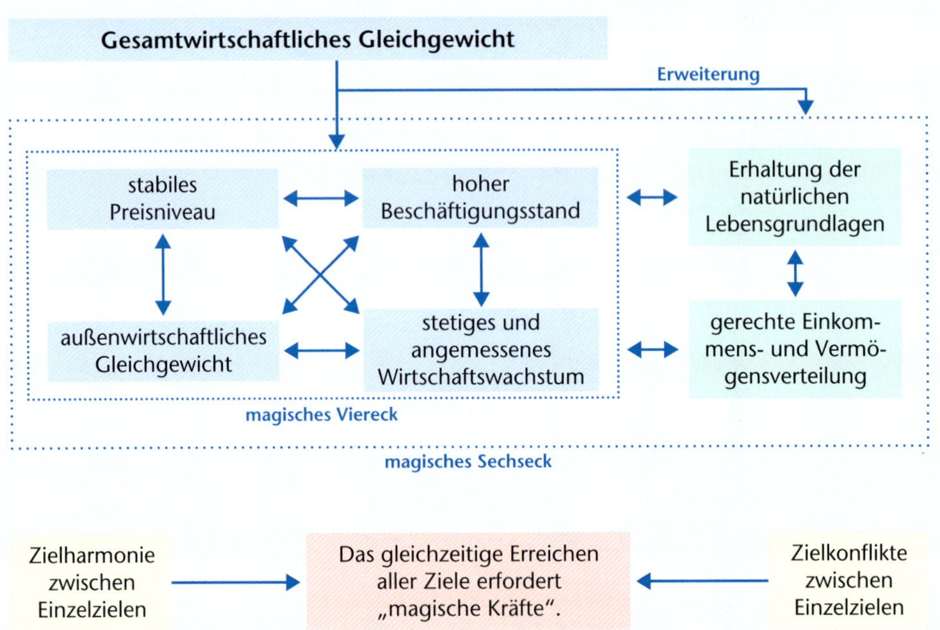

4 Unternehmenszusammenschlüsse beschreiben

▶ Handlungsauftrag

Klären Sie anhand der Texte auf der Homepage des Bundeskartellamtes, wie Wettbewerb funktioniert, wie sichergestellt werden kann, dass er funktioniert, und wie das Bundeskartellamt den Wettbewerb schützt.

Stellen Sie Ihre Ergebnisse in einer PowerPoint-Präsentation dar.

Die Begriffe Kooperation und Konzentration

Der Kaufmann steht unter dem dauernden Zwang, wettbewerbsfähig zu bleiben, um seinen Absatz zu sichern und nicht vom Markt verdrängt zu werden. Um diesem ständigen Wettbewerb zu begegnen, bedient man sich in vielen Bereichen der Wirtschaft der **Kooperation** und **Konzentration.**

Kooperation liegt vor, wenn **selbstständige Unternehmen** sich durch **Verträge zur Zusammenarbeit** verpflichten.

Beispiele:

1. Absprachen über einheitliche Lieferungs- und Zahlungsbedingungen
2. Sechs Einzelhandelsunternehmen arbeiten im Bereich Einkauf und Lagerwirtschaft zusammen.

Von **Konzentration** spricht man, wenn die **wirtschaftliche Selbstständigkeit aufgegeben** wird und die Unternehmen einer umfassenden **zentralen Leitung** unterstellt werden.

Beispiele:

1. Selbstständige Arzneimittelgroßhändler vereinigen sich unter einheitlicher Leitung.
2. Mehrere Speditionsunternehmen fassen ihre Logistikleistungen in einem eigenen Unternehmen zusammen.

Rechtliche Erscheinungsformen

Ein **rechtlicher** Zusammenhang ensteht durch

a) mündliche oder schriftliche Vereinbarung (Abrede),

b) Gründung einer Arbeitsgemeinschaft (Gesellschaft des bürgerlichen Rechts),

c) gegenseitige Kapitalbeteiligung (Kapitalverflechtung),

d) Verschmelzung von mehreren Unternehmen (Fusion).

4.1 Formen der Kooperation und Konzentration

Kooperation und Konzentration kann auf jeder Wirtschaftsstufe stattfinden. Man unterscheidet dabei drei Formen der Zusammenschlüsse:

Formen der Zusammenschlüsse	Ziele	Beispiele
horizontal (gleiche Produktions- oder Handelsstufen)	Eine stärkere Marktposition schaffen	Telefongesellschaft ↔ Telefongesellschaft ↔ Telefongesellschaft
vertikal (aufeinanderfolgende Produktions- und Handelsstufen)	Beschaffung und Absatz sichern	Maschinenhandel ↕ Maschinenfabrik ↕ Walzwerk ↕ Hüttenwerk ↕ Bergwerk
anorganisch (branchenfremder Zusammenschluss)	Branchenspezifische Risiken ausgleichen	Brauerei ↔ Zeitungsverlag ↔ Versicherungsgesellschaft

4.1.1 Kartell

Ein Kartell ist ein Zusammenschluss oder eine Vereinigung von Unternehmen, die **ihr Verhalten** am Markt **koordinieren,** um dadurch den **Wettbewerb einzuschränken** oder **auszuschalten.**

Beispiel: Wettbewerber sprechen sich über Preise, Mengen oder Absatzgebiete ab.

Ein solches Verhalten kann zu höheren Gewinnen führen, da der Wettbewerbsdruck geringer oder gar unterbunden wird, und somit den Verbraucher schädigen.

Man unterscheidet folgende **Kartellarten:**

▶ **Preiskartelle**

Sie setzen die einheitlichen Preise neben gleichen Lieferungs- und Zahlungsbedingungen fest (horizontale Preisbindung).

Submissionskartell. Bei Ausschreibungen von Aufträgen vereinbaren Unternehmen Angebotspreise, die nicht unterboten werden dürfen. Gegenstand der Vereinbarung kann auch sein, dass nur ein Kartellmitglied ein Angebot abgibt.

▶ **Konditionenkartelle**

Sie vereinbaren die einheitliche Anwendung von allgemeinen Geschäfts-, Lieferungs- und Zahlungsbedingungen.

▶ **Rabattkartelle**

Sie legen einheitliche Verkaufsrabatte vertraglich fest.

▶ **Kalkulationskartelle**

Sie stimmen sich im Aufbau und Inhalt ihrer Kostenrechnung ab und bilden die Vorstufe zu Preiskartellen.

▶ **Rationalisierungskartelle**

- **Normen- und Typenkartelle** regeln nur die einheitliche Anwendung von Normen und Typen.
- **Spezialisierungskartelle** rationalisieren wirtschaftliche Vorgänge durch Spezialisierung.
- **Syndikate** sind gemeinsame Beschaffungs- und Vertriebseinrichtungen (Einkaufs- und Verkaufskontore) mit eigener Rechtspersönlichkeit. Sie rationalisieren die Beschaffung oder den Absatz ihrer Mitglieder.

▶ **Quotenkartelle**

Sie teilen jedem Unternehmen die Absatzmenge im Verhältnis zu seiner Kapazität zu. Über das Angebot werden die Preise beeinflusst. Wenn die Absatzmengen geringer gehalten werden als sie möglich wären, treibt das verknappte Angebot die Preise nach oben (siehe Verhalten der OPEC).

▶ **Gebietskartelle**

Sie teilen jedem Unternehmen das Absatzgebiet zu. Damit wird der gegenseitige Wettbewerb ausgeschlossen.

4.1.2 Konzern

Der **Konzern** ist ein horizontaler, vertikaler oder anorganischer Zusammenschluss von Unternehmen, die **rechtlich selbstständig** bleiben, aber ihre **wirtschaftliche Selbstständigkeit durch einheitliche Leitung aufgegeben** haben.

Beispiel: Zur Metro gehören u. a. METRO/MAKRO Cash & Carry, Real.

Unterordnungskonzern

Ein Unternehmen (Ober- oder Muttergesellschaft) beherrscht ein oder mehrere andere Unternehmen (Unter- oder Tochtergesellschaft) durch Kapital- oder Stimmenmehrheit.

Die Obergesellschaft bei einem Unterordnungskonzern ist häufig eine Dachgesellschaft (Holdinggesellschaft). Sie stellt die Konzernunternehmen, an denen sie die Kapital- oder Stimmenmehrheit besitzt, unter ihre einheitliche Leitung. Dabei verwaltet sie lediglich die angeschlossenen Unternehmen, ohne selbst Handelsaufgaben zu übernehmen.

Das bedeutet, dass die Holdingleitung übergeordnete Ziele und Rahmendaten vorgibt. Außerdem fordert sie den Erfahrungsaustausch zwischen den einzelnen Geschäftsbereichen.

Beispiele für die Metro AG:

- Vertriebslinien: METRO/MAKRO Cash & Carry und Real, METRO/MAKRO Cash & Carry
- Belieferungsspezialisten: Food Service Distribution (FSD): Classic Fine Foods, Rungis Express und Pro à Pro
- Start-up: Start-up-Netzwerk METRO Accelerator

- Servicegesellschaften (übergreifende Dienstleistungen in den Bereichen Immobilien, Informationstechnologie, Logistik und Werbung): METRO PROPERTIES, METRO LOGISTICS, METRONOM, METRO ADVERTISING

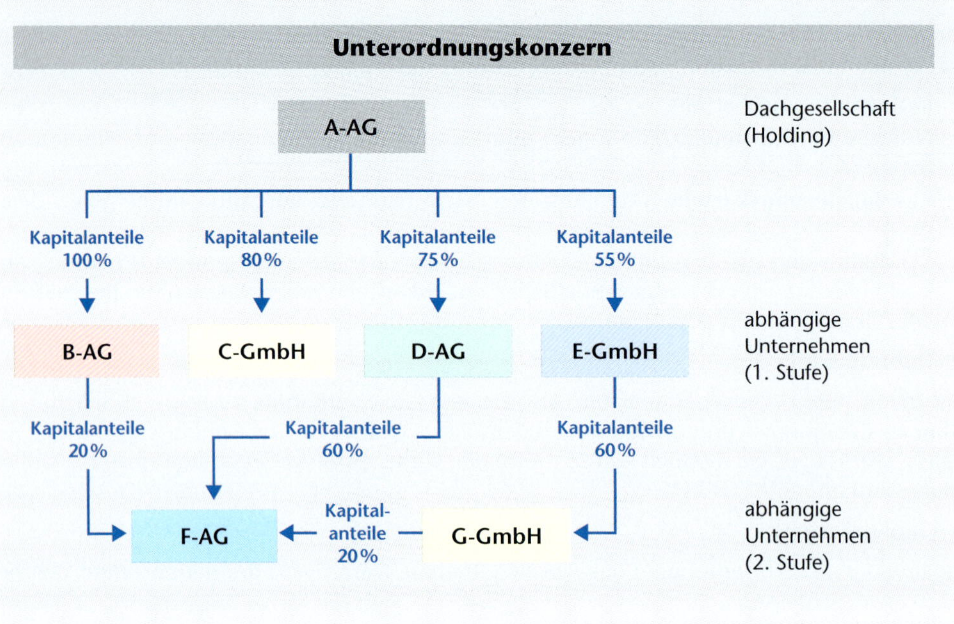

AktG § 18

Gleichordnungskonzern

Er fasst Unternehmen unter einer einheitlichen Leitung zusammen, ohne dass das eine Unternehmen von dem anderen abhängig ist.

§ 19

Wechselseitig beteiligte Unternehmen

Auch bei ihnen bleiben die Unternehmen rechtlich selbstständig. Ihre wirtschaftliche Selbstständigkeit wird aber dadurch beschränkt, dass jedes Unternehmen mehr als 25 %

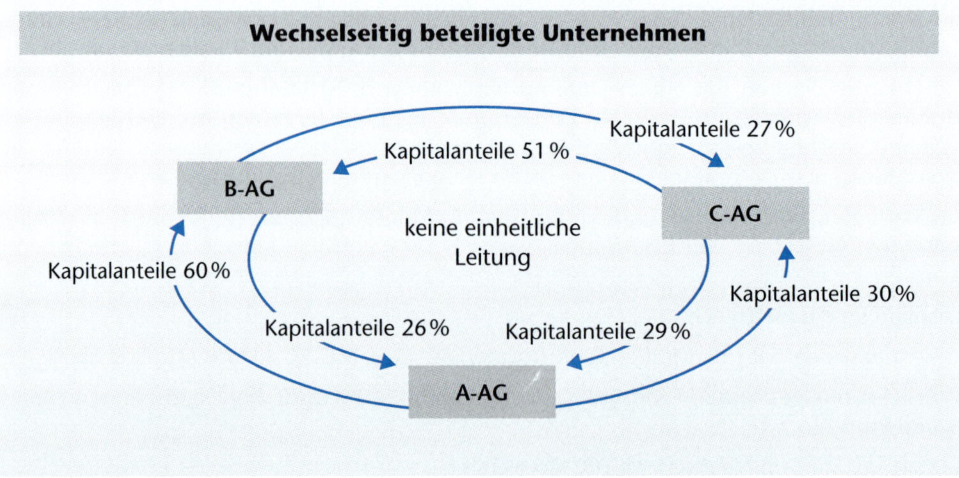

der Kapitalanteile des anderen Unternehmens erwirbt. Die Unternehmen erhalten dadurch gegenseitigen Einfluss auf die Geschäftsführung (Schwestergesellschaften).

Beispiel: Die Maschinen-Großhandelsgesellschaften A, B und C sind wechselseitig beteiligt. A besitzt 26 % des Aktienkapitals von B und 29% des von C; B 60 % von A und 51 % von C; C 30 % von A und 27 % von B.

Durch Vertrag verbundene Unternehmen

AktG §§ 291 f.

Neben dem Zusammenschluss von Unternehmen als Konzern durch einen Beherrschungsvertrag können verbundene Unternehmen auch durch Gewinnabführungs-, Gewinngemeinschafts-, Teilgewinnabführungs-, Betriebspacht- oder Betriebsüberlassungsvertrag entstehen.

Beispiel: Vereinbarung zur Patentübernahme gegen Gewährung von 10 % des Bilanzgewinns

4.1.3 Vereinigte Unternehmen (Trust)

Ein **Vereinigtes Unternehmen** (Trust) ist ein Zusammenschluss von Unternehmen, die **ihre rechtliche und wirtschaftliche Selbstständigkeit aufgeben.**

Beispiel: Die Stahlgroßhandlung Luster AG beschließt nach Erwerb von 100 % des Aktienkapitals der Stahlgroßhandlung Marter AG die Fusion. Die Stahlgroßhandlung Marter AG wird als Zweigwerk eingegliedert. Ihre Firma erlischt.

Die Verschmelzung oder Fusion von Unternehmen zu einem Vereinigten Unternehmen (Trust) kann auf zwei Arten erfolgen:

Verschmelzung durch Aufnahme

Das Vermögen und die Schulden des übertragenden Unternehmens gehen in voller Höhe in das übernehmende Unternehmen ein. Gründe dafür können sein: *§ 339*

- Starker Wettbewerb hat ein Unternehmen aufnahmewillig gemacht.
- Die Aktien einer AG wurden allmählich aufgekauft.

Das übertragende Unternehmen erlischt.

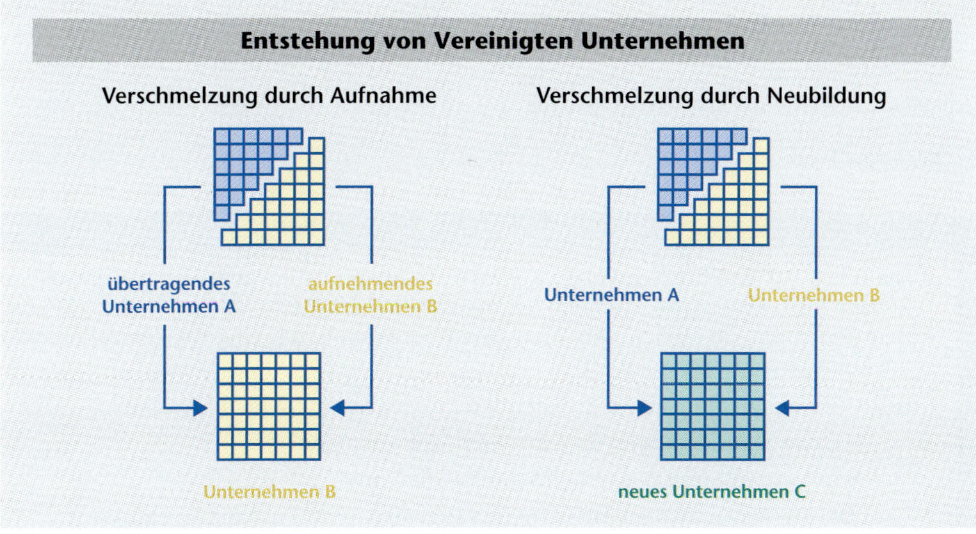

Verschmelzung durch Neubildung

Es wird ein neues Unternehmen gegründet. In das neue Unternehmen gehen Vermögen und Schulden der sich vereinigenden Unternehmen ein. Handelt es sich um Aktiengesellschaften, werden die Aktien der beteiligten Unternehmen eingebracht. Alle übertragenden Unternehmen erlöschen.

4.1.4 Multinationale Unternehmen (Multis)

Die größten und mächtigsten deutschen Konzerne beschränken sich schon lange nicht mehr auf Deutschland. Aus nationalen Konzernen sind längst multinationale Unternehmen geworden.

Ein **multinationales Unternehmen** ist ein horizontaler, vertikaler oder anorganischer Zusammenschluss von Unternehmen, die aus **international operierenden Einheiten** bestehen **(Global Players).**

Multinationale Unternehmen besitzen in der ganzen Welt Vertriebsnetze.

Hunderte von Tochtergesellschaften und Beteiligungsunternehmen verleihen den »Multis« ein ungeheures wirtschaftliches und politisches Machtpotenzial. Damit können sie sich nationaler Kontrolle weitgehend entziehen.

Die **Befürworter** der Multis bringen u. a. Folgendes vor:	Die **Gegner** werfen den Multis u. a. Folgendes vor:
– Die These, dass Multis Staaten beherrschen, ist reine Theorie. Die Staaten können über ihre Gesetzgebung die Niederlassung eines Unternehmens verhindern oder mit strengen Auflagen versehen. – Viele Staaten werben um Niederlassungen der Multis, um Arbeitsplätze zu schaffen und Steuerquellen zu erschließen. – Produktionsverlagerungen, die willkürlich passieren, sind normalerweise nicht möglich. Die Stilllegung der einen Produktionsstätte verlangt den Aufbau einer neuen in einem neuen Land. Gewerkschaften sind außerdem gegenüber Multis nicht machtlos, weil z. B. ein Streik in einem Konzernunternehmen in einem Land aufgrund der Verflechtung und Abhängigkeit den ganzen Konzern beeinträchtigen kann.	– Multinationale Unternehmen sind mächtiger als Staaten. Sie beherrschen die Wirtschaft und Politik der Staaten, in denen sie sich niedergelassen haben. – Multinationale Unternehmen beuten die Entwicklungsländer aus. Technischer Vorsprung verstärkt die Ausbeutung. – Multinationale Unternehmen verlegen Betriebsteile in Länder, in denen es keine Gewerkschaften gibt. – Multinationale Unternehmen vernichten Arbeitsplätze im Inland, indem sie »willkürlich« Betriebsteile in Länder mit niedrigen Arbeitslöhnen verlagern.

▶ Aufgaben und Probleme

1. Die BASF AG und der Schweizer Konzern Hoffmann La Roche treten mit denselben Preisen für synthetische Vitamine auf dem deutschen Markt auf.
   Begründen Sie, ob es sich dabei um eine Kooperation, um eine Konzentration oder um keines von beiden handelt.
2. Beantworten Sie aufgrund der folgenden Pressenotizen folgende Fragen:
   - Welche Ziele verfolgen die einzelnen Unternehmen?
   - Wie werden diese Zusammenschlüsse genannt?
   - Welche Vor- und Nachteile ergeben sich aus deren Zusammenschluss?

a) »Zwei Automobil-AGs wollen bis zum Jahre 2023 gemeinsam ein Fahrzeug mit Brennstoffzellenantrieb bauen, das weltweit vertrieben werden soll. An einen Aktienerwerb bei einem beteiligten Unternehmen ist dabei nicht gedacht.«

b) »Die Spezialbrot- und Keksfabrik Steinfurt GmbH wird von der Holzofenbrotfabrik Karl Jause & Co., Starnberg, übernommen.«

c) »Aus informierten Branchenkreisen verlautet, dass sich ein führendes Unternehmen der Unterhaltungselektronik mit mehr als 50 % an einem anderen Unternehmen der gleichen Branche beteiligen wird.«

d) »Mehrere Bauunternehmer werden mit erheblichen Geldbußen belegt, weil sie sich bei der Vergabe öffentlicher Aufträge gegenseitig über ihre Angebotssummen verständigt und gemäß einer Absprache Aufträge zu überhöhten Preisen zugeschoben haben.«

e) »Drei Großsaftereien einigen sich, für sämtliche von ihnen hergestellten Säfte die Verkaufspreise einheitlich festzulegen. So soll beispielsweise eine Kiste trüber Apfelsaft (20 Flaschen à 0,33 l) nicht unter 6,00 EUR abgegeben werden.«

3. Welche wirtschaftlichen Gründe könnten ein Unternehmen veranlassen, sich mit einem anderen Unternehmen zusammenzuschließen

   a) zu einem Preiskartell,

   b) zu einem Rationalisierungskartell?

4. Die Spektro-Holzbau-AG hat im letzten Jahr die Transport-GmbH gegründet, die ausschließlich für den Vertrieb zuständig ist. Daneben erwarb die AG von der Minerva-Holzgeräte-AG, die im süddeutschen Raum eine führende Stellung innehat, ein weiteres Aktienpaket, sodass sie nun 231 Millionen EUR des insgesamt 460 Millionen EUR ausmachenden Grundkapitals der Minerva-Holzgeräte-AG besitzt.

   Die Minerva-Holzgeräte-AG hat in diesem Jahr von der Impuls-Inneneinrichtungs-AG ein Aktienpaket in Höhe von 110 Millionen EUR erworben. Das Grundkapital der Impuls-Inneneinrichtungs-AG beträgt 330 Millionen EUR.

   Die Elektrizitäts-AG, die aufgrund von Managementfehlern seit mehreren Jahren Verluste erwirtschaftet, wird durch die Übernahme des gesamten Aktienpakets vor der Insolvenz gerettet. Es wird eine gemeinsame Leitung von Elektrizitäts-AG und Spektro-Holzbau-AG eingerichtet.

   Die Krado-Speditions-GmbH wird von der Spektro-Holzbau-AG ebenfalls in ihrer Gesamtheit übernommen.

   a) Verschaffen Sie sich durch eine Skizze einen Überblick, welche Beziehungen zwischen den Unternehmen bestehen.

   b) Entscheiden Sie, welche Zielrichtungen bei den Zusammenschlüssen zwischen den einzelnen Unternehmen erkennbar sind.

5. Vervollständigen Sie die folgende Übersicht.

	Grundlage der Zusammenarbeit	rechtliche Selbstständigkeit	wirtschaftliche Selbstständigkeit	Behandlung im GWB
Kartell				
Konzern				
Trust				

4.2 Ziele und Folgen der Kooperation und Konzentration

4.2.1 Ziele der Kooperation und Konzentration

Im Wirtschaftsleben gibt es eine Vielzahl von Zielen der Kooperation und Konzentration. Allen Zielen gemeinsam ist der Erhalt und der Ausbau der eigenen Wettbewerbsfähigkeit bzw. das eigene Auftreten am Markt zu sichern. Deshalb drängen viele Unternehmen auf den Weltmarkt und stellen sich so den weltumfassenden Herausforderungen.

	Zielsetzung	Beispiele
a)	Sicherung und Verbesserung von Beschaffung und Absatz	Juweliere schließen sich zusammen und kaufen gemeinsam in Südamerika und Afrika ihre Rohstoffe ein. Spielwarenhändler schließen einen gemeinsamen Einkaufsverbund (vedes). Winzer organisieren ihren Absatz durch eine gemeinsame Genossenschaft. Eine Zellulosefabrik, eine Papierfabrik, eine Druckerei und ein Zeitungsverlag beteiligen sich gegenseitig.
b)	Gemeinsame Werbung	In einem Einkaufszentrum werben verschiedene Einzelhändler gemeinsam. Reisebüros und Hersteller von Freizeitkleidung werben gemeinsam.
c)	Höhere Erträge durch Beschränkung und Ausschaltung des Wettbewerbs	Konkurrierende Unternehmen treffen Absprachen über Preise, über die Beschränkung von Ausbringungsmengen, die Abgrenzung der Absatzgebiete, über den einheitlichen Aufbau der Kalkulation und die einheitliche Anwendung von allgemeinen Geschäfts-, Lieferungs- und Zahlungsbedingungen.
d)	Sicherung der Beschäftigung durch Übernahme von Aufträgen, die das Leistungsvermögen und die Finanzkraft eines einzelnen Unternehmens übersteigen würden	Mehrere Bauunternehmen erstellen in einer Arbeitsgemeinschaft (Arge) ein Großbauwerk.
e)	Höherer technischer und wirtschaftlicher Erfolg durch gemeinsame Entwicklungs- und Forschungsarbeiten	Gründung einer Forschungs-GmbH mit Kapitalbeteiligung mehrerer Unternehmen (Automobil-, Elektroindustrie, chemische Industrie).
f)	Größere Wirtschaftlichkeit durch gemeinsame Rationalisierung der Fertigungsverfahren, der Fertigungsgegenstände und der Sortimentsgestaltung	Absprachen über gemeinsame Normen und Typen: Zusammenfassung, Ergänzung oder Aufteilung der Produktionsprogramme (Spezialisierung); Gestaltung des Produktionsprogramms.
g)	Erhaltung der Konkurrenzfähigkeit gegenüber ausländischen Unternehmen	Inländische Automobilfabriken schließen sich zum gemeinsamen Vertrieb ihrer Erzeugnisse auf Auslandsmärkten zusammen. Hamburger Schlepperbetriebe verbinden sich gegen Rotterdamer Schlepperbetriebe, sprechen die Preise ab, um im Hamburger Hafen alleine Schiffe zu schleppen.

4.2.2 Folgen der Kooperation und Konzentration

Je nach Zielsetzung der Kooperation und Konzentration können daraus Vor- oder Nachteile entstehen.

Vorteile

- Senkung der Preise, wenn die Unternehmen ihre Kostenminderung im Preis weitergeben.
- Bessere Versorgung der Verbraucher, wenn Rationalisierungsmaßnahmen Leistungssteigerungen ermöglichen.
- Sicherung der Abnahme von Gütern und Dienstleistungen der Lieferanten.
- Größere Übersichtlichkeit des Marktes durch Bereinigung der Sortimente.
- Expandierende Unternehmen übernehmen Unternehmen mit Absatzproblemen.
- Außenwirtschaftliche Wettbewerbsfähigkeit kann erhalten oder gestärkt werden.
- Bruttoinlandsprodukt und Wirtschaftswachstum werden gesichert.

Nachteile

- Die Preise können überhöht sein, sofern kein hinreichender Wettbewerb gegeben ist.
- Die Preise werden überhöht, wenn sie durch Kosten unwirtschaftlich arbeitender Unternehmen bestimmt werden.
- Die Vielfalt des Angebots an Gütern und Dienstleistungen wird im Allgemeinen vermindert.
- Die Freisetzung von Rationalisierungspotenzial gefährdet Arbeitsplätze.
- Der technische Fortschritt kann durch den Schutz rückständiger Unternehmen gehemmt werden.
- Die Stilllegung unwirtschaftlich arbeitender Unternehmen führt zum Abbau von Arbeitsplätzen.
- Die Konzentration wirtschaftlicher Macht birgt die Gefahr ihres Missbrauchs zu politischer Macht in sich.

▶ Aufgaben und Probleme

1. Begründen Sie, welche Zielsetzungen der Kooperation und Konzentration volkswirtschaftlich erwünscht bzw. welche Wirkungen nicht erwünscht sind.
2. Wägen Sie ab, inwieweit »Multis« bzw. »Global Players« mächtiger sind als nationale Regierungen.
3. Recherchieren Sie, welche Unternehmen in Deutschland als »Multis« bzw. »Global Players« bezeichnet werden.

4.3 Staatliche Wettbewerbspolitik

Damit der Markt in der Sozialen Marktwirtschaft funktionieren kann, braucht er Regeln und eine Ordnung. Um diese zu schützen, haben sowohl Deutschland als auch die Europäische Union Gesetze erlassen, die den Wettbewerb gegen unlautere Methoden schützen.

4.3.1 Ziele der Wettbewerbspolitik

Die **staatliche Politik** zur Sicherung des Wettbewerbs soll die Allgemeinheit vor den Nachteilen der Unternehmenszusammenschlüsse bewahren und einen marktwirtschaftlichen Wettbewerb gewährleisten.

EGV §§ 81 f. Auch die **Europäische Union (EU)** verbietet allen Unternehmen und Unternehmensvereinigungen ihrer Mitgliedsstaaten, Vereinbarungen zu treffen, durch die der Wettbewerb innerhalb des gemeinsamen Marktes beeinträchtigt, verhindert, eingeschränkt oder verfälscht wird. Auch die missbräuchliche Ausnutzung einer marktbeherrschenden Stellung ist nicht erlaubt.

GWB § 22 Das europäische und das deutsche Kartellrecht gelten grundsätzlich nebeneinander. Sind die Verhältnisse aber unklar, gilt das europäische Recht vor dem deutschen Recht. Das Ziel beider Rechtsvorschriften ist der Schutz des Wettbewerbs auf dem europäischen bzw. auf dem deutschen Markt. Damit sollen Marktabsprachen, Machtmissbrauch und Machtkonzentration verhindert werden.

4.3.2 Maßnahmen der nationalen Wettbewerbspolitik

§ 1 Wettbewerbsförderung durch Kartellverbot

Im deutschen Kartellrecht ist die **Bildung von Kartellen grundsätzlich verboten (Verbotsprinzip).** Es gibt aber zwei Ausnahmebereiche: die freigestellten Vereinbarungen und die Mittelstandskartelle. Innerhalb dieser unterscheidet der Gesetzgeber zwischen Vereinbarungen auf der gleichen Wirtschaftsstufe **(horizontale Vereinbarungen)** und auf unterschiedlichen Wirtschaftsstufen **(vertikale Vereinbarungen).**

Ob wettbewerbsbeschränkende Vereinbarungen zulässig sind oder nicht, muss jedes Unternehmen selbst prüfen. Es empfiehlt sich deswegen, unternehmensintern ein Risikomanagement für Kartellrechtsfragen einzurichten, um Verstöße zu verhindern.

Messgröße für zulässige Vereinbarungen ist grundsätzlich der Marktanteil der beteiligten Unternehmen. Als Anhaltspunkt gilt die Vorgabe der EU-Kommission:

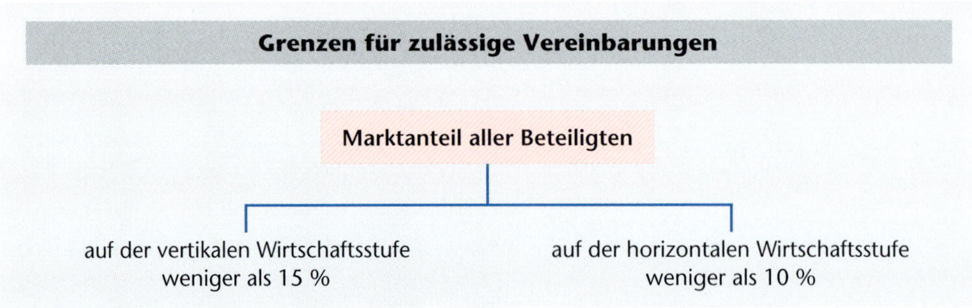

Da das GWB die Begriffe Wettbewerb und Wettbewerbsbeschränkung nicht exakt definiert, ist immer eine Prüfung des Einzelfalls erforderlich.

Stellt die Kartellbehörde beispielsweise gleichzeitige Preiserhöhungen von Unternehmen für ihre Produkte fest, kann es sich um wettbewerbsschädliche Preisabsprachen handeln, aber ebenso um unbewusstes Parallelverhalten aufgrund der gestiegenen Nachfrage nach diesen Produkten. Für die Kartellbehörde ist es demnach nicht immer einfach zu beurteilen, ob unternehmerisches Verhalten wettbewerbsbeschränkend oder wettbewerbskonform ist.

Grundsätzlich führen aber **vereinbarte** Preis-, Gebiets- und Quotenabsprachen **(Hardcore-Kartelle)** zu Wettbewerbsbeschränkungen und damit zu deren Verbot.

▶ Freigestellte Vereinbarungen

Freigestellt sind Vereinbarungen zwischen Unternehmen oder aufeinander abgestimmte Verhaltensweisen, wenn sie *GWB § 2*

- zur Verbesserung der Warenerzeugung oder -verteilung oder zur Förderung des technischen oder wirtschaftlichen Fortschritts beitragen,
- die Verbraucher angemessen an dem entstehenden Gewinn beteiligen,
- dadurch nicht die Möglichkeit schaffen, für die betreffenden Produkte den Wettbewerb auszuschalten.

▶ Mittelstandskartelle

Kleinen und mittelständischen Unternehmen wird durch diese Gesetzesvorschrift ein Ausgleich für ihre strukturellen Nachteile gegenüber größeren Wettbewerbern angeboten. Demnach sind Vereinbarungen und Beschlüsse von miteinander in Wettbewerb stehenden kleinen und mittelständischen Unternehmen erlaubt, wenn sie *§ 3*

- die Rationalisierung ihrer Vorgänge durch zwischenbetriebliche Zusammenarbeit vereinbaren,
- durch die horizontale Kooperation ihre Wettbewerbsfähigkeit erhöhen,
- den Wettbewerb auf dem entsprechenden Markt nicht wesentlich beeinträchtigen.

Grundsätzlich kann auch ein Großunternehmen Mitglied eines Mittelstandskartells sein, wenn die kleinen und mittleren Unternehmen dadurch verbesserte Bezugs- oder Vertriebsmöglichkeiten erhalten.

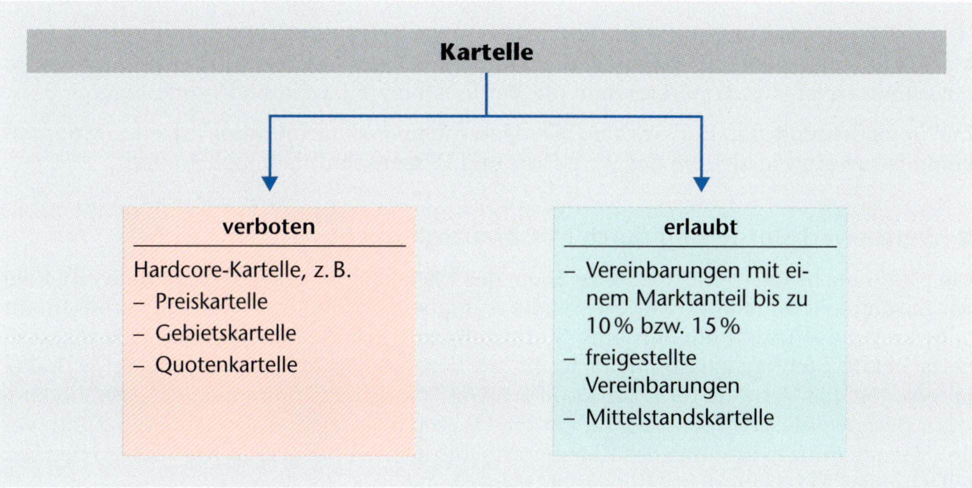

Wettbewerbsförderung durch Fusionskontrolle

GWB § 39 Zusammenschlüsse sind vor dem Vollzug dem Bundeskartellamt anzumelden und nach dem Vollzug anzuzeigen. Die Fusionskontrolle findet statt, wenn die Beteiligten vor dem Zusammenschluss folgende Umsatzerlöse erreicht haben:

§ 35

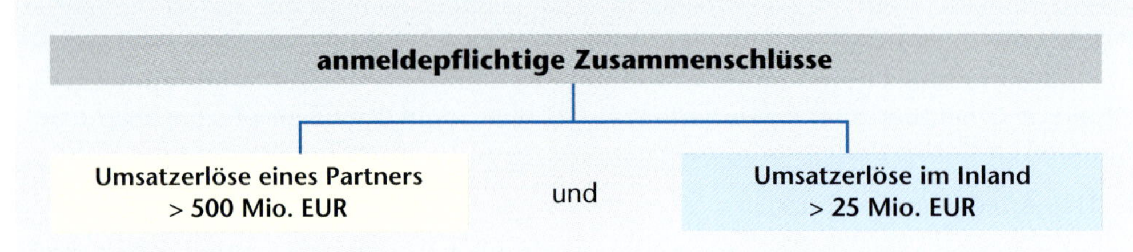

Zusammenschlüsse bleiben anmeldefrei, wenn ein beteiligtes Unternehmen weltweit weniger als 10 Mio. EUR Umsatz im Jahr erzielt.

§ 41 Besteht die Gefahr, dass durch den **Zusammenschluss eine marktbeherrschende Stellung entsteht oder verstärkt** wird, so kann die Kartellbehörde einen Zusammenschluss untersagen. Eine bereits vollzogene Fusion kann unter bestimmten Voraussetzungen durch ein **Fusionsverbot** entflochten, d.h. aufgelöst werden.

§ 19

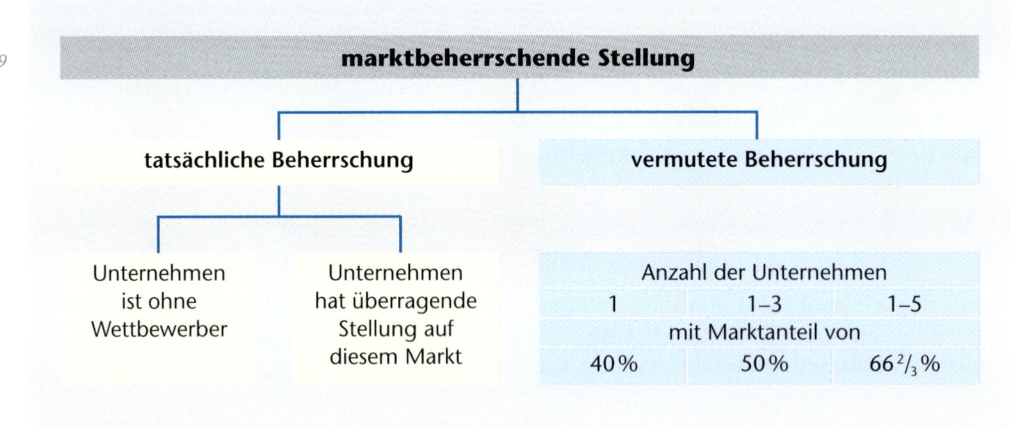

Merkmale einer überrragenden Marktstellung sind die Finanzkraft, der Zugang zu Beschaffungs- oder Absatzmärkten und die Verflechtung mit anderen Unternehmen.

Zur Begutachtung der Entwicklung der Unternehmenskonzentration ist eine **Monopolkommission** aus Fachleuten der Wirtschaft und Wissenschaft gebildet worden.

Wettbewerbsförderung durch Missbrauchsaufsicht

§ 19 Die Missbrauchsaufsicht ist die dritte Säule des Kartellrechts neben dem Kartellverbot und der Zusammenschlusskontrolle. Sie hat die Aufgabe zu verhindern, dass ein bereits marktbeherrschendes Unternehmen seine Marktstellung missbraucht. Nutzt es seine marktbeherrschende Stellung missbräuchlich aus, so kann die Kartellbehörde dieses Verhalten
GWB § 74 untersagen und Verträge für unwirksam erklären. Gegen Verfügungen der Kartellbehörde kann Beschwerde beim Kammergericht am Oberlandesgericht in Düsseldorf geführt werden. Gegen Entscheidungen des Kammergerichts können Rechtsbeschwerden an den Kartellsenat des Bundesgerichtshofs gerichtet werden.

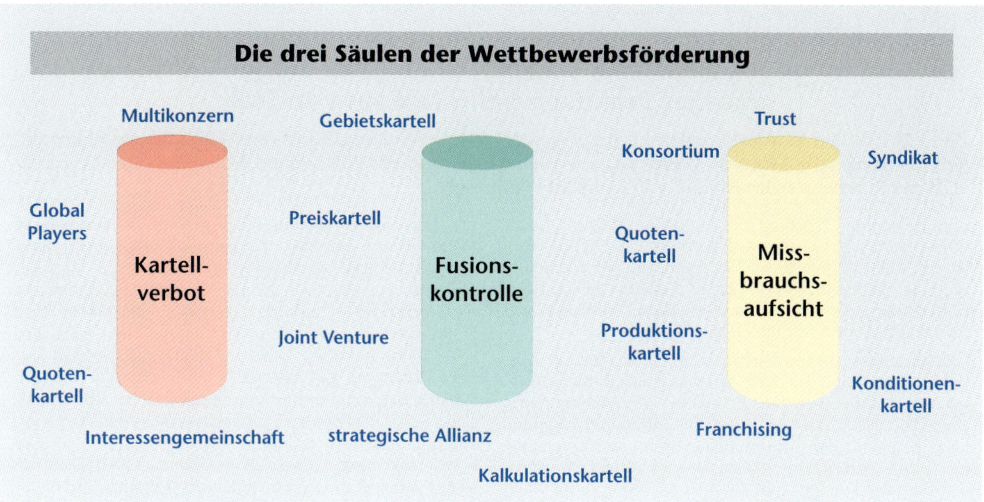

Generalausnahmeklausel und Geldbußen

Generalausnahmeklausel

Der Bundesminister für Wirtschaft und Energie kann Kartelle zulassen, die vom Kartellamt nicht genehmigt oder durch das Kartellrecht verboten sind. In zwei Fällen werden Kartelle erlaubt (Ministererlaubnis): § 42

- Die Beschränkung des Wettbewerbs ist aus überwiegenden Gründen der Gesamtwirtschaft und des Gemeinwohls notwendig.
- Es besteht eine unmittelbare Gefahr für den Bestand des überwiegenden Teils der Unternehmen eines Wirtschaftszweiges.

Kartellbehörden sind das Bundeskartellamt in Bonn und das Bundesministerium für Wirtschaft und Energie sowie die Kartellämter der Länder. § 48

Geldbußen

Bei Nichtbeachtung der Vorschriften des Gesetzes, bei unrichtiger und ungenügender Auskunftserteilung und bei Aufsichtspflichtverletzung können Geldbußen auferlegt werden. Die Geldbuße kann bis zu mehreren Mio. EUR betragen. § 81 (1) § 81 (4)

4.3.3 Maßnahmen der EU-Wettbewerbspolitik

Grundsätzlich sind das deutsche und das europäische Kartellrecht verwandt. Beide enthalten ein **Kartellverbot** mit **Ausnahmen** bzw. **Freistellungsmöglichkeiten,** eine Missbrauchsaufsicht und eine Fusionskontrolle. Sie treten in Kraft, wenn eine marktbeherrschende Stellung entsteht oder verstärkt wird. Beide Rechtssysteme unterscheiden sich jedoch in ihren Institutionen: Während in Deutschland das Kartellrecht auf Bundesebene durch eine selbstständige Behörde angewendet wird, entscheidet nach EG-Recht die EU-Kommission in Brüssel. Sie ist als ein politisches Organ auch für andere wirtschaftliche und politische Entscheidungen zuständig.

Die Europäische Kommission ist für alle Wettbewerbsbeschränkungen zuständig, die den Handel zwischen den Mitgliedsstaaten beeinträchtigen. Die nationalen Kartellbehörden können ebenfalls die Wettbewerbsregeln des EG-Vertrages anwenden, solange die Europäische Kommission kein eigenes Verfahren eingeleitet hat.

Beispiel für Geldbußen:

Bußgelder gegen deutsche Automobilhersteller wegen wettbewerbswidriger Praktiken beim Einkauf von Stahl

21.11.2019 – Das Bundeskartellamt hat Bußgelder in Höhe von insgesamt rund 100 Millionen Euro gegen die Bayerische Motoren Werke AG, die Daimler AG und die Volkswagen AG wegen wettbewerbswidriger Praktiken beim Einkauf von Langstahl verhängt.

Andreas Mundt, Präsident des Bundeskartellamtes: „Von 2004 bis Ende 2013 haben sich Vertreter von BMW, Daimler und Volkswagen regelmäßig zweimal im Jahr mit Stahlherstellern, Schmieden und großen Systemzulieferern getroffen und sich dabei über einheitliche Preiszuschläge beim Einkauf von Langstahl ausgetauscht."

Die Automobilhersteller verbauen bei der Produktion viele Teile, die aus Langstahl gefertigt werden (z.B. Kurbelwellen, Pleuel, Nockenwellen, Zahnräder und Lenkstangen). Diese Bauteile werden bei Schmiedeunternehmen eingekauft oder von den Automobilherstellern selbst in eigenen Schmieden gefertigt. Dazu wird im Vorfeld Langstahl als Rohmaterial eingekauft.

Üblicherweise wird Langstahl von den Stahlherstellern bzw. von den Schmieden nach einem bestimmten Preismodell vertrieben. Der Preis setzt sich aus einem Basispreis und aus Schrott- und Legierungszuschlägen zusammen.

Im Gegensatz zu den Basispreisen wurden die Zuschläge traditionell nicht verhandelt, sondern nach feststehenden, branchenweit einheitlichen Formeln berechnet und als gesonderte Preisbestandteile auf den Basispreis aufgeschlagen. In den Jahren 2003 und 2004 nahmen die Stahlhersteller einseitig und zum Teil unter Androhung von Lieferstopps gewisse Veränderungen bei der Zuschlagsberechnung vor. Als Reaktion darauf wurden die Gesprächsrunden zwischen Automobilherstellern und Stahlherstellern sowie Schmieden unter dem Dach des Wirtschaftsverbandes Stahl- und Metallverarbeitung aufgenommen. In den Gesprächen versicherten und bestärkten die Vertreter der Automobilhersteller sich gegenseitig darin, die von den Stahlherstellern vorgenommenen Veränderungen zu übernehmen und weiterhin an der etablierten Praxis einheitlich berechneter Preiszuschläge festzuhalten. Dies taten sie jedenfalls bis Januar 2016.

Die Unternehmen haben den vom Bundeskartellamt ermittelten Sachverhalt als zutreffend anerkannt und einer einvernehmlichen Verfahrensbeendigung zugestimmt. Dies wurde bei der Bußgeldfestsetzung ebenso berücksichtigt, wie die Tatsache, dass sie während des Verfahrens mit dem Bundeskartellamt kooperiert haben.

Quelle: https://www.bundeskartellamt.de/SharedDocs/Meldung/DE/Pressemitteilungen/2019/21_11_2019_Bussgeld_Stahl.html

▶ Aufgaben und Probleme

1. In den letzten Jahren sind viele kleine und mittelgroße Unternehmen verkauft oder aufgegeben worden.
   a) Nennen Sie mögliche Ursachen.
   b) Welche Auswirkungen hatte dies auf die Verbraucher?
   c) Wie versuchen noch existierende kleine Unternehmen, diese Entwicklung zu überleben?
   d) Welche Maßnahmen ergreift der Staat, um den Mittelstand zu fördern?
   e) Aus welchen Gründen ergreift der Staat diese Maßnahmen?
2. Die Anzahl der Fusionen hat in den letzten Jahren stark zugenommen. Nennen Sie vier Gründe für diese Entwicklung.
3. Auf welche Weise kann wirtschaftliche Macht zu politischer Macht führen?
4. Warum und in welchem Fall ist der Grundsatz des Kartellverbots durch Freistellung von diesem Verbot durchbrochen?
5. Jedes Unternehmen hat die Pflicht selbst zu prüfen, ob sein Verhalten, seine Absprachen und seine Beschlüsse kartellrechtlich zulässig sind.

   Bestimmen Sie ein Kriterium, mit dem geprüft werden kann, ob es sich um ein verbotenes Kartell oder um eine erlaubte Kooperation handelt. Prüfen Sie diese gefundene Größe kritisch.
6. Bringen Sie mithilfe der Homepage des Bundeskartellamtes in Erfahrung, welche Untermehmenszusammenschlüsse in die Zuständigkeit der EU-Kommission fallen.

7. Auf der Homepage des Bundeskartellamtes finden Sie unter »Über uns/Das Bundeskartellamt« die untenstehenden Themen. Geben Sie den jeweiligen Inhalt auf dieser Seite in Kurzform wieder.
   a) Vorteile des wettbewerblichen Ordnungsprinzips,
   b) Das Gesetz gegen Wettbewerbsbeschränkungen (GWB),
   c) Aufgaben des Bundeskartellamtes.
8. Welche Vor- und Nachteile hat ein Beherrschungsvertrag für die beteiligten Unternehmen?
9. Begründen Sie, warum die Gefahr der Entstehung von Überkapazitäten durch einen Konzern in höherem Maße als durch ein Kartell vermieden werden kann.
10. Erläutern Sie die Bedeutung des Wettbewerbs für die marktwirtschaftliche Ordnung.

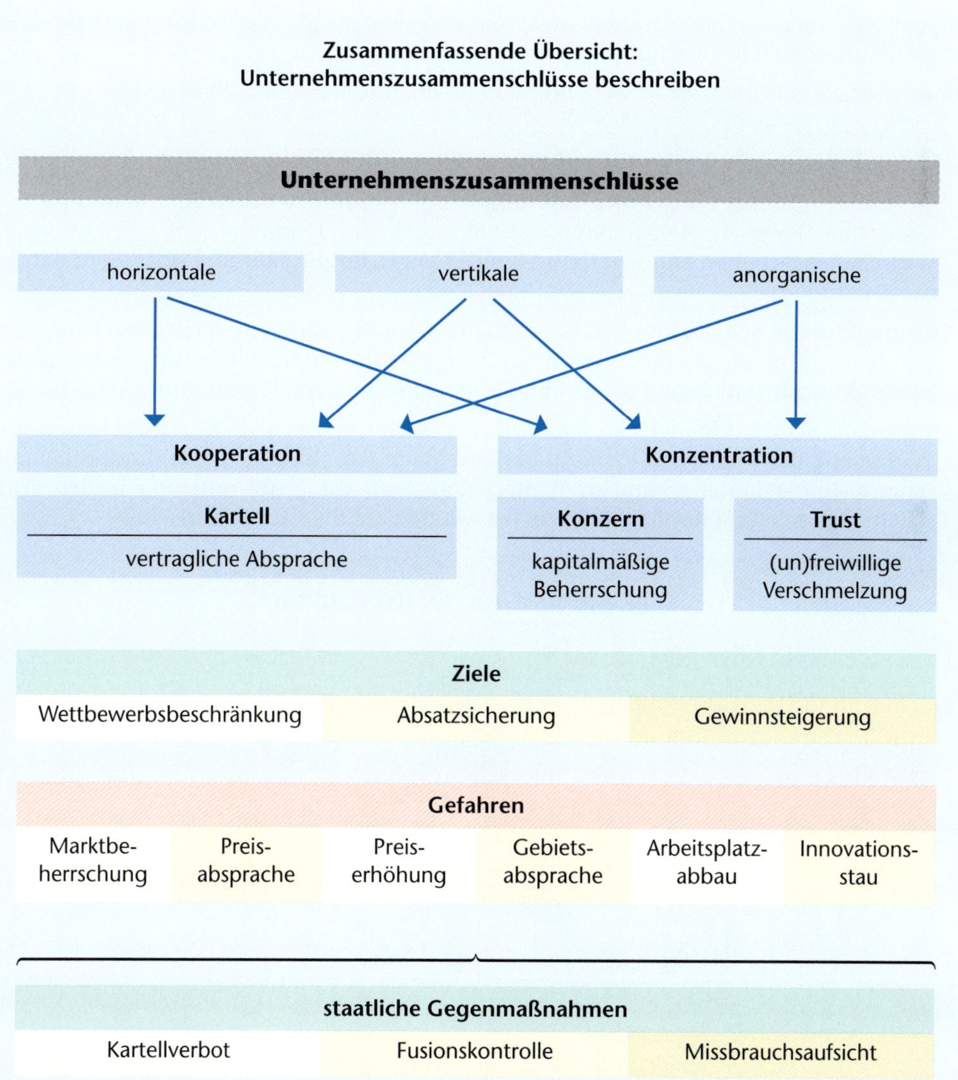

5 Marktregulierungsmechanismen beurteilen

▶ Handlungsauftrag

Stellen Sie die wesentlichen Inhalte und Unterschiede der angebots- und nachfrageorientierten Wirtschaftspolitik in einem Wandplakat dar.

5.1 Konjunkturschwankungen und Konjunkturindikatoren

5.1.1 Konjunkturschwankungen

Die reale Veränderung des Bruttoinlandsproduktes wird als Messgröße für den Verlauf des Wirtschaftsgeschehens (Konjunktur) verwendet.

Dieser Verlauf vollzieht sich in wellenförmig aufeinanderfolgenden Phasen.

Es werden unterschieden:

- **Strukturelle Schwankungen.** Ursache dafür sind grundlegende Veränderungen als Folge des technischen Fortschritts und dadurch geänderter Arbeitsbedingungen für den Menschen (Bergbau, Telekommunikation). Auch die Teilnahme am internationalen Wirtschaftsgeschehen kann zu tiefgreifender Veränderung führen. Der Verlauf beträgt ca. 50 Jahre.
- **Konjunkturelle Schwankungen.** Die mittelfristigen Schwankungen mit einer Dauer von 4–6 Jahren werden als die eigentlichen und **für die Wirtschaftspolitik bedeutsamen Konjunkturschwankungen** bezeichnet. Man nennt sie auch Konjunkturzyklen (Bild).
- **Saisonale Schwankungen.** Sie haben ihre Ursache in den Lebensgewohnheiten und Traditionen der Menschen (Urlaub, Ferienregelungen, religiöse Feste) und in klimatischen Gegebenheiten (Sommer, Winter). Ihre Bedeutung gilt nur für einzelne Wirtschaftszweige und hat sonst kaum Auswirkungen auf die Gesamtwirtschaft.

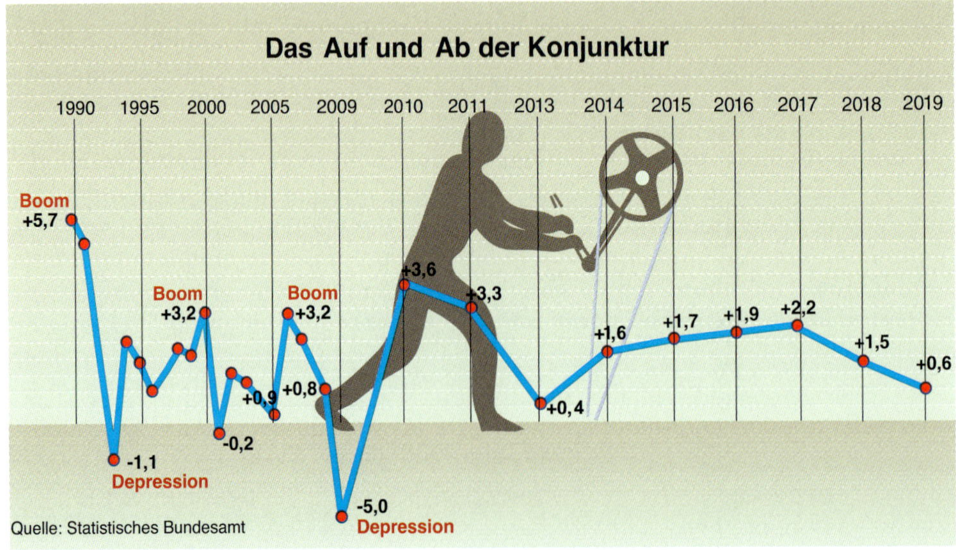

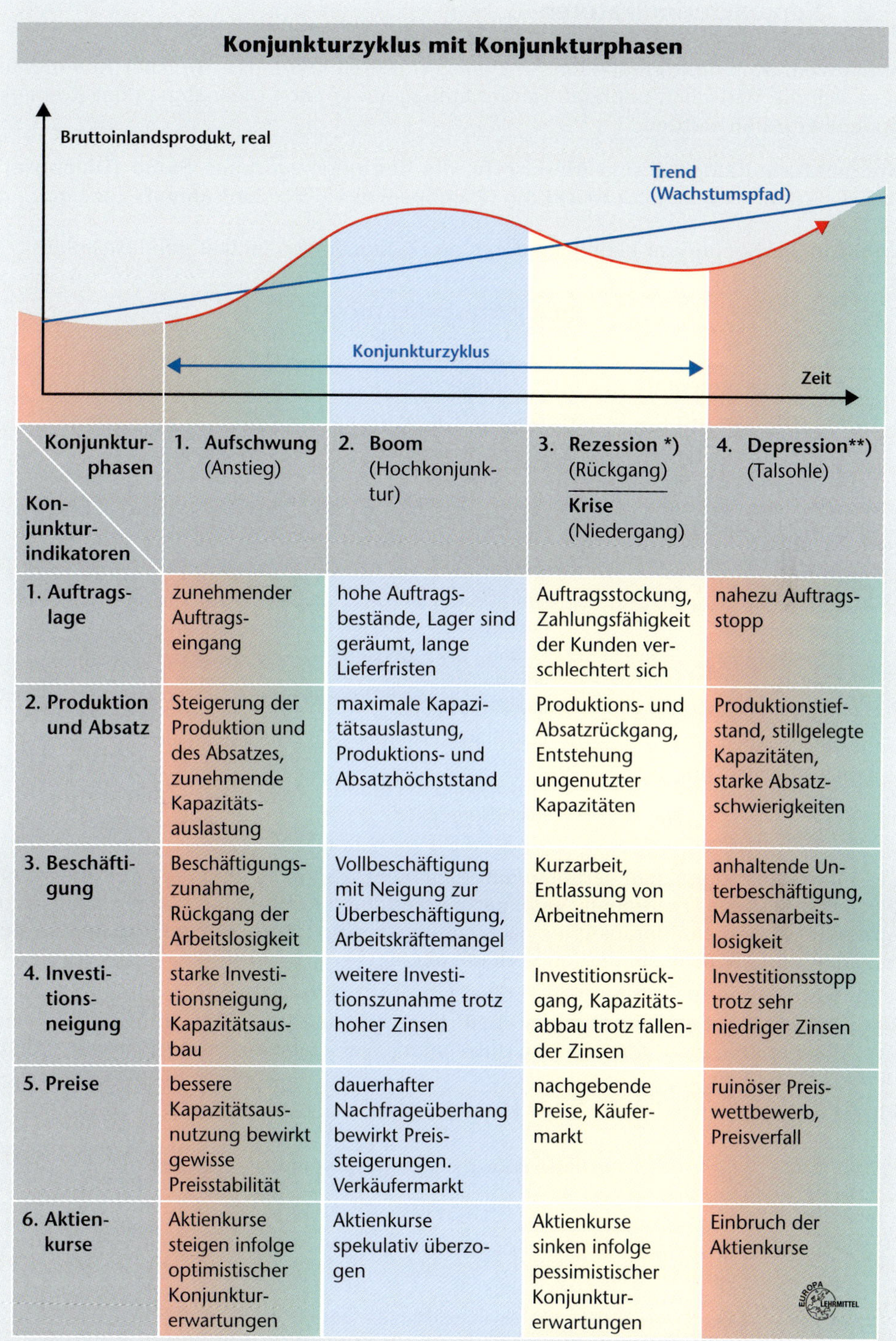

Konjunkturphasen / Konjunkturindikatoren	1. Aufschwung (Anstieg)	2. Boom (Hochkonjunktur)	3. Rezession *) (Rückgang) / Krise (Niedergang)	4. Depression**) (Talsohle)
1. Auftragslage	zunehmender Auftragseingang	hohe Auftragsbestände, Lager sind geräumt, lange Lieferfristen	Auftragsstockung, Zahlungsfähigkeit der Kunden verschlechtert sich	nahezu Auftragsstopp
2. Produktion und Absatz	Steigerung der Produktion und des Absatzes, zunehmende Kapazitätsauslastung	maximale Kapazitätsauslastung, Produktions- und Absatzhöchststand	Produktions- und Absatzrückgang, Entstehung ungenutzter Kapazitäten	Produktionstiefstand, stillgelegte Kapazitäten, starke Absatzschwierigkeiten
3. Beschäftigung	Beschäftigungszunahme, Rückgang der Arbeitslosigkeit	Vollbeschäftigung mit Neigung zur Überbeschäftigung, Arbeitskräftemangel	Kurzarbeit, Entlassung von Arbeitnehmern	anhaltende Unterbeschäftigung, Massenarbeitslosigkeit
4. Investitionsneigung	starke Investitionsneigung, Kapazitätsausbau	weitere Investitionszunahme trotz hoher Zinsen	Investitionsrückgang, Kapazitätsabbau trotz fallender Zinsen	Investitionsstopp trotz sehr niedriger Zinsen
5. Preise	bessere Kapazitätsausnutzung bewirkt gewisse Preisstabilität	dauerhafter Nachfrageüberhang bewirkt Preissteigerungen. Verkäufermarkt	nachgebende Preise, Käufermarkt	ruinöser Preiswettbewerb, Preisverfall
6. Aktienkurse	Aktienkurse steigen infolge optimistischer Konjunkturerwartungen	Aktienkurse spekulativ überzogen	Aktienkurse sinken infolge pessimistischer Konjunkturerwartungen	Einbruch der Aktienkurse

*) **Rezession:** Sie macht sich am Ende der Hochkonjunkturphase durch eine Wachstumsstockung (»Stagnation«) oder einen leichten Rückgang bemerkbar. Werden rechtzeitig geeignete Steuerungsmaßnahmen ergriffen, kann eine neue Hochkonjunkturphase eingeleitet werden, ohne dass die Wirtschaft zuvor über eine Krise in die Depression abgleitet.

) **Depression: Sie kennzeichnet den Tiefstand einer Volkswirtschaft. Ist die Depression überwunden, folgt ein neuer Aufschwung.

5.1.2 Konjunkturindikatoren

Mithilfe von »Konjunkturindikatoren« kann festgestellt werden, in welcher Konjunkturphase sich die Wirtschaft befindet. Darauf aufbauend können Maßnahmen der Konjunkturpolitik ergriffen werden.

Konjunkturindikatoren sind **Messwerte,** die den gegenwärtigen **Stand (Diagnose)** und die voraussichtliche **Entwicklung (Prognose) des Wirtschaftsablaufs** anzeigen.

Den Stand der Konjunktur kann man durch drei Gruppen von Indikatoren feststellen:

Konjunkturindikatoren		
Frühindikatoren	**Gegenwartsindikatoren**	**Spätindikatoren**
Sie haben einen **zeitlichen Vorlauf,** d. h., ihre Veränderungen kündigen die nächste Phase des Konjunkturzyklus an.	Sie **fallen mit der Konjunkturphase zusammen.**	Sie haben eine **zeitliche Verzögerung,** d. h., ihre Veränderungen treten gegen Ende der Konjunkturphase auf.
Beispiele: 1. Zahl der Baugenehmigungen 2. Auftragseingänge in der Industrie 3. Lagerbestände in den Unternehmen 4. Erwartungen über die Geschäftsentwicklung	**Beispiele:** 1. Umsätze des Einzelhandels 2. Umfang der Produktion von Konsum- und Investitionsgütern 3. Nachfrage nach Krediten 4. Entwicklung des Bruttoinlandsproduktes	**Beispiele:** 1. Entwicklung der Löhne und Gehälter 2. Entwicklung der Güterpreise 3. Entwicklung der Arbeitslosenquote 4. Höhe der Beschäftigung 5. Zahl der Unternehmensinsolvenzen

Für Konjunkturvoraussagen darf man natürlich nicht die Entwicklung der einzelnen Indikatorreihen getrennt beurteilen. Vielmehr müssen die einzelnen Indikatoren gemeinsam betrachtet werden, um daraus Prognoserechnungen ableiten zu können. Ergebnisse stellen immer nur mögliche zukünftige Verläufe dar.

Konjunkturprognosen werden von zahlreichen Institutionen (Bundesregierung, Europäische Zentralbank, Sachverständigenrat zur Begutachtung der wirtschaftlichen Entwicklung, Großbanken, internationale Organisationen, Wirtschaftsforschungsinstitute, OECD) veröffentlicht.

Beispiel für Konjunkturindikator »Entwicklung des Bruttoinlandsproduktes«:

1. Indikator

Entwicklung des realen Bruttoinlandsprodukts								
Jahr	2009	2010	2011	2014	2015	2017	2018	2019
Zu-/Abnahme in % gegenüber Vorjahr	–5,0	+3,6	+3,3	+1,6	+1,7	+2,2	+1,5	+0,6

2. Diagnose

Die sich aus der Finanzkrise entwickelnde Wirtschaftskrise führte zu einem Konjunkturabsturz im Jahr 2009. Die deutsche Wirtschaft erholte sich in den Folgejahren 2010 und 2011 mit kräftigen Wachstumsraten zwar sehr schnell, allerdings konnte das Wachstum angesichts der schwachen Weltkonjunktur nicht gehalten werden. In den Folgejahren gab es stabile Wachstumsraten, im Jahr 2019 gab es ein Abflauen der Konjunktur mit geringem Wachstum.

3. Prognose	Für 2020 erwartet der Sachverständigenrat zur Begutachtung der gesamtwirtschaftlichen Entwicklung infolge der Corona-Pandemie den stärksten Einbruch der deutschen Wirtschaft seit Bestehen der Bundesrepublik. Es wird mit einem Rückgang des realen BIP von 6,5 % gerechnet.
4. Aufgabe der Wirtschaftspolitik	Das oberste Ziel der Bundesregierung sei es, die Unsicherheiten bei Unternehmen und Beschäftigten abzubauen. Finanz- und Wirtschaftsminister sagten, es sei genug Geld vorhanden, um die wirtschaftlichen Folgen der Corona-Pandemie erfolgreich zu bekämpfen. Es solle kein gesundes Unternehmen wegen der Corona-Krise in die Insolvenz gehen.

Beispiel für Konjunkturindikator »Beschäftigung«:

1. Indikator	Entwicklung der **Arbeitslosenquote** in Deutschland										
	2005	2008	2009	2010	2012	2014	2015	2016	2017	2018	2019
	11,7 %	7,8 %	8,2 %	7,7 %	6,8 %	6,7 %	6,4 %	6,1 %	5,7 %	5,2 %	5,0 %
2. Diagnose	Die Arbeitslosenquote liegt zwar deutlich über der für einen idealen Beschäftigungsstand angesetzten Wert von 2 %. Seit dem sehr hohen Stand von 11,7 % im Jahr 2005 ist die Quote jedoch kräftig gesunken und trotz der Wirtschaftskrise 2009 nur leicht gestiegen. Der Grund hierfür liegt in der Nutzung der Kurzarbeitsmöglichkeiten durch die Unternehmen. Das Anziehen der Konjunktur führte in den Jahren 2010–2017 zu einem Rückgang der Arbeitslosenzahlen.										
3. Prognose	Der Sachverständigenrat zur Begutachtung der gesamtwirtschaftlichen Entwicklung rechnet damit, dass die Arbeitslosenquote im Jahr 2020 im Jahresdurchschnitt aufgrund der Corona-Pandemie und den damit einhergehenden ökonomischen Auswirkungen 5,3 % betragen wird.										
4. Aufgabe der Wirtschaftspolitik	Ergreifen von Maßnahmen, um den Herausforderungen der Corona-Pandemie für Deutschland zu begegnen, z. B. Senkung der Kosten der (Arbeit), Förderung innovativer Unternehmen, Bildungsförderung, Senkung von Steuern (Umsatzsteuer), Gewährung von Kurzarbeitergeld.										

▶ Aufgaben und Probleme

1. a) Stellen Sie die Konjunkturphasen anhand folgender Umsatzzahlen aus der Bekleidungsindustrie bildlich dar.

Jahr	Umsatz in Mrd. EUR	Jahr	Umsatz in Mrd. EUR
2011	230	2016	200
2012	200	2017	190
2013	120	2018	180
2014	180	2019	188
2015	210	2020	190

   b) Unterscheiden Sie Rezession und Depression anhand der Lösung von a).

2. In einer Volkswirtschaft werden folgende Daten ermittelt:
   - Preissteigerungsrate gegenüber dem Vorjahr 12,4 %
   - Wachstum des Bruttoinlandsproduktes gegenüber dem Vorjahr 6,3 %
   - Exportvolumen 180 Mrd. EUR
   - Importvolumen 158 Mrd. EUR
   - Arbeitslosenquote 1,2 %

   a) In welcher Konjunkturlage befindet sich die Volkswirtschaft?

   b) Warum sind Sachwerte in dieser Konjunkturphase sehr gefragt?

   c) Der Staat beschließt in dieser Situation, die Konjunktur zu dämpfen. Diskutieren Sie, welche Ausgaben der Staat streichen oder kürzen könnte.

d) Nennen Sie Möglichkeiten, wie der Staat über die Einnahmenseite die Konjunktur dämpfen könnte.

e) Welche wirtschaftspolitischen Probleme können mit der staatlichen Konjunkturdämpfung gemildert werden?

3. Welche positiven und welche negativen Auswirkungen kann eine Hochkonjunktur haben?

4. Wie wirken sich die einzelnen Konjunkturphasen aus auf
   a) den Beschäftigungsstand,
   b) das Preisniveau,
   c) die Investitionstätigkeit,
   d) die Auftragslage?

5. Erläutern Sie die Aussagemöglichkeiten folgender Konjunkturindikatoren:
   a) Entwicklung der Aktienkurse,
   b) Wohnungsbaunachfrage und Nachfrage auf dem Automobilmarkt,
   c) Anlageinvestitionen deutscher Unternehmen,
   d) Zahl der Insolvenzen wegen Zahlungsunfähigkeit,
   e) demografische Entwicklung (Entwicklung der Bevölkerungszahl und des generativen Verhaltens).

6. Welche Folgen hat die Verlagerung der Produktion in Niedriglohnländer
   a) für die Entwicklung der Arbeitslosenquote,
   b) für die deutschen Arbeitnehmer,
   c) für die deutschen Unternehmer?

5.2 Grundkonzepte der Wirtschaftspolitik

Seit Jahrzehnten gibt es zwei gegensätzliche Positionen, um die Frage zu beantworten, wie auf konjunkturelle Schwächen in der Wirtschaft reagiert werden sollte.

Angebotsorientierte Wirtschaftspolitik

Die Vertreter der **Angebotspolitik** verbinden das **Wachstum der Geldmenge** mit der **Entwicklung der Produktion,** stützen sich auf die **Selbstheilungskräfte des Marktes** und verlangen vom Angebot, dass es sich seine Nachfrage selbst schafft.

Für die Vertreter der angebotsorientierten Wirtschaftspolitik (»**Monetarismus**«) werden Fehlentwicklungen in der Wirtschaft darauf zurückgeführt, dass es zu wenig dauerhaft rentable Produktionsmöglichkeiten gibt. Diese Fehlentwicklungen führen insbesondere zu Arbeitslosigkeit. Deshalb unterstützt der Staat das wirtschaftliche Geschehen am besten dadurch, dass er Eingriffe unterlässt. Ihm soll lediglich die Aufgabe zufallen, für einen ungestörten Ablauf des Wirtschaftsgeschehens zu sorgen. Zur Verbesserung der **Rahmenbedingungen** innerhalb der Volkswirtschaft gehören:

- der **Abbau der Staatsverschuldung:**
  schafft Gestaltungsmöglichkeiten für den Staat.
- die **Senkung der Steuern:**
  erhöht die Leistungsanreize von Unternehmen und Erwerbstätigen.

- der **Abbau sozialpolitischer Maßnahmen** auf ein »notwendiges Maß«: steigert die Eigenverantwortung des Einzelnen.
- der **Abbau von Vorschriften:** fördert die Investitionsbereitschaft der Unternehmen.
- der **Abbau von Subventionen:** verhindert Fehlentwicklungen in der Wirtschaft.
- der **Schutz des freien Wettbewerbs:** fördert die freie Entfaltung der Wirtschaftssubjekte.

In der **Lohnpolitik** der Tarifparteien sollten längerfristige Tarifverträge eingeführt werden, die sich außerdem nach der Leistungsfähigkeit der einzelnen Branchen unterscheiden sollten. Dadurch können die Kosten der Unternehmen positiv beeinflusst werden, weil die Kalkulationsgrundlagen sicherer und langfristiger zur Verfügung stehen.

Die **Zentralbank** spielt eine führende Rolle in der Wirtschaftspolitik. Ihr steht ein geldpolitisches Instrumentarium zur Verfügung, um die Wirtschaft mit einer verstetigten Geldmengenerhöhung zu versorgen. Dadurch soll eine inflationäre Entwicklung vermieden werden.

Nachfrageorientierte Wirtschaftspolitik

Die Vertreter der **Nachfragepolitik** meinen, dass der **Staat** durch die **Einnahmen- und Ausgabenpolitik Einfluss** auf die **Wirtschaftsentwicklung** nehmen kann.

Für die Vertreter der nachfrageorientierten Wirtschaftspolitik **(»Fiskalismus«)** liegt die Ursache eines ungünstigen Konjunkturverlaufs in einer zu schwachen Nachfrage innerhalb der Wirtschaft begründet. Dadurch sind die Produktionskapazitäten nur gering ausgelastet. Der Staat sollte deshalb in den Wirtschaftsprozess eingreifen, um zu stabilisieren. Durch Maßnahmen der **Einnahmen- und Ausgabenpolitik** kann der Staat die Nachfrage beeinflussen. Dabei kann er unterschiedlich wirksam werden. Er sollte in der Hochkonjunktur (Boom) »dämpfend« auf die Nachfrage einwirken. In der Konjunkturkrise (Rezession oder Depression) sollte er jedoch die Nachfrage anregen. Der Einfluss des Staates kann sich richten auf die Nachfrage

- der privaten Haushalte nach Konsumgütern;
- der Unternehmen nach Investitionsgütern;
- des Staates nach Gütern und Dienstleistungen;
- des Auslandes nach Gütern und Dienstleistungen.

▶ Aufgaben und Probleme

Aussage 1:

»Viele Regeln und bürokratische Hürden bremsen das Wachstum unserer Wirtschaft. Sie verhindern das Schaffen von Arbeitsplätzen durch die Unternehmen. Märkte funktionieren dann am besten, wenn sie möglichst wenig reguliert sind. Hierfür muss die Politik etwas tun!«

Aussage 2:

»Das Wirtschaftswachstum wird durch die schwache Nachfrage gebremst. Die Menschen verdienen zu wenig. Autos kaufen keine Autos. Hier muss die Politik eingreifen, damit unregulierte Märkte die Schwachen nicht an den Rand der Gesellschaft drängen.«

Ordnen Sie die beiden Aussagen den Grundkonzepten der Wirtschaftspolitik zu und begründen Sie Ihre Antwort.

5.3 Geldpolitik der Europäischen Zentralbank

Die **E**uropäische **Z**entral**b**ank **(EZB)** ersetzt seit 1. Januar 1999 die nationalen Zentralbanken derjenigen Staaten, die an der Währungsunion teilnehmen. Die nationalen Zentralbanken, in Deutschland die Deutsche Bundesbank, bleiben aber erhalten und erfüllen untergeordnete Aufgaben. Mit der EZB zusammen bilden sie das **E**uropäische **S**ystem der **Z**entral**b**anken **(ESZB).**

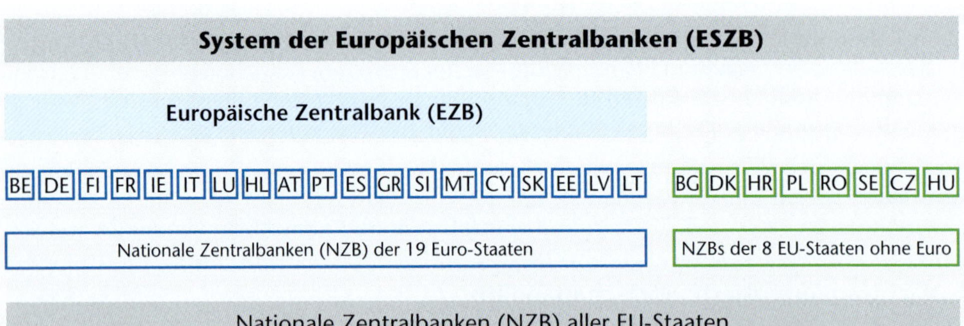

Das ESZB wird von den Beschlussorganen der EZB geleitet. Die Rechtsstellung, Organisation, Ziele und Aufgaben dieser beiden Institutionen sind im EG-Vertrag geregelt.

5.3.1 Stellung und Aufgaben der EZB

Die EZB ist eine juristische Person mit Sitz in Frankfurt (Main). Ihr Gründungskapital von 5 Mrd. EUR wird von den Mitgliedsländern nach Bevölkerungs- und BIP-Anteilen aufgebracht.

Die **Stellung** der EZB ist durch ihre politische Unabhängigkeit gekennzeichnet: Nicht nur die EZB, sondern alle nationalen Zentralbanken der am Euro-System teilnehmenden Staaten sind von Weisungen der Regierungen sowie der Organe der EU unabhängig. Die EZB ist absolut frei in der Auswahl und im Einsatz der geldpolitischen Instrumente.

Europäische Zentralbank			
	EZB-Rat (beschließendes Organ)	**Direktorium (ausführendes Organ)**	**Erweiterter Rat**
Aufgaben	– Festlegung der Richtlinien der Geldpolitik. – Festlegung der Leitzinssätze. – Bereitstellung von Zentralbankgeld. – Ausgabe von Euro-Banknoten.	– Ausführung der Geldpolitik gemäß den Leitlinien des Rates. – Erteilung der dafür erforderlichen Weisungen an die nationalen Zentralbanken. – Förderung des reibungslosen Funktionierens der Zahlungssysteme. Ausdrücklich verboten ist die Kreditgewährung an die öffentliche Hand.	– Koordinierung der Geldpolitik der EZB mit den Zentralbanken der Staaten, die den Euro noch nicht eingeführt haben. – Beratendes Gremium

Ziele	– Gewährleistung der Preisniveaustabilität in den Euro-Teilnehmerländern. – Förderung der allgemeinen Wirtschaftspolitik in der Gemeinschaft, sofern die Preisniveaustabilität dadurch nicht gefährdet wird.		
Organisation	– Mitglieder des Direktoriums, auf acht Jahre gewählt, ohne Recht auf Wiederwahl; – die Präsidenten der an der EWU teilnehmenden nationalen Zentralbanken. Diese sind auf fünf Jahre gewählt mit Wiederwahlrecht.	– Präsident, – Vizepräsident, – vier weitere Mitglieder. Alle sechs werden auf acht Jahre gewählt, wobei eine Wiederwahl ausgeschlossen ist.	– Alle Mitglieder des EZB-Rates, – die Notenbankpräsidenten der (noch) nicht an der Währungsunion teilnehmenden Staaten.

5.3.2 Geldpolitisches Instrumentarium

Um die Preisniveaustabilität erreichen zu können, stehen der EZB verschiedene geldpolitische Instrumente zur Verfügung. Sie werden eingesetzt, um das Bankensystem und damit die Wirtschaft der einzelnen Euro-Staaten mit ausreichender Liquidität zu versorgen. Dabei legt der EZB-Rat einheitliche geldpolitische Schritte (z. B. Veränderung der Leitzinsen) für alle Mitgliedsstaaten fest.

Offenmarktpolitik

Die EZB kann zur Steuerung der Geldpolitik am »offenen Markt« **Wertpapiere beleihen, ankaufen** oder **verkaufen.** Sie kann auch **Termineinlagen entgegennehmen.** Geschäftspartner sind auf diesem Markt die nationale Zentralbank und die Kreditinstitute. Die Zinssätze richten sich nach der Entwicklung auf dem Geldmarkt; auf diesem Markt werden kurzfristige Geldanlagen unter Banken gehandelt. Stellt die EZB einen stetigen Anstieg des Zinsniveaus fest, verändert sie ebenfalls ihr Zinsangebot an die Banken nach oben. Kredite

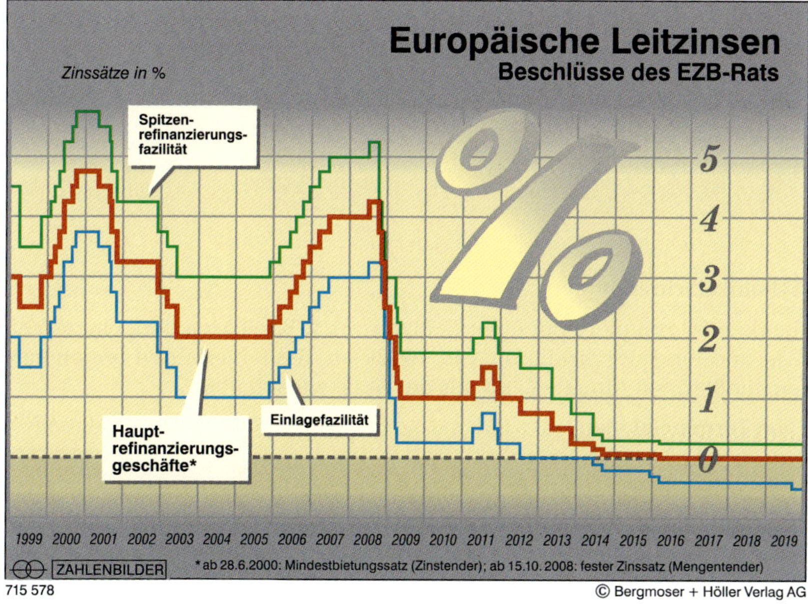

bei der EZB werden teurer, die Guthabenverzinsung verbessert sich. Fallende Geldmarktzinsen verursachen das Gegenteil. Alle Zinsänderungen richten sich nach den Veränderungen des Hauptrefinanzierungssatzes **(Leitzinssatz)** der EZB (Stand: Juli 2020: 0,00 %).

Folgende wichtige Offenmarktgeschäfte stehen zur Verfügung:

▶ Befristete Transaktionen

Sie finden in Form von Pfandkreditgeschäften oder Wertpapierpensionsgeschäften statt. Für beide Geschäfte werden nur Wertpapiere akzeptiert, die in einem Sicherheitsverzeichnis der EZB aufgeführt sind.

- Bei einem **Pfandkreditgeschäft** stellt die Zentralbank gegen Verpfändung von Wertpapieren einer Bank Geld zu einem vereinbarten Zinssatz für z. B. drei Tage zur Verfügung. Durch den Kredit wird der Volkswirtschaft Geld zugeführt.
- Bei einem **Wertpapierpensionsgeschäft** stellt die Zentralbank durch Kauf von Wertpapieren allen Banken für zwei Wochen Geld zur Verfügung. Der Volkswirtschaft wird Geld zugeführt. Die Banken müssen sich aber zum Rückkauf verpflichten, sodass das Geld später aus der Volkswirtschaft wieder abfließt. Das Pensionsgeschäft findet stets in Form eines Tenders (engl.: tender = Angebot) statt.

Mengentender	Zinstender
Beim **Mengentender** gibt die Zentralbank den Zinssatz sowie die bereitgestellte Geldmenge bekannt. Bei Nachfrageüberhang muss sie die Geldmenge auf die nachfragenden Banken prozentual verteilen.	Beim **Zinstender** müssen die Banken die gewünschte Geldmenge sowie den Zinssatz, zu dem sie das Geld von der Zentralbank leihen wollen, benennen.

Beispiel: Die EZB bietet den Banken für 14 Tage 105 Mio. EUR als Pensionsgeschäft an und ermittelt folgende Zuteilung an die Banken in EUR bei einem

festgelegten Zinssatz von 3 %:

Bank	benötigt	bezahlt	erhält
A	30	3 %	22,5
B	40	3 %	30,0
C	70	3 %	52,5
	140		105,0

zu bietenden Zinssatz von x %:

Bank	benötigt	bezahlt	erhält
A	30	3,15 %	30,0
B	40	3,20 %	40,0
C	70	3,10 %	35,0
	140		105,0

▶ Verkäufe von Schuldverschreibungen

Es werden allen Banken Wertpapiere mit einer Laufzeit von z. B. elf Monaten, einem Verkaufskurs von 97 % und einer Rückzahlung von 100 % im Tenderverfahren angeboten. Kaufen die Banken, fließt für elf Monate Geld aus der Volkswirtschaft ab.

▶ Hereinnahme von Termineinlagen

Wenn die Kreditinstitute überschüssige Gelder haben, können sie diese bei der Zentralbank anlegen. Die Anlage erfolgt für eine feste Laufzeit und zu einem festen Zinssatz. Dadurch wird der Volkswirtschaft Geld entzogen (Liquiditätsabschöpfung). Durch Veränderung des Zinssatzes kann die EZB auf den Umfang der Liquiditätsabschöpfung Einfluss nehmen.

Politik der ständigen Fazilitäten (Kreditlinien)

Die Kreditinstitute können bei der Zentralbank

- eine **Spitzenrefinanzierungsfazilität** in Anspruch nehmen. Sie besorgen sich dann für 24 Stunden gegen entsprechende Sicherheiten »Übernachtliquidität« zu einem von der EZB vorgegebenen Zinssatz (Stand: Juli 2020: 0,25 %). Dieser Spitzenrefinanzierungssatz bildet die Obergrenze für Tagesgeld. Die Kreditaufnahme führt der Volkswirtschaft für einen Tag Liquidität zu.
- eine **Einlagefazilität** in Anspruch nehmen. Sie legen für 24 Stunden bei der nationalen Zentralbank überschüssiges Geld zu einem von der EZB vorgegebenen Zinssatz (Stand: Juli 2020: –0,50 %) an. Dieser Einlagesatz bildet die Untergrenze für Tagesgeld. Der Volkswirtschaft wird durch dieses Vorgehen Geld abgezogen.

Mindestreservepolitik

Der EZB-Rat hat beschlossen, dass die Kreditinstitute einen bestimmten Prozentsatz (höchstens 10 %, derzeit 1 %) ihrer reservepflichtigen Verbindlichkeiten bei der nationalen Zentralbank verzinslich anlegen müssen. Die Höhe der Verzinsung liegt beim Leitzinssatz. Diese Pflichteinlage nennt man **Mindestreserve,** den Prozentsatz **Mindestreservesatz.** Der EZB-Rat hat das Recht und die Pflicht, im Falle von anhaltendem Geldüberschuss oder Geldmangel den Reservesatz mit folgenden Auswirkungen anzupassen:

Durch eine **Erhöhung** des Mindestreservesatzes wird den Banken unmittelbar Liquidität entzogen. Sie können weniger Kredite vergeben. Die Versorgung der Volkswirtschaft mit Geld nimmt ab.

Durch eine **Senkung** des Reservesatzes wird den Banken sofort Liquidität zugeführt. Sie können mehr Kredite vergeben. Die Versorgung der Volkswirtschaft mit Geld nimmt zu.

Die Mindestreservepolitik wirkt also direkt und schneller als die Zinspolitik, denn die Banken müssen die Mindestreserve einhalten, während sie die Zinsangebote der EZB annehmen können.

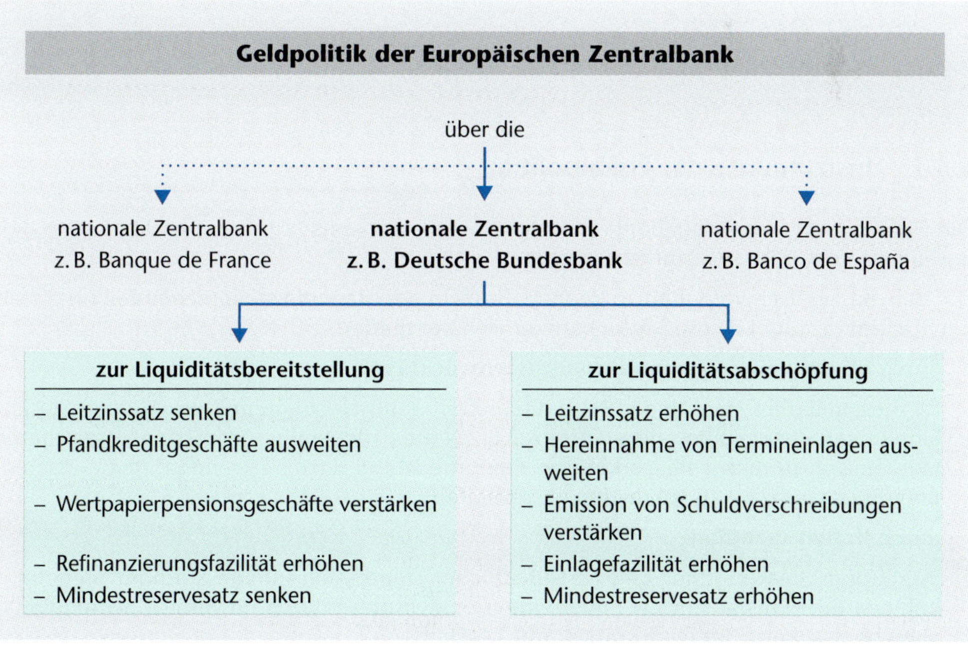

▶ Aufgaben und Probleme

1. Welche der folgenden Maßnahmen tragen zu einer Vermehrung des volkswirtschaftlichen Geldvolumens bei? Begründen Sie Ihre Entscheidung.
   a) Viele fällige Steuerbeträge werden an das Finanzamt abgeführt.
   b) Die Deutsche Bundesbank bietet den Kreditinstituten ein Wertpapierpensionsgeschäft an.
   c) Der Bund gibt zur Erzielung von Haushaltseinnahmen auf dem Kapitalmarkt eine Bundesanleihe aus.
   d) Eine von der Deutschen Bundesbank vor Monaten verkaufte Schuldverschreibung wird fällig.
2. Die fällige Schuldverschreibung aus 1. d) hatte eine Laufzeit von 270 Tagen und einen Verkaufskurs von 97,3 %. Errechnen Sie den Zinssatz, zu dem Banken ihr Geld anlegen konnten.
3. Die Deutsche Bundesbank bietet einen Mengentender im Volumen von 78 Millionen EUR an. Vier Banken haben Gebote in Höhe von 21, 24, 30 und 42 Mio. EUR abgegeben.

   Wie viel EUR erhält jede Bank?
4. Klären Sie, warum die EZB in bestimmten wirtschaftlichen Situationen den Zinstender bevorzugt.
5. Am ESZB nehmen 19 EU-Länder teil, obwohl mehr Länder der EU angehören. Klären Sie, welche Länder nicht dabei sind und warum.

5.4 Fiskalpolitik

5.4.1 Instrumente der Fiskalpolitik

Die Einnahmen- und Ausgabenpolitik des Staates soll antizyklisch sein, also gegen den jeweiligen Konjunkturverlauf gerichtet.

Um sich antizyklisch verhalten zu können, braucht der Staat die entsprechenden finanziellen Steuerungsmittel. Diese Mittel kann er sich beschaffen

- durch **Bildung einer Konjunkturausgleichsrücklage.**

  Zu diesem Zweck müsste der Staat die in Zeiten der Hochkonjunktur erzielten Steuereinnahmen ansammeln und »einfrieren«, bis eine rückläufige (rezessive) Wirtschaftslage eintritt. In dieser Phase kann er dann die Mittel dazu verwenden, der Wirtschaft über Staatsaufträge zu Wachstum zu verhelfen.
- durch **Deficit spending.**

  Wenn dem Staat in einer Zeit wirtschaftlicher Depression infolge geringer Steuereinnahmen die Haushaltsmittel fehlen, kann er sich diese durch bewusstes Schuldenmachen bei Banken oder am Kapitalmarkt beschaffen.

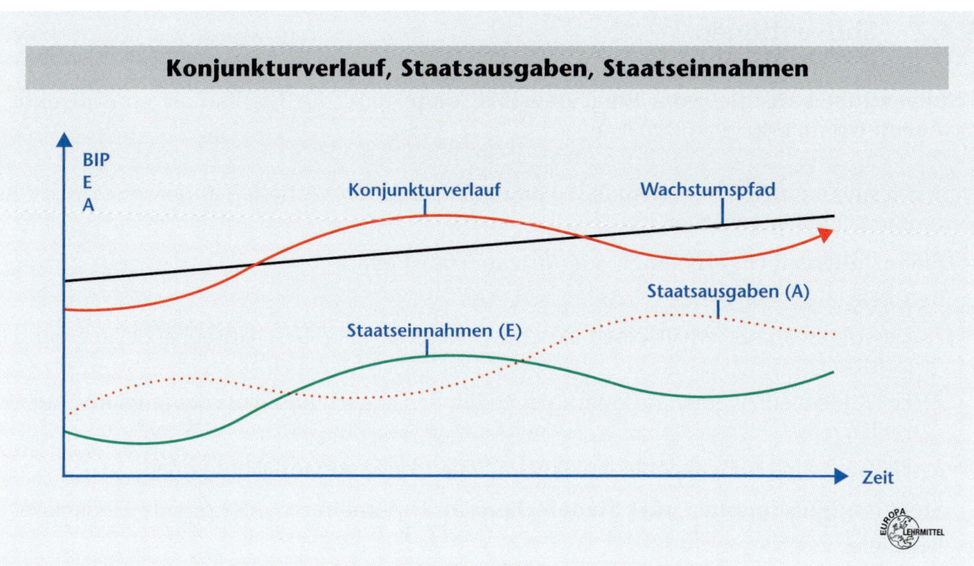

Für den Staat gibt es unterschiedliche Instrumente der Fiskalpolitik:

Ansatz	Maßnahme	Wirkung	Beispiel
Steuern	Erhöhung	Verfügbares Einkommen sinkt, der Konsum geht zurück; betriebliche Gewinne nach Steuern werden geringer, Investitionen gehen zurück.	Erhöhung der Einkommen- und Körperschaftsteuersätze; Abschreibungsvergünstigungen werden gekürzt oder gestrichen.
	Senkung	Verfügbares Einkommen steigt, der Konsum nimmt zu; betriebliche Gewinne nach Steuern nehmen zu, zusätzliche Investitionen werden getätigt.	Senkung der Einkommen- und Körperschaftsteuersätze; Abschreibungsmöglichkeiten werden gewährt oder erhöht.
Staatsausgaben	Erhöhung, Vorziehen geplanter Ausgaben	Staatliche Nachfrage verbessert die Autragslage der Unternehmen, schafft Einkommen bei den Erwerbstätigen.	Neubau von Schulen, Ausbau und Erweiterung von Autobahnen wird vorgezogen.
	Kürzung, Hinausschieben geplanter Ausgaben	Rückgang staatlicher Nachfrage verringert die Auftragslage der Unternehmen.	Bau der Bundesstraße wird um zwei Jahre hinausgeschoben.
Sparanreize	Senkung, Abbau von Sparprämien	Private Haushalte sparen weniger und konsumieren mehr.	Senkung der Wohnungsbauprämien.
	Erhöhung, Einführung von Sparprämien	Private Haushalte sparen mehr und konsumieren weniger.	Einführung einer Sparprämie zur Rentenvorsorge.
Subventionen	Erhöhung, Einführung neuer Subventionen	Anreize zur Investitions- oder Konsumtätigkeit werden geschaffen.	Förderung des Einbaus von Filteranlagen; Unterstützung bei Einstellung von Arbeitslosen.
	Senkung, Abschaffung von Subventionen	Nicht unbedingt betriebsnotwendige Investitionen werden zurückgestellt.	Einstellung oder Beschränkung der Förderung von Solaranlagen.

5.4.2 Subventionen

Subventionen werden **vom Staat gewährt, ohne** dass die Empfänger eine **direkte Gegenleistung** erbringen müssen.

Dadurch sollen die Marktteilnehmer zu einem bestimmten Verhalten angeregt werden. Es wird unterschieden zwischen

- **Finanzhilfen** an Unternehmen oder private Haushalte.

  Beispiele:

  1. Der Unternehmer erhält einen Zuschuss, wenn er sein Geschäftsgebäude energetisch saniert.
  2. Ein Student erhält einen zinsgünstigen Kredit, den er nach Abschluss des Studiums zurückzahlen muss.
  3. Ein Groß- und Außenhändler erhält vom Staat eine Exportausfallbürgschaft.

- **Steuervergünstigungen oder Steuererlasse** an Unternehmen oder private Haushalte.

  Beispiele:

  1. Energieintensive Unternehmen erhalten Vergünstigungen bei der Stromsteuer.
  2. Ein Privatmann erhält eine Befreiung von der Kfz-Steuer, wenn er ein Elektrofahrzeug anschafft.

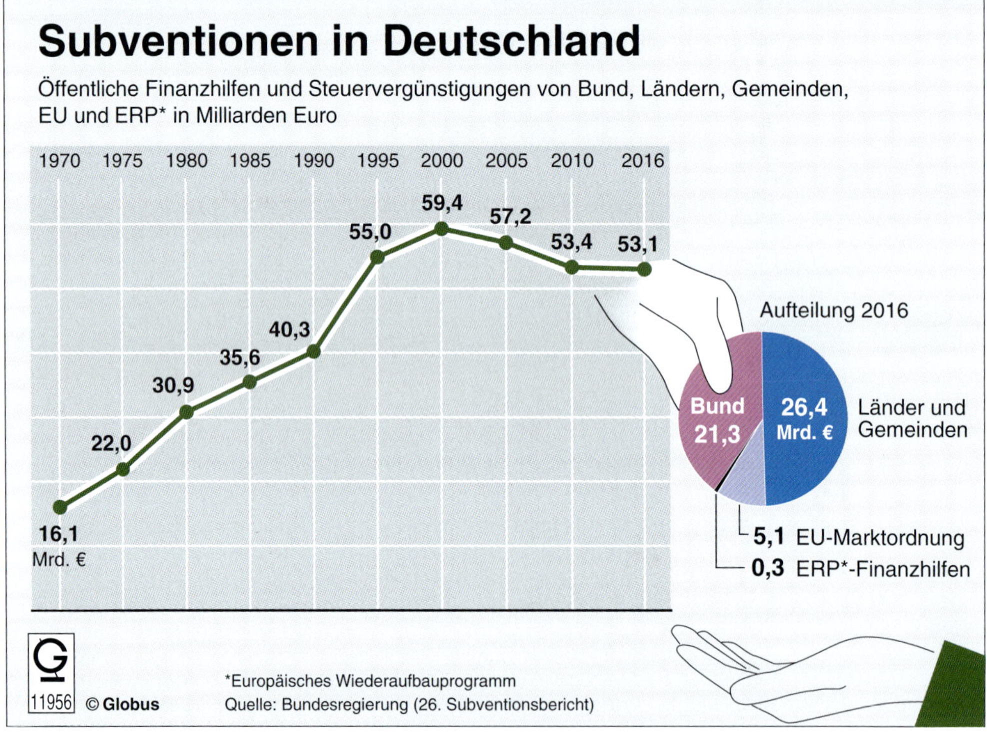

Ziel der obigen Maßnahmen ist, die Wirtschaft in eine bestimmte Richtung zu lenken.

Unternehmen, Wirtschaftsbereiche und Regionen werden durch folgende Maßnahmen unterstützt.

- **Erhaltungshilfen** für Wirtschaftsbereiche, um deren Bestand zu garantieren. StabG § 12

  Beispiel: Unterstützung des deutschen Kohlebergbaus und der Landwirtschaft

- **Anpassungshilfen,** um Unternehmen, Wirtschaftsbereiche oder Regionen eine Anpassung an geänderte Strukturen und Bedingungen zu ermöglichen.

  Beispiel: Unterstützung des »Aufbaus Ost«

- **Produktivitäts-(Wachstums)hilfen,** um die wirtschaftliche Entwicklung zu fördern.

  Beispiel: Unterstützung bei der Existenzgründung

Subventionen müssen regelmäßig daraufhin überprüft werden, ob ihre Gewährung für die Gesellschaft überhaupt noch den gewünschten Nutzen bringt. Die Bundesregierung ist deshalb verpflichtet, alle zwei Jahre einen **Subventionsbericht** zu veröffentlichen, in dem gewährte Unterstützungen begründet und auf ihren Erfolg überprüft werden müssen.

Subventionen werden in ihren Auswirkungen für die Gesellschaft zunehmend kritisch hinterfragt.

Bericht der Bundesregierung über die Entwicklung der Finanzhilfen des Bundes und der Steuervergünstigungen für die Jahre 2017 bis 2020 (27. Subventionsbericht)

Inhaltsverzeichnis

kritisch-negative Ansicht	kritisch-positive Ansicht
– Unternehmen werden erhalten, die am Markt nicht bestehen könnten.	– Die Standortsicherung wird gewährleistet.
– Wettbewerbsverzerrung gegenüber nicht-subventionierten Unternehmen oder Wirtschaftsbereichen kann auftreten.	– Einkommen wird geschaffen, das zu Konsumzwecken verwendet werden kann.
– Kann im Wahlkampf zu politischen Zwecken missbraucht werden.	– Die staatlich erwünschte Wirkung kann erzielt werden.
– Politische Entscheidungsträger können beeinflusst werden.	– Arbeitsplätze können geschaffen oder gesichert werden.

▶ Aufgaben und Probleme

1. Der Bund der Steuerzahler kritisiert die Anschaffung teurer Krankenhauseinrichtungen durch die öffentliche Hand mit dem Hinweis, dass sich Ausgabenbeschränkungen auf alle Bereiche der Staates zu beziehen habe.
   a) Diskutieren Sie die Problematik der Ausgabenpolitik auf dem Sektor des Gesundheitswesens.
   b) Stellen Sie mögliche Auswirkungen für die Versicherungsbranche dar, wenn die Meinung des Bundes der Steuerzahler politisch durchsetzbar werden sollte.
2. Was bedeutet antizyklische Haushaltspolitik in den verschiedenen Konjunkturphasen?
3. In welchen Konjunkturphasen ist Deficit spending berechtigt, in welchen nicht?
4. Unter welchen Voraussetzungen haben Steuererhöhungen eine konjunkturdämpfende Wirkung?

5. a) Begründen Sie aus Sicht des Staates, weshalb mittelständische Unternehmen subventioniert werden.
   b) Nennen Sie Motive für die Gewährung von Finanzhilfen und Steuervergünstigungen des Bundes.
6. Stellen Sie in einer Ursache-Wirkungskette (Kausalkette) dar, dass durch Subventionen die Marktpreisbildung verzerrt und dadurch gesellschaftliche Nachteile entstehen können.
7. Laden Sie sich im Internet den Subventionsbericht der Bundesregierung herunter und stellen Sie die statistische Entwicklung der Subventionen in den letzten zwanzig Jahren dar.

5.5 Beschäftigungspolitik

5.5.1 Nationale und internationale Initiativen zur Beschäftigungsförderung

Nationale Initiativen

Der Staat selbst kann keine Arbeitsplätze in der Privatwirtschaft schaffen. Er kann aber durch seine Gesetzgebung, durch seine Konjunktur- und Strukturpolitik, durch Bildungspolitik und durch direkte Arbeitsmarktpolitik Einfluss auf den Arbeitsmarkt nehmen. Selbstverständlich kann er auch als Nachfrager von Arbeit auftreten.

Staatliche Beschäftigungspolitik (Arbeitsmarktpolitik) ist darauf ausgerichtet, das Angebot und die Nachfrage auf den Arbeitsmärkten zu beeinflussen, um die **Beschäftigung zu fördern und auf hohem Niveau zu stabilisieren** sowie **die berufliche Eingliederung benachteiligter Arbeitnehmergruppen zu fördern.**

Die Auswahl und der kombinierte Einsatz der beschäftigungspolitischen Instrumente führt in **Deutschland** zu anhaltenden und hitzigen Debatten. Es ist schwierig, die unterschiedlichen Interessen und Ziele der an der Auseinandersetzung um den richtigen Weg Beteiligten in Einklang zu bringen. Neben den **Einflussgruppen** Arbeitgeber, Gewerkschaften, Arbeitslose, Beschäftigte und EU-Kommission ist es der Staat selbst, der als gesetzgebende Institution gleichzeitig auch Arbeitgeber ist und damit mehrere Rollen in der Auseinandersetzung erfüllen muss. Gerade in Zeiten der konjunkturellen Rezession bzw. Depression ist keine Gruppe bereit, einschneidende Maßnahmen für ihre Mitglieder zu akzeptieren. Deshalb ist in der Vergangenheit schon mehrfach der Versuch gescheitert, verantwortliche Gruppen zu einvernehmlichen Lösungen zu bewegen **(Runder Tisch, Bündnis für Arbeit).** Vorgeschlagene Modelle werden oftmals als einseitig betrachtet. Politische Entscheidungen zur Durchsetzung scheitern meist an den Mehrheitsverhältnissen in Bundestag und Bundesrat.

Ein unmittelbarer Zusammenhang zwischen Arbeitslosigkeit und fehlender beruflicher Qualifikation ist nachweisbar.

Staatliche Initiativen zielen deshalb darauf, die Ausbildung zu verbessern. Die Ausbildungs- und Berufsförderung, Umschulung und Weiterbildung werden vor allem von der

Bundesagentur für Arbeit und von den Trägern der Sozialversicherung übernommen. Von privater Seite tragen die Gewerkschaften und Arbeitgeberverbände mit ihren Fortbildungsmaßnahmen einen großen Teil zur Verbesserung der Leistungskraft des Volkes bei. Initiativen von Regierung und Arbeitgeberverbänden können zusätzliche Ausbildungsplätze schaffen.

Staatliche Maßnahmen unterstützen die Beschäftigung durch den Einsatz unterschiedlicher Instrumente. Außerdem können übernationale Institutionen (Europäische Kommission, Internationale Organisation für Arbeit – ILO) Einfluss auf die nationale Arbeitsmarktpolitik nehmen.

Europäische Union

Seit 1998 definiert die **EU-Kommission beschäftigungspolitische Leitlinien.** Diese Empfehlungen beinhalten vier Säulen der Beschäftigungsstrategie und betreffen

- die Verbesserung der Beschäftigungsfähigkeit,
- die Entwicklung des Unternehmergeistes,
- die Förderung der Anpassungsfähigkeit der Unternehmen und ihrer Beschäftigten,
- die Verstärkung der Maßnahmen zur Förderung der Chancengleichheit von Männern und Frauen.

Die Leitlinien enthalten zu jeder der vier Säulen konkrete Maßnahmen. Auf jedem EU-Gipfel müssen die Regierungen Rechenschaft darüber ablegen, was sie getan haben, um diesen Zielsetzungen näherzukommen. Die EU prüft die von den nationalen Regierungen erarbeiteten Aktionspläne und kontrolliert deren Umsetzung; sie kann sogar Sanktionen verhängen.

Der **E**uropäische **S**ozial**f**onds **(ESF)** ist das wichtigste Finanzinstrument, mit dem die Europäische Union ihre Ziele im Bereich der Beschäftigungsförderung erreichen will. Durch umfangreiche Programme sollen Arbeitslosigkeit verhindert und entstandene Arbeitslosigkeit abgebaut werden. Ein weiterer Schwerpunkt stellt die Förderung der Ausbildungssysteme und der Forschung und Entwicklung in der Gemeinschaft dar. Ausgerichtet sind alle Maßnahmen auf eine Langzeitwirkung, um vor allem unterentwickelte Regionen zu stärken.

Beispiel: Im Landkreis Breisgau-Hochschwarzwald arbeiten das Landratsamt Freiburg, die Agentur für Arbeit Freiburg, die Volkshochschule Hochschwarzwald und mehrere Städte und Gemeinden gemeinsam in einem Projekt zur Entwicklung einer regionalen Beschäftigungsstrategie.

Internationale Arbeitsorganisation

Auch für die **Internationale Arbeitsorganisation** (**I**nternational **L**abour **O**rganisation – **ILO)** als Sonderorganisation der Vereinten Nationen stehen langfristige Konzepte im Vordergrund. Die weltweit arbeitende Organisation geht dabei von vier Grundprinzipien aus, die die Voraussetzung für weltweite soziale Gerechtigkeit, sozialen Fortschritt und Beseitigung der Armut bilden sollen:

- Vereinigungsfreiheit und das Recht auf Kollektivverhandlungen,
- Beseitigung der Zwangsarbeit,
- Abschaffung der Kinderarbeit,
- Verbot der Diskriminierung in Beschäftigung und Beruf.

Die von der ILO erarbeiteten Normen werden von den Mitgliedsstaaten für verbindlich erklärt. Sie unterstützt ihre Ziele vor Ort durch technische Beratung und Zusammenarbeit und stellt eigene Mittel zur Verfügung oder ist bemüht, finanzielle Quellen für förderungswürdige Projekte zu erschließen.

5.5.2 Instrumente der staatlichen Arbeitsmarkt- und Beschäftigungspolitik

Instrumente der Arbeitsmarktpolitik		
Politischer Ansatz	**Politische Maßnahme**	**Beispiel**
Wachstumspolitik	Förderung von Existenzgründungen	staatliche Bürgschaften, zinsverbilligte Kredite
	Forschungspolitik	Förderpreise, staatliche Grundlagenforschung
	Bildungspolitik	verstärkte staatliche Bildungsanstrengungen, Ganztagsschule
	Investitionsförderung	befristete Subventionen für Umweltschutzinvestitionen
Strukturpolitik	Infrastrukturausbau	Verkehrswegeausbau, Ausbau des Informations- und Kommunikationswesens
	Industrieansiedlung	Gewerbesteuersenkung, Entbürokratisierung, Schaffung kultureller Einrichtungen
Konjunkturpolitik	Erhöhung/Senkung der Staatseinnahmen	Erhöhung/Senkung von Abschreibungssätzen; Einsatz des Instrumentes der Konjunkturrücklage
	Erhöhung/Senkung der Staatsausgaben	Subventionen erhöhen/streichen; staatliche Aufträge erhöhen/senken
Außenwirtschaftspolitik	Abbau von Handelshemmnissen	Einfuhrliberalisierungen, Devisenfreiheit, Verminderung von Dokumentenvorschriften
	Aufbau von Handelshemmnissen	Erweiterung der Einfuhr-/Ausfuhrliste
Geldpolitik	Beeinflussung der Investitions- und Konsumbereitschaft	Zinssenkungen/-erhöhungen, Beeinflussung der Geldmenge durch EZB
Arbeitsmarktpolitik	Förderung der Arbeitsvermittlung	Einrichtung alternativer Vermittlungsmöglichkeiten neben der staatlichen Vermittlung
	Förderung der Berufsberatung	Internetberatung, Verwaltungsvereinfachung
	Arbeitsbeschaffungsmaßnahmen (ABM)	Anreize zur Übernahme in ein Beschäftigungsverhältnis schaffen
	Arbeitszeitregelung	Unterstützung neuer Arbeitszeitmodelle, Recht auf Teilzeitarbeit
	Förderung von Ausbildung, Weiterbildung, Umschulung	Kurse zur Wiedereingliederung in den Arbeitsprozess, Schaffung neuer Ausbildungsberufe

▶ Aufgaben und Probleme

1. Unterschiedliche Meinungen – ein Problem:

   a) Welche unterschiedlichen gesellschaftlichen Gruppen vermuten Sie hinter den folgenden Meinungen, und

   b) diskutieren Sie diese Zitate.

   - » . . . Die hohe Arbeitslosigkeit im Bereich wenig qualifizierter Arbeitskräfte kann in Deutschland als Preis für den erfolgreichen Widerstand der Gewerkschaften gegen eine stärkere Spreizung der Löhne nach Qualifikationsstufen angesehen werden. Den Gewerkschaften wird deshalb häufig das Beschäftigungswunder der Vereinigten Staaten als Orientierungsmaßstab vorgehalten. ... «
   - »Die Kluft zwischen Arm und Reich wird in Amerika immer größer. Was wird erst in der nächsten Rezession geschehen?«
   - »Wenn es zutrifft, dass nur ein Anstieg der Beschäftigung unsere sozialen Sicherungssysteme entlasten kann, dann müssen auch Strukturen des Sozialstaates im Hinblick auf mögliche Auswirkungen auf die Beschäftigung überdacht werden.«
   - »Der Sozialstaat hat auch eine Verantwortung gegenüber dem Einzelnen. Er muss nicht nur dafür sorgen, dass seine Mitglieder Arbeit und Lohn bekommen, diese müssen dem Einzelnen auch ein ausreichendes Einkommen sichern.«

2. »Es ist schlimm genug, rief Eduard, dass man jetzt nichts mehr für sein Leben lernen kann. Unsere Vorfahren hielten sich an den Unterricht, den sie in ihrer Jugend empfingen; wir aber müssen jetzt alle fünf Jahre umlernen, wenn wir nicht ganz aus der Mode kommen wollen.« (Goethe, Wahlverwandtschaften 1809)

   Beziehen Sie das Goethe-Zitat auf die heutige Zeit.

3. Inwiefern sind staatliche Maßnahmen zur Existenzgründung »gut angelegtes Geld«?

4. Bei Tarifauseinandersetzungen im öffentlichen Dienst ging es um folgende Forderungen:

   - Forderung der Gewerkschaft ver.di: Erhöhung der Löhne und Gehälter um mindestens sechs Prozent.
   - Forderung der öffentlichen Arbeitgeber: »Nullrunde«.

   Nehmen Sie Stellung für die Sichtweise der Gewerkschaft und der öffentlichen Arbeitgeber.

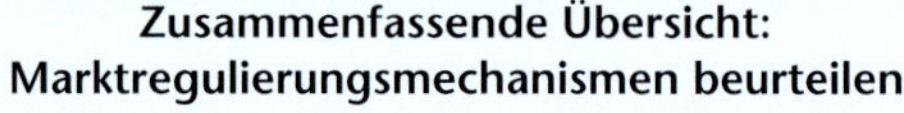

Konjunkturverlauf und Wirtschaftspolitik

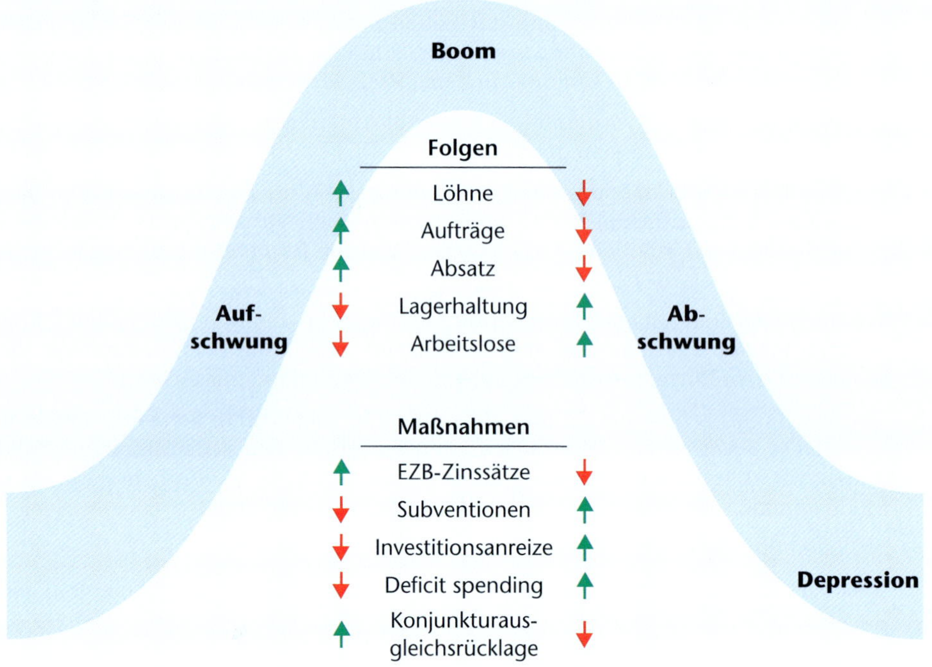

6 Den Einfluss der europäischen Integration und der internationalen Wirtschaftsbeziehungen beurteilen und die Bedeutung des internationalen Freihandels erkennen

▶ Handlungsauftrag

Nehmen Sie folgendes Szenario an: Deutschland tritt aus der Europäischen Union aus und koppelt sich vom Welthandel ab, indem es den Import von Waren verbietet. Damit sollen nationale Unternehmen sowie die inländischen Arbeitsplätze geschützt werden. Bilden Sie zwei Gruppen und entwickeln Sie Argumente für bzw. gegen die Abkoppelung Deutschlands vom Welthandel.

Führen Sie eine Debatte in Ihrer Klasse.

6.1 Europäische Integration und Globalisierung

Europäische Integration

Wenn man heute von Europa spricht, ist das Europa der Mitgliedsländer der Europäischen Union gemeint. Diese Union ist in den vergangenen Jahrzehnten aus kleinen Anfängen heraus entstanden. Heute umfasst die Europäische Union ca. 446 Millionen Menschen (2020), die in wenigen Jahren einen einheitlichen Lebensraum haben sollen. Dazu gehören dann auch einheitliche Marktverhältnisse.

Die Entwicklung des **europäischen Einigungsprozesses** verlief in vielen kleinen Schritten und begann bereits 1951. Die Entwicklung ist keinesfalls abgeschlossen.

In wirtschaftlicher Hinsicht hat der europäische Einigungsprozess das Ziel, einen einheitlichen Markt zu schaffen, der mit seiner hohen Wirtschaftsleistung und seiner Bevölkerung als ein großer Wirtschaftsblock neben den USA, Japan und zukünftig auch China und Indien bestehen kann.

Um die **europäische Einheitlichkeit** zu erreichen, sind inzwischen zahlreiche Maßnahmen ergriffen worden:

- Eine einheitliche Währung (Euro) wurde geschaffen und eingeführt (Beitrittsländer erhalten die Währung erst nach festgelegten Übergangsfristen).
- Gesetze im wirtschaftlichen und sozialen Bereich werden vereinheitlicht.
- Steuer- und Abgabenvorschriften werden angepasst.
- Standards in Industrie und Handel sowie in der Bildung werden festgelegt und nach Übergangsfristen verbindlich für die Teilnehmerländer.

Globalisierung

Die Welt hat sich in den vergangenen Jahrzehnten grundlegend gewandelt. Während noch vor wenigen Jahren die einzelnen Volkswirtschaften in erster Linie für den eigenen Markt produzierten, herrscht heute eine weltumfassende Vernetzung, die man mit dem Begriff Globalisierung umschreibt. Globalisierung betrifft dabei alle Lebensbereiche: Wirtschaft, Politik, Kultur, Recht, Sitten und Gebräuche.

Globalisierung im wirtschaftlichen Sinn meint die **Verflechtung der Märkte für Güter, Dienstleistungen und Kapital.**

- Auf den **Gütermärkten** gibt es inzwischen keinen Wirtschaftszweig, der von der weltweiten Vernetzung ausgenommen ist. Nicht mehr nur die technisch einfachen Produkte werden weltweit an günstigen Standorten produziert, sondern auch hochwertige und hochtechnologische Güter. Oft verbleibt die Entwicklung und Forschung im Stammland, die Produktion wird in großen Teilen ausgelagert. Die **Märkte für Information und Kommunikation** bilden heute eine Sonderform der Gütermärkte (New Economy).
- Auf den **Dienstleistungsmärkten** werden hohe Wachstumsraten erzielt, da die zunehmend technisch ausgerichteten Güter auch Dienstleistungen nach dem Kauf erfordern. Zum Dienstleistungsbereich zählen auch die Finanz- und Versicherungs- sowie Beratungsdienstleistungen.
- Auf den **Kapital- und Finanzmärkten** werden heute riesige Geldbeträge in kürzester Zeit um die Welt geschickt. Sie erscheinen dabei oftmals lediglich als digitale Größen, verschaffen aber den Beteiligten enorme Renditen.

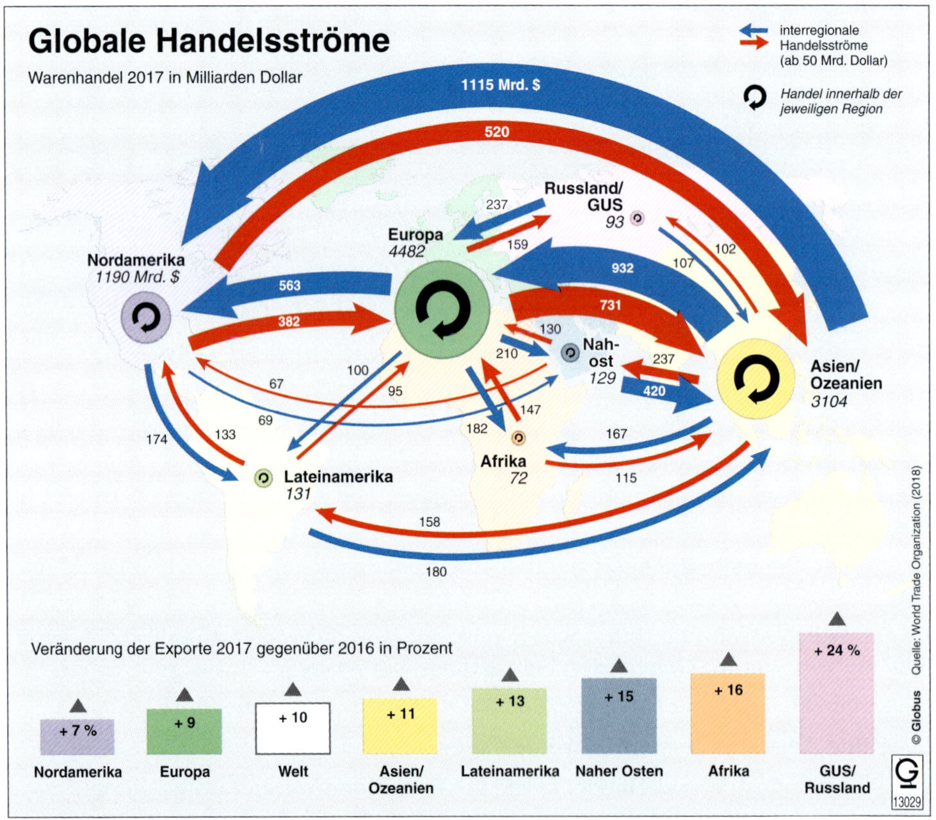

- Auf den **Märkten für Arbeitskräfte** steigt die Mobilität weltweit. Schon heute leben ca. 300 Millionen Menschen nicht in ihren Heimatländern. Die Arbeitskräftebewegung (Migration) zielt in erster Linie auf Europa, Nordamerika und die Golfstaaten. Gleichzeitig richtet sich die Produktion nach den billigen Arbeitskräften im Ausland aus. Unternehmen verlagern die komplette Produktion an Standorte, an denen die Arbeitskräfte zu einem Bruchteil des Lohnes im Stammland arbeiten.

Die Bedeutung des Welthandels wird deutlich, wenn man seinen Umfang und seine Struktur betrachtet.

Für Unternehmen ist es wesentlich, an dieser Vernetzung teilnehmen zu können. Die Interessen können unterschiedlicher Natur sein:

- **Erschließung von Rohstoffquellen.**

  Beispiel: Suche nach neuen Vorkommen an Erdöl bzw. anderen mineralischen Vorkommen wie Kupfer, Zink o. Ä.

- **Erschließung von Auslandsmärkten.**

  Beispiel: Unternehmen suchen Märkte, um nicht nur auf den überwiegend gesättigten heimischen Märkten für Haushaltsgebrauchsgegenstände ihre Produkte verkaufen zu können.

- **Erschließung von Rechten.**

  Beispiel: Ein Unternehmen der Luftfahrtindustrie kauft eine insolvente Fluggesellschaft, um deren Landerechte in Südostasien übernehmen zu können.

- **Erschließung von Wissensquellen.**

  Beispiel: Ein Unternehmen der Softwareindustrie erlangt den Mehrheitsbesitz an einem ausländischen Unternehmen, um das Wissen der Ingenieure zu erwerben.

- **Senkung der Kosten.**

  Beispiel: Ein Unternehmen der Spielwarenindustrie lagert seine Produktion nach China aus, um durch die dort bestehenden niedrigen Lohnkosten die Selbstkosten zu senken.

Die wertvollsten Unternehmen der Welt (Global Players – weltweit vertretene Unternehmen) stammen aus den unterschiedlichsten Branchen. Es sind Unternehmen aus den Bereichen Informations- und Kommunikationstechnologie (Apple, Google, Microsoft, SAP) und Handel (amazon). Lediglich ein deutsches Unternehmen liegt in der Rangliste unter den wertvollsten Unternehmen der Welt.

Weltweit wird die Globalisierung sehr wohl auch kritisch gesehen. Zahlreiche Institutionen wie Kirchen, Wissenschaftler und Personen des öffentlichen Lebens äußern sich kritisch und fordern eine Vielzahl von Maßnahmen. Dazu gehören ökologische Aspekte, um ein Überleben der Menschheit zu sichern. Dazu gehören aber auch Maßnahmen, die eine Entwicklung ermöglichen, sodass die Veränderungen in den jeweiligen Ländern sozialverträglich erfolgen. Ziel ist es, den Wohlstand aller Beteiligten zu mehren.

Auszug aus der Startseite von **Attac:** (http://www.attac.de/themen/)

Zur Globalisierung:

Das Versprechen, die Globalisierung bringe Wohlstand für alle, hat sich nicht erfüllt. Im Gegenteil: Die Kluft zwischen Arm und Reich wird immer größer, sowohl innerhalb der Gesellschaften als auch zwischen Nord und Süd. Wir setzen dem unsere Vorstellung von Globalisierung entgegen: Internationale Solidarität von unten. Eine andere Welt ist möglich!

Zum Welthandel:

Die jetzige Welthandelsordnung wird bisher einseitig von mächtigen Wirtschaftsinteressen dominiert, von großen Banken, Investmentfonds, Transnationalen Konzernen und anderen großen Kapitalbesitzern. Attac streitet für eine Welthandelsordnung, die den Interessen der Entwicklungsländer, sozial Benachteiligten und der Umwelt Vorrang einräumt.

Natur und Umwelt:

Drängende Fragen der Ökologie und der Energieversorgung rücken ins Zentrum politischer Auseinandersetzungen. Und die große Frage, wie wir zu einem „guten Leben für alle" kommen.

▶ Aufgaben und Probleme

1. »Was die Weltwirtschaft angeht, so ist sie verflochten«. (Kurt Tucholsky)
   a) Worin kommt die Verflochtenheit der Weltwirtschaft zum Ausdruck?
   b) Welche Probleme ergeben sich aus dieser Verflochtenheit?
   c) Inwiefern kann Politik zur Lösung dieser Probleme beitragen?
2. Erläutern Sie die Vorteile und Nachteile der Globalisierung:
   a) für ein deutsches Unternehmen,
   b) für die Beschäftigten in Deutschland,
   c) für die deutschen Konsumenten,
   d) für den technischen Fortschritt in Deutschland.
3. Diskutieren Sie die folgenden Aussagen:
   a) Globalisierung nützt vor allen Dingen den Menschen in der Dritten Welt.
   b) Die Weltwirtschaft wird bestimmt von einigen wenigen Global Players.
   c) Der europäische Einigungsprozess ist die Antwort auf die Globalisierung.
   d) Die fortschreitende Globalisierung ist nicht steuerbar.

4. These 1: Die Globalisierung ist den nationalen Regierungen entglitten. Sie muss korrigiert werden.

   These 2: Globalisierung ist ein sich selbst entwickelnder Prozess, der allen Beteiligten nützt.

   Führen Sie eine Pro- und Contra-Diskussion durch. Wählen Sie aus Ihrer Klasse folgende Teilnehmer: Vertreter der deutschen Außenhandelskammer, Wirtschaftsminister, Vorsitzender des DGB, Mitglied von Greenpeace, Vorstandsvorsitzender der Daimler AG. Bereiten Sie in Arbeitsgruppen die Beiträge der Diskussionsteilnehmer vor.

5. Im Zusammenhang mit dem Begriff der Globalisierung fällt schon auch einmal der Begriff »Weltrisikogesellschaft«.

   a) Sammeln Sie im Hinblick darauf Informationen aus folgenden Gebieten:
      - Bevölkerungsentwicklung,
      - Bildungsstand und Armut,
      - Klimaentwicklung,
      - Verbrauch von Ressourcen (z. B. Wasser, Holz).

   b) Stellen Sie diese Informationen übersichtlich dar.

   c) Präsentieren Sie Ihre Ergebnisse in einem kurzen Vortrag.

6. Klären Sie folgende Begriffe:
   - Global Player
   - Global City
   - Global Village
   - Global Governance

7. Die Globalisierung wird weltweit nicht nur positiv gesehen. Die Organisation Attac sieht sich als eine Gruppierung, die konstruktive Kritik am Globalisierungsprozess üben will.

   a) Recherchieren Sie im Internet:
      - Wer ist Attac?
      - Welche Themen bearbeitet Attac?
      - Weitere Institutionen, die den Globalisierungsprozess kritisch begleiten.

   b) Entwickeln Sie Ihre eigene Position und teilen Sie diese in der Klasse mit.

6.2 Freihandel, Binnenhandel und Welthandel

Grundpositionen der Außenwirtschaftspolitik

Es gibt zwei **gegensätzliche Grundpositionen,** nach denen Staaten ihre Außenwirtschaftspolitik gestalten können:

a) Zwischenstaatlicher Freihandel. Nach dieser Grundposition soll sich der Außenhandel **frei von staatlichen Eingriffen** vollziehen, da sich auf diese Weise Wohlstandssteigerung in allen beteiligten Staaten einstellen wird.

b) Staatlich gelenkter Außenhandel (Protektionismus). Diese Grundposition sieht in der staatlichen Lenkung der außenwirtschaftlichen Beziehungen einen Vorteil für den einzelnen Staat. Außenwirtschaftliche Beziehungen unterliegen danach grundsätzlich der **staatlichen Genehmigung und Kontrolle.**

Instrumente zur Gestaltung des Außenhandels

Deutschland hat sich für die Grundposition des Freihandels entschieden. Da der Außenhandel für Deutschland existenznotwendig ist, muss die Außenhandelspolitik auf einen Abbau der Außenhandelsbeschränkungen und damit auf eine weitgehende Liberalisierung des Außenhandels hinwirken.

Auf Dauer schaden protektionistische Maßnahmen aber nicht nur der eigenen Volkswirtschaft, sondern auch den anderen Volkswirtschaften. Vor allem dann, wenn bei deren Anwendung eine Protektionsspirale in Gang gesetzt wird (so gab es schon mehrfach in der Vergangenheit »Handelskriege« zwischen den USA und der Europäischen Union, in denen eine Maßnahme mit einer entsprechenden Gegenmaßnahme beantwortet wurde).

Mögliche **Instrumente** in der Außenhandelspolitik zeigt die folgende Tabelle:

Instrumente der Außenhandelspolitik		
	Außenhandelsbeschränkung	**Außenhandelsliberalisierung**
wertmäßig	Zölle	Zollsenkung Zollabbau Freihandelszone, Zollunion
mengenmäßig	Einfuhrverbote Ausfuhrverbote Kontingentierung	Einfuhrliberalisierung Ausfuhrliberalisierung Kontingentbeseitigung
zahlungs- und devisenmäßig	Devisenbewirtschaftung	Devisenfreiheit
bürokratisch	erschwerende Abwicklungsformalitäten, viele Dokumente	großzügige Abwicklung, wenige Dokumente

Freihandel

Freihandel ist der **freie Handel** von Gütern **(Waren und Dienstleistungen)** zwischen Menschen in unterschiedlichen Staaten.

Ist die Wirtschaftspolitik darauf ausgerichtet, den Freihandel zu unterstützen, spricht man von Freihandelspolitik. Dabei geht man von dem Grundgedanken aus, dass der freie Handel von Gütern den Wohlstand der Weltgemeinschaft mehrt.

Beispiele:

1. Der Import von billigen Textilprodukten verschafft den Großhändlern ein Betätigungsfeld und damit die Möglichkeit, Arbeitsplätze zu schaffen.
2. Die Bewohner der Industrieländer können billige Kleidung kaufen. Gleichzeitig erzielt die Bevölkerung in Billiglohnländern ein gesichertes Einkommen.

Der freie Güteraustausch führt aber auch dazu, dass die Wirtschaft in einzelnen Ländern oder Regionen umstrukturiert wird. Damit verbunden sind meist größere Anpassungsprozesse, die für die Bevölkerung schmerzhaft sein können.

Beispiel: Die Textilhersteller der Industrieländer können ihre relativ teuren Produkte nicht mehr absetzen. In der Folge müssen Betriebe geschlossen werden. Es entsteht Arbeitslosigkeit.

Ist die Politik eines Staates oder einer Staatengruppe darauf ausgerichtet, den Freihandel zu unterbinden, spricht man von **Protektionismus.**

Beispiele:

1. 100 %iger Zollaufschlag der USA auf den Import japanischer Motorräder
2. »Bananenkrieg« in der EU

Binnenhandel

Binnenhandel ist der **Handel** von Gütern (Waren und Dienstleistungen) innerhalb **eines Staates.**

Mit dem Begriff **Binnenhandel** wird auch der **Warenaustausch innerhalb der Europäischen Union** bezeichnet.

Welthandel

▶ Ursachen und Notwendigkeit des Welthandels

Es gibt zahlreiche Gründe dafür, dass ein weltweiter Handel notwendig ist.

- **Ungleiche Verteilung der Rohstoffe auf der Erde.** Das gilt besonders für das Vorkommen von Kohle, Eisenerz, Buntmetall, Mineralöl und Holz.
- **Verschiedenheit der klimatischen Bedingungen.** Sie wirkt sich auf die Anbauart und auf den Ernteertrag aus, z.B. bei Weizen, Baumwolle, Gummi, Kaffee.
- **Verschiedenheit der Wirtschaftsstruktur.** Industrieländer sind auf die Ausfuhr von Fertigwaren und die Einfuhr von Rohstoffen und Nahrungsmitteln angewiesen. Bei den Agrar- und Rohstoffländern ist es umgekehrt.
- **Ungleicher Stand der Technik.** Es gibt Länder, die in bestimmten Produktionszweigen einen besonders hohen Leistungsstand erreicht haben (schweizerische Präzisionsuhren, deutsche Umwelttechnik).
- **Preis- und Kostenunterschiede der Produkte** in den einzelnen Ländern (Herstellung von Textilprodukten in den Schwellenländern).

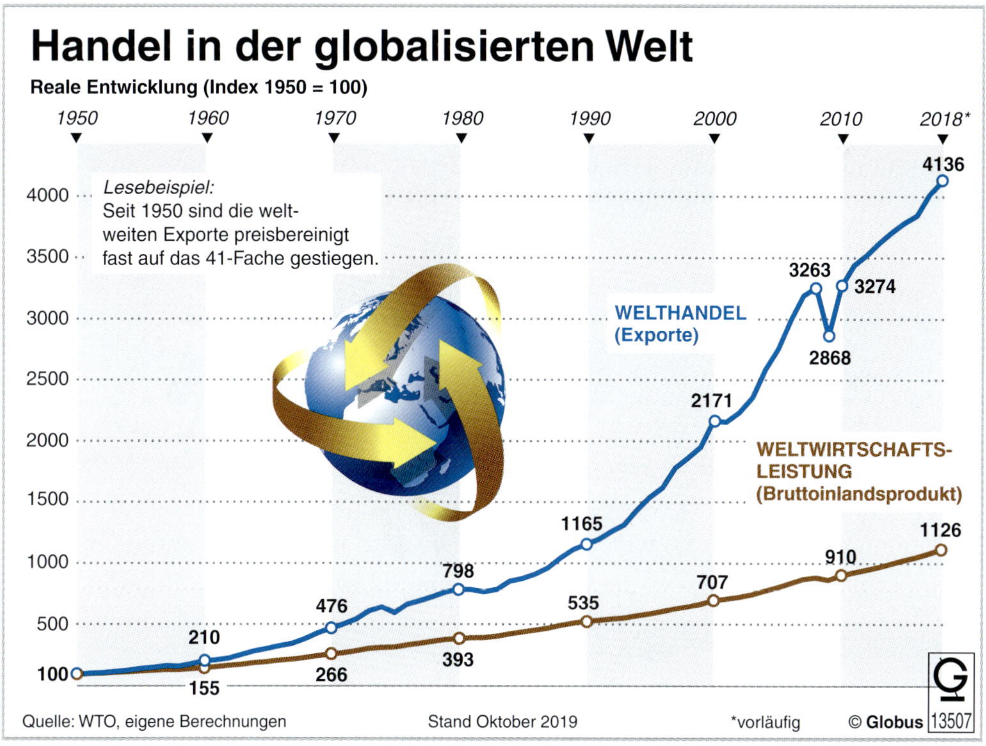

- **Wünsche der Nachfrager nach Abgrenzung durch unterschiedliche Produkte.** Diese Wünsche steigen mit Zunahme des Wohlstandes in den einzelnen Ländern (Verwendung von Edelhölzern beim Bau eines Hauses).

▶ Bedeutung des Welthandels

Güter, die ein Land besonders gut und preiswert liefern kann, eignen sich für den Export. Das Ausfuhrland erhält dadurch zusätzliche Arbeits- und Verdienstmöglichkeiten. Die Kaufkraft und der Lebensstandard der Bevölkerung steigen. Mit den Ausfuhrerlösen können notwendige Einfuhren bezahlt werden.

Das Einfuhrland bekommt ein reichhaltigeres und oft preiswerteres Angebot.

Der zwischenstaatliche Güteraustausch ermöglicht die Arbeitsteilung, den Ausgleich von Mangel und Überfluss zwischen den Ländern und fördert die kulturellen und menschlichen Beziehungen unter den Völkern.

Voraussetzung dafür ist, dass der »stärkere Marktpartner« verantwortungsvoll mit seinem Handelspartner umgeht.

Beispiele:

1. Fairer Handel
2. Sanfter Tourismus

▶ Ländergruppen

Gleiche Gesellschafts- und Wirtschaftssysteme sind einem solchen Zusammenschluss förderlich, ungleiche behindern ihn. Die amtliche Statistik der Deutschen Bundesbank unterscheidet weltweit nach Ländergruppen.

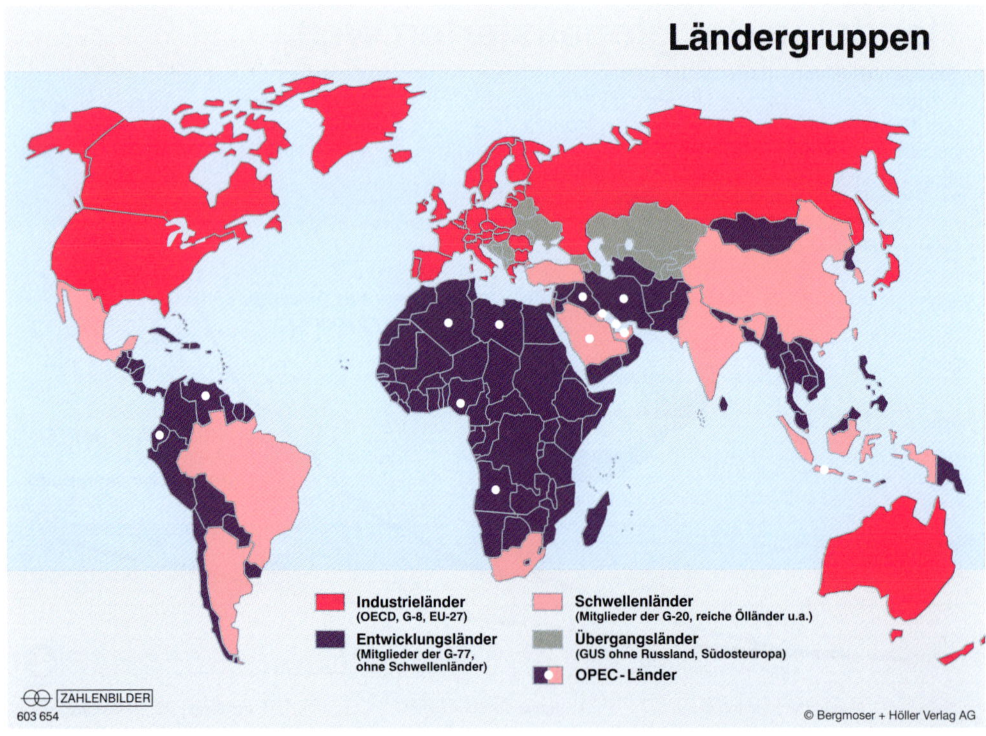

Bezeichnung	Merkmal	Beispiel
Industrieländer	Parlamentarisch-demokratische Staatsordnung und marktwirtschaftliche Wirtschaftssysteme.	alle Länder der EU sowie die Schweiz, Japan, Russland, Kanada, Australien und die USA
OPEC-Länder (Organization of the Petroleum Exporting Countries)	Zusammenschluss von Ländern, die ihren Wohlstand ausschließlich der Förderung und dem Export von Erdöl verdanken.	Kuwait, Saudi-Arabien, Libyen, Algerien, Iran, Nigeria, Katar, Venezuela
Entwicklungsländer	Länder, deren Wirtschaftskraft für eine ausgeprägte internationale Arbeitsteilung noch zu gering ist, die somit am Welthandel nur in unbedeutendem Maße teilnehmen.	Pakistan, Bangladesch, Syrien, Kolumbien, Nigeria, Algerien, ...
Schwellenländer	Länder, die von der wirtschaftlichen Entwicklung an der »Schwelle« zu einem Industrieland stehen.	China, Singapur, Brasilien, Mexiko, Indien, Südkorea, Argentinien, Südafrika, Philippinen und Türkei
Übergangsländer	Länder, die von der Planwirtschaft zur Marktwirtschaft übergehen.	Bulgarien, Polen, GUS-Staaten ohne Russland, ...

▶ Aufgaben und Probleme

1. a) Suchen Sie Vor- und Nachteile für Freihandel und Autarkie.
   b) Was hat die Globalisierung der Märkte mit Autarkie und Freihandel zu tun?
2. »Erklärung über die Errichtung einer neuen Weltwirtschaftsordnung« von 1974: »Wir, die Mitglieder der Vereinten Nationen ...verkünden feierlich unsere gemeinsame Entschlossenheit, nachdrücklich auf die Errichtung einer neuen Weltwirtschaftsordnung hinzuwirken, die auf Gerechtigkeit, souveräner Gleichheit, gegenseitiger Abhängigkeit, gemeinsamem Interesse und der Zusammenarbeit aller Staaten ungeachtet ihres wirtschaftlichen und gesellschaftlichen Systems beruht, die Ungleichheiten behebt und bestehende Ungerechtigkeiten beseitigt, die Aufhebung der sich vertiefenden Kluft zwischen den entwickelten Ländern und den Entwicklungsländern ermöglicht und eine sich ständig beschleunigende wirtschaftliche und soziale Entwicklung in Frieden und Gerechtigkeit für heutige und künftige Generationen sicherstellt.«
   a) Welche ökonomischen Entwicklungen sind angesprochen?
   b) Beschreiben Sie, inwiefern der Text weit über ökonomische Fragen hinausgeht.
   c) Prüfen Sie Anspruch und Realität dieser Erklärung.

6.3 Handelsblöcke

6.3.1 Freihandelszone

Freihandelszonen sind **vertragliche Vereinigungen von Staaten,** die lediglich die **Binnenzölle abbauen,** aber **unterschiedliche Außenzölle** belassen.

In Europa ist Freihandel durch die Schaffung des **Europäischen Binnenmarktes** weitgehend erreicht.

Die ursprünglich neben der EG mächtige Freihandelszone **EFTA** (**E**uropäische **F**reihandels**a**ssoziation) besteht heute nur noch aus den Staaten Island, Liechtenstein, Norwegen und der Schweiz. Ihre Bedeutung ist stark zurückgegangen.

Gemeinsam bilden die EU-Mitgliedsstaaten und die Staaten der EFTA den **Europäischen Wirtschaftsraum.** Innerhalb dieses weltweit größten Marktes übernehmen die EFTA-Staaten die im Europäischen Binnenmarkt geltenden Regeln für den freien Verkehr von Waren, Dienstleistungen, Personen und Kapital.

Weltweit gibt es zahlreiche regionale Freihandelszonen:

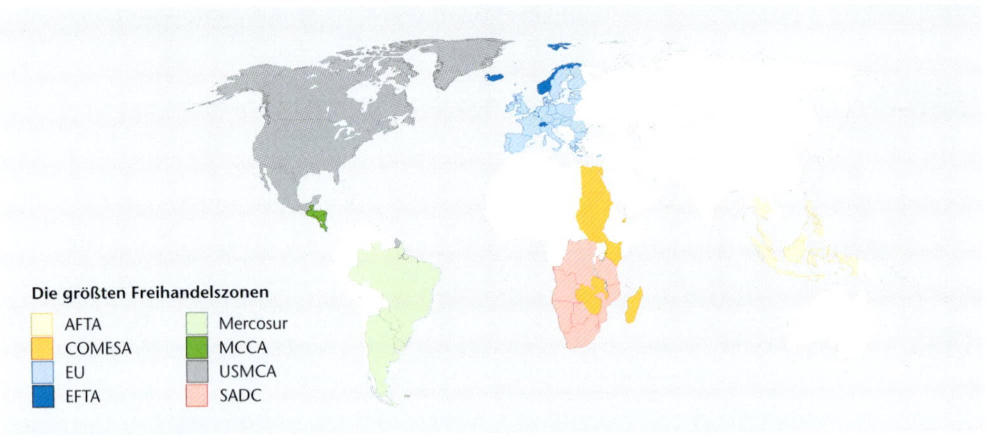

6.3.2 Europäische Union

Heute umfasst die EU insgesamt 27 Mitgliedsstaaten.

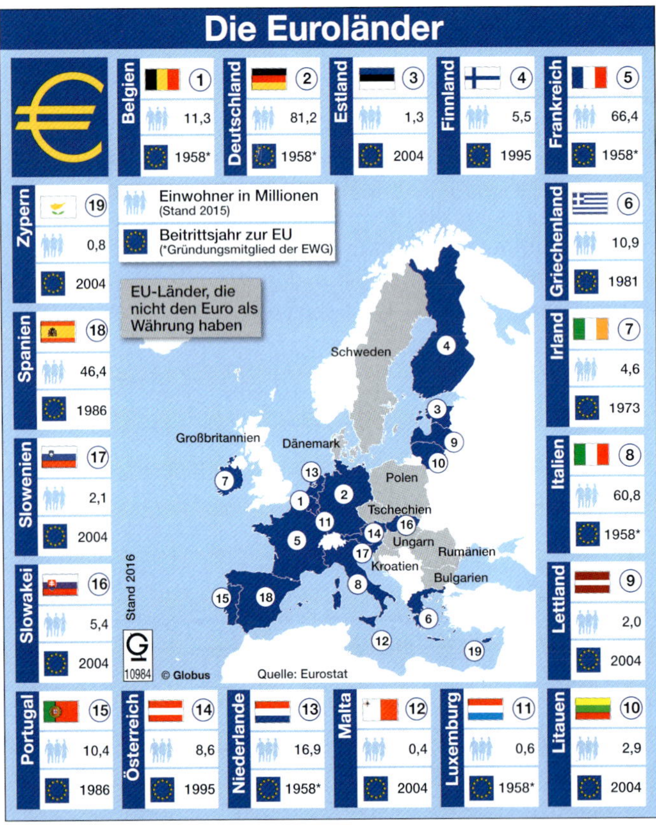

Unter diesen Ländern ist Deutschland der bei Weitem stärkste Partner – sowohl nach der Zahl der Menschen als auch nach der gesamtwirtschaftlichen Leistung.

Die Europäische Union ist eine Wirtschafts- und Währungsunion. Angestrebt wird

- ein **einheitlicher Wirtschaftsraum** mit einer einheitlichen Wirtschaftspolitik,
- eine **gemeinsame Währung** der Mitgliedsländer.

Die Mitgliedsländer haben in den vergangenen Jahren große Anstrengungen unternommen, die Vereinheitlichungen voranzutreiben.

Das angestrebte Ziel der **politischen Vereinigung** kann nur erreicht werden, wenn eine einheitliche Wirtschafts- und Währungsunion entstanden ist. Dies würde es dann auch zulassen, gemeinsame Umwelt-, Bildungs-, Außen- und Innenpolitik bei einheitlicher Rechtsprechung zu betreiben.

Mit dem europäischen Einigungsprozess und im Zuge der Globalisierung gewinnen die internationalen Märkte an Bedeutung. Deutschland und die Europäische Union streben dabei sowohl im Binnenmarkt als auch in den Handelsbeziehungen zu den Ländern außerhalb der EU und zu den Wirtschaftsblöcken den Freihandel an. Durch die zunehmende Liberalisierung auf diesen Märkten gibt es sehr große Freiheiten, die für unternehmerische Entscheidungen genutzt werden können.

Beispiel: Die Zollfreiheit zwischen den Ländern der Europäischen Union ermöglicht den Unternehmen ohne aufwendige bürokratische Formalitäten den Austausch von Gütern.

Die nationalen Regierungen haben den Weg für die Öffnung der Märkte geebnet. Sie haben in bilateralen Vereinbarungen und über internationale Organisationen umfassende Abkommen zur **Liberalisierung aller Märkte** getroffen. Durch die Festlegung überstaatlicher Abkommen sind den nationalen Regierungen teilweise die Möglichkeiten genommen, auf die Wirtschaftspolitik direkten Einfluss zu nehmen. Besonders deutlich wird dies an den Vereinbarungen in der EU.

Freiheiten im Binnenmarkt der EU		
Freiheiten	**Merkmal**	**Beispiele**
freier Güterverkehr	Zölle und Mengenbeschränkungen sind innerhalb der EU nicht erlaubt.	Ein deutsches Großhandelsunternehmen kann seine Handelswaren an einen polnischen Auftraggeber ohne staatliche Einschränkung ausliefern.
freier Personenverkehr	Arbeitskräfte können sich in der EU sowohl zur Arbeitsaufnahme als auch zur Berufsausbildung weitgehend uneingeschränkt niederlassen. Das gilt auch für die freie Niederlassung von Unternehmen.	– Ein Student aus Spanien möchte in einem deutschen Unternehmen seine Ausbildung absolvieren. – Ein deutsches Industrieunternehmen möchte die Kommissionierung nach Polen verlegen.
freier Kapitalverkehr	Europäische Unternehmen und Privatpersonen können im europäischen Ausland unbeschränkt Kredite aufnehmen und Kapital ins Ausland transferieren.	Ein deutsches Unternehmen nutzt die niedrige Zinssituation in Frankreich aus, um ein Investitionsdarlehen bei einer französischen Bank aufzunehmen.
freier Dienstleistungsverkehr	Dienstleistungsunternehmen können ihre Dienste über die Grenzen hinweg anbieten.	– Eine spanische Versicherungsgesellschaft bietet ihre Versicherungsleistungen in Deutschland an. – Ein Gebäudereinigungsunternehmen aus Polen entsendet seine Arbeitskräfte zu Tätigkeiten in Berlin.

Subventionsverbot	Staatliche und wettbewerbsverzerrende Beihilfen dürfen nicht vorgenommen werden.	Es ist nicht erlaubt, dass die Bundesregierung deutschen Spediteuren die Zahlung der Maut rückerstattet.
öffentliche Auftragsvergabe	Öffentliche Aufträge müssen europaweit ausgeschrieben werden, sofern ein bestimmtes Auftragsvolumen überschritten wird.	Der Bau eines Autobahnteilstückes in Nordbaden muss so ausgeschrieben werden, dass auch ein Unternehmen aus Luxemburg ein Angebot abgeben kann.
Wettbewerbskontrolle	Das europäische Wettbewerbsrecht regelt zahlreiche Bestimmungen des Kartellrechts.	Die europäische Kartellbehörde untersagt den Zusammenschluss zweier großer Mobilfunkanbieter.
Für die neuen Beitrittsländer zur EU gelten in Einzelfällen für einen Übergangszeitraum Sonderregelungen.		

Die nationalen Regierungen haben damit geringere Möglichkeiten, auf unternehmerische Entscheidungen direkt Einfluss zu nehmen. Die Möglichkeiten sind deshalb heute verstärkt darauf ausgerichtet, die Strukturen innerhalb eines Landes so zu gestalten, dass Investitionen für Unternehmen interessant erscheinen. Diese Maßnahmen sind auf lange Sicht angelegt und verlangen eine große Weitsicht der Politiker, aber auch der Bevölkerung im Lande, die diese **Investitionen in die Zukunft** unterstützen müssen. Zu diesen Maßnahmen gehören insbesondere der Ausbau des **Verkehrswesens,** die Förderung von **Forschung und Entwicklung,** die Verbesserung und Anpassung der schulischen und **beruflichen Ausbildung** und die Schaffung und Erhaltung eines **sozialen Ausgleichs** in der Bevölkerung.

6.3.3 Präferenzräume

Im Außenhandel können aufgrund von Abkommen zahlreiche **Zollvorteile (Präferenzen)** in Anspruch genommen werden. Die Europäische Union hat mit einer Reihe von Ländern bzw. Ländergruppen solche Abkommen geschlossen. Damit entstehen im Außenhandel **Präferenzräume.** Diese Präferenzabkommen bringen einen erheblichen Wettbewerbsvorteil bei der Einfuhr von Produkten, da keine oder nur reduzierte Zollsätze erhoben werden.

Man unterscheidet verschiedene Präferenzen:

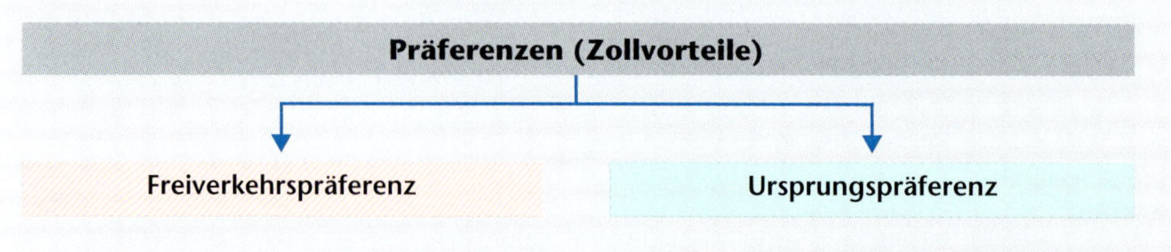

- **Freiverkehrspräferenz.** Hierbei werden bestimmte Waren, die in den Abkommen aufgeführt sind, zollrechtlich bevorzugt eingeführt.
- **Ursprungspräferenz.** Es werden Waren aus bestimmten Ländern oder Ländergruppen bezogen.

Die jeweilige Präferenzart kann auf Basis der Zolltarifnummer der Ware oder des Landes im Präferenzportal des Zolls recherchiert werden (www.zoll.de). Als Nachweis darüber, dass die Waren diese Ursprungsregeln erfüllen, müssen bei der Einfuhr Präferenznachweise vorgelegt werden.

Beispiele: Warenverkehrsbescheinigung EUR.1, EUR-MED, Formblatt EUR.2 oder eine Ursprungserklärung auf der Rechnung

Mit der Schaffung der Pan-Euro-Med-Kumulierungszone soll es zu einem Handelsraum mit einheitlichen Ursprungsregeln und einheitlicher Dokumentation kommen. Der Ursprung kann durch Be- und Verarbeitungsvorgänge in mehreren Ländern erworben werden (Kumulation). Diese Freihandelszone wird zwischen der Europäischen Union und 16 Handelspartnern bestehen (Ägypten, Algerien, Bulgarien, Färöer, Island, Israel, Jordanien, Libanon, Marokko, Norwegen, Rumänien, Schweiz, Syrien, Tunesien, Türkei, Westjordanland und Gazastreifen).

Die EU gewährt zahlreichen Entwicklungsländern allgemeine Zollpräferenzen. Dadurch wird den Entwicklungsländern ein besserer Zugang ihrer Waren in den europäischen Markt ermöglicht. Mit dem Abkommen von Lomé (benannt nach der Togolesischen Hauptstadt Lomé) haben die EU-Staaten mit 71 Entwicklungsländern **(AKP-Staaten)** in **A**frika, der **K**aribik und im **P**azifik eine Zollpräferenz vereinbart. Die Präferenz wird nur auf die Ursprungswaren des betreffenden Entwicklungslandes gewährt.

▶ Aufgaben und Probleme

1. Werten Sie die folgende geografische Karte aus:

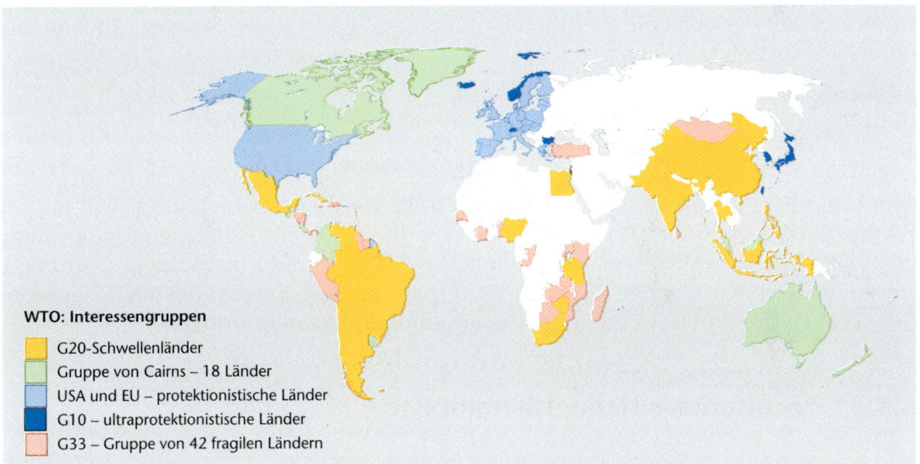

2. Der europäischen Integration stehen zahlreiche Politiker und auch Einwohner in den Ländern kritisch gegenüber. In der Zwischenzeit gibt es mehrere Modelle, wie das »Europa der Zukunft« aussehen könnte. Genannt werden verschiedene Ansätze:
   - das Modell des europäischen Bundesstaates,
   - das Modell des Staatenbundes,
   - das Modell des Europas der Regionen,
   - das Modell der differenzierten Integration.

   a) Recherchieren Sie, was unter diesen Modellansätzen verstanden wird.

   b) Welche Bedeutung hätten die einzelnen Konzepte für die Wirtschaftspolitik Deutschlands?

3. Welche Konvergenzkriterien müssen erfüllt sein, damit einzelne Staaten die Einführung des Euro vornehmen können?

4. Stellen Sie dar, dass die EU mehr ist als nur eine Freihandelszone.
5. Welche Voraussetzungen sind notwendig, um Zollvorteile (Präferenzen) in Anspruch nehmen zu können?
6. Beschreiben Sie mithilfe von Merkmalen vorhandene Präferenzräume.

6.4 Handelshemmnisse

6.4.1 Tarifäre Handelshemmnisse

Tarifäre Handelshemmnisse sind **Abgaben,** die der Staat erhebt, wenn **Waren** die **Ländergrenzen überschreiten.**

Sie werden fällig, wenn die Waren die Zollgrenze überschreiten, also bei der Einfuhr, bei der Ausfuhr und beim Transit von Waren.

Heute spielen nur noch die Einfuhrzölle (Importzoll) eine Rolle. Staaten erheben diese aus unterschiedlichen Gründen:

- staatliche Einnahmequelle **(Finanzzoll),**
- Schutz der inländischen Wirtschaft vor der Konkurrenz aus dem Ausland **(Schutzzoll).** Diese Zölle werden als Mengenzoll oder als Wertzoll erhoben.

Durch die Erhebung von Zöllen wird der freie Wettbewerb behindert. Die importierten Waren werden verteuert. Dadurch steigen die Preise für die Konsumenten des Importlandes. Inländische Produzenten werden angeregt, überteuerte inländische Güter zu produzieren. In der Folge können die Importgüterpreise fallen. Sowohl die importierenden Länder als auch die exportierenden Länder erleiden Wohlstandsverluste.

6.4.2 Nichttarifäre Handelshemmnisse

Nichttarifäre Handelshemmnisse wirken **nicht direkt über den Preis** der Ware.

Nichttarifäre Handelshemmnisse verzögern die Handelstätigkeit. Dadurch können Aufträge nicht durchgeführt werden oder Importgüter verlieren ihre Qualität. Meist ist damit auch eine Verteuerung der Importgüter verbunden. Nichttarifäre Handelshemmnisse wirken somit wie tarifäre Handelshemmnisse. Folgende Maßnahmen sind möglich:

- Festlegung von **Importkontingenten,** indem nur bestimmte Mengen (Mengenkontingent) oder bestimmte Höchstwerte (Wertkontingent) für die Einfuhr zugelassen werden.

  Beispiele:

  1. Textilien aus China
  2. Import von Bananen

- Unterstützung des inländischen Marktes durch **Subventionen,** um den Preis der Güter niedriger zu halten als die ausländischen Konkurrenzgüter.

  Beispiel: Unterstützung von Milchbauern in Europa

- Festlegung von **technischen Vorschriften.** Bei produktbezogenen Vorschriften muss das Produkt bestimmte Qualitätsstandards, Normen, Verpackungs- oder Gesundheits- und Hygienevorschriften erfüllen.

  Beispiele:

  1. Vorschriften für die Behandlung von Holz bei der Einfuhr nach China
  2. Angabe der Lebensdauer von Leuchtmitteln

- Festlegung von **bürokratischen Vorschriften,** bei denen die Vergabe von Aufträgen nicht öffentlich erfolgt oder die Zollabwicklung willkürlich vorgenommen wird. Hierzu zählen auch Vorschriften zur Kennzeichnung der Produkte.

  Beispiele:

  1. Kennzeichnung der Produkte in der Landessprache des einführenden Landes
  2. Pflicht zur Beglaubigung sämtlicher Einfuhrdokumente

- **Einfuhrverbote** für bestimmte Waren aus bestimmten Ursprungsländern.

  Beispiele:

  1. Washingtoner Artenschutzabkommen
  2. Plagiate

▶ Aufgaben und Probleme

1. Klären Sie mithilfe eines Internetlexikons die Begriffe Ausgleichszoll, Wertzoll, spezifischer Zoll.
2. Ordnen Sie die folgenden staatlichen Maßnahmen bestimmten Handelsbeschränkungen zu und begründen Sie Ihre Zuordnung:
   - Einfuhrverbot von Rindfleisch,
   - Kennzeichnungspflicht von Elektronikartikeln,
   - Erhebung eines Zollsatzes für Textilien aus Taiwan,
   - Vernichtung von gefälschten Lacoste-Polohemden.

6.5 World Trade Organization

Die Welthandelsorganisation **WTO** (**W**orld **T**rade **O**rganization) wurde 1994 gegründet. Ihr gehören heute 164 Mitglieder an. Der Sitz der Organisation ist Genf.

Die WTO gibt bindende Regelungen für die internationalen Handelbeziehungen heraus. Dabei steht das Prinzip des **Freihandels** an oberster Stelle. Es gilt der Grundsatz der **Meistbegünstigung,** d.h., Zoll- und Handelsvorteile, die zwei Staaten gegenseitig vereinbart haben, sollen allen WTO-Vertragsstaaten eingeräumt werden **(Meistbegünstigungsklausel).**

Sofern Streitigkeiten zwischen den Vertragsstaaten auftreten, tritt die WTO als Streitschlichtungsorgan auf.

Drei Bereiche sind wesentlich:

- Handel mit Waren (**GATT** = **G**eneral **A**greement on **T**ariffs and **T**rade),
- Handel mit Dienstleistungen, z.B. Dienstleistungen im Bankwesen,
- handelsbezogene Aspekte des geistigen Eigentums, z.B. Patente und Lizenzen.

▶ Aufgaben und Probleme

1. a) Übersetzen Sie das folgende verkürzte Organigramm der WTO.
   b) Stellen Sie die Aufgaben der jeweiligen Instanzen dar.
   c) Stellen Sie Erfolge der Welthandelsorganisation WTO dar, die seit ihrer Arbeitsaufnahme 1995 im Bereich der Liberalisierung des Welthandels zu verzeichnen sind.

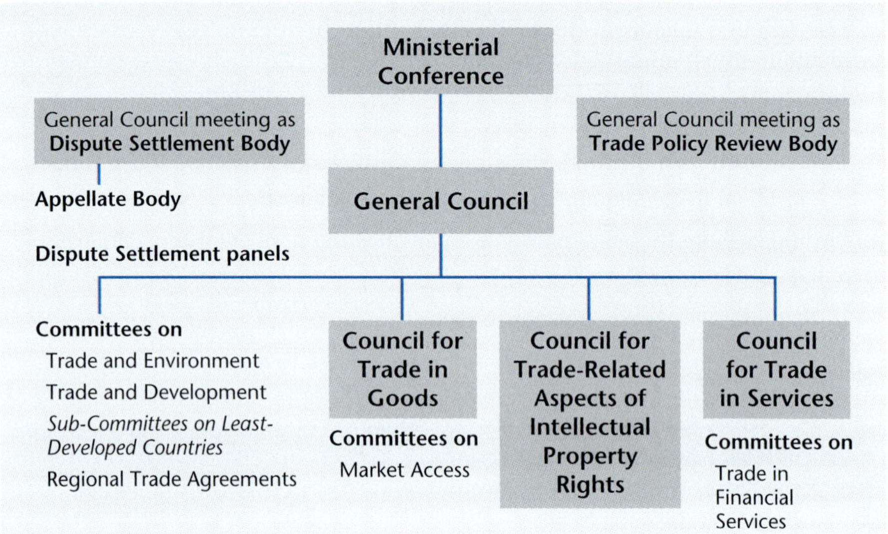

Quelle: http://www.wto.org

2. »Die WTO begünstigt die Industrieländer und Konzerne, indem sie den Freihandel um jeden Preis durchsetzt. Demokratie und Transparenz sind dabei Mangelware; Umweltschutz, Gesundheit, Menschenrechte und die Interessen der Entwicklungsländer bleiben auf der Strecke.«

   Quelle: http://www.greenpeace.de/themen/umwelt_wirtschaft/wto

   a) Suchen Sie nach Beispielen, die diese kritische Aussage belegen.
   b) Stellen Sie Möglichkeiten dar, wie diese Kritik konstruktiv berücksichtigt werden könnte:
      – aus Sicht der Industrienationen,
      – aus Sicht der Konsumenten in Deutschland.

6.6 Die gesamtwirtschaftliche Bedeutung des Außenhandels für Deutschland darstellen

Deutschland ist ein **rohstoffarmes Land.** Deshalb hat es sich darauf spezialisiert, Rohstoffe und Waren aus dem Ausland einzukaufen, um sie in verändertem, veredeltem, erstklassigem Zustand (»Made in Germany«) wieder an das Ausland zu verkaufen. Dadurch hat sich eine hochtechnologisierte, aber exportabhängige Industrie entwickelt.

Aus diesem Grund ist der erforderliche Rohstoff- und Warenimport sicherzustellen. Negative Veränderungen in Preis, Menge und Struktur der Importe (Fertigwarenimporte) würden die Produktion und die Bedarfsdeckung der Bevölkerung und damit Arbeitsplätze gefährden.

In einem noch viel stärkeren Maße ist aber auf einen störungsfreien Export zu achten (Abbau von Zöllen und sonstigen Handelshemmnissen), denn über 30 % der deutschen Wirtschaftsleistung ist für den Export bestimmt. Mit anderen Worten: etwa jeder dritte Arbeitnehmer produziert für das Ausland und ist damit vom Export abhängig. Die Ausfuhr von Gütern und technischem Wissen (Know-how) ist auch deswegen von großer Bedeutung, weil mit den eingenommenen Devisen wichtige Importgüter (landwirtschaftliche Produkte, Rohstoffe) bezahlt werden müssen.

Wie exportabhängig einzelne Wirtschaftszweige sind, verdeutlicht die Exportquote. Sie ist der Anteil des Auslandsumsatzes am Gesamtumsatz eines Wirtschaftszweiges.

Die mit der Export- und Importabhängigkeit gegebenen Herausforderungen werden von den Unternehmen angenommen. Günstige Rahmenbedingungen hierfür müssen aber von der **staatlichen und internationalen Außenwirtschaftspolitik** geschaffen werden. Für Deutschland ist es wichtig, dass die Liberalisierung des Welthandels konsequent fortgesetzt wird.

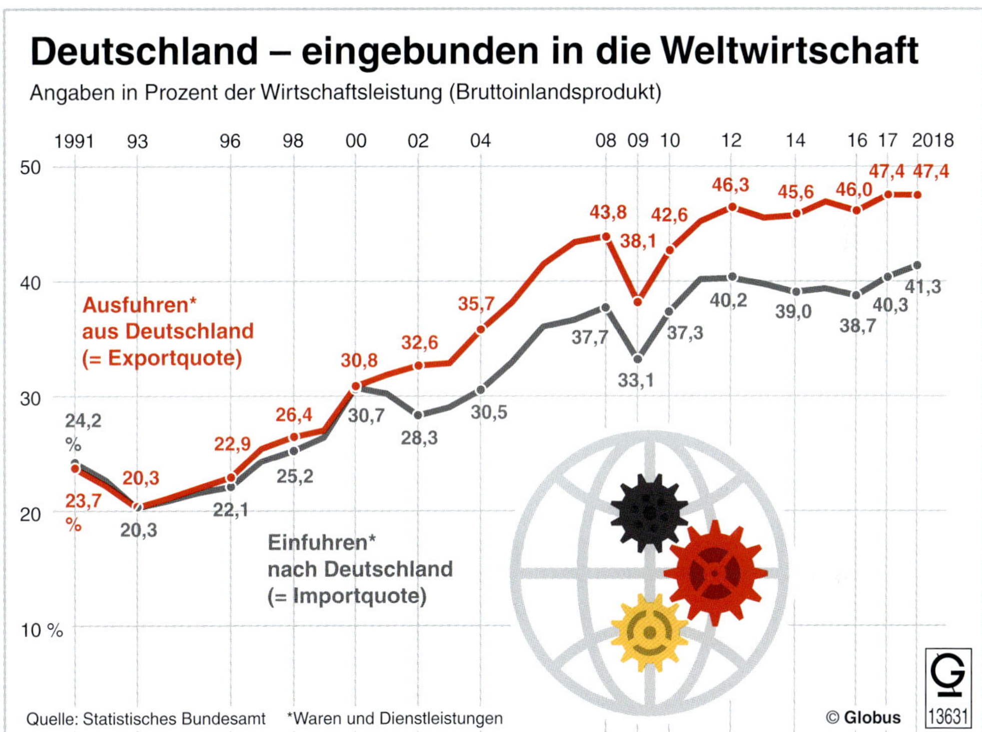

▶ **Aufgaben und Probleme**

1. a) Erstellen Sie eine Aufstellung
   - der sechs bedeutendsten Exportgüter,
   - der sechs bedeutendsten Importgüter Deutschlands.

   b) Begründen Sie die jeweilige Bedeutung für den Wirtschaftsstandort Deutschland.
2. Welche Folgen hätte es für die deutsche Wirtschaft, wenn die Exportindustrie ihre internationale Wettbewerbsfähigkeit verlieren würde?
3. Welche Ziele können der Außenwirtschaftspolitik zugrunde liegen? Nennen Sie diese aus der Sicht Deutschlands.
4. Beurteilen Sie die Behauptung »Außenwirtschaftspolitik ist immer auch Innenpolitik«.

**Zusammenfassende Übersicht:
Den Einfluss der europäischen Integration und der internationalen Wirtschaftsbeziehungen beurteilen und die Bedeutung des internationalen Freihandels erkennen**

Verflechtung der Märkte

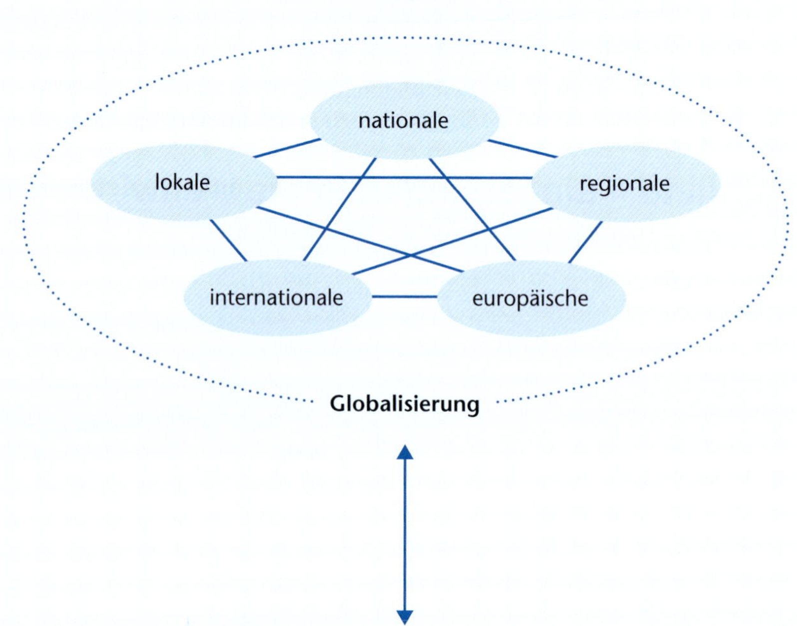

Grundpositionen der Außenwirtschaftspolitik	Maßnahmen	Akteure
– Binnenhandel – Freihandel – Welthandel	– Bildung von Handelsblöcken – Liberalisierung und Deregulierung von Märkten	– Unternehmen – Staaten – Internationale Organisationen (EU, WTO)
– Protektionismus	– tarifäre Handelshemmnisse – nichttarifäre Handelshemmnisse	

Stichwortverzeichnis

A

B

C

D

E

F

G

H

I

J

K

L

M

N

O

P

Q

R

S

T

U

V

W

Z